禰冝田佳男 著

農耕文化の形成と近畿弥生社会

同成社

目　次

農耕文化の形成と近畿弥生社会

序　章　本書の目的と方法

第1節　弥生時代研究の現代的意義

1884年（明治17）、東京都の本郷弥生町向ヶ岡貝塚で「貝塚土器」（＝縄文土器）とは異なる型式の土器が発見された。このことをきっかけに、弥生時代という縄文時代とは異なる時代の存在が認識されるようになった。

昭和期に入ると竪穴より焼米が出土することなどから、弥生時代には農業がおこなわれていたと考えられるようになった（森本 1933）。敗戦前後には奈良県唐古遺跡（現在の「唐古・鍵遺跡」。以下、この遺跡名を使用する）や静岡県登呂遺跡が発掘調査され、水田稲作の実態が明らかとなり、弥生時代は水田稲作がおこなわれた時代であったことが広く認識されることになった。

それとともに、唐古・鍵遺跡では弥生時代前期の鹿角製刀子柄に鉄錆が付着していることが報告され、鉄器自体は確認されなかったものの、その存在が指摘された（末永ほか 1943）。こうして、戦前から戦後にかけての混乱期に、弥生時代とは「稲と鉄」に象徴される時代だと考えられるようになったのである。

1970年代からは高度成長期に入り、列島各地では記録保存調査が実施され、それにともない弥生時代研究も大きく進展した。遺構としては集落跡、墳墓、祭祀跡などの調査が進み、遺物としては土器を中心に石器、鉄器、青銅器、木製品、骨製品の出土が相次いだ。これらの型式分類にはじまり、研究は多岐に及ぶこととなり、研究自体は個別細分化する傾向にあるが、その一方で列島各地の地域的特性についても明らかになってきている。

さて、弥生時代の社会（以下、弥生社会という）を今日的な視点から振り返ると、現在の日本社会の源流といえる時代だと筆者は考えている。日本人の主食であるコメ、そのコメ作りが始まったのは弥生時代である。先ほど示したように鉄器をはじめ、現在では欠かすことのできない金属器の使用が始まったのも弥生時代である。縄文時代にはなかったと考えられる戦争も始まった。水田稲作にともない森林を伐採するという点で最初の「自然破壊」もおこった。さらに東アジア世界との関係は今日的に重要課題となっているが、とくに中国は当時の「先進国」であり、周辺の諸地域の一つとして文化的・経済的・政治的な影響を受けた。北部九州地域などの一部では政治的な関係を結ぶ首長も出現した。こうした外交関係を結ぶことになったのも弥生時代なのである。

日本文化の源流をいつに求めるのかについては、これまでにも多くの考え方が提起されてきた。1980年代には、「縄魂弥才」ということばで、縄文時代が日本社会の基層であるといわれた時期があり（梅原猛 1983）、今日でも縄文文化をそう位置づける考え方は根強くある（上田 2012）。日本文化の源流、出発点をいつに求めるかについては、視点によって諸説あるだろう。いずれにしても、弥生時代に水田稲作が始まり、やがて利器として鉄器、祭器として青銅器という金属器の使用が始まったことは、現代の日本文化を考えるうえで重要な意味をもっており、弥生時代が日本の歴史にとって大きな転換期であったことは間違いない。

そして、過去と現在をつなぐという点で、今日的にも意味のあることだと考えている。

第2節　新たな調査研究の成果

このような弥生時代であるが、近年の調査研究の進展により、新たな成果が示され評価がおこなわれている。特筆される事項として、弥生時代の実年代観と畿内地域の弥生社会に対する評価があげられる。以下では、この二つの点についての現状と本研究における筆者の立場あるいは考え方を示したい。

（1）新たな実年代観の提示

2003年、国立歴史民俗博物館（以下、「歴博」と表記）が、弥生時代の実年代について「弥生時代の開始が500年遡る」ということを報告し、新聞ほかマスコミにも大きく取り上げられた。それだけでなく、弥生時代後期以降の年代が遡ることも示した。これらはともに弥生社会を考える上で大きな問題を提起することとなった。

弥生時代早期・前期の実年代　まずは開始期の実年代についてである。歴博は弥生時代の開始が500年遡ると発表し、その後、報告書も刊行した（歴博 2003）。ＡＭＳを用いた炭素14年代測定法により年代測定をおこなうと、概ね紀元前4世紀からと考えられていた弥生時代前期は紀元前9世紀末、弥生時代早期の開始も紀元前10世紀後半を下らないという。歴博の年代によると、700年程度としてきた弥生時代は約1,200年間で、300年程度としてきた早期から前期は約700年間と非常に長期間であったことになる。

歴博による新たな年代観が提示されてからすぐに、考古学的にも自然科学的にも、その是非をめぐり多岐に及ぶ議論がおこなわれた。考古学的には、中国中原すなわち黄河中下流地域、中国東北部、韓半島、列島の土器の併行関係を示し、製作年代のわかる中国中原地域の青銅器を起点に、中国東北部から韓半島にかけての青銅器の年代を明らかにしたうえで、列島出土の青銅器の年代比定がおこなわれた。

その結果、弥生時代の開始は、従来どおりの考え方が妥当だとする見解が示されるとともに（橋口 2003、岩永 2005）、従来の年代より古くなるという見解が複数示された。後者としては大きく①中国や韓半島で出土する遼寧式銅剣の出現が紀元前9世紀であることから、モノの伝播に一定の時間を要したという前提をとらなければ、弥生時代の開始は紀元前9世紀に遡る可能性があるという見解（宮本 2003）、②韓半島でもっとも古い韓国忠清南道比来洞遺跡出土の遼寧式銅剣などの検討から、その開始年代は紀元前8世紀後葉～7世紀後葉に収まるとする見解（庄田 2004・2006）、③弥生時代早期は紀元前8世紀（紀元前700年代）まで遡る可能性を認めつつ、年代の一点に紀元前6～5世紀があり、早期と前期の境は紀元前5世紀頃、前期と中期の境は紀元前3世紀後半（紀元前250〜200年）とする見解（武末 2004）がある。

炭素14年代測定法に関しては、韓国でも採用されており、歴博年代を容認する見解が出されている。たとえば、李亨源は炭素14年代の測定値を用いつつ、韓国から中国東北部における突帯文土器のあり方を検討し、「前15世紀から前10世紀にかけての期間には、中国東北地域を含んだ韓半島西北韓と東北韓、南部地域へ突帯文土器が拡散する様相が確認でき、この過程で西日本へも伝わったと理解される」としている（李亨源 2014）。

そうしたなか、歴博の年代測定の担当者である藤尾慎一郎は、測定結果を利用し、新たな弥生社会の実態に迫ろうとしている（藤尾 2009）。ただし、測定結果にもとづき論を展開することから、水田稲作が現在の神戸市域から奈良盆地まで伝播するのに100年を要したとするなど、考古学的には示すことのできなかったことにも言及している。同じ形の土器を使っていたとしても、水田稲作をおこなっていた集団とそうでなかった集団が併存していたことは、考古学的手法では考えられなかった説である。これを考古学的に証明することは困難であり、歴博の示した年代観は考古学研究の方法論にも一石を投じたことになる。検討されなければならない課題は残されている。

弥生時代の開始年代については、考古学的手法による検討の成果を踏まえると、筆者も従来の年代より遡るとは考えている。どこまで遡るのかについて考古学的に検証する能力を持ち合わせていないので、本研究では従来の年代観よりも遡るということで論を進める。

弥生時代後期・終末期（庄内式期）の実年代　つづいて弥生時代後期及び終末期（庄内式期）の実年代についてである。弥生時代中期後葉以降の年代は、製作年代のわかっている中国産の銅鏡を足掛かりに、それが出土した甕棺型式にもとづき付与されてきた。この年代が動くことはないとみられていたが、AMSを用いた炭素14年代測定法では、3世紀前半頃と考えられていた庄内式期、筆者の立場では弥生時代終末期であるが、その庄内式期が2世紀第2四半期に始まるという。この年代だと、従来の年代観からすると100年近く遡ることになり、『魏志倭人伝』に記述のある2世紀後葉とされる「倭国乱」の歴史的意義についても影響を与えることになり、前方後円墳の成立過程を考えるうえで看過できない問題を内包していることになる。それを受けてすでに新たな年代観を使って倭国の形成過程を論じる研究も出てきている（岸本直 2014・2015）。

そうしたなか、弥生時代終末期の年代論の是非について久住猛雄は考古学的手法から検証をおこなった。それによると、列島各地の銅鏡や木製品の年輪年代測定結果をもとに、庄内式期が2世紀前半まで遡ることはありえず、「2世紀後半の比較的遅くに考えるのが穏当」だとするものである（久住 2015）。

岸本以外にも弥生時代終末期の実年代を炭素14年代測定法の結果から遡らせて考える研究者もいるが（赤塚 2015）、本研究では久住の見解を踏まえ、弥生時代後期後葉を2世紀後半、終末期については3世紀前半を前後する年代として論を進める。

（2）畿内地域の「先進性」についての新たな見解

もうひとつの課題は、畿内地域に対して与えられた「先進性」という評価に対し疑問が示されている点である。日本の考古学は1960年代からの高度成長期に、列島津々浦々でおこなわれてきた埋蔵文化財保護行政を担う専門職員による大小さまざまな規模の記録保存調査の積み重ねによって、世界的にも例のない量の考古資料を蓄積してきた。

弥生時代の畿内地域とりわけ大和地域に関しては敗戦直後より、安定した水田経営が可能で、弥生時代前期から鉄器の存在もあり、先進的であるとされてきた。

しかし、鉄器については、数多くの発掘調査が実施されたにもかかわらず、当該地域でそれが多数出土することはなかった。墳墓についても、畿内地域とりわけ大和地域に墳丘をもつ墓は発達せず、また副葬品をもつ墓もなく、前方後円墳を構成する要素に大和地域の弥生時代からの要素は認められないことが指摘されている。すなわち、鉄器の出土状況や墳墓の様相を踏まえると大和地域の「先進性」を疑問視する見解が出てきているのである（村上恭 1998、寺沢 2000、北條 2000、川部 2009）。このことはヤマト政権成立過程の理解にもかかわる大きな課題であり、この点についての筆者の考え方は第４章で示すこととする。

第３節　本書の目的と方法

以上のように、弥生時代研究は、その開始年代が遡及することによっていくつかの点に影響を及ぼすこととなった。本書とかかわる点では、「弥生時代早期や前期の鉄器」が中国よりも古くなってしまうことから再検討が進められ、その時期のものと断定できる状況にないことが明らかとなった（春成 2003）。このことは、弥生時代を「稲と鉄」に象徴する時代とすることに疑問を呈することにもなっている。

また、先ほど指摘したように、鉄器の出土量や墳墓祭祀のあり方から、近年では畿内地域の「先進性」を評価しない見解が多く認められる。この点は今日的な観点から、改めて歴史的評価をする必要があると考えている。

このような研究の現状を踏まえ、本書では近畿の弥生文化の特質を明らかにすることを第一の目的とする。あわせて、畿内地域とりわけ大和地域の「先進性」についても検討する。その方法及び章の構成は次のとおりである。

第１章では弥生時代の石器を取り上げる。集落遺跡を調査して土器とともに普遍的に出土するのが石器であり、当時の人々の生業のあり方、また、特定の石器については地域を越えて流通していたことから、弥生社会の集団間の関係を明らかにすることができる重要な遺物である。

まずは全国の石器組成の特徴を示すとともに、その違いにもとづき地域差や集団間の交流関係を明らかにする。次に弥生時代は主要な利器が石器から鉄器に移り変わっていった時期にあたる。畿内地域の鉄器の出土数は少ないものの、学史的には石器の動向から鉄器化について論じてきたという経緯があり、筆者もその立場から議論を進めてきた（禰宜田 1998ｂ）。問題となってくるのは、畿内地域での実際の鉄器の出土数が少なく、想定される当時の保有状況と大きく乖離している点である。鉄器については「ある」「ない」、「多い」「少ない」という点からの評価も必要であるが、当時の「道具箱」を構成していた石器をはじめとする関係資料から、鉄器の存在に迫るという方法は現在でも有効だと筆者は考えている。本書では、近年の調査研究の動向を踏まえ、筆者に対する批判に答えつつ、改めて鉄器化について整理する。現在では鉄器化を評価しない考え方の方が優勢になりつつあるが、改めて「鉄器化」の実態を示すとともに、「鉄器化」の歴史的意義について言及する。

第2章では集落を取り上げる。弥生時代の集落を特徴づけるものに環濠集落と高地性集落がある。こうした立地や規模の違う集落について、遺構及び遺物から検討をおこない、集落の構造や性格、変遷について筆者なりに整理を試みる。集落は弥生時代に限らず、単独で存続できたとは考えられず、ほかの集落との交流・交易によって維持された。こうした集落間の関係を分析できる素材として石器があり、鉄器・鉄素材及び青銅器・青銅器素材も同様である。弥生時代における物資流通の様相を踏まえつつ、地域において果たした役割についてケーススタディをもとにした検討も進めながら、近畿の弥生時代集落（以下、「弥生集落」と表記）の特徴を明らかにする。また、それらとは違う概念として拠点集落という言葉も使われ、弥生社会を評価する上で重要な役割を果たしてきたので、その特徴や意義について改めて検討する。

第3章ではこれまでとは別の観点として弥生時代の精神世界を取り上げる。この問題も畿内地域の「先進性」を論じる際には欠かせない分野だと考えており、具体的には銅鐸と墓制を検討する。

銅鐸のなかでもいわゆる「聞く銅鐸」については絵画が描かれ、その画題は土器にも共通する。画題をもとにその背後にある意味を検討しながら、その銅鐸が埋納された意味について考える。「聞く銅鐸」埋納後に展開するのは「見る銅鐸」である。先学に導かれながら「見る銅鐸」の性格、分布の意味、さらにはその終焉について検討する。「見る銅鐸」は、畿内地域の弥生社会の政治的関係を考える上で重要な役割を担っていたと考えており、畿内地域の弥生社会を評価するにあたり、鍵となる遺物として検討する。

もうひとつが墓制・葬制である。弥生時代の墓制研究は、副葬品の内容から社会構造の解明を目指して数多くの研究が進められてきたが、葬送儀礼における道具という性格も重要と考えており、その視点から検討する。威信財副葬が発達したのは北部九州地域だけであり、畿内地域では副葬例がほとんど認められない。後者における社会のあり方をどうとらえるのかが大きな課題である。首長の権威を示す場としては「生」の場と「死」の場があった。列島各地の首長は二つの場を利用したことが想定され、どちらを重視するかについては地域差があったとみている。畿内地域の場合、「生」の場で銅鐸祭祀が、「死」の場で墳墓祭祀がおこなわれ、青銅器は「生」の場で利用されたことになる。最後にこの二つの祭祀のかかわりについて整理する。

第4章では以上の検討を踏まえ近畿の弥生社会の特質を明らかにする。対象は畿内地域の中近畿を中心とするが、丹後・但馬地域の北近畿、紀伊地域の南近畿の動向にも触れる。具体的には、近畿の弥生社会の変遷を整理し、畿内地域の弥生社会の展開について画期を設定し、その特質を抽出する。最後に、畿内地域とくに大和地域に前方後円墳が出現した要因を検討し、本研究の出発点である畿内地域とりわけ大和地域の「先進性」、換言すると社会的・政治的評価についての筆者の考え方を示すこととする。

第4節　本書での時代・時期区分と用語

まず、弥生時代の定義をしておきたい。日本の考古学は、先史時代については旧石器時代、縄文時代、弥生時代、古墳時代という形で時代区分をしてきた。いうまでもなく、縄文時代と弥生時代の時期区分は土器の種類によって分けられた。しかし、後に土器ではなくその時代を特徴づける指標での区分が提起されるようになった。それにより、水田稲作がおこなわれるようになった時代が弥生時代だと提唱された（佐原・金関 1975）。筆者もこの定義に従う。

そして古墳時代とは定型化した前方後円墳が作られるようになり、墓で身分表徴などの社会の原理が表現されるようになった時代（近藤 1985、都出 1991）という指標が有効だと考える。つまり、弥生時代とは水田稲作が始まり、定型化した前方後円墳が出現する直前までの時代とする。

次に時期区分についてである。弥生時代早期は北部九州地域において使用し、その前半を山ノ寺式期、後半を夜臼式期とする。つづいて弥生時代は前期、中期、後期、終末期の4時期に区分する。古墳時代は定型化した前方後円墳の出現をもって始まると考えていることから、庄内式期については終末期とする。

その各時期の細分であるが、二つに区分する場合は前半・後半、三つに区分する場合は前葉・中葉・後葉とする。さらに時期の境目については、前期末中期初、中期末後期初、前期末、後期初頭などといった用語を用いることもある。

さらに考古学用語の使用についての考え方も示しておきたい。

近年、学史的に研究の初期の段階に命名され、長年用いられてきた用語に対して新たに定義して論を展開する論文が出されている。たとえば高地性集落については、研究の深化によりいくつかの機能が付加され、多様な機能・性格を包含したと考えられるようになった。高地性集落という用語は、戦争とかかわりのある集落であることを印象づけることから、別の用語が使用されることがある。環濠集落についても、濠には一定の解釈が含まれることから環溝集落と呼ぶ場合や、水を湛えていない場合には環壕集落という言葉も使用されている。用語を厳密に使う姿勢は重要であるが、集落の性格を一つ一つ特定することは現実的には困難な場合も多い。本書では、学史的に最初に用いられた用語に意味があると考え、それぞれの用語を踏襲することとする。したがって、高地性集落については多様な機能を包含していることを前提として使用し、環濠集落についても水が湛えられない場合も含め使用する。

また、狭義の地域を指すことばについては、たとえば吉備地域のように旧国名に地域を付加して示すこととする。慣用的に用いられている甕棺墓と大陸系磨製石器の分布が重なる北部九州については北部九州地域と呼称する。そして、畿内地域については畿内第Ⅴ様式土器の分布範囲である摂津地域と播磨地域の境界に位置する明石川流域から東で、古代における畿内に相当する地域である摂津地域、山城地域、河内地域、和泉地域及び大和地域の範囲を指すこととする。近畿とは現在の近畿地方のことで、北近畿は丹後地域・但馬地域、中近畿は畿内地域とその周辺である播磨地域と近江地域、南近畿は紀伊地域とする。

さらに石包丁について、磨製の石包丁を「石包丁」、打製石包丁を「打製の石包丁」と呼称する。

このほかの用語でも、必要なものについては各章において定義し議論を進めることとする。

第1章　石器からみた弥生社会と鉄器化の進展

第1節　本章の検討課題

弥生時代には、水田稲作が伝播し社会は大きく変化していくこととなった。佐原眞は弥生時代の道具としては、①弥生時代になって新たに出現した道具、②縄文時代以来の道具、③縄文時代以来のものが改良された道具、という系譜の異なる道具を使用したと整理した（佐原 1975 a）。ただし、生業形態には地域差があり、一つの地域においても集落立地によって生業形態が異なることもあった。一つの集落においては、三つの要素が組み合わさって「道具箱」を構成していたが、その内容は地域あるいは遺跡によって異なる場合もあった。

弥生社会の地域性・多様性を如実に表すのは土器であるが、集落遺跡を調査して、土器の次に多く出土するのが石器である。石器の研究は当時の社会を復元するうえで多くの情報を提供してくれる。一つの遺跡から出土した石器の組成や石材の検討は基礎的研究として欠かせない。石器組成の検討は当時の生業のあり方を知る上で重要であり、その比較は一定の領域における共通性や個別性、異なる領域での地域性を示すこととなる。また、特定の石材が用いられた石器に関しては、生産や流通のあり方を考えることによって、当時の集団間の関係を考察することも可能となる。

さらに、石器が主要な利器としての役割を果たしたのは、世界史的には人類の出現から青銅器の普及期までであったのに対し、列島では青銅製利器がまったくないわけではないが、青銅器時代を経ずに鉄器を使用するようになった。そうなった要因を明らかにすることは世界史的・人類史的な観点から弥生社会を位置づけることも可能にすると考えている。

つまり、石器は一つの発掘調査における個別研究から世界史的な視野による比較研究まで、非常に幅広く研究を進めることができる分野なのである。

そうしたことを踏まえ、第2節では弥生時代石器（以下、弥生石器と表記）の研究史を整理する。といっても、石器は普遍的に出土する遺物であり、研究の蓄積は膨大であり枚挙に暇がない。ここでは、本書において中心的に検討を進める、生産と流通の問題と鉄器化の問題に絞り、地域も北部九州地域と近畿を対象とし両者を対比しながら整理することとする。

つづく第3節では、列島各地における弥生石器の様相について概観し、各地域の特徴を抽出する。それを踏まえ、第4節では東北の弥生石器を取り上げる。東北では南部において石包丁が出土していたにもかかわらず、水田稲作がおこなわれたかどうかで長い間議論があった（伊東 1950）。東北では北部と南部で、石器組成が異なり、その意味を考えるとともに東北への石包丁の伝播ルート、石器からみた鉄器化の問題についても言及する。

第５節以降は、本書のなかでも中心的課題である「鉄器化」について検討する。終戦直後のころから、すでに弥生時代に「石器から鉄器へ」の転換があったとされていた。しかし、高度成長期に大規模な発掘調査が実施されたにもかかわらず、畿内地域において鉄器の出土量が増加することはなかった。研究史的に鉄器の普及は、弥生社会を変える大きな要素としてとらえられ、筆者もこの問題についての考え方を示したが（禰冝田 1998ｂ）、鉄器研究を推し進めることによって畿内地域の鉄器普及を疑問視する意見が出てきている（村上恭 1998ほか）。

それを踏まえ、第５節では伐採石斧の柄を集成したうえで分類し、地域的な変遷や特徴について整理し斧柄の伝播ルートや生産と流通の問題についても所見を述べる。また、伐採鉄斧の柄についても分類をおこない各地域での様相を整理する。そして、伐採斧の柄のあり方から鉄器化にも言及する。

第６節では、兵庫県五斗長垣内遺跡の発掘調査成果を踏まえ、その遺跡に認められる遺構と遺物の様相から、鉄器製作にかかる遺跡の要件を抽出する。そして、この種の遺構はこれまでの調査でも「発掘」していたのではないかという問題関心にもとづき、発掘調査報告書から「再発掘」をおこなう。鉄器製作遺構、具体的には鍛冶炉の認定は簡単でないことから、今後この種の遺構を発掘調査する際の注意喚起もおこなう。研究史的に鉄器化については石器の減少・消滅から議論され、近年では鉄器の研究も蓄積されてきたが、鉄器製作遺構からも鉄器化を検討することができる点を指摘する。

第７節では前稿（禰冝田 1998ｂ）への批判に対して、畿内地域の鉄器化について現在の見解を提示する。方法としては、鉄器の集成をおこない鉄器出土の実態を踏まえ、石器の減少・消滅にとどまらず、石製利器や砥石の様相など石器の様相から総合的に検討する。あわせて、木器や青銅器の出土状況について検討する。そして、鉄器製作遺構の様相についても触れつつ、近畿とりわけ畿内地域における鉄器化の過程を改めて整理し、さらには鉄器化の意義についても言及する。

第２節　弥生石器研究の現状と課題

１　緒　言

石器は人類が手にした最初の利器で、日本の歴史のなかではその使用が旧石器時代から弥生時代までという圧倒的に長い間、利器として機能してきた。

弥生石器の特徴として、

①灌漑施設をともなう水田稲作の伝播により縄文時代にはない新たな石器が出現したこと

②列島各地で石器の生産と流通の体制が復元されているが、北部九州地域においては経済的関係だけではなく政治的関係まで結ばれたと考えられていること

③弥生時代後期には列島の広い範囲で石器は消滅に向かい、その背景として鉄器の普及が想定されること

が指摘できる。

石器は土器とともに普遍的に出土する考古資料であり、地域性の研究、器種ごとの個別研究、生

産と流通に関する研究、組成研究をはじめ研究対象は広く、すでに膨大な蓄積がある。本節では、これまでの研究史を簡単に概観したうえで、本書で取り上げる「石器の生産と流通」と「石器から鉄器へ」という問題について、九州北部（北部九州地域と東北部九州地域をあわせて呼称する場合、この言葉を用いる）と近畿（序章でも触れたが、畿内地域については古代における畿内とされた地域に明石川流域を含めた範囲を指す）における研究の現状を整理し課題を抽出する。

2　研究略史

弥生時代の石器研究を振り返る際に、まず取り上げなくてはならないことは、石包丁や太型蛤刃石斧をはじめとする3種の磨製石斧が大陸起源だということについて、大正年間にすでに鳥居龍蔵が指摘していたことである（鳥居 1917）。当時の関心は、そうした石器が弥生土器と共伴し、使用する民族をどう考えるかにあった[(1)]。やがて、各地の竪穴から焼米が検出されると列島での農業の起源に注意が向けられ、石器についてもその観点からの研究が進んだ[(2)]。

その後、福岡県今山遺跡で太型蛤刃石斧の未製品が多数発見されたことに注目し、その生産について分業による専業者の存在が指摘された（中山 1924・1925・1931）。また、森本六爾は石包丁を取り上げ、地域で形態差があり、中部・関東・東北では出現率が乏しいこと、後期に石包丁が減少することを論じた（森本 1934）。

近畿では藤森栄一が、打製石器の素材は基本的に二上山産サヌカイトであり、兵庫県加茂遺跡で多数の打製石器が出土することから、石器製作跡としての評価を与えた（藤森 1943）。

昭和初期の段階で弥生石器研究に関する今日的な課題は、すでに議論の対象となっていたということを確認しておきたい。

そして、高度成長期に列島各地で大規模発掘調査が実施されたのにともない弥生時代の資料が増え、石器研究も大きく進んだ。下條信行は大陸系磨製石器を中心に、1980年代後半までの研究史を「弥生石器未確立の時代」、「弥生石器確立の時代」、「用途論の時代」、「戦後」と時代順に振り返り、「戦後」の研究については、用途論、系譜論、編年と地域性、生産と消費に分けて整理した（下條 1988）。平井勝は全国の弥生石器を器種ごとに分類・編年して地域性を論じた（平井 1991）。その後、全国的な膨大な弥生石器の集成作業もおこなわれ、地域性や時期的変化の実態を検討する上での基礎資料となった（埋蔵文化財研究会 1992、歴博 1996・1997）。

また、石川日出志は日本考古学会創立100周年の特集で弥生石器の研究史をまとめたが、対象としたのは戦前の研究史であった（石川 1996）。それは、戦前の石器研究が現在の研究を強く規定しているにもかかわらず、そのことが十分意識されていないという氏自身の問題関心によるものであった。このことは筆者も同じ意見である。今後、弥生時代の石器研究を進める際、黎明期といえる昭和初期にまで遡って研究史を振り返り、問題点を整理する必要があることになる。

2000年代に入ると、列島各地の石器を概観するとともに主要器種の動向を整理する企画があった（北條・禰宜田編 2002）。石器の生産と流通については『季刊考古学』で特集が組まれ（下條編 2010）、各器種の型式学的研究、生産と流通のあり方、製作技術や地域性についての研究も進められた。さらに、個人で蓄積されていた研究成果をまとめた単著も相次いで刊行されている（下條 2008、寺前 2010a、杉山浩 2010、粟田 2010、上峯 2012、森貴 2018など）。

3　生産と流通に関する研究の現状と課題

（1）九州北部

まず太型蛤刃石斧である。古くから注目されてきた今山遺跡については、下條信行が遺跡の実態及び性格について整理した。すなわち、①弥生時代前期前葉から玄武岩製太型蛤刃石斧の製作が始まったが、この時期にはまだ各集落で自給生産されていたこと、②弥生時代前期後葉になって未製品が劇的に増え、素材、粗割、打裂、敲打段階のもの、場合によって研磨までおこなわれるものもあること、③流通範囲については基本的に福岡平野から佐賀平野であり、これらの地域で今山産の製品は太型蛤刃石斧の90％以上を占め、遠くは大分県西北部や熊本県宇土半島にまで達し、この時期から石斧製作は専業化し中期中葉に終焉を迎えたこと、を指摘したのであった（下條 1975 a・1975 b）（図1）。

太型蛤刃石斧の製作遺跡は福岡県東北部にもある。梅崎恵司は、遠賀川中流域付近の露頭かそこから派生する小河川の河原石などを採取し、粗割、敲打成形、研磨をおこなった遺跡が十数キロにわたり点在していることを示した。それらは高槻遺跡のように太型蛤刃石斧だけを大量生産した遺跡、高津尾遺跡のように石包丁なども生産した遺跡と役割分担があり、製品は福岡県東北部を中心に一部山口県西部にも及んだことも示した。さらに、これらの遺跡の立地は水田稲作には不適で、製作は専業的におこなわれたと考えた（梅崎 1989・1996・1998）。

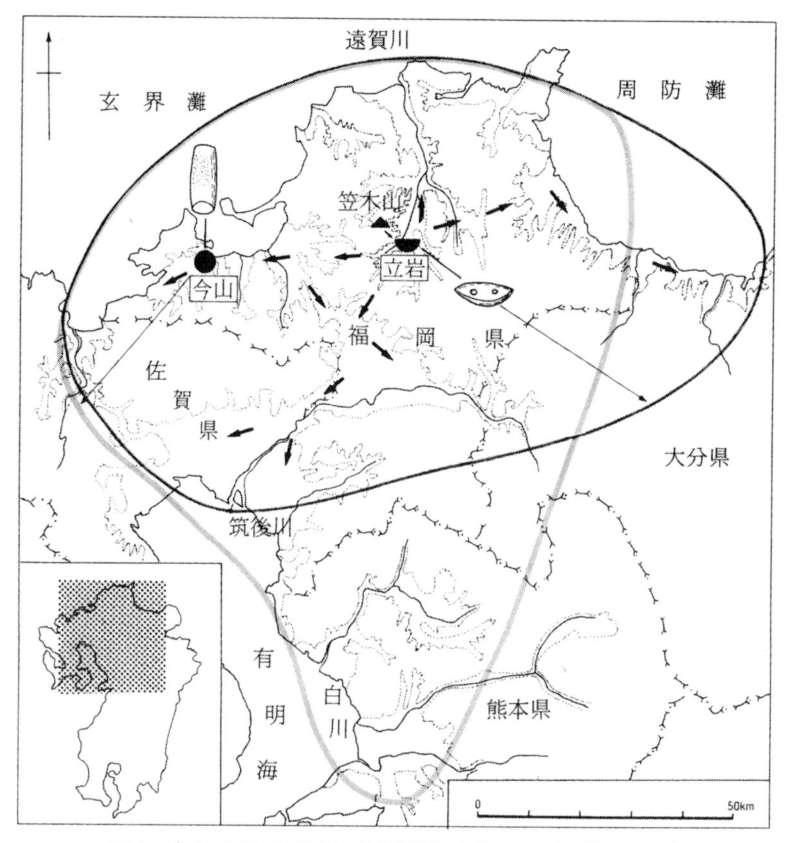

図1　今山産石斧及び立岩産石包丁分布範囲図（下條 1989 b）

次は石包丁である。弥生時代前期の製作遺跡は明らかではないが頁岩質砂岩製石包丁が流通していたと考えられ、弥生時代中期には立岩産石包丁が流通するようになる。後者の製作遺跡は福岡県のほぼ中央、嘉穂平野に面した低丘陵上の東西500 m、南北400 mの範囲に所在する下ノ方遺跡や焼ノ正遺跡ほか十数カ所で、これらの遺跡も立地から水田稲作を営むことは難しいと考えられる。石材産地は上記の遺跡群から約6km離れた笠木山付近の川とみられ、石塊を採取し集落に持ちこんで粗割、打裂、研磨がおこなわれたとみなされる。なお、各集落で占める立岩産石包丁は石包丁全体の30～50％程度で（下條 1977a）、その比率は太型蛤刃石斧における今山産の占める比率に比べると低い。

2000年以前、九州北部の太型蛤刃石斧や石包丁の生産と流通については、下條信行と梅﨑恵司によって研究の基盤が作られてきたといえるだろう。

こうした研究に対して、2000年以降は生産と流通に関しても新たな視点による検討がおこなわれている。能登原孝道らは長年、産地が明らかではなかった頁岩質砂岩製石包丁の石材原産地を自然科学的手法によって対馬の南側に求めた（能登原ほか 2007）。そして、この石材による石包丁生産遺跡は壱岐に所在する長崎県原ノ辻遺跡に想定されている（梅﨑 2010、能登原 2014）。石包丁の石器石材の獲得、生産と流通に関して、対馬や壱岐が一定の役割を果たしていたことが明らかになってきている。

今山産太型蛤刃石斧についても、今山より東の地域である早良平野や福岡平野などでは両刃石斧の80％以上が今山産であったのに対し、西側の唐津平野では今山産以外の石斧が一定量出土するなど地域差があり（森貴 2010a）、より詳細に流通の実態が示されるようになってきている。

（2）近　畿

近畿では、磨製石器の生産遺跡が明確ではない。研究の蓄積があるのは二上山産サヌカイト製の打製石器である。畿内地域では縄文時代晩期に二上山産が用いられていたが、弥生時代前期には金山産サヌカイトが供給されるようになり、水田稲作の受容を契機に大阪湾岸の集団が西の集団と結びついたための変化だと考えた（禰宜田 1993a）。その後、中河内地域のサヌカイト製打製石器の原産地分析が蓄積されたこともあって、統計的な検討により、①早期には多くが二上山産、②前期に入ると50％が金山産、③前期後葉には再び多数が二上山産という変化をたどることを具体的な数字で示した（秋山 1999a）。

弥生時代前期後葉以降、打製石器は基本的に二上山産となった。二上山産サヌカイト製打製石器の生産と流通を総括的に論じたのは蜂屋晴美である。畿内地域の遺跡からは剥片やチップ、打製石鏃の製作途中の破損品が検出されることから、小型の打製石器製作には原石や原石から派生した小型石器が製作できるような剥片が流通したとした。ところが、畿内式打製尖頭器については、二上山周辺の南河内地域の大阪府喜志遺跡や甲田南遺跡などで未製品や製作途中の破損品が多数出土するのに、それ以外の地域の遺跡で未製品が発見されることはなく、南河内地域の集団が製品を製作し、その流通には大阪府国府遺跡などがかかわったと考えた（蜂屋 1983）（図2）。これは、現在においても基本的に修正の必要のない見解として高く評価される。

一方、塚田良道は原産地とその近隣の石器製作遺跡のサヌカイト石材を観察したところ、二上山産サヌカイト原産地の利用権は三つに分かれていたとした。具体的には、大和川流域の大県遺跡は原川流域、石川流域の城山遺跡・喜志遺跡・中野遺跡は飛鳥川流域、奈良県側は原川流域がそれぞれ原産地として利用されていたのだとした。二上山産サヌカイトの原産地は暗黙のうちに共有地であったと認識されていたが、これによって実際にはそうではなかったとことから、サヌカイトの広域分布をもって畿内地域の弥生社会が安定したまとまりを形成していたとする見解に異を唱えた

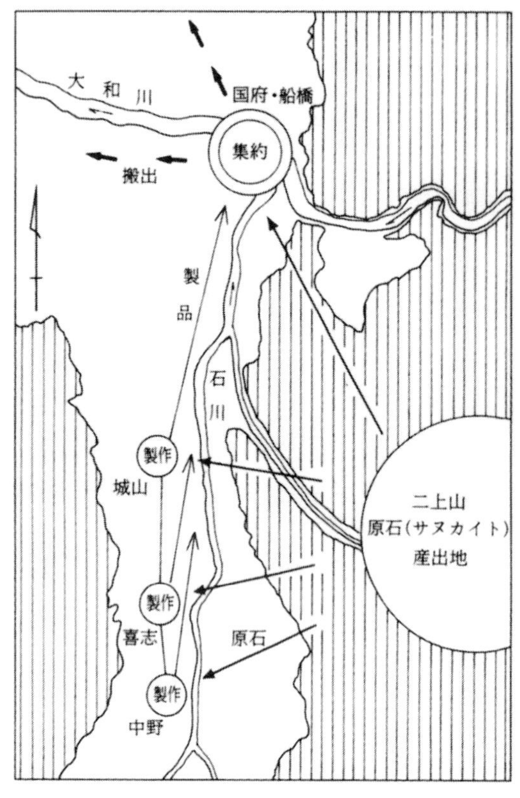

図２　畿内式打製尖頭器の生産・流通模式図
（下條 1989 b）

（塚田 1990）。

二上山産サヌカイト製打製石器の場合、原産地に近い南河内の遺跡では、畿内式打製尖頭器の未製品や破損品が数多く出土し、石器組成では一定の比率を占めている。そして、丹後地域や紀伊地域でもその製品は出土するが量は少なくなる。こうしたあり方はレンフルーのいう互酬（互恵）的交易のモデル（野島 2000）にあてはまると考えられる。

次は石包丁についてである。弥生時代前期には流紋岩や安山岩が用いられ、白色の流紋岩の産地は耳成山周辺とされていた（塚田 1987）。ただし、大阪湾岸に分布する製品については、製作技術から讃岐産の可能性があるものが含まれているとの指摘がある（仲原 2000・2002）。

中期になると、丹波山地で産出される粘板岩と和歌山紀の川周辺で産出される結晶片岩が石材として使用され、北部は粘板岩、南部が結晶片岩を主体とするが、播磨地域など近畿西部では香川県の金山産サヌカイト製の打製の石包丁の分布圏であるとした（酒井 1974）。今日でも分布状況に基本的な変化はない。緑泥片岩製石包丁については、紀伊地域と中河内地域の中間に位置する大阪府池上曽根遺跡が流通の中継地として素材、未製品が供給されたと考えられてきたが（酒井 1974、禰宜田 1998 b）、製品と未製品の比率は河内地域でも和泉地域でも大きく変わらないことから、中継地としての性格に疑問が提起されている（仲原 2000）。石器組成からそうした見解が出てくるとしても、対案が示されているわけではない。結晶片岩製石包丁、粘板岩製石包丁の石材原産地についても滋賀県琵琶湖北西部、高島周辺に求める見解が出されたが（西口 1986）、その後これに関する調査事例はなく、調査・研究は進捗していない。

これに対し、畿内地域周辺部にあたる三田盆地においては新たな研究が進められた。この地域では塩田遺跡などで塩田石と呼ばれる石材の石包丁未製品が多数出土することから、ここから製品が供給されたとし、分布域は西摂地域の加茂遺跡や六甲山南麓の本山遺跡、さらには明石川流域の玉津田中遺跡にも及んでいたとされた（高木芳 1999）（図３）。

最後に磨製石斧である。太型蛤刃石斧については、かつて大阪府安満遺跡が生産遺跡である可能性が指摘されたが（原口 1977）、現在でもそれを裏付けるような調査成果は認められない。柱状片刃石斧については、石材の原産地が吉野川流域で、弥生時代前期末中期初に製作が始まり、中期後葉に供給量が増えることが指摘されている（西口 2000）。

近畿の場合、出土する石器の原産地遺跡の特定が進んでいない。畿内地域の石包丁についても、モデルとして流通のあり方は示されているものの、石材産出地とその供給を受けた集団との関係は

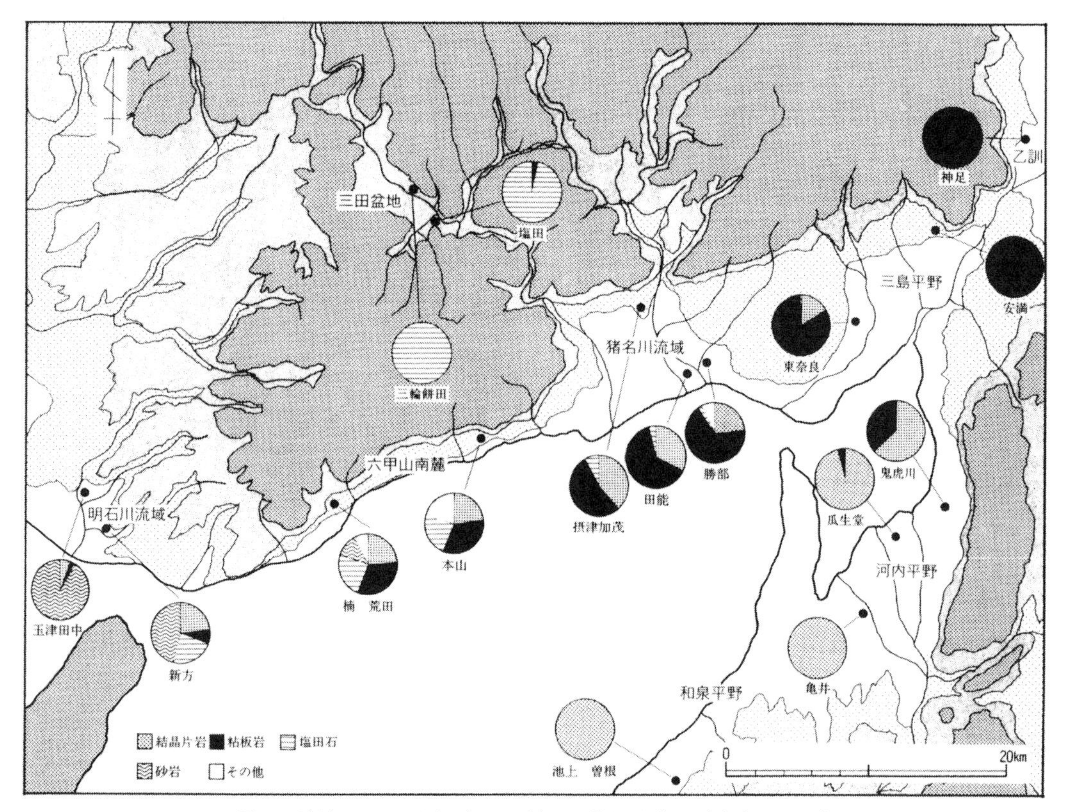

図３　地域ブロック別石包丁石材利用状況分布図（高木芳 1999）

考古学的に実証できていないというのが現状である。畿内式打製尖頭器など打製石器の流通状況、地理的環境を考えると、畿内地域の各拠点集落の集団が二上山まで赴いて石材を採取していたとは考えにくい。石包丁についても池上曽根遺跡がその石材及び未製品の流通における中継地としての役割を担っていたことを否定することは難しいと考えている。

（３）石器の生産と流通に関する歴史的評価をめぐって

石器の生産と流通の状況であるが、九州北部と近畿では歴史的評価も異なっている。九州北部では、石材産出地の調査がおこなわれた当初から、太型蛤刃石斧については専業的な生産体制が指摘された（中山 1925）。

それを受けて、今山産の太型蛤刃石斧についてはブランド品として糸島地域の首長により配布され、富はその首長にもたらされたとする。このことについて、下條信行はその生産にかかわる首長の墓が今山付近に認められないことから糸島半島の政治勢力であったと考えており、武末純一も同様の立場をとる。つまり、今山産の太型蛤刃石斧は今山の石斧製作工人が独自に配布したのではなく、部族連合的な国のまとまりのなかで糸島半島の首長によって配布され、それによって政治的な関係が結ばれることになったとみているのである（下條 1975 b、武末 1985 b）。

石包丁についても、福岡県立岩遺跡 10 号甕棺墓を生み出した背景として、立岩産石包丁を経済的基盤とし、交通の要衝を握る交易活動があったからだとする（下條 1983）。さらに別稿では、立岩集団が周防灘沿岸との内陸交通路の拠点に位置していることから、奴国は立岩集団を東方進出の

表1 製作・生産から見た弥生石器付加価値の階梯（下條 2004）

付加価値	系統	石器の種類	所要手間（製作工程）	生産	品揃え	石材	技術系譜	
高付加価値 ↑	礫核系磨製石器	伐採石斧A（芯材利用）	石塊→粗割→全打裂→全敲打→研磨	個別生産	統一	統一	弥生～	榎田石斧 今山石斧
		伐採石斧B 柱状片刃石斧（河原礫利用）	小礫→部分打裂→部分敲打→研磨		不揃い	不揃い	縄文～	各地弥生石斧
	剝片系磨製石器（肉薄）	扁平片刃石斧 鑿型石斧 石剣 石戈 石包丁 石鎌（自然礫利用）	小礫→剝片→打裂調整→（敲打）→研磨	個別生産		多様	縄文+弥生	
↓ 低付加価値	剝片系打製石器	打製石剣 石槍 打製石包丁 不定形刃器 打製石鍬 刃器 石鏃 石錐	石核→剝片→打裂調整	多量生産			旧石器・縄文～	

前進基地として位置づけたとも述べている（下條 1991）。

一方、近畿とくに大阪湾岸とその周辺の石包丁について酒井龍一は、粘板岩や結晶片岩の分布は互いに補完しあうこともあり、安定した石材流通による強い結びつきがあり近畿で統一体としての社会を構成していたと考えた。そうした視点で北部九州地域の石包丁をみて、一遺跡における石包丁の総数に対する立岩産石包丁の比率が低いことから、立岩集団の政治的・経済的優位性について疑問を呈した（酒井 1974）。また、今山産太型蛤刃石斧生産の専業性についても下條報告（下條 1975 b）のあとの討論で、分業や専業が前提となっているのではないかという疑問も提起された（近藤 1975）。

これについて下條は、石器全体をみたうえで伐採石斧や柱状片刃石斧は技術的に価値が高い高付加価値の製品で、畿内式打製尖頭器のような打製石器は低付加価値の製品だと位置づけ、①弥生時代に石器の生産と流通の体制が一変したのは一部の限られた地域であり、高付加価値の製品の受容者は発信者に対し従属的な関係になったこと、②多くは縄文的な生産流通の体制であったとし、北部九州地域においては高付加価値の製品の発信者と受容者間にできあがった関係は政治的従属関係にも転化する、と自説を改めて強調した（下條 2004）（表1）。

こうした研究があるなか、近年、弥生時代中期前葉の立岩産石包丁、菫青石ホルンフェルス製石包丁の流通について、レンフルーが示した互酬（互恵）的流通であったことが指摘された（能登原ほか 2007）。今山産太型蛤刃石斧の生産体制についても、今山遺跡周辺の石斧のあり方から専業とはいえず共同体間分業の範疇でとらえるべきとの見解が示されている（森貴 2010 b）。これらは、北部九州地域における石器の生産と流通体制が政治的な関係にまで及んでいたとする従来の見解に対する新たな評価であり注目される。

また、筆者は下條のいう「付加価値」の高低が、地域を越えて比較できるのかどうかという点も課題としてあげておきたい。近畿の場合、「ブランド石器」として候補となるのは、畿内式打製尖頭器や柱状片刃石斧である。畿内式打製尖頭器は、南河内地域の特定集団によって製作され、製品が流通したという点で、非常に特殊な石器であった。柱状片刃石斧も阿波地域で産出された石材が畿内地域にまで流通していた可能性が高い（西口 2000、中村豊 2012）。この石器も遠距離を流通したという点では特別な石器であり、畿内地域で副葬事例があるのは、「特別」という認識があったからだと考えている。

ある一定の領域を流通する石器に高付加価値と低付加価値という評価を与えることは可能と考えるが、一つの器種の石器が地域を越えて同じ価値を有するといえるのだろうか。筆者は同じ器種でも、地域によって高付加価値である場合と低付加価値である場合があったことは十分に想定できると考えている。

また、石包丁については、畿内地域北部及び明石川流域や三田盆地においてはその地域内での生産と流通が中心となっていたのに対し、畿内地域南部では地域を越えた交易の比重が高いという違いが指摘された（高木芳 1999）。この見解は、畿内地域における石包丁流通に関する新たな考え方であり、かつて弥生時代中期に想定された「統括機構」（都出 1989）の存在を問うことにもなる。

このように、九州北部と近畿では石器研究に対する方法及び視点が異なっており、磨製石器を再分配によって流通させて階層化を引き起こしたとする北部九州地域と、互酬（互恵）的に流通し一つの統一体を形成させた畿内地域という違いがあった。ところが、近年では北部九州地域においても、互酬（互恵）的流通であったとする見解が出てきている。このことは、北部九州地域の弥生社会の評価ともかかわる重要な問題であり、今後の研究の深化が期待される。

4　鉄器化に関する研究の現状と課題

（1）北部九州地域と近畿での研究視点の違い

石器の終焉が鉄器の普及であるという視点が、昭和初期の森本六爾によって示されていたこと（森本 1934）についてはすでに触れた。

戦前の唐古・鍵遺跡の発掘調査で、①弥生時代前期の鹿角製刀子把に鉄錆が付着していたこと、②轆轤使用が想定される弥生時代中期の木製高杯の加工痕が非常に鋭利であること、③弥生時代後期に石器が認められず、杭に認められた鉈のようなものによる加工痕に対して金属利器使用が想定されたこと、などから鉄器の存在が考えられた（小林行ほか 1943）。また、弥生時代後期の静岡県登呂遺跡でも、木器の加工痕から鉄製工具の存在が指摘され（関野 1949）、鉄片が２点出土したのに対し石器がほとんど欠落しており、この時期の鉄器使用が考えられた（駒井 1954）。

戦後になると鉄器は生産力の発展と不可欠な道具とみなされ、田辺昭三の「生産力発展の諸段階」（田辺 1956）、岡本明郎の「鉄をめぐる話題」（岡本 1958）、近藤義郎の「初期水稲農業の技術的達成について」（近藤 1957）といった論考において、鉄器の果たした役割の重要性が強調された。なかでも田辺昭三は、弥生時代前期の鉄器は農具を作るための工具としての役割を担い、弥生時代終末期には農具も鉄器化したとし、器種により鉄器普及に時期差があったことを示した。

1960年代に入ると田辺と佐原眞は、弥生時代中期における大陸系磨製石器の急増と生産力の発展を関連づけ、相当量の鉄器の存在を示唆した（田辺・佐原 1966）。佐原は鉄器の普及と石器の減少とは相関関係にあり、池上曽根遺跡の太型蛤刃石斧の比率が減少したことにより、斧は伐採斧から鉄器化したと考えた（佐原 1972）。また、都出比呂志は弥生時代から古墳時代にかけて、農具の鉄器化の過程を検討し、土木開墾具である鉄製打ち鍬と鉄鎌が出現した弥生時代中期後葉から後期を鉄器化における第１の画期とした（都出 1967）。

その後、川越哲志は、列島における鉄器使用の開始は弥生時代前期で縄文時代晩期まで遡る可能性があること、鉄器製作の開始は弥生時代中期中葉、鉄生産は中期後葉からだとした（川越 1968）。川越はさらに、鉄器化の過程を①弥生時代前期〜中期、②弥生時代中期後半〜後期、③弥生時代後期、④古墳時代前期以降の４段階に整理し、農具の鉄器化が北部九州地域以外で達成されなかったのは、鉄器製作に限界があったからだと論じた（川越 1975）。

この頃、鉄器製作に関する検討も進められた。橋口達也は福岡県吉ヶ浦遺跡の鉄器をもとに、製作は弥生時代前期後葉まで遡る可能性を論じ鉄器製作論に先鞭をつけた（橋口 1974）。

1980年代に入ると松井和幸は、全国的に大陸系磨製石器の消滅とその鉄器化の関係を論じ、①北部九州地域に比べ畿内地域での鉄器製作はやや遅れ弥生時代中期前半に一部の鉄製工具の生産が始まり、国産鉄器の普及を背景として大陸系磨製石器は消滅に向かったこと、②斧の鉄器化は加工斧からで、農具の鉄器化は工具より遅れ弥生時代後期だったこと、③弥生時代の鉄製農具の普及には限界があり、生産用具の変革と生産力の発展が直接結びつくのは後の時代であると考えた（松井 1982）。農具の鉄器化は遅れ、鉄器化と生産力の発展との間には相関性がないことをいち早く指摘したことになる。

また、高倉洋彰は埋蔵文化財研究会における鉄器の集成を踏まえ（埋蔵文化財研究会 1984）、北部九州地域における鉄器の普及過程と画期を整理した（高倉 1985）。

弥生時代の鉄器は昭和初期から関心がもたれていた。近畿においては石器の減少から鉄器化が論じられたが、北部九州地域においては鉄器自体が出土することから鉄器自体の研究が進められた。

鉄器化の研究においても、両地域では方法が異なっていたことになる。

（２）石器からみた鉄器化―近畿の研究と新たな研究視点の提示

近畿でも近年では、鉄器の研究が進展してきており、石器から鉄器化を論証しようとしているのは、筆者以外にはほとんどいないように思われる。いずれにしても前稿（禰冝田 1998 b）では筆者の表現の稚拙さがあったためか、誤解を受けている点もあるので、ここで再確認したい。

第一点目は鉄器化の過程についてである。弥生時代中期後葉を畿内地域における本格的な鉄器普及の始まりととらえた。その理由は三つある。まずは兵庫県東南部の明石川流域や三田盆地の遺跡において鉄器の器種・量が相対的に増加すること。次は伐採斧（太型蛤刃石斧）と加工斧（柱状片刃石斧・扁平片刃石斧）の組成比率が、弥生時代前半期には伐採斧の方が高いのに対し、中期後葉以降は加工斧の方が高くなることから石斧組成の変化を鉄斧の普及によるものと理解したこと。最後は砥石組成とその内容である。すなわち磨製石器と砥石の比率は、中期中葉までは磨製石器の方が圧倒的に多かったのが、後期には砥石の方が多くなり、後期後葉には砥石しか出土しない遺跡が出てくること、さらには兵庫県の奈カリ与遺跡や有鼻遺跡の砥石には、目の細かいものが目立つようになることである。

第二点目は弥生時代後期における石器の消滅についてである。これは第７節でもふれるが、高地性環濠集落は中期末後期初の所産と考えられ、中期のような拠点集落と後期の小規模な集落との比較によって石器が消滅したと考えられていたことが一つの要因である。弥生時代後期に「石器は激減した」というのが実態である（禰冝田 1998 a）。石器は後期にも残存することから、中期から後期は鉄器化の過程において画期であるとともに、「Ｖ―０期（弥生時代後期初頭）」は「過渡的な時期」と評価した。弥生時代後期は大きな画期とみつつも、弥生時代後期前葉の利器には、鉄器のみならず石器や木器や青銅器もあった。収穫具としての木包丁や武器としての銅鏃は一定の役割を果たしており、これらの利器が補完しあっていたと考えていた。

第三点目は鉄器化に際する石器と鉄器の関係である。くり返しになるが、磨製石斧のうち弥生時代中期後葉の段階で太型蛤刃石斧の方が柱状片刃石斧や扁平片刃石斧よりも減少傾向にあることから伐採斧から鉄器化が進行したと考えた。

このような石器の生産と流通の衰退と鉄器の流通とが連動していたとする見方に対して新たな見解が提起された。寺前直人は、石器と鉄器の関係は地域ごとの石器生産と流通のあり方に起因し、大阪湾岸で出土する加工斧の石材は100 km以上離れた四国地域で産出されたもので、鉄器の不足を補うための、近隣の石材を用いた「安価」な代替品ではなく、金属器同様に遠隔地からの「稀少」なものだったと考えた。すなわち、日本海沿岸のように石器を金属器の代替品とした地域、畿内地域のように石器独自の価値体系において再生産させようとした地域というように地域差があったというのである。そして、畿内地域の弥生時代後期に中期的石器組成が変化したのは鉄器普及が原因ではなく、社会で道具に対する価値体系が変化し、独自の発展を遂げた石器が消滅に向かったからだと述べた（寺前 2011）。

また、菅栄太郎は畿内地域の弥生社会では、鉄器の供給を受けながらも石器を過剰に生産し流通させることにより、集落間と集落内の紐帯を維持し、物資のシステマティックな流通構造を強化しつづけていたと考えた。そのため急速な鉄器生産体制は浸透せず、異常な体制であり限界となった結果、自ら体制が崩壊し拠点集落の解体が進み、石器の生産体制自体の崩壊が石器の消滅を引き起こしたと評価した（菅 2011）。

野島永も鉄素材と磨製石器素材の交換を想定した場合、石材の供給過多は明らかであり、石器あるいは石器石材の贈与交換の途絶を引き起こしつつ石材や石器そのものの交換価値が下がっていったと指摘する。これによって、石器の互酬的な贈与交換を基軸としていた畿内地域の流通構造における交換の価値基準と交換領域に混乱がおこったと述べた（野島 2009）。

これらの指摘は今後の課題として受け止めたい。

第四点目は畿内地域の弥生時代中期の拠点集落の多くが解体した要因として鉄器の普及を想定した点についてである。石器の流通ネットワークは一定の地域、領域のなかで機能するもので縄文的な関係の延長ととらえられる。一方、鉄器は基本的に大陸からもたらされるものであり、その流通には松木武彦が指摘するように広域流通ネットワークの構築が必要となる。ここで鉄器といっても実際には青銅器の素材を含めて考える必要があるが、弥生時代後期社会は外部依存型経済システムへと転換した（松木 1995）と考えている。

前稿（禰宜田 1998 b）では、石器の生産と流通の体制の衰退が低地の拠点集落の存続基盤を解体させ、新たに高地性環濠集落が出現したと考えた。これについては、弥生時代中期後葉から後期前葉にかけて、石器の流通と鉄器の流通を統括する組織を想定することは現状では難しい。第三点目で指摘されたことを含め、高地性環濠集落が成立したことと石器生産と流通の因果関係を直接的に説明することも難しい。この問題はいったん切り離して、そうした集落が出現したことの意味の方を評価すべきと考えている。この点についても後述するが、一つには鉄器が本格的に流通することになったことへの対応という側面と東アジア世界における前漢から後漢への転換期にあたっての対応という側面とがあると考えている。

以上の4点について、前稿とのかかわりのなかで説明をしてきた。課題となるのは弥生時代後期にも鉄器の出土数が急増しない点である。この点については、畿内地域では何らかの要因で鉄器が出土しなかったのであり、「見えざる鉄器[(3)]」を想定することになる。ただし、その場合も潤沢な鉄器があったのではなく、石器に依存する必要のない程度の鉄器は供給されていたという状況を想定しておきたい。

(3) 鉄器研究からの見解―九州北部・中四国での研究及び近畿の評価

九州北部及び中四国地域では、鉄器が実際に出土することから、1990年以降、村上恭通や野島永らを中心に鉄器研究が進められた。村上は『倭人と鉄の考古学』(村上恭 1998) をはじめとする著書・論考において、全国から出土した鉄器をもとに時期的変遷や地域差、鍛冶炉の分類をおこない鉄器製作技術についても言及し、列島における弥生時代鉄器を東アジア世界のなかに位置づけた。

韓半島から伝播してきた鉄器製作技術は、古い時期ほど鍛冶炉の操業温度が高く鍛冶具も整うなど技術的に高度であったが、列島で拡散するにあたって、その技術は弛緩したとする。鉄器製作の工人は一部を除き首長や特定集団に供給することはなかったとし、青銅器生産が時間とともに向上し、製作工人は有力者に直属したことと対比的に論じた(村上恭 2007)。

そして、鉄器製作技術を示す鍛冶炉については掘り込みのあり方などによって三つに分類し(村上恭 1998)、のちに掘り込みをもたないⅣ類を設定した(村上恭 2007)。Ⅳ類が近畿における鉄器製作と深くかかわることになるが、冶金学的に鉄器の再生ができたのは北部九州地域と西部瀬戸内地域のみで、近畿では困難だとする。

さらには、「石器からみた鉄器化」については、相互に検証しないまま論を展開しているとし、石器の消滅は鉄器の普及を前提に検証されなければならないが、後期前葉はもちろん後期後半でも完全に消えないことを強調する。そして、鉄器がありながらも石器の残存する背景を的確に評価するべきだとし、弥生時代中期以降、鉄器は豊富に供給されたのではなく、供給が滞り石器を製作する時期もあり、弥生時代終末期でも十分に鉄器化していなかったとみる(村上恭 2007)。九州北部には石器製作が復活したとみなされる遺跡があるようだが、問題とされている畿内地域で、そうしたことが考えられる遺跡は、現在のところない。

かたや野島は、近畿の集落及び墳墓から出土する鉄器の出土状況を時期別に整理し、北近畿は韓半島南部からの舶載鉄器を入手し、それを模倣した鉄器製作技術が入ってきていたとする。一方、中近畿については、中期後葉から後期前葉に鉄素材は増加するものの、立体的な袋状の工具は製作できなかったため、鉄器は磨製石器を補完する立場から脱却できなかったとした上で、後期の石器の減少は鉄器の普及だけが要因ではないこと、鉄素材の入手は安定的ではなかったことに言及した(野島 1996)。

このように、近年の鉄器研究の側からは、鉄器化は発展的に進行したわけではないこと、順調ではなかったことが強調されている。

(4)「石器から鉄器へ」に関する諸課題

以上のような見解が示されているなか、畿内地域における鉄器化を考えるうえで、一部繰り返しとなるが、課題を挙げるとすると次の4点となる。

第1点目は鉄器の普及における石器との関係である。以前は、鉄器の普及が石器の減少・消滅を引き起こしたと考えられていた。しかし、寺前直人（寺前 2011）や菅栄太郎（菅 2011）は石器の流通体制が強固であったことを評価し、その体制崩壊の直接的な要因を鉄器の普及に求めていない。東北部九州地域を検討した土屋みづほも、石包丁・伐採斧・加工斧という複数の器種についての生産と流通の変遷から、一器種の生産停止はほかの器種の石器生産にも影響を及ぼしたこと、石器生産が衰退したことには鉄器の普及を想定するものの、石包丁の消滅と鉄製収穫具の普及とは相関関係にはないと評価した（土屋 2004）。野島永（野島 2009）もその視点から検討している。いずれも、鉄器の普及により石器が徐々に鉄器に置き換わっていくという1960年以来の鉄器普及論（佐原 1972、禰宜田 1998 b ほか）に対する新たな考え方である。

そして、寺前は畿内地域において、阿波地域の石材で製作された片刃石斧は「外」からもたらされたものであり、石器であっても鉄器と同様の価値があったと考えた（寺前 2011）。石器が「外」からもたらされたとしても、鉄器はそれまで弥生時代の人々が手にすることのなかった材質の利器で、大陸からもたらされたことで、モノとともに伝わってきたと考えられる情報は石器のそれとは異なるものであったとする。そういう点で、石器は鉄器と同じ価値があったという指摘は重要で、改めて検討するべき課題である。

第2点目は鉄器の出土数についてである。寺沢薫は鉄器の普及により弥生時代中期に拠点集落によって形成された石器流通システムが崩壊し、拠点集落が存立基盤を失い、新たな高地性集落にとって替わられたとする点を疑問視した。この点についての考え方はすでに示した。

そして、弥生時代後期に近畿で新たな鉄器の流通システムができ、地域構造や政治システムを創造し、北部九州地域優位の権力関係を大きく揺るがすには、北部九州地域と畿内地域の鉄器出土量には雲泥の差があるとして、鉄器化を評価していない（寺沢 2000）。藤田憲司も山陰地域が北部九州地域に次いで多く鉄器が出土していること、鉄器の出土量が少ない畿内地域の鉄器製作技術は未熟であることから、石器の減少による鉄器の普及を想定する立場には否定的で、さらに畿内地域の勢力が弥生時代中期から右肩上がりで成長することはなかったとする（藤田憲 2002）。

たしかに、両地域の鉄器の出土量に大きな差があることは事実である。実際の数量を比較し、それでもって社会を比較することはひとつの手法ではあるが、それだけで十分なのだろうか。鉄器化の評価は、一地域のなかでおこなう視点も必要だと考えている。

なお、畿内地域において鉄器の出土量が少ないことについては、考古学的ではないが、証明のできない要因が作用していたことも考える必要があるのではないだろうか。たとえば、近畿のなかでは兵庫県東南部で鉄器の出土量が多くなっているが、それはこの地域で大規模ニュータウン建設が進められ面的に発掘調査がおこなわれたことが影響している。このことで留意したいのは、九州北部と畿内地域における開発状況もかなり異なっている点である。九州北部では最近でも福岡県今宿五郎江遺跡のように弥生時代後期の環濠集落をほとんど完掘するような面的な発掘調査がおこなわれた。これに対し、畿内地域では近畿自動車道建設に際し河内平野に長大な「トレンチ」を入れる形で発掘調査を実施したが、面的な調査事例は多くない。開発面積の多寡が、鉄器の出土数を反映している点は念頭に置いておきたい。

「見えざる鉄器」ですべてを説明することは慎まなければならないが、現在の鉄器の出土数をそのまま当てはめることにも問題がある。「見える鉄器」と「見えざる鉄器」の両方から鉄器化について検討する必要があると考える。

第3点目は鉄生産の問題である。かつて、鉄生産については、低品位の海綿状の鉄を生産した可能性が指摘された（近藤 1966）。その後、鉄滓の自然科学分析によって精錬滓と鍛冶滓に区分がなされ、古墳時代後期後半以降でないと精錬滓はないという自然科学分析からの見解が示された（大沢 1983）。一方、弥生時代の鉄生産遺構として、広島県小丸遺跡で検出された炉跡が注目された。ところが、あわせて出土した木炭について炭素14年代測定をおこなったところ、古墳時代に相当する数値がでてきたため、確実な例とはならなくなってしまった。現在、弥生時代において鉄生産がおこなわれたことを示す確実な遺構はない。

しかし、村上恭通は中九州で韓半島にはない褐鉄鉱を原材料とする鉄器が認められることに注目し、国内でも簡単な鉄生産があった可能性を論じている（村上恭 1998）。また、近年、縄文時代以降使用されているパイプ状ベンガラが古代スウェーデンでは製鉄に用いられたことを紹介しつつ、列島でも製鉄原料に使用された可能性が指摘された（山内裕 2013）。

弥生時代の鉄は、大陸からもたらされたものが主体であったとしても、村上らが想定していたような簡易な鉄生産が弥生時代の列島にもあった可能性については、念頭に置いておきたい。

第4点目は鉄器化の意義についてである。村上は、弥生時代後期における石器の残存、鉄器や鍛冶技術の地域間の格差などから「弥生時代は鉄器時代」という弥生文化のイメージを見直す必要性について言及した。そして、弥生時代後期前半が流通システムを変容させるドラスティックな時期ではなく、社会全体の変動の要因を鉄器に負わせるには鉄器生産は未熟で、変化の要因は別に求めるべきだとする（村上恭 1998）。さらに、『魏志倭人伝』に記載のある「倭国乱」について、文献史学を含め、鉄をめぐる抗争であったとする見解（都出 1989、松木 1995、白石 2013ほか）はありえず、畿内地域の勢力が弥生時代に鉄器流通の掌握権を北部九州地域の勢力から奪取したという仮説にも否定的にならざるをえないともいう。こうした見解は、鉄器が社会において重要な役割を果たし、生産力の発展や社会を変える原動力となったというこれまでの評価に根本的な修正を求めたものである。

戦後、弥生時代の畿内地域に鉄器化によって生産力の発展をもたらしたという観点から研究が進められた。今日的には再検討が必要なところもあるが、畿内地域の鉄器化については評価されていないというのが現状である。

以上が畿内地域における鉄器化にかかわる課題であり、第3点目を除く3つの点については、第7節以降で改めて検討し、筆者の考え方を示すこととする。

第3節　列島各地の弥生石器

1　石器組成研究の課題と方法

石器研究においては、型式学的研究をはじめ分布論、機能論とともに重視されてきたのが組成論である。組成の検討に際しては、器種の有無など石器の組み合わせを検討する方法と各器種の組成比率を検討する方法があるが、留意しなければならないことがいくつかある。

まずは、発掘作業の条件・方法や発掘調査担当者の認識により、得られる資料に差が出てくる場合があるということである。このことは遺物すべてにかかわることだが、石器については、通常の人力掘削による資料と排土を水洗して得られた資料の組成比率を比べると、大きく異なることが示されている。とくに小さい石器は水洗をしなければ発掘作業中に取り上げられないことが多く、発掘作業による組成比率の比較に意味があるのかという疑問も出されている（中川 1997）。とはいっても、すべての発掘作業でそれをおこなうことは現実的ではなく、石器組成を議論する場合、そうした資料のもつ限界を知ったうえで検討する必要がある。

次に、石器の組み合わせや組成比において、通常とは異なる結果が出てきた場合の取り扱いである。その解釈はいくつか出てくるであろう。それを遺跡の個性ととるか、発掘作業の際の誤差とみて事例に含めないかで遺跡の評価は大きく変わってくることになる。このことは、ほかの遺物でも共通することであるが、他の考古学的な知見を踏まえて、総合的に判断していく必要がある。

最後に、現在、想定されている石器の機能が、一つとはいいきれないということである。スクレイパーが収穫に使用されることはその一例で（須藤・工藤 1991）、石斧は破損した後に敲石や磨石に転用されることもある。器種組成の提示は基礎的な作業として必要であるが、そこから議論を展開する場合、実際には難しい問題があることを認識しておく必要がある。

石器が使用された時代の社会や文化を復元するにあたり、石器組成の検討は重要であるが、以上の点を踏まえると、具体的には次の方法が考えられる。第一の手法は「ある」ものから議論する方法である。これは、存在するものから積み上げていくことから、もっとも確実な方法といえよう。第二の手法は「ある」「なし」で議論をする方法である。ない器種については、場合によっては、将来、発掘調査で出土することを念頭において議論を進めることが求められる。第三の手法は組成比率から議論する方法である。この検討の際には、発掘作業の手法や環境による誤差が含まれていることを忘れてはならない。多くの事例を収集したうえで、傾向を読み取ることになる。

本節では第一の手法、第二の手法から列島各地の石器組成の特徴を提示しつつ、列島の弥生石器の特徴及び地域性について整理する。

そして、第4節では三つの手法を併用しながら東北の弥生石器の特徴を明らかにする。そして、第2章第3節では第三の手法で高地性集落の石器組成比率から、その性格を復元する検討をおこなう。どの手法をとるにしても、課題があることを認識した上で、議論を展開する必要がある。

なお、大陸系磨製石器は水田稲作にともなって伝播してきた石器とみなす。つまり、石包丁は収穫具、大陸系磨製石斧は水田稲作にともなう農具などの木製品の製作にかかわる道具として議論を進める。

2　弥生石器の成立（早期から前期）

弥生石器の成立過程を考える際、まず着目するのは大陸系磨製石器である。具体的には磨製石鏃、太型蛤刃石斧・抉入柱状片刃石斧（柱状片刃石斧）・扁平片刃石斧という3種の磨製石斧、石包丁などである。

もっとも遡る事例が福岡県貫川遺跡から出土した石包丁である。時期は縄文時代晩期中葉の黒川

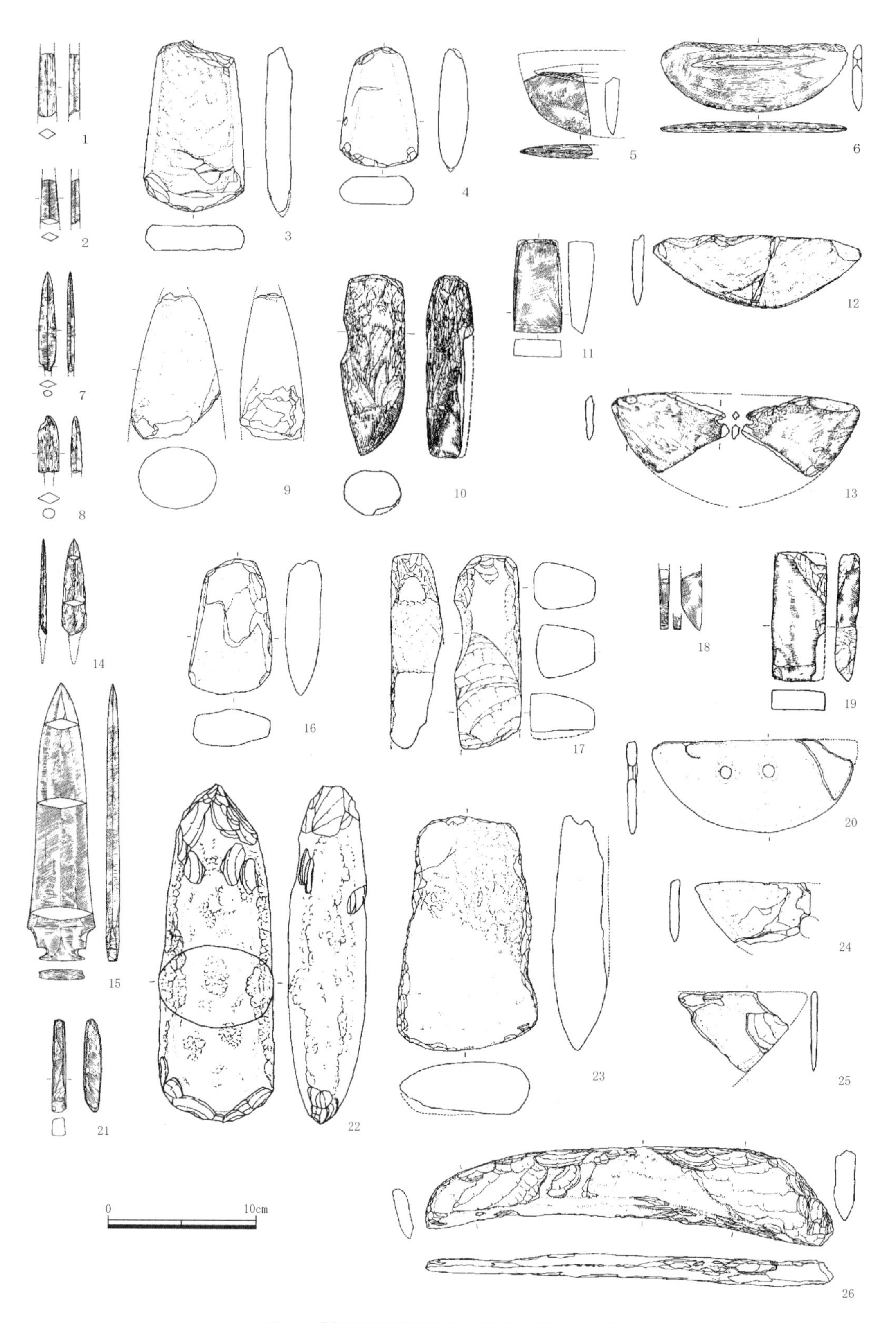

図４　菜畑遺跡石器実測図（唐津市教委 1982）

式とされ、資料紹介においても孔列文土器とのかかわりが指摘されている（前田・武末 1994）。この時期には、北部九州地域ではなく、むしろ東北部九州地域・南九州地域・山陰地域において韓半島とかかわりのある孔列文土器が出土している。石包丁はそうした土器にともなってもたらされたと考えられている（小南 2009）。ただし、縄文時代晩期の孔列文土器は、韓半島南部の「前期無文土器文化複合」とする段階に相当し、突帯文土器の段階に伝播してきた水田稲作文化以前に「根づかなかった農業文化」があったことを示す物証と考えられている（前田・武末 1994）。

つづく弥生時代早期前半の山ノ寺式期の佐賀県菜畑遺跡においては、磨製石鏃・両刃磨製石斧・片刃磨製石斧・石包丁がセットで出土している（図4-1～6）。ただし、両刃磨製石斧の厚さは薄く（図4-3・4）、早期後半でも両刃石斧は縄文的な形状であり（図4-9）、厚みを有する太型蛤刃石斧といえるのは前期後葉の段階になってからである（図4-22）。やはり早期にあたる福岡県曲り田遺跡でも両刃石斧は分厚くなっておらず、縄文石器から弥生石器への過渡的な状況を呈している。

弥生時代早期から弥生時代前期初頭において、北部九州地域では、磨製石鏃、太型蛤刃石斧などの大陸系磨製石斧、石包丁は出現している。ただし、石器組成全体の中でこれらは一部であり、石器の大半は縄文時代以来の打製石器であった。

北部九州地域に伝播してきた新たな文化とそれにかかわる道具類は、九州島の東側及び西側を南下していった。弥生時代前期の資料として鹿児島県高橋貝塚がある。鹿児島県西部に所在し、磨製石剣、3種の磨製石斧及び石包丁が出土している。また、宮崎県持田中尾遺跡（図5）においても磨製石鏃・磨製石剣・柱状片刃石斧・石包丁が確認されている。

次に瀬戸内地域である。弥生時代早期後半併行の香川県林・坊城遺跡では突帯文土器単純層から諸手鍬とエブリといった水田稲作にかかわる農具が出土した。ただし、石器は打製石鏃などの打製石器と基部が尖がる縄文系の磨製石斧であり、石包丁を含む大陸系磨製石器は確認されていない（図6-1～11）。つづく弥生時代前期前葉になると、香川県下川津遺跡（図6-12～30）では磨製石鏃や石包丁が出土している。また、前期の環濠集落である岡山県清水谷遺跡でも太型蛤刃石斧をはじめとする大陸系磨製石斧や石包丁が出土している。大陸系磨製石器は弥生時代前期前葉に伝播してきたという状況である。

近畿では、もっとも古い稲作関係資料として、弥生時代早期後半に併行する口酒井式の兵庫県口酒井遺跡の浅鉢に付着した籾圧痕があげられる。この遺跡では、突帯文土器に石包丁2点がともなうともいわれていた（図7）。出土した土器の多くは突帯文土器ではあるものの一部弥生土器も認められることから、確実に突帯文土器の時期の所産とは断定できなくなった[(4)]。突帯文土器にともなう大陸系磨製石器は、現在のところ未確認ということになる。

弥生時代前期前葉に始まる兵庫県大開遺跡（図8）では、太型蛤刃石斧をはじめとする大陸系磨製石斧は出土しているものの石包丁は未検出である。石包丁については、たまたま見つからなかったのか、もともとなかったのかで意味は大きく変わるが、集落全体を調査したことを踏まえると、石包丁はあったとしても稀少で基本的に欠落していたと考えるべきだろう。

九州から近畿までの石器を概観すると、弥生時代早期あるいはそれに併行する突帯文土器期において大陸系磨製石器が確認されるのは、現状では北部九州地域のみである。それ以外の地域で大陸系磨製石器が出土するのは弥生時代前期前葉以降であるが、石包丁については出土が確認されない遺跡もある。

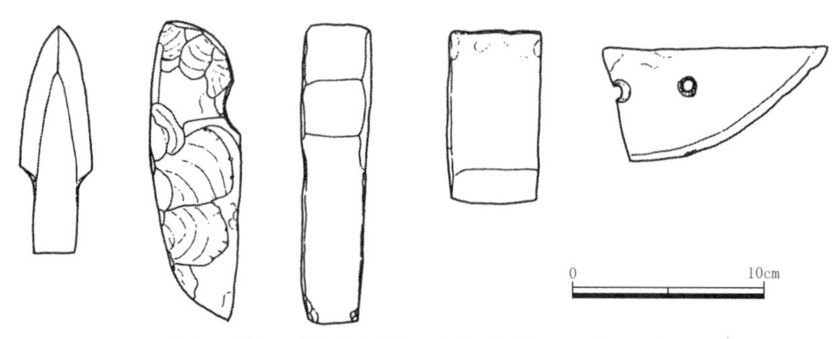

図５　持田中尾遺跡石器実測図（高鍋町教委 1982）

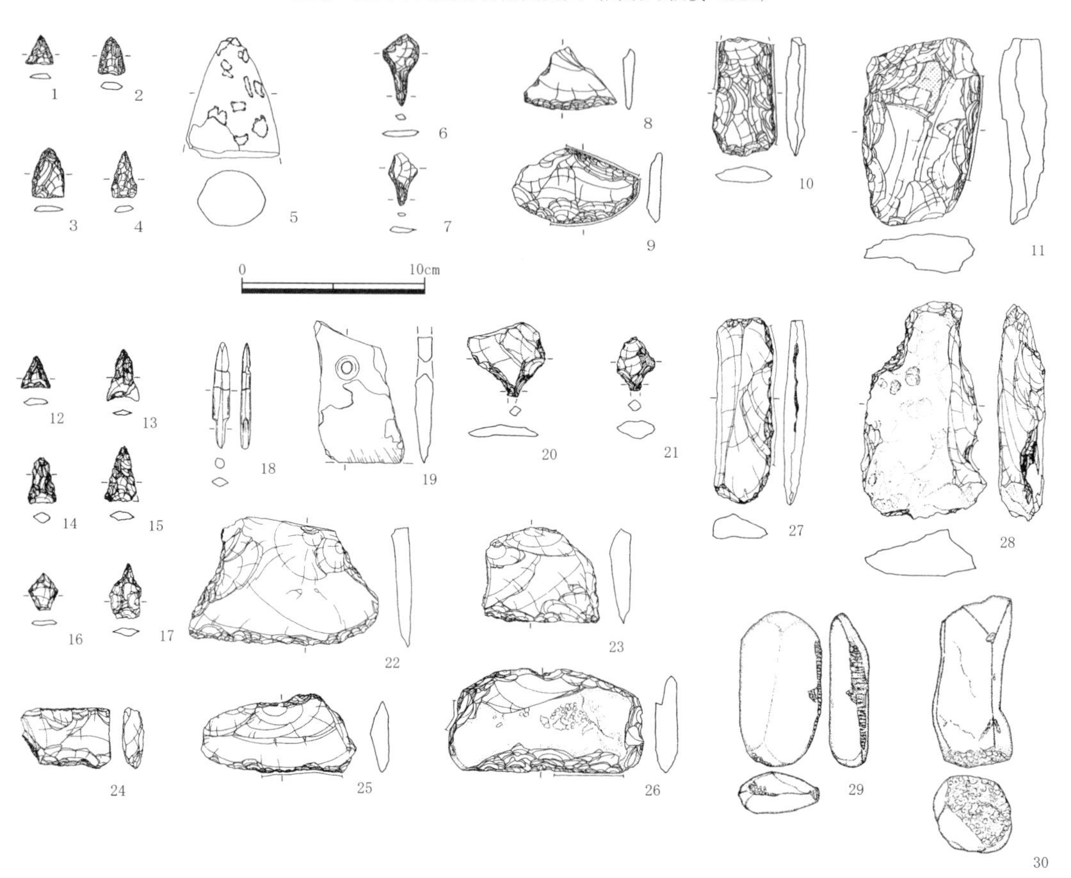

図６　林・坊城遺跡（1～11）及び下川津遺跡（12～30）石器実測図（(財）香川県 1993・1990）

さらに東に移り、遠賀川式土器分布圏の東端付近にあたる東海西部では、愛知県山中遺跡で突帯文土器を含む弥生時代前期の層から抉入柱状片刃石斧が出土するが、石包丁は未確認である。弥生時代前期の朝日遺跡をはじめこの地域では礫を割った粗製剥片石器が出土し、それが収穫具として使用されたと考えられているが、当初から石包丁を受容しなかったとみなされる。

南関東では前期の単純遺跡は見当たらない。北関東の群馬県注連引原Ⅱ遺跡は弥生時代前期から中期前葉にかけての時期で、打製石鏃・両刃磨製石斧・スクレイパー・砥石・打製石斧・有肩扇状石器・磨石類など164点が出土している。器種構成は縄文時代以来の石器組成と同じで、打製石斧が51点と高比率であることが指摘されている（大工原 1988)。このことと農耕との関係について

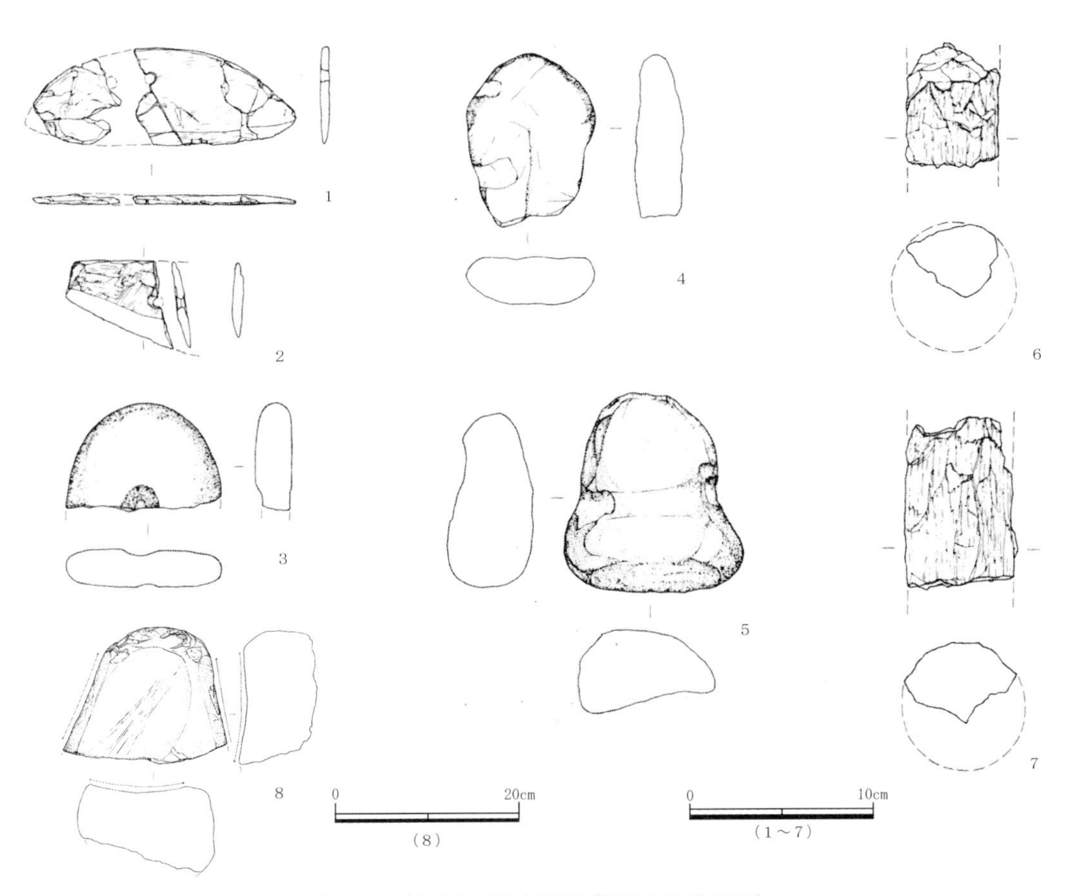

図7　口酒井遺跡石器実測図（伊丹市教委 2000）

は、自然科学分析を含め総合的に検討する必要があろう。

東北に目を転ずると、北部の弥生時代前期後葉の青森県砂沢遺跡で水田跡は確認されているものの利器としては、打製石鏃、スクレイパー、石匙、石錐といった打製石器と磨製石斧が出土している。大陸系磨製石器をともなわず、縄文時代の遺跡とほとんど変わらない石器組成を呈している。

ただし、太平洋側に所在する青森県荒谷遺跡で遠賀川系土器とともに抉入柱状片刃石斧が発見された（図9）。近畿にもあまり例のない抉入柱状片刃石斧が東北北部で確認されたことになる。水田稲作をともなう新たな弥生文化に関する情報は日本海ルートで、海流の存在を踏まえると、おそらく、リレー式というより一部の拠点的な地点を経由して、飛び石的に東北の最北端まで伝播したと考えられる。砂沢遺跡の近くでも石包丁は確認されている。大陸系磨製石器は断片的に伝播してきたが定着せず、基本的に縄文時代以来の石器が用いられていたと考えられる。

また、南部でも松島湾から40 kmほど北に位置する宮城県山王囲遺跡では、弥生時代前期の石包丁とされる石器が出土している（須藤 1983 a）。粘板岩製で、孔はなく粗雑な作りであり明確な外湾刃でもない。弥生時代中期以降にこの地域で展開する形態とは異なっている（図10）。

以上のように、東日本から東北においては、大陸系磨製石器の受容時期及び器種という点で、日本海側と太平洋側では違いがあった。注目されるのは東北で、とくに北部での大陸系磨製石器の出現が関東よりも時間的に早いことである。東北の弥生石器の特徴やこの地域に至る大陸系磨製石器

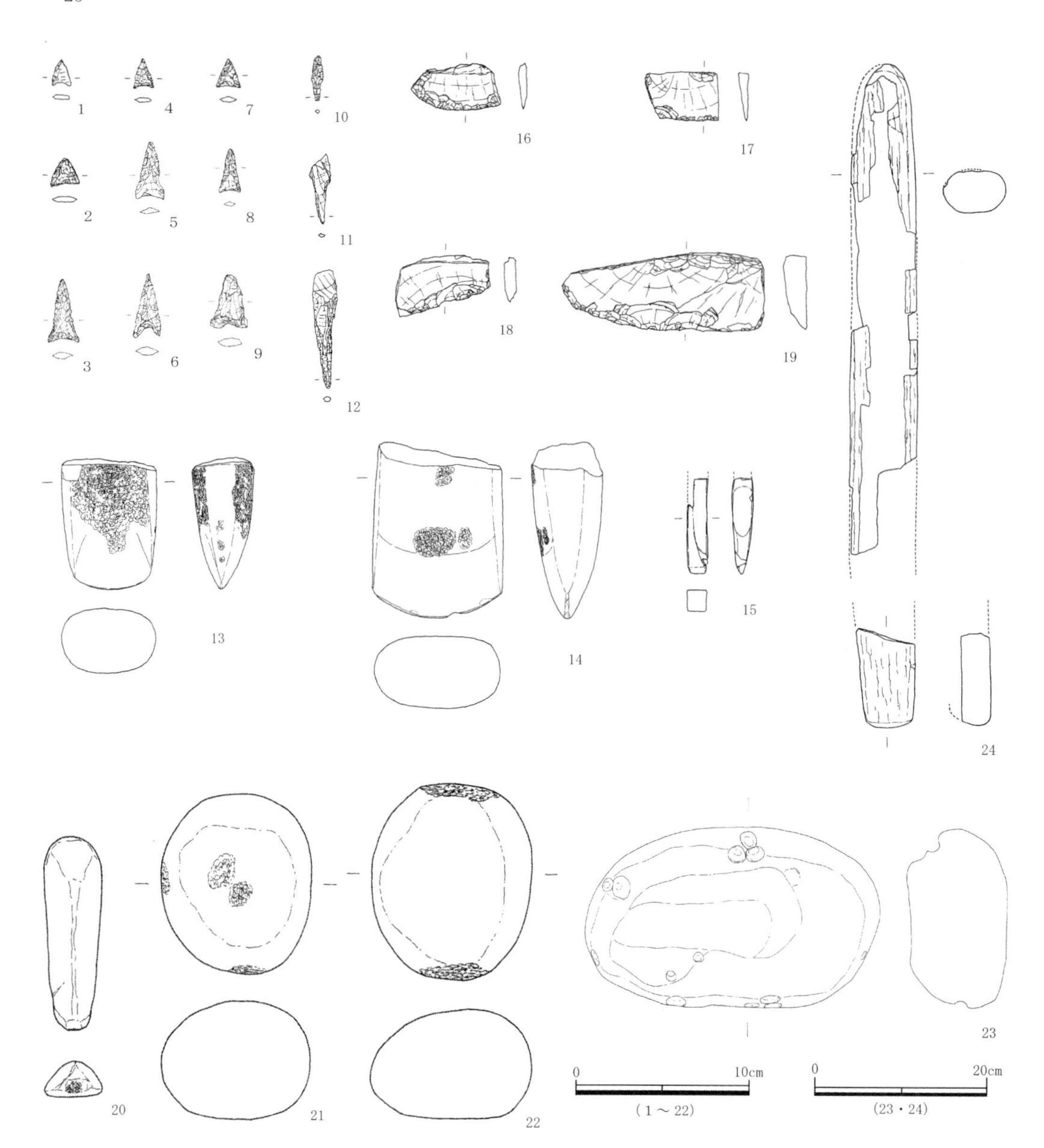

図8　大開遺跡石器実測図（神戸市教委 1993）

の伝播ルートについては第3節で検討したい。

3　弥生石器の展開（中期）

（1）西日本の様相

九　州　弥生時代中期の北部九州地域の石器組成は、打製石鏃・磨製石鏃・磨製石剣などの武器、太型蛤刃石斧をはじめとする磨製石斧、スクレイパー類、砥石などの工具、敲石・磨石などの工具及び調理具、石包丁・磨製石鎌などの農具などからなる。

東北部九州地域についても、福岡県下稗田遺跡をみると基本的な組成に変化はない。各種の大陸

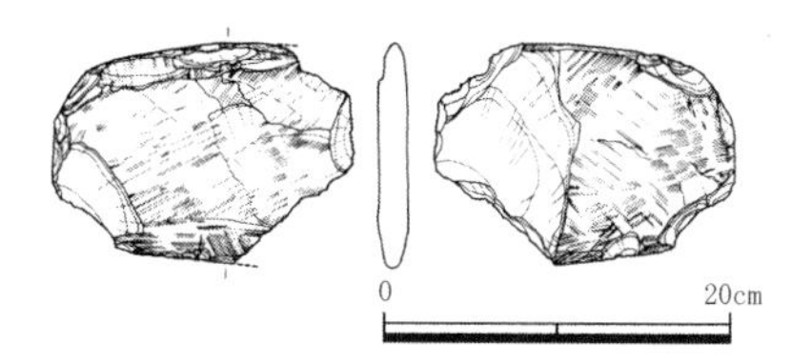

図10　山王囲遺跡石包丁実測図（須藤 2000）

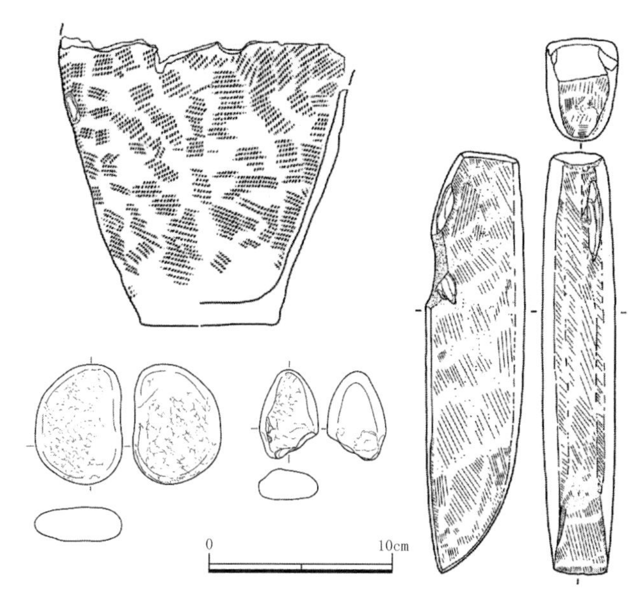

図9　荒谷遺跡埋納遺物実測図（水野 2007）

系磨製石器はもとより、弥生石器のほとんどの器種がそろっている。

中九州においても、熊本県神水遺跡では大陸系磨製石斧とともに多数の石包丁が出土し、組成としては北部九州地域とおおむね同じである。

南九州については、大隅平野の台地上に所在する鹿児島県王子遺跡の事例をみておこう（図11）。この遺跡は比高差 40 m のシラス台地上に立地した集落跡で、磨製石鏃・打製石鏃・砥石・石錐・石錘・敲石などが出土している。この遺跡では、磨製石鏃が 50 % を超える高比率である点、大陸系磨製石器が認められない点が特徴である。プラントオパール分析から、陸稲栽培を含む畑稲作がおこなわれたと考えられているが、収穫具とみなされる石器は未確認である。大隅半島でも志布志湾に近い肝属平野の弥生時代前期後葉から中期中葉の西の丸遺跡では石包丁が出土している。一つの地域でも石器組成に違いがあることになる。このことから、石器組成の違いをもとに、水田農耕文化圏、畑作農耕文化圏、その両方がおこなわれた複合農耕文化圏が形成されていたのではないかという意見も出されている（川口 2017）。こうした視点からの研究は、ほかの地域でもおこなわれる必要がある。

中四国　東西に広い地域となるが、打製石鏃、太型蛤刃石斧をはじめとする大陸系磨製石斧、そしてスクレイパー類など打製の加工具、砥石などが出土する。瀬戸内地域においては、畿内式打製尖頭器及び打製の石包丁が出土する点が特徴として指摘できる。

なかでも石器組成上重要なのは石包丁である。岡山県百間川兼基遺跡では、弥生時代中期に若干の石包丁は出土するものの、基本的に打製の石包丁であった。それは岡山県用木山遺跡でも同様である（図12）。

弥生時代前期、吉備地域でも新たな水田稲作文化を受容し、石器においても石包丁を含む大陸系磨製石器が使用されたけれども、弥生時代中期に石包丁は主要な石器ではなくなる。この時期の打製の石包丁については、吉備地域で縄文時代に金山産サヌカイト製の石器を生産し流通させた社会が成立しており（竹広 2003）、とくに、縄文時代後期から晩期にかけて両側辺に抉りの入っ

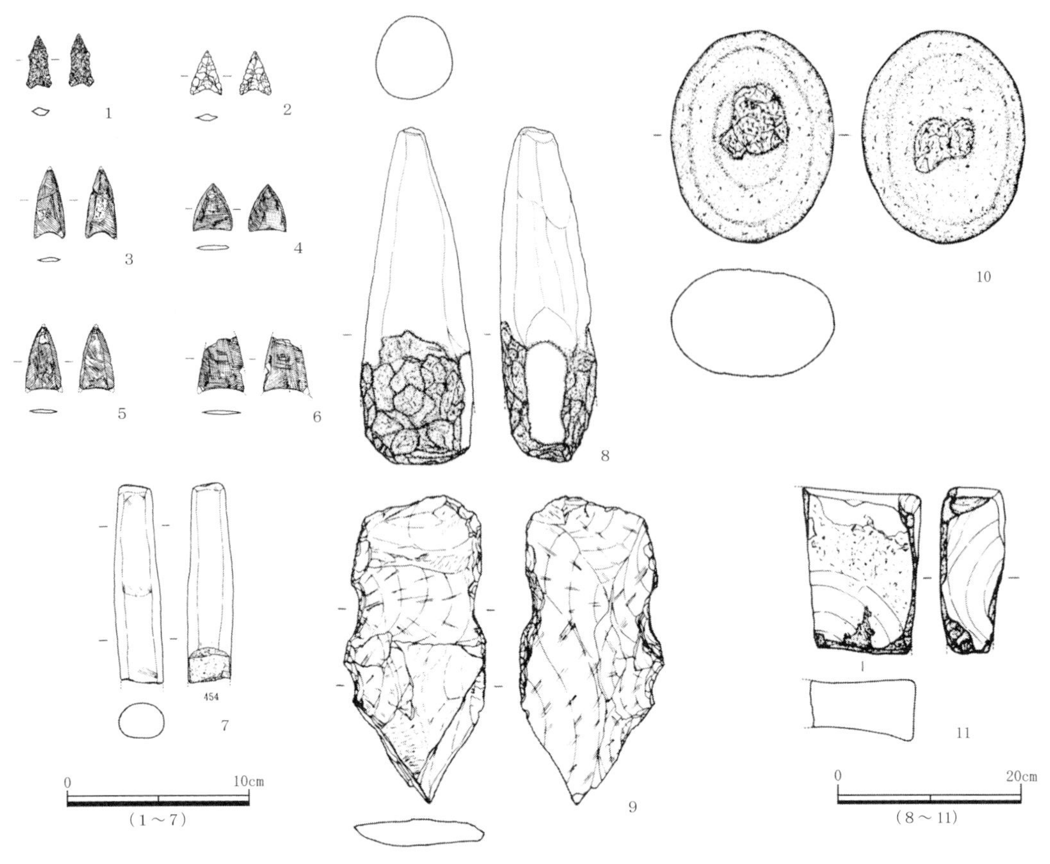

図11　王子遺跡石器実測図（鹿児島県教委 1985）

た打製石器が出土していることから、弥生時代の打製の石包丁への連続性が指摘されている（中越 1993）。吉備地域では石包丁よりも、従来から使用していた金山産サヌカイトを石材とする打製の石包丁が収穫具として選択されたことになる。弥生文化が定着する段階で、西日本のなかでもこうした「先祖返り」ともいえる動きがあったことを指摘しておきたい

日本海側では、島根県西川津遺跡において、打製石鏃・磨製石鏃、太型蛤刃石斧をはじめとする大陸系磨製石斧やスクレイパー類・砥石などの工具、石包丁・磨製石鎌などの農具が出土する。磨製石鏃・磨製石鎌・石錘は北部九州地域で出土する石器と同じであり、日本海ルートによってもたらされたことが考えられている（下條 1989 a）（図 13）。磨製石鎌については昆布採り用とする解釈があり（内田 1996）、考古学的に実証は難しいが石器の多様な用途を想定するにあたって留意しておきたい。

近　畿　近畿においても打製石鏃・磨製石鏃などの武器、太型蛤刃石斧をはじめとする大陸系磨製石斧やスクレイパー・砥石などの工具、石包丁などの農具が出土する。この地域を特徴づける石器として畿内式打製尖頭器が挙げられる。北近畿から南近畿までという広範囲から出土するとともに、畿内地域では折損品が多いが、打製石鏃に次いで石包丁とともに数多く普遍的に出土する。また、ほかの石器とは異なり、南河内地域の集落で生産された製品が流通したという点で特殊な石器であったと考えている。同じ形の石器で磨製品である畿内式磨製尖頭器もある。

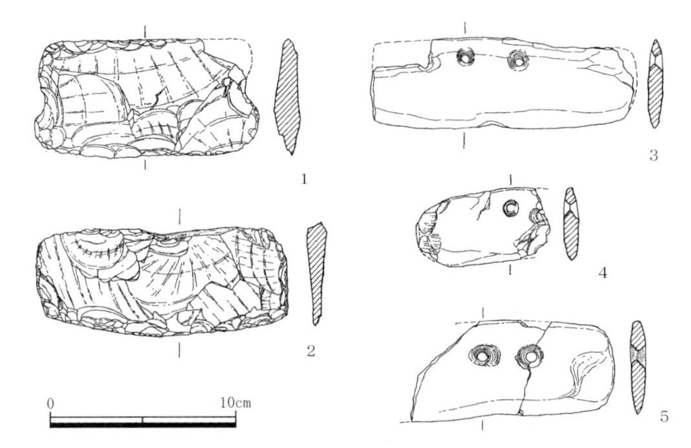

図12　用木山遺跡石器実測図（山陽町教委 1977）

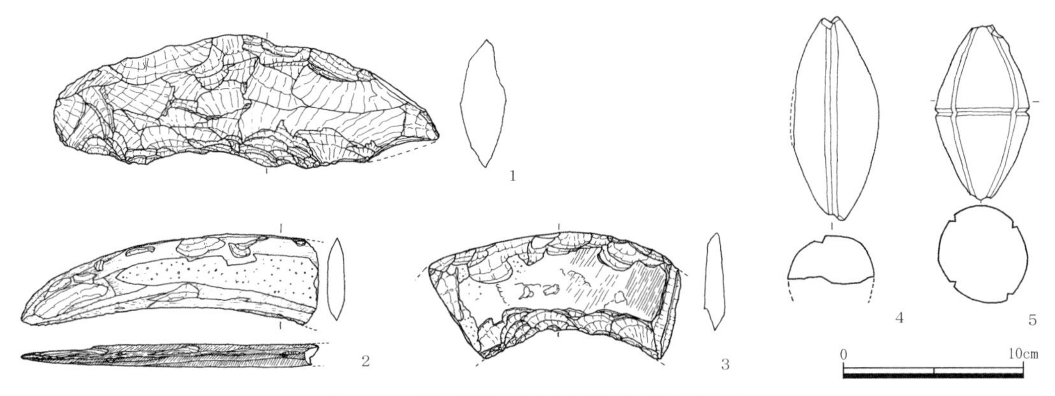

図13　西川津遺跡石器実測図（下條 1989 a）

唐古・鍵遺跡（図 14）の石器を提示したが畿内式打製尖頭器のほか、畿内式磨製尖頭器すなわち鉄剣形石剣・銅剣形石剣もある。石包丁については、直刃が主体となる。打製石器に関しては、サヌカイト製の打製石鏃をはじめ石錐、石小刀・不定形刃器などの工具類が多数出土している。不定形刃器は近畿に限らないことであるが、さまざまな機能を有した定形外の万能的な利器であった。この遺跡では縄文的な石器として石棒がある。敲石・磨石類のうち、敲石は工具としても評価する必要がある。石皿や磨石は調理具、台石は工具とみなされる。

大阪府東山遺跡（図 15）は弥生時代中期から後期、奈良県原遺跡は弥生時代中期のいわゆる高地性集落である。東山遺跡の石器については、敲石・磨石類、丸石、石皿類が多数出土し、縄文的な生活を営んでいたと評価された（菅原 1980）。筆者がこれらの石器を実見した限り、敲石よりも磨石・丸石など調理具とみなされる石器の方が多く、今日的にも調理具の占める割合が高いことが特徴である。原遺跡では石包丁は出土するものの打製石鍬も出土している。これらの石器組成から畿内地域及びその周辺地域でも縄文的な石器が残存する遺跡があり、それが生業にも反映していたことが指摘できる。

（2）東日本の様相

中　部　東海西部の弥生集落で傑出した規模と内容を有するのが朝日遺跡（図 16）である。二上

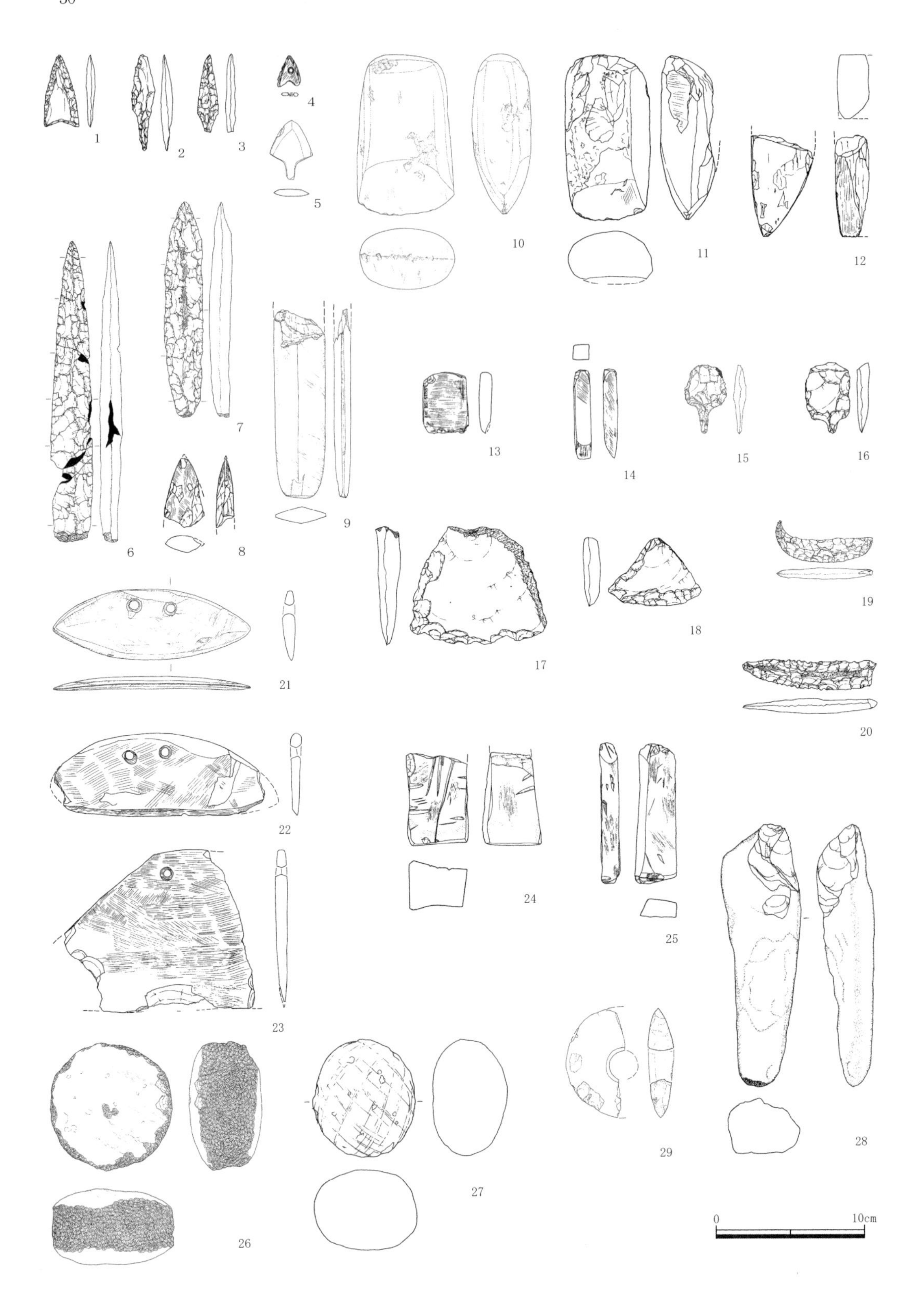

図14　唐古・鍵遺跡石器実測図（田原本町教委 2009）

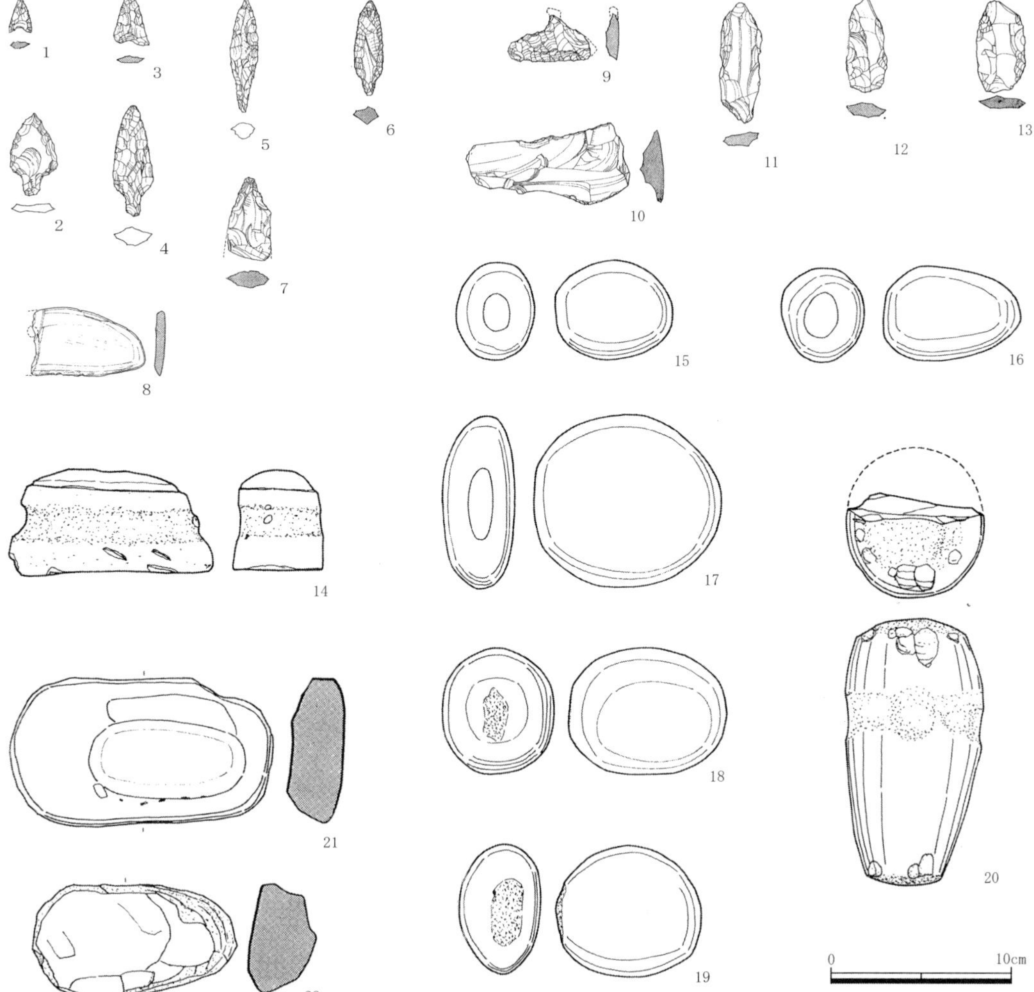

図 15　東山遺跡石器実測図（大阪府教委 1980）

山産サヌカイト製の打製石鏃や畿内式打製尖頭器が出土するにもかかわらず石包丁は少数である。そのかわりに刃部に光沢のある剝片石器が収穫具として使用されたと考えられてきた。ただし、使用痕分析では収穫具として機能した結果は得られず、収穫具は依然として少なく、この点は課題である（原田 2017）。

水田稲作技術の受容後定着させるにあたり、地域によって石器組成に差があった。このことは各地域の集団が、縄文時代以来の伝統を踏まえ、主体的に受容したことを示している。東海西部の集団が石包丁を受容しなかったことは、東海東部以東太平洋側の弥生遺跡の石器組成に影響を与えることとなった。

東海東部の静岡県川合遺跡（図 17）では、弥生時代中期後葉に大陸系磨製石器が顕著になる。扁平片刃石斧を中心に太型蛤刃石斧を含めた３種の磨製石斧が出土するものの、石包丁は非常に少ない。石包丁の代替品と想定された剝片石器を使用痕分析したところ、収穫具であったことを示す使用痕は確認されなかったという（山田し・山田成 1991）。西日本の石包丁でもコーングロスはま

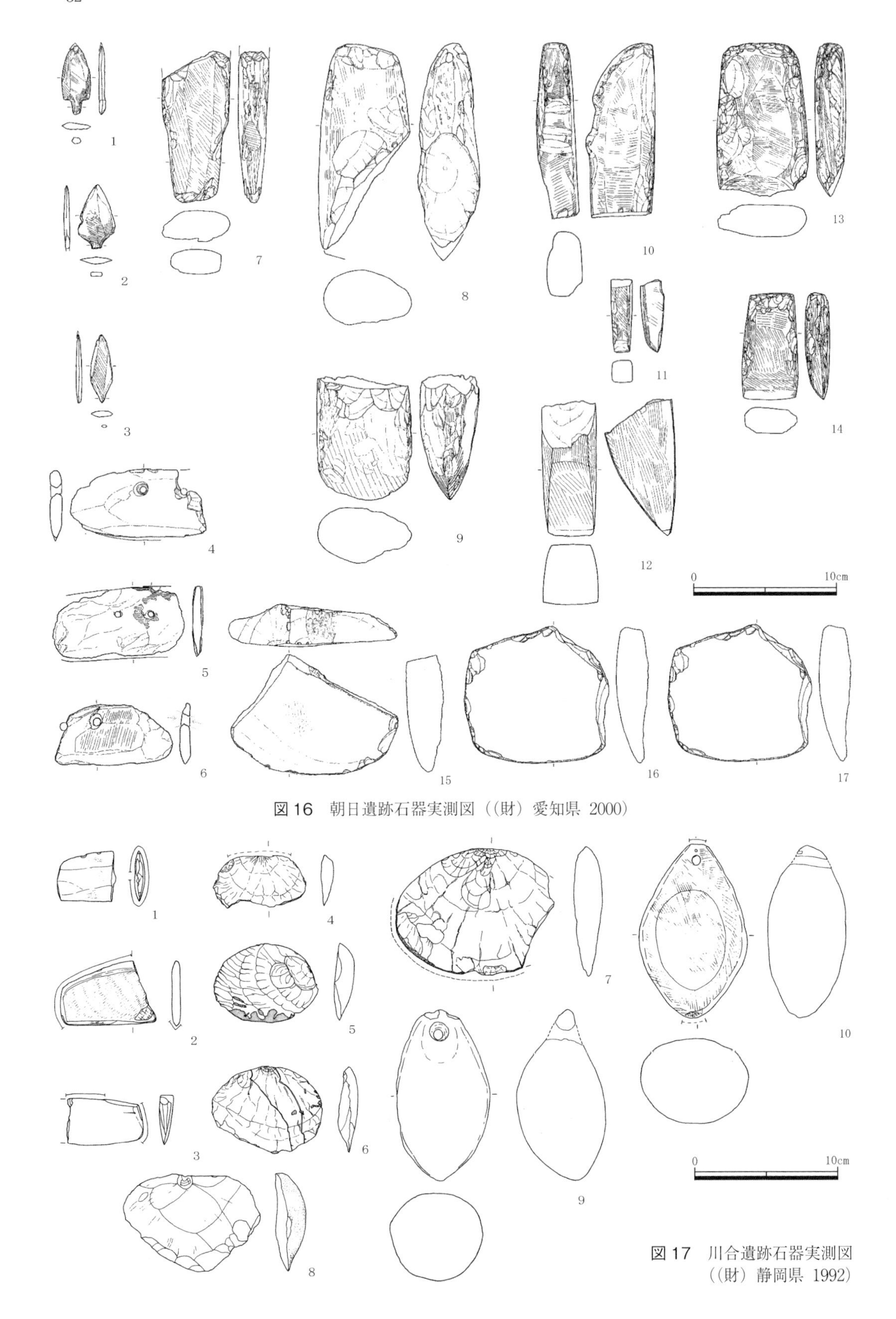

図16　朝日遺跡石器実測図（(財) 愛知県 2000）

図17　川合遺跡石器実測図（(財) 静岡県 1992）

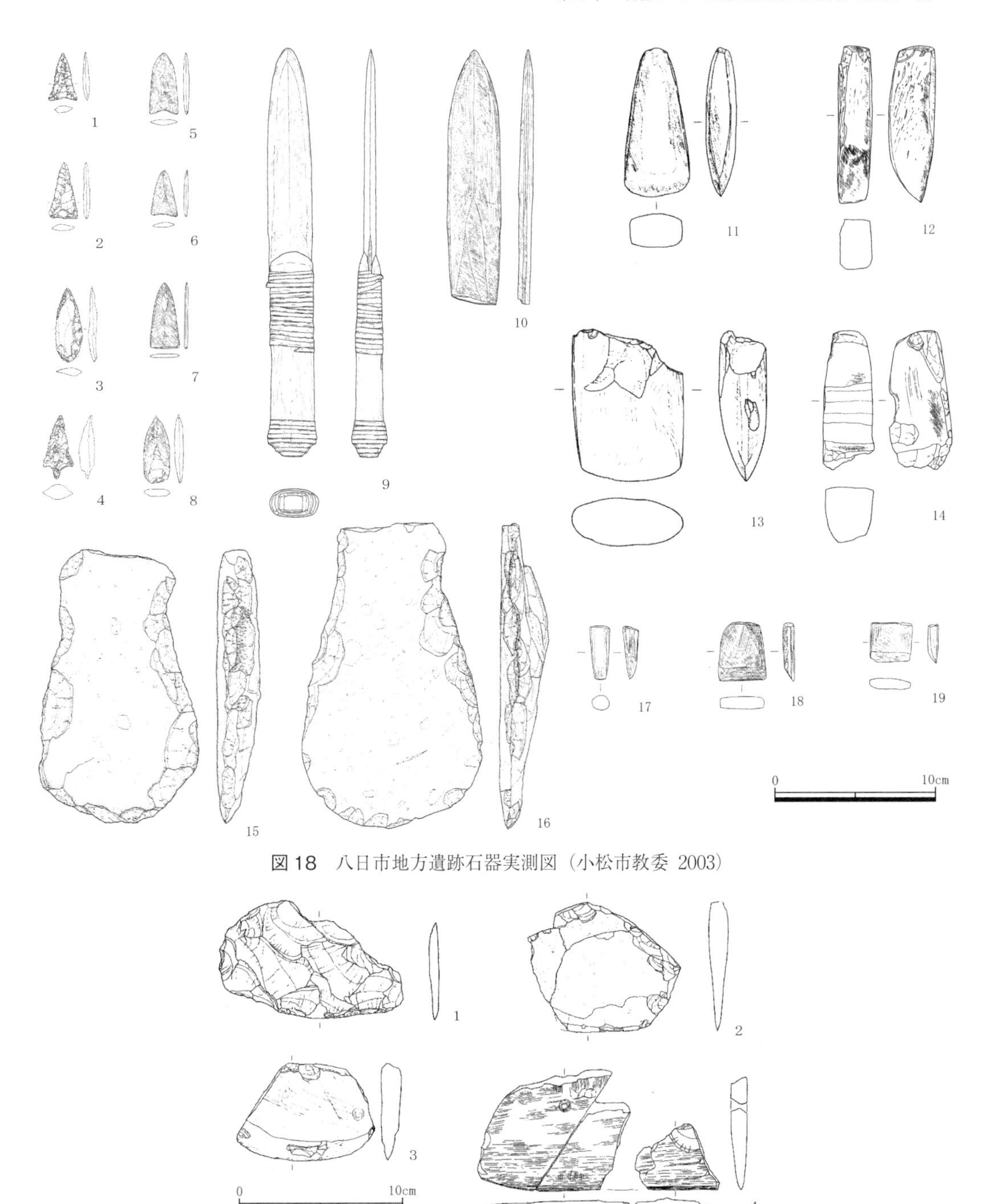

図 18　八日市地方遺跡石器実測図（小松市教委 2003）

図 19　下谷地遺跡（1～3）及び吹上遺跡（4）石器実測図（新潟県教委 1979、上越市教委 2006）

れにしか確認できない。使用痕分析の結果はそうだとしても、打製や磨製の刃器が収穫具であった可能性はあるだろう。石錘は駿河湾で特徴的な形態のものである。

これに対して日本海側、北陸に目を転じると、石川県域までは石包丁をはじめとする大陸系磨製石器が出土する。石川県八日市地方遺跡（図 18）は、弥生時代中期中葉を中心とした時期のものとして、打製石鏃・磨製石鏃・畿内式磨製尖頭器、すなわち磨製石剣で基部を樹皮で巻いたものがある。大陸系磨製石斧はセットで出土している。また、乳棒状石斧など縄文系の磨製石斧も出土しているが、縄文土器も出土しており弥生時代に帰属するかどうかは断定できない。石包丁は、直刃と外湾刃のものがあり、大型石包丁も存在するが、剥片を利用した石器も収穫具であったとみなされる。ほかに、敲石・磨石・台石・砥石などが出土しており、玉作り用の工具も含まれる。

石川県域より北になると石器組成は変わる。新潟県下谷地遺跡（図 19 -1〜3）では、弥生時代中期中葉〜後葉の打製石鏃・石錐・石匙・スクレイパーといった打製石器、砥石や擦切用の砥石や玉造用の石器を確認しているが、石包丁は出土していない。剥片石器にコーングロスの付着が認められることから、こうした石器が収穫具であったと推測されている。

日本海側での石包丁は能登半島より北になると出土数が減少するので、新潟県吹上遺跡で出土した直刃の石包丁はめずらしい例である（図 19 -4）。直刃であること、銅鐸形土製品が出土している点は、近畿からの影響があったことを示唆する。ここを南下すると、銅鐸、銅戈が出土した長野県柳沢遺跡に到達する。上越地域は日本海ルートとそこから内陸へ向かうルートの結節点に位置していると評価される。

また、佐渡島に所在する弥生時代中期後葉の新潟県小谷地遺跡や平田遺跡では、小破片であるが石包丁と大型直縁刃石器が出土している。新潟県域では本土よりも佐渡島の方が石包丁の出土が多い。こうした事実と玉作りとの関連を含めると、日本海側でも興味深い地域の一つである。

中部高地の長野盆地で遺跡数が増加し規模が拡大するのは弥生時代中期後葉である。この時期最大の集落跡が長野県松原遺跡で、各種磨製石斧と石包丁が多数出土している。これらの石器についても、上越地域から南下するルートを考える必要があろう。磨製石戈といった武器形石器が出土する点も特筆される。近接して所在する榎田遺跡では、太型蛤刃石斧や扁平片刃石斧の半製品が多数検出され磨製石斧の製作遺跡と考えられ、当遺跡の製品は関東にも供給されていた（馬場 2001）。

関　東　関東では弥生時代中期中葉に大陸系磨製石器が出現する。神奈川県中里遺跡では、打製石鏃・石錐・スクレイパーといった打製石器、太型蛤刃石斧・扶入柱状片刃石斧・扁平片刃石斧という3種の大陸系磨製石斧をはじめ、砥石・台石・敲石・磨石などが出土しているのである（図20）。時期は弥生時代中期中葉、畿内第Ⅲ様式の古段階に併行する時期で、中期後葉の宮ノ台式期以前に大陸系磨製石器が伝播していたことになる。弥生文化は弥生時代前期には東海西部まで伝わり、時間をおいて、南関東には弥生時代中期中葉に太平洋ルートで東進したと考えられる。この遺跡では摂津系土器の出土が注目されているが石包丁を確認していない。

弥生時代中期後葉になると南関東では神奈川県砂田台遺跡をはじめ、多くの環濠集落が知られる。石器組成上の特徴としては打製石鏃が少ない点、石包丁が欠落する点があげられる。ただし、打製・磨製を問わず剥片石器が出土しており、形態的には収穫具と考えられる。

同じ時期の千葉県常代遺跡や大崎台遺跡でも石包丁は出土するがともに1点だけであり、収穫具として主体となる状況にはない。

北関東では、弥生時代中期中葉の埼玉県池上・小敷田遺跡で収穫具とみられるものは石包丁とは異なる刃器がある（図 21）。太型蛤刃石斧をはじめとする大陸系磨製石斧は 20 点以上検出されているが、南関東同様に石包丁が主たる収穫具ではなかった。同じことは中期後葉の埼玉県北島遺跡でも認められる。

東　北　東北では南部と北部では様相が異なる。この地域の石器組成については、第4節で詳述

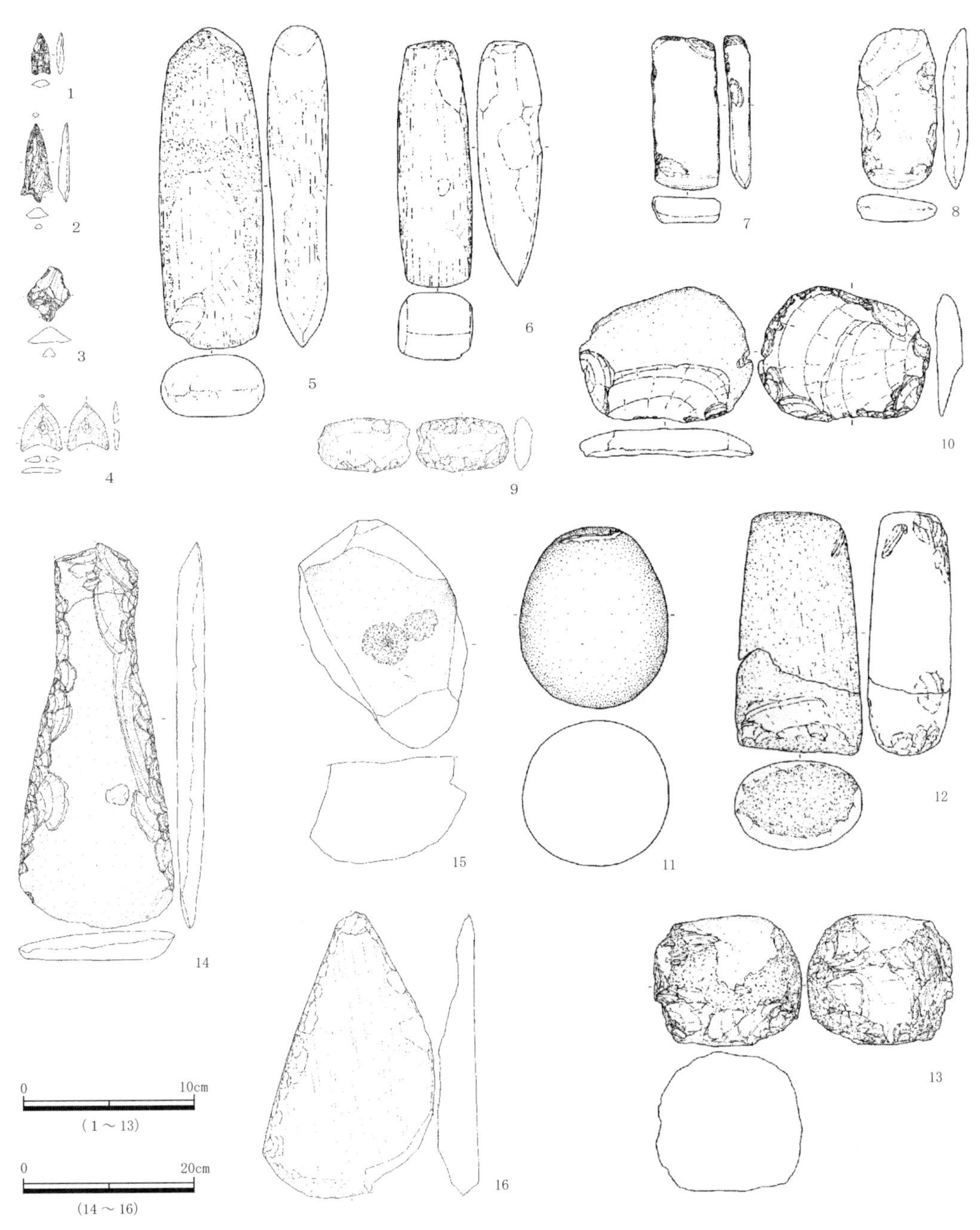

図20　中里遺跡石器実測図（(株）玉川 2015）

するので簡単に整理する。南部の宮城県中在家南遺跡や福島県龍門寺遺跡では、打製石鏃や敲石・磨石・スクレイパーとともに石包丁や磨製石斧がまとまって出土した。福島県天神沢遺跡では採集資料ながら石包丁や太型蛤刃石斧の未製品が多数出土し、東北南部に製品を供給した生産遺跡であった。

北部の青森県垂柳遺跡では打製石鏃・敲石・磨石・スクレイパーが出土するものの石包丁はなく、石器組成だけで水田稲作の存在を想定することは難しい。スクレイパーにコーングロスの遺存

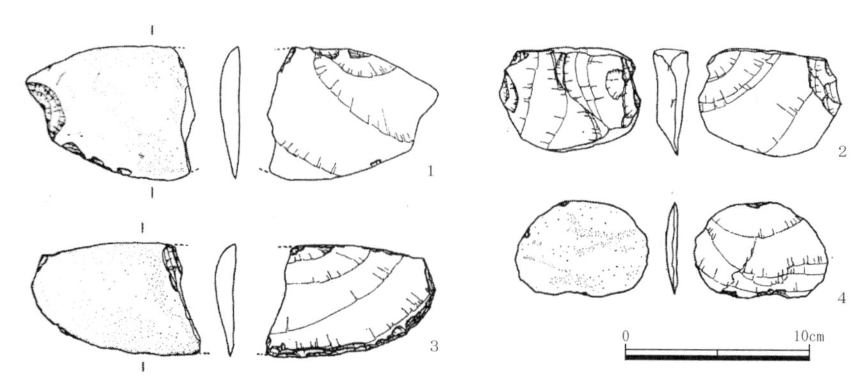

図21　池上・小敷田遺跡石器実測図（埼玉県教委 1984）

するものがあり、収穫具としての機能が考えられている（須藤・工藤 1991）。また、片刃の磨製石斧については、北海道の続縄文時代の遺跡で出土するものと同じ石材であり、北海道方面から製品か石材がもたらされたと考えられる。水田稲作が展開するにあたり、西からの影響とともに北からの影響も受けるという独自の選択があった。

青森県瀬野遺跡は下北半島における弥生時代遺跡の北限近くに位置づけられ、大陸系磨製石器はともなっていない。現地を訪れ地形的環境を確認したが、斜面に位置していることや緯度を踏まえると、この地は水田稲作をおこなえる環境にはないだろう。

東北北部でも一部で石包丁、柱状片刃石斧といった大陸系磨製石器を受容したが、散発的である。垂柳遺跡の石器組成から水田が営まれたとは考えられない。つまり、水田稲作の可否については、石器組成からは判断することが難しいという状況にあるのである。

4　弥生石器の終焉（後期）

弥生時代後期になっても列島各地で石製利器は残存する。ただし、石器の量や石器の生産・流通の体制という点では中期と異なる。

列島のなかでもっとも鉄器化が早く進んだ北部九州地域でも、弥生時代後期に石包丁は出土する。しかし、東北部九州地域では石器生産がいったん終息を迎えたにもかかわらず、この時期に石包丁生産は再度復活したと考えられている（土屋 2004）。

中九州地域の大野川流域から阿蘇山麓の地域では、弥生時代後期後半以降、爆発的に遺跡が増え、それぞれの遺跡で石器と鉄器が共伴している。その一つが中流域に所在する大分県鹿道原遺跡である（図22）。集落は中期後葉に始まるが中心時期は後期後半から古墳時代初頭で、打製石鏃・磨製石鏃・石錐・打製石斧・砥石・敲石・磨石などが出土している。とくに打製石斧と敲石・磨石がまとまって出土している点が注目され、畑稲作と堅果類の採集を生業とした生活が想定される。阿蘇山麓部の同時期の集落からは石包丁が出土するのとは対照的であり、この点が大きな特徴である。その背景として、生業をどう考えるのかが興味深い課題である。

中九州南端に位置する人吉盆地でも弥生時代後期に多くの集落が点在する。熊本県夏女遺跡はそのひとつで、石包丁と敲石・磨石が出土した（図23）。また、大分県白岩遺跡では投弾と考えられる石がまとまって出土している（図24）。投弾は、形よりもまとまって出土するなど出土状況から

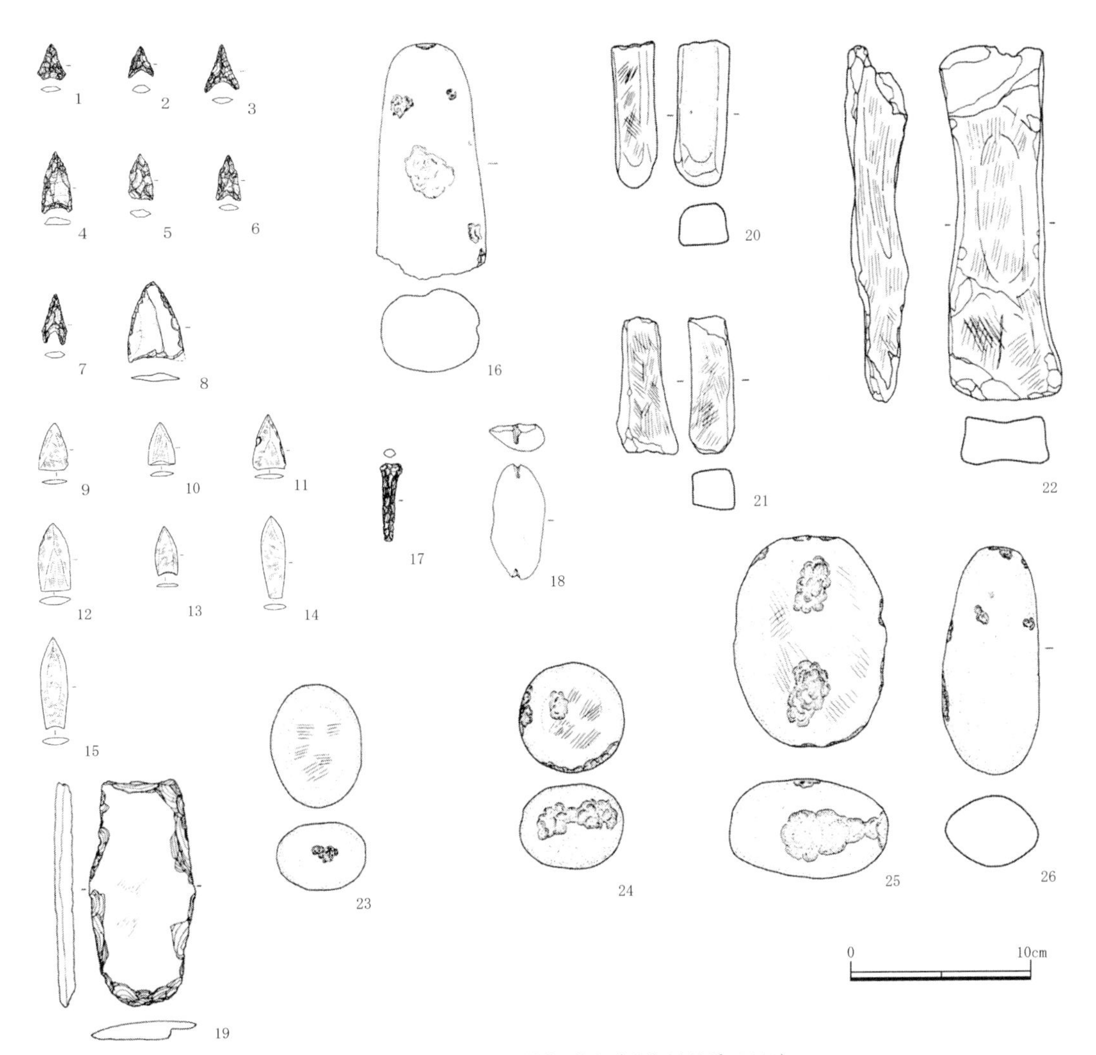

図22　鹿道原遺跡石器実測図（千歳村教委 2001）

認識されることが多く、そうなると遺跡の性格を考える上で重要な意味をもつ。

瀬戸内地域においても石器は残存する。岡山県奥坂遺跡は弥生時代後期後半だが、打製石鏃・石包丁・スクレイパーなどを確認している。

近畿でも様相は同じで、弥生時代後期前葉から中葉までは打製石鏃・磨製石鏃・畿内式磨製尖頭器すなわち磨製石剣といった武器、磨製石斧・石小刀・スクレイパーといった工具、農具として石包丁は出土するが激減する。図25で示した古曽部・芝谷遺跡は後期の石器組成の一例である。観音寺山遺跡も同様に各種石器が出土した。打製尖頭器が31点も出土しているのに対して、畿内式打製尖頭器は出土していない点が大きな特徴である（図26）。

詳細は第7節で述べるが、弥生時代後期の石器は中期のものとは異なっており、質的には大きく変貌を遂げていた。また、北部九州地域で認められたような弥生時代後期に石器製作が復活するような状況をみてとることはできない。鉄器の供給量が多かった北部九州地域と、少なかった畿内地域でも弥生時代後期の石器生産体制に違いがあったことは興味深い。畿内地域における石器の消滅は後期後葉と考えられる。

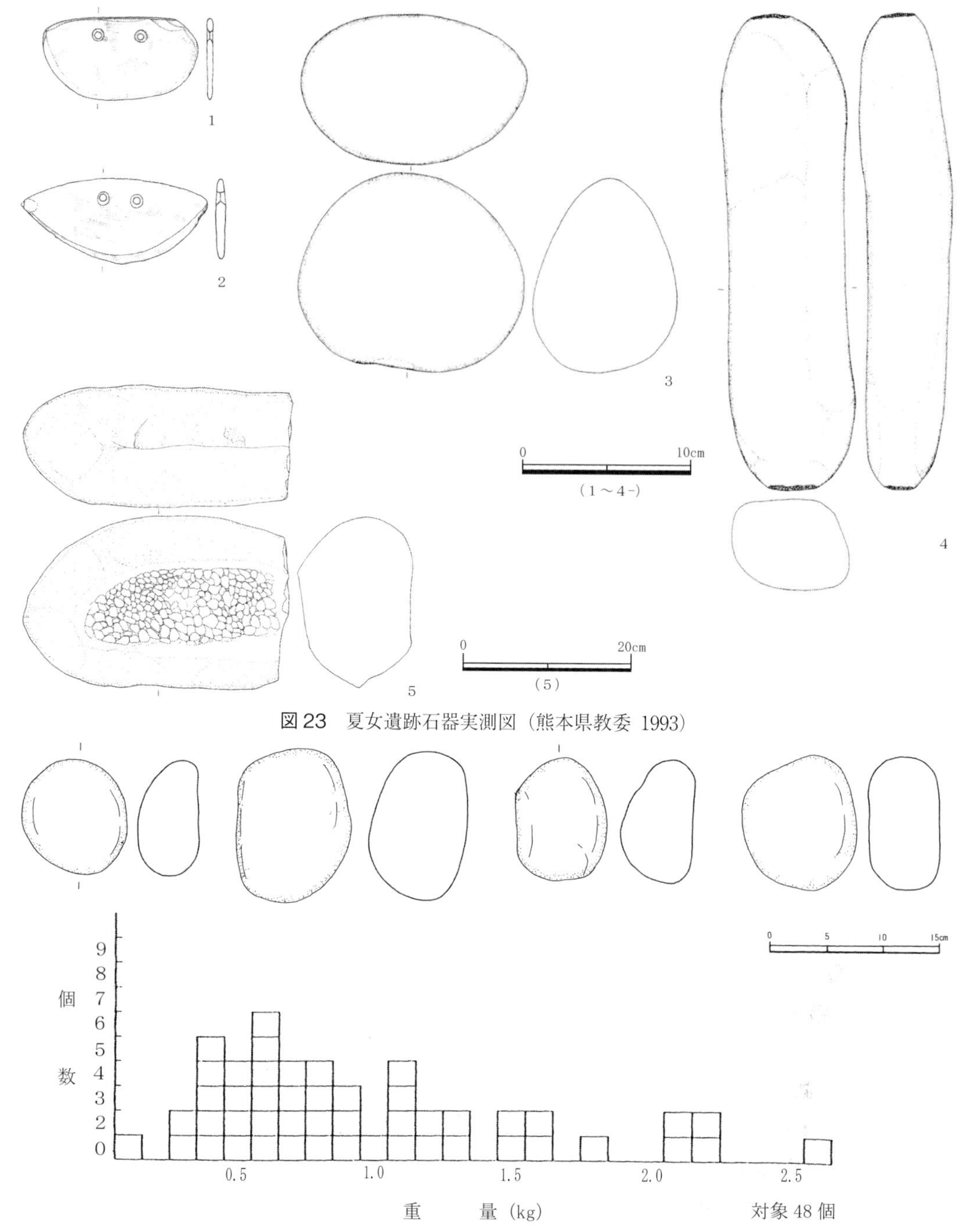

図23　夏女遺跡石器実測図（熊本県教委 1993）

図24　白岩遺跡投弾実測図及び重量分布図（玖珠町教委 1993）

東日本でも弥生時代後期になると石器は減少する。群馬県有馬遺跡では磨製石鏃・太型蛤刃石斧・スクレイパー、そして打製石斧などが出土している。東北では南部において石器が減少する傾向にあり、なかでも磨製石斧の減少が指摘できる。

そうしたなか、列島のなかで石器がもっとも遅くまで残存する地域の一つとして長野県の飯田盆地がある。長野県恒川遺跡の石器をみてみよう（図27）。この遺跡では、弥生時代中期には磨製石

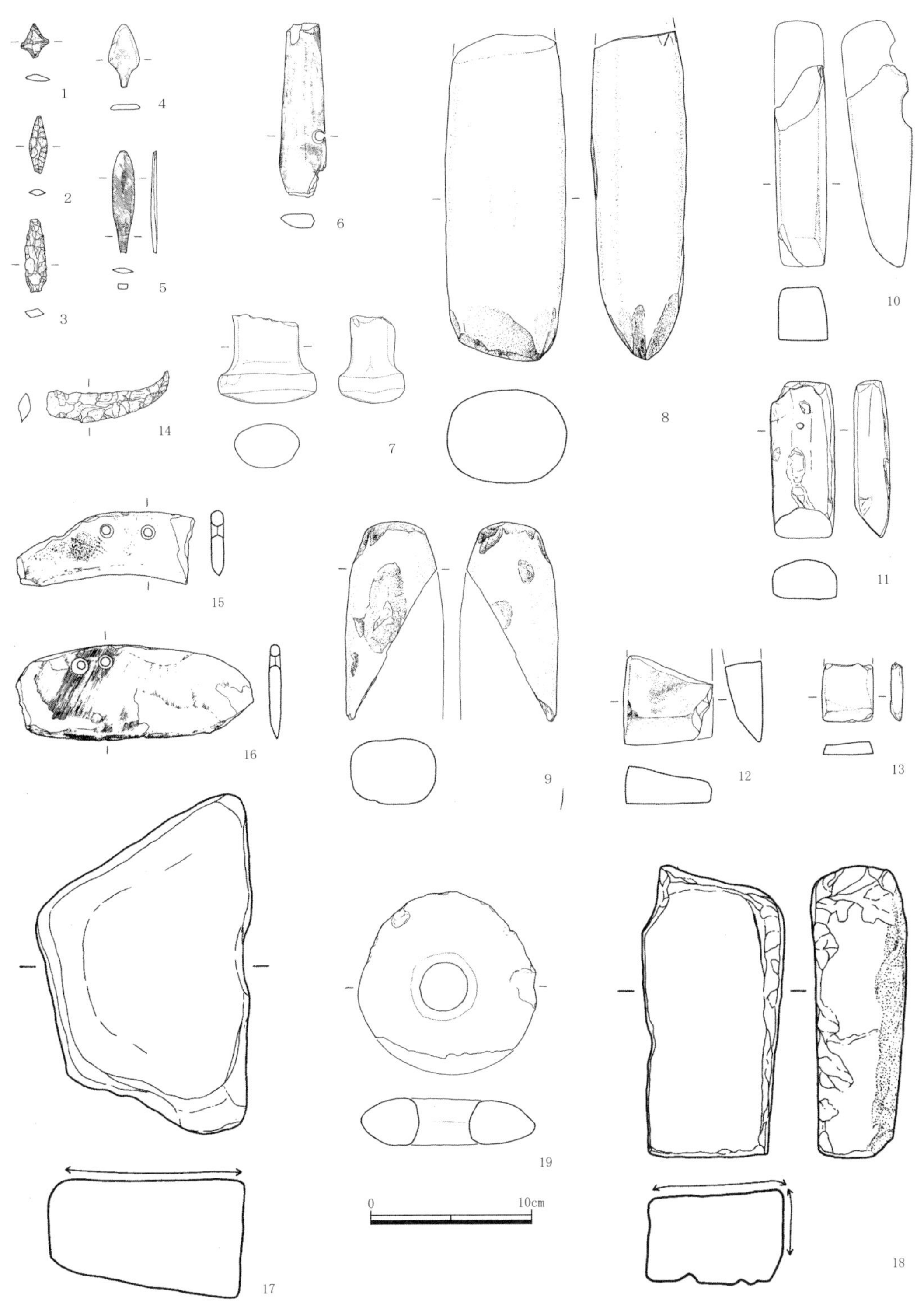

図25　古曽部・芝谷遺跡石器実測図（高槻市教委 1996）

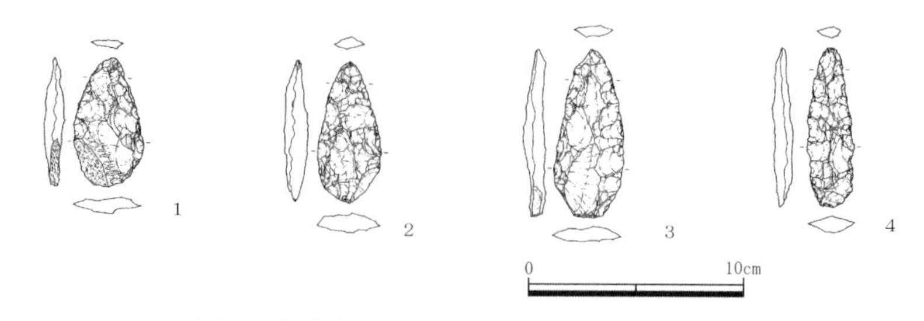

図26　観音寺山遺跡石器実測図（同志社大学 1999）

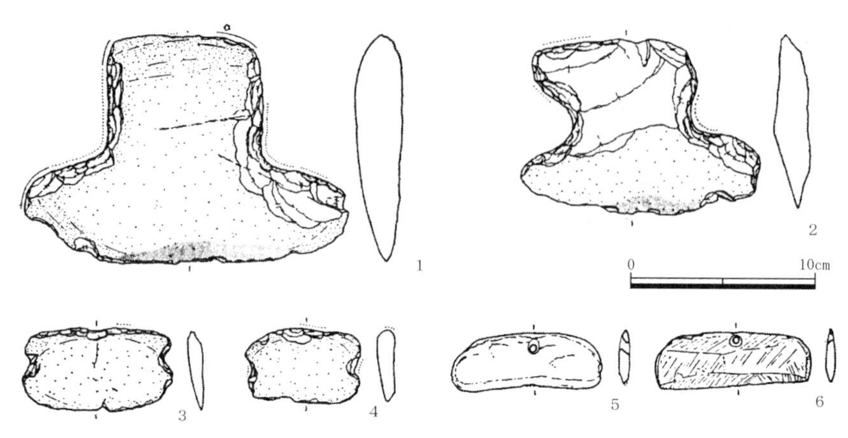

図27　恒川遺跡石器実測図（飯田市教委 1986）

鎌・各種磨製石斧とともに打製の石包丁・石包丁・有肩扇状石器及び打製石斧といった農具が出土し、後期になってもそうした石器は残存した。そして、打製の石包丁と有肩扇状石器に関しては5世紀前半まで使用されていたという（小林正 1991）。鉄器ではなく石器で機能が果たされるのであれば鉄器化しないことがあったことも忘れてはならない。

弥生時代後期、石器なかでも石製利器は「消滅」するのではなく「激減」し、石器の生産体制にも変化がおこった。そのあり方は地域によって一律ではなかった。東北部九州地域のように鉄器の普及が進行した地域でも、石包丁の生産体制が崩壊した後にその生産が復活することもある（土屋 2004）。鉄器の普及と石器の生産体制の衰退とは複雑にかかわっていたことになる。

5　弥生石器の特徴

ここまで、列島各地の石器組成を概観してきた。以上を踏まえると弥生石器の特徴は次の3つに整理することができる。

大陸系磨製石器が新たな器種として加わったこと　まずは、縄文時代にはない新たな器種が大陸からもたらされ、新たな石器組成を成立させたことである。

北部九州地域においては、弥生時代早期に石包丁がイネの収獲具として出現した。

磨製石斧では、縄文時代にはない片刃の柱状片刃石斧と扁平片刃石斧が伝播してきて、そのまま受容した。一方、伐採斧は縄文時代に存在していた器種であり、弥生時代早期においてはまだ薄手のものであり、時間の経過とともに厚さを増していき、弥生時代前期後葉に太型蛤刃石斧として成立した（下條 1985)。

武器も新たに出現した器種である。北部九州地域では有茎式磨製石鏃や磨製石剣が新たに伝播してきた。畿内地域の打製石鏃についても、弥生時代前期から武器としての機能を有し、大型化についても、弥生時代前期に大陸から影響を受けたことによるものと評価されるに至っている（神野 2000、寺前 2001 b)。打製石鏃は、弥生時代の開始期から、狩猟具と武器としての機能があったことになる。

このほか、磨製石戈は武器形青銅器、畿内式打製尖頭器は磨製石剣のように、ほかの素材の器種から創出されたものもあった。

このように弥生時代の石器は、新たに大陸からもたらされた石器、ほかの素材の器種を模倣した石器、縄文時代から同じ機能がつづいた石器、縄文時代からの機能に新たな機能が加わった石器からなっていたのであった。

受容にあたって地域差が生じたこと　次は、新たな大陸系磨製石器の受容にあたり地域差があったことである。

弥生時代には、気候をはじめとする自然的要因、縄文時代からの伝統の強弱、大陸からの情報の強弱といった社会的・地理的要因から地域差が生じた。このことは石器にもあてはまる。

石包丁を取り上げると、まず受容するかしないかで地域差があった。弥生時代前期、遠賀川式土器の分布地域のうち東海西部すなわち愛知県域では、石包丁は受容しなかった。この地域では、使用痕分析によると、縄文時代から使用されていた粗製の剝片石器が石包丁の機能を果たしていたのである（原田幹 2003)。

受容した後も地域差があった。弥生時代前期に石包丁を受容すると、多くの地域では中期になると一定程度の数が出土するようになり、それが定着したと考えられる。ところが東部瀬戸内地域では中期になると、石包丁自体の出土はあるが、打製の石包丁の方が数多く出土するようになる。打製の石包丁が多数出土するようになったのは縄文時代以来の金山産サヌカイト製打製石器の使用が盛んで、縄文時代に収穫具と考えられる石器が存在していたことと無関係ではないだろう。収穫具において打製の石包丁が主流となったという現象は、まさに「先祖返り」したといえる。

つまり石包丁は、①そのまま受容し定着した地域、②いったん受容したが縄文時代からの伝統的な道具である打製の石包丁が主体となった地域、③受容しなかった地域、があったことになる。受容した地域においても弥生時代前期の北部九州地域では韓半島で盛行した外湾刃が受容され、それが広がった。その後近畿では直刃となり、変容することとなった。

中部以東では、長野南部においては直刃でありながら孔が一つという独自の形態が認められたのに対し、東北南部では大型で外湾刃となり、外湾刃という点では北部九州地域に近い形態となる。

こうしてみると、東部瀬戸内地域のように「先祖返り」がおこったことは重要である。縄文時代以来の金山産サヌカイト製の打製収穫具が、社会の基層の部分で遺存していたことが示唆される。

石器から鉄器に移行したこと　最後は、人類が出現してから利器として機能していた石器が、弥生時代の後期に基本的に消滅に向かったことである。

石器の消滅と鉄器の普及との関連性を評価しない研究がでてきているものの、鉄器化については、大きくみると鉄器の普及が石器を駆逐していくことになったと考えている。鉄器化は弥生時代中期前葉から後期中葉までの間に進行したのである。そして、列島の歴史のなかで2万年以上という長きにわたって使用されてきた石器が、鉄器にとってかわられたのが弥生時代だった。このことは日本史全体を俯瞰した場合、非常に大きな画期として位置づける必要がある。

それだけでなく、世界史的・人類史的にみて、利器として石器の次に青銅器が使用されることなく石器から鉄器へと変化したことは、列島固有の特徴ということになる。もちろん、銅鏃・銅斧・青銅製鉇や青銅製の土掘具のように青銅製の利器がまったくないわけではないが数は限られる。武器形青銅器は北部九州地域を中心に存在したが時期は限られ、実用というよりも副葬品として発達した。列島において青銅器は利器として定着しなかったのである。

日本の歴史を振り返る場合、弥生時代が一つの転換期にあたることは序章でも触れた。そして利器の変遷を考える上で弥生時代は大きな転期であり、その変化は世界的に見ても稀有な事例であったことになる。

第4節　東北の弥生石器とその社会

1　問題の所在

東北地方の弥生文化研究は、山内清男による宮城県桝形囲遺跡出土の籾圧痕土器の発見（山内清 1925）を嚆矢とする。その後、伊東信雄は弥生時代に水田稲作が東北まで及んでいたことを証明するため、炭化米や籾圧痕土器、石包丁を集成した（伊東 1950）。水田稲作の存在については疑問視する向きもあったが、1981年に垂柳遺跡で水田跡が発掘調査され、ようやくそれが実証されることとなった。その後、砂沢遺跡や宮城県富沢遺跡における水田跡の調査もあり、東北地方における水田稲作の実態解明に関する研究は深化してきている。

本節では、列島の弥生文化を考える上で、水田稲作の北限、換言すると弥生文化の北限にあたる東北地方の弥生石器を取り上げ、その特色を整理し、東北地方への弥生文化の伝播ルートや鉄器化の問題にも触れながら社会の特質について考え、弥生文化の多様性を明らかにしていきたい。

2　研究略史

まず、これまでの研究成果を簡単に見ておこう。東北地方の弥生時代の石器に関して本格的に取り組んだのは伊東で、水田稲作の存在を示す物証として石包丁の集成をおこない、それが福島県と宮城県を中心とする地域に分布することを明らかにした（伊東 1950）。このときすでに、東北地方の南北で地域差が存在することが指摘されていたことになる。

伊東の研究を受け継いだ須藤隆は、個々の論文の中で石器についてもたびたび言及し（須藤 1970・1983 b・1984・1986・1990）、その後の研究では、東北地方の石器を次のようにまとめている（須藤 1992）。要約すると、

①大陸系磨製石器は弥生時代中期の農耕社会の発展とともに南半部を中心に定着する

②その出現は太型蛤刃石斧が弥生時代前期中葉、石包丁が前期後葉である

③福島県天神沢遺跡では太型蛤刃石斧や石包丁の製品・未製品・素材が多量に採集され、しかも

形状に規格性があることから、この地で石器が半ば専業的に生産された

④この遺跡の石包丁は仙台平野から北上川や最上川の中流域にもたらされた

⑤そのような専業集団の存在から東北の稲作文化は順調に定着した

⑥弥生時代後期になると石器はほとんど見られなくなり、その背景として鉄器の普及があった

となる。これは東北の弥生石器と、そこから導き出される東北の弥生社会の特質を端的にまとめたものといえる。その後、改めて東北の弥生時代を総括し、弥生石器の特徴についても再論している（須藤 2000）。

地域を限った研究はいくつかある。相原康二は岩手県で出土した石器の種類と組成の変遷を、第Ⅰ期＝二枚橋式期、第Ⅱ期＝桝形囲式・田舎館式期、第Ⅲ期＝天王山式期の三期に分け次のように整理した。すなわち、

第Ⅰ期：縄文時代晩期の伝統を保ちつつ蛤刃石斧や片刃石斧などの新たな器種が加わる段階

第Ⅱ期：縄文的な器種が消滅し大陸系磨製石器類がすべて揃い弥生的になる段階

第Ⅲ期：石器が減少する段階

という段階設定がおこなわれたのであった（相原 1990）。

一方、野崎欽五は福島県いわき地方の石器を概観し組成の変遷をまとめたが、やはり弥生時代中期になって太型蛤刃石斧をはじめとする大陸系磨製石斧や石包丁がセットで豊富に出土するようになることを指摘した（野崎 1991）。そうしたなか、斎野裕彦は東北全域を対象に大陸系磨製石器の種類と出現時期について整理をおこなった（斎野 1992ｂ）。

これらを総合すると、東北南部では須藤が整理したように弥生時代前期に大陸系磨製石器が出現し、中期にそれらが定着し、後期には石器が消滅に向かうという変遷をたどったとすることができよう。

個別研究も深化してきている。斎野は富沢遺跡の調査で発見された大型の剝片石器について稲を切り取る道具として位置づけ、全国的な集成をおこなった（斎野 1993・1994）。この研究は大型の剝片石器が列島における石製農具の一器種となることを提起した点で重要である。そのほかにも石包丁や打製石器の機能を明らかにしていくための使用痕分析がさかんにおこなわれ、対象物の特定が試みられている（阿子島・須藤 1984、山田し 1987）。

このように、東北の弥生石器についても、発掘調査された遺跡ごとの研究から東北全体を俯瞰した研究も進められ、石器の変遷や地域性、さらには東北独自の石器の実態解明も始まりつつある。

そうした蓄積を踏まえ、本節では次の点について検討する。一つは基本的な石器組成の特徴を改めて明らかにし、地域性を明らかにすることであり、もう一つはそれをもとに、東北地方の弥生社会がどのように西の地域集団とかかわっていたのかについて明らかにすることである。このことは、鉄器化の問題ともかかわってくることがらである。

3　弥生石器の様相

（１）前期・中期の石器

砂沢遺跡（青森県弘前市）（図 28）　砂沢遺跡は津軽平野のほぼ中央、岩木山から広がる丘陵の末端に位置し、東北最古の砂沢式期、弥生時代前期後葉の水田と灌漑用と考えられる水路が確認され、

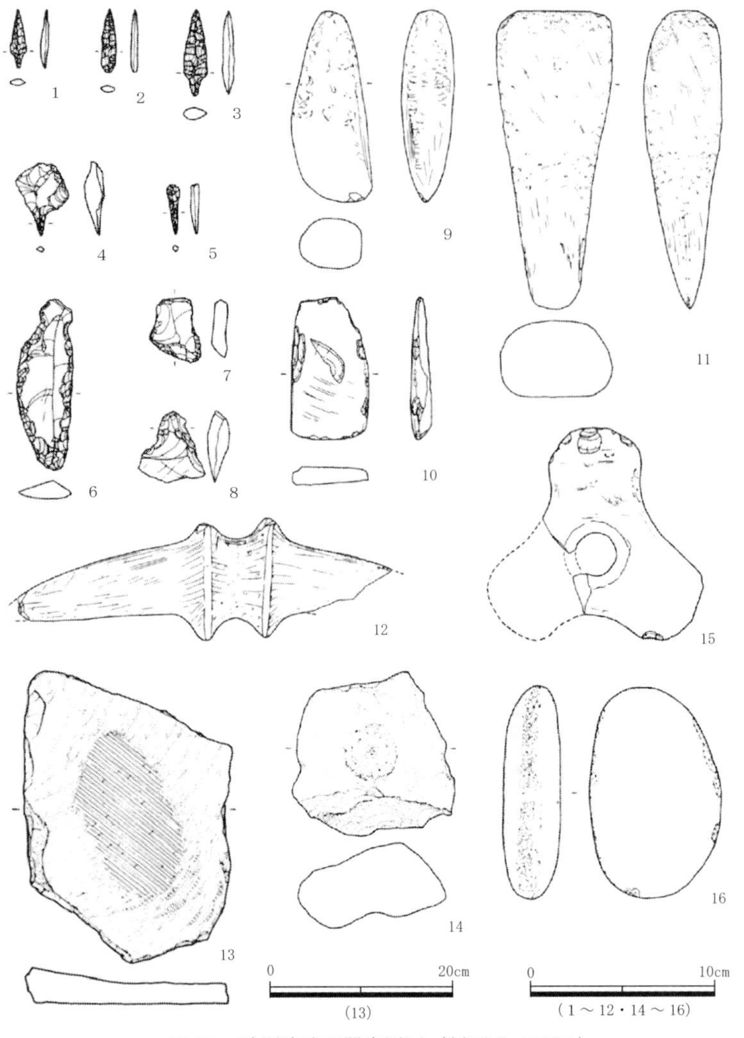

図28　砂沢遺跡石器実測図（禰宜田 1993 b）

多量の土器・土製品や石器が発見されている。水田跡の発掘調査ではあるが付近に集落の存在が示唆される。

石器は打製石鏃、スクレイパー、石匙、石錐、磨製石斧、石皿、磨石、敲石、独鈷石、石剣、有頭石斧など660点あまりが出土している。ここでは、縄文時代後期や晩期の土器も含まれているためこのように多くの石器が出土していることを考慮する必要がある。内訳は図36のとおりで、狩猟具や各種加工具などの打製石器が9割近くを占めるが、収穫具である石包丁はみられない。

磨製石斧は両刃8点、片刃5点の合計13点が確認されている。形態や技法の点から縄文時代の石斧の延長上ととらえられる。扁平で片刃のもの（10）も1点あるが、これを大陸系譜の扁平片刃石斧の範疇に含めるのかどうかは課題である。両刃磨製石斧（9）には擦り切り技法によるものもある。また基部に比べて刃部が狭い磨製石斧（11）は、他に類例のないめずらしい形である。これを太型蛤刃石斧の一種とする見方もあるだろうが、横断面は楕円形で幅に比べて薄く作られており、縄文石斧からの系譜でとらえたほうがいいと考えている。

砂沢遺跡では、大陸系磨製石器が欠落し縄文時代晩期の石器組成と基本的には変わらない。大陸系磨製石器がともなわなかったという水田稲作受容の特殊なあり方を呈している。

垂柳遺跡（青森県田舎館村）（図29-1～9）　垂柳遺跡は津軽平野を流れる浅瀬石川左岸の沖積平野に所在する。東北で初の水田跡として合計656枚の水田と水路が発見され大いに注目された。時期は、従来、田舎館式期すなわち弥生時代中期中葉とされていたが、近年では五所式すなわち弥生時代中期初頭に始まるという見解が示されている（大坂 2010）。東北北部における水田稲作の伝播と定着にかかわることに絡む問題である。

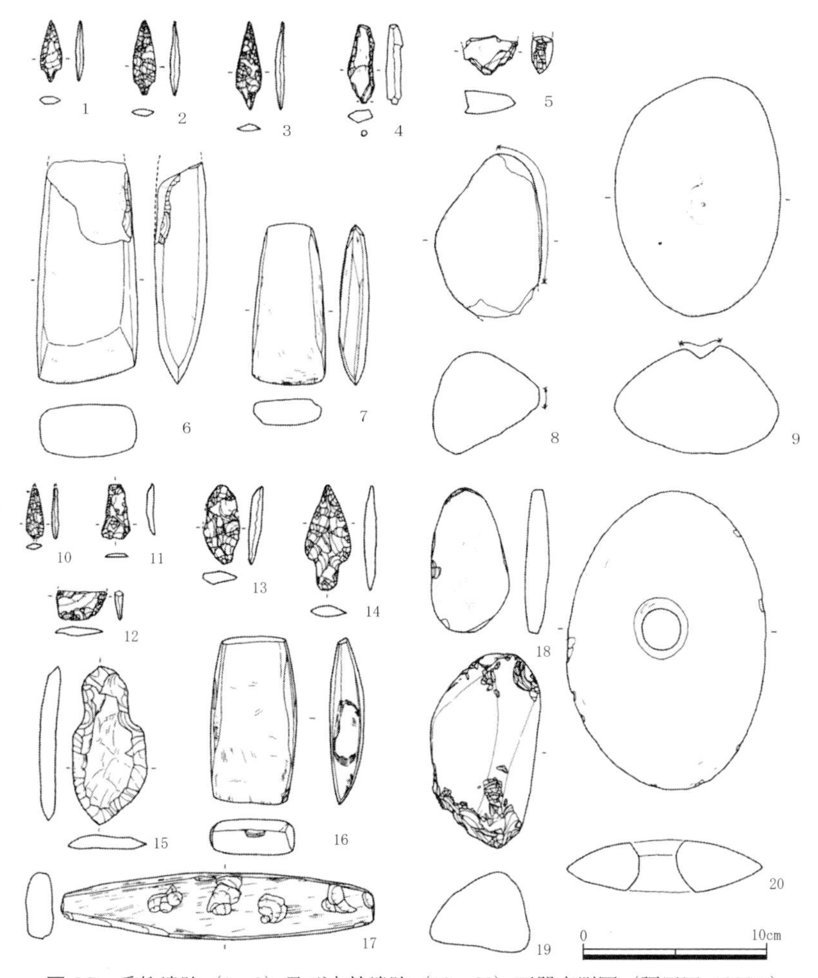

図29　垂柳遺跡（1〜9）及び宇鉄遺跡（10〜20）石器実測図（禰宜田 1993 b）

石器は石鏃、スクレイパー、磨製石斧、磨石、凹石など総数46点が出土している。この遺跡でも水田跡でありながら、多くの種類の石器が発掘されたことが特色である。とりわけ凹石が19点も発見され、他の遺跡に比べると打製石器の割合が低くなっている。

組成上の大きな特徴は、砂沢遺跡と同様に収穫具である石包丁が欠落している点である。これについては剝片石器が収穫具として使用されたことが指摘され（斎野 1991）、実際にスクレイパーにコーングロスの付着している例が報告された（須藤・工藤 1991）。スクレイパーが石包丁の役割を果たしていたことを示しており、使用痕分析の蓄積が期待される。

磨製石斧には両刃（6）と片刃（7）がある。両刃のものは横断面が隅丸方形に近く、太型蛤刃石斧とは異質である。片刃のものは体部から刃部に移るところに明瞭な稜線がなく、また、基部にも一見刃部かと見間違うような斜め方向の面取りがある。擦り切り技法により作られており、扁平片刃石斧として扱うことはできない。

垂柳遺跡でも、大陸系磨製石器が見られないにもかかわらず、大規模な水田が営まれていた点を改めて確認しておきたい。この遺跡では木製農具が検出されており、縄文時代以来の磨製石斧でそれらを製作していたことが考えられる。

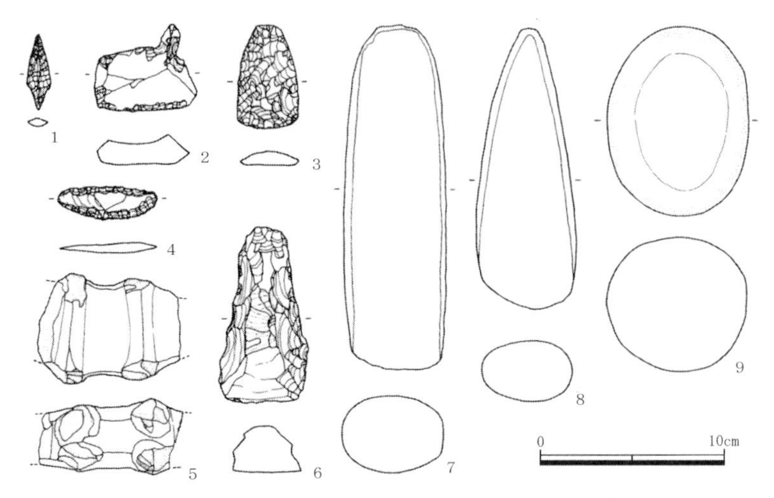

図 30　地蔵田Ｂ遺跡石器実測図（禰冝田 1993 b）

宇鉄遺跡（青森県むつ市）（図 29 -10～20）　宇鉄遺跡は津軽半島北端の宇鉄段丘上に立地し、宇鉄Ⅱ式、中期前葉を中心とした時期の土坑墓が検出された。立地や気候的な面から水田稲作は不可能と思われる。石器は打製石鏃、尖頭器、石銛、靴形石篦、魚形石器、石錐、磨製石斧、磨石、敲石、凹石、環状石斧など 100 点ほどが出土している。主体は打製石器で全体の 70 %を超えている。また、石銛（14）、靴形石篦（15）、魚形石器（17）といった続縄文時代の恵山文化の影響を受けた石器を含んでいる点が特徴である。

ここでも扁平な片刃石斧（16）がある。垂柳遺跡出土の石斧と同様に、体部から刃部にかけては明瞭な稜を作らず、基部には斜めの面取りがある。緑色凝灰岩製である。

荒谷遺跡（青森県八戸市）（図 9）　荒谷遺跡は青森県東南部、太平洋に流れ込む新井田川の東岸、標高 60 m に位置する。川を挟んで向かい側には完形の遠賀川系土器が出土したことで有名な青森県松石橋遺跡があり、本来はひとつの遺跡であったと考えられている。縄文時代前期から中期、後期から晩期の集落と重なっており、弥生時代の石器組成を示すことはできない。注目されるのは抉入柱状片刃石斧が出土したことである。この石器は、メノウを収めた小型土器の埋納土坑の底面から検出された。埋納土坑の上面には石が置かれていた状態であった。実用品ではなく、特殊な石器であるという認識があったことをうかがわせる出土状態である。

地蔵田Ｂ遺跡（秋田県秋田市）（図 30）　地蔵田Ｂ遺跡は秋田市の南方にのびる丘陵上に立地し、竪穴建物とそれを囲む柵列、土器棺墓が検出された。集落を柵が囲んでいることから、西日本の環濠集落との関連が指摘されている（佐原 1987 b、原口 1990）。

この遺跡は縄文時代中期後葉の集落と重複しているが、それぞれ中心となる時期の遺構は異なる場所で展開した。ここで取り扱う石器は、遺構内出土のものと、遺構外とされる地点ではあるが出土層位から弥生時代に比定されているものである。器種としては打製石鏃、スクレイパー、石匙、石錐、磨製石斧、磨石、独鈷石、環状石斧などがある。

竪穴建物から出土した完形の両刃石斧（7）は、幅 6.0 cm、厚さ 4.6 cm と非常に厚い両刃磨製石斧となっており、太型蛤刃石斧といってもいいであろう。そうだとすると、管見の限り日本海側における北限となる。この遺跡では遺構外とされるところから、51 点もの磨製石斧が出土している。この遺跡では縄文時代中期後葉の遺物も存在しており、厳密には個々の時期比定は難しい。多くの磨製石斧の厚さが 1～3 cm であるなかにあって、平面形は基部が狭く刃部が広い縄文系の石斧でありながら厚さが 4 cm と太いものもある（8）。これについては太型蛤刃石斧から影響を受

図31　南小泉遺跡（1～6）及び天神沢遺跡（7～11）石器実測図（禰冝田 1993 b）

けた可能性を考えたい。

さて、佐原眞は砂沢式土器には、亀ヶ岡系土器、遠賀川系土器、その両者の折衷的な土器の三つがあるとしたが（佐原 1987 b）、この遺跡の磨製石斧についても亀ヶ岡系、遠賀川系、折衷系の3種類があるなか、縄文系のものが多かったことになる。

南小泉遺跡（宮城県仙台市）（図31-1～6）　南小泉遺跡は、名取川下流域左岸の自然堤防上に立地した。土器棺墓とともに打製石鏃、石錘、石匙、石錐、磨製石斧、打製石斧、石包丁、凹石、有角石器などの石器が出土している。

石包丁はいずれも外湾刃で、平面は半月形か杏仁形に分かれる。杏仁形のものは全長24 cmを超える大型品である。

太型蛤刃石斧は西日本のものと比べても大差はないが（1・3）、縄文系の磨製石斧も併存している。扁平片刃石斧は、平面が縦長の台形で、横断面は蒲鉾形をとるものが多い。四隅のコーナーを明確に作らないのも特徴的である。これは平面と横断面ともに長方形のものが主体となる西日本の扁平片刃石斧と作りは異なっている。柱状片刃石斧（抉入柱状片刃石斧）は出土していないが、小型のノミ形石斧は断面が円形、楕円形である（2）。本来は片刃であったが研ぎ直しを繰り返したため、両刃に近いものもある。西日本の小型柱状片刃石斧の断面は方形であることを踏まえると、それが変容したものととらえられる。

天神沢遺跡（福島県南相馬市）（図31-7～11）　天神沢遺跡は福島県東部の浜通り、阿武隈山地からのびてくる丘陵の斜面上に立地する。採集品が数多く存在し、この遺跡は石包丁の未製品が多数出土することから、磨製石器製作遺跡ととらえられてきた。遺跡周辺で磨製石器の素材に適した石材が産出されるのである。出土品としては石包丁のほか、太型蛤刃石斧、扁平片刃石斧、ノミ形石斧とともに多数の打製石器も含まれている。土器の中では桜井式すなわち弥生時代中期後葉のものがもっとも多く、石器もおおよそこの時期と考えられている。磨製石器の製品の特徴は南小泉遺跡とほとんど同じである。管見の限り、縄文的な石斧は確認できなかった。

石包丁については、長さが12～15 cmのものと17～19 cmのものと大きく二つに分かれる。前者は半月形、後者は杏仁形のものが多い。これらは他地域では見られないような大型品であることが特徴である。また、多くの未製品が知られており、それらから磨製石器の製作工程が復元されている（藤原・田中 1991）。石包丁の穿孔方法については敲打→回転、回転のみ、敲打のみの三タイプを確認しているが、敲打のみによって穿孔される事例は西日本ではあまり例を知らない。ただし、形態と穿孔方法に相関関係は認められないようである。

本遺跡の存在から、弥生時代中期後葉における東北南部の石包丁については、生産遺跡が存在し、そこから流通していたと考えられる。

龍門寺遺跡（福島県いわき市）（図32）　龍門寺遺跡は福島県浜通り地方南部のいわき市に所在する、弥生時代中期前半の龍門寺式期を中心とする集落跡である。打製石鏃、石槍、スクレイパー、石匙、石錐、磨製石斧、石包丁、石皿、磨石、独鈷石、環状石斧などが出土している。

東北南部で石器がまとまって出土した数少ない遺跡である。磨製石斧では太型蛤刃石斧20点、扁平片刃石斧43点、ノミ形石斧6点のほか乳棒状石斧といった縄文系の石斧も多数含まれる。

この遺跡では、弥生時代中期前葉という東北南部では比較的早い時期に、大陸系磨製石器がまとまって出土している点が注目される。

湯舟沢遺跡（岩手県滝沢市）（図33-1～14・表2）　湯舟沢遺跡は岩手県の中央よりもやや北側の低位段丘面に立地する、弥生時代中期から後期にかけての集落跡である。遺跡の東を北上川が流れる。出土した石器は、打製石鏃、スクレイパー、石匙、石錐、磨製石斧、石皿、磨石、凹石、台石などである。

この遺跡では竪穴建物出土の石器に関しては、第Ⅰ期＝中期前半、第Ⅱ期＝中期後半、第Ⅲ期＝後期として出土数が整理されている。石器全体を見た場合、第Ⅰ期では竪穴建物8棟を検出し打製石鏃6点、スクレイパー11点、磨製石斧3点をはじめ利器としての石器が25点、磨石、石皿などを含め32点が、第Ⅱ期の中期後半では竪穴建物7棟を検出し、打製石鏃4点、スクレイパー21点、磨製石斧5点など利器が37点、石皿、磨石などを含めると46点が出土した。

磨製石斧は8点が出土し、第Ⅰ期と第Ⅱ期には、厚さが5 cm近いものや（9）、幅に対して厚みがあり太型蛤刃石斧とされる磨製石斧が1点ずつ含まれている。太型蛤刃石斧としては現在のところ太平洋側での北限となるが、石包丁は確認されていない。

境ノ目Ａ遺跡（宮城県大崎市）（図33-15～25）　境ノ目Ａ遺跡は宮城県北部の江合川によって形成された河岸段丘上に立地し、地形的には水田稲作が可能であると考えられる。石器としては、打製石鏃、尖頭器、スクレイパー、石錐、磨製石斧、石皿、凹石などが出土しているが、大陸系磨製石器は未発見である。弥生時代中期中葉の東北南部といっても、内陸部には縄文的な石器で構成された

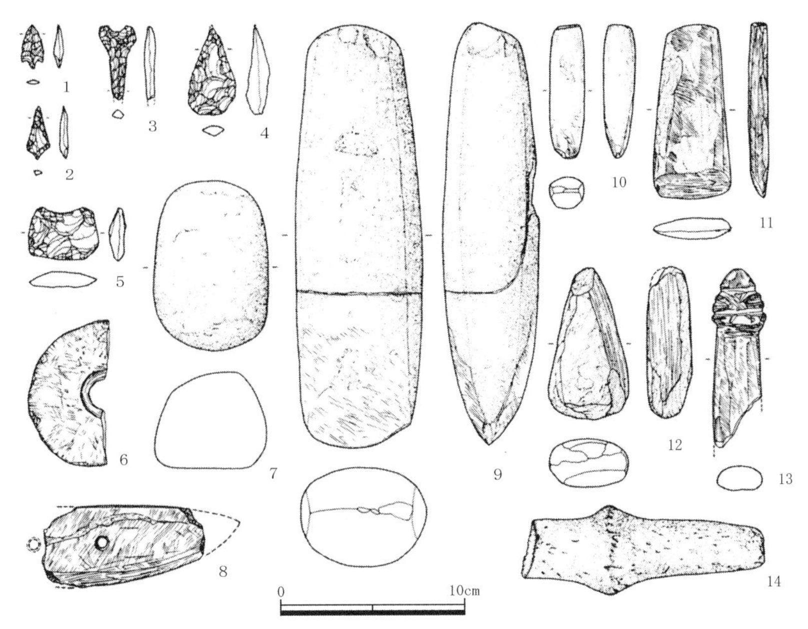

図32　龍門寺遺跡石器実測図（禰宜田 1993 b）

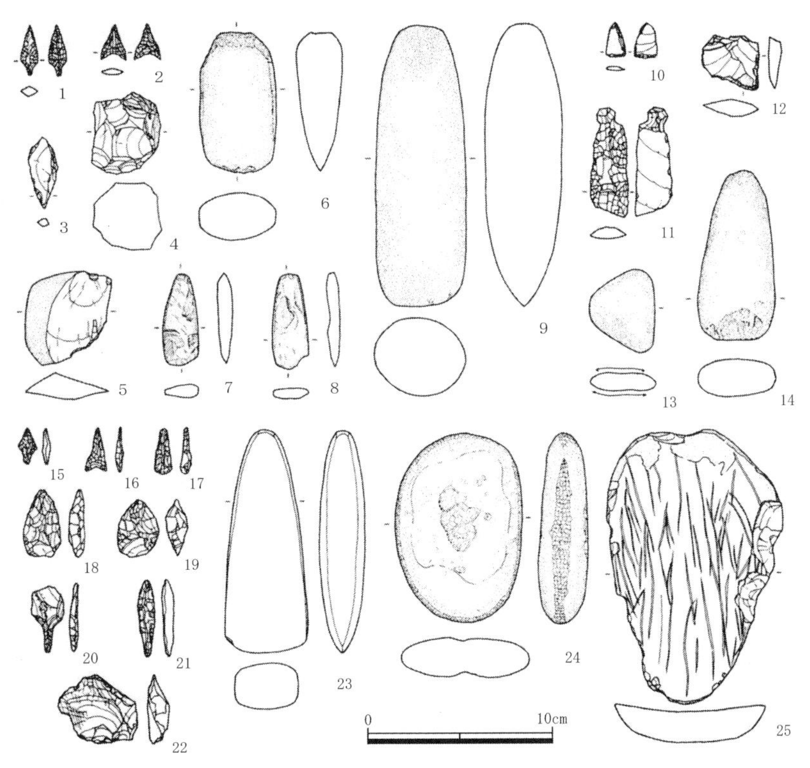

図33　湯舟沢遺跡（1～14）及び境ノ目A遺跡（15～25）石器実測図（禰宜田 1993 b）

表2　湯舟沢遺跡竪穴建物出土石器一覧表（禰宜田 1993 b）

時期	竪穴建物数	石鏃	スクレイパー	石匙	磨製石斧	打製石斧	磨石	凹石	石皿・台石	合計
Ⅰ期	8	6	11	1	2（1）	2	6	0	1	32
Ⅱ期	7	4	21	6	4（1）	0	7	0	2	46
Ⅲ期	3	0	3	0	0（0）	0	2	1	1	7

※磨製石斧の（　）内は太型蛤刃石斧でそれ以外は縄文系磨製石斧

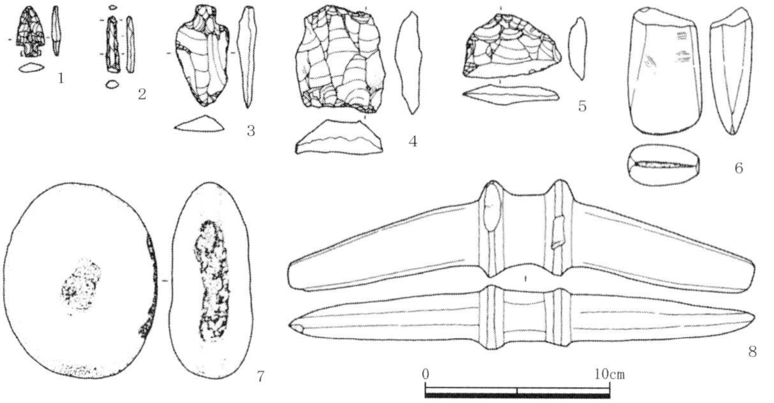

図34　能登遺跡石器実測図（禰宜田 1993 b）

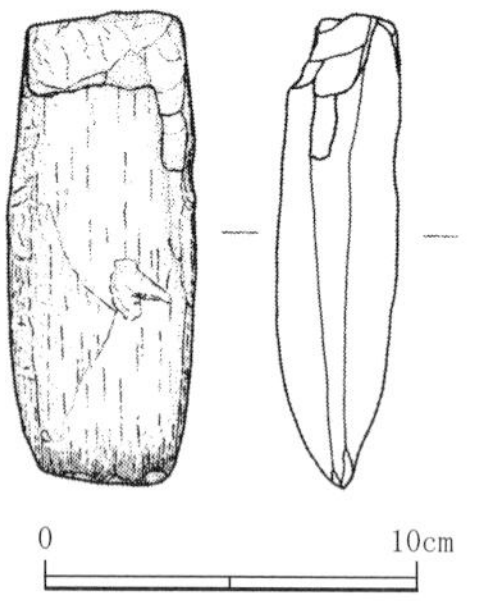

図35　八幡台遺跡石器実測図（(財)いわき市 1980）

集落跡があったことになる。

（2）後期の石器

湯舟沢遺跡（岩手県滝沢市）　湯舟沢遺跡の第Ⅲ期、後期の竪穴建物は3棟と第Ⅰ期・Ⅱ期よりも少なくなる。そして、後期に帰属する石器をみるとスクレイパー3点で、ほかは磨石、凹石、石皿など4点となる。Ⅱ期までと比べると磨製石斧は確認されていないことが指摘される。

天王山遺跡（福島県白河市）　天王山遺跡は東北地方の弥生時代後期の標識遺跡である。福島県の中通り、標高400ｍを超える丘陵の山頂部に所在し、比高差は80ｍである。遺構としては、焼土遺構や石囲炉が検出され、数多くの弥生土器が立った状態で検出された。丘陵上にもかかわらずコメ・クリ・クルミなど植物遺存体が出土している点が大きな特徴である。出土した土器は多数あるにもかかわらず、石器としては、いわゆるアメリカ式石鏃22点、石槍に石錐、剥片類と環状石斧が1点ずつしか出土していない。磨製石斧は確認されていない。

能登遺跡（福島県会津坂下町）（図34）　能登遺跡は福島県の会津盆地に所在する。遺物包含層の多くは弥生時代後期の天王山式の土器で、それとともにアメリカ式石鏃、石錐、石匙、スクレイパー、打製石斧、磨石、敲石、凹石、独鈷石など40点が出土している。これらの石器もほとんどが天王山式に帰属するが、磨製石斧は出土していない。

八幡台遺跡（福島県いわき市）（図35）　八幡台遺跡は福島県の浜通りに所在する。磨製石斧は2点出土しており、時期を限定できるのは弥生時代後期中葉の1点である。東北南部の磨製石斧としては、もっとも新しい時期の資料ということになる。

4　石器からみた東北の地域差

以上、個別にみてきた遺跡の内容を踏まえ、宮城県・福島県を中心とした地域を東北南部、青森県・秋田県・岩手県を中心とした地域を東北北部として狩猟具、農具、木工具、調理具、祭具について整理し、最後に石器の消滅についても触れることとする。打製石鏃については狩猟具として記述を進める。

弥生時代の石器組成を検討する前に、縄文時代晩期の様相を青森県間沢遺跡、岩手県九年橋遺跡及び東裏遺跡を簡単にみておこう。器種としては打製石鏃、石槍、尖頭器、スクレイパー、石匙、石錐、磨製石斧、打製石斧、石皿、磨石、敲石、独鈷石、石棒、石剣などがある。個々の組成比にはばらつきがあるが、打製石器が75％以上という高比率を占める点と、磨製石斧が5％未満である点は共通した現象として指摘できる。

そうした器種組成と組成比率の概要を

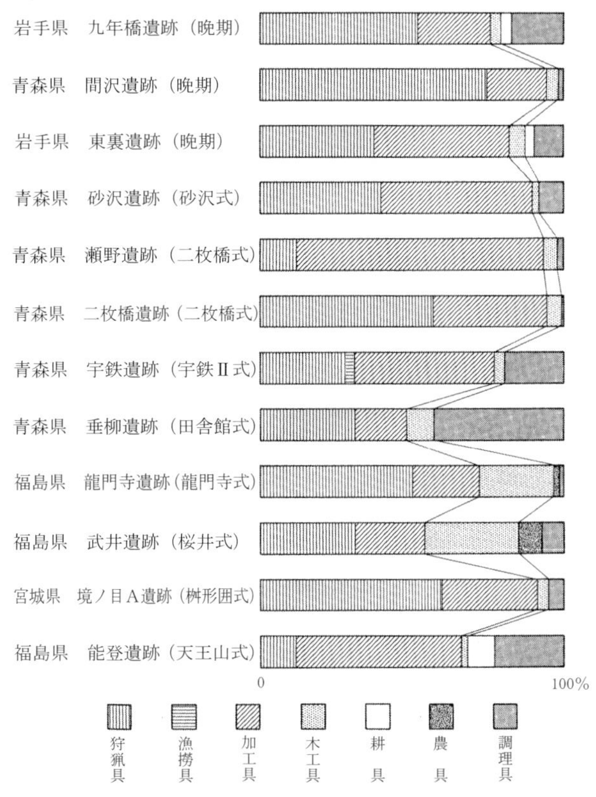

図36　東北地方縄文晩期及び弥生時代石器組成図（禰宜田 1993 b）

表3　東北地方主要遺跡石器出土数一覧表（禰宜田 1993 b）　＊は出土していることを示す

遺跡名	時期	狩猟具			漁撈具	加工具			木工具		農耕具		
		石鏃	石槍	尖頭器	石銛	スクレイパー	石匙	石錐	縄文系石斧	大陸系石斧	打製石斧	石包丁	打製石器
間沢	晩期	431	11	33	0	52	0	77	23	0	0	0	
東裏	晩期	363	39	0	0	335	55	84	46	0	0	0	
九年橋	晩期	978	0	0	0	218	131	206	72	0	63	0	
砂沢	砂沢式	267	0	0	0	244	20	69	15	0	0	0	
瀬野	二枚橋式	13	0	7	0	127	4	6	8	0	0	0	
二枚橋	二枚橋式	73	0	5	0	51	0	1	7	0	0	0	
宇鉄	宇鉄Ⅱ式	23	0	7	4	42	2	5	4	0	0	0	
垂柳	田舎館式	14	0	0	0	5	0	3	4	0	0	0	＊
龍門寺	龍門寺式	163	21	0	0	56	1	25	27	69	0	5	
南小泉	桝形囲式	＊					＊		＊	＊	＊	＊	
境ノ目A	桝形囲式	27	0	15	0	17	0	7	3	0	0	0	
武井D	桜井式	7	1	0	0	5	0	1	0	8	0	2	
能登	天王山式	6	0	0	0	24	2	2	0	1	5	0	

踏まえて、東北の弥生石器を南部と北部で比較していこう（図36・表3）。

（1）東北北部の石器組成

狩猟具　打製石鏃が多数出土している。垂柳遺跡では全長4cm程度の石鏃が認められるものの、重さは2g以下と軽量である。

農　具　石包丁は出土するものの、基本的な石器組成とはならない。水田跡が検出された2遺跡で出土は確認されていない。ただし、出土地の特定はできないが秋田市内、あるいは砂沢遺跡に近い青森県井沢遺跡では石包丁が知られている。それらは直刃である点が特徴で、東北南部との違いである（石川 1992）。また、すでに指摘したように、垂柳遺跡ではスクレイパーにコーングロスが付着しており、石包丁以外の器種が収穫具であった（須藤・工藤 1991）。

木工具　大陸系磨製石斧のなかで、弥生時代前期の荒谷遺跡で抉入柱状片刃石斧が出土している（水野 2007）。飛び石的な伝播と考えているが、こうした磨製石斧が東北北部まで及んでいたことになる。

垂柳遺跡で確認した扁平な片刃石斧は擦り切り技法によって作られ、素材は緑色片岩であることから、続縄文文化の影響が考えられている（須藤 1983b）。

調理具（・工具）　良好な資料がなく詳細は不明である。

祭　具　砂沢遺跡では石棒や石剣、青森県二枚橋遺跡では打製の石偶をそれぞれ確認している。

組成上の特徴　弥生時代前期の二枚橋遺跡や瀬野遺跡の石器の様相を加味すると、基本的な器種は、狩猟具として打製石鏃・石槍・尖頭器、各種加工具としてスクレイパー・石匙・石錐、木工具として縄文系磨製石斧、収穫具として打製石器、調理具として石皿・磨石・敲石、祭具として石剣・石棒などである。大陸系磨製石器については、荒谷遺跡で抉入柱状片刃石斧が出土し、出土状況から特殊な扱いを受けていた。石包丁は非常に少ないものの畿内地域と共通する直刃のものが出土している。

このように、大陸系磨製石器は散発的には出土するが、基本的な石器組成は縄文時代晩期のそれとほとんど変わらず、水田跡が発見された砂沢遺跡でも、石器組成だけで水田稲作がおこなわれたと判断することは難しい。このことが東北北部の水田稲作の特徴であり、石器組成の特徴でもある。中期になっても石器組成に変化はなく、垂柳遺跡の水田稲作も、大陸系磨製石器抜きでおこなわれたことになる。

（2）東北南部の石器組成

狩猟具・武器　磨製石剣が宮城県河原囲遺跡にある（須藤 1984）。福島県桜井遺跡でもその可能性のあるものが知られ、武器自体は存在していたことになる。打製石鏃は石器全体の組成比にはばらつきがあるものの普遍的に出土している。尖頭器も縄文時代からのものが存在した。

農　具　石包丁が仙台平野を中心に広く出土する。また、組成上は稀少であるが「微細剝離痕のある石器」の刃部付近に光沢が認められるものがある。使用痕分析から収穫具としての機能が考えられ（斎野 1987）、石包丁以外にも収穫具はあったことになる。

また、富沢遺跡などで発見される大型の剝片石器は、大型板状安山岩製石器と呼ばれ、「鎌」としての機能、すなわち除草や収穫後の稲藁の刈り取り具に用いられたと考えられている（斎野 1993・1994)。水田稲作にかかわる道具として、機能分化した石製農具が使用されていたことになる。

木工具　大陸系磨製石斧が主体を占めるが、縄文系磨製石斧も共存する。磨製石斧のなかでは小型のノミ状石斧の比率が高い遺跡がある。

調理具（・工具）　石皿や磨石は調理具であり、敲石については工具としての機能も備えていた。堅果類の調理がおこなわれていたことになる。

祭　具　縄文系の祭具では石剣が龍門寺遺跡で、独鈷石が宮城県鱸沼遺跡でそれぞれ出土している。独鈷石は弥生時代後期の能登遺跡にもある。一方、弥生系の祭具として、南関東を中心に分布する有角石器が仙台平野までは出土する。

組成上の特徴　弥生時代前期の段階では、大陸系磨製石器とかかわる石器が出土している。山王囲遺跡では石包丁とみられる石器が出土しているが大形で、穿孔は認められない。山形県生石２遺跡では、太型蛤刃石斧としてもいい厚手の両刃磨製石斧が出土している。

山王囲遺跡では、石包丁以外の石器150点の器種構成は縄文時代晩期の石器組成と変わらない(斎野 1992c)。弥生時代前期は、縄文時代の石器に大陸系磨製石器が少数加わるという状況であったと考えられる。

弥生時代中期になると狩猟具として打製石鏃、各種加工具としてスクレイパー・石匙・石錐、木工具として大陸系磨製石斧・縄文系磨製石斧、収穫具として石包丁・打製石器、調理具として磨石・石皿・敲石という器種構成となる。

大陸系磨製石器は、弥生時代中期前葉の龍門寺遺跡でも出土しており、福島県域の浜通りにも及んでいたことになる。そして、中期中葉以降、仙台平野を中心に石包丁が広く出土するようになる。天神沢遺跡の存在は、その生産遺跡も出現したことを示している。東北南部は、東海以東の地域では北陸・信濃地域とともに石包丁が使用された地域であったことが特筆される。

ただし、境ノ目Ａ遺跡のように大陸系磨製石器が出土しない遺跡もある。

（３）弥生時代後期の石器

弥生時代後期、すなわち天王山式期の様相をみておこう。後期前半の能登遺跡では、遺構は検出されていないが、アメリカ式石鏃、石錐、石匙、スクレイパー、打製石斧など打製石器が出土している。ただし磨製石斧の出土はない。後期後半の福島県桜町遺跡では、竪穴状遺構や土坑といった生活痕跡は残されているものの、利器としてはスクレイパーが確認されているだけである。

弥生時代後期には富沢遺跡で水田跡が発掘されている。この時期には寒冷化で水田稲作がどの程度おこなわれていたかという問題は残るものの、石包丁は認められなくなる。磨製石斧についても減少傾向にあり、天王山遺跡で磨製石斧が出土していないことから、斧は鉄器化したとする意見と(石川 2000)、それに否定的な意見がある（青山 2017)。

東北北部では湯舟沢遺跡の例しかないが、やはり石器は減少傾向にある。

こうしてみてくると、東北地方でも弥生時代後期に石器は減少していることになる。

5　石器からみた東北の弥生社会

東北地方は以上のような石器組成の特徴を有している。このことを踏まえ、弥生石器から東北の弥生社会について、以下の３点を考えることにする。

大陸系磨製石器の伝播ルート　弥生時代前期、青森県東部でも大陸系磨製石器の抉入柱状片刃石斧が出土した。これは、すでに述べたように日本海ルートでもたらされたとみなされる。日本海各地にそのような石器が認められるわけではないことから、リレー式で伝播してきたというよりも、飛び石的な伝播がおこなわれていた状況が想定される。北海道の有珠モシリ遺跡で南海産の貝輪が出土しているが、それと同じ状況と考えている。

日本海ルートで北上してきた文物は、津軽海峡を東行することになる。日本海側から太平洋側にモノが伝播する現象としては縄文時代から認められ、海のルートとともに陸路が併用された可能性についての指摘がある（福田 1990）。いずれにしても、そうした文物の流れの延長上で荒谷遺跡に抉入柱状片刃石斧が伝わったと考えられる。付近に所在する松石橋遺跡から、完形の遠賀川系土器が出土していることと無関係ではないだろう。

東北への弥生文化の伝播ルートについては高瀬克範が、①青森県の日本海側に伝播した情報はどのルートで太平洋に達したのか、②青森県太平洋側から北上川を抜ける内陸ルートは想定されるとして三陸沿岸による南下ルートがあったのか、③仙台平野への伝播について青森県からの南下ルートでは理解できない要素をどう考えるのか、という３点が課題だと指摘している（高瀬 2017）。

東北、とりわけ南部への大陸系磨製石器の伝播を考える上では、遠賀川系土器の出土地を抜きにして考えることはできない（図 37）。そして、高瀬の指摘やこれまでの研究成果を踏まえると、大きく二つのルートが想定される。

一つは東北北部から南下したルートである。このルートには太平洋を南下したルートと、内陸を南下したルートが考えられる。後者については、設楽博己が東海から東北南部までの再葬墓の展開を検討した際、遠賀川系土器の動きについて、太平洋側の馬淵川あるいは新井田川から北上川流域付近へ南下するルートを示している（設楽 2005）。

外湾刃の石包丁、宮城県の河原囲遺跡から出土した磨製石剣の存在を考えると、青森まで到達した北部九州系の石器が仙台平野まで南下した可能性は十分考えられよう。また、具体的なルートまでは言及していないが、当地域の石包丁の大きさと形態を踏まえ、吉林や韓半島北東部からの戦国時代末あるいは一部前漢代初期の可能性も含めて、北方ルートによってもたらされた可能性が指摘されており（寺沢 1995 b）、これも南下ルートを想定することになる。

もう一つが日本海側、新潟県域から内陸部の会津盆地を経由し太平洋側に抜け北上するルートである。遠賀川系土器は福島県荒屋敷遺跡や墓料遺跡で出土している。須藤隆は荒屋敷遺跡出土の遠賀川系土器について、「近畿・北陸地方から阿賀野川・只見川上流域に搬入された」（須藤 2000）とする。土器の様相を踏まえると、弥生時代中期前葉の龍門寺遺跡で外湾刃の石包丁が出土しており、会津盆地から東へは、仙台湾に向かうルートといわき市域に向かうルートが想定される。

さて、この問題をさらに複雑にしているのは、秋田県小阿地遺跡をはじめ秋田市内や津軽平野で直刃の石包丁が出土していることである。直刃の石包丁については近畿・北陸とのかかわりが考え

図 37　遠賀川系土器出土遺跡分布図
（須藤 2000 を一部改変）

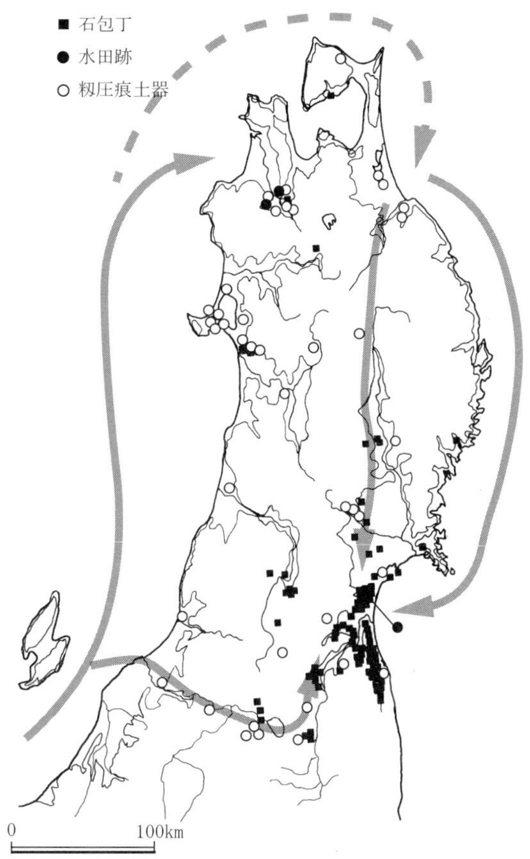

図 38　仙台平野への石包丁伝播ルート復元案
（石川 1992 を加筆修正）

られ、出土している石包丁の型式差から、日本海側と太平洋側ではその受容に違いがあったことが指摘されている（石川 1992、須藤 2000）。そういう差を生み出した要因は、時期差によるものか別の要因によるものかは、現時点で明らかにはできない。

東北への石包丁の伝播は複雑であり、現在のところ一つに特定することは難しく、今後も検証していかなければならない（図 38）。

東北地方における鉄器化とその意義　東北地方の鉄器は、吉田秀亨によると 2002 年段階で 10 遺跡 17 点が集成され、二枚橋式期すなわち弥生時代前期、寺下囲式期すなわち中期前葉、天神原式期すなわち中期後葉、天王山式期すなわち後期、続縄文式期のものが含まれる。これらの中には、西からではないルートでもたされた可能性のあるものもあるという（吉田 2002）。

東北でも鉄器の出土は少ないが、弥生時代後期になると石器は減少する。とくに東北南部で磨製石斧がほとんど見られなくなる点は重要である。

さて、会津盆地では弥生時代後期に方形周溝墓が出現し、外来系の土器も認められるようになり（田中敏 1993）、外からの影響が会津盆地をはじめとする東北南部の社会を大きく変革させる契機となったと考えられた（林 1986）。

2010 年代に発掘調査された会津盆地に所在する桜町遺跡においては、弥生時代後期後半すなわ

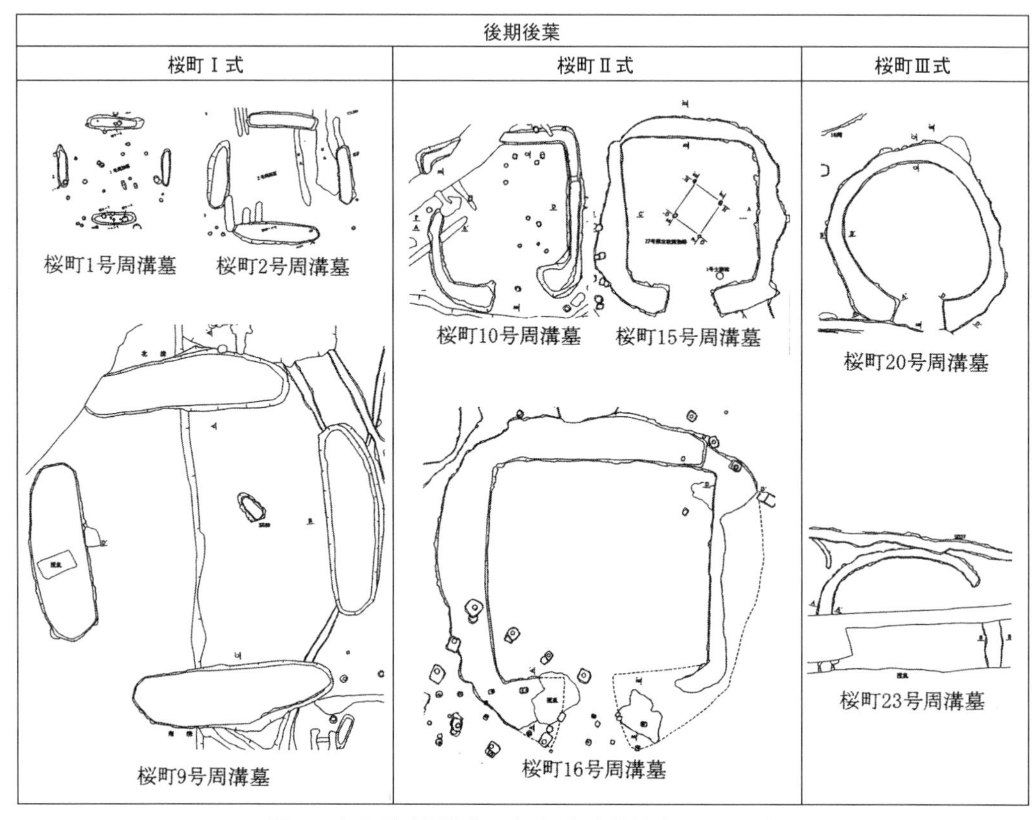

図39　桜町遺跡周溝墓の変遷（福島県教委ほか 2011）

ち法仏式併行期に四隅の途切れる方形周溝墓が出現し、その後、一辺の中央部が陸橋状になり前方後方形を呈する周溝墓、さらには円形周溝墓へと変化していく。そして終末期には前方後円形と前方後方形の周溝墓が作られるようになったのである（図39）。

会津盆地におけるこうした周溝墓の受容の背景には、弥生時代後期後葉の会津地域に北陸系の土器が出土すること（滝沢 2013）と無関係ではないだろう。桜町遺跡の方形周溝墓は北陸との関係から出現したことが想定される。北陸地域には日本海ルートで多くの鉄器がもたらされた。このことを踏まえると、会津盆地では現在でも鉄器の出土は確認されていないが、方形周溝墓の受容とともに鉄器ももたらされたものと推測する。

東北でもっとも早く前方後円墳が成立した会津盆地では、古墳を築造する基盤は弥生時代終末期に転換点があり、その動きは自生的なものだとは考えにくいとされてきた（辻・菊地 1993）。その前段階である弥生時代後期から、会津盆地の集団は日本海側の集団とつながっていたのである。

かつて筆者は東北の弥生社会は北からの影響を受けていたことが一つの特徴であると考え、鉄器についても西からのルートだけでなく、北からのルートが機能した可能性を指摘した（禰宜田 1993 b）。会津盆地の鉄器化については、西からの日本海ルートによるものと考える。

水田稲作受容の南北差とその後の展開　これまで、韓半島から北部九州地域に伝わってきた水田稲作に代表される「弥生文化」が東北にも伝播してきたことについて、石器の様相をみてきた。そして、南部と北部で石器組成に違いがあることを明らかにしてきた。

東北南部では磨製石剣が出土し、中期には石包丁や大陸系磨製石斧が定着した。これに対して東北北部では弥生時代前期に抉入柱状片刃石斧は認められるものの、石包丁も数は少なく散発的である。大陸系磨製石器がセットで伝播してきたことを示す遺跡は未確認である。

水田跡を検出した砂沢遺跡や垂柳遺跡の石器は大陸系磨製石器を基本的な道具とはしなかった。後者では北海道の続縄文文化で展開した石器石材及び擦り切り技術による磨製石斧が用いられ、収穫具もスクレイパーが用いられた。ここに、東北北部の水田稲作技術に関する独自性が認められる。しかし、垂柳遺跡では木製農具は出土していることから、縄文時代にない器種についてはそのまま受容していたことが指摘される。

垂柳遺跡でみられたように、縄文時代にあった器種はそのまま使用し、新たな器種は受容したということは、菜畑遺跡をはじめとする北部九州地域でのあり方（下條 1994）と共通する。新たな文化を受容する際のひとつの類型を示していることが考えられ興味深い。

また、西日本でも吉備地域で石包丁は定着しなかった。しかし、東北南部では石包丁が出土することから、単純に距離的な問題ではなかったことになる。大陸系磨製石器の受容・定着は、縄文時代からの石器石材の獲得のあり方など別の要因を考える必要が出てくる。

東北南部と北部では大陸系磨製石器の受容に違いがあった。その背景には、水田稲作の受容・定着に際しての違いがあったことが考えられる。東北北部に大陸系磨製石器が定着しなかったのは、水田稲作受容後、気候条件が要因となり水田稲作中心の生業形態に移行しなかったことが影響していた。東北北部と南部の石器組成の違いは、水田稲作への依存度の違いを反映しているものとみている。

その後、古墳時代前期の東北南部には前方後円墳が築かれることとなった。ヤマト政権との関係において、東北の南部と北部は異なる歴史を歩むことになり、古代以降の東北の歴史にまで影響を与えることとなったのである。

第5節　伐採斧の成立と展開

1　問題の所在

斧は人類が手にした中で、もっとも重要な道具のうちの一つである。というのも、斧は新たに土地を開発するための道具として、また、道具を作る道具として、欠かすことのできないものだったからである。

その斧に関しては、佐原眞による総括的な研究がある（佐原 1994）。佐原はその著書『斧の文化史』のなかで、豊富な民族例を用いて、さまざまな斧のあり方や社会的な意味について言及するとともに、石の斧の社会に鉄の斧がもたらされた時の変化のありさまにも触れ、斧の出現からの変遷の過程を世界史的な視野で論じた。

こういった研究はあるものの、斧といえば石斧や鉄斧といった斧身の方が主な研究対象であり、斧柄を取り上げた研究は少ない。その理由として、斧柄は斧身に比べて資料数が限られていること、石斧や鉄斧であれば、それだけで弥生文化受容のあり方、生産と流通、鉄器化といった社会の本質に迫ることができること、などが考えられる。

斧は斧身と斧柄からなる。山田昌久は「もの」を道具として復元し、さまざまな道具をセットとしてとらえる視点を強調し、縄文から弥生時代の木製品を通して、社会の復元をおこなおうとした(山田昌 1991)。筆者もその視点は重要と考えており、本節では、斧自体の研究を進める基本作業として、伐採石斧を中心に伐採鉄斧を含めて検討をおこなう。

2　研究略史

最初に、伐採石斧の柄に関する研究を簡単に振り返っておきたい。斧柄や斧については、山田がさまざまな観点から考察をおこなってきた。縄文時代の斧柄については、膝柄の斧台部の形状を検討することによって、石斧の装着方法に改良が加えられたことを示した(山田昌 1991)。斧を復元する実証的な研究である。

弥生時代の斧柄については、群馬県新保遺跡の発掘調査報告書の中で、農具や容器をはじめとする各種木製品を全国規模で整理し、九州・近畿・東海・関東での形態が細部にいたるまで基本的に同じであることを指摘し(山田昌 1986)、さらに、全国各時期の木製品の出土地名表を作成した(山田昌 1993)。それによると斧柄が出土した遺跡数は、石用・鉄用、伐採用・加工用を問わず126に達し、時期別に集計すると、一遺跡での重複もあるので縄文時代11遺跡、弥生時代77遺跡、古墳時代32遺跡、奈良・平安時代18遺跡、中世1遺跡、近世1遺跡となる。斧柄はもちろんのこと、木製品の基礎研究として、現在においても重要である。

一方、上原真人は地方公共団体などの専門職員の協力を得て近畿の木製品を集成した。そのなかには斧柄も含まれ、伐採斧を四つに分類し編年をおこなった。それを踏まえ、石斧用の斧柄から鉄斧用の斧柄への転換は中期前葉から後期の間に達成されたと指摘した(上原 1993)。斧柄の出土が少ないという状況からすると、鉄器化については時期幅をもたせた見解は、やむをえないといえよう。この作業は、斧柄を総括的に扱った研究として多くの重要な視点を提示した。

このほか、山田成洋は伐採石斧の割れ方と斧身と斧柄との組み合わせ方から、斧身の有効な長さを明らかにすることにより、斧の復元をおこなった(山田成 1990)。また、鉄器化については深沢芳樹が、近畿の斧柄の集成により弥生Ⅳ期、すなわち弥生時代中期後葉を境に、鉄の斧へ変化することを指摘した(深沢 1986)。なお、筆者も縄文時代から古墳時代にかけての斧柄について概観したことがある(禰冝田 1994)。

弥生時代の斧柄については、近畿で集成され、石斧・鉄斧の柄ともに分類、編年がおこなわれ、鉄器化という案件についての検討がおこなわれているが、列島規模での比較検討は、山田の研究(山田昌 1986)以降、ほとんど手つかずだというのが現状である。

本節では、伐採石斧の柄を全国的に網羅し、分類と変遷、地域差、伝播ルート、生産と流通という事項について整理する。また、伐採鉄斧の柄についても同様の整理をおこない、斧柄から鉄器化の様相についても整理していきたい。

3　伐採石斧の柄

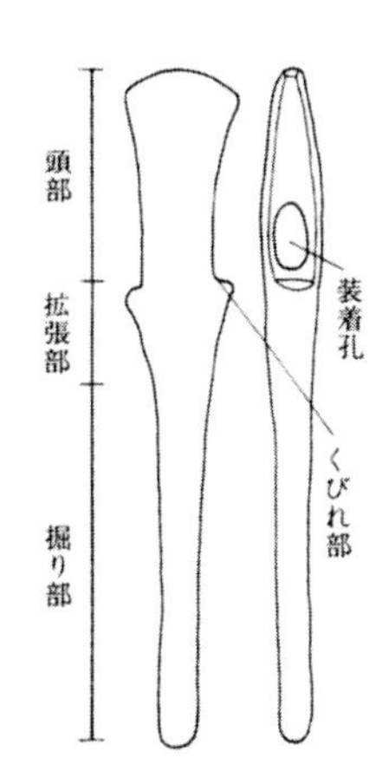

図40　直柄部分名称図
(禰冝田 1999 c)

(1) 分　類

伐採斧の柄には石斧用と鉄斧用とがあり、それぞれ直柄と膝柄に分かれる。筆者は、上原の分類を踏まえて、石斧の柄として直柄三つと、膝柄一つに分類する。本節での直柄の部分名称は図40に示したとおりである。

本節で中心的に取り上げる直柄について、上原は側面形から分類をおこなったが、筆者は頭部の断面形も加味して以下のように分ける（図41）。

膝　柄

Ⅰ類　石斧を装着する斧台部から握り部までが一木で作られ、両刃の磨製石斧が装着されたもの。斧台部の作りによって細分は可能と思われるが（山田昌 1991)、資料数が限られており膝柄ということで一括しておきたい。弥生時代の遺跡では未確認で、縄文時代の斧柄である。

直　柄

Ⅰ類　側面から見て、頭部から拡張部にかけて緩やかにくぼんで作り出されたもの。拡張部は両方に作り出されており、頭部から拡張部へ移行する部分の作りは明瞭でない。資料数が限られており、さらなる細分はおこなわないで一括しておきたい。縄文時代から弥生時代早期に確認されることから、縄文系の斧柄と考えている。

Ⅱ類　側面から見て、頭部から拡張部にかけて、撥形、扇形、方形に作り出されたもの。頭部は直線的でⅠ類に比べるとシャープに仕上げられている。装着孔の幅から、基本的に太型蛤刃石斧が装着されたと考えられる弥生時代の斧柄である。拡張部の形状によって以下に細分される。

A類　側面から見て、拡張部が両方に大きく作り出されたもの。頭部から拡張部へはくびれ部を経ることになるが、そのくびれ部は明瞭になる。頭部の断面は楕円形や方形を呈しており、石斧の刃部側か基部側かの判断は困難である。なかには太型蛤刃石斧が装着できない薄手のものが含まれる。こうした斧柄については形態としてはⅡA類と弥生系であるが、装着された石斧は縄文系と考えられることから「過渡的な直柄ⅡA類」と呼称することとする。

A′類　拡張部から握り部へと移っていく際、拡張部と握り部の境目に段のつくもの。

B類　側面から見て、拡張部が片方だけに作り出されたもの。ⅡA類で両側にあった拡張部の一方が省略されたとみなされ、さらに細分が可能である。

1類　頭部の断面が方形あるいは楕円形に近い形のもの。

2類　頭部の断面が三角形から台形、あるいはそれに近く、頭部中央で水平に切った場合、対称形にならないもの。石斧の刃部側が装着されるのは幅の広い方である。

C類　頭部から握り部の間に拡張部がないもの。さらに細分が可能である。

1類　頭部の断面が楕円形のもの。直柄ⅡB1類の拡張部がさらに省略されたものといえる。

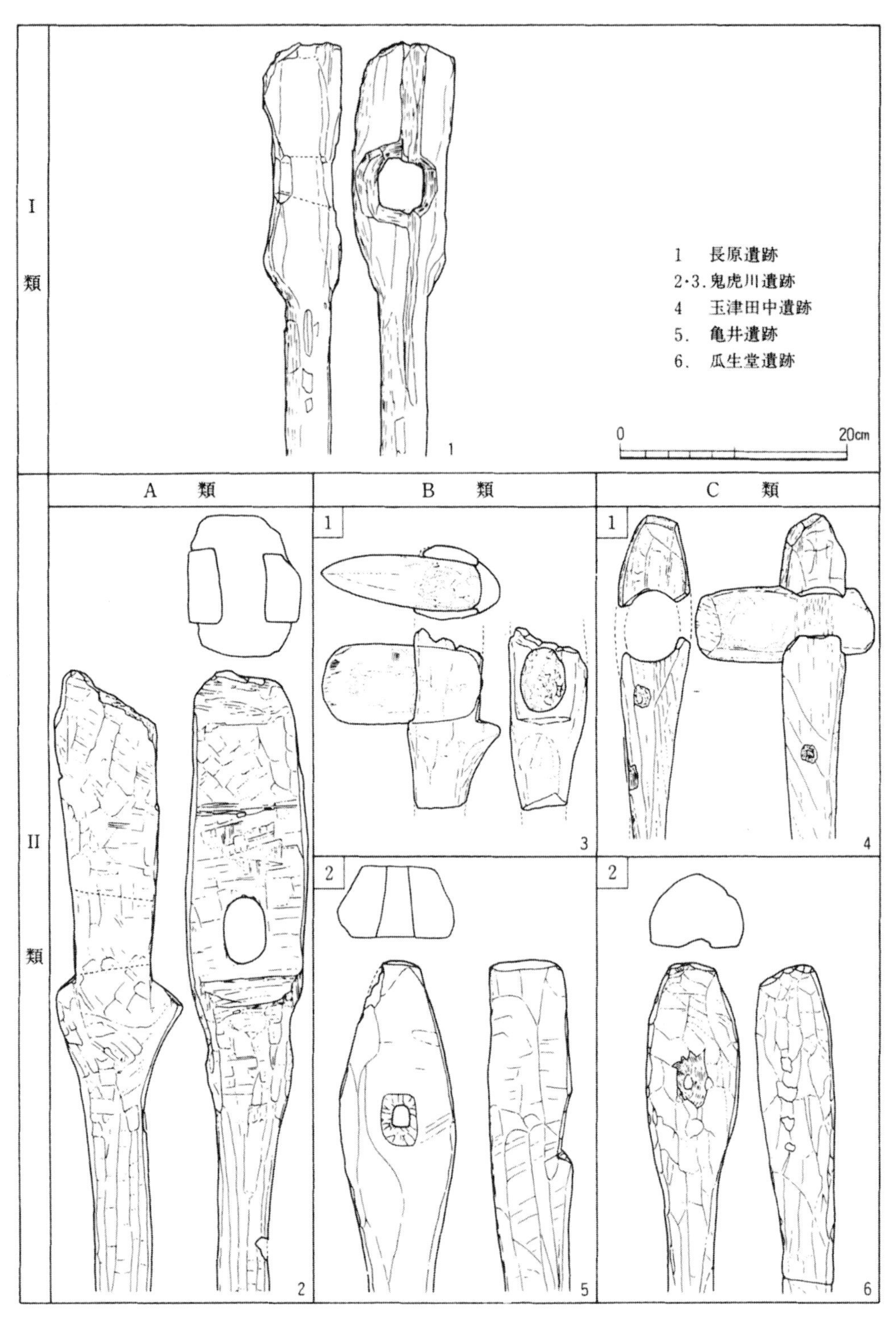

図 41 伐採石斧直柄分類図（禰冝田 1999 c）

2類　頭部の断面が三角形あるいは台形のもの。ⅡB2類の拡張部がさらに省略されたものといえる。

（2）縄文時代の伐採石斧の柄

縄文時代の伐採石斧(5)の柄は、膝柄Ⅰ類と直柄Ⅰ類である。今回、製品・未製品あわせて12遺跡、70点あまりを確認したが、地域・時期に偏りがある。まず、出土資料を概観していくことにする。

管見の限り、膝柄Ⅰ類では縄文時代前期のものがもっとも古い。福井県鳥浜貝塚では40点を超える製品・未製品の存在が知られ（図42-4）、京都府の松ヶ崎遺跡においては縄文時代前期前葉に時期が限定される事例が報告された。これらは、斧台部に溝が穿たれ、そこに石斧がはめこまれたと考えられる。

ところが、縄文時代中期後葉から後期の富山県桜町遺跡や群馬県下田遺跡、晩期の荒屋敷遺跡では、石斧の装着方法に変化が出てくる。

桜町遺跡で検出された斧柄は、斧台部の断面が凸状になっていたので（図42-3）、側板と蓋板3枚により磨製石斧を挟み込んで固定したと考えられていた（山田昌 1991）。このことについては、新潟県大武遺跡で膝柄Ⅰ類とともに固定用の板が発見され、この想定が正しかったことが明らかとなった。下田遺跡の斧柄も桜町遺跡とは異なるが、やはり別の木と組み合わせることによって使用されたと考えられる（図42-5）。いずれの斧柄も斧台部が大きく作られており、石斧自体は小さくとも斧全体では重くなり、伐採に供したことであろう。これらは、石斧を別の板で覆い、紐で装着していたことになる。伐採斧として使用する際、石斧は斧台部から大きくはみ出ることになり、木の皮だけでは固定がうまくいかなかっただろうから、他の木と組み合わせたというのも十分うなずける。

荒屋敷遺跡では斧台部を完全に残す柄（図42-1）からその使用方法が検討され、磨製石斧の方向を変えることによって縦斧と横斧の両方の

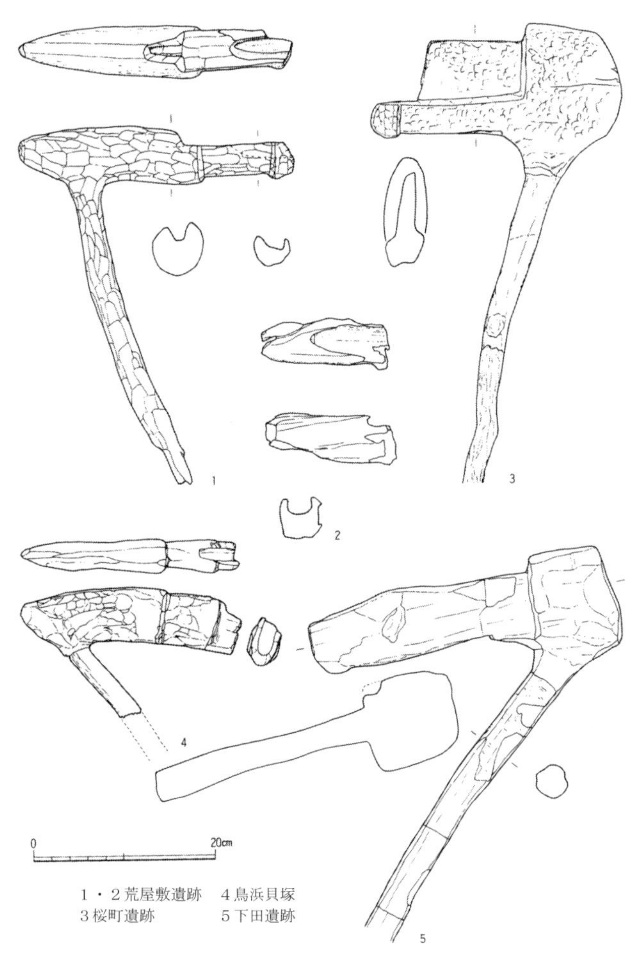

図42　縄文時代膝柄実測図（禰宜田 1999c）

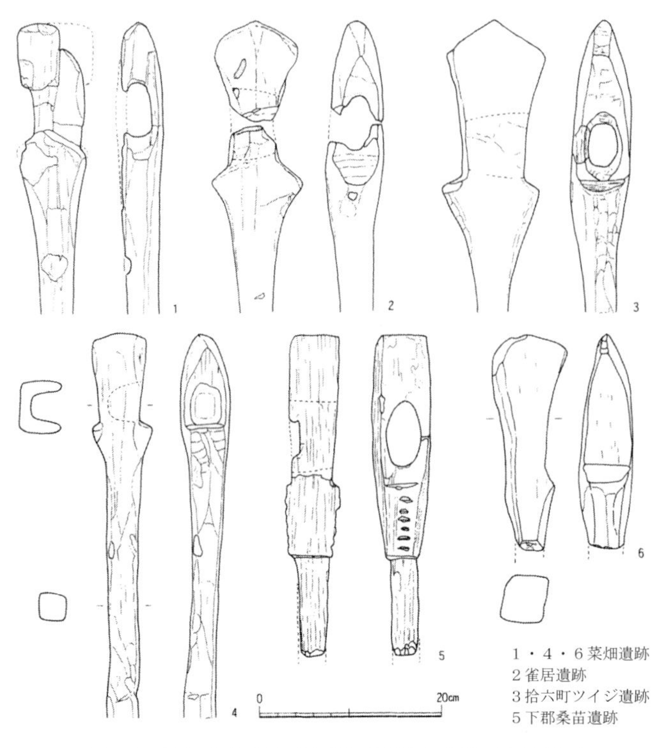

図 43　弥生時代直柄（九州）実測図（禰冝田 1999 c）

機能を兼ね備えていたことが指摘された。すなわち図の左側の段の部分は石斧を留める機能を有し加工斧として機能し、その面からくり抜かれた溝に石斧をはめこむと、伐採斧としての機能を有していたというものである。報告者は荒屋敷遺跡から出土した部材（図42 -2）を石斧装着時に、上から蓋のように被せる緊縛用の補助具だと考えた（小柴 1990）。上記 2 遺跡と同じ役割を果たしていたとみなされる。

膝柄Ⅰ類の場合、当初斧台部に溝を穿ちそこに石斧を固定していたのが、別木を組み合わせることによって、固定がうまくいくように改良が加えられたのである（山田昌 1991）。

一方、直柄Ⅰ類では晩期の滋賀県滋賀里遺跡の例が知られている。完成品（図 45 -1）と未製品があるけれども、装着孔の大きさや斧柄の厚さから、いわゆる定角式石斧が装着されたと推測される(6)。残念ながら晩期の中での詳細な時期限定はできない。

さて、縄文時代中期の神奈川県椚田遺跡で出土した乳棒状石斧に残された痕跡から、この時期すでに直柄が存在していたことになるが、滋賀里遺跡とは時期も地域も離れている。

縄文時代の伐採石斧の柄には直柄と膝柄とがあったが、時期差、地域差は明らかではない。縄文時代の伐採石斧の柄と弥生時代の伐採石斧の柄の関係については引きつづき検討が必要である。

（3）弥生時代の伐採石斧の柄

それでは、以下で地域ごとに概要を述べていこう。

北部九州地域　まずは弥生時代早期である。菜畑遺跡の第 10 層から出土した 2 本の柄は、早期前半の山ノ寺式期に属する。うち 1 本は両側に拡張部をもっているが、くびれは明確ではなく、直柄Ⅰ類に入る（図 43 -1）。ただし、素材がすでに弥生時代に多用されるカシ材であることから、弥生の斧柄への萌芽を認める指摘がある（金子 1984）。もう 1 点も拡張部は小さく、くびれも明瞭ではないことから直柄Ⅰ類になる。

福岡県雀居遺跡では、夜臼式期すなわち弥生時代早期後半とされる SD003 より直柄 2 本が出土した。拡張部から頭部へのくびれは、菜畑遺跡よりも明確に作り出される。ただし、装着孔の厚さからは太型蛤刃石斧(7)を装着できるようなものではなく、「過渡的な直柄ⅡA類」といえる（図 43 -2）。直柄ⅡA類には福岡県比恵遺跡 25 次 8 層出土の斧柄も含まれ、その後、弥生時代前期前半までは確認される。

夜臼・板付Ⅰ式期、弥生時代前期初頭になると、菜畑遺跡8層出土品の中に全体に小振りだが両側に明確なくびれを有する拡張部をもち、装着孔の幅を増した直柄ⅡA類がある（図43-4）。

そして、この遺跡からは直柄ⅡB1類も出土している（図43-6）。ほかにこの時期の直柄ⅡB1類は、佐賀県田島遺跡で夜臼式から板付Ⅱ式期までの土器とともに出土した未製品を知るだけであるが、菜畑遺跡例から弥生時代前期初頭には出現していたことになる。直柄ⅡA類からいち早く派生してきたことを示唆するが、二つの遺跡は唐津市内であり、この地域での現象という見方もできないことはない。直柄ⅡB1類の出現については、資料の増加を待ちたい。

福岡県拾六町ツイジ遺跡の斧柄は、直柄ⅡA類に属する完形の優品だが、詳細な時期比定はできない（図43-3）。頭部先端を山形にするものは北部九州地域に多い。

弥生時代中期の斧柄は、福岡県惣利遺跡から出土しており、明らかな直柄ⅡA類は未発見で、直柄ⅡA類か直柄ⅡB1類かの判断が難しいものと直柄ⅡC1類がある。これらの装着孔は長径が4～6cm、短径が3cm前後と小さく今山産の太型蛤刃石斧のためのものとは考えにくい。材には直径5～6cm前後の木を使用しており、みかん割り材を使う製作技法とも異なっている。

西北部九州地域　長崎県里田原遺跡では、直柄ⅡA類が多数発掘されている。この遺跡では弥生時代前期後葉の土器が多い地点と中期前葉の土器が増大する地点があり、各々から斧柄が出土した。ほとんどが拡張部を大きく作り出したもので形態的に大きな変化はなく、前期後葉から中期前葉にかけて直柄ⅡA類が用いられていた。

東部九州地域　大分県下郡桑苗遺跡では弥生時代前期後葉の斧柄が確認された。拡張部は小さく、拡張部上段のくびれ部から頭部先端までは平行に作られ、北部九州地域のものと形態が異なる。しかも拡張部下側から握り部に移行する境目に段がつく直柄ⅡA′類が出土している（図43-5）。

瀬戸内地域　岡山県南方遺跡で弥生時代前期後葉の土坑と中期中葉の河道から出土した斧柄は、共に直柄ⅡA類であった。前者は両方の拡張部が明瞭に作り出されているけれども（図44-3）、後者の片一方の拡張部はかなり小さくなっている（図44-2）。

四国側では、香川県鴨部川田遺跡や徳島県庄蔵本遺跡で、弥生時代前期に直柄ⅡA類が出土している。

山陰地域　島根県の西川津遺跡において直柄ⅡA類、直柄ⅡB1類の製品・未製品が出土した。太型蛤刃石斧が装着された状態で発見されたものは直柄ⅡA′類に相当し、拡張部は小さく、頭部は先端までほぼ平行にのびている。下郡桑苗遺跡出土品と似た形態である（図44-1）。

近畿地域　実際に取り扱うのは畿内地域となるが、以下のとおりである。北部九州地域の弥生時代早期に併行する口酒井・船橋式期の例は未発見である。大阪府長原遺跡では、長原式期の流路から出土した柄がある（図41-1）。図の右側の側部は若干欠損しているので、本来は両方に拡張部があったと考えられるが、後の弥生時代に多く見られるような大きく張り出す形ではない。もう1点は、頭部全体が大きく作られ、両側からの抉りの深く入る柄である。両者ともに拡張部の上面がまだ直線的に成形されていないので、直柄Ⅰ類に含めた。装着孔は円形に近く孔の大きさが左右で異なっていることから、縄文系の磨製石斧を装着していたとみなされる。

大阪府鬼虎川遺跡では長原式土器を主体とする層から直柄ⅡA類が出土した（図41-2）。頭部は割れているが、復元すると厚さは6cmを超え、装着孔の幅も5cm近くになり、太型蛤刃石斧が

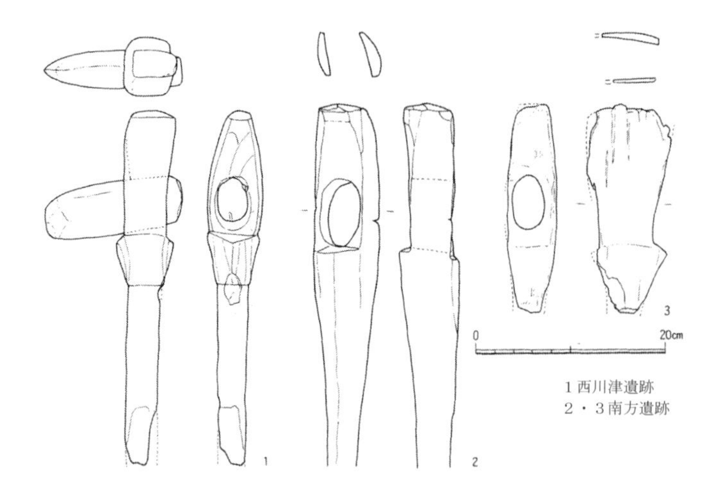

図 44　弥生時代直柄（山陰・瀬戸内）実測図（禰宜田 1999 c）

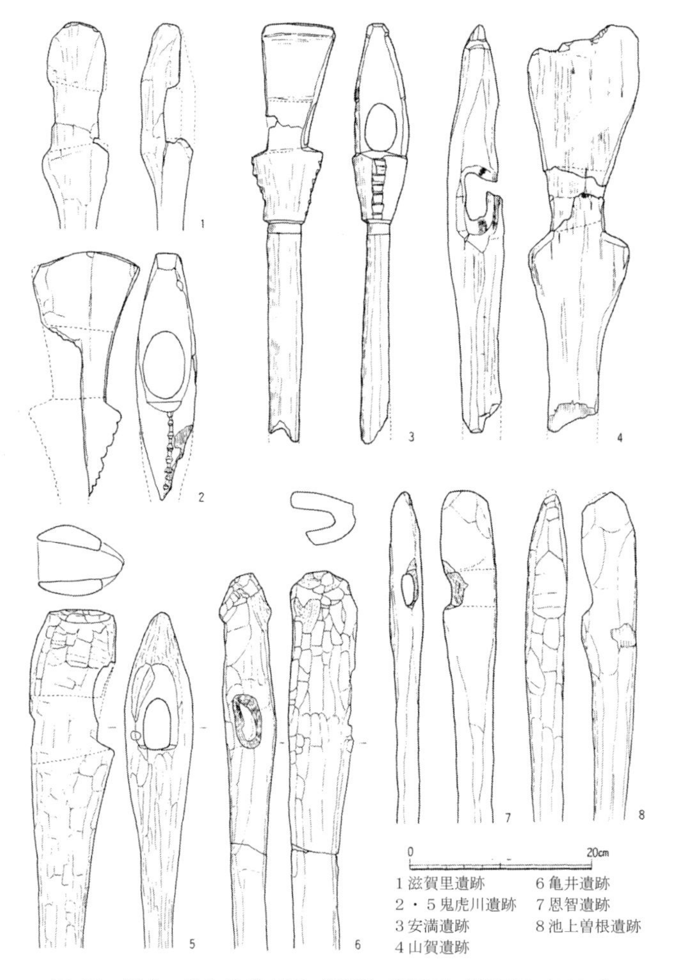

図 45　縄文・弥生時代直柄（近畿）実測図（禰宜田 1999 c）

装着されていてもおかしくはない。近畿の直柄ⅡA類としては、もっとも遡る例である。

大阪府山賀遺跡では弥生時代前期中葉の土器とともに斧柄が出土している。これを見ると、石斧装着孔の大きさは一方が長さ 7.6 cm、幅 3.5 cm、もう一方が長さ 5.2 cm、幅 2.9 cm で、挿入された石斧は縄文的な薄手の磨製石斧であったと思われる。ただし拡張部上面は直線的に大きく作られてきており、これは縄文時代の斧柄には認められないことから「過渡的な直柄ⅡA類」とする（図 45 -4）。この柄の頭部は先端部の凹凸が著しい。鬼虎川遺跡出土品（図 41 -2）の柄とともに、原材として獲得したときの状態をとどめているためとみなされる。その鬼虎川遺跡出土品の頭部は装着孔に比べると長すぎる。上から 13 cm 付近にみられる削り込みは、その部分で切断される予定になっていたことを示している。

直柄ⅡB類は弥生時代中期前葉には出現していた。鬼虎川遺跡で中期前葉のものとして直柄ⅡB 1類（図 41 -3）と直柄ⅡB 2類（図 45 -5）が確認されている。さらに中期中葉から後葉の兵庫県玉津田中遺跡では、直柄ⅡB 2類の製品・未製品 6 点が出土している（図 41 -4）。

直柄ⅡC 1類については、大阪府亀井遺跡で弥生時代中期前

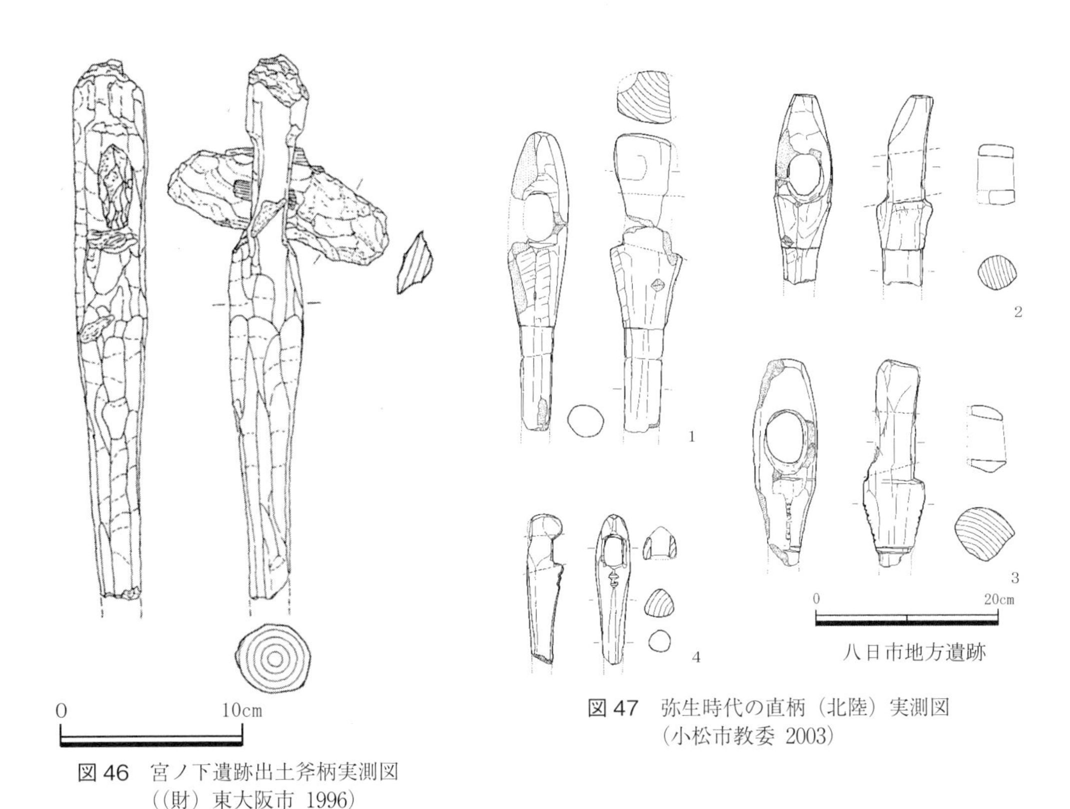

図46　宮ノ下遺跡出土斧柄実測図
（(財) 東大阪市 1996)

図47　弥生時代の直柄（北陸）実測図
（小松市教委 2003)

葉～中葉の溝より出土したものが、管見の限りもっとも遡る。この柄には太型蛤刃石斧が装着されていた（図45-6)。

直柄ⅡC2類としては、大阪府瓜生堂遺跡の中期の包含層出土の未製品を確認しているだけである（図41-6)。

近畿の弥生時代の伐採石斧の柄の多くは弥生時代前期～中期前葉に属し、中期中葉以降の事例は少なくなる(8)。そうしたなか、弥生時代前期の主体は直柄ⅡA類であった。中期前葉には直柄ⅡB1類及びⅡB2類が出現し、直柄ⅡC1類も中期中葉までには出現していた。そして管見の限り、中期中葉には直柄ⅡA類の出土例を知らず、主体は直柄ⅡB・ⅡC類に移行していったと考えている。そうなると、弥生時代中期中葉～後葉にかけての亀井遺跡出土の斧柄は直柄ⅡC1類で（図45-6)、装着孔から厚さ5.7cmの太型蛤刃石斧がともなっていたとみなしている。

なお、直柄ⅡB類・ⅡC類には、伐採石斧以外の柄が含まれていることも考慮しておかねばならない。千葉県常代遺跡では、筆者の分類であれば直柄ⅡC1類とした柄に細長い敲石のような石器が装着され、神奈川県池子遺跡では直柄ⅡC1類が加工斧用の柄であった。さらには、大阪府宮ノ下遺跡では弥生時代中期前葉に、縄文的な斧柄すなわち拡張部を直線的に作り出さない直柄Ⅰ類に近い形態の柄に打製石器が装着された状態で出土した（図46)。となると、大阪府恩智遺跡出土資料（図45-7）は装着孔が長さ3.6cm、幅1.2cmであり、太型蛤刃石斧を挿入したとするには小さすぎ、斧以外の柄の可能性を考えるべきだろう。

弥生時代後期になると、近畿では伐採石斧は減少に向かう。そうしたなか、弥生時代後期の例として池上曽根遺跡から伐採石斧の柄1点が報告されている。これに関しては出土状況が定かではな

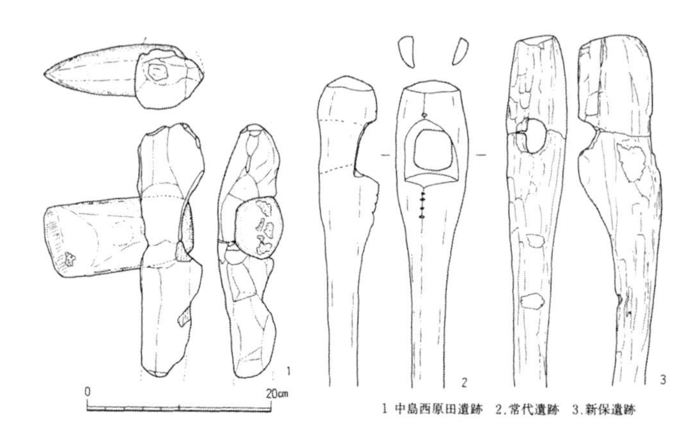

図 48　弥生時代直柄（東海東部～関東）実測図（禰冝田 1999 c）

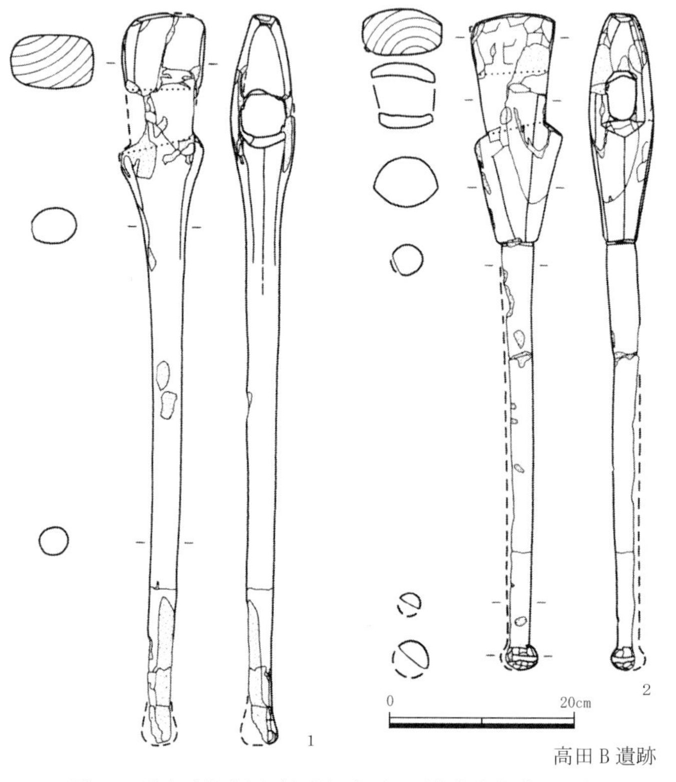

図 49　弥生時代直柄（東北）実測図（仙台市教委 1996）

く、遺跡からは前期から後期までの土器や石器が出土しており[9]、確実な後期資料として扱うことはできない。

このほか、斧柄になる可能性のある例は池上曽根遺跡で出土している。直柄ⅡＢ１類に分類される未製品である（図 45－8)。この柄は装着部の厚さ 4.4cm と比較的薄く作られている。石斧の柄だとすると、大阪府滑瀬遺跡で出土している両刃磨製石斧のような石斧が候補であり、そのほか細長い敲石、あるいは直接に板状鉄斧、別木を介して袋状鉄斧が装着された可能性も考える必要があろう。鉄斧の柄についてはあとで検討する。

伊勢湾・東海西部地域　弥生時代前期では、三重県納所遺跡から直柄ⅡＡ類の製品・未製品が出土している。つづく瓜郷式とされる弥生時代中期前葉には、愛知県篠束遺跡で直柄ⅡＡ類を確認している。この遺跡が太平洋側における直柄ⅡＡ類の東限である。

愛知県朝日遺跡からは、貝田町式期から凹線文土器期すなわち弥生時代中期中葉～中期後葉に直柄ⅡＡ類が、凹線文土器期すなわち中期後葉に直柄ⅡＡ′類、ⅡＢ１類あるいはⅡＣ１類が、それぞれ出土している。また、弥生時代中期後葉では愛知県一色青海遺跡から直柄ⅡＢ１類と考えられるものが出土しているが、直柄ⅡＢ２類になる可能性もある。

北陸地域　石川県畝田遺跡で２点の柄が出土し、直柄ⅡＢ類とⅡＣ類になる可能性のものが出土している[10]。共伴土器は弥生時代前期～後期と幅があるものの、弥生時代中期中葉の土器がもっとも多い。

石川県八日市地方遺跡では、弥生時代中期中葉の破片・未製品を含め直柄21点が出土した。製品では直柄ⅡA類、直柄ⅡA′類、直柄ⅡB1類、直柄ⅡB2類がある。未製品でも直柄ⅡA類、直柄ⅡB類になると考えられるものがある。現状では明確に直柄ⅡC類になりそうなものを確認できていない（図47）。

東海東部・関東地域　確実に弥生時代中期中葉以前に遡るものは未確認で、中期後葉以降の例は、直柄ⅡB2類である。

須和田～宮ノ台式すなわち弥生時代中期中葉から中期後葉の常代遺跡では、細部ではそれぞれに特徴を有するが、5点すべてが直柄ⅡB2類であった（図48-2）。群馬県新保遺跡では、弥生時代中期後葉に直柄ⅡB2類、中期後葉～後期初頭に直柄ⅡC2類、後期初頭～前葉に直柄ⅡB2類、後期前葉に直柄ⅡB2類がそれぞれ出土している。直柄ⅡB2類が主体であったことは間違いない（図48-3）。

これらの斧柄は、片一方に拡張部を作り出すために抉られただけではなく、反対側にもわずかな加工が施されている。これについては、製作者の意識としては片方に拡張部を施そうとしたものだと考え、直柄ⅡB2類とした。

東北南部地域　宮城県中在家南遺跡とその周辺の押口遺跡では、製品・未製品あわせると19点以上が出土している。時期は桝形囲式期すなわち弥生時代中期中葉で、直柄ⅡA′類が主体で、直柄ⅡA類もある。この地域の斧柄は、拡張部が小さく、くびれ部から頭部先端までは平行にのびているが、他の斧柄では拡張部の大きさにおいてバリエーションが認められ、直柄ⅡB類に分類できそうなものもある。

同時期の宮城県高田B遺跡でも製品が破片を含め28点、未製品が11点出土している。斧柄については、一遺跡では全国的にもっとも出土数が多い遺跡である。判別できるもののなかでは、3点が直柄A類（図49-1）、14点が直柄ⅡA′類（図49-2）であり、直柄ⅡA′類が圧倒的に多い。

中在家南遺跡と高田B遺跡が代表的な弥生遺跡であることを考慮すると、仙台平野の弥生時代中期中葉には直柄ⅡA′類が主たる斧柄と考えている。

4　伐採石斧の柄に関する諸問題

（1）変　遷

以上の出土状況を踏まえて、伐採石斧の柄の変遷について述べよう。このことについてはすでに上原真人が整理しており（上原 1993）、筆者の分類にあてはめると直柄Ⅰ類→直柄ⅡA類→直柄ⅡB類→直柄ⅡC類と変化していくことになる。

弥生時代になって出現する直柄ⅡA類は、縄文時代の直柄Ⅰ類の系譜を引く。直柄Ⅰ類から直柄ⅡA類の変化は漸移的で、弥生時代早期から前期中葉の直柄には、拡張部は明確に作られるが装着される石斧は縄文的であり、それについては「過渡的な直柄ⅡA類」と呼称した。具体的には雀居遺跡出土品（図43-2）や山賀遺跡出土品（図45-4）がそれにあたる。

また、直柄ⅡA類は現状では頭部の断面が三角形から台形、あるいはそれに近い形状のものを確認していないので、直柄ⅡA1類、直柄ⅡA2類という細分化はおこなわなかった。今後、直柄ⅡA2類が出土する可能性は残されている。

それに加えて、筆者は頭部の断面形を加味して分類をおこなった。以上を踏まえると、

直柄Ⅰ類→過渡的な直柄ⅡＡ類→直柄ⅡＡ類→直柄ⅡＢ１類→直柄ⅡＣ１類

↓

直柄ⅡＢ２類→直柄ⅡＣ２類

という変遷をたどったと考えている。

直柄ⅡＡ類を確認するのは、弥生時代前期初頭から前葉である。成立当初のものは、両方の拡張部を大きく作り出している。その後は拡張部を小さくする方向に変化していくが、拡張部については、大きく作り出すものと小さいものとが混在した。

拡張部が小さくなったのは、破損して小型化した太型蛤刃石斧を再利用するようになったことへの適応だったのではないかと考える。たとえば鬼虎川遺跡出土品（図41 -3）では、装着された石斧は全長13.6 cmで太型蛤刃石斧としては小型である。このような大きさの石斧に対して刃部側が拡張すると、斧としての使用ができなくなることから拡張部の省略が始まったとみる。となると、石斧が破損しても斧柄が折れなかった場合、石斧は刃部を再生し、斧柄については直柄ⅡＡ類であったものを一方の拡張部を削り落として直柄ⅡＢ類に作り直したことも想定される。現在までに、そのような例を観察するに至っておらず、今後の課題としておきたい。

（２）弥生斧の成立過程

縄文時代から弥生時代にかけての斧柄は、直柄Ⅰ類から直柄ⅡＡ類に移行しただけでなく、「過渡的な直柄ⅡＡ類」が加わり、三者が混在する形で存在した。それぞれの斧柄に磨製石斧が装着されることで、以下の３種類の斧が復元できる。

縄文斧（直柄Ⅰ類＋縄文石斧[(11)]）、

折衷斧（過渡的な直柄ⅡＡ類＋縄文石斧）、

弥生斧（直柄ⅡＡ類＋弥生石斧）

両刃の磨製石斧自体も、縄文石斧から弥生石斧すなわち太型蛤刃石斧へと段階を経て移行していったことが指摘され（下條 1998）、当然であるが斧柄もそれに対応した結果といえる。なお、ここでいう弥生石斧とは縄文石斧から厚みを増すようになって以降のものを指す。

次に、北部九州地域と近畿における弥生斧の成立過程を整理しよう。

北部九州地域では、弥生時代早期前半にあたる山ノ寺式期は縄文斧であったが、早期後半の夜臼式期に折衷斧が出現した。弥生時代前期前葉になると折衷斧は残存しているが弥生斧が成立し、その後は弥生斧にとってかわられるという変遷をたどった。

近畿では、弥生時代早期併行の口酒井・船橋式段階の斧柄や石斧は未発見である。弥生時代前期前葉から中葉には、長原遺跡で直柄Ⅰ類が確認されている。長原遺跡と同じく突帯文土器が多数を占める鬼虎川遺跡では弥生斧を確認した。遠賀川式土器が出土し水田稲作の受容も早かったと考えられる山賀遺跡では折衷斧が出土した。つまり、弥生時代前期中葉までは縄文斧・折衷斧・弥生斧の３種類が併存していた。

弥生時代前期中葉は水田稲作を受容した直後にあたる。水田稲作の受容にあたっては、積極的に受け入れた集団とそうでなかった集団の存在が想定され（中西 1992）、河内潟沿岸における弥生文化の受容は集落ごとに複雑で単純ではなかった。このことは伐採斧からも指摘できることになる。

（３）地域性

また、中期に関しては、資料に偏りがあるという制約があるが、近畿では直柄ⅡＢ１類とⅡＢ２類・ⅡＣ１類・ⅡＣ２類といった多くの形態を確認している。なお、直柄ⅡＡ類は出土を確認していない。

東海西部では、中期後葉になっても直柄ⅡＡ類が主流である。東海東部以東に多い直柄ⅡＢ２類は一色青海遺跡でその可能性のあるものが出土している。南関東への弥生文化の伝播のあり方を考えると当地域で今後、類例が増えていくものと予測しておきたい。そして、東海東部から関東にかけては、弥生時代中期後葉以降には直柄ⅡＢ２類が主体となり、管見の限り分布の西限は玉津田中遺跡である。

東海東部から関東で直柄ⅡＡ類が認められず、その退化した型式である直柄ⅡＢ２類が多いのは本格的な水田稲作文化の伝播、あるいは定着の時期が中期中葉以降であったことと無関係ではないであろう。ちなみに東海西部において直柄ⅡＢ２類は顕著ではない。

（４）斧柄の伝播

次に、弥生時代の斧柄の伝播について整理する。

弥生時代前期には北部九州地域から近畿、そして伊勢湾沿岸の三重県側に至るまで、直柄ⅡＡ類が認められる。遠賀川式土器の分布圏とほぼ重なることになる。[(12)]

そのなかで注目したいのが弥生時代前期後葉～中期前葉に認められる直柄ⅡＡ′類である。この形態は管見の限り北部九州地域や西北部九州地域で見つかっておらず、東部九州地域の下郡桑苗遺跡で出土を確認している。それ以東では近畿の大阪府高宮八丁遺跡・安満遺跡、伊勢湾・東海西部地域の納所遺跡、朝日遺跡にある。

量的に安定しているとはいえないが、こうした分布状況を見ると直柄ⅡＡ′類は、時期的に弥生文化が東方に伝播していく第二の波によって、瀬戸内海を東に広がっていったことが考えられる。下條信行は大陸系磨製石器の伝播を検討した中で、東北部九州地域とそれ以東の地域との関係性が深いとしている（下條 1997)。道具であるからある意味当然のことではあるが、斧柄についても同じことが指摘できるのである。

次に日本海側であるが、山陰地域の西川津遺跡で直柄ⅡＡ′類が出土している。ただし現在のところ、北部九州地域で直柄ⅡＡ′類は未確認である。直柄ⅡＡ類と同様に北部九州地域から日本海ルートでの伝播が想定されるものの、現状ではそれを示す資料はない。将来の発見を待ちたい。

さらに北に目を向けると、北陸地域の八日市地方遺跡では直柄ⅡＡ類、直柄ⅡＡ′類、直柄ⅡＢ１類、直柄ⅡＣ類のいずれもが出土している。直柄ⅡＡ、直柄ⅡＡ′類は西川津遺跡でも出土しており、山陰以北は日本海ルートでつながっていたことが指摘できる。

東北では南部太平洋側の仙台平野にある中在家南遺跡と高田Ｂ遺跡以外では出土を確認していないが、弥生時代中期中葉の桝形囲式期に直柄ⅡＡ類と直柄ⅡＡ′類、とくに直柄ⅡＡ′類が圧倒的多数を占めている。

石包丁の仙台平野へのルートについては前節でみたように、大きくは東北北部からの南下ルートと阿賀野川から会津盆地を経由し阿武隈川から仙台平野に北上する遠賀川系土器の移動ルート（須藤 2000）が想起される。これに対して、弥生時代中期の東北北部に太型蛤刃石斧といえるような

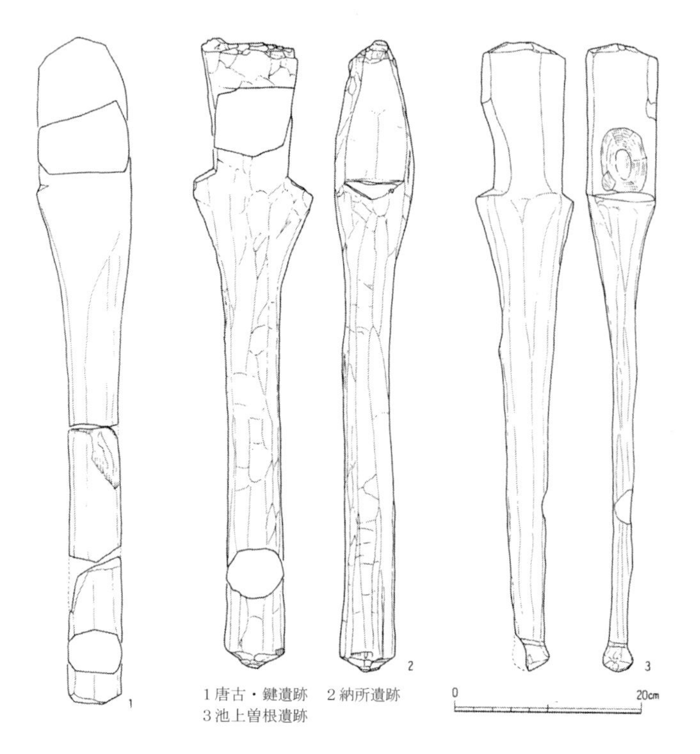

図50　弥生時代直柄未製品実測図（禰宜田 1999 c）

身の厚い両刃磨製石斧はほとんど認められない。伐採斧自体は縄文時代から存在しており、斧柄を含む斧は縄文時代からの系譜が考えられる。そう考えることが許されるのであれば、斧柄である直柄ⅡA類及び直柄ⅡA′類については後者の北上ルートで伝播してきた可能性を想定したい（図38）。

東北南部に新たに伝わった道具ということで石包丁をみると杏仁形のものが主体であるが、北部九州地域のものに比べると大きく、列島のほかの地域では例をみない独自の形態を創り出した。また、中在家南遺跡の直柄広鍬については舟形隆起という西日本に伝播してきた当初の要素をもちながら、独特の形態を創出したとされる（工藤哲 1996）。斧柄については、装着孔が方形であるという点に独自性があるとの指摘がある（佐原 1994）。

こうしてみると、東北南部は西日本から新しい道具を受容した際、具体的には石包丁、直柄広鍬、斧柄であるが、形態を踏襲しつつも、独自に改変を加え地域色を作り出したことが指摘できる。

（5）生産と流通

斧柄の製作工程　次に、斧柄の生産と流通の問題を考えてみたい。

斧柄の製作工程を復元するにあたり、未製品の出土状況を見ると、石斧装着部の外形加工がおおよそ終わった段階のもの（図50 -1・2）からさらに進んで穿孔途中のもの（図50 -3）まで認められる。こうした状況と、未製品から製品までが多数出土した中在家南遺跡での5段階の工程案（工藤哲 1996）を参考にして、次のように復元した。

①原材の獲得
②粗割り　　丸太材の樹皮をはぎ取り、縦に半截、あるいは1/4程度に分割する。
③粗成形　　頭部の成形が始まる。握り部は大きめに成形する（図50 -1)。
④仕上げⅠ　　握り部を仕上げる（図50 -2)。
⑤仕上げⅡ　　石斧装着孔を穿孔する（図50 -3)。④と⑤が逆になる場合も考えられる。
⑥完成　　各部分の細部を仕上げる。

こうした製作工程は、大きく二つの段階に分けることができる。

第1段階：斧柄の形態のイメージにより大まかな形ができあがった段階で、③の工程までが相当する。

第2段階：細部の成形をおこない完成にいたるまでの段階で、④の工程以降がこれにあたる。

第2段階は実際に挿入する石斧が決まってからの工程である。握り部の太さ、長さあるいは斧柄と石斧の装着角度に微妙な個人差があったとすると、使用者が決まってからの工程であったかもしれない。これに対して、第1段階は石斧や使用者が決まらなくても、製作しようとすればできるものである。

実際の発掘調査で認識できる未製品は、穿孔がおこなわれる直前のもの、あるいは穿孔途中のもの、先の工程でいえば、③の工程が終わった以降にあたる。このことは、斧柄の製作に中断があったことを示している。この中断が、斧柄生産を考えるヒントになる。

生産と流通　斧柄の生産については、十分な資料がないこともあって、ほとんど扱われてこなかったといえるだろう。

斧は斧柄と石斧との合体が必要で、別々に作られたものがある場所で斧として完成することになる。すでに指摘したように、第1段階までの未製品が存在することは、次の二つの場合があったことが考えられる。

ひとつは、一定のイメージの中で作られた「規格品」とでもいうべきものである。今山産の太型蛤刃石斧については、ある程度の大きさは想定できたであろうから、斧柄を製作する側は、それをイメージして製作しておくことは十分可能であろう。これは、ほかの地域の伐採斧においても同じであったであろう。第1段階と第2段階との間で製作に中断があったのは、挿入すべき石斧が決まらなかったためと推測する。

もうひとつは、製作の最初から石斧の形状にあわせて作られた「個別品」とでもいうべきものである。鬼虎川遺跡出土品（図41-3）のような柄の場合、柄から外へはみだす部分の石斧の長さは7.3 cmである。拡張部の先から石斧の刃先まで、最低でも7.5 cmは必要という指摘があるが（山田成 1990）、ちょうどその長さに相当する。しかも、その長さを保ちつつ、反対の側では、石斧の基部がはみ出ないようになっている。短い石斧を斧として利用するために、斧柄としてはぎりぎりの長さである。こうしたことは偶然におこったのではなく、最初から石斧にあわせて斧柄が製作されたのだと考える。

弥生時代の伐採石斧の柄については、「規格品」と「個別品」の二つがあった。前者は石斧のおおよその大きさをイメージして作られたものであるのに対して、後者は石斧が破損したあと、斧として再利用する場合が想定される。

池上曽根遺跡では斧柄の素材にカシが用いられていたが（松田 1980）、これらの産地は遺跡の周辺に認められるという（徳丸 1980）。つまり、石器の石材のように外部から供給を受けるのではなく、斧柄の原木は自らの集団のテリトリーの中で確保できたと考えられるのである。

石器石材に比べると、木製品である斧柄の素材は、比較的入手が容易で自らの集落でまかなうか、あるいは周辺小集落から入手したと推測する。第1段階の未製品は、基本的には自らの集団で入手した原木から生産されていたと考えられる。とはいっても、近隣からの原木の入手が困難な拠点集落もあったかもしれない。その場合、「規格品」としての第1段階の斧柄の未製品を入手したのであろうが、完成された斧そのものを獲得することがあったかもしれない。[13]

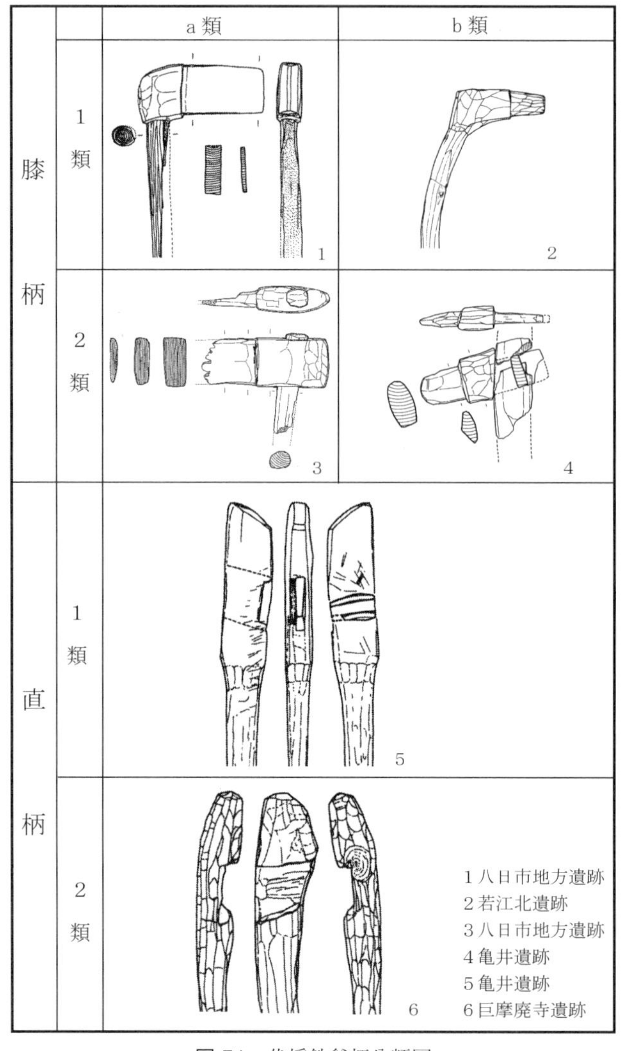

図 51 伐採鉄斧柄分類図
(1・3 小松市教委 2003、2(財)大阪 1983、4・5 大阪府ほか 1983、6(財)大阪 1982)

斧の保管 発掘調査をおこなっていて、太型蛤刃石斧が斧柄に装着された状態で出土する例はきわめてまれである。中在家南遺跡や高田B遺跡では多数の斧柄が出土しているが、斧が装着された状態では出土していない。この2遺跡にかかわらず列島全体でみた場合、「斧」として出土することは例外的である。

石斧だけが出土した場合、柄は腐食したと考えてしまうが、斧柄が多数出土しても石斧が装着されていないことをどう考えたらいいのであろうか。これについては、伐採が終わって集落に持ち帰った際、斧柄と斧身はいったん分離され、石斧の方は欠けた刃を研いで使える状態にして、使用前に斧柄と斧身を合体させ、伐採に向かったという姿を想定しておきたい。

5 伐採鉄斧の柄

つづいて、伐採鉄斧の柄をみていこう。かつて筆者は、伐採用の鉄斧の柄を三つに分類したが(禰宜田 1994)、その前に上原がすでに分類をおこなっていた。それは、斧柄の形状とそこに装着される2種類の鉄斧である板状鉄斧と袋状鉄斧を組み合わせて細分化したものであった(上原 1993)。

ここでは上原の分類とその後の出土例を踏まえて、以下のように分類する。なお、石斧の柄では直柄、膝柄という形で先に分類したが、ここでも同じ用語を使うと煩雑になるので以下のように細分した。

(1)分　類(図 51)

伐採鉄斧としては鋳造品と鍛造品がある。鋳造品としては舶載された鋳造鉄斧があり、鍛造品としては鉄板に刃をつけた板状鉄斧と柄を装着するための袋部を作り出した袋状鉄斧がある。鋳造鉄斧の柄と袋状鉄斧の柄については、おおむね袋部の形状によって識別が可能である。

以上のことから、次のように分類する。

膝　柄

1類　一木によるもので、装着部の形状から二つに細分する。

a類　装着部の断面が方形を呈するもの。鋳造鉄斧を装着したと考えられる。

b類　装着部の断面が楕円形を呈するもの。袋状鉄斧を装着したと考えられる。

2類　直柄に鉄斧を装着する別の木を挿入したもので、装着部の形状から二つに細分する。

a類　装着部の断面が方形を呈するもの。鋳造鉄斧を装着したと考えられる。

b類　装着部の断面が楕円形を呈するもの。袋状鉄斧を装着したと考えられる。

直　柄

1類　直柄に方形の穴をあけて鉄斧を挿入したもの。板状鉄斧を装着したと考えられる。

2類　直柄の片方に溝状の穴をあけ鉄斧を装着したもの。板状鉄斧を装着したと考えられる。

（2）列島各地の様相

北部九州地域　今宿五郎江遺跡では多数の鉄斧柄が出土している。弥生時代後期が主体であり、膝柄1a類が圧倒的に多く10点であるが、膝柄1b類も2点ある。このほか、別木に袋状鉄斧を装着した膝柄2b類と考えられるものも1点であるが確認している。

山陰地域　鳥取県青谷上寺地遺跡での出土量が突出している。取り付け部の形状から膝柄1a類に分類されるものが多数出土している。また、方形の穴が穿たれた柄がある。その大きさは長さ4.0 cm、幅1.5 cmのもの、長さ3.5 cm、幅1.4 cmのもの、長さ2.7 cm、幅1.2 cmのものである。この遺跡で出土する板状鉄斧の厚さは1.0 cmを超えるものがなく、ほかの遺跡でも同様であることから、直接鉄斧を装着する直柄1類ではなく、膝柄2b類であった可能性が想定される。この遺跡の鉄斧は鋳造鉄斧2点、袋状鉄斧11点、板状鉄斧18点が出土しているのに対して、膝柄1a類、膝柄1b類を確認し、装着孔しかないが膝柄2b類の可能性のあるものが出土している。斧柄としては袋状鉄斧の柄の方が多くなるのに対し、斧身では板状鉄斧が多く、両者関係が整合的ではないことについて報告書では注意喚起がおこなわれている（鳥取県 2002）。

近畿地域　膝柄としては二つの形態を確認している。若江北遺跡では弥生時代中期後葉の膝柄1b類が出土している（図51 -2）。この時期の畿内地域では袋状鉄斧自体の出土もあるが、斧柄からその存在を示す点で貴重な事例である。亀井遺跡からは弥生時代後期の膝柄2b類が出土している（図51 -4）。挿入部分の断面形から袋状鉄斧を装着したと考えられる雇柄を挿入する形態の斧柄である。

直柄では、亀井遺跡で弥生時代後期の直柄1類が出土している（図51 -5）。板状鉄斧を装着したと考えているが、別木を挿入した膝柄2b類の可能性も考えておく必要がある。

大阪府巨摩廃寺遺跡で直柄2類を確認している（図51 -6）。中期後葉から後期前半にかけての時期である。この形態のものでは、静岡県有東遺跡で木鎌が装着された状態で出土している（図52）。この柄については、鉄斧の柄と鎌の柄の両方の可能性があることを指摘したことがある（禰宜田 1994）。

直柄2類としたものは、山賀遺跡では第1方形周溝墓から弥生時代中期前葉の事例が、瓜生堂遺跡でも中期前葉から中葉の事例が知られている。これらの多くは木鎌の柄とすべきなのかもしれな

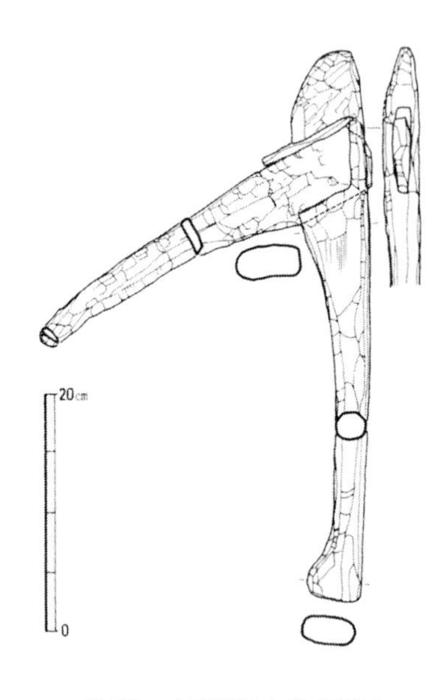

図 52　有東遺跡木鎌実測図
（奈文研 1993）

いが、鉈のように使用した可能性も残されているとみて鉄斧の柄の一類型としてここに分類した。

北陸地域　八日市地方遺跡では、弥生時代中期中葉と考えられる伐採用の鉄斧柄 13 点を確認している。膝柄 1 a 類がほとんどであるが（図 51 -1）、膝柄 2 a 類も存在している（図 51 -3）。装着部の断面は方形であり、鋳造鉄斧が装着されていたと考えられる。この遺跡では鉄斧の出土は知られていないが、鋳造鉄斧の存在が想定されることになる。この遺跡でこれだけまとまって鋳造鉄斧の柄が出土している点は、日本海の鉄器流通において重要なルートであったことを示すとともに、鉄器の出土はないが鉄器の存在が想定されるという、「見えざる鉄器」の問題を考えるうえで示唆的であることを指摘しておきたい。

6　弥生時代の伐採斧

ここまで、縄文から弥生時代の伐採斧の柄について述べてきた。最後に、これまで述べてきたことを整理し、まとめにかえたい。

（1）縄文時代の伐採石斧の柄には膝柄と直柄がある。

（2）弥生時代の直柄ⅡA類は、縄文時代の斧柄からの影響を受けつつ、おそらく新たに伝播してきた斧柄の影響も加わり、拡張部が左右に大きく張り出す形となって成立した。この形の斧柄は弥生時代前期に遠賀川式土器の分布圏に広がる。

（3）弥生時代前期は直柄ⅡA類が中心で、前期後葉以降には直柄ⅡA類の退化形態である直柄ⅡB 1 類の斧柄が認められるようになる。

（4）東北の仙台平野では直柄ⅡA′類が主流で直柄ⅡA類もある。仙台平野にもたらされた経路としては日本海ルートから阿賀野川を経由して阿武隈川を下るルートを想定した。東北の弥生文化には、北部九州からの情報が直接的に入るが、斧柄はそのことを示す物証の一つとして加わったことになる。ただし、現状では、北部九州地域において直柄ⅡA′類は未検出であり、今後、出土する可能性を考えた。

（5）東海・関東では畿内地域で認められた直柄ⅡA類などに通じる形態の斧柄が出土するので、太平洋ルートで伝播していったものと考えられる。

（6）伐採石斧の柄は、石斧に合わせた「個別品」と一定の石斧の大きさを想定した「規格品」があった。流通したのであれば、斧柄「規格品」の未製品、あるいは石斧を装着した斧の二つの場合があったと考えられる。

（7）弥生時代中期後葉には近畿においても、袋状鉄斧の柄の事例が知られている。その一方、伐採石斧の柄は中期後葉までの事例は確認されているものの、確実に後期に属するものを確認できていない。出土数は少ないながらも、石斧から鉄斧への移行が弥生時代後期におこっていたことについては、斧柄からも傍証される。[(14)]

第6節　近畿における鉄器製作遺跡

1　問題の所在

弥生時代の鉄器の問題を議論する場合、近畿とくに畿内地域の鉄器出土量が少ないという現実がある。このことについては、登呂遺跡や唐古・鍵遺跡の調査のときから指摘されていたことであり、鉄器は本来あったが遺存しなかったという解釈が半ば定説化していた。ところが、1970年以降列島各地で大規模発掘調査が実施され、北部九州地域をはじめ鉄器資料が蓄積されたのに対し、近畿とくに畿内地域における鉄器出土数が増加することはなかった。

現在まで、近畿における鉄器化に関してはおおむね二つの方法、すなわち、①石器の消滅過程から鉄器化を論じる方法、②鉄器自体のあり方から鉄器化を論じる方法、によって議論が進められてきた。考古学的には「ない」ものから議論を積み上げていくことは困難ではあるが、第1節でも示したように、従前は①の方法が重視されてきた。筆者は以前に、近畿とくに畿内地域における鉄器化について言及したが（禰冝田 1998 b）、実際の鉄器の出土量は北部九州地域に比べ近畿は非常に少なく、前者から鉄器化を論じることに批判が出ていることは第2節でも触れたところである（村上恭 1998ほか、寺沢 2000、藤田憲 2002）。

近年、五斗長垣内遺跡で鉄器製作遺構が発見された。その遺構・遺物の内容をみると、非常に「簡素」な構造であり、筆者は近畿でこれまで発掘調査された遺跡のなかにも同様の遺構があったのではないかと考えるに至った。

鍛冶遺構は村上恭通によって総括的な研究がはじめられ（村上恭 1994）、鳥取県妻木晩田遺跡の発掘調査では、鉄器製作がおこなわれた可能性のある遺構が抽出された（高尾 2003）。さらに兵庫県立考古博物館でも鍛冶遺構の可能性のある遺構の検討がはじめられている[(15)]。本節では、そうした先行する調査研究の成果を踏まえ、近畿における鉄器製作遺跡を抽出することにより、鉄器化の問題を検討する際、鉄器出土以外の観点から具体的かつ実証的に再検討する糸口としてみたい。

2　鉄器製作遺跡の様相

ここで、鉄器製作遺跡の発掘事例をみていこう。

中国の様相　中国山地の中央部に所在する弥生時代中期後葉の広島県和田原Ｄ地点遺跡では焼土面と多数の鉄器、鉄製品が出土している。なかでもSB17・19では床面が強く焼け、釘状の鉄製品が多数出土していることから、発掘調査時点でこの焼土面が鍛冶炉の可能性を想定し、土壌の水洗を実施したが、鍛造剝片は検出できなかった。発掘調査報告書の段階では、鍛冶遺構の可能性があるとして報告され（松井 1999）、後に村上によって鍛冶炉分類Ⅳ類（図53）として設定された（村上恭 2007）（図54 -1）。

次に、弥生時代後期後葉の岡山県夏栗遺跡竪穴住居11を取り上げる。この建物においてはガラス玉９点、青銅器２点、鉄器及び三角形鉄片など61点が検出されている。鍛冶具としては、鉄錆

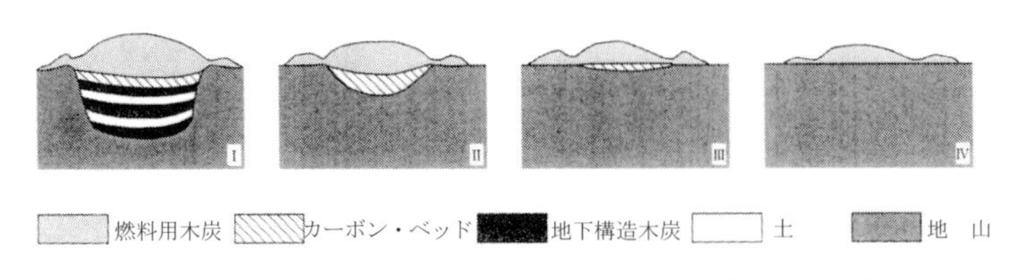

図 53　鍛冶炉のおもな形態及びその分類図（石貫 2017）

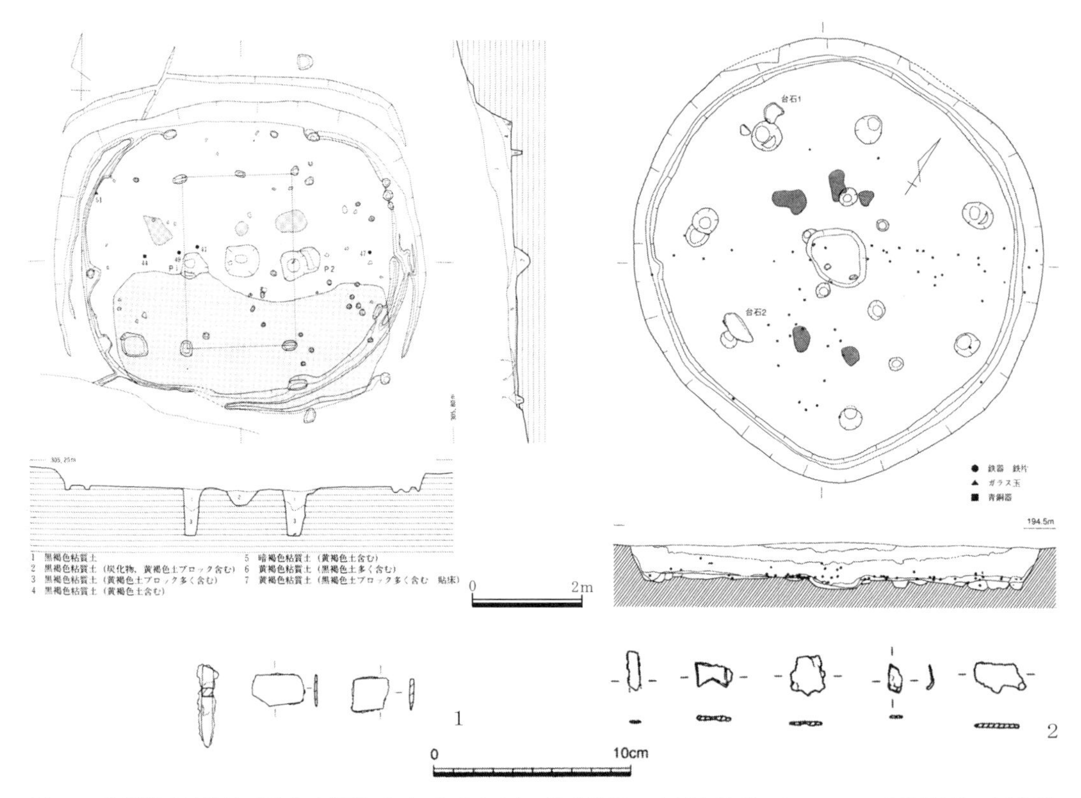

図 54　鉄器製作遺構及び遺物実測図（1）（1 和田原 D 地点遺跡　庄原市教委ほか 1999、2 夏栗遺跡　岡山県センター 2005）

が嵌入した石槌、敲打作業をおこなったとみなされる台石 2 点が確認されている。竪穴建物の床面に 5 カ所の被熱痕があるものの、報告書ではとくに強く焼けたという記述はなく、硬く焼けていない場合でも鉄器製作ができたことを示唆する[(16)]（図 54 -2）。

先に触れた妻木晩田遺跡では、鉄素材や不定形をはじめ多くの鉄製品が出土し、鉄器製作がおこなわれたことは確実とみなされ、その可能性のある遺構がいくつか抽出されている（高尾 2003）（図 55・表 4）。

近畿の様相　次に近畿における状況をみていこう。

まずは五斗長垣内遺跡である。遺跡は淡路島北部の標高 200 m 前後の丘陵斜面、瀬戸内海側を臨むところに所在している。弥生時代後期初頭に成立し後期後葉まで継続し、検出された竪穴建物は 23 棟であった。後期初頭には打製石器を製作しており、後期前葉以降の 12 棟は村上分類Ⅳ類鍛冶炉を検出した。同心円状に被熱痕をもち、中心部がガラス化し非常に硬く焼けていたことが特徴

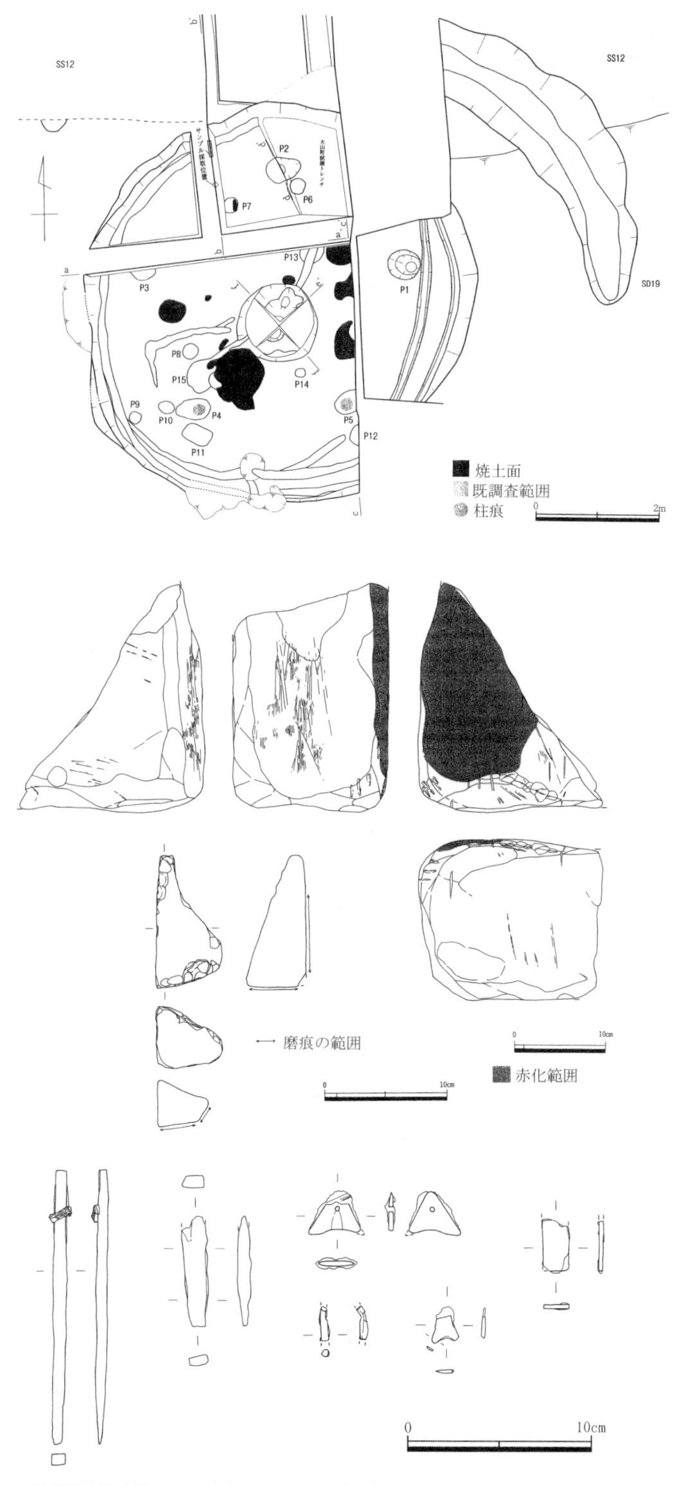

図 55　鉄器製作遺構及び遺物実測図（２）（妻木晩田遺跡、鳥取県教委 2008）

表４　中国地方鉄器製作遺跡諸要素（禰冝田 2013 b）

発掘	県名	遺跡名	時期	遺構名	炉跡（村上分類）				石製鍛冶具			鉄板及び鉄片				焼粘土
					Ⅰ類	Ⅱ類	Ⅲ類	Ⅳ類	敲石等	砥石	台石	三角形	棒状	不定形	方形	
○	広島	和田原Ｄ遺跡	中期後葉	SB17				●	●	●	●				●	
○	広島	和田原Ｄ遺跡	中期後葉	SB18				●	●						●	
○	岡山	夏栗遺跡	後期前葉	竪穴住居 11				▲	○	○	○	●	●	●	●	
	鳥取	妻木晩田遺跡	後期後葉	妻 SI93				▲		●			●	●		
	鳥取	妻木晩田遺跡	後期後葉	松 SI80			●									
	鳥取	妻木晩田遺跡	終末期	妻 SI119				●								

凡例　発掘：○は発掘調査で確認された鉄器製作遺跡
炉跡Ⅳ類：○「よく焼けている」などの記述のあるもの、△「焼土」などの記述のあるもの
●▲：遺構内で確認されたもの、○△：遺跡全体で確認されたもの

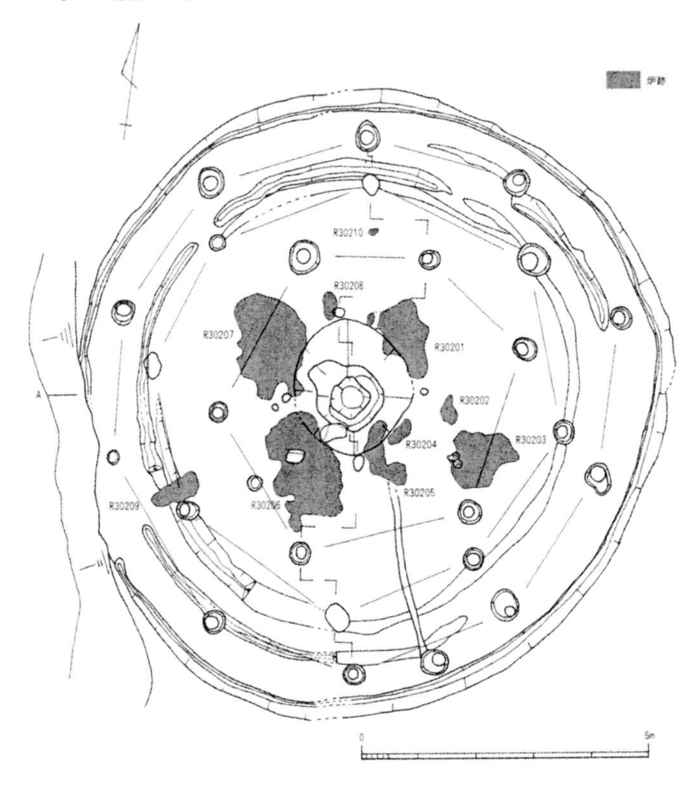

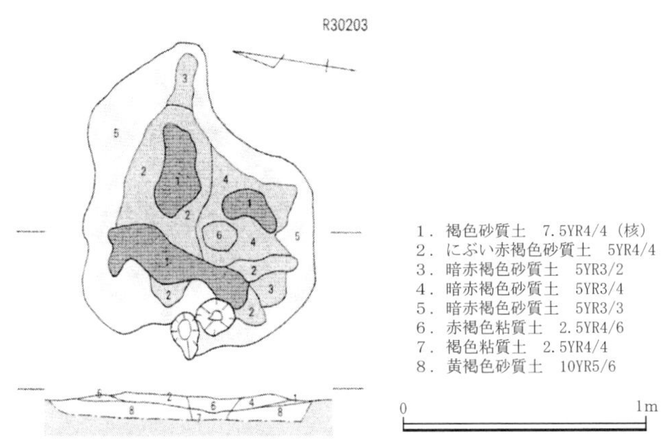

図 56　鉄器製作遺構実測図（３）
（五斗長垣内遺跡、淡路市教委 2011）

である（図56）。

遺構は5期に区分され、Ⅰ期（後期初頭）では石器製作がおこなわれたが、Ⅱ期（後期前葉）以降は鉄器が製作されるようになり、Ⅱ期に1棟、Ⅲ期に2棟、Ⅳ期に3棟、Ⅴ期（後期後葉）に5棟で、1棟については時期の確定ができないが、時期が降るに従い鍛冶遺構の数が増えていく傾向がみられる。

出土遺物には、鉄鏃、刀子、錐または針、板状鉄斧などの鉄器、三角形や不整形の鉄片、棒状鉄器などの鉄製品がある。敲石・磨石類、砥石が多数出土し、鉄器製作をおこなった工具とみられる。なかには被熱したとみられるものも含まれるが、明確ではない。鉄錆が嵌入する例も確認できていない。台石は脆くなっているものがあり、これが被熱の影響の可能性がある。

フイゴの羽口は検出されなかった。これについては、実験の結果、竹のような円筒状の植物などを羽口として使用していたことが想定されている（村上恭 1998）。実際、その先端が焼けるのを遅らせるために巻いていたと考えられる粘土塊が出土している（図62）。

この遺跡以外に、以前から京都府奈具岡遺跡、大阪府星ヶ丘遺跡が鉄器製作遺構として知られていた。奈具岡遺跡では、弥生時代中期後葉のSH61と呼ばれる遺構から鍛冶炉が4基検出されている。方形や不整形のわずかなくぼみに被熱の痕跡が認められる。袋状鉄斧、板状鉄斧未製品、鉄鏃などの鉄製品と鉄素材と考えられる鉄板、鉄板から作り出された鉄器の残骸にあたる三角形の鉄片、さらには棒状鉄製品などが多数出土しているのである。畿内地域で確認できていない村上分類Ⅲ類の鍛冶炉である。この遺跡については単なる鉄器製作遺跡ではなく、玉作りにともなう鉄器製作遺跡と評価されている（野島・河野 2001）（図57）。

星ヶ丘遺跡では弥生時代後期の竪穴建物2棟が検出され、そのうちの2号住居址が鉄器製作遺構と考えられている。1辺5.7 mの正方形プランで、中央より偏ったところに直径40 cmの鍛冶炉があり、村上分類Ⅱ類と考えられている。鉄器・鉄製品が50点以上出土している。鉄器としては鉄鏃、鋤あるいは鍬の先端、刀子とみられる破片をはじめとする製品とともに多数の大型鉄板片、三角形及び棒状の鉄片、小型の鉄塊などがある。

京都府西京極遺跡でも鍛冶遺構が検出された。遺跡は弥生時代中期から古墳時代前期まで継続する拠点集落とみなされ、調査区450 m^{2}のなかに8棟の竪穴建物が検出され、そのうちの後期前葉の竪穴建物1棟に鍛冶遺構がともなった。鍛冶炉としては、村上分類のⅠ類とⅡ類であったとされる。遺物としては、鉄器製作に関係したとみなされる鉄片のほか、ガラス小玉・碧玉製管玉・水晶片などの玉類、サヌカイトと粘板岩の剝片、敲石・凹石・砥石などが出土している。鉄器製作に関係した鉄片として、錐状の鉄片、鍛造剝片のほか、粒状滓、鉄滓と考えられるものなどがある。この遺跡についても、玉生産をおこなうなかで、鉄器や石器が生産されたと考えられている（柏田 2009）（図58）。

前稿（禰宜田 2015 b）ののち、以下の2遺跡の存在を知ったので追加しておこう。和歌山県旧吉備中学校校庭遺跡の4次調査で発見された竪穴建物20では、炉の近くが強く被熱し、南側を除く3方の縁辺部が非常に硬化していたと報告されている。遺物として、敲石2点、台石2点、砥石1点などとともに、鉄鏃2点、刀子片2点、用途不明の鉄製品1点が出土している。これについては、鉄器製作にかかわる工房跡と報告されている。鍛冶炉の構造は村上分類Ⅳ類である（図59）。

また、兵庫県本位田権現谷A遺跡でも竪穴建物9棟のうち3号住居跡の床面の焼け方についての

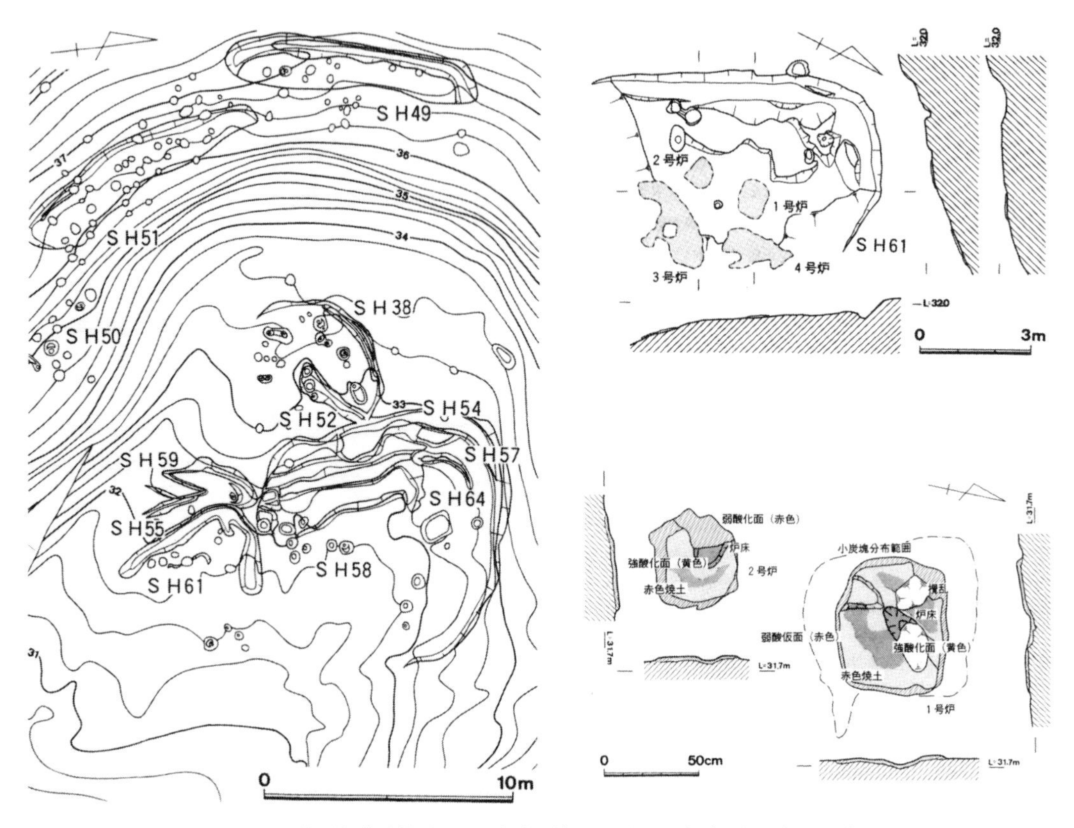

図57　鉄器製作遺構実測図（4）（奈具岡遺跡、（財）京都府 1997）

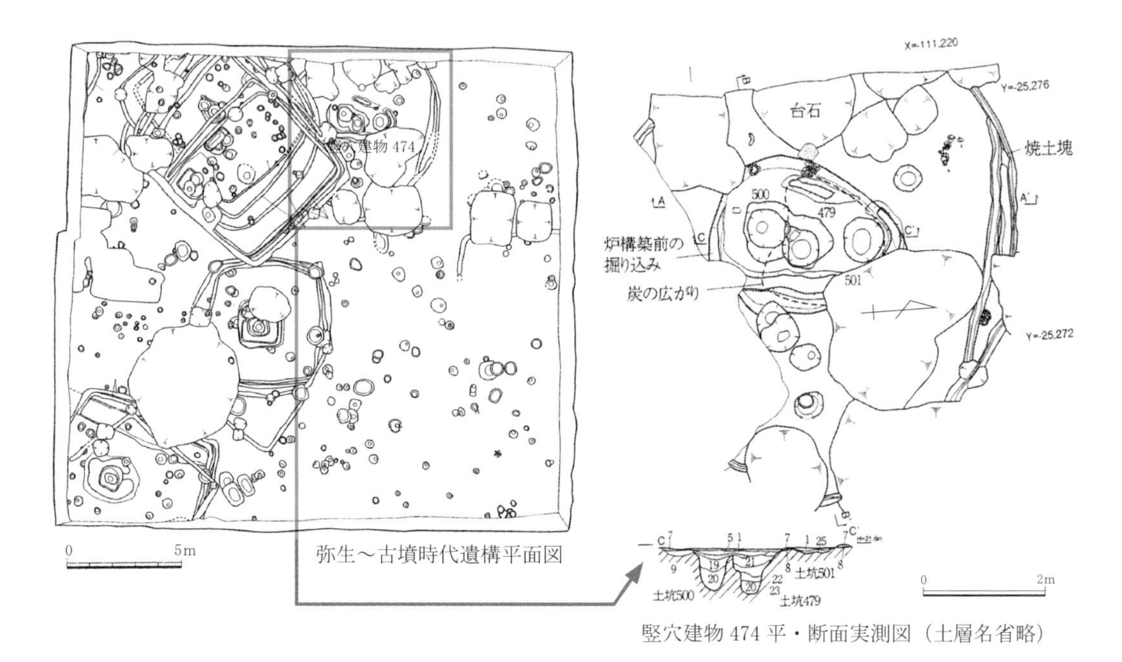

図58　鉄器製作遺構実測図（6）（西京極遺跡、柏田 2009）

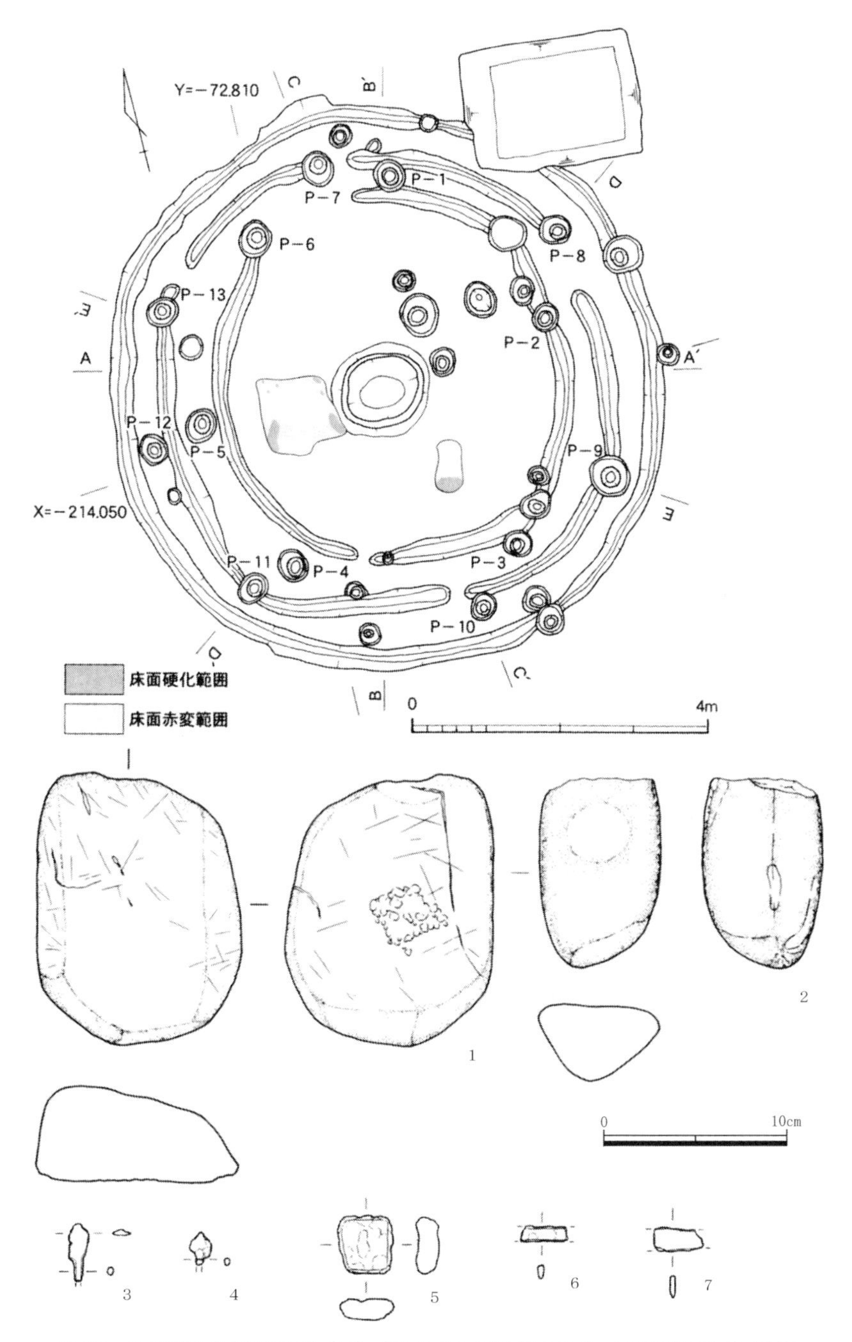

図59　鉄器製作遺構実測図（7）（旧吉備中学校校庭遺跡、有田川町教委 2008）

記載はないものの、三角形鉄片を含む50点余りの鉄器と砥石が出土している[(17)]。

このようにみてくると、近畿でも村上分類Ⅰ類～Ⅳ類の鉄器製作遺構を確認しているが、弥生時代後期になると畿内地域においてもⅣ類だけでなく、Ⅰ類あるいはⅡ類の鍛冶炉も存在していたことになる。

五斗長垣内遺跡の調査で重要なのは、鉄器製作遺構が「簡素」であった点で、近畿における鉄器

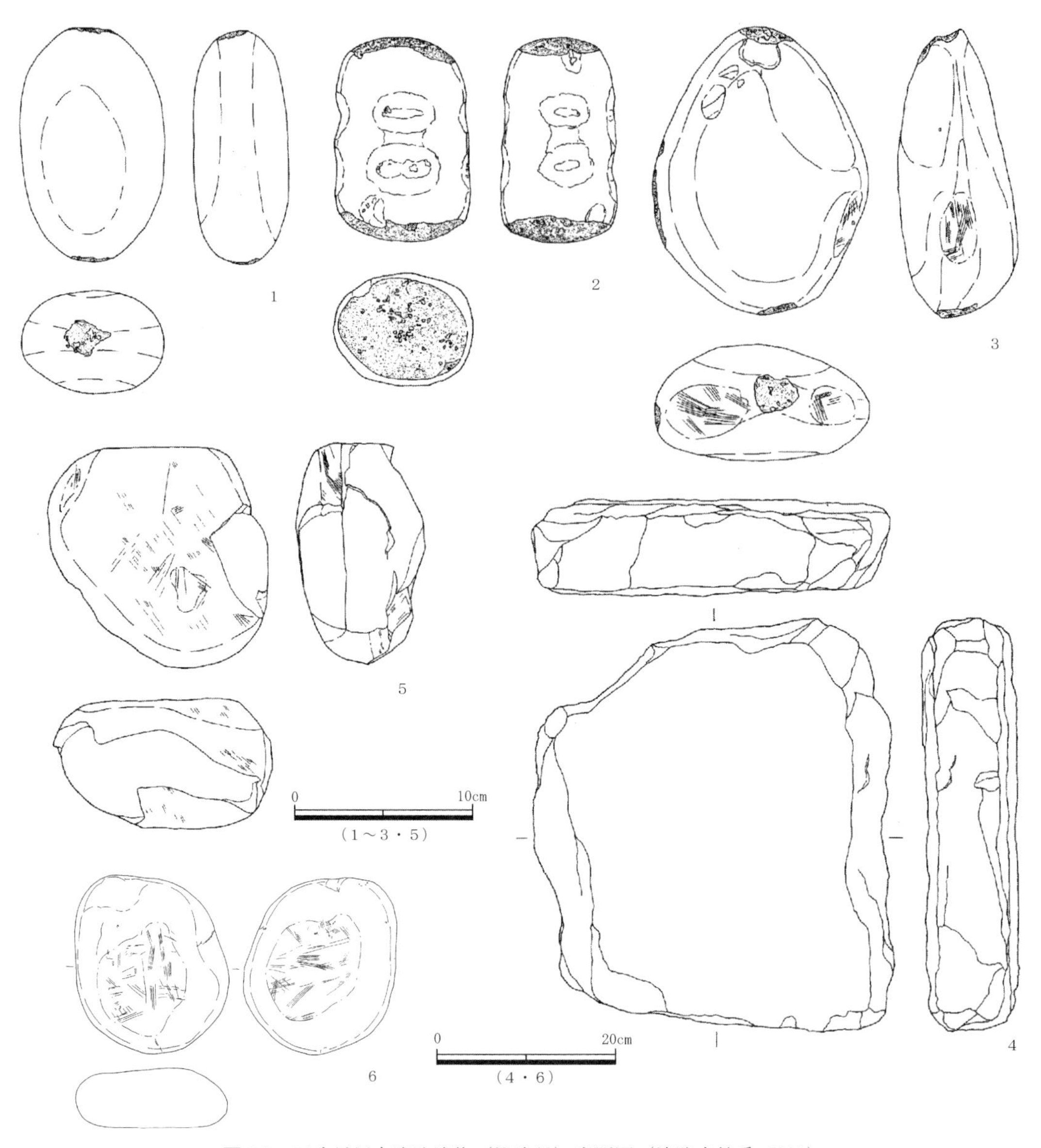

図60　五斗長垣内遺跡遺物（鍛冶具）実測図（淡路市教委 2011）

製作遺跡を考えるうえで多くの示唆を与えてくれた。また、中国地域の３遺跡の調査成果を踏まえると、畿内地域やその周辺地域でも鉄器製作遺跡はすでに「発掘」されていた可能性があったことを想起させる。村上もⅢ類・Ⅳ類の鍛冶炉は今後、近畿でも発見される可能性が高いことを指摘しているところである[(18)]（村上恭 2007）。

3　鉄器製作遺跡の要件

上記で取り上げた鉄器製作にかかわると考えられる要件として、遺構・遺物について、次の四つがあげられる。今後、鉄器製作遺構の発掘調査を進めていく際の留意点を確認するという意味で整

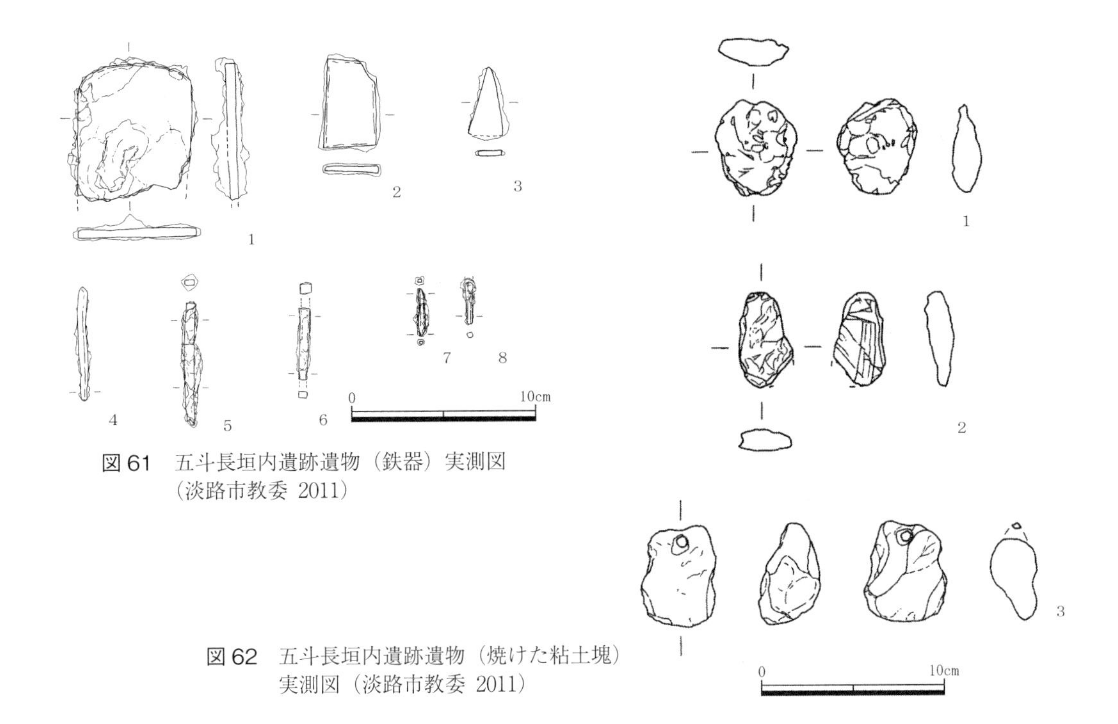

図61　五斗長垣内遺跡遺物（鉄器）実測図（淡路市教委 2011）

図62　五斗長垣内遺跡遺物（焼けた粘土塊）実測図（淡路市教委 2011）

理しておこう。

1点目は竪穴建物床面の焼土面である。床面の焼土面については、鍛冶炉である場合とそうではない場合がある。鍛冶炉についても、五斗長垣内遺跡のようにカチカチに焼けてガラス状を呈する場合は気づくであろう。問題は、夏栗遺跡のように地山の状態によって鍛冶炉であるのにカチカチに焼けていない場合である。後者の場合、鍛冶炉の可能性を認識していなかった可能性があるのではないだろうか。そして、このことは鍛冶炉の認定には困難さがともなうことを示していることになる。

そこで重要になってくるのが、発掘作業中に出てくる遺物ということになる。2点目以下は遺物について言及する。

2点目は石製鍛冶具である。鍛冶にともなう石器として確実なものとして、敲石に鉄錆が嵌入している例が指摘されている（村上恭 1998）。しかし、五斗長垣内遺跡では敲石・磨石類は黒色に変化している例はあるが、そうした事象を確認するにいたっていない[19]（図60）。

敲石や磨石が被熱している痕跡があればいいが、現在のところ敲石・磨石類が調理具・加工具と識別できる事象も確認していない。つまり、被熱の痕跡がなくとも石製鍛冶具の可能性を想定しておく必要があるということになる。また、五斗長垣内遺跡では台石が赤変しているものや表面が脆くなっているものがあり、火を受けたことと関係している可能性がある。台石が出土する竪穴建物にも注意が必要である[20]。

3点目は鉄片である。これについてはすでに山田隆一が鉄片のなかに鉄素材が含まれている可能性があり、星ヶ丘遺跡と同様の鉄片を出土する大阪府鷹塚山遺跡や大阪府惣ヶ池遺跡に鉄器製作遺構がある可能性を指摘した（山田隆 1988）。三角形鉄片は鉄器製作時に切り落とされたものであり、鉄器製作をおこなった根拠となる典型例である。そして、これまで「不明鉄片」、「不明鉄製品」と報告されているもののなかには、鉄素材や鉄器製作時に出てきた破片が含まれている可能性があると考える（図61）。

4点目は焼けた粘土塊である。これは五斗長垣内遺跡で初めて認識されたもので、植物質のフイゴ羽口の先端に付けられていたと想定されている遺物である。これまで評価が定まっていなかったこともあり、実測されることなく未報告のままのものも存在していると予測される。こうした遺物は、鉄器製作をおこなっていたことを示す重要な要素であり、今後、留意すべき遺物である点を強調しておきたい（図62）。

4　鉄器製作遺跡の「再発掘」

これら四つの要素から、近畿における鉄器製作の可能性がある遺構を抽出してみよう。

まず取り上げたいのが大阪府八尾南遺跡の竪穴建物8である。弥生時代後期中葉の竪穴建物10棟が検出されたなかで、この建物は長辺4.3m、短辺3.5mの小型の方形を呈し、主柱穴は検出されなかった。発掘調査報告書には、「強い被熱の影響によって全体が暗赤褐色、中心は橙色となっていた」と記述されている。床面の焼け方は五斗長垣内遺跡の鍛冶炉に似ている。ほかの建物には周堤が回るがこの建物跡ではそれが認められず、特別な存在であったことを示唆する。10棟の竪穴建物を検出しているなか、この建物より鉄器では唯一の鉄鑿が1点出土し、砥石も1点ある。ただし鉄片は確認されていない。ところで、床面直上の堆積物を水洗したところエゴマ・シソ属の果実、ブドウ属、マメ類、イネの胚芽といった植物遺体が多数検出されている。この建物が廃棄されたあとの生活残滓と考えられている。これら植物残滓と竪穴建物の機能時の関係は明らかではなく、鉄器製作遺構と評価することに否定的な見解が出てくることも予想されるが、現状では、鉄器製作がおこなわれた以後のものと理解している。鉄器製作遺構とみる要素は「非常に強く焼けている」点である。鉄鑿については、鏨としての機能があった可能性も考えたい（図63-1）。

夏栗遺跡のように床面が強く焼けていなくても鉄器製作がおこなわれたとすれば、近畿の弥生時代中期の竪穴建物の床面に焼土をともなうものは多く存在する。その中に鍛冶炉であったものが含まれている可能性がある。たとえば奈カリ与遺跡では、焼土面をもつ竪穴建物が複数検出されている。なかでも集落最高所の山頂区1号住居址は、中央に焼土面を有する長辺4.15m、短辺3mの小型の方形竪穴で主柱穴をともなわない点が八尾南遺跡の例と共通する（図63-2）。兵庫県有鼻遺跡でもいくつかの竪穴建物の床面で焼土面を確認している。調査は古いが、惣ヶ池遺跡では4棟の竪穴建物のうち2号竪穴は強く焼け、4号竪穴でも広く焼けた面があり、2棟は鉄器製作遺構であった可能性が報告されていた。焼土面については鉄器製作遺構である場合とそうでない場合があることになる。

五斗長垣内遺跡と同じ淡路島の中津原遺跡では、後期前葉の竪穴建物11棟が検出された。そのうち、被熱痕を確認したのが4棟あり、SH5は5カ所で硬化が認められると報告されている。SH6の遺存状況はよくないが、焼土は3カ所で確認され、砂岩製の台石も出土している。とくに、SH2・SH8の主柱穴が周壁溝近くに位置している点は、五斗長垣内遺跡で確認された建物形態（伊藤宏 2011）と共通しており、鉄器製作がおこなわれた可能性が考えられる（図64）。

淡路地域では、このほかに弥生時代後期前葉から中葉に営まれた大森谷遺跡でも、7棟の竪穴建

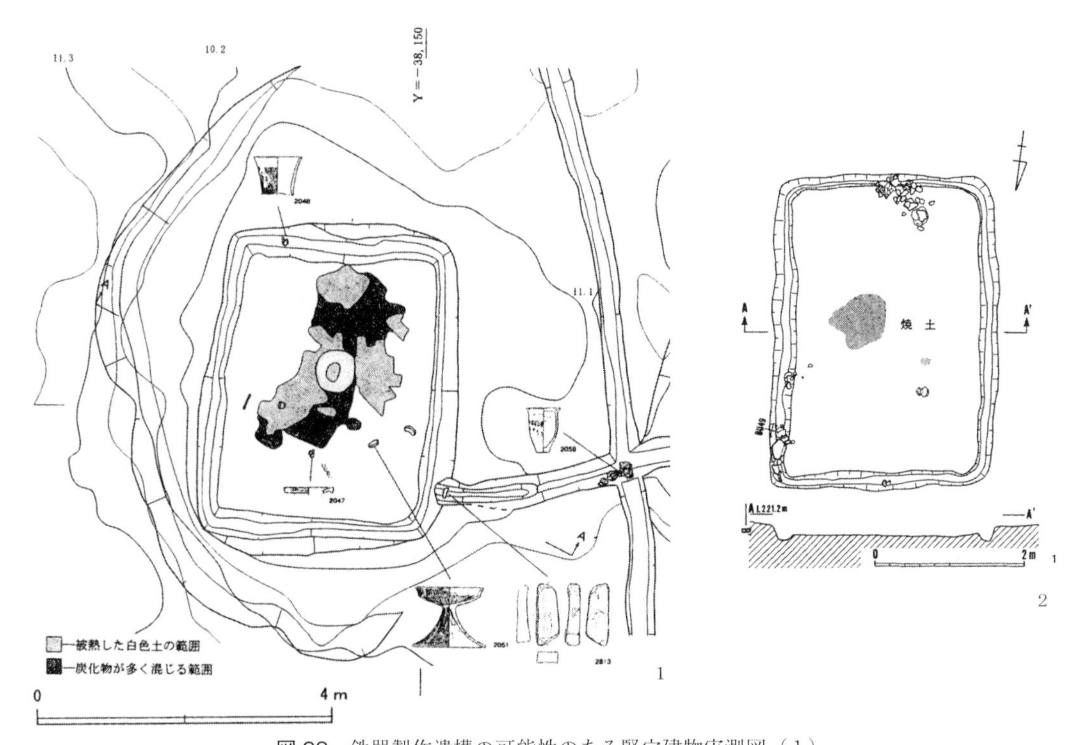

図63　鉄器製作遺構の可能性のある竪穴建物実測図（1）
1八尾南遺跡竪穴建物8（(財）大阪府 2008)、2奈カリ与遺跡竪穴建物（兵庫県教委 1983）

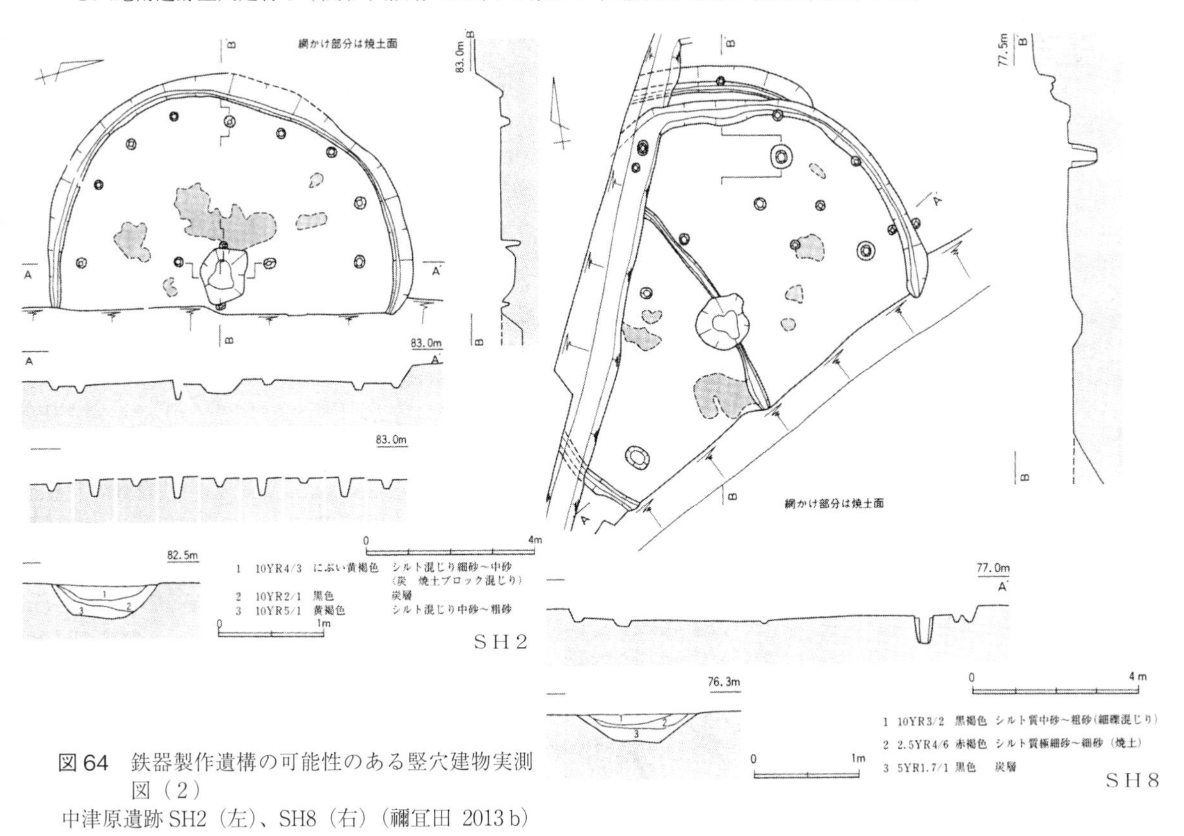

図64　鉄器製作遺構の可能性のある竪穴建物実測図（2）
中津原遺跡SH2（左）、SH8（右）（禰宜田 2013b）

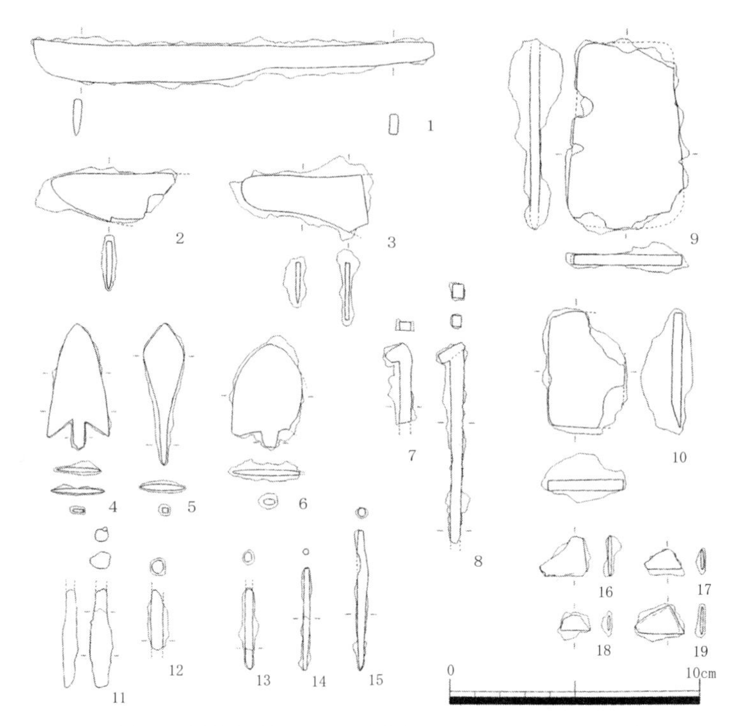

図65　観音寺山遺跡出土鉄器実測図（同志社大学 1999）

物のうち4棟で焼土面を確認している。2号住居址は小型の方形で2本の柱穴を検出しているが、それが主柱穴でなければ八尾南遺跡と同じ無柱穴の建物となる。3号住居址では長さ6.5 cm、幅2.5 cm、厚さ0.8 cmの三角形の鉄片が出土しており、素材の可能性がある。鉄器製作をおこなった可能性があるとみて一覧に含めた。

次に遺物から鉄器製作遺跡を考えてみよう。鉄器製作時に出た三角形鉄片は観音寺山遺跡で出土している（図65-16～19）。竪穴建物から焼土面を検出したとは報告されていないものの、鉄器製作をおこなっていた可能性が考えられる。奈カリ与遺跡や有鼻遺跡では三角形鉄片は検出されていないが、不定形の鉄板や棒状の鉄製品は出土している。これらは鉄素材など鉄器製作にかかわるものが含まれる可能性もあるのではないかと考えている。

鉄器製作には石器が用いられ、敲石に鉄錆の嵌入が認められる場合があるとの指摘がある（村上恭 1994）。ただし先にも述べたが、五斗長垣内遺跡の石器にはそうした例は確認できなかった。村上分類Ⅳ類鍛冶炉の操業温度と関係があるのかもしれない。また、敲石に火を受けたと客観的に認識できるものもない。火を受けているかどうかの判断は微妙であり、共通認識が必要である。同様のことは、鉄床の役割を果たした可能性のある台石にもいえる。

兵庫県城ヶ谷遺跡では、五斗長垣内遺跡で確認された木質の羽口の先端につけられたとされる焼けた粘土塊に似たものを確認した[(21)]。鉄器製作にともなっていた可能性があるとみている。こうした土製品は兵庫県舟木遺跡の場合、多数の出土が確認されている[(22)]。

以上、近畿で鉄器を製作した可能性のある遺跡を抽出した。ここにあげた遺構が鉄器製作にかかわっていたとすると、竪穴建物の構造には少なくとも以下の二つのパターンがあったことになる。

A類　円形の大型の竪穴建物で、主柱穴が通常の場合より周壁溝に近いところに位置しているも

表5　近畿地方鉄器製作遺跡諸要素（禰冝田 2013b に加筆）

	遺跡名	府県名	時期	遺構名	炉跡（村上分類）				石製鍛冶具			鉄板及び鉄片				焼粘土	備考
					Ⅰ類	Ⅱ類	Ⅲ類	Ⅳ類	敲石等	砥石	台石	三角形	棒状	不定形	方形		
1	奈具岡遺跡	京都府	中期後葉				●					●	●	●	●		鍛造剥片多数
2	西京極遺跡	京都府	後期前葉	竪穴建物474	●	●			○	○	○		○		○		
3	星ヶ丘遺跡	大阪府	後期	2号住居址		●				●		●		●			
4	五斗長垣内遺跡	兵庫県	後期前葉～後期後葉					○	○	○	○	○	○	○	○	○	
5	旧吉備中学校校庭遺跡	和歌山県	後期後半	竪穴建物20				●	●	●	●				●		
6	八尾南遺跡	大阪府	後期中葉	竪穴建物8				●									
7	駒ヶ谷遺跡	大阪府	後期後葉～終末期											○	○		赤色顔料付着石杵出土
8	惣ヶ池遺跡	大阪府	後期					△		○		○					
9	観音寺山遺跡	大阪府	後期初頭～後期後葉									○	○	○			
10	有鼻遺跡	兵庫県	中期後葉					△	○	○			○				
11	奈カリ与遺跡	兵庫県	中期後葉					△	○	○			○				
12	城ヶ谷遺跡	兵庫県	後期初頭													○	
13	本位田権現谷A遺跡	兵庫県	後期									○	○	○			
14	舟木遺跡	兵庫県	後期～終末期										○	○		○	
15	中津原遺跡	兵庫県	後期初頭～中葉	D地区SH2				●		●							
16	大森谷遺跡	兵庫県	後期初頭～中葉					△	○								
17	西田井遺跡	和歌山県	後期中葉～古墳前期					△									
18	船岡山遺跡	和歌山県	後期前半	SB05				△	○		○			○			
19	脇本遺跡	奈良県	後期後葉～終末期											○			青銅器生産もおこなう

凡例　発掘：○は発掘調査で確認された鉄器製作遺跡
炉跡Ⅳ類：○「よく焼けている」などの記述のあるもの、△「焼土」などの記述のあるもの
●▲：遺構内で確認されたもの、○△：遺跡全体で確認されたもの

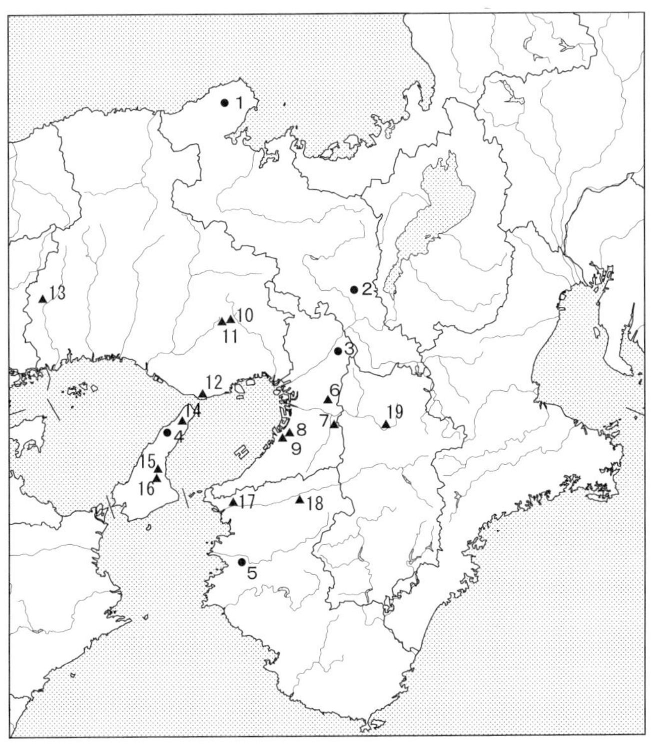

図66　近畿地方鉄器製作遺跡分布図
（禰冝田 2013b を改変）
●　発掘調査で鉄器製作以降（鍛冶炉）を確認した遺跡
▲　発掘終了後、発掘報告書の内容等から鉄器製作遺跡の可能性のある遺跡

の。五斗長垣内遺跡で確認された。中津原遺跡でも同様のプランのものがある。

B類　小型の方形の竪穴建物で主柱穴を持たないもの。発掘調査時に検出されていないということはあるが、八尾南遺跡の焼土の様相から設定した。そうした視点からは、奈カリ与遺跡、和歌山県西田井遺跡もこれに含まれる。

これにあてはまらない建物でも鉄器製作はおこなわれていたであろうが、少なくとも、この二つがあったことを念頭に、遺構検出時から調査を進めることが重要であることを指摘しておきたい。

以上を踏まえ、現在までのところ19遺跡で鉄器製作がおこなわれたかその可能性があることになる（図66・表5）。

畿内地域あるいはその周辺では、発掘調査で弥生時代中期後葉の鉄器製作遺構は検出されていない。しかし、鉄器の出土数が増加することを考慮すると、この時期に鉄器製作遺構があってもおかしくはないと考える。将来の発掘調査に期待するしかないが、当該地域における鉄器製作の開始時期を考えるにあたっては重要な課題となる[(23)]。

兵庫県立考古博物館ではこのほかの遺跡でも焼土をもつ竪穴建物を確認している。過去の発掘調査の報告書を見直していくと、可能性がある遺跡はさらに増えていくものと推測する。ただし、それらは残念ながら、発掘調査報告書からの「再発掘」である。可能性は指摘できるものの、あくまで可能性だという意見も出てくるだろう。したがって鉄器製作遺構の「発掘」が重要になってくる。とくに、床面に焼土面をもつ竪穴建物を検出した場合、鍛冶炉の可能性を意識して調査する必要がある。今後、鉄器製作遺構が発掘調査で検出されることを期待したい[(24)]。

5　「見えざる鉄器」論の展開にむけて

ここまで、鉄器製作がおこなわれた可能性のある遺跡の抽出をおこなったが、散漫ながら近畿全域に分布していることになる。

「見えざる鉄器」は、鉄器研究の黎明期に少ない鉄器出土数で鉄器化が進行したことを説明するために提示された解釈であった。しかし、多くの調査・研究の蓄積がある今日、従来とまったく同じ考え方で議論しても、話は平行線のままに終わるであろう。石器から鉄器化について議論するにあたっては、鉄器研究の成果を踏まえて議論する必要があることはいうまでもない。

その一方で、「見えざる鉄器」を抜きにして、弥生時代後期以降の畿内地域における鉄器の普及を検討することはできないとも考えている。河内地域や大和地域では拠点集落が多数存在しているものの、鉄器の出土は少なく鉄器製作遺跡も少ない。こうした現状は、河内地域には「大規模なトレンチ」が入った形で調査はされたが、大規模な面積を面的に調査しているわけではなく、まだ鉄器が埋没している可能性を含め、畿内地域における何か特殊な理由によるものと考えたい。

つまり、「見えざる鉄器」は「発掘調査した場所において、何らかの理由で遺存しなかった鉄器[(25)]」と「発掘調査されずにまだ、土のなかに遺存している鉄器」をあわせたものからなっていることになる。後者は、すべての地域の遺構・遺物に共通することである。

「見えざる鉄器」に対しては「存在しないことが強みになるので困る」（下條 1998）という批判がある。たしかに、石器の減少の代わりに、鉄器の普及があったとするのは、これまでの鉄器研究の蓄積から再検討が必要なところもある。しかしその一方で、弥生時代後期に石器が激減し消滅していくことを踏まえると、集団を維持するに必要な量の鉄器は供給されたと考える。詳細は次の第7節で論じるが、やはりそれなりの「見えざる鉄器」は想定されるべきである。

ただし、石器と鉄器の関係についても新たな考え方が示されている（寺前 2011、菅 2011、土屋 2004）。近畿においては、鉄器製作遺跡の「再発掘」と、今後の発掘調査事例が増えるとすると、具体的な鉄器化を議論することが可能となるであろう。本節はその出発点と考えており、近畿における鉄器化に対する評価を再考する一助となることができればと思う。そして、近畿でも鉄器製作遺跡の存在が想定されることを踏まえると、石器の消滅＝鉄器の普及ということだけでなく、今日的な観点から「新たな見えざる鉄器」論を展開していく必要性、すなわち「見える鉄器」と「見えざる鉄器」の両方から鉄器化を議論する必要性を指摘して本節の結びとしたい。

第7節　近畿における鉄器化の再検討

1　問題の所在

近畿とりわけ畿内地域における鉄器は弥生時代前期後葉から中期前葉に出現し、中期後葉には出土数と器種が増加し、後期には鉄器化したと考えられてきた。ただし、後期に鉄器化したことは、鉄器の出土数が増加することから示されたものではなかった。これについては石器が消滅したということに加え、鉄器は錆びてなくなったこと、また鉄器は再利用されたという解釈のもと、鉄器の数は少なくても鉄器化したと考えられたのであった（近藤 1957、佐原 1970 ほか多数）。筆者も石器の減少とともに、磨製石器と砥石の組成の変化、さらには磨製石器と鉄器と砥石の共伴関係から、近畿とりわけ畿内地域でも弥生時代後期には鉄器化したと考えた（禰宜田 1992 b・1998 b）。弥生時代後期に鉄器が普及していたということについては、2000 年を前後する頃までは、ほぼ定説的な位置にあったといえるだろう。

しかし、鉄器研究の進展によって、「鉄器は錆びてなくなりはしない」、「畿内地域で鉄器を再利用する技術はなかった」という見解が示された（村上恭 1998）。畿内地域で鉄器の出土数が少ないが鉄器化したとしてきた定説の根幹にかかわる指摘である。

しかも、近畿とりわけ畿内地域において記録保存調査の実施により資料の蓄積があったにもかかわらず、鉄器の出土数が増加することはなかった。非常に極端な評価であるが「近畿の後期にいたっては普及していた、いや普及していなかったという初歩的な論争が起きてしまうほど鉄器の出土例が少ないのが現状である」（藤尾 2011 b）と指摘されるに至っているのである。

鉄器化の意義についても、農具の鉄器化が遅れたことにより、農業生産力の上昇に鉄器はかかわっていなかったとされ、鉄器化によって社会が大きく変化したことを疑問視する考え方が示されることになった（村上恭 1998・2000・2007 ほか）。

たしかに、鉄器の出土数が少ないことについては、従来の考え方では説明がつかないところがある。畿内地域に鉄器が「潤沢にあった」ことを想定することは、考古学的に理解を得ることは難しいようにも思われる。とはいうものの、実際の鉄器の出土数がその当時の姿だとみることも難しいと考える。

研究の進展のなか、筆者の考え方に対する批判も出されている。一つは鉄器化を論じるにあたり石器の減少・消滅から導く際に想定する「見えざる鉄器」の是非、もう一つは鉄器化による畿内地域における社会変化、換言すると鉄器化の意義についてである。

本節では、畿内地域における鉄器の普及については、石器などの検討から、弥生時代後期と終末期に大きな画期があることを踏まえ、改めて、畿内地域における鉄器化の意義について検討することとする。

2　遺物からみた鉄器の普及

（1）検討の視点

筆者は利器である石器の減少・消滅、さらには磨製石器及び鉄器と砥石の共伴状況から鉄器の普及があったということで論を展開してきた。その一方で、鉄器化は進行するものの、石器・青銅器・木器を併用しながらの鉄器化であったことも指摘してきた（禰冝田 1998 b）。

石器から鉄器化を論じるにあたり、石器の減少から鉄器の普及があったとするのが前提であった。そのため「見えざる鉄器」を想定することになるわけだが、これに対しては「鉄の評価は鉄そのものの分析からおこなわれなければならない。存在しないことが強みになるので困る」（下條 1998）という意見に象徴されるように、「見えざる鉄器」には批判がある。

とはいっても、畿内地域の鉄器の出土数は少なく、列島のなかで東日本を含めても少ないという現状がある（禰冝田 2015 a）。弥生時代後期には石器も鉄器も出ない遺跡もある。批判がある以上、「見えざる鉄器」を強調することは慎まなければならないかもしれないが、「見えざる鉄器」は想定せざるをえない。そういうことから、前節では、遺物だけではなく、鉄器製作遺構の存在を含め、従来とは異なる形で「新たな見えざる鉄器」論を展開していく必要があることを指摘した。

近年の研究の蓄積を踏まえると、①石器の減少及び消滅の背景として鉄器の普及があったとみなすが、鉄器化は順調に進行したとは限らないこと、②「見えざる鉄器」は列島各地で想定されるべきものではあるが、畿内地域で鉄器の出土が少ないことについては、何か特殊な理由を想定すべきこと、の２点については留意しておきたい。

では、改めて、鉄器化について検討していこう。

（2）近畿出土鉄器の概要

鉄器出土遺跡と点数　2000 年時の集成では、滋賀県 9 遺跡、京都府 40 遺跡、大阪府 38 遺跡、兵庫県 67 遺跡、奈良県 9 遺跡、和歌山県 12 遺跡、合計 175 遺跡であった。

その後、2000 年の集成以降の発掘調査報告書で出土した鉄器及び鉄器製作関連遺物（鉄滓及び鉄鉱石を含まない）を集成したところ、滋賀県 9 遺跡で 41 点、京都府 45 遺跡で 567 点以上、大阪府 42 遺跡で 189 点、兵庫県 85 遺跡で 497 点以上、奈良県 9 遺跡で 121 点以上、和歌山県 13 遺跡で 46 点以上となり、合計 203 遺跡 1,461 点以上となった。(26)

これには鉄片も含めているので、製品に限ると、滋賀県で 30 点、京都府 403 点以上、大阪府 137 点、兵庫県 397 点以上、奈良県 121 点、和歌山県 42 点以上となり、合計 1,130 点以上となる。

旧国単位で鉄片を含めてみると、近江地域 41 点、山城地域 33 点以上、丹後地域 495 点以上、京

都丹波地域39点、河内地域131点、和泉地域31点、北摂地域26点、西摂地域65点、摂津三田盆地地域61点、摂津・播磨境界地域17点、播磨地域103点以上、淡路地域79点、但馬地域162点、兵庫丹波地域11点、大和地域121点以上、紀伊地域46点以上となる。

器種別では、鉄鏃385点以上、鉄剣79点、素環頭鉄刀5点、鉄刀10点、板状鉄斧57点、袋状鉄斧25点、鋳造鉄斧5点、鉇155点以上、鏨・鑿22点、刀子56点、鋤鍬先5点、鉄鎌11点、手鎌1点、タビ1点、その他不明鉄製品を含め312点以上となる。

これらの数には奈良県ホケノ山墳墓をはじめ庄内式期すなわち弥生時代終末期の墳墓出土の鉄器も含めている。ホケノ山墳墓だけで110点が出土しており、これらを古墳時代とみる立場に立つと、弥生時代の鉄器の出土数はこれより少なくなる。

現状では、近畿では1,130点あまりの鉄器に鉄片など約300点を加え、1,450点を超える鉄器及び鉄片などが出土していることになる。

時期別鉄器出土数　時期的に明確に区切ることは困難なものが多いが、鉄器が少ないとされている中近畿の鉄片などを除く鉄器の出土数について整理する。

播磨地域では、中期中葉で1点、中期後葉で4点、後期で7点、終末期には墳墓の副葬品を含めて25点が出土し、摂津・播磨境界地域すなわち、明石川流域では中期中葉で2点、後期で7点を確認している。西摂地域では、中期中葉で3点、中期後葉で7点、後期で31点が出土し、六甲山の北側の摂津三田盆地地域では中期後葉で51点である。また、鉄器製作遺構が検出されている淡路地域では後期で31点が出土している。北摂地域では、後期に21点が出土している。

河内地域では、中期中葉までに5点、中期後葉で9点、後期前葉で1点、後期後半で22点、このほか後期に属する鉄器が16点出土している。和泉地域は後期に27点が出土している。山城地域では中期後葉が2点、後期前葉が1点、後期中葉～後半で9点が出土している。そうしたなか、大和地域では弥生時代終末期を含む集落跡からは5点しか出土していない。終末期以降を含めると総数は121点となるが、ホケノ山墳墓からの110点など墳墓から出土していることが影響している。

中近畿では、弥生時代中期中葉には鉄器使用が始まり、中期後葉で増加に転じ、後期になると出土数は増加している。ただし、そうしたなかにあって、大和地域の鉄器の出土数が突出して少ないことを、改めて確認することとなった。

さて、弥生時代終末期から古墳時代初頭の大阪府下田遺跡では8,300 m^2 を発掘調査したが、土器と木製品は出土しているにもかかわらず、鉄器は出土していない。砥石を含む石器も検出されていない点を含め、生活にかかわる利器が出土していないことになる。また、弥生時代終末期の居館と祭祀空間と目される大阪府尺度遺跡でも、祭祀空間とされる方形区画の外側で竪穴建物を発掘したが石器も鉄器も出土していない。こうした遺跡で、鉄器がなかったとすると、生活にかかわる利器はもたなかったことになる。

（3）近畿出土鉄器の時期別概要

弥生時代前期から中期（図67・68）　近畿最古の鉄器としては、丹後地域の京都府扇谷遺跡で出土した板状鉄斧である。弥生時代前期後葉から中期前葉の土器とともに出土しているが、北部九州地域でも確実に前期に属する鉄器は未発見であり、中期前葉と考えるのが妥当であろう。

また、弥生時代中期中葉になると京都府桑飼上遺跡で袋状鉄斧が出土している。また、中期中葉

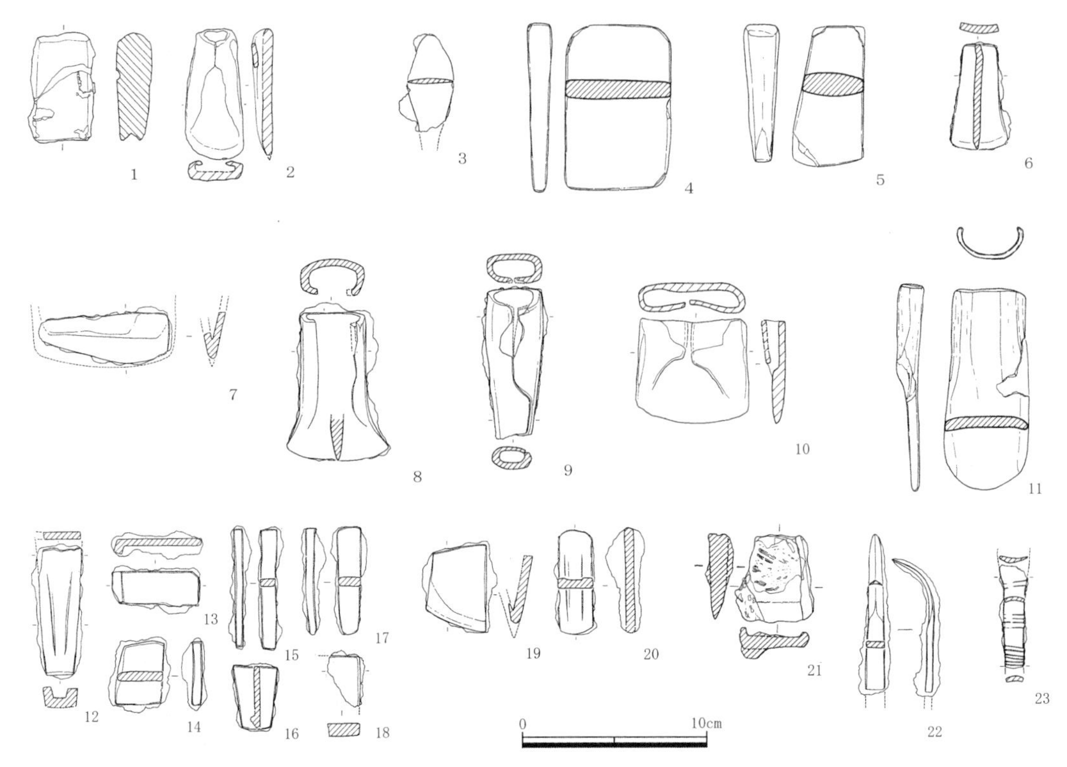

【中期前葉】１扇谷遺跡　【中期中葉】２桑飼上遺跡
【中期中葉～後葉】３・６～９・12～20・22・23 日吉ヶ丘遺跡　【中期後葉】４・５・11 奈具岡遺跡
【中期後葉～後期後半】21 途中ヶ丘遺跡【後期前半】10桑飼上遺跡
（扇谷遺跡：峰山町教委 1984　桑飼上遺跡：（財）京都府 1993　日吉ヶ丘遺跡：加悦町教委 2005　奈具岡遺跡（財）京都府 1997　途中ヶ丘遺跡：峰山町教委 1977）

図 67　北近畿の鉄器実測図（１）

から後期の京都府日吉ヶ丘遺跡では、袋状の鑿として最古のものが確認されている（野島 2009）。これらの鉄器は地理的にも日本海ルートにより伝播してきたものと考えられる。

畿内地域では、鬼虎川遺跡で弥生時代中期中葉かそれよりも古い時期の鋳造鉄斧の破片を再加工した鉄鑿及び鉄鏃が１点ずつ出土している。このほか、弥生時代中期中葉としては兵庫県の新方遺跡で鋳造鉄斧１点、居住・小山遺跡で鉄鏃１点、戎町遺跡では鉇１点などが知られている。当地域においても弥生時代中期中葉には鉄器使用が始まっていたと考えられる。

弥生時代中期後葉になると、畿内地域の周辺にあたる三田盆地では、鉄鏃・板状鉄斧・鉇などの鉄器が奈カリ与遺跡で 21 点、有鼻遺跡でも同じ器種があわせて 13 点出土している。弥牛時代中期中葉よりも、一遺跡での鉄器の出土数が多くなっている。

畿内地域でも甲田南遺跡で板状鉄斧、水走遺跡で鉄鑿が１点ずつ出土するなどしているが、一遺跡での出土数が多くなるわけではない。

弥生時代後期（図 69・70）　北近畿、丹後地域では丘陵上に多数の墳墓が営まれるようになる。弥生時代後期初頭から前半に始まる遺跡として京都府の大山墳墓群、左坂墳墓群や三坂神社墳墓群などが、後期後半から終末期に始まる遺跡としては帯城墳墓群、浅後谷南遺跡や大風呂南遺跡群などがある。副葬された鉄器としては、鉄鏃・鉄剣・鉄刀などの武器、鉇・刀子などの工具、特殊なも

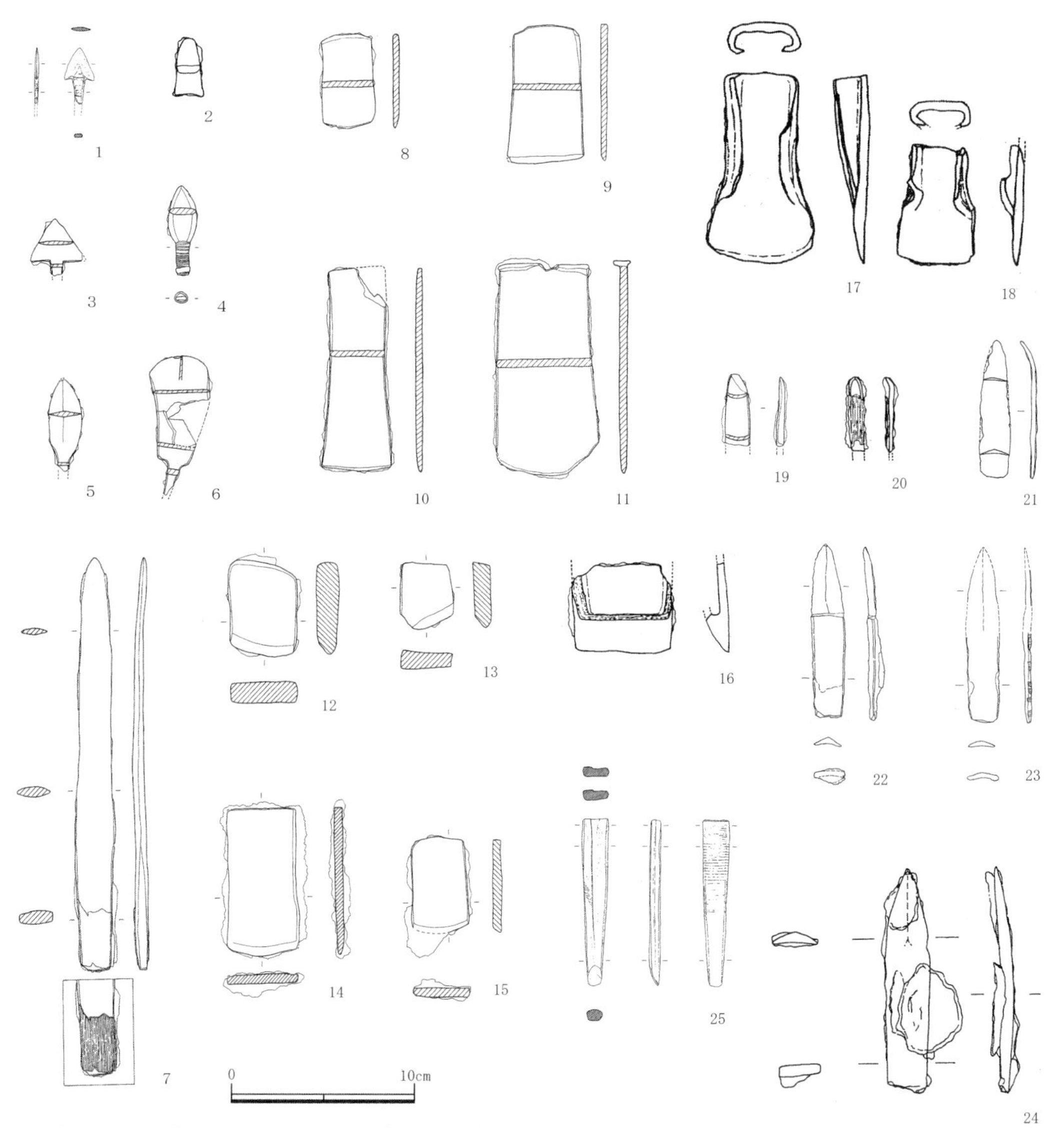

【～中期中葉】１・25 鬼虎川遺跡　【中期中葉】２居住・小山遺跡　16 新方遺跡
【中期後葉】　３～６・８～11・19 奈カリ与遺跡　７・12 ～ 15 有鼻遺跡　17・18 北神ニュータウン№.４
20 頭高山遺跡　21 亀井遺跡　22・23 雲井遺跡　24 滝ノ奥遺跡
（鬼虎川遺跡：（財）東大阪市 1982　居住・小山遺跡：神戸市教委 1983　新方遺跡・北神ニュータウン№.４・頭高山遺跡：山本ほか 1984　奈カリ与遺跡：兵庫県教委 1983　有鼻遺跡：兵庫県教委 1999　21（財）大阪センター 1986　雲井遺跡：神戸市教委 2010　滝ノ奥遺跡：神戸市教委 1994）

図 68　中近畿の鉄器実測図（１）

のとして大風呂南遺跡ではヤスの事例が知られている。

畿内地域の場合は大規模環濠集落が発掘調査され、鉄鏃・板状鉄斧・鉇・刀子などの製品と棒状鉄製品・鉄片など機能の明らかでない鉄製品が出土している。その数は古曽部・芝谷遺跡で 17 点、観音寺山遺跡で 18 点である。しかも後者からは三角形の鉄片が出土しており、鉄器製作がおこなわれていた可能性が高い（禰宜田 2013 b）。

また、古曽部・芝谷遺跡の木棺墓からは鉇１点が、兵庫県中西山遺跡の木棺墓からは大型の板状

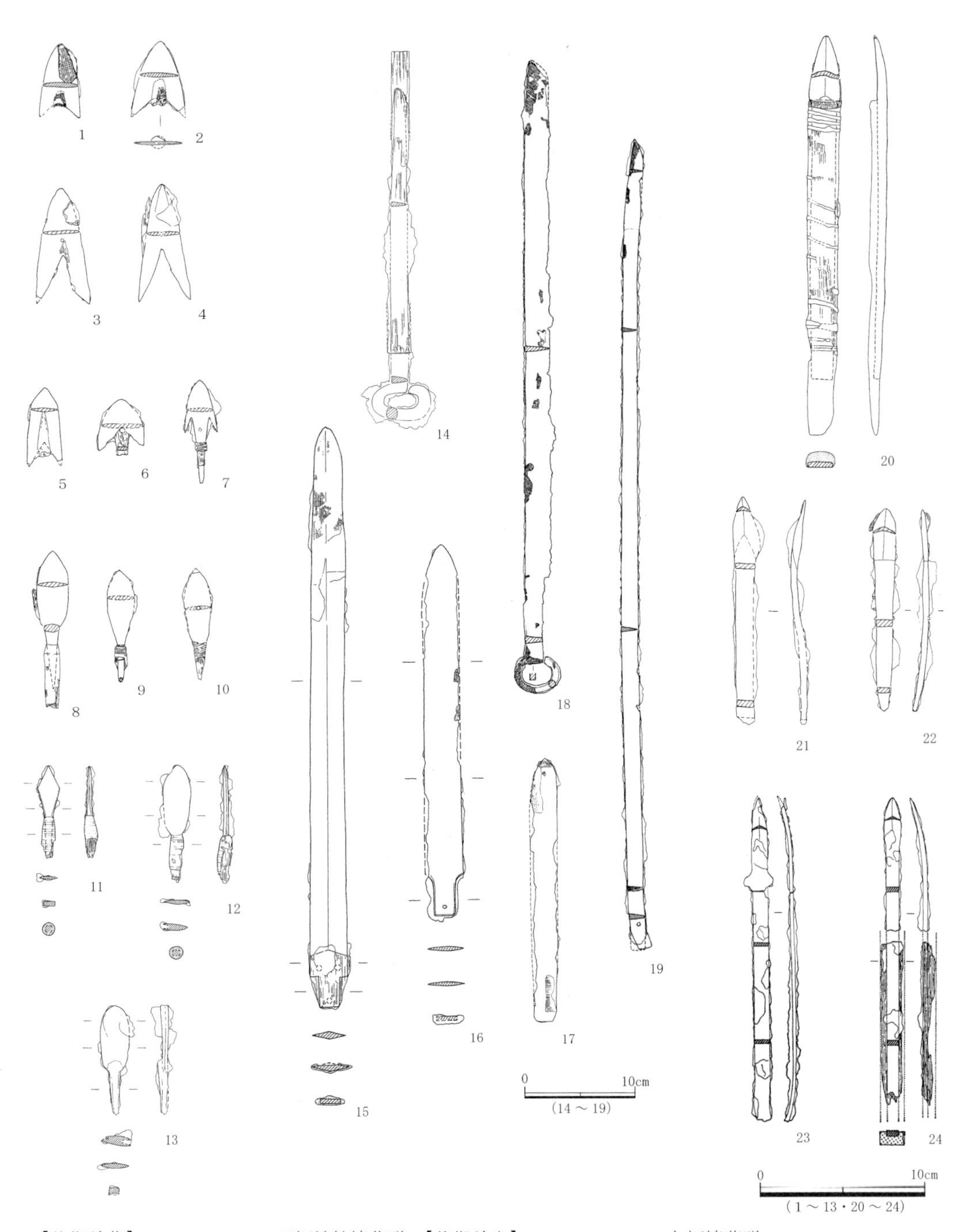

【後期前葉】 1・2・14・20 三坂神社墳墓群 【後期前半】 3 ～ 10・21・22 左坂墳墓群
【後期後半】 11 ～ 13・15・16 大風呂南墳墓群 17・19・23・24 妙楽寺墳墓群 【終末期】18 内場山遺跡

(三坂神社墳墓群：大宮町教委 1998 左坂墳墓群：大宮町教委 1998 大風呂南墳墓群：岩滝町教委 2000 妙楽寺墳墓群：豊岡市教委 2002 内場山遺跡：兵庫県教委 1993)

図 69 北近畿の鉄器実測図（2）

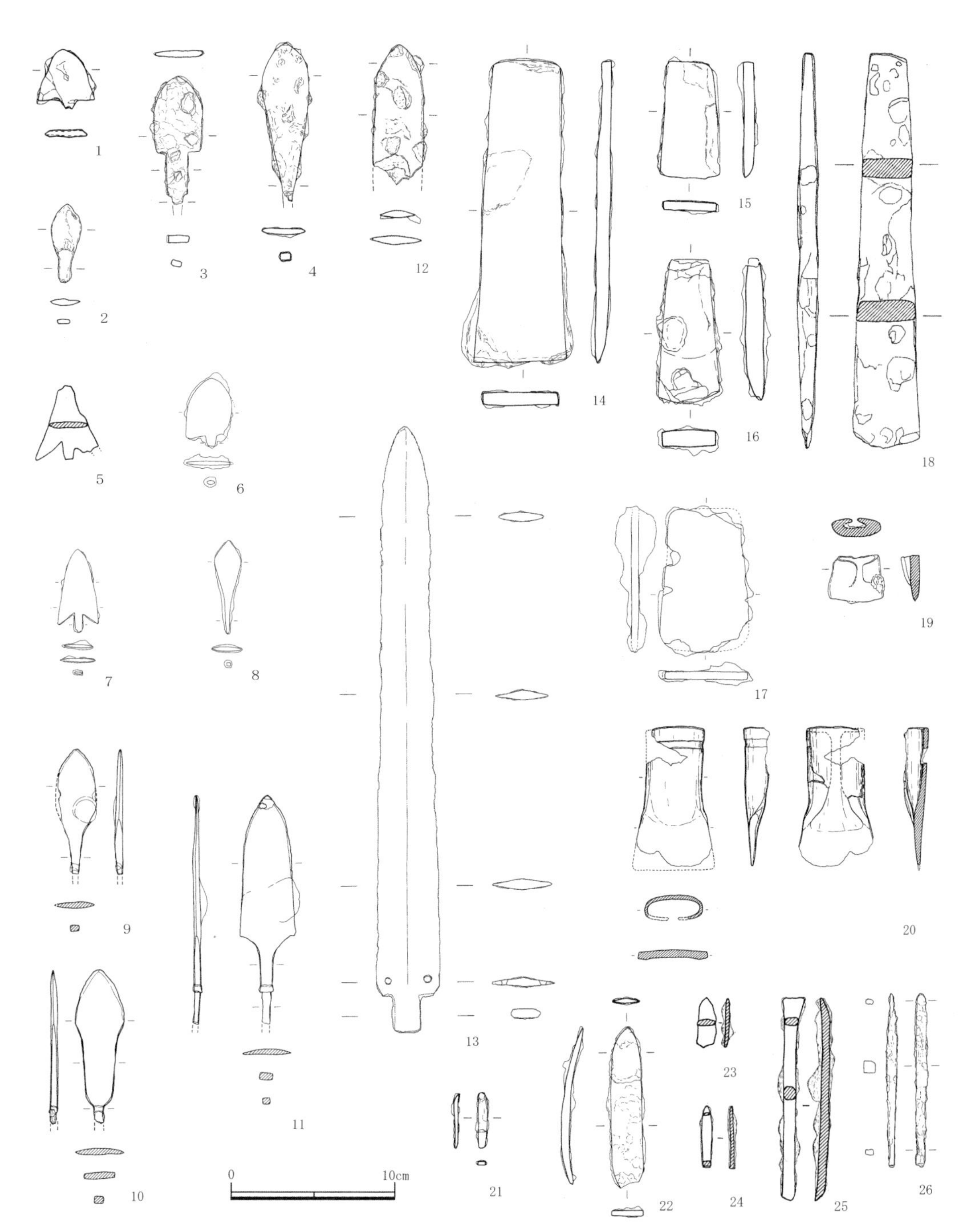

【後期前葉】 1～4・12・14～16・21・22　古曽部・芝谷遺跡、6～8・17　観音寺山遺跡、13 大竹西遺跡　【後期中葉】 5・23～25 会下山遺跡　26 八尾南遺跡　【後期中葉～後半】19 六条山遺跡　【後期後半】20 亀井遺跡　【後期後葉】 9～11 塩壺西遺跡　【後期】18 中西山遺跡

(古曽部・芝谷遺跡：高槻市教委 1996　会下山遺跡：芦屋市教委 1964　観音寺山遺跡：同志社大学 1999　塩壺西遺跡：兵庫県教委 1997　大竹西遺跡：(財)八尾市 2008　中西山遺跡：兵庫県教委 1993　六条山遺跡：橿考研 1980　亀井遺跡：(財) 大阪センター 1984　八尾南遺跡：(財)大阪府 2008)

図 70　中近畿の鉄器実測図（2）

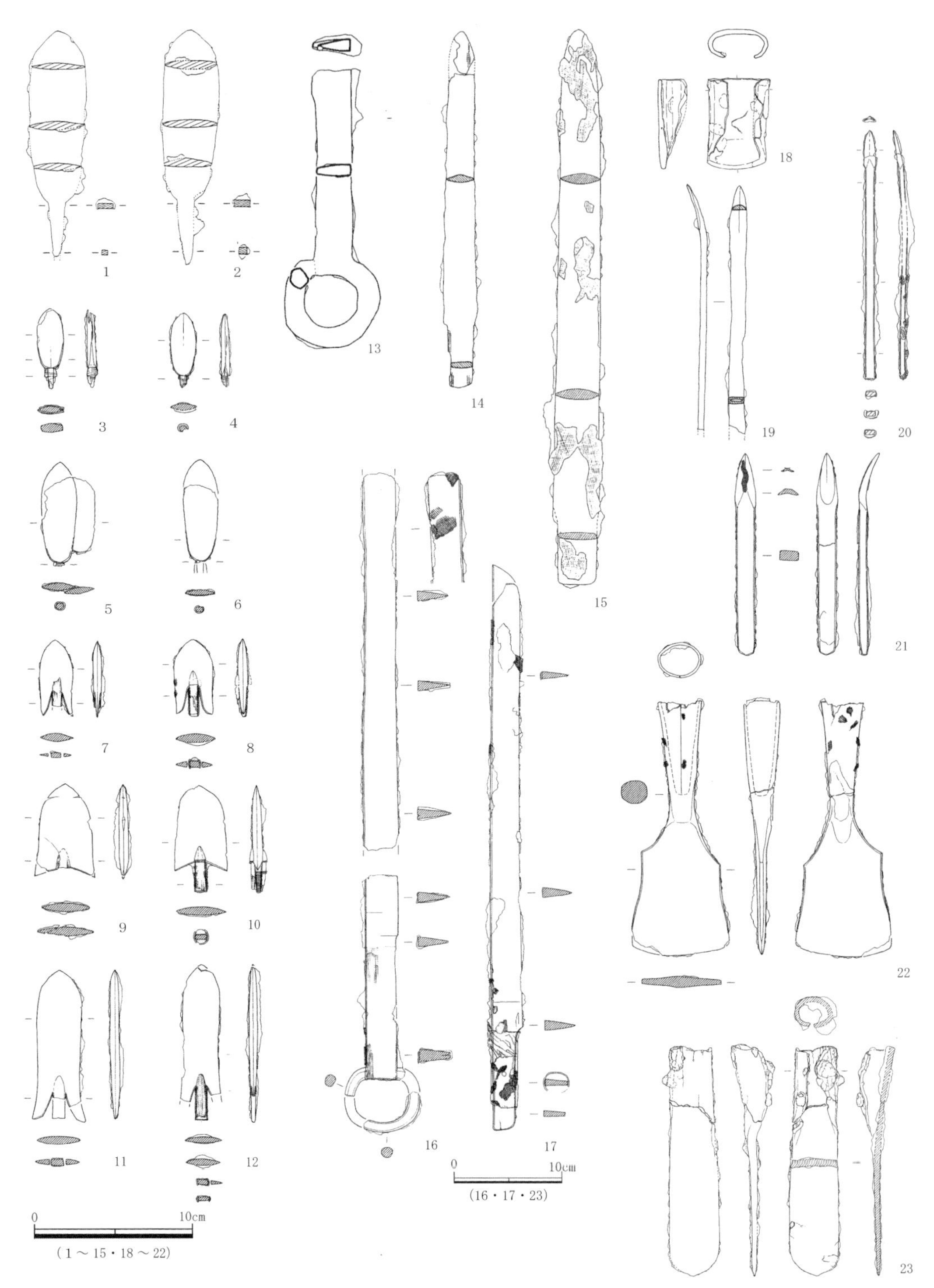

【終末期】13 崇禅寺遺跡　20 芝ヶ原墳墓　23 今林８号墓　【終末期～古墳初頭】１・２・15 中宮ドンバ遺跡　３～12・16・17・21・22 ホケノ山墳墓　14・19 見田・大沢遺跡　18 久宝寺南遺跡
（崇禅寺遺跡：大阪府教委 1982　芝ヶ原遺跡：城陽市教委 2014　今林８号墓：福島 2000　中宮ドンバ遺跡：大竹 1988　ホケノ山墳墓：橿考研 2008　見田・大沢遺跡：橿考研 1982　久宝寺南遺跡：大阪府教委ほか 1987）

図 71　中近畿（京丹波含む）の鉄器実測図（３）

鉄斧1点が出土している。畿内地域及びその周辺地域におけるこの時期の鉄器副葬のめずらしい事例である。

さらに、亀井遺跡では有帯袋状鉄斧が出土している。これは北部九州地域を中心に出土し、この地域での製作が考えられているものである。山陰の青谷上寺地遺跡でも確認され、畿内地域では現在のところ唯一の資料である。

弥生時代後期後半においては、大阪府の郡家川西遺跡で鉇、紅茸山遺跡では鉄鏃・鉇などが出土している。先の高地性集落2遺跡の鉄器出土数には及ばないが、発掘調査面積を勘案すると必ずしも少ないわけではない。唐古・鍵遺跡からは1点しか出土していないけれども調査面積は狭いので、単位面積でみればやはり極端に少ないというわけではない。

新たな器種として、農具あるいは土木具である鉄鋤鍬先が京都府谷山遺跡、田辺天神山遺跡で出土している。

弥生時代終末期（図71）　大阪府の崇禅寺遺跡で素環頭大刀の破片が出土した。遺跡は、瀬戸内海から河内湾に入るまさに交通の要衝に位置している。この鉄器の出土は畿内地域にも素環頭大刀がもたらされるようになったこと、立地から瀬戸内海ルートが機能していたと考えられることを示しており、この時期の鉄器の流通を考える上で重要な資料である。

大きな変化としてあげられるのは、畿内地域でも鉄器が副葬されるようになった点である。奈良県ホケノ山墳墓では鉄鏃74点、鉄剣類6点以上、鉄刀類7点程度、鉄鑿1点、鑵形鉄製品1点、「へ」の字形鉄製品23点など約110点が出土している。このほかにも、京都府芝ケ原墳墓では鉇1点、大阪府中宮ドンバ遺跡では鉄鏃2点、鉄剣1点、鉇1点が副葬されていた。

以上、時期ごとに鉄器の出土遺跡と鉄器の出土状況をみてきた。中近畿においては、弥生時代中期中葉には鉄器の使用が始まり、中期後葉にはその数が増え、後期にもその数は増えていった。後期のなかで時期を限定できる資料は少ないが、河内地域でも弥生時代後期後半にはまとまった鉄器が出土するようになる。終末期には、墳墓への副葬が始まったこともあり、鉄器の出土数はさらに増加する。

時間の経過とともに、鉄器の出土数が増加し、器種も増えていった。このことは、鉄器自体からも、鉄器化が進行していたことを示している。

（4）石器の様相

「石器の激減」・「石器の消滅」（表6）　鉄器化は石器組成の変化やその消滅など、石器のあり方から議論されてきた。その端緒となったのは静岡県登呂遺跡の発掘調査であり、鉄器数点とともに石器では磨製石鏃と扁平片刃石斧という少数の石器しか確認されなかったことから、鉄器化していたことが当初から指摘されてきた。その後、唐古・鍵遺跡でも後期の石器は出土しなかった。こうしたことから、西日本から関東まで弥生時代後期の遺跡で石製利器が出土しないと認識され、鉄器が普及していたと考えられるに至ったのである（近藤 1957）。

その後、発掘調査の積み重ねにより畿内地域では、弥生時代中期においては打製石鏃・畿内式打製尖頭器・打製尖頭器などの武器・狩猟具、石包丁をはじめとする農具、太型蛤刃石斧・柱状片刃石斧・扁平片刃石斧・小型鑿形石斧・石小刀・不定形石器などの工具、敲石・磨石・台石などの調理具・加工具という多くの石器を検出してきた。そして、弥生時代後期になると石器は出土しなく

表6　単位面積あたりの石器・鉄器出土数一覧表

遺跡名	府県名	時期	調査面積(㎡)	鉄器出土数	点数 /100 ㎡	石器出土数	点数 /100 ㎡	備考
奈カリ与	兵庫県	中期後葉	13.500	21	0.16	195	1.4	
有鼻	兵庫県	中期後葉	36.700	13	0.035	711	1.9	
古曽部・芝谷	大阪府	後期初頭〜中葉	37.500	20	0.053	50	0.1	
観音寺山	大阪府	後期初頭〜中葉	20.000	18	0.056	138	0.7	
表山	兵庫県	後期初頭	5.198	3	0.058	2	0.04	
六条山	奈良県	後期前葉〜後葉	7.000	1	0.014	2	0.03	
船岡山	和歌山県	後期前半	24.000	7	0.029	17	0.07	
三井岡原	奈良県	後期後半	1.500	2	0.13	2	0.13	
塩壺西	兵庫県	後期後葉〜終末期	19.000	6	0.031	11	0.06	
東山	大阪府	中期〜後期	6.100	2	0.033	52	0.85	中期中葉〜
五斗長垣内	兵庫県	後期前葉〜後葉	17.884	127	0.71	32	0.18	
下田	大阪府	後期後半〜古墳初頭	8.300	0	0	0	0	
尺度	大阪府	中期〜後期	17.978	0	0	0	0	
木津城山	京都府	後期	10.400	0	0	0	0	

なり鉄器化したとみなされてきた。

さて、ここで1968年に発掘調査された観音寺山遺跡の時期認識について確認しておきたい。同年に概要報告が刊行され、打製石鏃・打製尖頭器・石包丁・各種磨製石斧といった石器が出土していることは知られていた。ただし1980年代まで、この集落の開始時期は弥生時代中期末後期初とされ、これらの石器は中期の範疇で考えられていたのであった。

ところが、その後の編年研究の進展により、観音寺山遺跡は後期に始まる集落だと認識されるようになった（寺沢・森井 1989)。それを踏まえ、1991年に発掘調査が始まった古曽部・芝谷遺跡においても、打製石鏃・石包丁・各種磨製石斧をはじめ相当量の石器が出土し、これらは弥生時代後期の所産とされた。こうして、弥生時代後期に石器は消滅するのではなく、一定量は残存することが広く認識されることとなったのである。

では、弥生時代中期から後期にかけての石器の変化を整理しよう。利器としての石器が弥生時代中期後葉の奈カリ与遺跡では195点、有鼻遺跡では711点であるのに対し、弥生時代後期に始まる観音寺山遺跡では138点、古曽部・芝谷遺跡では50点である。調査面積で比較すると100 m^2 あたりの点数は、奈カリ与遺跡が1.4点、有鼻遺跡では1.9点であるのに対し、観音寺山遺跡では0.7点、古曽部・芝谷遺跡では0.1点となる[(27)]。

同じ時期に始まる兵庫県表山遺跡では打製石鏃2点が出土し、100 m^2 あたりの点数は、0.04点であり、他の遺跡も0.13〜0.85点である。

このように、弥生時代後期の単位面積当たりの石器出土数が1/10、遺跡によっては1/50や1/100近くまで減少していることになる[(28)]。弥生時代中期後葉に石器の生産はピークを迎えたが、その段階から後期にかけて残存するものの、「石器は激減した」ことが指摘できる。器種でみると弥生時代後期にも、石製の武器・農具・工具という利器もセットで認められる。欠落した器種は畿内式打製尖頭器だが、このことについてはあとで触れる。

そうした石器がさらに減少するのが弥生時代後期後葉である。この時期の集落出土の石器としては、大阪府大師山遺跡の打製石鏃が1点、兵庫県中ノ田遺跡の太型蛤刃石斧1点、扁平片刃石斧1点がある。兵庫県栄根遺跡では弥生時代終末期の太型蛤刃石斧が1点出土している。製作時は斧であったが、最終的には敲石・磨石類という再利用品として残存していたと理解している（禰宜田 1992 a)。器種及び数量を踏まえると、一〜二つの器種の石器が1〜2点程度出土することになる。

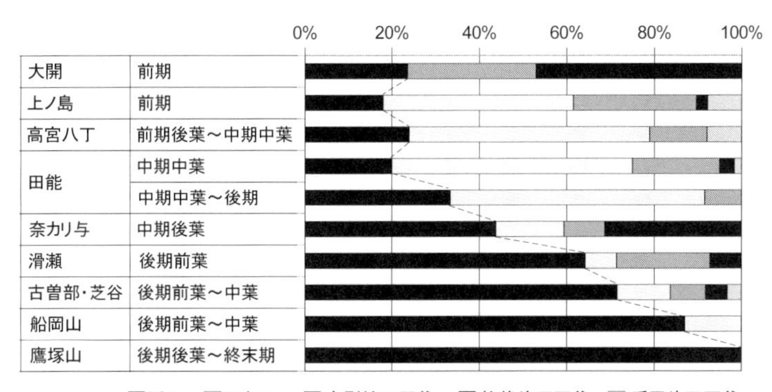

図72　磨製石器及び砥石の比率変化グラフ（禰冝田 1998 b）

表7　砥石と磨製石器・鉄器の共存関係

遺跡名	府県名	時期	打製石鏃	打製尖頭器	畿内式打製尖頭器	両刃石斧	片刃石斧	石包丁	砥石	鉄器	敲石類
滑瀬遺跡	大阪府	後期初	5	2	0	3	1	1	9	0	7
忌部山遺跡	奈良県	後期初	13	1	0	0	0	0	6	0	0
古曽部・芝谷遺跡	大阪府	後期前葉	15	2	0	10	10	12	88	17	17
観音寺山遺跡	大阪府	後期前葉	75	31	0	5	5	11	25	19	36
田辺天神山遺跡	京都府	後期中葉～後半	3	0	0	0	3	1	12	3	1
六条山遺跡	奈良県	後期前葉～後葉	0	0	0	0	0	1	8	2	1
鷹塚山遺跡	大阪府	後期後半	0	0	0	0	0	0	5	12	1
大師山遺跡	大阪府	後期後半	1	0	0	0	0	0	3	1	0
三井岡原遺跡	奈良県	後期後半	0	0	0	0	0	1	1	2	0

古曽部・芝谷遺跡や観音寺山遺跡の数と比べると「石器は消滅した」といえる。

以上をまとめると、弥生時代中期から後期にかけて石器の出土数は激減した。石器からみた場合、大きな変化だと考える。しかし、これだけでは従来の見解とあまり変わらないので、この時期に画期を見出せるのかという意見が出てくることも予想される。中期と後期の石器について、鉄器化という観点からさらに変化をみていくこととする。

砥石の様相　鉄器の普及を示す石器として、砥石が古くから注目されていた。すなわち、砥石に鋭利な使用痕が認められることから、その対象物は鉄器であったのではないかという考え方であり、こうした視点からの研究も重要である（図72）。

磨製石器と砥石の時期的な変化を調べると、弥生時代中期中葉以前では磨製石器と砥石の合計に対する砥石の比率は30％前後であったのに対し、中期後葉では40％を超え、後期前葉に始まる遺跡では70％前後、そして後期後半には100％になる遺跡も出てくる。時間の経過とともに磨製石器の占める比率が減少していくのは、砥石の研磨対象が磨製石器から鉄器へと変わっていったからだということを指摘した（禰冝田 1998 b）。

さらに砥石の検討をつづけよう（表7）。前節でも少し触れたが、弥生時代後期の砥石と磨製石器及び鉄器の出土状況についてみていく。弥生時代後期初頭の奈良県忌部山遺跡は高地性集落で、砥石が6点出土しているのに対し、磨製石器も鉄器も出土していない。弥生時代後期後半の大師山遺跡でも砥石が3点出土しているが、磨製石器も鉄器も出土していない。

弥生時代後期後半の大阪府鷹塚山遺跡では砥石が5点出土しているのに対し、磨製石器は出土せずに鉄器12点が出土している。また、弥生時代後期後半を中心に後期をとおして営まれた奈良県

図 73　玉津田中遺跡出土砥石実測図（兵庫県教委 1996 b）

六条山遺跡では砥石が 8 点出土しているのに対し、磨製石器は石包丁が 1 点出土しただけで鉄器が 2 点出土している。

ここにあげた遺跡の砥石の主な研磨対象は、磨製石器の場合もあったが、その数が非常に少ないことから鉄器であったと考える。砥石は銅鏃を研磨する役割を果たしたことも考える必要があり、厳密には金属器用であったことになるが、ここで触れた遺跡での鉄器の存在は十分に想定される。

砥石が石用か鉄用かを識別することには困難がともなうが、北部九州地域では時期とともに砥石の素材が変化し、砥石の目が粗から密へと変化していくことに着目し、石器用の砥石と鉄器用の砥石を分けようと試みた研究がある（村田 2001）。

また、三重県内の遺跡における砥石の検討により、弥生時代中期後葉以降に細粒石材の定型的な砥石が出現し、それらに残る細かい刃傷状の使用痕から刀子の存在が想定されること、後期には定型的な砥石が存在し、その加工に鉄鑿の使用が想定されることが指摘されている（桜井 2013）。こうした研究はさらに検討対象を広げると、砥石から鉄器使用の実態がさらに明確になってこよう。実際に玉津田中遺跡の砥石は直方体を呈し、鉄鑿によると考えられる整形の痕跡が残っている（図 73）。

客観的なデータは持ち合わせていないが、筆者も肉眼で観察した限り、奈カリ与遺跡や有鼻遺跡、古曽部・芝谷遺跡の砥石は縄文時代のそれとは異なり目の細かいものが多数ある。これらの多くは鉄器用と考えている。

弥生時代の砥石には石器用と鉄器用があった。弥生時代中期以降、磨製石器と砥石の合計に対する砥石の比率をみると、時間を経るにつれて増加傾向にある。弥生時代中期、砥石はおもに石器用であったが、時間の経過とともに鉄器用の比率が増加した。そして、弥生時代後期後葉に磨製石器は出土しなくなることから、砥石は鉄器用になったものとみなされる。

欠落する器種　弥生時代後期には石器のなかで欠落する器種が出てくる。近畿全域においてもっとも普遍的に出土することから、弥生時代中期を特徴づける石器だと考えているのが畿内式打製尖頭器である。北は京都府志高遺跡から南は和歌山県岡村遺跡まで、近畿の北部から南部まで出土し、とくに畿内地域においては打製石鏃に対して 1 /3～1 /4 という高い比率で出土している。唐古・鍵遺跡では畿内式打製尖頭器を入れた木製の鞘が出土した。畿内式打製尖頭器は、日常的に佩用されていたと推測され、身分や立場を表象する武威器と評価されている（寺前 1998）。

その畿内式打製尖頭器が、弥生時代後期には出土しなくなるのである。観音寺山遺跡では打製石鏃 70 点、打製石鏃よりも大型の打製尖頭器が 31 点出土するものの畿内式打製尖頭器はなかった。現在のところ、古曽部・芝谷遺跡で小破片 1 点を確認しているが、管見の限りほかの遺跡で出土を知らない。

畿内式打製尖頭器の製作は南河内の集落でおこなわれ、その製品が近畿一円に広がったとされ（蜂屋 1983）、今日でもこの考え方は支持できる。弥生時代中期、畿内式打製尖頭器は近畿の弥生石器ではもっとも広域に流通した石器であり、量的にも非常に多くが流通した。人々は佩用する人物を日常的に目にしていたことが推測され、そういう点で近畿の弥生石器のなかで特別な石器であったといえる。

そのような石器が弥生時代後期には消滅したのである（表6）。弥生時代後期の石器の様相は中期と異なっており、寺前直人はそうした変化を生み出したのは道具に対する価値体系が変化したためであると指摘している（寺前 2011）。筆者も結論としては同じ考えである。鉄器の普及により流通形態に変化を引き起こし、それまでとは異なる社会になった。中期までとは異なる社会となり畿内式打製尖頭器の意味も変化し、生産体制にも変化がおこり、消滅したのである。

石器及び石材流通の変化　中期から後期にかけて、一部の石器あるいは石器石材の流通に変化がおこった。まずは、畿内地域にとって遠隔地から供給された石器として柱状片刃石斧があげられる。この石材産地は徳島県内との指摘があったが（西口 2000）、自然科学的分析により徳島県眉山産とされた（藁科 2012）。柱状片刃石斧は弥生時代中期後葉には吉野川下流の南庄遺跡で生産され、製品は畿内地域にもたらされたと考えられている。そして弥生時代中期、巨摩廃寺遺跡や大阪府東奈良遺跡では副葬事例がある。副葬風習のない畿内地域での副葬は特殊であり、片岩製の柱状片刃石斧が特別な扱いを受けていたことが指摘されているのである（中村豊 2012）。石器でも遠隔地から流通してきたものについては高い価値があったと認識されていたと考えられている（寺前 2011）。

ところが、弥生時代後期になると、眉山製の柱状片刃石斧は原産地に近い徳島県カネガ谷遺跡などでは継続して出土するのに対し、畿内地域においては激減し、要因として消費地の需要に変化が生じたことが指摘されている（寺前 2011）。石器の流通関係に変化がおこったことが示唆される。

次に二上山及び金山産サヌカイトについてみてみよう。明石川流域では、弥生時代中期後葉には二上山産サヌカイトが多数を占めていた。西神ニュータウン内第50地点遺跡では55点中39点と71％、頭高山遺跡では56点中37点で66％であった。

ところが、弥生時代後期初頭の表山遺跡では、発見された打製石器4点はすべて金山産サヌカイトであった。時期は下がるが、淡路の後期後葉の塩壺西遺跡の場合、打製石器9点のうち二上山産サヌカイトは3点、金山産5点、地元岩屋産が1点であった。肉眼観察ではあるが、五斗長垣内遺跡においても肉眼観察であるが金山産が主流であった。

明石川流域あるいは淡路地域は、二上山産サヌカイトと金山産サヌカイトの出土が時期によって大きく変化する地域である（藁科ほか 1989）。その背景には社会の変化があったとみているが（禰宜田 1998b）、弥生時代中期後葉に金山産サヌカイト主体から二上山産サヌカイト主体となったのが、後期には再び金山産サヌカイト主体となった。分析例が少ないところではあるが、二上山産サヌカイトの供給が衰退したとみなされる（図74）。

ここで取り上げた片岩製柱状片刃石斧及びサヌカイトは、畿内地域の弥生時代中期において、石器のなかでは「遠距離」を流通していた。そうした石器及び石材の供給が中期と後期とにおいて変化があったのである。

ふたたび石器から鉄器へ　以上を整理すると、弥生時代中期から後期にかけて、

①石器自体は激減する。

②弥生時代後期以降に砥石に対する磨製石器の占める割合が減少する。

③弥生時代中期の畿内地域を特徴づける畿内式打製尖頭器が消滅する。

④弥生時代中期に流通していた石器及び石材の一部について流通が衰退する。

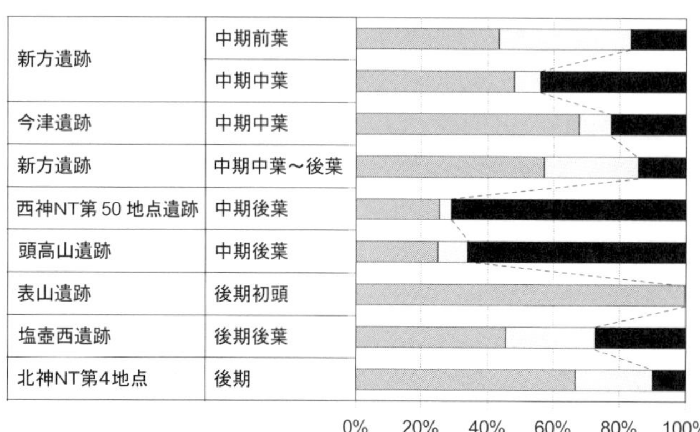

図74　明石川流域における弥生時代後期サヌカイト供給量グラフ

という変化が認められたことになる。

これら四つの事項を踏まえ、弥生時代後期前葉に大きな画期が見出される点を改めて指摘したい。弥生時代中期から後期にかけて石器のあり方が変質したのである。問題はこれらを引き起こした要因である。石器の減少は鉄器の普及ではなく石器の側から考えるべきとの意見がある（寺沢 2000、寺前 2011、菅 2011）。これまで鉄器化について石器の消滅を中心に議論があったが、筆者はあわせて砥石と磨製石器の比率の変化にも留意してきた。そして今回、砥石については石器と鉄器の共伴関係について検討した。さらに特定の石器器種の消滅、石器及び石材の流通においても変化があったことを示した。こうした変化について、石器の側からの理由だけで説明できるのだろうか。こうした現象は鉄器の普及が要因となって起こったのだととらえている。

ただし、中期と後期で石器から鉄器へと移行したのではなく、両者は併存して使用されていた。弥生時代中期までは石器の生産と流通が優勢で、一部に鉄器が供給されるという状態であったと考えられ、この時期までは「石器が主、鉄器が従」という形で石器と鉄器が生産され流通していた。ところが、後期になると石器は激減する。一部では残るが鉄器が主体の社会に移行していったと考える。これについては「鉄器が主で石器が従」というように、主たる利器の逆転があった。

「鉄器が主」となったことは、利器の主体が変わっただけではなかった。石器は、縄文時代までさかのぼる互恵的な石材流通によって集団関係が構築されていたが、鉄器はその入手のためには遠隔地の集団との関係が不可欠となった。物資の流通という社会の基本的なつながりの部分で変化がおこったことが想定される。その結果、弥生時代中期と後期とでは社会においてさまざまなところで変化をもたらすこととなった。

弥生時代後期、石器は量的には残存するが、弥生時代中期とは質的に異なる意味を持つようになっていたのである。

（5）木器・青銅器の様相

木器・青銅器の様相についてもみていくことにする。まずは木器である。

第5節で示したように伐採斧の柄では、弥生時代中期までは太型蛤刃石斧用の柄が出土するのに対して、弥生時代後期では確実な石斧用の柄を確認していない。そして、弥生時代中期後葉には袋状鉄斧を装着した斧柄が若江北遺跡で確認され、後期には板状鉄斧を装着した斧柄が増えていくのである。

加工斧の柄では、玉津田中遺跡において弥生時代中期前葉から後葉の自然流路より鋳造鉄斧の柄が出土している。鋳造鉄斧をこの遺跡で確認していないが、同じ明石川流域の新方遺跡では出土している。

鉄斧としては弥生時代中期中葉に鋳造鉄斧がもたらされ、中期後葉には板状鉄斧と袋状鉄斧が加わるが、斧柄からも追認できたことになる。斧の鉄器化を考えるにあたり、斧柄も重要な検討対象である。

収穫具では、これも数は限られるが弥生時代後期に木包丁が出土する。また、静岡県有東遺跡の例から木鎌もあったとみなされ、鉄鎌が普及する以前には木鎌が存在していたことが考えられる。収穫具については、穂摘具が石包丁から木包丁そして手鎌、根刈具が大型石包丁から木鎌そして鉄鎌へとそれぞれ変化した。いずれも、石器から鉄器に変化するにあたり木器が一定の役割を果たしていたことになる。

鋤や鍬は、農具だけではなく土木具として機能した土掘具である。この種の鉄器は、鉄刃先そのものの出土とともに、木製の鋤や鍬先の先端に鉄刃先を装着するための刳り込みを有するものによってその存在が認識できる。実際に近畿の木器のなかで鉄刃先を装着したものとしては、弥生時代終末期の兵庫県長越遺跡からの出土例が知られる程度である（奈良国立文化財研究所 1993）。ちなみに、布留式期の奈良県城島遺跡では長柄鍬とみられるもの 40 点、膝柄鍬とみられるもの 20 点がみつかっているが、それらに鉄刃先を装着したとみなされる形状のものを確認することはできない。鉄刃先の出土数も限られており、木製品から鉄刃先を装着したとわかるものも稀少である。鉄刃先を装着した農具・土木具が広く普及したとは言い難いというのが現状である。

さて、研究史的にみても、木製矢板や木製高杯の加工に鉄器が使われていたということが登呂遺跡や唐古・鍵遺跡の調査報告書で指摘されていたところである。近年でも、東海地方を中心に、斧柄の様相や杭の加工痕跡の検討などから、鉄器化の実態を明らかにする検討が進められ、弥生時代後期に画期が認められることが示された（樋上編 2017）。

それから、瓜生堂遺跡において弥生時代中期後葉の一木つくりの木製把が出土し、鉄剣の把と考えられている（豊島 2004）。

青銅器についても見ておこう。銅鏃は弥生時代後期に出土するようになる。製作途中の連鋳式銅鏃が知られ、銅鏃は実用品として一定の役割を果たしていたことが考えられる。このことは、鉄器の供給が十分ではなかったということにもなるが、鉄器化の実態を把握するうえでは看過できない現象である。

木包丁や木鎌、銅鏃の存在は、すべての利器が石器から鉄器化に向かったわけではなかったことを示している。

（6）畿内地域における鉄器化の特徴

鉄器化を検討するにあたり、今回、鉄器の集成もおこなった。近畿での鉄器は 1,130 点程度である。そのうち、中近畿すなわち播磨地域・淡路地域・摂津地域・河内地域・和泉地域・山城地域・大和地域などにおいては、513 点の出土を確認した。ほかの地域における鉄器の出土数は、福岡県と佐賀県をあわせた北部九州地域において 2,183 点、熊本県にあたる中九州で 830 点であり、吉備地域では 323 点が出土している（藤田憲 2002）。一方、東日本では、東海地域で 209 点、北陸地域で 2,057 点、中部高地地域で 248 点、北関東地域で 78 点、南関東地域で 612 点という状況である（杉山和 2014）。これをどうみるかである。中近畿の鉄器の出土数は意外と多いという見方もあるかもしれないが、これが実態である。そして全体の傾向として、時期とともに出土数は増加し、器種も時間の経過とともに増えていくことを確認した。

そして、弥生時代中期と後期の石器を検討した。弥生時代中期から後期にかけて、大きな画期が認められることを改めて確認した。中期から後期にかけて、「石器が主、鉄器が従」から「鉄器が主、石器が従」へと移行したと考えた。その画期とは石器の激減という量的な変化だけではなく、畿内式打製尖頭器の消滅、石器流通の変化という質的な変化をともなうものであった。

そして、弥生時代後期でも木鎌、鉄の刃先がつかない鋤・鍬が使用され、銅鏃も一定の役割を果たした。すなわち、石・木・青銅という3種類の素材による道具を含めての鉄器化であった。列島各地でそうなのだろうが、多くの種類の素材の道具を併用しながら、鉄器化は進行していったのである。

畿内地域において鉄器の出土数が少ないことについては、考古学的に説明できない何らかの特殊事情があったことを想定せざるをえないと考える。実際に出土している「もの」から考古学的に論を組み立てることは不可欠であるが、ここで取り上げた状況証拠から「鉄器がなかった」ということも難しい。やはり「見えざる鉄器」は必要なのである。

3　遺構からみた鉄器の普及

鉄器化を考える上で、鉄器製作遺構の存在は重要である。近畿においても、これまでに鉄器製作遺構は検出され、その特徴についても明らかにされてきた（村上恭 2007）。そして、五斗長垣内遺跡で鉄器製作遺構が発見された。そうした調査・研究に導かれながら、前節では近畿における鉄器製作遺構の抽出を試みた。

ここでは、まず鉄器製作遺構の発掘調査を進める上での留意点を改めて整理したうえで、鉄器製作遺跡発掘の意義について言及する。

（1）鉄器製作遺跡調査の留意点

近畿とりわけ畿内地域における鉄器製作遺跡は、検出された遺構が「簡素」であることから、過去の発掘調査で発掘していた可能性があることは前節で述べた。ただし、記録保存調査という限られた時間と予算の中で鉄器製作遺構を検出するには、発掘作業現場での判断が重要である。まずは、弥生時代中期後葉以降の遺跡を発掘作業する場合、鉄器を製作していた可能性を念頭におくことが重要ではないかと考える。鉄器製作遺構については『発掘調査のてびき　各種遺構編』（文化庁編 2013）において調査方法が記載され、それに前節で示した事項（禰宜田 2013 b）を加味して、発掘事例を増やしていくことに期待したい。以下、改めて留意点を整理する。

遺構について　村上分類Ⅳ類鍛冶炉は、竪穴建物の中央土坑以外の床面に焼土面が認められる。焼土面を確認した場合、鉄器製作遺構であることを意識する必要がある。焼土面は五斗長垣内遺跡のように被熱によってカチカチに焼けてガラス状を呈する場合だけでなく、夏栗遺跡のように焼け方が顕著ではなくても鍛冶炉となる場合があることには注意が必要である。焼土面を検出した段階で、鍛冶によるものなのかどうかの判断をすることになる。村上分類Ⅰ類、Ⅱ類鍛冶炉である場合も想定して床面の精査をおこなう必要がある。

そこで重要になってくるのが遺物である。鉄器製作に関する可能性のある遺物として、①敲石・磨石類、②台石、③不定形の焼けた粘土塊、④製品として機能を特定できない鉄製品、⑤木炭片などがある。これらの一つでも検出した場合は、それ以外の①から⑤に相当する遺物がないか、鍛冶炉に相当する遺構がないかを確認する必要がある。④については床面で磁石を用いての確認が求められ、多くの竪穴建物で試みることが望まれる。ただし、和田原Ｄ地点遺跡のSB17・SB18では、発掘調査中に鉄器製作遺構の可能性があるとして磁石を用いて床面の鉄片を探したものの採集できなかった。この竪穴建物については、後に村上恭通によりⅣ類鍛冶炉とされたが（村上恭 2007）、発掘作業中に鉄器製作遺構であることを認識しても思うような成果が得られない場合があることになる。その認定は非常に難しいということになる。また、⑤については床面の上層でまとまって検出されることがあるので、それが確認されれば下部に鉄器製作遺構が存在する可能性を意識して調査を進めることが重要である。

遺物について　鉄器製作関連遺物の特徴を以下の通り列記する。

【加工具】　弥生時代の鍛冶具は石器と考えられ、①敲石・磨石類と②台石がある（村上恭 2000）。

敲石・磨石類は、五斗長垣内遺跡において赤変しているものを肉眼では確認していない。赤色・黒色を呈するものはあるにはあるが、その要因は明らかではない。つまり、敲石・磨石類は調理具や加工具に加え鍛冶具の可能性も考慮する必要がある。

台石についても五斗長垣内遺跡では、被熱により赤変しているものを確認していない。ただし、表面が脆くなっているものはある。それが鍛冶具として使用された痕跡の可能性がある。

五斗長垣内遺跡においては、敲石・磨石類に鉄錆が嵌入した例や赤変している例は今のところなく、台石も赤変例がない。鉄器製作に際して高温に達していなかったことが、そうした状況を招いた要因と考えられる。弥生時代中期以降のこれらの石器については、被熱痕がなくても鍛冶具である可能性が高いので注意が必要である。

【フイゴ】　フイゴにかかる遺物として③粘土塊がある。

青銅器製作にあたってのフイゴの羽口は土製であるが、鉄器製作のためのフイゴの羽口は五斗長垣内遺跡では見出すことができなかった。五斗長垣内遺跡では不定形の焼けた粘土塊が出土し、そのなかに曲面をもつものもあった。これらを踏まえフイゴの羽口は筒状の植物ではないかという想定のもと、鉄器製作復元実験がおこなわれ、竹などの筒状の植物でも十分に羽口として機能していたこと、そして、植物そのままよりも粘土を巻くことで、長時間の使用が可能となることも明らかとなった。五斗長垣内遺跡の焼けた粘土塊は、フイゴの羽口である筒状の植物の先端に巻き付けられたと考えられたのである。

こうした焼けた粘土塊は、これまで評価が定まっていなかったこともあり、発掘作業中の遺物の取り上げのときに留意が必要である。また、器種の認定もできず残存状況も良好ではないことから、これまでの調査で実測されることなく未報告のままのものも存在していると予測され、再整理も必要である。

ただし実験によれば、そうした粘土を巻き付けなくてもフイゴの機能を果たすことはできるので、焼けた粘土塊の出土は必須のものではないことも念頭に置く必要がある。

【鉄製品】　鉄器製作遺構からは、④製品として機能を特定できないような鉄器が検出される。報告書で「不明鉄製品」とされているもののなかに鉄器製作にかかる鉄製品が存在する可能性がある。村上は、この種の鉄製品を(1)鉄裁断片、(2)微小鉄片・鍛造剥片、(3)鉄滓に分類している（村上恭 2007）。(1)は鉄器製作時に切断されてできた鉄片で、三角形を呈するものが圧倒的に多く、叉状のものや棒状のものがあり、(2)は大きさ 1 mm 前後から最大 55 mm 程度の微小鉄片で針状、球状、雫状、俵状のものがある。鍛造剥片は、鉄器製作の際に副産物として生じるもので、微小鉄片よりも小さいものだが、古墳時代前期以降確実に認められるものだという。近畿においては、(1)と(2)の微小鉄片の意識的な抽出が必要である。また、棒状の鉄製品については、鉄素材である可能性も指摘されている（村田 2013）。

「不明鉄製品」には、鉄器製作にかかわるものが含まれる可能性があり、発掘時の諸作業に留意が必要であるが、すでに発掘された出土品の再検証も必要である。

以上のように、鉄器製作は竪穴建物に掘りこみなど何の造作を加えなくても可能であった。鉄器製作にかかわる遺物も鉄器製作用の新たな器種が出現したのではなく、日常生活に使用された石器と変わることはなかった。そして、あまり意識されていなかった鉄製品や土製品が鉄器製作にかかわる可能性がある。

鉄器製作遺構は、畿内地域で鉄器が増加する弥生時代中期後葉の竪穴建物を調査する際に、その可能性を意識して調査を進めることが重要である。

（2）鉄器製作遺跡について

畿内地域における鉄器製作遺構を村上分類にあてはめると、弥生時代後期をとおして鉄器を製作していた五斗長垣内遺跡はⅣ類、後期前葉の西京極遺跡はⅠ類及びⅡ類、後期後葉の星ヶ丘遺跡もⅡ類である。

このほか、弥生時代中期後葉の奈カリ与遺跡の集落最高所にある山頂区 1 号住居址は、中央に焼土面を有する長辺 4.15 m、短辺 3 m の小型の方形竪穴であり、棒状鉄器が出土している。有鼻遺跡でも竪穴建物の床面で焼土面を確認している。弥生時代後期でも、惣ヶ池遺跡では 4 棟の竪穴建物のうち 2 号竪穴は強く焼け、4 号建物でも広く焼けた面があり、これら 2 棟は工房跡であった可能性が報告された。後期中葉の八尾南遺跡の竪穴建物 8 もその可能性が高いと考えているが、これらはいずれもⅣ類である（禰宜田 2013 b）。

兵庫県の淡路地域では、中津原遺跡において後期前葉の竪穴建物 11 棟のうち、被熱痕が確認されたものが 4 棟あり、弥生時代後期初頭から中葉に営まれた大森谷遺跡にもその可能性のある竪穴建物がある。

また、観音寺山遺跡では、鉄板を裁断して鉄鏃などを製作した際に出てくる三角形鉄片が出土している。城ヶ谷遺跡では、五斗長垣内遺跡で想定された植物質の羽口の先端につけられたとされる焼けた粘土塊に似たものを確認している。この土製品は舟木遺跡でも出土している。

五斗長垣内遺跡は一時期に機能した竪穴建物は数棟程度で、どちらかといえば小規模な生産体制であったと考えられる。一方、舟木遺跡は、遺構・遺物の分布状況及びこれまでの発掘面積を勘案すると、一時期に機能した竪穴建物は相当数あったとみられ、詳細は今後の調査研究に委ねたいが、大規模であった可能性がある。

こうしてみると、鉄器製作遺跡あるいはその可能性のある遺跡は淡路地域に少なくない。五斗長垣内遺跡と舟木遺跡など淡路地域が鉄器生産において特別な地域であった可能性も考えられる。

前稿では近畿において鉄器製作遺構は弥生時代中期後葉に1遺跡、後期に3遺跡で確認され、可能性のある遺跡として弥生時代中期後葉に2遺跡、後期には11遺跡を指摘した。しかしその後、旧吉備中学校校庭遺跡と本位田権現谷A遺跡も鉄器製作遺跡であることがわかり、これらを含めると、弥生時代後期の例は13遺跡となる。

鍛冶炉の形態は村上分類鍛冶炉Ⅳ類が中心であるが、畿内地域でもⅠ類やⅡ類が確認されている。その伝播は瀬戸内海ルートだけでなく、日本海ルートも視野にいれる必要がある。

鉄器製作遺跡については、これまでも集落の中での小規模な生産体制が指摘されてきた（村上恭 2007）。数は限られているが、畿内地域における鉄器生産体制も八尾南遺跡の様相からすると、他の建物から離れたところに存在していたと考えられ、五斗長垣内遺跡でも一時期は数棟であった。環濠集落では、観音寺山遺跡で鉄器製作をおこなった可能性がある。弥生時代後期の鉄器生産体制については、確実な資料が増えた段階で検討を進めていきたいが、現在の資料を見る限りは一遺跡における生産体制は小規模であったと思われる。

鉄器製作遺構には認定そのものに困難さがともない、遺跡のなかで、その遺構のあり方を検討することは容易ではない。まずは、鉄器製作遺構の認定というもっとも基本的なところで共通認識をもつことが求められる。

（3）鉄器製作遺跡から解明されること

さて、過去の調査の「再発掘」により鉄器製作遺跡が増えたとしても、可能性という評価にとどまってしまうであろう。重要なことは鉄器製作遺構を発掘作業中に確認することである。

それによって解明される点をいくつか指摘しておきたい。

まず、鉄器製作遺構の検出は鉄器製作技術だけでなく、生産体制や出土した鉄器や鉄素材、鉄片などからそれらの管理状況の解明が期待される。

とくに、鉄器製作遺跡は当時の鉄器生産体制のあり方を具体的に解明することを可能にすると考える。五斗長垣内遺跡は鉄器製作という役割を担った集落であった。一方、観音寺山遺跡で鉄器製作がおこなわれていたとすると大規模環濠集落において鉄器製作がおこなわれていたことになる。

建物の配置をみると、西京極遺跡竪穴474の周辺には竪穴建物が群集するような状況にはない。八尾南遺跡の竪穴建物8も鉄器製作遺構であるとすると、少なくとも周囲50m程度の範囲に同時期の建物は存在しなかったことになる。

現時点で鉄器製作遺構は、西京極遺跡のように拠点集落などの一角で、通常の建物から離れた場所で単独でおこなわれていたことが想定される遺跡と、五斗長垣内遺跡のように鉄器製作に特化したと考えられる遺跡があったことになる。

詳細な整理は今後に委ねざるをえないが、鉄器製作体制の解明は弥生社会を知るうえで重要な課題であり、社会的分業の実態解明にもつながっていくであろう。

また、村上分類の四つの鍛冶炉がどのルートで伝播してきたのかも重要な課題である。瀬戸内海沿岸や五斗長垣内遺跡では村上分類Ⅳ類であるのに対し、徳島県の矢野遺跡はⅠ類である。この点についてはすでに、瀬戸内海をリレー式に伝播してきたのではなく直接的な技術の伝播が想定されている（村上恭 2007）。この地域では水銀朱の生産がおこなわれ（岡山 1998）、それとのかかわりも示唆される。

鉄器製作遺構は、畿内地域における鉄器の出土数が少ない中にあって、鉄器の普及を鉄器以外のモノから明らかにする手がかりを与えてくれるであろう。鉄器の流通ルートの復元に寄与することにもなる。

現在、鉄器製作遺跡の検出例は少ないが、その実例を増やすことで、畿内地域における鉄器普及の実態を明らかにするとともに「見えざる鉄器」から鉄器化を議論することが期待される。

4　近畿における鉄器化の諸段階

ここまで鉄器・石器を中心に、木器・青銅器の状況、鉄器製作遺構のあり方から鉄器の普及状況を整理してきた。筆者はこれまでにも鉄器化の過程、石器使用の過程についての考え方を示してきた（禰冝田 1998 b・2009 a）。現在でも、基本的なところは変わっていないが、これまでの考え方について一部修正を加え、改めて段階設定をおこなうこととする。

第Ⅰ段階　鉄器使用が始まった段階（弥生時代中期前葉～中期中葉）

鉄器の出土が確認されたことから設定した。出土遺跡及び点数は少なく、確認されている器種も鋳造鉄斧及びそれを再加工したものが中心で、供給された遺跡、器種、保有量はいずれも限られていた。

現在のところ近畿最古の鉄器は、丹後地域の弥生時代前期後葉から中期前葉の土器と出土した扇谷遺跡の板状鉄斧である。近年の古い時期の鉄器のあり方を踏まえると中期前葉とする方が妥当である。つづく中期中葉には桑飼上遺跡で袋状鉄斧の出土が知られている。

畿内地域においては、弥生時代中期前葉から中葉とされる鬼虎川遺跡で鋳造鉄斧を再加工した鉄鑿と鉄鏃が出土している。摂津地域と播磨地域の境界に位置する新方遺跡でも、中期中葉の鋳造鉄斧の出土が知られている。

鋳造鉄斧の破片を研磨することで鉄鑿などを作り出したものが出土しており、その製作技法は磨製石器刃部形成と同じ手法であった（野島 1992）。現在のところ、鍛冶がおこなわれたと考えられる遺構は確認されていない。

第Ⅱ段階　鉄器普及が始まった段階（弥生時代中期後葉）

兵庫県東南部地域の明石川流域と三田盆地の遺跡で鉄器の器種が増え、出土数も増加したことから設定した。器種としては斧・鉇などの工具が中心で、武器としては鉄鏃がある。1点だけであるが鉄剣の出土もある。鉄器化は工具から始まり一部武器に及んでいた。

兵庫県東南部の奈カリ与遺跡や有鼻遺跡などでまとまった数の鉄器が出土しているのに対し、それより東の地域での鉄器の出土数は少ない。具体的には甲田南遺跡の板状鉄斧、水走遺跡の柄付き鉄鑿であり、ともに1点だけが出土している。この差は、両地域での発掘調査面積が影響している可能性がある。

鉄器製作遺構は、日本海側の奈具岡遺跡において村上分類Ⅲ類が検出されている。水晶製玉製作用鉄製工具の生産遺跡と評価されているが（野島 1996、野島・河野 2001）、武器や工具などの鉄器製作もおこなわれていたであろう。

近畿の瀬戸内側で発掘作業時に確認された鉄器製作遺構はない。しかし、有茎式の鉄鏃の存在は、打製石鏃の影響とも考えられ、鉄器製作が始まっていたことは十分に想定される。奈カリ与遺跡では、その可能性のある遺構があり（禰宜田 2013 b）、発掘調査で検出されることに期待したい。

第Ⅲ段階　石器から鉄器へ主要利器の転換があった段階（弥生時代後期前葉〜中葉）

鉄器及び石器の様相、とくに石器の出土数、石器組成、石器の生産と流通のあり方に大きな変化が認められることから設定した。第Ⅰ・Ⅱ段階は鉄器の様相によったが、この段階は石器の様相の変化を重視し設定したことになる。畿内地域における鉄器化を考えるうえでは、今日的にも非常に大きな画期であったことを改めて指摘しておきたい。

器種としては、鉄鏃・鉄剣などの武器、板状鉄斧・鉇・刀子などの工具、さらに鉄鎌も出土するようになる。また、後期中葉には鉄製の鋤・鍬先など農具及び土木具が加わってくる。

第Ⅲ段階の道具の組み合わせは鉄器だけでなく、それを補完する形で石器、さらには銅鏃や木包丁など多様な素材の道具が併用されていた。前稿で「過渡期」と評価した「Ⅴ—0期」（禰宜田 1998 b）はこの段階にあたる。石器は残存し、「石器が主、鉄器が従」の段階から「鉄器が主、石器が従」の段階に移行した。

鉄器製作遺跡が発掘調査で確認されるのはこの段階からで、五斗長垣内遺跡、西京極遺跡がある。このほか、八尾南遺跡ではその可能性のある遺構を確認し、惣ヶ池遺跡や観音寺山遺跡でも鉄器製作がおこなわれたことを示唆する遺構・遺物がそれぞれ認められている。

丹後地域では鉄鏃・鉄剣などの武器、鉇などの工具が墳墓に副葬される。なかでも、弥生時代後期前半の京都府左坂墳墓群からは素環頭鉄刀が出土している。これは本来、中国皇帝から下賜された政治的な意味合いの高い鉄器とされる（岡村 1999）。このことは、丹後地域の首長が中国と経済的な関係だけでなく政治的な関係にもあったことを示唆する。

この地域では北部九州地域を除くと例外的に鉄器副葬が発達するとともに、四隅突出型墳丘墓を採用しなかった。副葬風習は鉄器とともに北部九州地域から飛び石的に日本海ルートでもたらされた可能性も考えられる。

紀伊地域においては、弥生時代後期前半の和歌山県船岡山遺跡では土佐地域の田村遺跡群や西分増井遺跡に見られる鉇が出土し、袋状鉄斧も出土している（村上恭 2007）。太平洋ルートも機能していたことが考えられる。

第Ⅳ段階　鉄器化が達成された段階（弥生時代後期後葉）

石器は一部の例外を除き消滅したことを重視したもので、第Ⅲ段階と同様に石器の様相から設定した。鉄器の出土数が顕著に増加しないので、「鉄器からみた鉄器化」と「石器からみた鉄器化」の乖離が非常に大きいという現状がある。

器種としては鉄鏃などの武器、板状鉄斧・鉇・刀子などの工具、鉄刃先である農具あるいは土木具がある。たしかに、出土数は少ない。しかし、たとえば大阪府紅茸山遺跡の鉄器は鉄鏃2点、鉇1点であるが調査面積も狭く、100 m^2 あたり0.35点である。単位面積あたりでみると、表6に示した遺跡と比べてみても、少ないとはいいきれない。

鉄器製作遺構としては星ヶ丘遺跡、旧吉備中学校校庭遺跡などがある。

石器はほとんどみられないが、まれに1～2点出土することがある。この石器が鉄器の供給量が十分ではないことの表れとみるか、鉄器化したなかでたまたま残存したとみるかで評価は異なってくるが、筆者は後者の立場をとる。

丹後地域では、引きつづき墳墓に鉄器の副葬がおこなわれるが、それを製作した遺跡は確認されていない。

紀伊地域では第Ⅲ段階においては土佐地域とのかかわりが考えられたが、鉇の形状は中東部瀬戸内地域とのかかわりが強くなった（村上恭 2007）。紀伊南部地域と土佐東部地域の間には緊張関係があり物資流通は停滞期であったことが想定されているが（福永 2010 a）、そのことを示唆するという点で興味深い。

5 鉄器化と畿内地域の弥生社会

（1）鉄器普及の契機と列島内の動向

東アジア世界の動乱と鉄器の普及 列島の鉄器は素材を大陸に求めていたことから、鉄器入手にあたり大陸の政治情勢とは無関係ではなかったと考えられる。実際、畿内地域において鉄器化の画期と考えている弥生時代後期と終末期は、ともに大陸においては政治的な混乱期に相当している。

弥生時代後期前葉はいうまでもなく前漢から新、そして後漢が成立した時期にあたる。この影響で、奴国の立場に変化があったことは十分想定される。野島永は、奴国以外の北部九州地域や山陰、近畿北部とも新たな貢賜関係を結んだ可能性があったとする。その後、後漢王朝の再興によって奴国は権威を回復したが、2世紀になると高句麗などの南部朝鮮への侵攻は後漢の支配力を弱め、列島に対する鉄素材への規制は緩和され広く鉄器が供給されるようになったのではないかと述べている（野島 2009）。

後者に当たる後漢末の混乱は『魏志倭人伝』に記載のある「倭国乱」があったとされる時期と重なる。この乱については、北部九州地域勢力と瀬戸内・畿内地域勢力の間で、鉄器供給ルートをめぐって勃発したという考え方が示されたが（春成 1975、山尾 1983、都出 1989ほか）、そういう経済戦争がおこったことを疑問視する見解もある（村上恭 1998）。

乱の後にあたる3世紀には、畿内地域と北部九州地域の間に大きな変化が認められる。これまで銅鏡の分布の中心は北部九州地域にあったが、画文帯神獣鏡の分布の中心が畿内地域に移ることはこれまでも指摘されているところである。

鉄器は畿内地域において出土数が増加するわけではない。しかし、崇禅寺遺跡では素環頭大刀の破片が出土し、奈良県東大寺山古墳の「中平年」（184～189年）の銘のある大刀もこの時期に下賜されたと考えられている（金関 1975）。この種の大刀は後漢のあとに台頭してきた公孫氏政権から畿内地域の政治勢力にもたらされたとみなされる（岡村 1999）。

「倭国乱」の時期を境に、畿内地域の集団も大陸から銅鏡や鉄器を入手できるようになり、鉄器もこれまでにはない器種が出現した。弥生時代終末期に素環頭大刀が畿内地域にもたらされたことの意味は大きく、大陸の政治勢力と直接的に政治的な関係を結ぶことができるようになったことを示している。

弥生時代後期における鉄器流通ルート では、弥生時代後期における鉄器の流通ルートについて、土器に認められる交流関係が鉄器の流通にも反映しているという前提のもと、土器の様相からみることとする。

まず、弥生時代後期の畿内地域の範囲は序章で指摘したとおりである。弥生時代後期に畿内地域で展開した畿内第Ⅴ様式土器は、中期に認められた地域色が失われ斉一的となり、北は京都盆地や山科盆地、南は紀の川流域、東は伊賀盆地、そして西は明石川流域まで及んだ（濱田 2014）。筆者は、明石海峡が瀬戸内海ルートにおいて重要な位置を占めており、明石川流域の遺跡で二上山と金山産サヌカイトが時期によって流通のあり方を変えることも（藁科ほか 1989）、東西物資流通のキャスティングボードを握っていたことの反映ととらえている。その地域が畿内第Ⅴ様式土器の分布域に含まれるようになったことの意味は大きく、畿内地域の政治勢力の西限が明石川流域にまで及んでいたと考えている。

この時期には高地性の環濠集落が出現する。その要因としては、東アジア世界での緊張関係の余波が及んだことと鉄器や青銅器の流通に関与しようとしたことを想定している。鉄器などの広域流通ネットワークが構築されたからこそ、大陸の政治的な情勢に関する情報も畿内地域に及んだのである。また、古曽部・芝谷遺跡や表山遺跡は瀬戸内海や淀川を眼下に見下ろすところには所在していないが、高所に所在することによって、西からもたらされる物資、あるいはさまざまな情報を入手しやすい状況にあったのだと考えている。兵庫県会下山遺跡についても同じである。

それらのうち、古曽部・芝谷遺跡では、搬入品ではないが備後地域・吉備地域や讃岐地域とかかわりがあったことを示す土器が出土している（三辻 1996）。また、この遺跡における土器の製作技法の検討によると、後期前葉には瀬戸内的な技法をもった土器が遺跡全体に均一的に存在していたのが、後期中葉になるとほとんど認められなくなるという（西谷 1999）。分銅形土製品の出土も含めて、弥生時代後期前葉までは瀬戸内地域の集団とかかわりがあったことを示している。

瀬戸内系の土器は中河内地域の巨摩廃寺遺跡でも出土している。弥生時代後期前葉まで搬入品と考えられる土器も存在することから、実際に吉備地域から移住してきた可能性も指摘されている（井藤 1982）。

弥生時代後期前葉の大阪湾岸の集団は、瀬戸内地域の集団とかかわりがあったと考えられるが、古曽部・芝谷遺跡では後期中葉以降にはその影響が認められなくなるのである。

そして、弥生時代後期中葉以降の土器において注目されるのは、中近畿の一部地域で近畿北部系の土器が出土するようになることである。具体的には、明石川流域という筆者のいう畿内地域西端部（いわゆる播磨地域と摂津地域の境界地域）、猪名川流域など摂津地域西部に集中的に認められるようになるのである。このことから、いわゆる「加古川・由良川の道」によらないルートの存在が指摘されている（桐井 2016）。

畿内地域の集団が鉄器の供給を受けるにあたり、瀬戸内海ルートとともに日本海ルートが重要となり、由良川→亀岡→保津川→京都盆地というルートが想定され（福永 2000）、瀬戸内海ルートが停滞した場合には、丹後から畿内地域へのルートが機能した時期もあったことが指摘されている（福永 2001）。

畿内地域で出土する土器が瀬戸内海系から北近畿系へと変化したことについては、鉄器の供給ルートと連動する動きであったとみている。筆者はかつて播磨東部から三田盆地には、明石川→草谷川→加古川→三田盆地というルートを復元したことがある（禰宜田 2010 a）。金属器の出土状況

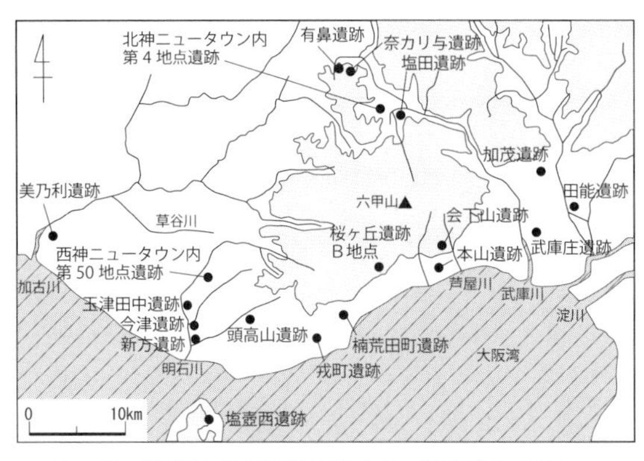

図75　兵庫県東南部集落分布図（禰宜田 2010 a）

をみると、弥生時代中期中葉以降、加古川下流ではなく明石川流域が流通の拠点であったと考える。それを踏まえると、日本海側から瀬戸内側に至るまでは、由良川→加古川→草谷川→明石川というもう一つのルートが復元される（図75）。

明石海峡には、瀬戸内地域から大阪湾岸へ物資が移動する際、ここを通行せざるをえないという地理的特質がある。瀬戸内海の物資流通において、明石川流域の集団は重要な役割を果たしており、物資流通ルートとして機能していた時期と停滞していた時期があったと考えている。

（2）流動化している鉄器化の意義

生産力の発展、階層分化の進展と鉄器化　鉄器化の意義については、終戦直後から農具の鉄器化によって生産力が上昇し、それが前方後円墳の出現にいたる原動力となったことが考えられてきた（近藤 1957、都出 1967・1989 など）。ただし、今日までの発掘調査の成果において、弥生時代後期になっても鉄製の鋤・鍬先の出土は少なく、木製の鋤・鍬もそれを装着したとみなされるものが少ないことを踏まえると、農具の鉄器化は遅れたと考えざるをえない。鉄器化の意義が生産力の発展という視点から議論されたのは、マルクス主義的歴史観からの影響があったと考えられる。今日的にそれをそのまま通用させることは難しいが、社会の変化に鉄が大きくかかわったという点は現在でも評価されるべきことだと考えている。

さて、筆者はかつて鉄器流通を掌握した者が、社会的上位階層を形成していったと考えた（禰宜田 1998 b）。これに対して野島永は、鉄器には日常生活の必需物資としての鉄器と威信財としての鉄器があり、前者は贈与や所有において社会的地位が上昇することはないとする（野島 2009）。その一方で、九州・中四国の集落における竪穴建物で出土した鉄器の出土状況から鉄器保有のあり方を検討した。そして、大型竪穴建物に上位階層がかかわっていることを前提に、北部九州地域では鉄器が大型竪穴建物に偏在することはないが、中部九州地域では大型竪穴建物に多量の鉄器が見られる傾向があり、鉄器流通をめぐっての首長の対応の仕方に地域差があった可能性を指摘した（野島 2010）。

同じ視点で畿内地域をみてみると、会下山遺跡では鉇・釣針・鉄片などを出したF住居址は最大規模でかつ最高所に近いという立地で、ガラス玉も出土しており特殊なあり方を呈している。東山遺跡では2点の鉄器が出土しているが、そのうちの1点は最大規模のB7 b住居から出土している。ただし、もう1点は小型の竪穴建物からの出土である。また、周囲を溝で囲んでいることからこの集落の中枢空間と目されるA地区から鉄器は出土していない。古曽部・芝谷遺跡では規模の大きい竪穴建物から鉄器の出土が顕著となる状況にはなく分散して出土している。

畿内地域における鉄器は、集落における大型の竪穴建物から出土する場合と、そうではない場合があったようである。前稿では、弥生時代後期に鉄を軸とした流通システムに変わり首長間の格差が拡大したと述べた（禰冝田 1998 b）。これについては、鉄器の普及により社会の変容があったことは認めつつも、考古学的には検討が不十分との批判がある（村上恭 2000）。現状では、鉄器の流通に上位階層すなわち首長の関与があったと考えられる場合はあるものの普遍的でない。この点については、引きつづき検討が必要である。

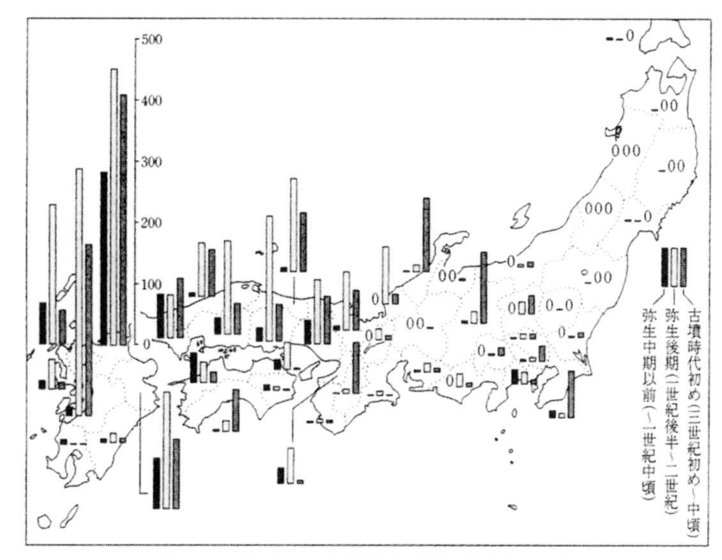

図76　県別にみた鉄器出土数（寺沢 2000）

北部九州地域と畿内地域の鉄器出土数　北部九州地域と畿内地域の社会を考える際に、鉄器の出土数の対比がおこなわれてきた（寺沢 2000、藤田憲 2002）（図76）。北部九州地域に比べると畿内地域の鉄器の出土数は少ない。広域の地域社会のあり方を比較する上での視点のひとつではあるが、そのことだけで社会が評価されることについては疑問を感じる。

畿内地域の鉄器の出土数が少ないことは再三述べてきた。当地域においては、鉄器が出土しない何らかの要因があったとみている。弥生時代後期には「石器の生産と流通のあり方を変える量」、言い換えると「石器に頼らなくてもいい量」の鉄器は供給されていた。

ただし、鉄器があったかなかったか、あるいは鉄器は北部九州地域が多く畿内地域は少ない、という議論には深入りしない。重要なことは、それぞれの地域で鉄器がどのように普及し、鉄器化が社会にどのような影響を与えたのかである。つまり、畿内地域において石器が減少し石器から鉄器へと道具の材質が変化したことによって、どのような社会となったのかを考えることが求められる。

低く評価されている鉄器化の意義　2014年、古代学研究会において近畿の弥生時代から古墳時代にかけての集落が再検討された。弥生時代後期に集落立地が変わったという点で画期があったことは、多くの地域で指摘がなされた。しかし、それらの成果を踏まえた総括的な論考のなかでは、「当該期（弥生時代後期）の社会変化の背景には鉄器化にともなう流通形態の変化を重視しない意見が提示され」、「流通・経済の変化を当該期（弥生時代後期）の画期の背景として想定する意見は少ない」とし、中期から後期にかけては集落立地や気候変動の要素が加味されたうえでの社会の変革期であったと評価している（森岡ほか 2016）。

以前、弥生時代中期から後期へは大きな画期で、それを引き起こした要因として鉄器化が想定されていた。現在は鉄器に過大な評価を与えたことが影響しているのであろうか、評価は低い。しかし、鉄器は基本的に韓半島の集団との関係のなかで入手できたものであり、鉄器はその威力だけではない「価値」があったことは無視できないと筆者は考えている。

（3）鉄器化を考える上での視点

生活必需物資と威信財　さて、畿内地域の鉄器については、使用によって小さくなった鉄器を再加工する技術はなかったとされる（村上恭 1998）。実際、畿内地域の鉄器製作技術が北部九州地域のそれに比べて低かったとしても、畿内地域の弥生社会において、鉄器は実用利器としての役割が求められていた。畿内地域においては北部九州地域と異なり、弥生時代終末期まで威信財として鉄製武器などを墳墓に副葬する風習はなかった（禰冝田 2011）。鉄製工具を中心に鉄製武器といった生活必需物資が鉄器化したことで社会としては十分に機能していたのである。そうした鉄器を求めて、畿内地域の首長は、列島内のほかの地域の首長と連携・関係を構築した。身分表象として弥生時代後期に鉄剣の佩用もあったことは想像されるが、死後、副葬されることはなかった。

ところが、弥生時代終末期には、畿内地域でも素環頭大刀や長大な刀剣類が副葬されるようになった。後期までの鉄製武器の性格が一新されたことになる。

畿内地域の鉄器の出土数は北部九州地域より少なく、製作技術も高くなかった。畿内地域で鉄器は実用利器として供給されたのであり、そのような鉄器を社会は求めていたのである。

石器の流通、鉄器の流通　弥生時代中期の石器については、縄文時代以来使用されてきた石材と新たに開発された石材が使用された。二上山産サヌカイトについては、石材原産地に近い集団が核となって、素材や製品・未製品が流通する関係ができあがっていたと考えられている（蜂屋 1983）。弥生時代中期後葉には、打製石器の石材である二上山産サヌカイトは近畿一円に広がり、石包丁の石材産地は近畿で複数認められ、柱状片刃石斧については阿波地域に原産地があった。それぞれ、原産地に近い集落から網の目状につながっていた拠点集落を介して流通していたのであり（都出 1989、禰冝田 2010 a・2010 b）、石器は縄文時代以来の「互恵的」な自給自足型の経済システムのなかで流通していたとみなされる。

石器の素材は各地域の近隣の石材産出地に求めていたのに対して、鉄器の素材は大陸に求めざるをえなかった。前者については縄文時代以来の石材産出地である場合と新たに開発された場合があった。後者は大陸を起点として、北部九州を経由して瀬戸内海あるいは日本海を経た非常に広域な流通ネットワークの構築が必須のことであった。石器と鉄器の生産と流通の体制は構造的にまったく異なっていた。ただし前稿で述べた、石器は「互恵的」、鉄器は「再分配」によって流通したという点（禰冝田 1998 b）については、再考が必要である。

以下では、今日的な観点から畿内地域における鉄器化の意義について考えることとする。

（4）改めて鉄器化の意義について

鉄器などの広域流通のネットワークの形成　まずは鉄器などの広域流通ネットワークが構築されたことである（図 77）。北部九州地域で太型蛤刃石斧や石包丁、瀬戸内地域では金山産サヌカイト、近畿では二上山産サヌカイトが一定の領域を流通した。弥生時代中期まで、こうした石器あるいは石器石材は、水田稲作の安定的な実施のために成立した拠点集落を介して流通していた。縄文時代にも特定の石材あるいは石器は流通していたことを踏まえると、これらの石器の生産と流通は縄文時代から引き継がれたものだったと考えられる。そして、石器の石材産地を起点として、一定の領域に流通圏が形成されていたのである。一方、鉄器及びその素材は大陸に原産地があった。それを入手するためには、石器の流通により複数の拠点集落によって形成されていた領域を越える広域の流通ネットワークが必要であった(松木 1995、野島 2009)。

これらのことを踏まえると、弥生時代中期の時点では、一定の領域で流通していた石器石材の流通ネットワークのなかに、その領域を越える広域の流通ネットワークによって鉄器及びその素材が供給されていたことが考えられる。ところが、弥生時代後期になると、石器はそれ以前のような形では流通しなくなり、鉄器と青銅器も含めた金属器の広域の流通ネットワークに収斂されることとなった。これによって、縄文時代からつづいていた互恵的な流通ネットワークは衰退し、韓半島を起点とする、近畿を含む西日本だけでなく関東・北陸さらには東北南部の会津盆地にまで及ぶネットワークが形成されるようになったのである。

図77　東北南部までの鉄器広域流通ネットワーク復元図

これにより、弥生時代後期には、鉄器などの流通によって新たな集団関係が構築された。そして、社会の基盤ともいえる集団関係にも変化をもたらすことになったのだと考える。

「価値観」の変化　弥生時代後期になると、社会に変化がおこった。その一つが「価値観」の変化である。それを引き起こしたのは、上で述べたように、弥生時代後期に鉄器と青銅器も含めた金属器の広域の流通ネットワーク、韓半島を起点とし、東北南部にまで及ぶネットワークが不可欠の体制になったことが要因とみている。

石器から鉄器への転換に際して「価値観」に変化があったことについては、寺前直人がすでに指摘しているところである。寺前は石器の消滅について詳細な検討を加え、鉄器の供給に対して、石器の生産と流通にかかわる人々は列島内で対応の仕方は一つではなかったとし、畿内地域は「石器独自の価値を促進させ、石器の価値体系を再生産させようとした」地域だと評価した。石器でも遠隔地からのものについては稀少な素材であったとしたうえで、「社会のなかの道具に対する価値体系が変化した結果、独自の発展を遂げた畿内石器文化は終焉する」と述べている(寺前 2011)。

内容に違いはあるが、筆者も、鉄器化は「価値観」の変化をもたらしたと考えている。だからこそ、弥生時代後期に近畿の弥生時代中期の象徴ともいえる畿内式打製尖頭器が消滅し、遠隔地から流通していた石器及び石材の流通量が減少したのである。

象徴的な出来事として、弥生時代中期まで使用されていた「聞く銅鐸」がこの時期に埋納されたことを挙げたい。「聞く銅鐸」は農耕祭祀に用いられた共同体の祭器であり、それが埋納されたのは共同体の結合が崩壊したからではないかという指摘がある(福永 2001)。筆者が注目しているのは「聞く銅鐸」に表現されている絵画である。その画題には狩猟や農耕にかかわるもののほかにトンボ・カマキリ・カメなどの動物がある。詳しくは第3章で述べるが、これらはアニミズムの世界を表現し精霊が宿るものとされている（直木 1973)。「聞く銅鐸」は縄文時代から引き継がれてきた世界観に新たな農耕祭祀にかかわる世界観が加わり創出された祭器であり（禰宜田 2006)、それが埋納されたのである。このことは、銅鐸に込められていた縄文時代から引き継いできた世界観との決別を意味していたととらえている。

また、弥生時代中期後葉まで埋葬姿勢において膝屈肢葬が残っていたが、弥生時代後期には伸展葬になる（福永 2001)。縄文時代以来、遺骸を屈肢させるという風習がつづいていたのが、やはり断絶したことになる。

ここで取り上げたことがらは、縄文時代から引き継がれていた精神的側面、基層的領域が断絶したことを意味している。そういう変化を引き起こしたのは、生活必需物資が鉄器となったことにより、縄文時代からつづいていた社会の基盤である集団関係から新たな集団関係に移行していったからである。集団間の関係の変化は、「価値観」の変化をもたらすことになったのだと考えている。

政治的結合の萌芽　弥生時代後期に「鉄器が主」の社会になると、必要なときにその入手ができないようなことはあってはならなかった。弥生時代後期には、弥生時代中期までの拠点集落を中心として形成されていた集団関係や精神世界が変質し、列島の各地域の集団は新たな集団関係を構築し、新たな精神世界を生み出していった。

大きな変化は、鉄器を入手するために広域の流通ネットワークを構築させたことであったと考えている。そのネットワークの一翼を担ったであろう古曽部・芝谷遺跡は後期中葉には衰退する。この変化の背景には、鉄器の流通関係においても何らかの変化がおこったのだと考える。

この時期に認められる新たな動きとして、近畿式銅鐸の出現があげられる。それだけではなく、北部九州地域では広形銅矛、出雲地域などでは四隅突出型墳丘墓、吉備地域では特殊器台、東海地域では三遠式銅鐸もそれぞれ出現した（福永 2001)。

各地域の首長が集団内を統合し、集団間の関係を維持していくためにはシンボルが必要となったことを示している。これらのシンボルは墓である場合や青銅祭器である場合があり、機能する場が「生」の場である場合と「死」の場である場合があったことになる。

さて、鉄器に話を戻すと、畿内地域は北部九州地域や中四国地域より東にあり、鉄器の入手においては地理的に「不利」な位置にあった。畿内地域の首長はそうした地理的環境のなか、鉄器を入手する必要上、より西の地域の首長と友好的な関係構築が不可欠であった。近畿式銅鐸、「見る銅鐸」が西日本の畿内地域の周辺地域から出土することについては、畿内地域の勢力から政治的意図をもって配布されたとの指摘がある。「見る銅鐸」は鉄器の入手を円滑にする目的によって配布されたとする（福永 2001)。

筆者もその考え方は成り立つと考えている。兵庫県佐用町下本郷で突線鈕4式銅鐸の出土が知られ、そこから7~8 km のところに所在する本位田権現谷A遺跡において鉄器製作遺構が発掘されているのである。一例しか示すことはできないが、「見る銅鐸」の配布が鉄器の生産あるいは流通と関係があったことを示す事例だと考えている。

弥生時代後期中葉以降、列島の各地域では集団内を統合し、集団間の関係を維持していくうえでシンボルが必要となった。各地域の首長は、政治的なまとまりを作り上げていくようになっていった。鉄器の流通を維持していくうえで、それにかかわった首長の地位が地域のなかで相対的に上昇し政治勢力として成長し、そうした首長はほかの地域の首長と政治的な関係を結ぶようなことがおこった。ただし、この段階での畿内地域の政治勢力は列島各地で形成されていた政治勢力のなかのひとつとしての存在であったのであり、「先進性」を有していたわけではなかった。

6　鉄器化と畿内地域の「先進性」

以上、3点を鉄器化の意義としてあげた。すでに触れたように、前稿では鉄器化の歴史的意義は大きく、弥生時代後期の畿内地域の首長が鉄器の流通を掌握することで社会全体が大きく変化したと考えた（禰冝田 1998 b）。それを前後する時期から鉄器自体の研究の深化によって、現在では鉄器化は低く評価されている。そうなったのは、筆者を含めこれまでの研究に対する反動があるようにも感じる。

本節では、畿内地域の鉄器化における画期は、弥生時代中期から後期にあったことを示した。そして、鉄器化の意義については前稿での考え方を一部修正しつつ、大陸を起点とする広域の流通ネットワークが構築され、縄文時代以来の「価値観」が払拭され、各地域における政治的な結合をもたらしたことに求めた。

また、鉄器を入手するにあたり、畿内地域の首長は地理的に不利な位置にあることから、周辺の集団と友好的な関係を結ぶことが求められ、「見る銅鐸」の配布があったとみた。畿内地域の首長は弥生時代後期の段階で、列島各地の首長よりも「先進性」を有していたのではなかった。

ただし、「見る銅鐸」の配布により、畿内地域に存在していた有力な首長群すなわち政治勢力は、西日本の複数地域において成長していた政治勢力、すなわち吉備地域や丹後地域、土佐地域及び阿波地域や讃岐地域、あるいは紀伊地域と日本海、瀬戸内、太平洋という三つのルートに存在する政治勢力と関係をもつことになった。三遠式銅鐸についても同じ銅鐸であることから、東海地域の政治勢力ともつながっていたことが示唆される。「見る銅鐸」の配布をとおしてイデオロギーを共有する広大なまとまりをつくりあげたという見解が示されているが（春成 1982）、畿内地域の政治勢力は、弥生時代後期中葉以降、その周辺の政治勢力とかかわりをもつようになったことに大きな意味があったのである。

弥生時代後期の畿内地域は列島社会における鉄器などの広域流通ネットワークの一員であった。鉄器化によって畿内地域の社会は大きく変化したが、畿内地域で前方後円墳を出現させる基盤が整うのは、次の終末期を待たなければならなかった。この点は、第4章で改めて検討したい。

第8節　石器から読みとる弥生社会の変容──まとめにかえて──

本章では、弥生時代の石器を取り上げ、弥生社会の復元を試みた。

第2節では、本研究のなかでも中心的な課題となる石器の生産と流通の問題、鉄器化の問題についての研究史を整理した。とくに前者については、磨製石器を再分配によって流通させ階層化を引き起こしたとする北部九州地域と、互酬（互恵）的流通であったとする畿内地域という違いがあったが、近年では北部九州地域においても、互酬（互恵）的流通であったとする見解が示され、その視点により復元される社会像の提示が期待されるとした。あわせて、今日的に議論となっている生産と流通、鉄器化の問題は、昭和初期の研究の段階ですでに議論の俎上にあがっており、研究史を振り返る際は、そこまで遡る必要性があることを確認した。

第3節では列島各地の石器を取り上げ、弥生石器の成立から終焉状況までを概観した。それを踏まえ、まず一つ目に弥生時代の石器には、①新たにもたらされた器種、②縄文時代からの器種が改良されて新たな形態や機能が付加された器種、③縄文時代以来の形態を引き継いだ器種があると整理した。二つ目に石器組成からも水田稲作の受容には地域差があったことを確認した。そのなかで、水田稲作受容の象徴的な存在である石包丁については、受容した地域は限られ、形態も北部九州地域と近畿で異なり、孔の数も長野県域のように一つのところがあるなど地域差があったことを確認した。また吉備地域のように、いったん受容したものの中期には縄文時代から使用されてきた打製石器が打製の石包丁として使用された地域があるなど、弥生石器は列島において地域色が著しかったことを示した。三つ目として石器の消滅については、青銅器時代を経ずして鉄器時代に移行したことは世界史的にもめずらしく、青銅器時代がなかったことの要因は東アジア世界のなかで検討されるべき課題であることについても言及した。

第4節では弥生文化の北限にあたる東北地方の弥生石器を取り上げ、特徴を整理した。北部では畿内地域でもめずらしい抉入柱状片刃石斧の出土を確認し、北部九州地域に伝わった石器が日本海ルートで飛び石的に伝播してきたが、その後定着することはなかった。一方、南部では大陸系磨製石器の石器石材の原産地遺跡が出現し、そこから製品が流通した。弥生時代中期に大陸系磨製石器は定着していたと考えた。東北北部と南部とでは石器組成の違いがあり、その地域差は水田稲作受容のあり方の差にも起因するとした。さらに、東北南部で盛行する石包丁の伝播は日本海ルートが機能し、青森県域から南下するルートと新潟県の阿賀野川から福島県の会津盆地を経て阿武隈川に至るルートの二つの可能性があり、決着をみないことを確認した。そして、弥生時代後期には石器は減少し、なかでも磨製石斧はほとんど認められなくなることから、少なくとも会津盆地までは一定程度の鉄器が供給されたととらえた。弥生時代後期の会津地域では北陸系の土器が使用され、桜町遺跡では方形周溝墓が作られた。このことから、会津盆地の集団は北陸地域の集団とかかわりがあり、鉄器の供給も連動していたと考えた。古墳時代の東北は、南部では前期に前方後円墳が出現するのに対して、北部では中期の岩手県角塚古墳1基だけと南北での地域差は著しい。石器組成の地域差は生業に違いがあったとみなされ、そのことが古墳時代前期に東北南部までは前方後円墳が築造される要因となったと考えた。

第5節では、まず、伐採石斧の柄を集成し分類したうえで、時期的変遷について整理するとともに、地域性について言及した。斧柄の伝播については、東北までは石包丁と同様に日本海ルートで伝わり、東海・関東地域への太平洋ルートが機能したとした。製作工程についても復元し斧柄とそれに付ける斧身である石斧については、現状では「規格品」と「個別品」の両方が存在していたことを想定した。あわせて、伐採鉄斧の柄について分類をおこない、簡単ではあるが全国的な様相を示した。鉄器化については、弥生時代後期の確実な太型蛤刃石斧用の柄は存在せず、逆に、鉄斧の柄は中期中葉以降確認され、後期には類例が増えることから、後期に伐採斧の鉄器化も進行していたことを確認した。鉄器化は斧身だけではなく、斧柄からもアプローチできるという方法論的な提起をおこなった。

第6節・第7節では、畿内地域の弥生社会の「先進性」を検討する上で、かねてより多くの論争がある鉄器の獲得や製作の実態について分析と考察をおこなった。第6節では、鉄器製作遺構を取り上げた。集落跡で検出された建物床面の被熱痕の事例から、近年明らかになってきた弥生時代の鍛冶関係遺物を加味して鉄器製作遺構にかかわる要素を抽出した。鉄器製作遺構は発掘作業中に認識することが難しく、鍛冶炉は土壌環境によっても左右されるので簡単ではないことを確認した。鉄器製作遺構の要件として、竪穴建物床面焼土面、石製鍛冶具、鉄片、焼けた粘土塊について整理した。それを踏まえ、これまでの発掘調査報告書を「再発掘」したところ、畿内地域でも鉄器製作遺構の出現が弥生時代中期後葉まで遡りうる可能性があることを指摘した。最後に、鉄器製作遺構の抽出は、今日的にも鉄器の出土が少ない畿内地域における鉄器化の実態について「見えざる鉄器」論を展開するうえでも意味のある手段であることを確認した。

第7節では、石器から鉄器への転換について再検討をおこなった。筆者としては約20年ぶりの再論である。畿内地域の鉄器の出土数は多くはなく、「見えざる鉄器」の存在は一定程度想定し、弥生時代中期と後期の間に大きな画期があることを改めて確認した。ただし、鉄器の普及と石器の激減・消滅が密接に連動したものとは限らなかったこと、鉄器が順調に普及していったとは限らず、時期によっては鉄器の供給ルートに変化がおこっていたことを述べた。弥生時代後期の鉄器化は、東アジア世界の混乱期のなかで達成されたことになる。鉄器化の意義については、①大陸と広域の流通ネットワークが構築されたこと、②それが縄文時代以来の「価値観」の変化をもたらすことになったこと、③そうした関係が政治的な関係を構築する契機となったこと、という三つを考えた。鉄器化が進んだことにより、石器の生産と流通の段階にもどることはできなくなり、畿内地域の首長はより西の集団の首長との連携を図る必要がでてきて、弥生時代後期の社会は大きく変わったと考えた。

そして、鉄を軸とした長距離ネットワークは東北南部にまで及ぶもので、畿内地域の弥生社会もその一翼を担ったのであり、畿内地域の弥生社会は鉄器を入手する必要から西日本各地の首長と政治的な関係を結んだ。「先進性」を有していたわけではなかったが、このことが要因となって、畿内地域に前方後円墳が出現する端緒になったと考えた。

註

（1）　兵庫県教育委員会の種定淳介氏のご教示による。なお、この点については論文にはなっていないが、私信によって整理をおこない、その私信が公刊されている（種定 1991）。大陸系磨製石器研究の基点として重要な仕事であり、ここに紹介する。

（2）　厨房刀説と収穫具説のあった石包丁が収穫具であること（山内清 1932）、農耕具説が有力であった片刃石斧が工具であること（八幡 1941）が指摘された。

（3）「見えざる鉄器」ということばを最初に使ったのは、1992年2月大阪で開催された埋蔵文化財研究会「弥生時代の石器　その始まりと終わり」のシンポジウム討論司会者の種定淳介氏であった。残念ながら、その内容をまとめた記録集は公刊されていないが、非常に妙を得た言葉であり、以後、関西では、石器の終焉と鉄器の普及を論じる際、議論で使われ、論文の題目にもなった（藤田憲 2002）。

（4）　この石包丁は、近畿の弥生時代中期の石材と形態をもっている。その後、同様の時期の資料は確認されていないことを踏まえ、船橋～長原式期のものとして評価したことがあるが、現在は、慎重に取り扱う必要があると考えている。

（5） 縄文時代の伐採石斧は大きく二つある。一つは乳棒状石斧と呼ばれているもので、平面は三角形、断面は円形に近い。もう一つは、平面が方形または台形、断面は扁平で楕円形を呈するもので、定角式石斧と呼ばれている。後者の中には厚さが4cmを超える例もあるが、その場合、幅も6cm程度となり全体としては扁平である。

（6） 斧柄と磨製石斧とは「全周密着」（佐原 1994）であることが多く、斧柄の装着孔から石斧の形状や法量を復元することは可能であることを前提に、記述を進めていく。

（7） 太型蛤刃石斧は縄文時代の磨製石斧が変化して成立したと考えられている。下條信行によると、平面形が長台形で断面形が扁平なＡ１式は弥生時代早期～前期中葉（板付Ⅱ式古式）まで残存する。平面が長方形に近く、厚さがやや太くなるＡ２式は前期中葉（板付Ⅱａ式）に出現し、一時Ａ１式と共存するようになる。平面形が長方形で断面形が円形に近い太型蛤刃石斧、すなわちＡ３式が完成するのは前期後葉（板付Ⅱｃ式）だとしている。斧柄との関係で注意しなければならないのは幅と厚さであるが、Ａ１は幅7～9cm、厚さ3～4cm、Ａ２が幅7～8cm、厚さ4～5cm、Ａ３が幅6～7cm、厚さ4cm台としている（下條 1994）。近畿では太型蛤刃石斧の成立過程を追えるような資料は今のところ知らない。池上曽根遺跡出土の石斧では、平面は方形を指向し、幅は5.2～8.6cm、厚さは3.1～6.5cmとばらつきがあるものの、集中するのは幅6～8cm、厚さ4～5.5cmの範囲である。太型蛤刃石斧の成立を、斧柄との組み合せという観点から見た場合、石斧の平面形が台形というのは、使用によって食い込みやすいことを意味する。弥生時代になって、平面形が台形から長方形に変化していったのは、木製農具の素材として、堅い木を利用するようになり、重さが求められ、従来の斧よりも大きな衝撃が与えられるようになったことが、要因だと考えている。

（8） 中期の資料が少ないのは、北部九州地域でも共通する点である。木製品全般に、中期後葉の資料は少ないことと、太型蛤刃石斧が敲石に徹底的に再利用されているように、斧柄も燃料を含め別のものに姿を変えている可能性も考慮すべきなのだろう。未製品の出土頻度が少なくなるのも、当時の姿をそのまま反映しているとは限らないので、前期と中期とでは生産体制に何らかの変化があったのであろうか。

（9） 大阪府教育委員会森屋直樹氏、山上弘氏のご教示による。

（10） 実見できていないものについては断面による細分ができていないものがあり、八日市地方遺跡とともに、この地域の様相は今後の課題としたい。

（11） 以下で縄文石斧と弥生石斧を分けるのは、石斧装着孔を正面から見た場合の厚さと側面から見た場合の形態である。

（12） それより東の地域では、この時期の資料が発見されていないことを確認しておきたい。

（13） 斧柄の生産と流通の問題に関しては石黒論文（石黒 1997）を参考にしている。

（14） 冒頭にも述べたが、「道具としての斧」について、今回はほとんど触れることができなかった。この問題を考えるには鉄の斧を含め、斧のセット関係も問題にする必要がある。たとえば、若江北遺跡では袋状鉄斧用の小型の縦斧の柄が検出されている。この斧柄の装着部は小さく、装着された袋状鉄斧が単独で出土すれば加工斧として扱われるだろう。斧柄の研究を進めることで、当時の斧という道具立てが、法量だけで単純に機能を決められないことを示す例と考えている。こうした点については機会を改めて論じたい。

（15） 兵庫県立考古博物館では五斗長垣内遺跡調査研究プロジェクト（座長：石野博信）が立ち上げられ、焼土痕をもつ竪穴建物の検討が種定淳介氏らによって進められている。その成果の一部は、『シンポジウム　五斗長垣内遺跡と弥生時代の淡路島　記録集』において公刊されている。

（16） 村上恭通氏から、地山の状態によっては被熱痕跡が残らない場合もあるというご教示を得た。

（17） たつの市埋蔵文化財センターの2017年度特別展『新宮宮内遺跡の時代』における展示物のなかで確認し、その後関係文献を入手した。

（18） 桑飼上遺跡の弥生時代中期中葉から中期後葉の竪穴建物８棟のうち４棟から中央土坑以外に焼土を確

認している。中期中葉の竪穴住居26は焼土2カ所とその周辺に炭層が堆積している。遺物としては砥石と袋状鉄斧がある。また、古曽部・芝谷遺跡では中央土坑以外の床面で強く焼けたという状況にはないが焼土が確認された竪穴建物が複数あり、鉄器では棒状鉄製品が出土している。これを鉄素材と考えると、鉄器製作をおこなっていた可能性は考えられよう。その一方で、青銅器生産と鉄器生産が同じ遺跡でおこなわれた事例はなく、この遺跡で鉄器製作をおこなっていたとするのは躊躇するところでもあり、現状では保留しておきたい。その後、真鍋成史が鉄器製作遺構を集成していることを知った。この論文において鉄器製作遺構の定義は明確ではないが、焼土面の存在、鍛冶具として台石及び砥石の存在から認定しているようで、弥生時代から古墳時代前期までの11遺跡を提示し、古曽部・芝谷遺跡も含めている（真鍋 2017）。さらに、尺度遺跡では1555住居の中央の炉の近くから被熱痕のある台石の検出が報告されている。この建物についても鉄器製作遺構の可能性もあるが、資料を実見していないこともあり、今回の集成の中には入れなかった。城ヶ谷遺跡で筆者の実見によりフイゴの羽口にかかわるとした焼土塊を集成に含めたのは注意喚起という意味をもたせてのことである。鉄器製作遺構を「再発掘」したものについては、蓋然性が高いと考えているものから可能性のあるものまでを含んでおり、筆者自身の考え方も作業途上である。今後さらに検討を深めていきたい。

(19)　最初観察させていただいたときに赤色を呈していたことから、鍛冶の行為の結果と判断した。その後の観察と、淡路市教育委員会の伊藤宏幸氏との議論のなかで、焼けた痕跡と判断するに至った。黒色に変化したことの由来の検討も必要である。現在、敲石・磨石類については、肉眼で鍛冶による変色は確認されていない。したがって、2015年に発表したこの部分の文章は修正しており、以下、関係する箇所についても文章を修正している。

(20)　弥生時代のこの時期の自然石に見えるような石についても、「遺物」の可能性があるということで、いったん整理等作業の場に持ち帰ることが重要である。

(21)　神戸市埋蔵文化財センターにおける資料調査のなかで確認した。

(22)　淡路市教育委員会での資料調査の際、舟木遺跡の焼けた粘土塊を実見する機会を得た。量は非常に多い。

(23)　鉄器製作遺構に関して、まずはその可能性も含めた集成作業にもとづく検討が必要と考え、その一部を取り上げた。今後もこの作業を通じて、鉄器製作遺構の認定についての確実性を高める整理が必要である。

(24)　長野県南大原遺跡においては、弥生時代中期後葉すなわち栗林式期の鉄器製作遺跡の可能性が報告されている。この遺跡の場合、整理等作業の現場を実見する機会があり、板状鉄斧や鉄鎌を見せていただくとともに石器のなかで敲石が非常に多かったことから竪穴建物の床面での焼土面の存在、不定形の焼けた粘土塊の存在をお聞きした。すると、ともに「ある」ということだったため、鉄器製作遺跡の可能性を指摘させていただいた。この遺跡についても発掘作業中に認識されたものではなく、鉄片などの出土もないことから、発掘調査報告書でも「鍛冶遺構の可能性が指摘される」と慎重な表現となっている。

(25)　村上隆は、青谷上寺地遺跡と登呂遺跡の土壌環境と鉄器の腐食に対する関係性について分析をおこない、前者の腐食性が低いのに対して後者は鉄器が遺存しにくい土壌環境であったとする成果を発表した。低湿地遺跡の場合、土質と硫化物と全有機物において上記2遺跡が大きく異なっていたことを発見し、これらが鉄器の遺存状況を微妙に変化させる可能性があるというのである。こうした研究は世界的に見ても初めてではないかと自ら述べており（村上隆 2006、村上隆ほか 2006）、今後、追検証が期待される。河内平野のような低湿地でも鉄器は遺存しており、鉄器の残存環境のよくないとされる登呂遺跡でも鉄片2点は出土している。ただし、鉄器は錆びてなくなることがある可能性を示した研究が出てきていることを示すに留めておく。

(26)　弥生時代前期の例としていた兵庫県吉田遺跡と大阪府四ツ池遺跡については時期不明とした。また、唐古・鍵遺跡の刀子柄の鉄錆については点数から除外して付表を作成した。

(27)　弥生時代中期後葉の奈カリ与遺跡と有鼻遺跡の特殊性について触れておきたい。この2遺跡で石包丁はともに5点しか出土していないが、低地の弥生時代中期の集落に比べて圧倒的に少ないのはもちろんのこと、後期である古曽部・芝谷遺跡の15点、観音寺山遺跡の10点よりも少ない。奈カリ与遺跡などでもう少し石包丁が出土していれば、砥石の比率の変化は中期から後期にかけて、いま以上に劇的であったことになる。仮定の話でありこれ以上言及はしないが、磨製石器と砥石の比率の時間的な変遷のなかで、弥生時代中期後葉から後期にかけての変化は、現状よりも急激であった可能性があることを指摘しておきたい。

(28)　こうした数字での比較をする場合、集落の存続年代が同じでないと正確な比較とはならない。弥生時代中期後葉の奈カリ与遺跡と弥生時代後期の観音寺山遺跡の存続期間には差があるとみているが、弥生時代後期の年代が長いとなると、当然のことながらさらに石器の占める比率は相対的に低くなることになる。

第2章　環濠集落・高地性集落からみた弥生社会

第1節　本章の検討課題

弥生時代を特徴づける集落形態といえば、環濠集落と高地性集落である。研究史は次節で整理するが、戦前の時点ですでに、水田稲作が始まった弥生時代において高地に集落を営むことについて注意が払われ（森本 1933）、集落の周囲を溝で囲むことは発掘調査で知られていた（鏡山 1956・1958・1959）、ともに弥生時代に出現した集落形態であり、その性格の議論は弥生社会の特質の解明につながるとみなされ、数々の研究が進められて今日に至っている。

この後、高度成長期の大規模な発掘調査にもとづき集落全体の構造を明らかにする研究だけでなく、小規模な調査を積み重ねた結果をもとに集落全体の構造を復元する研究も現れた。また、環濠集落と高地性集落についてはいずれも戦争とかかわりがあると考えられたが、ともに機能や性格は一つではなく多様な機能が想定されていることを踏まえ、これらの用語を使わない研究者も出てきている。その一方で、大規模な環濠集落については、「弥生都市」という概念を適用するという問題提起もなされ（広瀬 1998 b）、弥生時代の集落研究は多様な視点からおこなわれている。

そうしたなか、第2節では弥生集落の研究史を整理する。敗戦から1970年代までは、マルクス主義的歴史観にもとづく理論的な枠組みから研究が進められてきた。その後、高度成長期における発掘調査の増大により弥生集落の実態が明らかとなり、多様な性格が考えられるようになった。そうした経過を踏まえ、環濠集落と高地性集落及びそこから派生してくる問題についての研究状況を整理する。

第3節では、高地性集落出土の遺物の中から石器を取り上げ、高地性集落研究が開始されて以降、今日においても議論のある軍事的性格と生業的性格についての検討をおこなう。これまで高地性集落の検討は、瀬戸内や近畿あるいは九州という一定の地域でおこなわれることが多かった。本節では西日本という範囲を検討の対象とする。具体的には、地域ごとの石器組成の特徴を明らかにしつつ、この二つの性格について検討する。

第4節では、兵庫県東南部地域とくに明石川流域の遺跡をケーススタディとし、低地の集落と高地性集落の役割を検討する。この地域のなかでも明石川流域の集落は、本州と淡路島によって瀬戸内海が非常に狭くなる明石海峡が近接して所在する。瀬戸内海ルートによって西からの物資流通を想定した場合、明石海峡は東西・南北の交通の十字路、結節点にあたる。本節では当地域集落出土の鉄器・青銅器・石器の様相から物資流通ルートの復元をおこないつつ、当該地域の集落が果たした役割についても言及する。

第５節では、環濠集落とほぼ同義に扱われることのある拠点集落を取り上げる。拠点集落という概念は、竪穴建物が数多く検出され長期間継続した集落であり、縄文時代の集落でも使われている。そうしたことを踏まえ、まず大規模な集落の属性を抽出し、周辺集落との関係にも触れながら拠点集落の性格を整理する。次に拠点性についての検討をおこない、拠点集落の概念を従来よりも広くとらえることによって、拠点集落の多様な性格とその歴史性について考え方を提示する。

第２節　弥生集落研究の現状と課題

１　緒　言

集落とは、住居群・倉庫・広場などの居住地、墓地、生産地を含む範囲を示し、本来は人が誕生してから死んで葬られるまでのまとまった生活空間の総体である（都出 1989）。そういう意味で、集落研究といえば生活空間全体を扱わなければならないが、弥生時代には居住地と墓地が分離することもあって、両者は別々に取り扱われることが多い。

本節では居住地に関する研究、なかでも議論が多岐にわたり、弥生社会を考えるうえで重要な意味をもつ環濠集落と高地性集落及びそこから派生してくる集落について、発掘調査成果を整理しつつ、その性格について示された考え方を整理することによって研究の現状と課題をまとめる。

２　研究略史

最初に、黎明期の弥生集落研究を含めて、その概略を振り返っておきたい。

弥生集落にかかる研究としては、明治期に弥生研究が始まった直後から、竪穴より弥生土器や焼米が出土することが注目されてきた（八木 1902 ほか）。この関心は大正期にも引き継がれ（中山 1923 ほか）、昭和初期の段階で、弥生時代に農業すなわちコメが作られていたことが明らかにされた。

そうした竪穴は低地に認められることから、占地は耕作地とのかかわりのなかで選ばれたと考えられた。さらに、弥生集落には平野部に所在する低地性遺跡と丘陵部に所在する高地性遺跡が存在することを指摘し、丘陵上に遺跡が進出したことを農業の拡散現象とした（森本 1933）。このときの関心は農業であったが、高地性集落にかかわる議論もすでに始まっていたことになる。

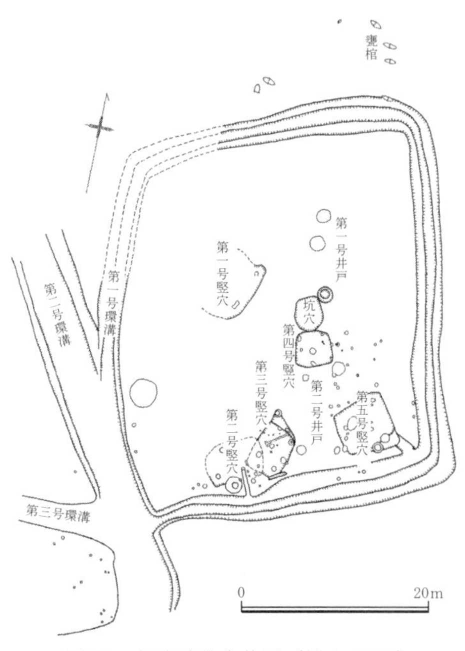

図 78　比恵遺跡全体図（鏡山 1956）

戦前から戦後にかけての登呂遺跡の発掘調査は、弥生集落が「平和な農村」であるというイメージを作り上げることとなった。終戦直後の日本において、水田跡の発掘は過去と現在を結ぶ役割を果たし、当時の日本人に対して明るい話題を提供するとともに、大きな勇気を与えた。

登呂遺跡の調査が始められる以前、居住地を示す用語として「遺跡」や「竪穴」が使われたが、和島誠一は複数の住居跡について「聚落」ということばを与えた（和島 1938）。そして、登呂遺跡の調査が進められている間に「原始聚落の構成」と題する論文を公表し、縄文時代から古代までの「聚落」を概観したうえで当時の家族関係について言及した（和島 1948）。この論考は、その後の集落研究に多大なる影響を与えたが、文献史によって提起された家族論を考古学的に実証することは難しく、視点を強調するにとどまったとの評価が与えられることにもなった（甲元 1986）。

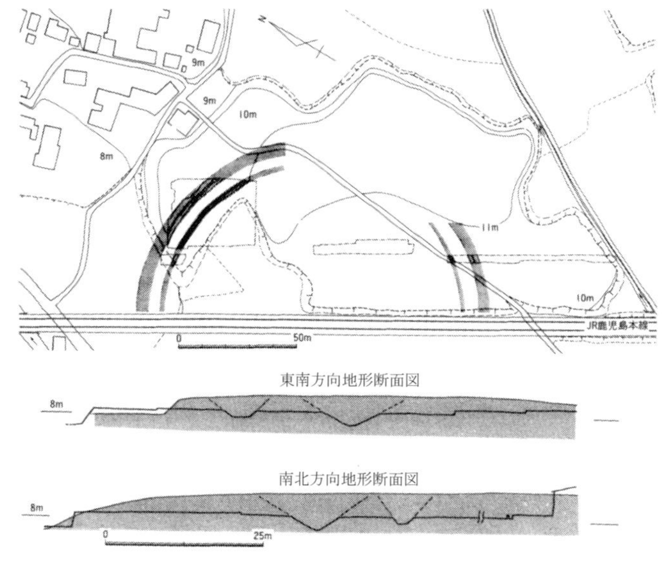

図79　那珂遺跡平面図及び環濠断面図（福岡市教委 1994）

なお、戦前の段階で福岡県比恵遺跡が発掘され、竪穴のまわりに方形の溝が回ることが確認された。のちにこの成果は「環溝住居阯小論」という論文にまとめられている（鏡山 1956・1958・1959）（図78）。

このように、弥生集落を特徴づける環濠集落と高地性集落については、戦前の段階ですでに取り上げられていた。こうした研究はあったものの、1955年に刊行された『日本考古学講座』の弥生時代編においては、墳墓に対して集落という項目は設定されず、集落に関しては立地が問題にされる程度であった。

ただし、家族論への関心は引き継がれ、注目されたのが「共同体」であった。岡山県沼遺跡で発見された溝で区画された5棟の竪穴建物と1ないし2棟の高床倉庫からなる集落は自立した存在であり、水田を営むにあたっての一つのまとまりであることが提起され、それを「単位集団」と呼んだ（近藤 1959）。この論文は家族論や共同体論について、長きにわたり影響を与えることとなる。

1960年代に入ると、集落研究は大規模な発掘調査の到来によって盛んになる。その嚆矢ともいえるのが、第二阪和国道の建設にともなって調査された池上遺跡（現在の「池上曽根遺跡」）で、それによって大規模な環濠集落の存在が知られることとなったのである。一方、高地性集落についてもこの頃に会下山遺跡と香川県の紫雲出山遺跡の調査が進められた。

1970年代には、列島各地で大規模な開発事業にともない発掘調査がおこなわれるなかで弥生集落の調査も進められ、今日につながる弥生集落論が展開されることになった。以下で、その調査研究の現状と課題を整理する。

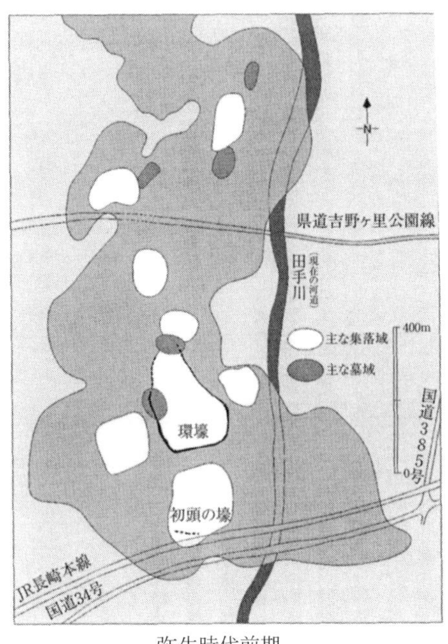

弥生時代前期

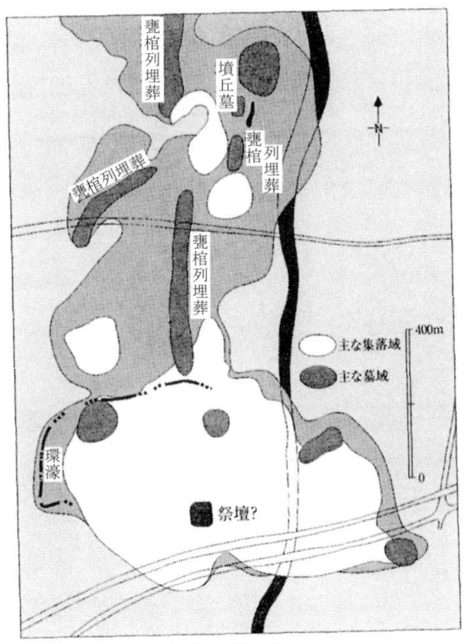

弥生時代中期

図 80　吉野ヶ里遺跡変遷図（七田 2005）

3　環濠集落について

（1）北部九州地域における環濠集落の成立

列島において、現在のところもっとも古く遡る環濠集落は福岡県那珂遺跡である（図 79)。突帯文土器が出土しており、弥生時代早期の段階のものである。溝は幅 5 m、深さ 2 m 程度のものが 2 条あり、断面はＶ字形と逆台形である。後世に 2 m ほどの削平を受けているとされ、本来は 4 m 程度と非常に深く、防御を意識した集落といえるだろう。内側の環濠の直径は 125 m で、全体が円形であったとすると 12,000 m^2 あまりの範囲を囲んでいたことになる。

その後、北部九州地域では福岡県板付遺跡が成立し、弥生前期後葉の佐賀県吉野ヶ里遺跡では約 30,000 m^2 の環濠集落が営まれ、中期になると規模をさらに拡大させた（図 80)。

北部九州地域に伝播した環濠集落は東へ広がり、弥生時代前期のうちに近畿へ、中期後葉には南関東、北陸といった東日本へと伝播していったと考えられる（図 81)。

（2）近畿における環濠集落の成立

近畿において環濠集落が成立するにあたっては三つのルートが存在した。それぞれの地域における受容期の様相をみていこう。

まずは瀬戸内海ルートである。これについては、北部九州地域から水田稲作の情報がリレー式に伝播していったことが、瀬戸内海における文物の変容状況からみて指摘されている（下條 1995 b)。弥生時代前期の山口県宮原遺跡では、居住域を区画したとみられる溝は幅 2.1～4 m、深さ 0.85～1.4 m で断面は逆台形となっている（図 82 -1)。岡山県清水谷遺跡では幅 3.5～5 m、深

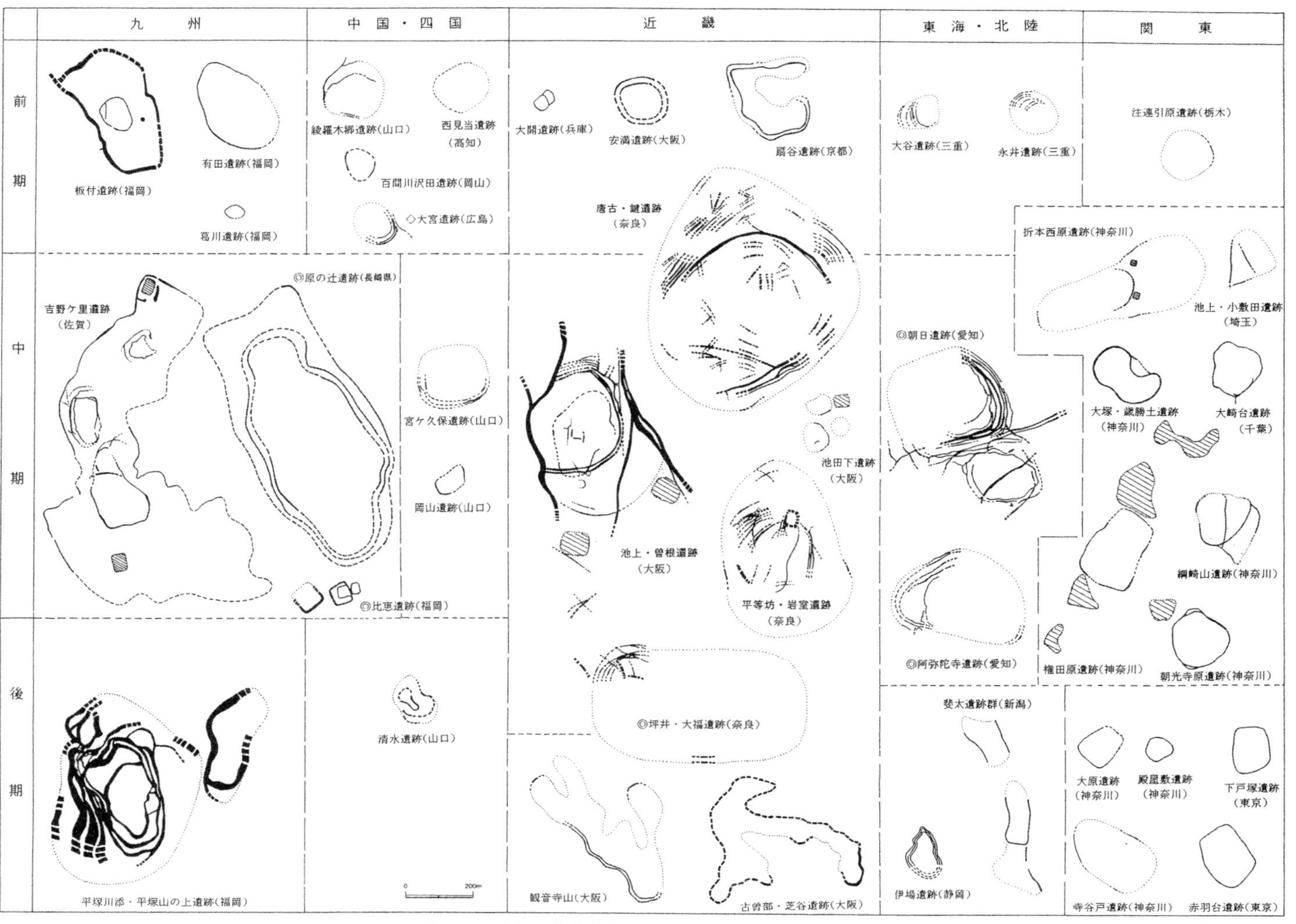

図81　列島環濠集落変遷図（池上曽根遺跡 1996）

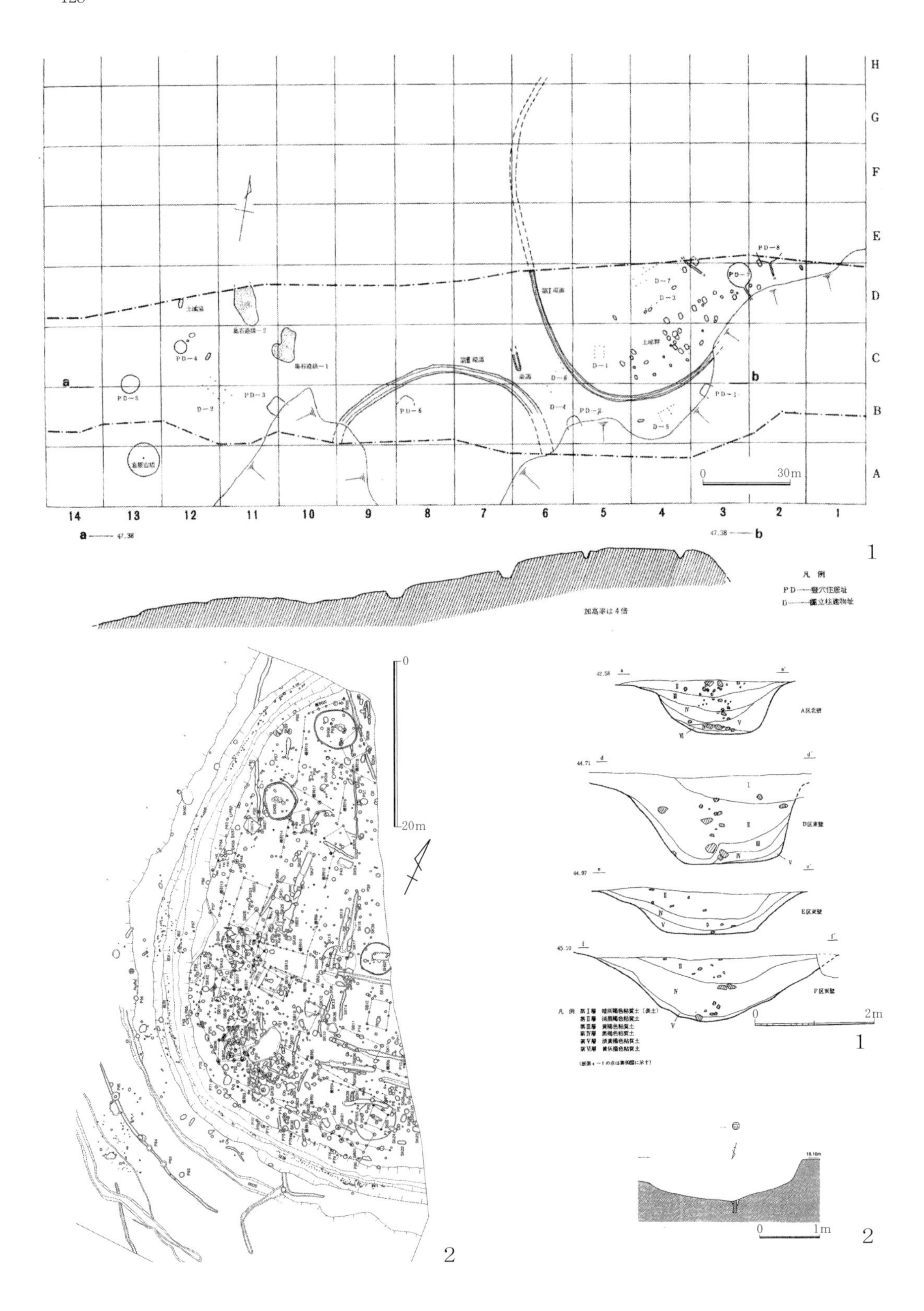

図82　環濠集落平面図及び環濠断面図　1宮原遺跡　2清水谷遺跡（山口県教委 1974、矢掛町教委 2001）

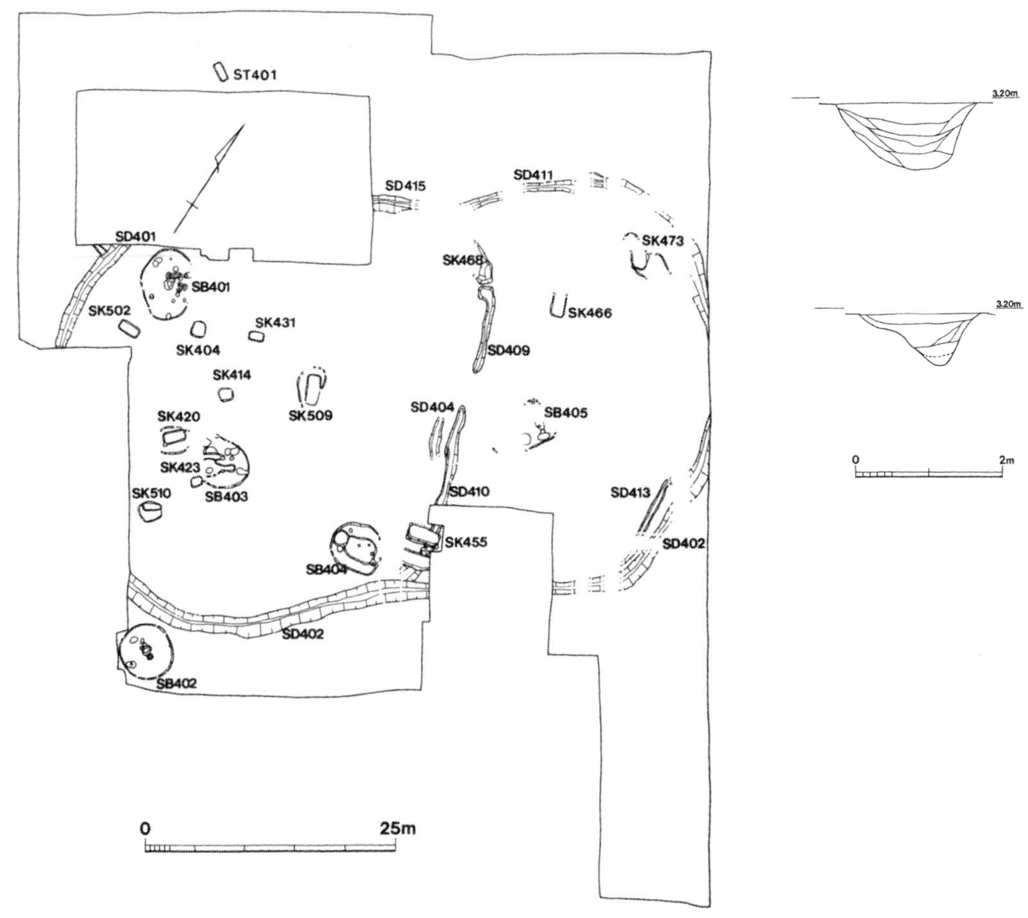

図83　環濠集落平面図及び環濠断面図（大開遺跡）（神戸市教委 1993）

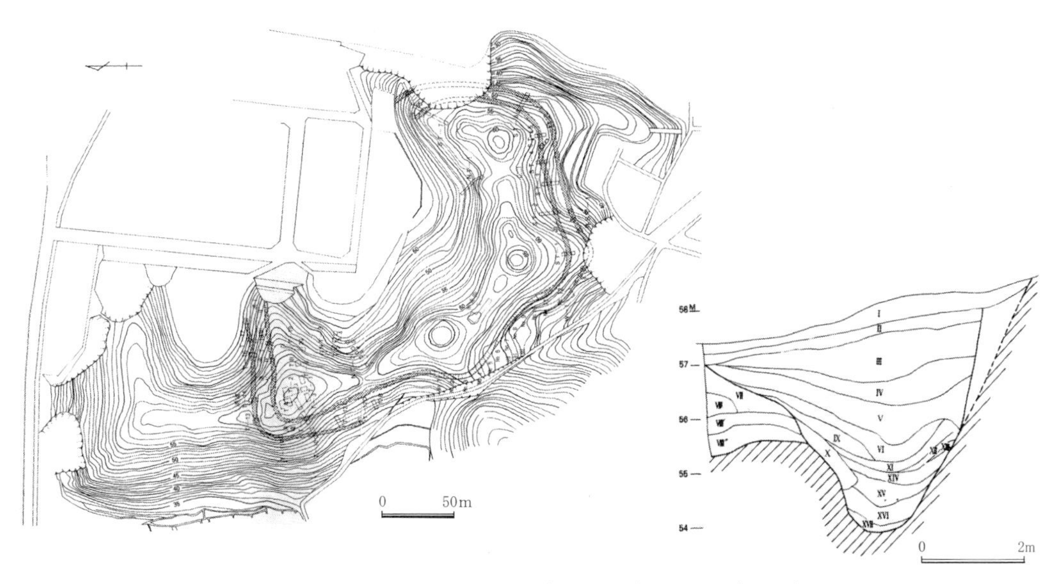

図84　扇谷遺跡平面図及び環濠断面図（峰山町教委 1975）

さ1〜1.2mで断面は上幅が広く浅いU字形になっている。溝の底には柱穴が認められ、その性格については逆茂木的なものという考え方と土留め的なものという考え方の両方があり、報告書では後者の可能性が指摘されている（図82-2）。つまり環濠の断面形は、本来は深いV字形と逆台形であったのが、北部九州地域を越えて西部瀬戸内地域に入った段階ですでに浅く、傾斜のゆるやかな逆台形に変容し、その環濠の形態が東方に伝わったものと考えられる（禰冝田 1990）。

畿内地域では弥生時代前期前葉に始まる大開遺跡（図83）や大阪府田井中遺跡が知られている。大開遺跡は集落全体を完全に調査した貴重な事例である。当初は直径40m、約1,200m^{2}であったのが、1回拡張がおこなわれ長径70m、短径40mで、約2,000m^{2}となった。溝の幅は2.1m、深さは0.85mであり、断面形はV字形を呈してはいるが那珂遺跡に比べると傾斜ははるかに緩やかになっている。西部瀬戸内地域で変容した環濠の形態が伝播してきたことになる。

次は日本海ルートである。これは、近畿への重要な文化伝播のルートであり、丹後地域は後に鉄器の副葬がおこなわれるなど独自の展開を見せることとなる。環濠集落としては弥生時代前期後葉に扇谷遺跡が成立する（図84）。検出された環濠は丘陵上に立地していることとも関係するが幅4〜6m、深さ2〜4m程度と非常に幅広く深く、復元すると幅10m、深さ7m以上の部分もあると考えられている。断面はV字形と逆台形であったが角度も急で、北部九州地域の那珂遺跡や板付遺跡の環濠を彷彿とさせる。丹後地域では北部九州地域から山陰地域にかけて分布する陶塤が出土していることを踏まえると、日本海側では飛び石的に北部九州地域の情報が変容することなく伝わってきたと考えられる。

最後は太平洋ルートである。青銅製鉇の鋳型が出土した和歌山県堅田遺跡では、弥生時代前期中葉から後葉にかけての環濠集落が検出された。ここでは最大3重の環濠が構築され、幅2〜4mのところから、幅4〜5m、深さは1〜1.5mで、断面はU字形であるがV字形を呈する部分もある。この遺跡では南四国の影響を受けた土器が出土している（森岡 2005）。また、高知県田村遺跡でも認められている松菊里型の竪穴建物が検出されている（出原 2009）。紀伊地域への弥生文化には太平洋ルートいわゆる「黒潮ルート」が機能していたと考えられる。

（３）近畿における環濠集落の展開

環濠集落の規模が大規模化するのは、池上曽根遺跡（図85）や唐古・鍵遺跡（図86）などが出現する弥生前期後葉である。いずれも、それ以前に存在した複数の集団がひとつの環濠のなかに収まることによって成立したと考えられている。

環濠集落が成立した要因としてはいくつかの考え方が示されている。すなわち、①大規模環濠集落を城塞集落と呼び農村でも都市でもない集住形態だとしたうえで、そうした事態を作り出したのは社会的な緊張関係であったという考え方（都出 1997）、②近畿ではちょうど弥生時代中期という水田稲作の定着期にあたり、灌漑水利システム管理に際する頻繁な調整の必要から、それがうまく機能するために集住したとする考え方（秋山 2007）、③弥生都市論を展開するなかで、集住したのは首長の求心力によるもので、多様な職掌の人が集まり、人・もの・情報を集中させ再生産活動をおこなうためとする考え方（広瀬 1998b）である。

集住の契機として、都出は政治的な要因を、秋山と広瀬は経済的な要因を考えており、集住を促す際に広瀬は首長の存在を大きく評価するところが特徴である。

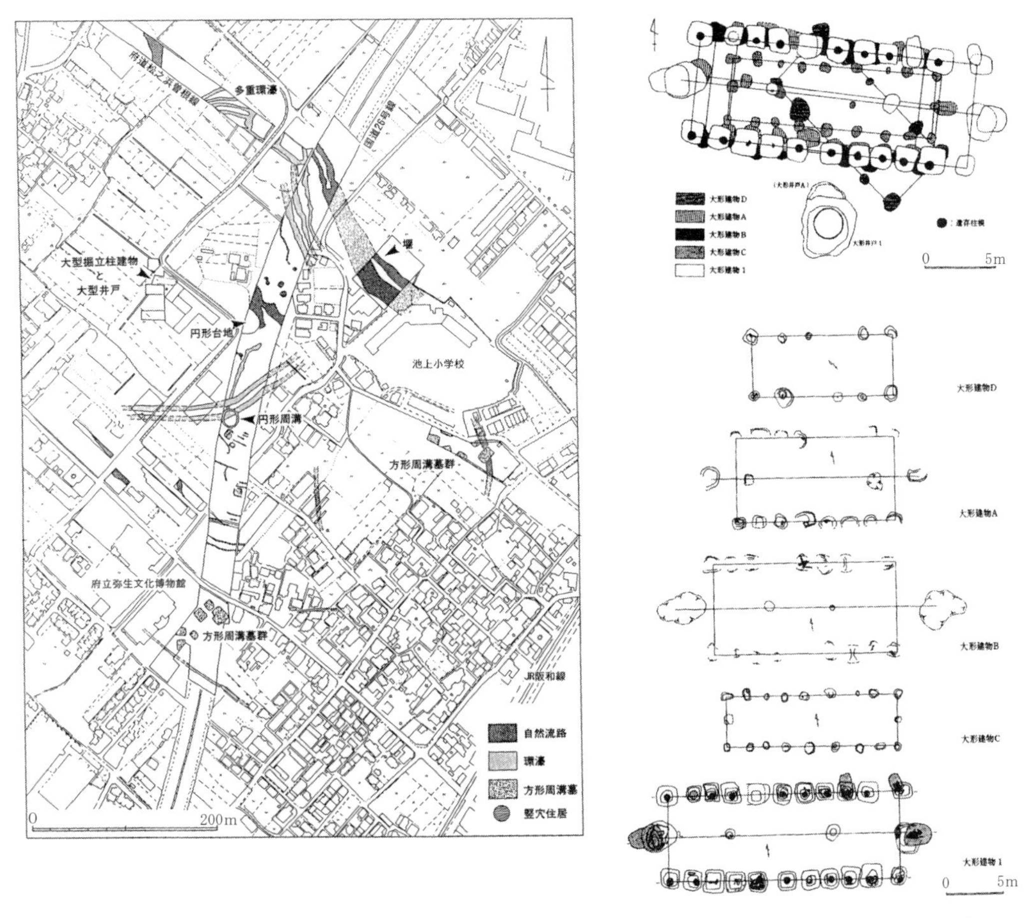

図85　池上曽根遺跡全体図及び独立棟持柱建物平面図（左　池上曽根遺跡 1996、右　秋山 2007）

（4）近畿における弥生時代中期環濠集落の終焉

畿内地域とその周辺の地域では、弥生時代中期に低地において大規模な環濠集落が盛行した。しかし、その多くは中期で終焉を迎え、近隣の丘陵上に新たな高地性の環濠集落が出現する。

要因についてはいくつかの解釈が示されている。一つ目は鉄器の普及と関係させる考え方である。弥生時代後期になると石器が消滅し、かわりに鉄器が普及して生産力が上昇し社会は大きくかわった（近藤・岡本 1957）。石器の減少の背景に鉄器の普及を想定したうえで石器製作を基軸にして存続していた大規模環濠集落が解体し、新たな集落を出現させたという考え方である（松木 1996、禰冝田 1998 b）。

二つ目は東アジア世界の動乱の影響を受けたという考え方である。すなわち、弥生時代後期の高地性の環濠集落の出現は前漢から新、後漢への移行期にあたり、北部九州地域の対処に対し瀬戸内以東にもその緊張関係が及ぶこととなったというものである（寺沢 2000）。こうした情報が波及してきたのは、鉄器の流通をとおして畿内地域も間接的にではあるが東アジア世界とつながっていたからであり、筆者自身もこの点は留意するべきだと考えている。

三つ目は自然環境の変化という考え方である。河内地域における発掘調査で花粉分析を実施した結果、弥生時代中期後葉から後期にかけて、河内平野では海水準が上昇したというデータを得た。

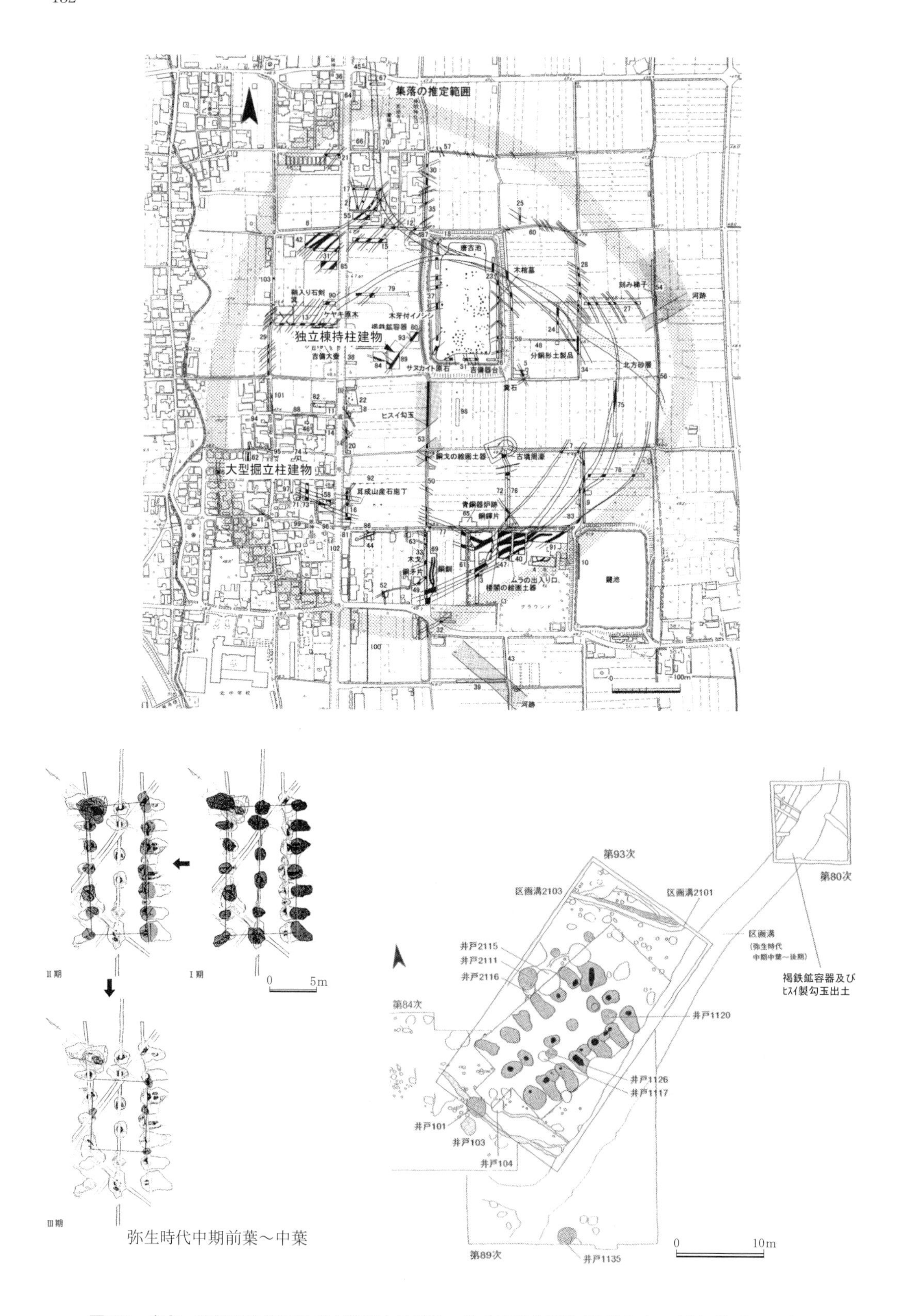

図 86　唐古・鍵遺跡全体図及び大型掘立柱建物・独立棟持柱建物平面図（田原本町教委 2009）

このことから、弥生時代後期に人は低地に住めない環境になり、居住域の移動を余儀なくされたとする（安田 1977）。近年でも、短期的な気候変動が集落形態を変化させたことが評価されている（森岡ほか 2016）。

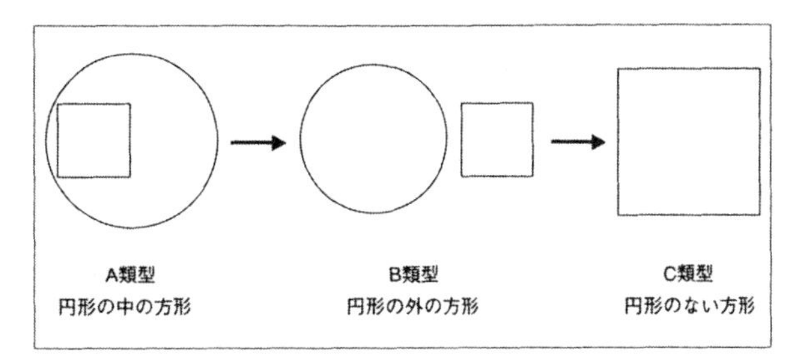

図87　方形環溝類型概念図（武末 1991）

こうした集落の出現については社会的・政治的・自然的な要因が示されている。第1章では、石器を主とする社会から鉄器を主とする社会への移行は、経済的な変化にとどまらない社会全体の価値観にも影響を与える大きな変化であったことを指摘した。道具の変化と中国に発した東アジア世界の動乱の余波が畿内地域にも及び、弥生時代中期から後期において集落に変化がおこったことは十分考えられよう。要因は複合的なものであったともみている。

大和地域の唐古・鍵遺跡以外の多くの畿内地域の環濠集落は、弥生時代中期をもって解体する。このことは、当該地域の弥生社会を理解する上できわめて重要な問題を内包している点を改めて確認しておきたい。

（5）首長居館の成立

北部九州地域では、武末純一が首長居館の成立過程をモデル化して示した（図87）。すなわち、環濠集落は全員のためのものとして成立するが、弥生時代中期後葉には円形の中に方形区画が認められ（A類）、後期後葉から末にかけて方形環濠は円形環濠から飛び出し（B類）、円形をともなわない方形環濠（C類）が出現し、このC類の段階が首長居館の成立であるとしたのである（武末 1991）。首長居館の成立過程を実際の資料にもとづき整理した点は特筆される。

近畿ではどうであろう。弥生時代中期後葉には加茂遺跡で、区画をともなう大型掘立柱建物が確認されている（図88）。弥生時代後期では、丘陵上の高地性環濠集落である観音寺山遺跡の頂部付近のW地区に二つの直交する溝を検出している。これが内部を区画する溝であれば興味深く、その場合、区画していたのは竪穴建物になる（図89）。集落の全貌が明らかとなった古曽部・芝谷遺跡では区画といった特殊な空間は確認されていない。これら2遺跡で弥生時代中期に見られた独立棟持柱建物あるいは大型掘立柱建物（以下、これらの建物を総称する場合「独立棟持柱建物等」という）は未確認である。後期のこの種の建物については、検出例が少なく議論が進展していないという現状がある。この点についての筆者の考え方は本章第5節と第4章で示すこととする。

環濠集落の解体に際し、共同体成員とともに居を構えていた首長層が飛び出し、別の場所に居を構えたと考えられている（都出 1983 b）。現在のところ、首長居館とみなされる遺構は弥生時代後期後葉から終末期になって確認される。

尺度遺跡では、一辺36 m 程度の方形区画があり、その内側には独立棟持柱建物2棟、外側には竪穴建物と倉庫と目される居住地が検出されている（図90）。

滋賀県伊勢遺跡では、大型掘立柱建物や大型竪穴建物が検出され、大型掘立柱建物については弧状に配されているという復元がなされている。その内側には、独立棟持柱建物が整然と並びL字形に区画された空間が確認され、遺跡のなかでは中枢的な空間であったと考えられる。この遺跡は弥

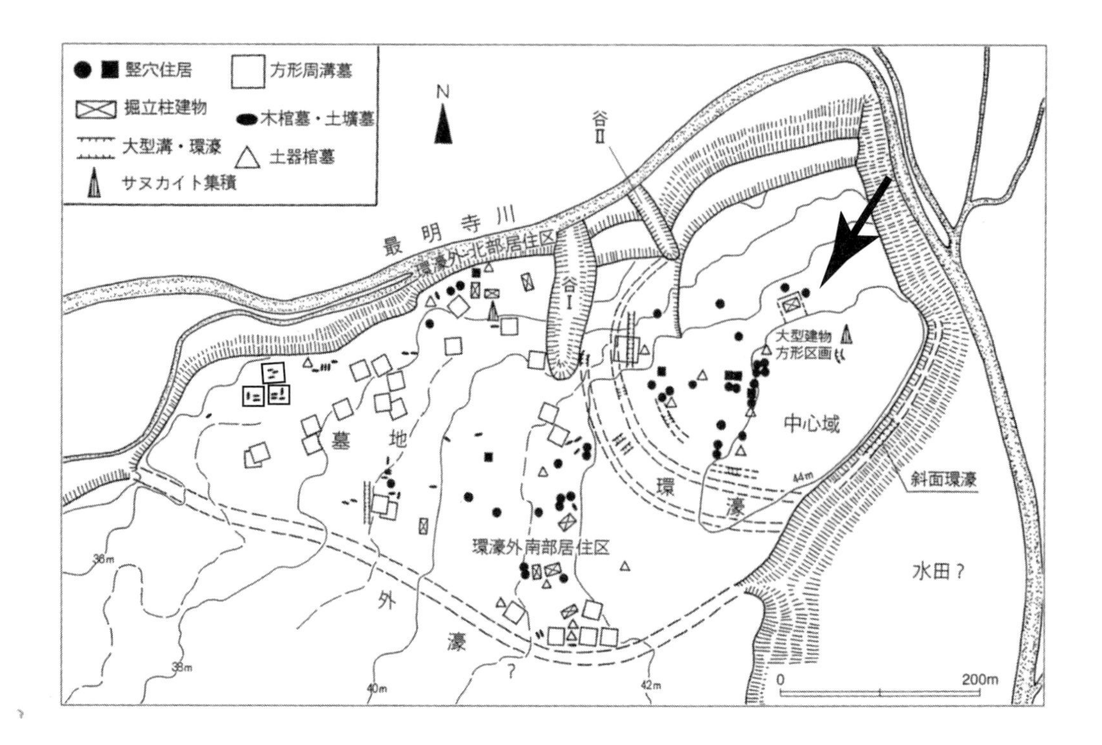

図 88　加茂遺跡全体図及び掘立柱建物実測図（上　岡野 2006、下　川西市教委 1994）

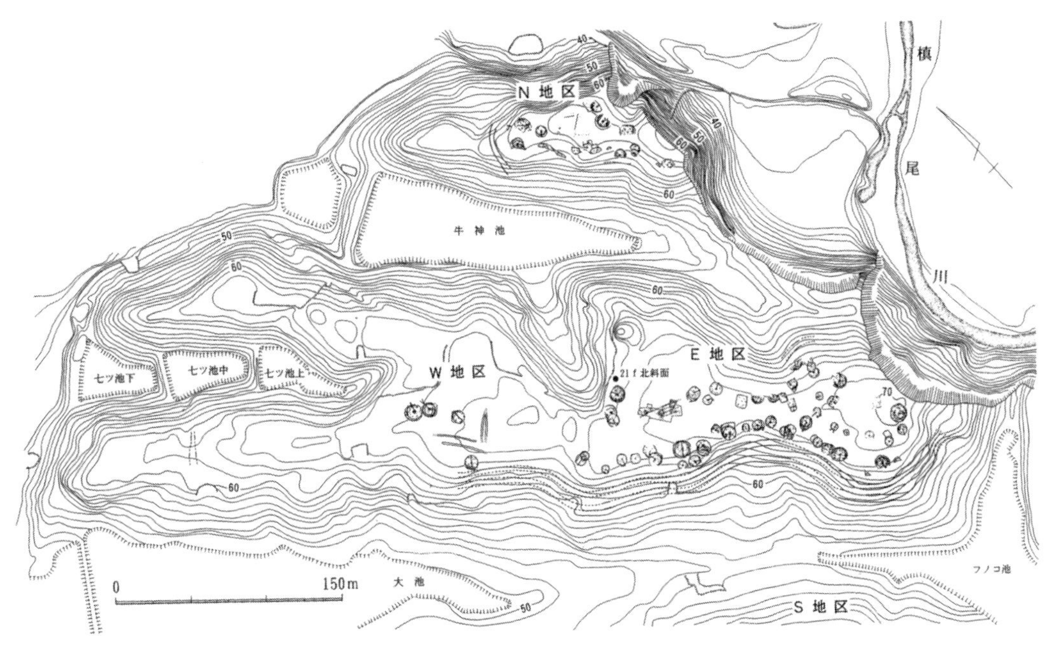

図89　観音寺山遺跡全体図（同志社大学 1999）

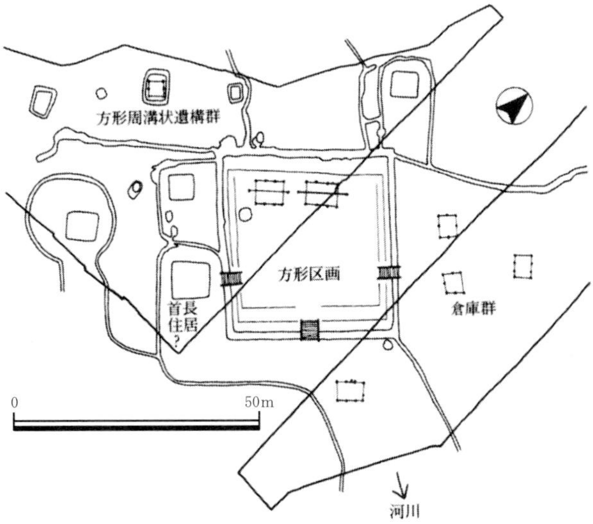

生時代後期後葉には始まっていた（図91）。

近年では、奈良県纒向遺跡で、整然と一直線に並ぶ大型掘立柱建物の存在が確認された。まだ建物構成についても検討の余地があるようで、詳細は今後ということになる（図92）。

これらの遺跡のあり方からすると、①掘立柱建物だけで構成されていること、②L字形あるいは一直線という違いはあるが、規格性のある平面配置をとることが首長居館の特徴として抽出される。

図90　尺度遺跡復元図（(財）大阪府 1999）

近畿では古墳時代前期の首長居館は明らかになっていないが、これらの調査事例は首長居館の成立過程を考察する上で重要である。

（6）大規模遺跡群の出現

首長居館の出現とともに弥生時代終末期の集落について、それまでは散在するとみられてきた小さな遺跡を一つの遺跡群として把握しようとする考え方が示されている。たとえば、大阪府の河内地域において萱振遺跡・東郷遺跡・成法寺遺跡・中田遺跡などと呼称していた長辺3.5 km、短辺1.0 kmの範囲に広がる遺跡群を中田遺跡群という一つのまとまりとして把握しようというもので

図91　伊勢遺跡全体図及び中枢部平面図（守山市教委 2013に加筆）

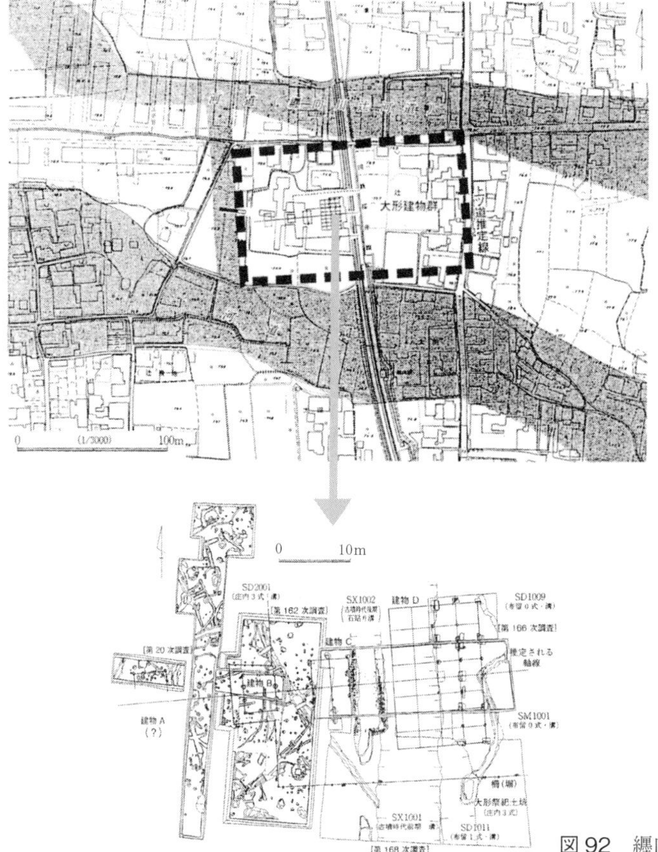

図92　纒向遺跡中枢部平面図（寺沢 2013に加筆）

ある（山田隆 1994）。また、上町台地の先端に崇禅寺遺跡が出現する。この遺跡は立地から農耕は不適で、鉄器などの物資流通にかかわったと評価されている（山田隆 2001）。つまり、弥生時代終末期には、それまでに認められなかった規模や立地の集落が出現するのである（図93）。

出土した他地域の土器としては山陰・吉備・讃岐・阿波という西方地域のものが大部分で、東海・近江・北陸系の土器が少数混じる。このことより、瀬戸内海から河内潟の出入口に所在する崇禅寺遺跡を経由して中田遺跡群を経て大和地域へ通じるルートが想定されている（山田隆 1994）。一方、南河内や石川流域では終末期に大規模な集落は存在せず、他地域の土器の出土数も少ない。そこで、物資の流通ネットワークに石川流域の集団は関与しなかったことが指摘されている（山田隆 2001）。なお、大阪湾から大和地域へのルートについては、弥生時代終末期から古墳時代初頭の墳墓や古墳の検討から、大和川ルートよりも淀川ルートを重視する見解もある（福永 2008）。終末期の河内地域の政治的な観点での位置づけ、経済的な観点での位置づけ評価は、今後の課題である。

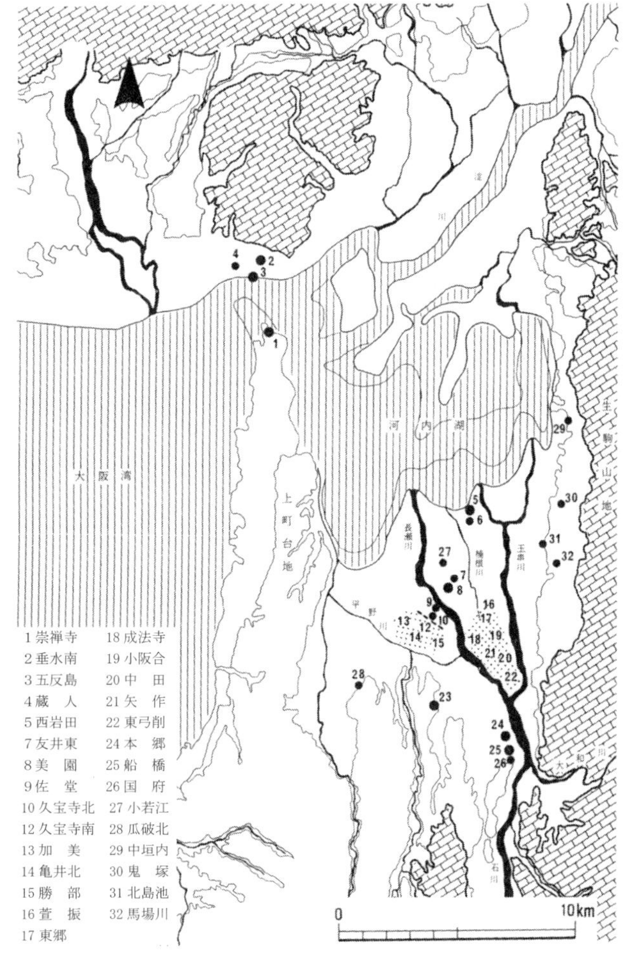

図93　中河内地域弥生時代終末期遺跡分布図（山田隆 1994）

ここまでみてくると、大規模な集落すなわち拠点集落の性格は、弥生時代の前期後葉～中期に成立したものと、終末期に成立したものとでは異なってきているという評価も可能である。この点については第５節で検討する。

（７）環濠集落の性格をめぐって

環濠及び環濠集落の性格について、研究の初期の段階から指摘されたことは、濠は防御的な機能を有するという意見である（森貞・岡崎 1951）。その後、濠や土塁・柵列などは居住域と外界とを画する機能をもち、社会的緊張関係に備えた集落形態であることが評価された（都出 1974）。

しかし、近年では防御機能以外の説が増えてきている。①掘削後は自然に埋積するにまかせ、かなり埋まった段階で再掘削というサイクルが認められること、②溝の中に土器などのゴミが捨てられること、③便所としての機能があったことを踏まえると、常時堅固な守りを備えていたとはいえず、環濠に防御的機能があることを否定しないが、環濠には内外を区画することに意味があったとする見解である（広瀬 1998 b）。また、居住域の内と外を明確にすることにより、村の団結力の維持や共同幻想の強化として機能を果たしたという評価もある（寺沢 2000 ほか）。

環濠は防御という機能を有して列島に伝播してきたが、東方へ伝播した際に環濠の形態は変化した。その背景として、機能が変化した可能性も考えられる。防御という機能は基本的な属性として持ち合わせていたが、そこにいくつかの機能が加わったというのが現在の環濠集落の評価である。

4 高地性集落について

（1）高地性集落の認識

高地性集落については、研究略史でも触れたように、低地に所在する集落に対し高地に集落が存在することが古くから着目されていた（森本 1933）。そして、山口県島田川流域の集落を調査した小野忠熙は、高地に所在する遺跡について軍事的性格を提起したが（小野 1953）、小野自身がその後、軍事的性格について疑問視した（小野 1959）。ところが、紫雲出山遺跡における打製石鏃の分析により、佐原眞が弥生時代中期後葉に石製武器の発達があったと考え、高地性集落に軍事的性格があることを再論した（佐原 1964 b）。

こうした成果を受けて高地性集落についても弥生社会の緊張関係の証拠とする考え方が主流となっていった。その後、高地性集落の立地から、水田稲作に適さない場所にあるもの（Aタイプ）、標高 30～60 m 程度の丘陵上あるいは平地への距離も遠くないもの（Bタイプ）の二つに分類され、軍事的な性格は前者に対して与えられるようになり（都出 1974）、寺沢薫も同様の視点から二つに分類した（寺沢 1978）。

（2）近畿における高地性集落の成立と展開

広義の高地性集落を含めると、たとえば、丹後地域の扇谷遺跡は標高 50 m で、周辺との比高差は 20 m 程度であり、そのなかに含めることもできないわけではないかもしれない。そうした事例を除くと、弥生時代中期中葉に出現する会下山遺跡は古い時期に成立した高地性集落であり、後期まで継続するめずらしい事例である。

中期後葉には兵庫県伯母野山遺跡や五ヶ山遺跡など六甲山南麓に数多くの集落が出現する。この時期には、西部瀬戸内から東部瀬戸内にかけて、学史的に著名な紫雲出山遺跡や岡山県貝殻山遺跡なども出現している。

高地性集落は弥生時代中期中葉に出現し、中期後葉に数は増える。どちらかといえば、中期後葉といった短期間で廃絶する集落が多いなかにあって、会下山遺跡や大阪府の東南部に所在する東山遺跡の存続期間は相対的に長いという点が特徴である。

（3）高地性集落の性格

高地性集落の性格には諸説ある。戦争とかかわる軍事的な性格を有していたということは先にみたが、このほかに、軍事的緊張関係から派生した機能として、遺跡で検出される焼土坑が狼煙を上げた跡だとみて通信機能を有していたという見解（都出 1974）、石器組成から縄文的な生活を営んでいたという見解（菅原 1980）、瀬戸内沿岸における立地から東西の交通路を掌握するためという見解（伊藤実 1991）が示された。また、島根県田和山遺跡では、最高所の平坦面に柵状のピットとその内側から小規模な掘立柱建物を確認しており、祭祀的機能を有していたことも考えられる。

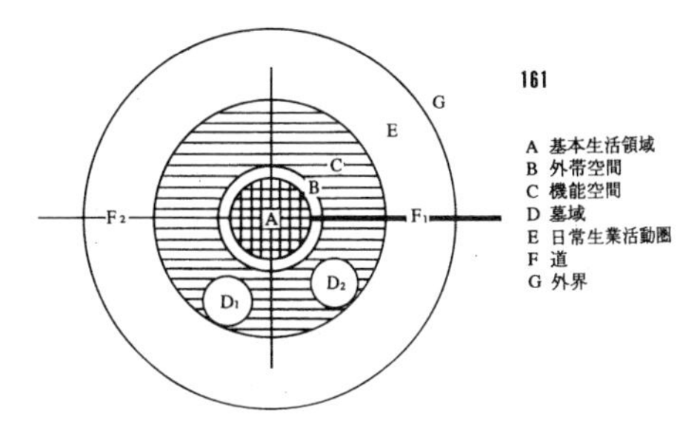

図94　拠点集落基本構造概念図（酒井 1982）

2000年に入ってからは、低地の集落に対して高地に集落を構えることを特別視することに疑問を呈し、高地性集落とは何かという根本に立ち帰って研究を進める必要があるという指摘もおこなわれた（荒木 2002）。そして、高地性集落には軍事的機能を有するものとそうでないものがあるとみて、丘陵や台地、山頂・山腹に立地し低地と大きく変わらない集落を「山住みの集落」、軍事的機能を有する非日常性のなかで成立した集落を「高地性集落」とする意見が出された（柴田 2004）。しかし、高地性集落の軍事的な性格や瀬戸内海の物資の流通拠点としての機能を疑問視する考え方もある（下條 2006）。

高地性集落は低地に対して高地に所在するという、集落立地の点から出発して議論がおこなわれ、軍事的緊張関係とのかかわりが指摘されたが、現在では多様な機能が想定されている。高地性集落も環濠集落と同様に、その性格は一様ではなかったことが想定され、地域・時期・立地などからその性格を明らかにすることが求められよう。

5　拠点集落について

（1）拠点集落とは

拠点集落という用語を最初に用いたのは田中義昭であった。田中は南関東の集落を分析することにより、環濠を有しその空間内が2・3以上の小グループで構成される規模の大きい集落を拠点的な集落と呼び、そのまわりに自己完結的な一単位として存在する集落が存在することを指摘したのであった（田中義 1976）。

この点は第4節で詳しく検討するが、拠点集落としての要件は、大規模であることと長期間存続していることの二つがあげられてきた。これらの点について、具体的な状況をみておこう。

酒井龍一は拠点集落の理論的枠組みを提示した。すなわち、半径300 mの範囲を基本的な生活領域とし、その外には半径700 m程度の範囲に人為的空間と自然的空間が広がる。ここには水田や墳墓なども含まれ、生活集団にとっての人為的な機能空間と位置づけた。さらに外にはその集団が関与する観念領域である環境体があり、おおよそ半径5 kmの範囲とした。観念領域は、隣接する別の集団とは重複しないので、一つの拠点集落は半径5 km程度の中で機能していたと述べた（酒井 1982）（図94）。

また、拠点集落間の関係にも言及した。すなわち、地理的状況、たとえば石材産出の豊富な地域とそうでない地域というように各拠点集落は固有の環境体を作っており、その社会を維持するためには物資の交換が必要となることを指摘した。そして、畿内地域には生産物の交換による関係体（大社会）が構成され、弥生時代中期の拠点集落間にはネットワークが形成されていたとしたのである（酒井 1982）。

この構想をもとに、都出比呂志は拠点集落が物資流通の結節点として重要な役割を果たしたこと、そして畿内地域の弥生時代中期には石器だけでなく、鉄器や青銅器の素材や製品がすでに流通しており、そうした物資の流通を統括する機構が存在していた可能性を指摘した。さらには、唐古・鍵遺跡は畿内地域の数ある拠点集落のなかでも、物資流通を統括する上で重要な役割を果たしたとした（都出 1989）。この都出が示した拠点集落を軸にしたネットワーク論は、畿内地域の弥生社会を特徴づけるものとして現在まで大きな影響を与えている。

このような拠点集落の規模は数万～30 万 m^2 と大型・超大型のものもある。多くは周囲に環濠があるが、愛媛県文京遺跡、香川県旧練兵場遺跡、亀井遺跡など環濠をともなわないこともある。亀井遺跡の場合、調査区に大溝が複数存在しているため環濠集落として扱われることが多いが、弥生時代中期中葉の居住域北側に存在する大溝に対応する溝は南側になく、そのまま方形周溝墓が営まれることが明らかにされている点（広瀬 1986）を、改めて確認しておきたい。

（２）大型掘立柱建物

弥生時代中期の拠点集落の中には大型掘立柱建物が認められ、なかには溝などで区画されるものがある。この大型掘立柱建物には独立棟持柱をもつものともたないものがある。独立棟持柱とは梁の外側に立てられた柱であり、これによって棟を支えることになる。この構造の建物は北部九州地域ではほとんど例がなく、畿内地域を中心に分布する。

その性格については、稲倉（倉庫）（金関 1984）、コメという集団の存続に不可欠なものを貯蔵する神聖な場所すなわち祭祀施設（春成 1992）というように首長とかかわる特殊な施設とする考え方がある一方で、集落構成員の共有施設とみる見解（秋山 1999 b）がある。また、祖霊祭祀とかかわる施設であるとともに、穀物倉庫であり集会所でもあるという多くの機能をもった施設であったとする見解もある（設楽 2009）。

そうしたなか、広瀬和雄は独立棟持柱をもつ大型掘立柱建物を「神殿」と考えている。理由としては、①掘立柱建物の中では希少であること、②後の伊勢神宮の社殿と共通する構造であり弥生時代以降８世紀までに同様の構造の建物が存在すること、③祭祀遺物を有すること、④農耕祭祀の情景を描いた土器絵画の画題となっていることなどをあげている（広瀬 1996 b・1998 a・1998 b）（図 95）。

この神殿説に対しては批判が出されている。岡田精司は文献史学の立場から、神はあらゆるものに宿り形・姿はなく、祭の期間だけやってきて終われば神の世界に帰ることが日本の神観念の特徴であり、恒常的な神殿はなかったとした。また、祭場の条件として、集落から離れた清浄なところにあることと、祭祀を挙行する平坦な空間を有し、背後には山や川があり自然界とつながっていることも指摘した。列島における最古の神社のひとつである奈良県大神神社は三輪山がご神体であることから拝殿だけで本殿はなく、それ以前に神殿はなかったとするのが一般的な考え方であったとして、弥生時代は神殿をもつ段階ではないと述べ、池上曽根遺跡の独立棟持柱建物を神殿とする見解には否定的である（岡田 1998）。

大型掘立柱建物についての評価はさまざまで、筆者の考えも合わせ第４節でさらに検討する。

（3）弥生都市論をめぐって

2000年前後に、積極的に議論になったのが弥生都市論である。弥生都市を体系立てた広瀬和雄は、①集住により人口密度が高く、②農民だけでなく多彩な手工業工人、漁労・狩猟・交易の従事者、司祭者、渡来人、首長など異質な職掌の人々が共生し、③共同幻想を創出した「神殿」が存在し、④センター機能を掌握し多様な人々を１カ所にあつめた首長権力が求心力をもつような集落は農村と画するべきだとした（広瀬 1996 a・1996 b）。弥生都市とは首長が権力を貫徹し、それを再生産させるための装置だと概念化したのである。しかも、その基礎のところで権力が都市をつくるとする社会学の論理を援用したのであった。

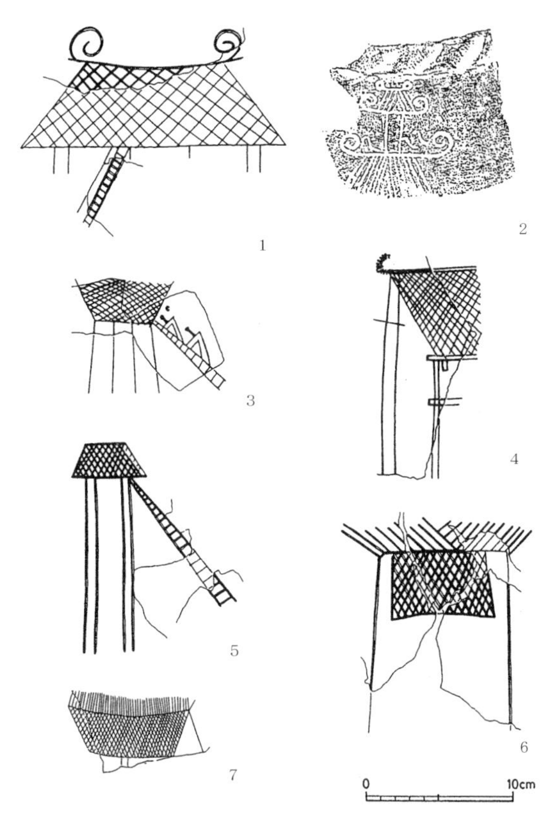

１～４奈良県唐古・鍵遺跡　５・６鳥取県稲吉角田遺跡
７香川県久米池南遺跡

図95　土器に描かれた弥生時代建物図（広瀬 1998 a）

この弥生都市論については批判的な意見が数多く示されている。都出は弥生都市論が出される前から、巨大な環濠集落は普通の農耕集落とは異なり、城郭都市の機能を萌芽的にもっていたことを指摘していた（都出 1989）。広瀬の弥生都市論が公表されると、大型環濠集落は政治的・経済的なセンター機能を有していたが都市とすることはできないとし、都市の要件として過度な集住と外部依存という要素を重視した。池上曽根遺跡では食糧は自給しており、首長がいて手工業など農業に携わらない人はいるにしてもほとんどは農民であったと考えられることから、農村でも都市でもない城塞集落と呼ぶことを提唱した（都出 1997）。

武末は、都市とは第二次・第三次産業に従事する者を主体とする大規模集落であるとして、環濠内に多くの農民がいた吉野ヶ里遺跡や池上曽根遺跡は都市ではなく、農村が極限にまで展開したものだと論じた（武末 1998 a・1998 b）。

また、秋山浩三は池上曽根遺跡における発掘調査の成果を踏まえて、当初想定されていたように内部が機能ごとに整然と区分されていたのではないこと、都市の要件としてあげられている専業工人の存在や階層性の顕在化、さらには非農業的労働層が数多く存在することが追認できないことから、都市とは考えられないとした（秋山 1999 b）。正式な発掘調査報告書が刊行されないまま議論され、発掘担当者以外立ち入れない部分はあったが、過去の調査を丹念に再整理したことは評価される。

さらに、若林邦彦は中河内地域の発掘調査成果を集約して、新たな弥生集落像を展開した。それによると、単位集団を基本に考えてきた集落の単位はもっと大きく、竪穴建物20～50棟前後のまとまりだととらえて基礎集団と呼び、大規模集落は複数の基礎集団の集合体とみる。拠点集落とは、基礎集団がたまたま近接して存在した結果にすぎないと考えたのであった（若林 2001）。

こうした批判に対し、広瀬は都市として生活物資を外部に依存する点を重視する。そして、拠点集落ではコメは自給しているので都市とは違うという都出の見解に対して、大型環濠集落におけるコメの自給について疑問を示し、農村でさえすべての物資を自給できず外部に依存していると反論した（広瀬 1998 b）。さらに、それ以外の批判については意見を示すことなく、「概念化と体系化への志向が弱いという宿痾をかかえた日本考古学は、弥生時代における都市の存否に問題を矮小化してしまった」と総括した（広瀬 2003 b）。

このように、弥生都市論をめぐっての議論はかみ合わないまま現在にいたっている。広瀬は「弥生都市」という概念を提示したのに対し、「弥生都市」に対する批判は拠点集落が都市かどうかに向けられ、広瀬からすると違う土俵で議論されたということになるのであろう。

いずれにしても弥生都市論という問題提起によって、学会では拠点集落とは何か、都市とは何かということについての議論が活発化したことは事実である。多くのシンポジウムが開催されたが、拠点集落が都市かどうかの議論は、拠点集落の性格を明らかにする上で必要な議論であった。そして、都市ではないという立場からも、対案として「都市的」という評価や「農村の特殊なあり方」という評価が示された。

武末が指摘したように、都市が農村・漁村・山村の対概念であるなら、拠点集落すなわち大規模環濠集落をどう評価するかが課題となろう。弥生時代には「都市的様相をもった農村」が出現したことになり、そうした集落が出現したことを弥生社会の中に歴史的に位置づけていくことが重要だと考える。

6　集落研究の課題

弥生時代を特徴づける環濠集落と高地性集落、さらには拠点集落にかかわる調査成果及び研究に関する現状と課題について整理をおこなった。弥生集落研究は、1990年代後半に「弥生都市論」が提起され、否定的な意見が多かったが、結果として弥生集落に関する議論が大いに進み、集落研究は活況を呈した。

こうした研究の成果を踏まえ、集落から弥生社会をどう復元するのか、ミクロな視点とマクロな視点を組み合わせながら、それを明らかにしていく必要があることを確認しておきたい。

第3節　石器組成からみた高地性集落
——軍事的側面・生業的側面について——

1　問題の所在

高地性集落とは、文字通り山の上あるいは丘陵上に営まれた集落のことである[(1)]。水田稲作が始まった弥生時代に、可耕地から離れ水田稲作に不便な場所に集落を構えたことから、その必然性について議論されてきた。学史的には小野忠熙によって、山口県の島田川流域の丘陵上の集落に溝すなわち濠を有することから軍事的な緊張関係が原因となり出現したとして提起されたが（小野 1953）、その後、小野自身が高地性集落とした遺跡から検出された遺構・遺物に軍事性を示すものが認められないことから、生業すなわち焼畑とのかかわりを提起した（小野 1959）。小野の考えは、今日的にも課題となっている高地性集落の軍事的側面と生業的側面を当初から問題提起していたことになる。

その後、佐原眞は紫雲出山遺跡で多数出土する大型化した打製石鏃は武器としての機能が備わったと考え、高地性集落に軍事的性格があることを論じた（佐原 1964 b）。その後は、東山遺跡の石器組成を分析すると敲石・磨石の占める比率が高いことから、山の生活すなわち縄文的な生活を送っていたという見解（菅原 1980）、中期後葉における自然環境の悪化から安定した高い場所に居住域を移動させたという見解（安田 1984）、瀬戸内海という内海航路を監視し、鉄や銅といった物資を入手するための施設という見解（伊藤実 1991）が示され、高地性集落にも多様な性格があったことが考えられるようになった。

2000 年に入っても、高地性集落に軍事的性格があったかどうかについては見解が分かれている。柴田昌児は丘陵や台地など高地に居を構える集落を広く「山住みの集落」としたうえで軍事的防御機能を有する集落を「高地性集落」と整理した（柴田 2004）。これに対し、下條信行は、その軍事的性格については学史的にも遺構・遺物の様相からも問題があるとし、さらに高所から流通を監視するという機能についても当時の航海技術を想定して疑問を呈した。そして、石包丁を使う栽培農耕、堅果類の採集、狩猟といった生業の多様性こそが高地性集落の特徴であるという考えを示した（下條 2006）。

本節では、石器組成から高地性集落の類型化を試みる。そのために、瀬戸内海沿岸と大阪湾岸及びその周辺地域の高地性集落の石器組成を整理し、それにもとづき高地性集落の性格や機能について考察を加え、最後に高地性集落成立の要因についても考えたい。(2)

2　主要遺跡の出土石器

まずいくつかの高地性集落を取り上げ、石器を中心に出土遺物を概観し、問題点を抽出する。

紫雲出山遺跡　香川県三豊郡詫間町の標高 352 m の山上に所在する、弥生時代中期後葉の集落である。この遺跡からは打製石鏃・畿内式打製尖頭器 293 点が出土し、全石器に対する比率は 78 % である。大型化した多数の打製石鏃の保有と、眼下に瀬戸内海を見下ろすことができるという絶好の視野と眺望に恵まれた立地から軍事的性格が想定された。ただし、出土遺物の種類としては低地の集落から出てくるものが一通り揃っており、防砦・見張り場・烽台のみで成り立っていたのではなく、軍事的・防御的性格を備えた集落遺跡だとした。注意しておきたいのは、西日本の高地性集落のすべてにそうした性格があったのではなく、大阪湾岸から東部瀬戸内地域の高地性集落に防砦としての役割を果たしたものがあること、内海航路を監視し掌握するための拠点であったとも述べられている点で、高地性集落を軍事的・防御的性格のみでとらえていない。

会下山遺跡（図 96）　兵庫県芦屋市の最高所で 200 m の尾根上に営まれた集落である。遺跡のほぼ全体が発掘され、竪穴建物・掘立柱建物・墓・焼土坑と、多数の土器・石器・金属器が出土した。弥生時代中期中葉から後期中葉にかけて継続したが、中心は後期である。その後、史跡指定を目指

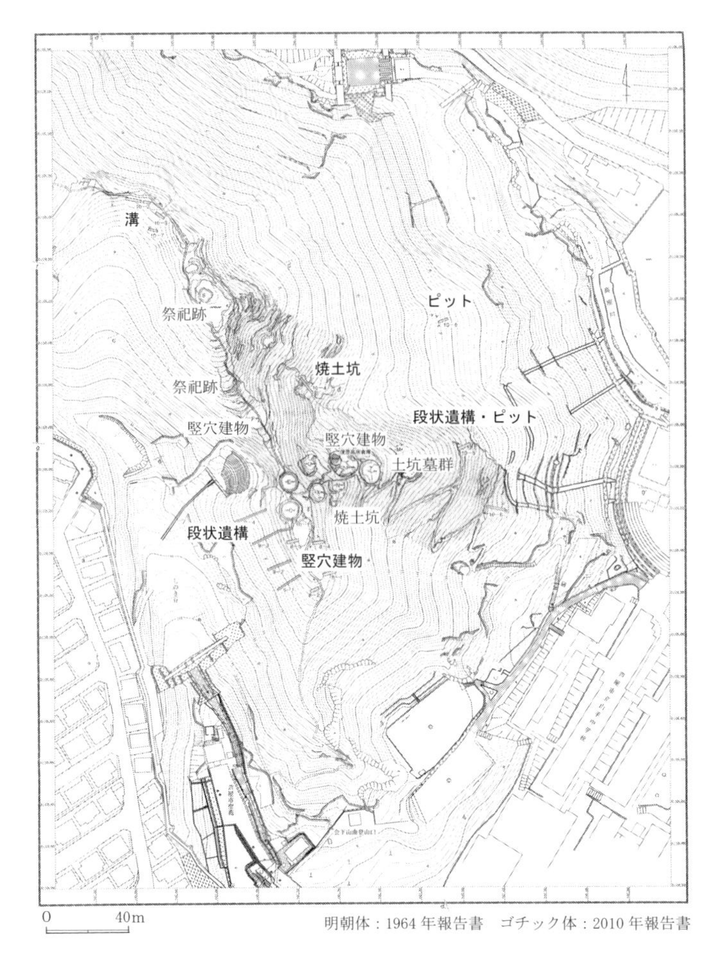

図96　会下山遺跡全体図（芦屋市教委 2010）

した発掘調査の結果、遺構は山頂部だけではなく斜面部においても存在し、集落の規模は従来考えられていたよりも大きくなると考えられるようになっている。

石器では石包丁が欠落する以外、低地の集落と同様の器種が揃っていた。鉄器では鉄鏃や鉄斧などが20点以上もあり、青銅製品では漢式三翼鏃が希少な中国系文物として特筆される。土器に関しては森岡秀人の詳細な研究があり、中期には低地に想定される母集落の土器が認められるのに対し、後期になるとそうした土器はなくなり「孤立化」するという（森岡 1980）。森岡のいう「孤立化」とは、中期までの低地の母集落との関係が切れたという意味と解される。後期には生駒西麓産の搬入土器は増え、金属製品もある。この時期に形成された新しい流通ネットワークの中で、集団関係も変質したと思われる。

会下山遺跡の所在する六甲山南麓で山と海との間の低地が直線距離にして2km前後なのは芦屋川までで、これ以東になると山は海岸から後退する。会下山遺跡は六甲山南麓の地形の転換点に位置している。眼下に瀬戸内海を見下ろすことができるわけではないが、筆者はこの場所に意味があったと考えている。

東山遺跡（図97）　大阪府南河内郡河南町の標高100～160mの丘陵上に立地した弥生時代中期中葉から後期後葉にかけて営まれた集落である。この遺跡では石器組成が低地の集落と大きく異なっていた。すなわち石包丁は2点しか出土しなかったのに対し、磨石11点、敲石16点、使用痕のない丸石8点、石皿類10点といわゆる調理具が45点であった。調査者である菅原正明は、初期農耕社会において可耕地を占有できない集団の出現が契機となり、集団間の対立が激化し、山に生活を求めざるをえなくなった集団が作り出した集落であるととらえた。とはいえ、生駒西麓産の土器は出土しているので、他の集団と没交渉だったわけではない。筆者は高地に上がった理由と、そうした生業が成立した要因とは分ける必要があると考えている。

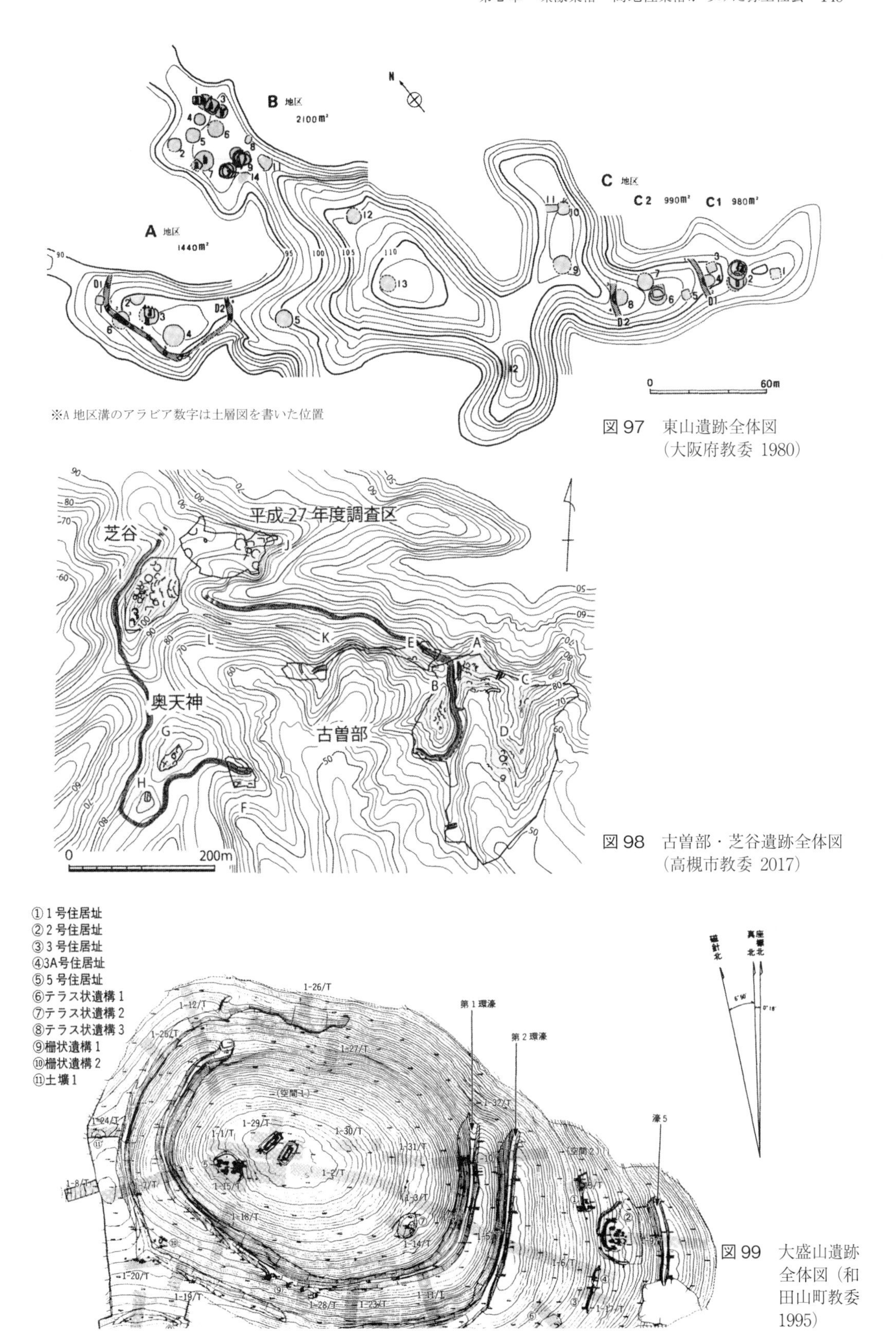

図 97　東山遺跡全体図（大阪府教委 1980）

図 98　古曽部・芝谷遺跡全体図（高槻市教委 2017）

図 99　大盛山遺跡全体図（和田山町教委 1995）

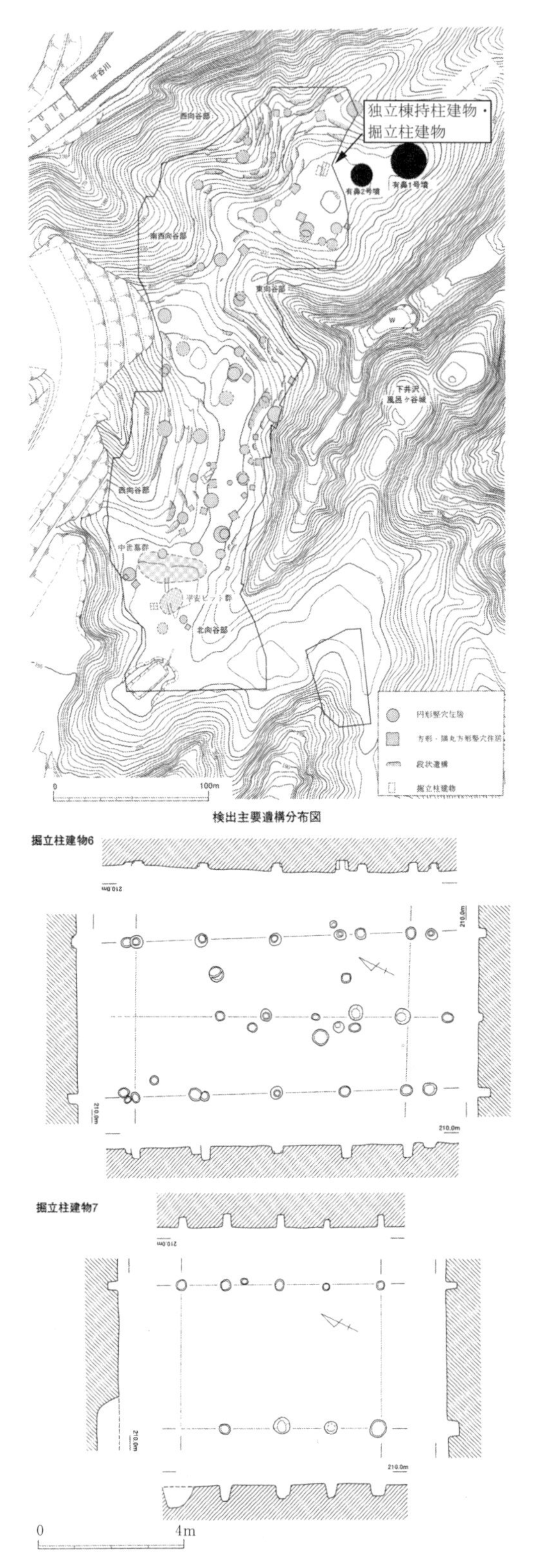

図 100　有鼻遺跡全体図及び独立棟持柱建物・掘立柱建物実測図（兵庫県教委 1999）

古曽部・芝谷遺跡（図 98）　大阪府高槻市に所在した、弥生時代後期前葉に成立し中葉まで継続した環濠をもつ高地性集落である。中期までの拠点集落である安満遺跡が解体し、集落の中心が移動してきたととらえられている。この遺跡では大型の板状鉄斧をはじめ 17 点の鉄器が出土する一方で、打製石鏃や磨製石斧をはじめとする石器もほとんどの器種が揃っていた。利器が石器から鉄器へ移行していく、まさに過渡的な状況を示している。鉄器化が進行した時期の石器群であり、中期のそれとは石器組成において意味が異なる点を確認しておきたい。また、河内や近江地域とともに、吉備や讃岐地域の土器が出土している。淀川を眼下に見ることができるということではないが、瀬戸内海から淀川を介した交流の存在が窺え、鉄器の流通において重要な役割を担った集落であったと考えている。

大盛山遺跡（図 99）　兵庫県北部の和田山町（現朝来市）に所在した、弥生時代後期前葉の集落である。最高所は標高 152 m、周囲との比高差は約 50 m である。この遺跡の特徴は、丘陵に環濠を巡らすものの内側に竪穴建物は 1 棟しかなく、外側に 4 棟が検出されたことである。環濠内の空間は建物をともなわない祭場ととらえられている。石器をみると打製石鏃は皆無だが、環濠から自然石 194 点が出土した。重量は 40～1,500 g とばらつきがあるが、武器である投弾だと考えられている（田畑 1994）。本遺跡は、あまり広くない山頂を取り囲むという構造をもっていたことが重要で、類例として島根県の田和山遺跡があり、高地性集落の一つの類型となることが示唆される。

有鼻遺跡（図 100）　兵庫県三田市に所在した、弥生時代中期後葉の集落である。武庫川を遡った三田盆地の丘陵上に営まれ、標高 210 m 前後、比高差 55 m 前後である。居住域をほぼ完掘し、竪穴建物 70 棟、掘立柱建物 9 棟が検出され、集落の最高所には独立棟持柱建物も確認した。集落の規模や構造、出土遺物の内容から、低地の集団がそのまま丘陵に上がったと推測される。

出土した石器は830点に達し、低地で出土する各器種が揃っていた。打製石鏃をはじめとする狩猟具・武器類が441点も出土したのに対し石包丁は5点しかなかった。この遺跡の石器を整理する機会が与えられた際、打製刃器に収穫具の可能性があるものを意識的に探した。形態的に候補となるものは抽出されたが、それが収穫具だとしても組成比率が大きく変わるものではない。現状で収穫具は非常に少なかったと考えざるをえない。もし水田稲作以外に依存していたのであれば、かわりに調理具が卓越してもいいはずだが、そのようなこともない。明石川流域から三田盆地にかけてはこの時期、丘陵上に大規模な集落が出現する。規模や内容からすると水田稲作を他の集団に依存していたとは考えにくく、石包丁など収穫具の希少性の評価は大きな課題である。

3　高地性集落における石器の様相

高地性集落の性格については、すでに確認したとおり軍事的側面と生業的側面から議論があった。このことを検討するために、石製武器や農具、調理具の出土状況をみていくこととする（図101～103）。また、弥生時代後期には、中期に比べると石器の出土数は激減し、鉄器の普及が想定されるので、後期の遺跡については、そのことを認識して議論をする必要がある。

打製石鏃　打製石鏃には狩猟具と武器の機能が考えられる。弥生時代になると武器として注目されるようになるが、狩猟具との識別は困難である。本節では狩猟具・武器とし、打製石鏃が多数出土するのは、武器の比率が高かったという前提で議論を進める(3)。

まず大阪湾岸とその周辺地域である。弥生時代中期後葉に始まる六甲山南麓の伯母野山遺跡においては48点（打製尖頭器1点を含む）が出土し、全石器に対して58％であった。また、弥生時代中期中葉から後葉の奈良県五條市の原遺跡では35点で53％であった。50％を超えるのはこの2遺跡で、そのほか東山遺跡が32点（打製尖頭器3点を含む）で28％、会下山遺跡が19点で26％であった。

三田盆地では有鼻遺跡が424点（打製尖頭器4点を含む）で52％、隣接する奈カリ与遺跡では62点（打製尖頭器3点を含む）で30％であった。低地の集落をみると、兵庫県田能遺跡や池上曽根遺跡は前期から後期までという時間幅のなかで16％と18％。中期後葉主体の大阪府栄の池遺跡や大阪府畑遺跡(4)では57％と50％となる。これらの数値をみる限り、当地域の高地性集落から打製石鏃が多数出土するとはいいきれない。

弥生時代後期になると古曽部・芝谷遺跡の場合、15点（打製尖頭器3点を含む）で9％であった。石製武器が多量に出たことで注目された観音寺山遺跡では、打製石鏃70点が出土し22％。打製尖頭器を含めると101点だが、比率は32％にとどまる。

一方、後期には砥石が急増するので、砥石を引いて打製石鏃の比率を計算するとそれぞれ18％と38％になる。田能遺跡や池上曽根遺跡でも同じようにしたところ、27％と32％であった。単純な比較は慎まなければならないが、この2遺跡の打製石鏃の保有量は中期までの低地の拠点集落とかけ離れるものではないという見方もできる。その一方で、この時期には鉄器化が進行している。鉄鏃の膨大な量は想定しないとしても、打製石鏃の出土点数以上に鏃が多かったと考えること

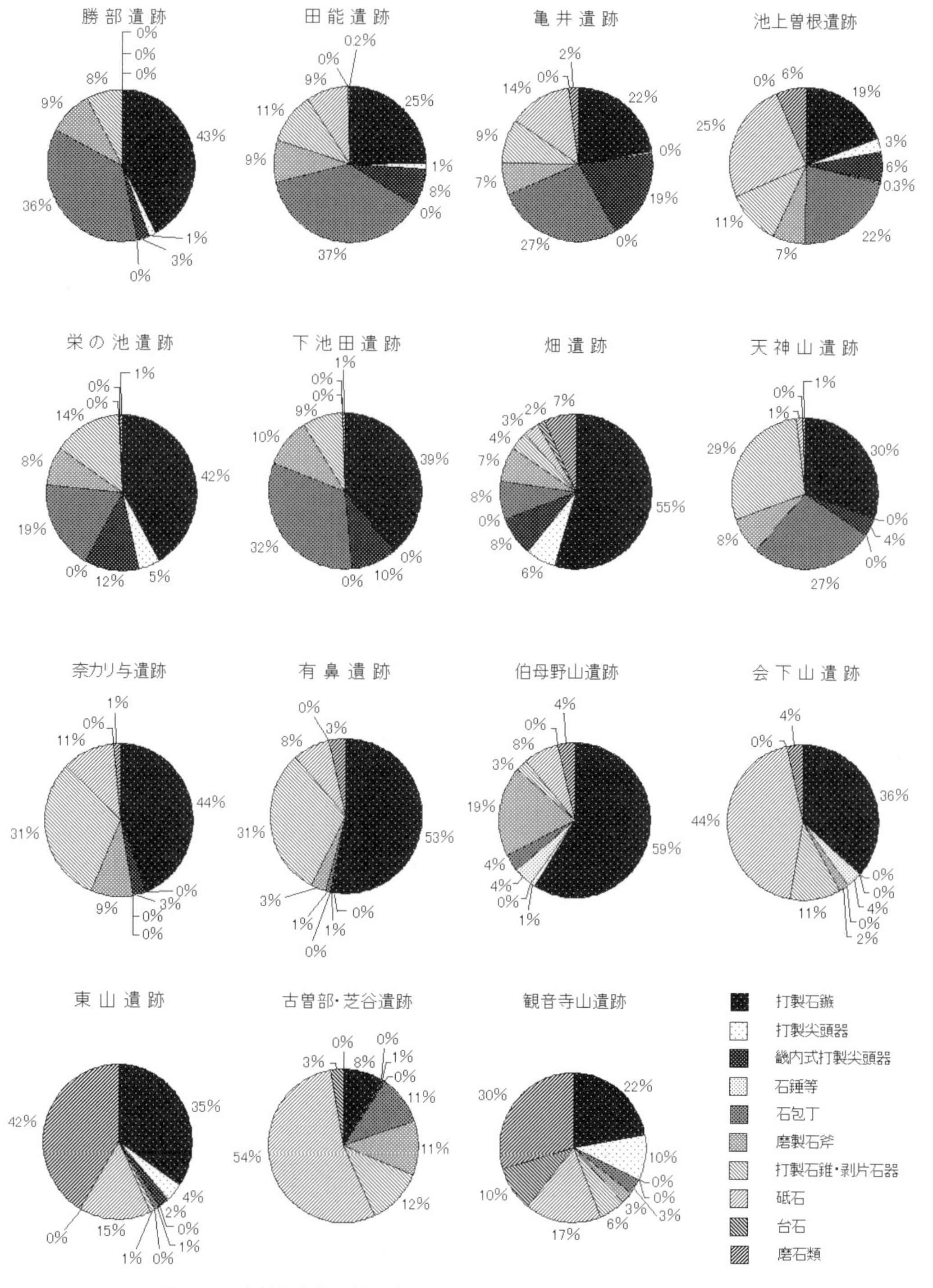

図 101　高地性集落・低地遺跡の石器組成（1）（禰宜田 2002 を改変）

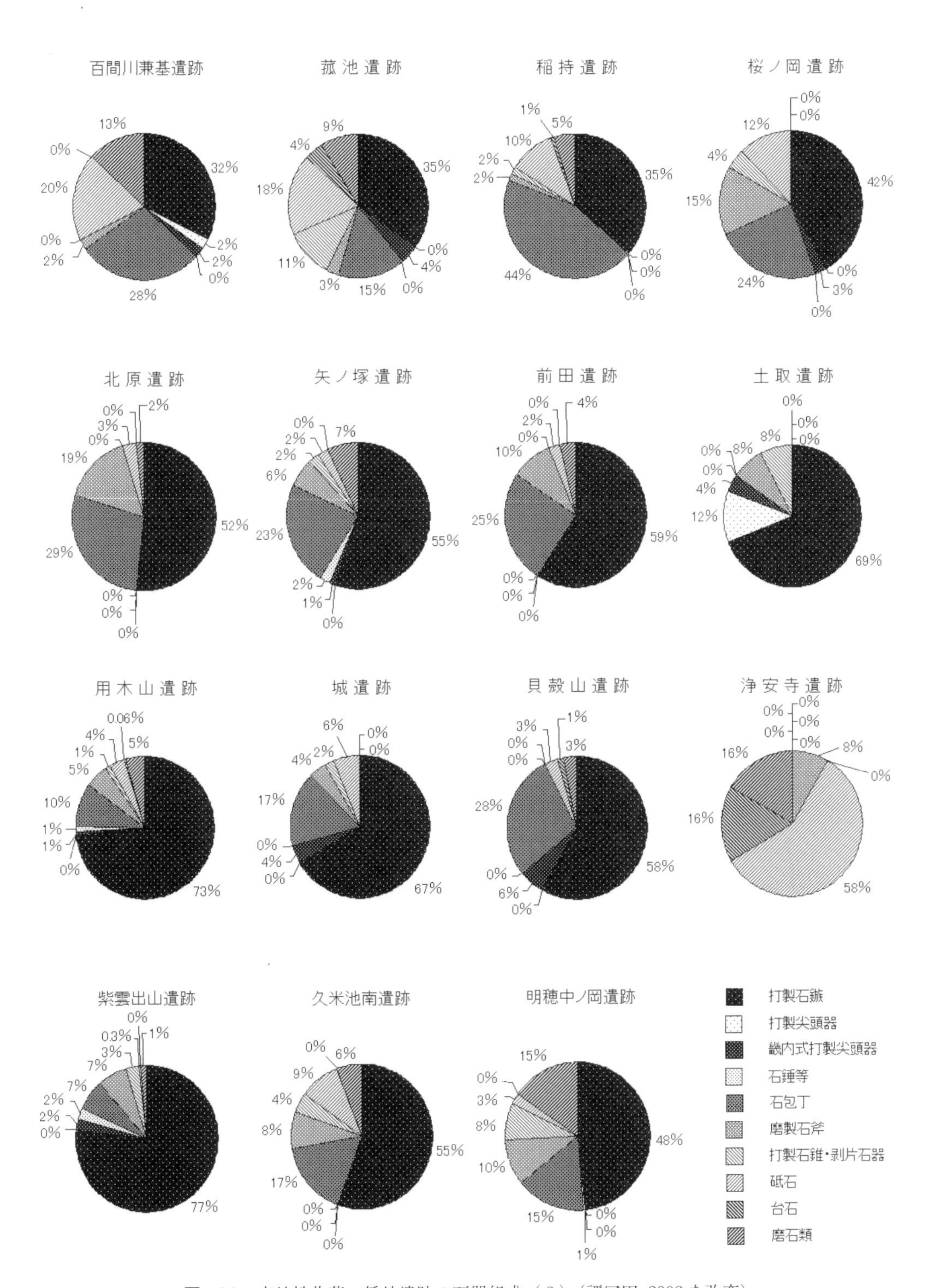

図102　高地性集落・低地遺跡の石器組成（2）（禰宜田 2002を改変）

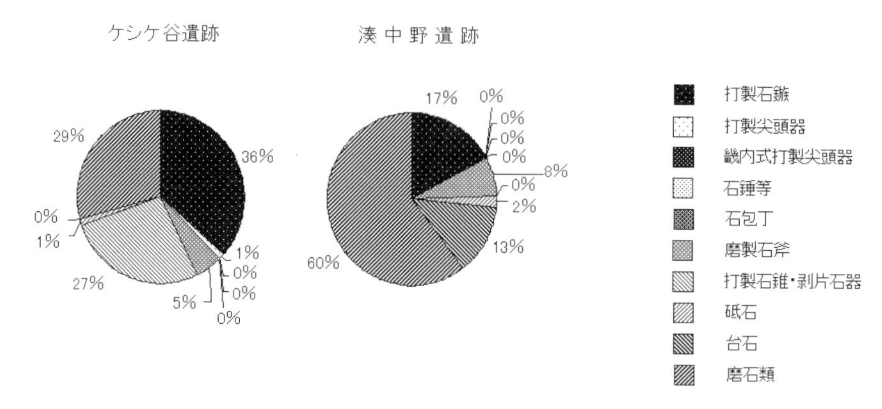

図103　高地性集落・低地遺跡の石器組成（3）（禰宜田 2002 を改変）

は許されよう。

次は東部瀬戸内地域である。弥生時代中期後葉の紫雲出山遺跡では打製石鏃 284 点が出土し、全体の 75 %であった。同時期の用木山遺跡では 1328 点で 71 %、貝殻山遺跡では 39 点で 58 %、岡山県城遺跡では 32 点で 65 %、また徳島県土取遺跡でも 21 点（打製尖頭器 3 点を含む）で 63 %となり、60～70 %を占める遺跡が列挙される。低地に併存する岡山県百間川兼基遺跡や菰池遺跡、香川県矢ノ塚遺跡などが 25～50 %前後なので、最大で 3 倍近い開きとなる。

さらに西部瀬戸内地域では、愛媛県の半田山遺跡において 150 点が出土し 78 %であったが、愛媛県の明穂中ノ岡Ⅲ遺跡が 73 点で 44 %、それに隣接する明穂東岡Ⅱ遺跡でも 32 点で 32 %と、3～4 割程度の集落も存在した。なお、半田山遺跡から見下ろす低地に立地する池の内遺跡第 3 地区では 44 点が出土し 78 %であった。

こうしてみると、岡山・香川県域にあたる東部瀬戸内地域において打製石鏃の比率が非常に高いという特徴が指摘できる。集落規模にかかわらず打製石鏃が 6 割前後の遺跡が散見され、中には 7 割を超える集落も存在していた。(5)

畿内式打製尖頭器　低地の集落に対して出土数は少ない。南河内地域の東山遺跡からは先端部の破片が 2 点出土しているが、六甲山南麓の遺跡では出土例を知らない。三田盆地では奈カリ与遺跡で 1 点確認されるなど、その可能性のあるものを含め 6 点が出土している。打製石鏃との比率は東山遺跡で 16：1、奈カリ与遺跡で 65：1 であり、有鼻遺跡でも 70：1 である。

これに対して田能遺跡や池上曽根遺跡ではそれぞれ 369 点、69 点が出土し、3：1 と 4：1 となる。また栄の池遺跡や畑遺跡でも 4：1 と 7：1 であり、ほかの低地集落を加味すると打製石鏃との比率は 3：1～20：1 となる。畿内式打製尖頭器は低地の集落で顕著だが、高地性集落では副次的な存在であったことになる。

東部瀬戸内地域では、紫雲出山遺跡から 9 点が出土し打製石鏃との比率は 30：1、用木山遺跡においては 17 点で 80：1、貝殻山遺跡では 4 点で 10：1、城遺跡では 2 点で 16：1、土取遺跡では 1 点で 21：1 となる。同時期の低地の岡山県菰池遺跡は 4 点で 8：1、香川県矢ノ塚遺跡が 6 点で 40：1 だが、まったく出土しない遺跡もある。高地性集落と低地の集落とでは、大きな違いは認められない。

西部瀬戸内地域の 3 遺跡において畿内式打製尖頭器の出土は確認できない。低地でも出土はめずらしく、この石器の分布域の周縁部にあたることと関係しているのであろう。

畿内式打製尖頭器は、東部瀬戸内地域では打製の石包丁からの転用品も存在するのに対し（高田浩 2001）、大阪湾沿岸地域では南河内地域の集団が作った完成品が拠点集落を介して流通していた（蜂屋 1983）。それぞれの社会において、この種の石器を保有することについての意味が異なっていたことを考える必要があるのかもしれない。大阪湾沿岸地域の高地性集落と低地の環濠集落において、畿内式打製尖頭器の出土数及びその比率に違いがあったのは、遺跡の性格が反映していた可能性もある。

投　弾　投弾とみなされる自然石についてもみておこう。この種の石器は大盛山遺跡や田和山遺跡以外でも白岩遺跡で確認されていることはすでに触れた（図24）。さらには観音寺山遺跡では環濠の中からまとまって出土し、会下山遺跡や大阪府天神山遺跡でも確認されている。

投弾は低地の集落でも出土しているが、高地性集落出土のものは大型化する傾向にあるという（森井 1982）。たしかに高地性集落の投弾には大型で投げるのには適さないものが含まれる。これらは上から落とすことに意味があったと考えられ、高地性集落だからこそ威力を発揮できたと推測する。投弾が狩猟具として用いられたという見方もできなくはないが、武器としての役割を果たしたと考えており[(6)]、高地性集落の性格を考える上では重要な意味をもつ石器である。

石包丁　大阪湾沿岸地域とその周辺地域の弥生時代中期の高地性集落から石包丁が出ることは少ない。まず、会下山遺跡では出土が確認されていないことを指摘しておこう。また、東山遺跡では2点、2％であった。すでに述べたように、明石川流域や三田盆地の高地性集落でも同様で、有鼻遺跡では6点出土したが比率は1％に満たない。弥生時代後期の古曽部・芝谷遺跡や観音寺山遺跡からはそれぞれ12点、10点出土し、比率として7％と4％を占め、弥生時代中期の低地の集落に比べると低い。ただし、後期の同時期の低地の遺跡の検出例がないので比較はできない。

様相を異にするのが弥生時代中期の天神山遺跡である。この遺跡は安満遺跡から分かれて丘陵に進出したと捉えられているが（原口 1977）、42点で27％を占め、低地の集落と大きく変わらない。丘陵上の高地性集落には、低地と同じ石包丁組成をもった遺跡が存在していたことになるが、この地域では例外的な存在といえる。

東部瀬戸内地域における石包丁あるいは打製の石包丁のあり方は、紫雲出山遺跡では25点で7％、貝殻山遺跡では19点で28％、城遺跡では8点で16％となる。この地域の低地の集落における石包丁あるいは打製の石包丁の占める比率は10～40％なので、高地性集落だからといって低いというわけではない。

西部瀬戸内地域では、半田山遺跡では10点で5％、明穂中ノ岡遺跡では23点で14％、明穂東岡Ⅱ遺跡では16点で16％であった。半田山遺跡の比率が低いのは打製石鏃が極端に多かったことが影響しているとみると、石包丁は少なからず保有していたといえよう。

こうしてみてくると、大阪湾岸及びその周辺地域の高地性集落においては石包丁の比率が低いところに特徴があり、瀬戸内地域のそれとは違うことになる。このことは、高地性集落の成立過程が異なり、水田稲作へのかかわり方が異なっていた可能性を考えたい。

磨石・敲石　磨石・敲石の組成を検討する場合、まず発掘担当者の意識により、発掘作業時にこうした石器をどれだけ「遺物」として持ち帰ってきたかという問題がある。また、一つの石器で磨石と敲石にみられる痕跡が両方認められることは多々あり、敲石といっても一部に叩かれた痕跡が残るものもあれば、扁平な丸い石の周囲に広くその痕跡が観察される場合もある。本来であれば、磨石・敲石の機能を限定して議論できればいいが、それが可能な状況にはない。

また、敲石の機能としては調理具だけではなく、石器などを製作する加工具としての機能も考えなくてはならない。近年、五斗長垣内遺跡の発掘調査で、敲石は鍛冶具としての機能も有していたことが明らかとなった。敲石は多くの機能を兼ね備えた石製品であり、評価が難しい遺物といっていい。ある意味、石器組成論を展開する場合の難しさを示すといえるのかもしれないが、調理具というよりも工具としての機能を意識しつつ以下、検討する。

まず取り上げるのは東山遺跡である。敲石が16点、磨石・丸石が17点、石皿が10点である。ここの敲石・磨石を観察したが、実際に敲石を調理具と加工具に識別することは容易ではなく、石器の機能を一つに限定することは困難である。転用・再利用を考えると、組成によって当時の生活を復元することの困難さを指摘する意見が出てくる可能性もあるだろう。敲石には工具としての機能を考えなければならないが、東山遺跡では磨石の方が多いので調理具の比率は依然として高いとみている。しかも、石包丁は1点しかない。こうした組成を踏まえると、少なくとも、水田稲作の比重が高かったとは考えにくいという点は、今日的にも指摘されうる。

同じような組成をとる遺跡として佐賀県湊中野遺跡がある。この遺跡は弥生時代中期以降の高地性集落で、竪穴建物や焼土坑も検出され、後者の存在は通信機能を果たしたとみられている。全部で49点の石器が出土したが、32点が磨石であり、全体に対する比率は65％であった。打製石鎌1点はあるが石包丁は未確認である。石包丁が皆無か極端に少ないけれども磨石が卓越する集落が東山遺跡以外にも存在することを確認しておきたい(7)。

弥生時代後期になるが観音寺山遺跡では磨石34点、敲石60点が出土した。この遺跡では三角形鉄片が出土しており、鉄器製作がおこなわれた可能性が高いと考えている（禰宜田 2015 b）。また、石包丁も10点出土している。これらのことから、石包丁を保有しつつ、磨石が少なからず認められる高地性集落も存在していたことになる(8)。

つまり、磨石が低地の集落よりも高い比率を占める高地性集落には、石包丁をほとんどともなわない遺跡と一定の比率を占める遺跡の二者があったことになる。その違いは生業のあり方の違いを反映していたのだと考えている。

4　石器組成からみた高地性集落の性格

高地性集落の石器組成を低地集落のそれと比較してきた。それらを踏まえ、軍事的性格と生業的性格について考えていくこととする。その前に、打製石鏃及び敲石・磨石の機能について再度、考え方を整理しておきたい。

打製石鏃は新方遺跡や山賀遺跡で弥生時代前期の墓から多数出土しており、戦死した人物の墓ととらえられること、打製石鏃の大型化は弥生時代の当初から認められること（神野 2000、寺前 2001 b）から、弥生時代前期から武器としての機能も有していたと考える。

敲石・磨石のうち、磨石は主に調理具としての性格を有していたとみなされる。一方、敲石については調理具としての機能だけでなく石器製作や鉄器製作にかかる工具としての性格も有していたとして検討を進める。また、石器組成の検討であるから、議論ができるのは弥生時代中期が対象であるが、一部後期のものについても触れていくこととする。

（1）軍事的側面について

打製石鏃・投弾から考えられること　まず指摘しなければならないことは、弥生時代中期に打製石鏃が6割を超える貝殻山遺跡や紫雲出山遺跡などの遺跡が存在しているという点である。このような高い比率をもつ遺跡は、同時期の東部瀬戸内地域の低地の集落では認められない。また大阪湾岸とその周辺地域の高地性集落でも基本的には認められない。そういう点で、打製石鏃が6割を超える高い比率を占めるのは、弥生時代中期後葉の東部瀬戸内地域における高地性集落に特徴的な石器組成であったことは指摘できる。

打製石鏃に武器としての機能があったことを踏まえると、当該地域の高地性集落は緊張関係に直接的に対応したものであり、緊張関係の主体が高地性集落であったと考えている。問題は緊張関係の中身である。いうまでもなく、高地性集落から低地に向かって矢を射るというようなことはありえないことである。弥生時代中期後葉には鉄器の流通が本格化することによって社会が変化し、それにともない社会に潜在的な緊張感が高まり、それに対する直接的な対応として多数の打製石鏃を備蓄したことを想定したい（禰宜田 2017 b）。紫雲出山遺跡はじめ瀬戸内海沿岸の集落では眼下に海を目視できる環境にある。そうした地理的環境も関係していたものと推測する。

これに対して、近畿のそれにおいて打製石鏃の比率は高くない。弥生時代中期の緊張関係の主体は高地性集落にはなかった。つまり、高地性集落ではなくその「出身集落」として想定される低地の拠点集落に緊張関係の主体があったと考える[9]。

弥生時代後期の高地性集落は、徳島県カネガ谷遺跡、瀬戸内沿岸の表山遺跡、大阪湾岸の古曽部・芝谷遺跡や観音寺山遺跡などがある。東アジア世界の緊張関係の余波や鉄器化という社会の変化にともなって出現したとみている。この時期の高地性集落は緊張関係の主体として機能したと考えている。中期の打製石鏃の比率が20～55％とばらつきはあるが、古曽部・芝谷遺跡が8％、観音寺山遺跡が22％と中期よりも比率は低い。このことは、打製石鏃以外に鉄鏃が存在していたことが要因と考える。

大盛山遺跡についても言及しておこう。ここでは、投弾と考えられる自然石が出土していることはすでに触れた。丘陵頂部に祭祀空間をもつ集落として田和山遺跡があり、この遺跡でも投弾と考えられる自然石が発見されている。投弾は自然石であることから、まとまって出土するという特殊な状態でないと認識できない場合もあるが、武器としての機能を有していたことが示唆される。この種の石器がまとまって出土する遺跡があるということも、高地性集落が軍事的性格を有していることを示していると考える。

なお、有鼻遺跡では集落の最高所に独立棟持柱建物があり、この建物周辺の平坦面には竪穴建物はみられなかった。高地性集落の最高所が祭祀空間であったという点では共通するので、ここで取り上げた（禰宜田 1999 b）。

打製石鏃・投弾からみた二者　普遍的に出土する打製石鏃は、低地の集落と同じ比率である遺跡とそれよりも高い比率である遺跡がある。それを踏まえると次の二つに分けることができる。

①武器卓越型：打製石鏃の比率が、低地の集落の2～3倍と高比率となる遺跡である。概ね全石器の6割以上を占める一群の遺跡が該当する。また、投弾が多数出土する遺跡にもこれに含ま

れるものがある。これらは武装強化をした結果とみており、紫雲出山遺跡や用木山遺跡など東部瀬戸内地域に特徴的に認められる。

②武器非卓越型：打製石鏃が低地の集落と同程度を占める遺跡である。概ね全石器の３割程度である。大阪湾岸とその周辺地域では弥生時代中期中葉にはじまる会下山遺跡や東山遺跡などが該当する。

高地性集落は広範囲に分布し、出現時期も異なっており、環濠をともなう場合、ともなわない場合がある。このことは高地性集落の性格も一つではなかったことを示唆する。

佐原らが紫雲出山遺跡の発掘調査報告書で指摘したことであるが、東部瀬戸内地域においては打製石鏃が非常に高い比率を占める遺跡がほかにも存在していた。こうした高地性集落の出現は、瀬戸内海の島嶼部の間を通る船が目視できるという地理的な環境の中で、社会の変化すなわち鉄器や青銅器という新たな物資の供給によってもたらされた緊張関係に対する一つの対応のあり方であったものと推測する。

投弾の存在を含め、高地性集落には軍事的性格を有する集落はあったと考える。ただし、打製石鏃などの比率が低地の集落と変わらない場合もある。石器組成から読み解くことのできる遺跡とそうでない遺跡があったことになる。そこから打製石鏃の量の多寡にもとづき、高地性集落は、

Ⅰ類　武装強化をした集落（武器卓越型）

Ⅱ類　武装強化をしなかった集落（武器非卓越型）[10]

という二つのタイプに分けることとする。

（２）生業的側面について

石包丁・磨石から考えられること　水田稲作とのかかわりでは、まず石包丁、打製の石包丁をみていこう。用木山遺跡、城遺跡、紫雲出山遺跡、明穂中ノ岡Ⅲ遺跡など瀬戸内地域では10～20％の石包丁を保有していた。この数字は打製石鏃が多数出土したことを踏まえると、けっして低いものではなく、各集落で水田稲作がおこなわれていたと考える。

ところが、大阪湾岸とその周辺地域の高地性集落から石包丁の出土が少ない。このことについては次のようなことが考えられる。会下山遺跡では石包丁がなく、磨石も非常に少なかった。つまり、食糧生産に関係する石器がほとんど認められない状況にある。このことをそのまま解釈するならば、直接食料獲得をおこなわなかったということが考えられる。

一方、すでに取り上げたが東山遺跡のように石包丁が非常に少なく、磨石の占める比率が高い集落もある。同じ組成が湊中野遺跡でも確認されている。縄文的な生業形態であったと評価ができる遺跡が地域を越えて存在したことになる。その場合、生業にかかわることで分業を目的に高地性集落が成立したのかが問題となる[11]。考古学的に証明することは難しいのであるが、分業が目的ならこうした遺跡がもっと存在してもいいはずである。しかし、いまのところ限定的で、分業を目的に成立したということは考えにくいように思われる。それよりは、何らかの要因で高地性集落が成立し、そこでは縄文的な生業をおこなっていたと考えたほうがいいとみている。

次に、大規模な高地性環濠集落でのあり方をみていこう。古曽部・芝谷遺跡や観音寺山遺跡の母体となったのは、それぞれ安満遺跡と池上曽根遺跡である。これらは弥生時代後期に消滅したのではなく縮小しつつも集落としては存続した。廃絶しなかったのは、その場を捨て去ることのできな

い理由があったからで、具体的には水田だったのではないかと推測する。安満遺跡にしても池上曽根遺跡にしても集団の多くは高所に移動したものの、一部の集団は低地において集落を継続させていた。土器の存在はそのことを示している。低地の集落と高地性集落は一つの集団として、中期と同じ場所で水田稲作を営んでいた可能性を考えたい。

収穫具・調理具からみた四者　収穫具と調理具の石器組成から、実際の遺跡のあり方を踏まえると次の三つに分類することができる。

①収穫具卓越型：石包丁が低地の集落と同じ程度の比率を有し、磨石の比率が相対的に低い遺跡である。低地の集落の多くはこの類型にあてはまることになり、高地性集落では用木山遺跡や貝殻山遺跡など東部瀬戸内地域に該当するものが多い。大阪湾岸では天神山遺跡がこれにあてはまる。

②収穫具欠落・調理具卓越型：石包丁がほとんど出土しないのに対し、磨石の比率が低地の集落に比べて高い比率を占める遺跡である。東山遺跡や弥生時代中期から後期に機能した湊中野遺跡が該当する。

③収穫具・調理具欠落型：石包丁と磨石・敲石がともにほとんど出土しない遺跡である。会下山遺跡が該当する。

これらをもとに高地性集落における生業形態を復元すると、次の四つに類型化が可能である。

1類　水田稲作をおこなった集落（収穫具卓越型）

2類　水田稲作と堅果類獲得をおこなった集落（収穫具・調理具併存型）

3類　堅果類獲得をおこなった集落（収穫具欠落・調理具卓越型）

4類　水田稲作も堅果類獲得もおこなわなかった集落（収穫具・調理具欠落型）

2類は理論上設定ができるということで提示した。ただし、1類で堅果類獲得をまったくしなかったとはいいきれないので、実際の石器組成から認定することは難しいであろう。ほかの三つのいい方を踏まえて「収穫具・調理具併存型」とした。

高地性集落における調理具の出土で重要な意味をもつ東山遺跡については、すでに指摘したとおり磨石が多く調理具の比率は依然として高いので3類の設定に変化はない。4類は低地の拠点集落との関係において新たな視点をもたらすものであり、同様の集落の存在の抽出が求められる。3類と4類は高地性集落固有の生業形態である。

大阪湾岸の高地性集落では石包丁の数が少ない。これらの集落が、低地の集落から派生して出現したという考え方が可能であるとするなら、東部瀬戸内地域の高地性集落は自立性が高かったのに対して、大阪湾岸では低地に想定される「出身集落」を含めて生業を考えないといけないということになる。

ただし、高地性集落のなかには弥生時代中期後葉の明石川流域や三田盆地のようにほとんどの集落が丘陵上に所在する場合もある。これらの遺跡での石包丁の稀少さについては、また別の考え方をする必要がある[12]。

高地性集落の特徴は石包丁を使う栽培農耕、堅果類の採集、狩猟といった生業の多様性だとされているが（下條 2006)、そのことは石器組成から追認できる。そして、東部瀬戸内地域と大阪湾岸における高地性集落の石器組成の違いは、高地性集落の性格だけでなく地域における高地性集落の役割に違いがあったことを示す可能性も考えられる。ここでは問題提起をしたうえで、改めて検討したい。

5　高地に集落を構えた契機

最後に、なぜ高地に集落を構えたのかについて考えを示し、本節を終わることとする。

石器組成上、軍事的性格を示すことのできる遺跡は限られたが、よりよき眺望は軍事的性格を推定するうえで一つの要素であったと考える。

また、眼下を通過していく物資の流通を掌握するという点も重要な要素と考えられる（伊藤実 1991）。高地性集落が海や川、陸といった交通の要衝に立地することが多いのは、こうしたことが要因で成立したことを示唆する[(13)]。また、表山遺跡や古曽部・芝谷遺跡のように青銅器や鉄器を出土していることから、その性格も有していたと考える。

会下山遺跡の場合、その西側は六甲山南麓から海までが2km前後なのに対して、その東側では山から後退していく。会下山遺跡は六甲山南麓の地形の転換点に位置しているのである。弥生時代中期から後期にかけて集落が継続的に営まれたのは、その場所に意味があったのだと考えている。漢式三翼鏃の出土や鉄器の出土は、流通拠点としての性格を示しているととらえている（禰宜田 2012）。そこから生業に関する遺物が認められないということは、低地に想定される「出身集落」を含めて遺跡の性格・役割を考える必要がでてきたことになる。

高地性集落については自然環境の変化によって成立したとの見方がある。明石川流域では弥生時代中期後葉に玉津田中遺跡という低地の集落が洪水により規模を縮小し、大規模な高地性集落が出現したと指摘されている（篠宮 1996）。三田盆地でも有鼻遺跡をはじめ大規模な高地性集落が出現すると低地に集落はなくなるので、同じような考え方ができないわけではない。

ところで、両地域の高地性集落における二上山産と金山産のサヌカイトの比率は、それ以前の低地の集落における比率とそれぞれ逆転する。つまり、明石川流域の集落では中期中葉までは金山産主体であったが中期後葉には二上山産主体へ、三田盆地では中期中葉までが二上山産主体であったのに対して中期後葉になると金山産主体になった（藁科ほか 1989）。もし洪水が主要因で丘陵上の集落が出現したのであれば、サヌカイトの産地が変わらなくてもいいのではないだろうか。流通に変化があるという点を踏まえると、この時期の高地性集落成立の要因を自然環境の変化に求めるよりも社会的要因の方を重視している（禰宜田 1999 b）。

高地性集落が成立したのは、眺望のよさを求めてのことであったと考える。その具体的な要因としては、鉄器や青銅器などの物資流通に起因する社会的な緊張関係とのかかわりが想定されるのである。

第4節　兵庫県東南部地域の弥生集落

1　問題の所在

兵庫県東南部を流れる明石川は、播磨地域と摂津地域との境界、畿内地域の西端に位置している。瀬戸内海から東を向くと、六甲山地が海岸付近まで迫ってきており、目前には淡路島が控えることになる。ここから東へ直進すると大阪湾に到達し、淡路島を伝って南に行くと、四国や紀伊地域ともつながるという、まさに交通の要衝にあたる。古代の明石郡家所在地が兵庫県吉田南遺跡に想定されていることも、偶然のことではないだろう。

本節では、弥生時代の畿内地域の集団にとっては西方に位置するが、非常に広範囲の地域とつながりがあったことが予想される兵庫県東南部地域、具体的には明石川流域とその支流である伊川・櫨谷川流域、さらにはそれを北上すると到達する三田盆地を含めた地域における集落動態を整理し、それらの集落の果たした役割について考察する。

2　研究略史

明石川流域の弥生集落については1970年代から、ニュータウン建設に先立つ発掘調査が実施され、考古学的な発掘調査成果が蓄積されていった。

これらを総括的に扱った論考として、取り上げなくてはならないのは、各遺跡で出土するサヌカイトの産地分析をおこなった藁科哲夫・丸山潔・東村武信による共同研究である。すでに、本節以前にもその成果は使用してきたが、大阪府と奈良県境で産出される二上山産サヌカイト、香川県西部の海岸付近で産出される金山産サヌカイト、淡路島北端付近で産出される岩屋産サヌカイトの供給量の変化を整理したのである。それにより、サヌカイト製石器や素材の石材産地が、時期によって変化することが明らかとなった（藁科ほか 1989）。石器石材の時期的な変化を示した先駆的研究であり、その変化の要因を検討することは、近畿の弥生社会のあり方を考察するうえで重要な視点をもたらすものと考えている。

その後、丸山潔は明石川流域の弥生集落を集成し、地理的まとまりから6群に分け、各群において拠点集落を抽出し、遺跡間の構造を整理し、各群での遺跡の消長において弥生時代中期後葉の高地性集落の出現が大きな画期であるとした。その背景として低地の集落からの移住を考えると、石包丁が少ないことが問題だと指摘し、社会的緊張関係によって成立した可能性を示した（丸山 1992）。

1990年代に入ると、玉津田中遺跡の発掘調査が大規模におこなわれ、明石川下流域の低地における拠点集落の様相が明らかとなった。また、筆者は弥生時代中期後葉に明石川流域の丘陵上に出現した集落において二上山産サヌカイトの供給量が増

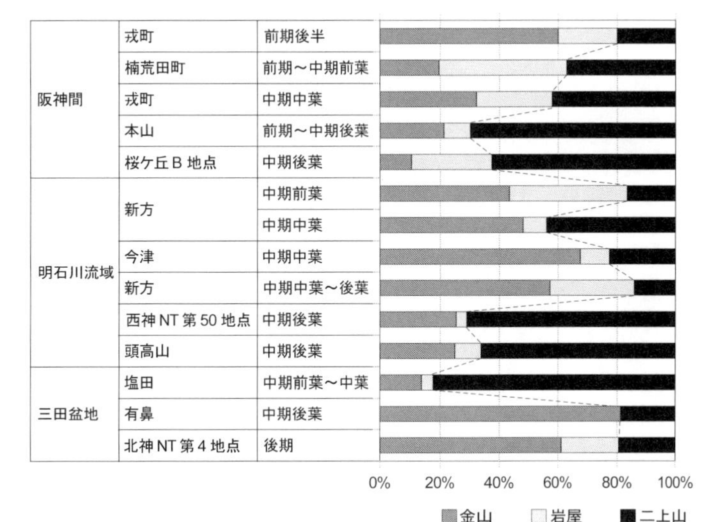

図104　兵庫県東南部弥生集落時期別サヌカイト供給量グラフ（禰宜田 1998 b）

加することについては、瀬戸内海ルートによる物資流通の重要性が増し、大阪湾岸の集団における鉄器供給とかかわりがあるととらえた（禰冝田 1998 b）（図 104）。

2000 年代に入ると山本三郎は、明石海峡と明石川流域に出現する高地性集落を整理した。すなわち、前者は弥生時代中期中葉と後期後葉に出現し、物資流通と密接にかかわりがあった明石海峡を監視する関所的な機能をもった集落、後者は中期後葉に低地の集落が高地に移動する逃げ城的な機能をもった集落と、それぞれ性格が異なっていたことを指摘した（山本 2000）。

丸山・山本ともに、明石川流域の遺跡群が、摂津地域と播磨地域の境界にあり、交通の要衝に位置するという問題関心から論を展開している。筆者も近年、この地域の拠点集落である玉津田中遺跡を二上山産と金山産の流通において接点となる遺跡と位置づけ、流通の中継地としての役割があったと考えた（禰冝田 2010 b）。このとき注目したのは金山産サヌカイト製の大型板状剝片であったが、玉津田中遺跡でなくても拠点集落であればどこでも流通の拠点・中継地となるのでこの種の石器は出土するのではないかという意見、あるいは近接して所在する新方遺跡との関係をどう考えるのかという疑問も予想される。

そこで本節では、この地域におけるサヌカイト製石器と金属器の様相を検討する。その際、これまでの明石川流域の集落に関する研究は、各遺跡を詳細に分析するという地域的な観点からの検討が多かった。ここでは、吉備地域と畿内地域の間に位置する播磨地域、さらに畿内地域からみた場合、西端付近に位置する明石川流域の遺跡であるという視点から、集落の性格について考えていくこととする。

3　弥生集落の様相

（1）明石川流域の様相[14]（図 105）

新方遺跡　明石川と伊川が分岐する上流側、現在の海岸線から 2 km ほど入ったところに所在する。東西 1.5 km、南北 1 km の範囲のなかで遺構・遺物が発見されている。弥生時代前期前葉から後期にかけて存続したが、中期後葉にいったん断絶し、後期には小規模ながら再開した。明石川流域における弥生時代中期の拠点集落であったが、後期になると対岸の吉田南遺跡に拠点は移ったとされる。

注目される遺物としては、弥生時代中期中葉の鋳造鉄斧があげられる。近畿におけるこの時期の鉄器としては最古級の一つである。また、弥生時代中期に銅鏃、集落規模が縮小した後期にも小型仿製鏡が出土している。後述する玉津田中遺跡に比べ発掘調査面積は少ないにもかかわらず、こうした金属器を確認していることは特筆される。

このほか、吉備地域で発達した分銅形土製品が出土する一方、河内地域や紀伊地域から搬入された土器も出土している。

玉津田中遺跡　新方遺跡から北西約 3 km に所在し、弥生時代前期前葉から古墳時代まで存続した。遺跡の範囲は 80 万 m^2 に及び、なかでも中期後葉に居住域・墓域とも大きく拡大するが、大規模な洪水により集落は埋め尽くされ当該地から移動せざるをえない状況になったと考えられている。その後、弥生時代後期中葉に再開するものの中期のような大規模集落ではなくなっている。

そうしたなか興味深い遺物が二つある。一つは木棺墓から検出された弥生時代中期の青銅製武器の切っ先である。被葬者は、細形あるいは中細形の銅剣あるいは銅戈によって戦死したと考えられ、この種の武器形青銅器が武器として機能していたことを示す事例である。もう一つは、弥生時代中期中葉から後葉の鋳造鉄斧を装着した木製柄である。この時期の鉄器資料が限られている中で、鋳造鉄斧が存在していたことを示す資料である。鉄器自体を確認しているわけではないが、斧柄から鋳造鉄斧が存在していたことを証拠づける事例ということになる。

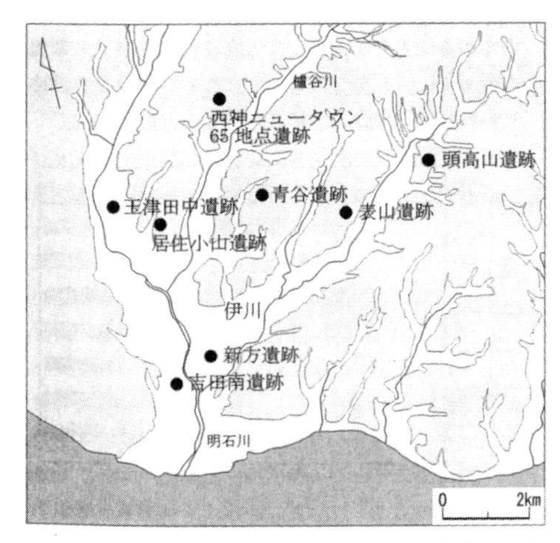

図105　明石川流域のおもな弥生遺跡分布図（禰宜田 2010 b）

このほか、弥生時代中期には分銅形土製品、銅鐸形土製品、後期後半には小型仿製鏡が出土している。土器では、弥生時代中期前葉には河内及び紀伊などの地域からの搬入品、弥生時代中期中葉から後葉には山城・河内・摂津・紀伊・西播磨・吉備・讃岐・山陰といった、広範囲の地域からの搬入品、あるいはその影響を受けたものがある。全体としては瀬戸内的様相を呈しているものの、それ以東の地域の土器が出土しているということは、この遺跡が物資流通においてきわめて重要な役割を果たしていたことを示している。

頭高山遺跡　明石川支流の伊川流域、新方遺跡から約6km上流に所在する。新方遺跡や玉津田中遺跡の空白期にあたる弥生時代中期後葉に出現した丘陵上の集落で、遺跡の広がりは4万m^2に達する。

発掘調査報告書が刊行されていないので詳細は明らかではないが、現地説明会資料及び発掘調査中に見学させていただいたなかでは、各種の石器及び鉄鏃・鉇・刀子・鉄鎌などの鉄器、土器では摂津地域の影響を受けたものが検出されている。

西神ニュータウン内65地点遺跡　明石川支流の櫨谷川流域にあり、玉津田中遺跡から直線距離で約3kmのところに所在する。頭高山遺跡と同様、弥生時代中期後葉に出現した丘陵上の集落で、遺跡の範囲は5万m^2を超える。

特筆されるものとして銅鐸鋳型1対があげられる。未製品であるが、明石川流域において銅鐸生産がおこなわれようとしていたこと、しかもそれが丘陵上の集落であったことが明らかとなった。弥生時代中期における青銅器生産は、低地の拠点集落でおこなわれたと考えられてきた。実際に鋳型はそうした遺跡からの出土が主体で、この遺跡での発見は青銅器の生産体制や拠点集落の立地を再考することにもなるという点で重要である。頭高山遺跡と同様、摂津地域の影響を受けた土器が出している。

本遺跡は頭高山遺跡とともに、新方遺跡や玉津田中遺跡が断絶した後に出現し、弥生時代後期まで継続することなく短期間のうちに廃絶したところに共通点がある。

表山遺跡　弥生時代後期前葉、伊川流域に出現した高地性集落である。上記で取り上げた丘陵上の集落が忽然と消滅した後に成立したが、後期前葉という短期間で終焉を迎えた。新方遺跡から3kmほど上流で、現在の明石川河口からは6.5kmのところに位置する。標高89mを最高所とし、頂部からは遠くではあるが明石海峡を臨むことができる。明石川流域における高地性の環濠集

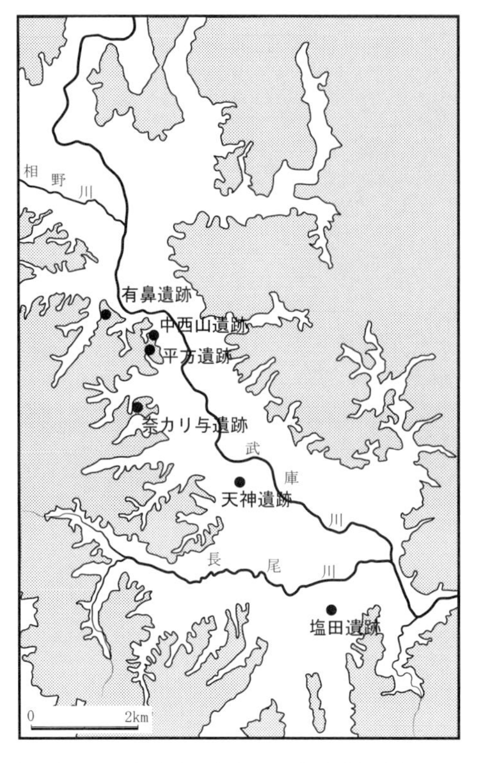

図106　三田盆地のおもな弥生遺跡分布図（兵庫県教委 1999 より作成）

落の初例で、環濠はその頂部にむかって急激に立ち上がる斜面裾部にめぐらされたと考えられている。それにより復元された環濠の範囲は長径200 m、短径70 mとなるが、環濠の外側にも居住域はあり、集落規模はさらに広がる。

遺物に目を転じると、石鏃2点と石皿・台石といった石器・石製品、鉄鏃1点、釣り針1点をはじめ3点の鉄器がある。石器・鉄器ともに出土数は総じて少ない。弥生時代中期の遺跡に比べ石器が減少している点は、ほかの畿内地域及びその周辺地域の同時期の環濠集落と同じである。古曽部・芝谷遺跡や観音寺山遺跡のように石器・鉄器がまとまって出土しなかったのは、発掘調査面積が影響しているのであろう。注目されるのは小型仿製鏡が出土したことで、現在のところ近畿最古例である。この種の鏡の製作地は北部九州地域とされ（田尻 2004）、瀬戸内海ルートでもたらされたと考えられる。

土器で識別が難しいのは茶褐色を呈するものである。従来であれば河内地域からの搬入品とされたが、讃岐地域でも同様の色調の土器が生産された。讃岐地域からの搬入品もあるだろうが、形態より河内地域からの搬入品もあった。このほか、吉備地域の影響を受けたものもある。

吉田南遺跡　新方遺跡の南西側、明石川をはさんだ対岸に所在する。弥生時代後期後葉から終末期、さらには古墳時代をとおして継続し、後期後葉以降の明石川流域における拠点集落と位置づけられている。

遺物では、弥生時代後期後葉に舶載内行花文鏡の破片が出土し、終末期には小型仿製鏡が出土している。他地域からの土器としては讃岐・阿波・但馬・丹後からの搬入品をはじめ、それ以外の地域の影響を受けた土器もある。これまでの遺跡と同様に、広範囲にわたる地域の集団と交流のあったことがうかがえる。

（2）三田盆地の様相（図106）

塩田遺跡　武庫川支流の長尾川沿いの、標高140 m前後の低地（盆地）に所在し、弥生時代前期後葉から中期中葉まで存続した。注目されるのは、この時期の石包丁及びその未製品がまとまって出土している点である。石材としてはいわゆる「塩田石」が用いられた。中期後葉になると遺跡は縮小する。

天神遺跡　武庫川右岸の標高150 m前後の段丘上に所在し、低地との比高差は約15 m程度である。弥生時代中期前葉から後期にかけての集落跡で、主体は中期後葉にある。環濠の可能性のある大溝が確認され、三田盆地における拠点集落とみなされる。石器では、打製石鏃、磨製石剣など各

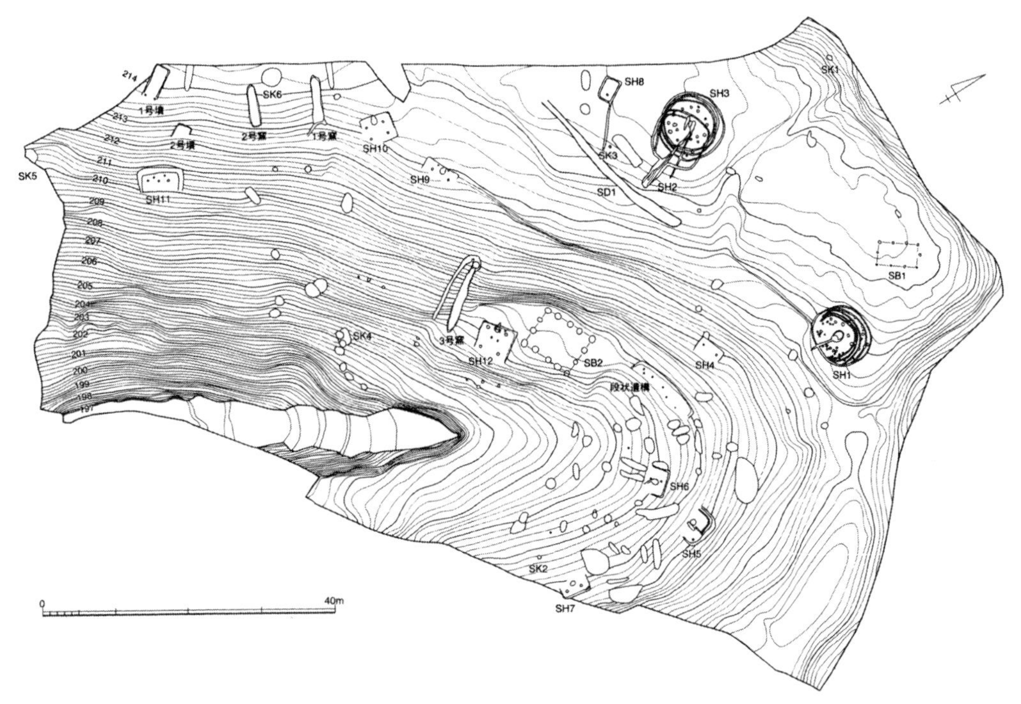

図107　平方遺跡遺構配置図（兵庫県教委 1993）

器種が出土し、石包丁は製品とともに未製品も確認されている。

奈カリ与遺跡　遺跡の最高所が標高220 m で、低地との比高差は70 m 前後の丘陵上に所在する、弥生時代中期後葉の集落跡である。この地域における集落の発掘調査としては草分け的な存在といえる。遺構としては、竪穴建物30棟あまりと段状遺構などを検出した。石器総数は457点で、狩猟具・武器、工具、農具が168点、調理具・加工具が16点で、あとは石核及び剥片などが273点という内訳である。打製石鏃が62点に対して石包丁は5点である。注目されるのは、この時期としては豊富な鉄器が出土していることで、鉄鏃4点や板状鉄斧8点など21点を確認している。

平方遺跡　奈カリ与遺跡と同様の立地で低地との比高差は60 m、時期も同様の弥生時代中期後葉である。竪穴建物7棟、掘立柱建物1棟を検出している。掘立柱建物は集落の最高所でみつかっている（図107）。遺物で注目されるのは、小銅鐸の土製鋳型と中子、片岩製の舌である。鋳型については火を受けた痕跡が認められないことから、銅鐸形土製品を製作するためのもの、祭祀などに使用されたものといった見解がある一方、舌の出土は、小銅鐸か銅鐸が実際この遺跡で使用されたことを示唆している。

中西山遺跡　低地との比高差が約50 m ある丘陵上に所在する遺跡である。弥生時代中期後葉の竪穴建物1棟、サヌカイト集積遺構1基を検出している。それとともに木棺墓2基が発掘され、そのうち木棺墓2からは、木棺の棺上に置かれたと考えられる板状鉄斧が出土している。鉄斧は全長23.9 cm、幅4.3 cm、厚さ1.05 cm という大型で、これまで近畿で出土している例よりも分厚いところに特徴があり、韓半島で製作されたものが伝播してきた可能性が考えられる。時期については、①弥生時代中期後葉の建物に近接して構築されていること、②棺長が2 m と長大であること、③確実にこの墓から出土した土器はないが包含層に後期の土器が含まれることから、後期と判断さ

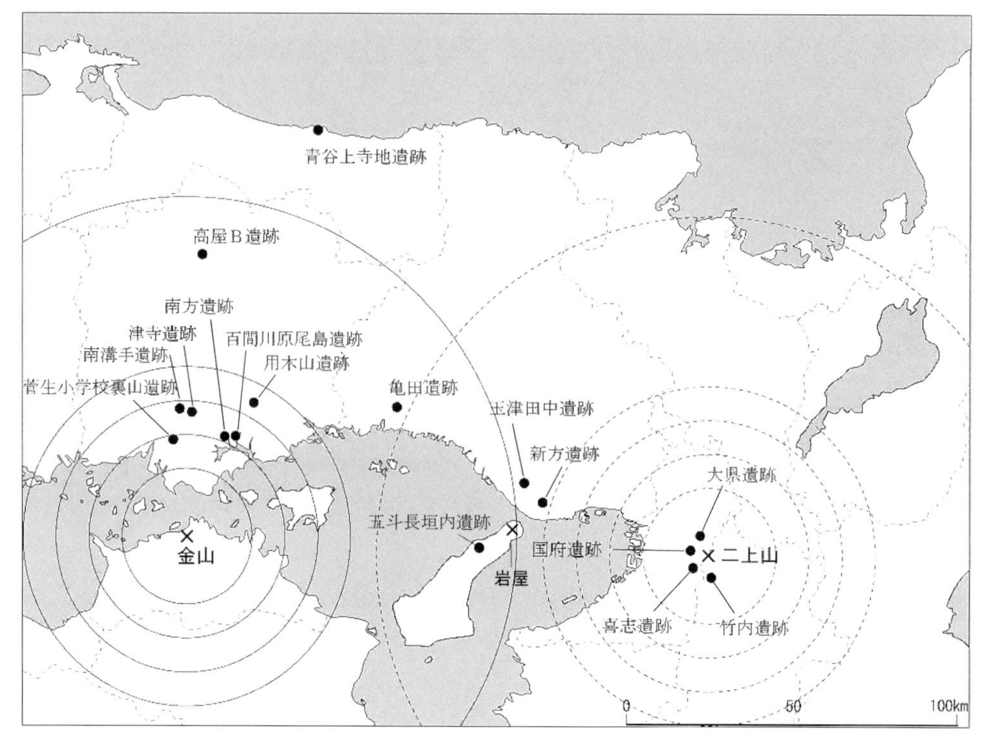

図108　3つのサヌカイト原産地とおもな弥生遺跡分布図（禰宜田 2010 b に加筆して作成）

れている。

有鼻遺跡　低地との比高差50 mの丘陵上に所在し、やはり弥生時代中期後葉に営まれた集落跡である。遺構としては70棟を超える竪穴建物、掘立柱建物7棟などが検出され、遺構で注目されるのは、独立棟持柱建物が居住域における最高所で確認されていることである。石器は奈カリ与遺跡と似た組成を示す。総数907点で、狩猟具・武器、工具、農具だけで724点、漁労具1点、調理具が105点、石核及び剝片が77点という内訳である。打製石鏃が420点と多数出土したのに対して、石包丁は5点と非常に少ない点が特徴である。鉄器が豊富であることも奈カリ与遺跡と同じで、鉄鏃2点、板状鉄斧5点、さらに現在のところ近畿最古となる鉄剣などが出土している。

4　サヌカイト製打製石器のあり方

（1）原産地の時期別変遷

すでに述べてきたように時期によって流通量に大きな変化があったサヌカイト製打製石器の石材産出地の様相を時期別にみることにする[(15)]（図104）。このことについて兵庫県東南部地域で留意しなければならないのは、二上山産・金山産に加え、地元淡路島北端付近の岩屋産が少なからず存在することである。金山産と岩屋産については似た色調をしており肉眼での識別は不可能で、自然科学分析が必要である[(16)]。大阪湾沿岸地域であれば二上山産ではないということから淡路産を意識することはあまりないが、兵庫県東南部においてはそれが含まれることになる。二上山産と二上山産以外であれば肉眼での識別もおおまかな傾向として把握することは不可能ではないが、二上山産以外のサヌカイトには金山産と少ないながらも岩屋産が含まれていることに留意が必要である（図108）。

明石川流域においては玉津田中遺跡で自然科学分析がおこなわれ、弥生時代前期の二上山産が5％、金山産が90％、岩屋産が3％となり金山産が圧倒的である。

弥生時代中期の様相を新方遺跡でみると、弥生時代中期前葉では二上山産が16％あまり、残りは金山産が43％、岩屋産が40％とほぼ拮抗している。中期中葉になると二上山産が44％に増え、岩屋産は大幅に減少し、金山産が48％となる。この時期に二上山産の占める割合が高くなる。そして中期後葉になると、金山産が57％、岩屋産も28％とそれぞれ比率を増加させたのに対し、二上山産は14％と大幅に比率を下げている。ちなみに、新方遺跡の弥生時代中期を一括すると、二上山産24％、金山産49％、岩屋産27％となる。玉津田中遺跡では二上山産が9％と前期に比べ比率はやや増加し、金山産は弥生時代前期と同様に90％を占め、岩屋産は0％となる。新方遺跡と玉津田中遺跡において金山産の占める比率に違いのあることは、すでに指摘されているところである（藤田淳 1996）。

二上山産は新方遺跡の弥生時代中期中葉における44％を筆頭に、そのほかの遺跡の分析結果でも10〜20％程度を占める。前期の玉津田中遺跡で5％であったことを考えると、二上山産の比率は増加しており、二上山産が主体となる畿内地域での現象と一連の動きとみなされる。

弥生時代中期後葉になると、新方遺跡と玉津田中遺跡がいったん廃絶し、丘陵上に出現した頭高山遺跡などでは二上山産が66％前後となった。すでに指摘したように、明石川流域において主たるサヌカイト産地が二上山産となったことは大きな変化である（禰冝田 1998b）。この時期の変化は土器にも表れており、摂津色が強くなっていることと連動した現象との見方ができる。

つづいて三田盆地の状況をみていこう。弥生時代中期前葉〜中葉の塩田遺跡では二上山産が83％、岩屋産2％、金山産が7％であったが、中期後葉の有鼻遺跡では、筆者の肉眼観察であるが、誤差を含めて金山産（岩屋産も含む数字）が80％程度、二上山産が20％程度となった。主たるサヌカイトの産地は金山となり、石材産地は入れ替わった形となる。

弥生時代後期の対象となる遺跡は少ないが、明石川流域では表山遺跡の打製石器は金山産であった。4点しか分析例はないが、中期後葉のサヌカイト産地から再び逆転したことは指摘できよう。[(17)]

（2）金山産大型板状剝片の流通

この地域の打製石器の関係で注目されるのが、金山産サヌカイト製の大型板状剝片である（図109）。この種の石器は岡山県内から明石川流域にかけての遺跡から出土する。高田浩司は、吉備地域南部の遺跡では大型板状剝片を多数出土する遺跡が認められないことから、この地域では小型の石器製作にかかわる打製石器の素材は、各集落が直接入手していたと考えた（高田浩 2001）。

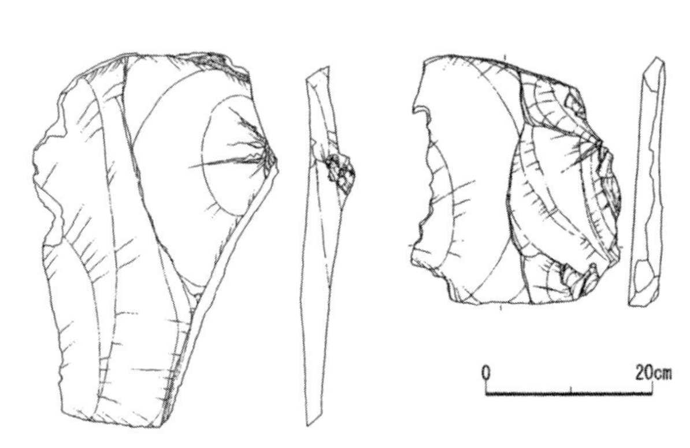

図109　玉津田中遺跡出土大型板状剝片実測図（禰冝田 2010b）

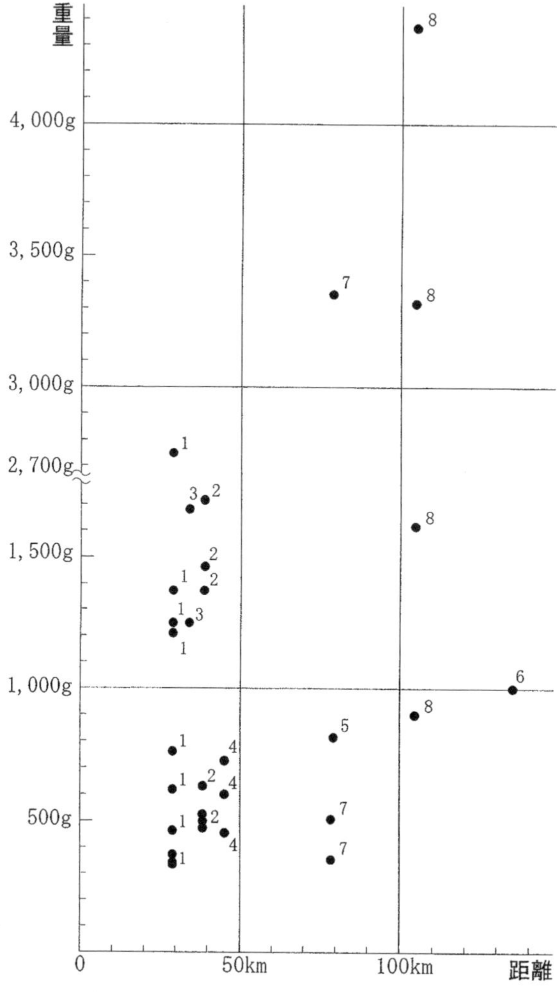

図110　素材剥片原産地からの距離と重量関係グラフ（禰宜田 2010 b）

1　菅生小学校裏山遺跡
2　南溝手遺跡
3　百間川原尾島遺跡
4　用木山遺跡
5　高屋B遺跡
6　青谷上寺地遺跡
7　亀田遺跡
8　玉津田中遺跡

表8　兵庫県内の主な素材剝片の規模・重量一覧表（禰宜田 2010 b）

遺跡名	時期	器　種	長さ	幅	厚さ	重量
亀田	中期	大型素材剥片	305	356	47	3,360
亀田	中期	素材剥片	169	122	21	516
亀田	中期	素材剥片	120	108	32	372
玉津田中	中期	大型素材剥片	283	250	27	2,281
玉津田中	中期	大型素材剥片	318	315	23	3,305
玉津田中	中期	大型素材剥片	431	285	52	4,375
玉津田中	中期	大型素材剥片	267	260	32	1,630
玉津田中	中期	素材剥片	199	214	23	905

また、当該地域の板状剝片については次のような整理がある。

①重量は2,750 gのものが最大で突出しており、1,000 gを超える場合は1,200～1,700 g、それ以下の場合は500 g前後のものが多い

②南溝手遺跡のように1,000 gを超えるものが4点以上出土することもあるが、一遺跡の出土は1～3点で、集中的に保有する状況にはない

それを踏まえ、吉備地域南部の集落では基本的に自家消費を目的としており、特定の集落を軸として流通することはなかったとして、高田の見解を追認する意見が提示された（西田 2005）。

便宜的に1,000 g以上を大型板状剝片とすると、播磨地域の中央部に位置する兵庫県亀田遺跡では3,360 gの大型板状剝片が出土している（表8）。

そして、玉津田中遺跡では1,600～4,300 gのものが4点出土し、900 g台のものも1点ある（図110）。弥生時代前期ではあるが、香川県鴨部川田遺跡においては4,000 gを超えるものがある。たまたま見つかっていないだけという見方もできようが、原産地から離れているほうに超大型品が出土している点は留意が必要である。

明石川流域では立地などから新方遺跡がもっとも中心的な拠点集落とみられている。玉津田中遺跡のあり方は、新方遺跡から玉津田中遺跡への再分配と、玉津田中遺跡による直接入手という解釈がありうるだろう。これは3 km離れた大規模集落相互の関係をどうとらえるのかという問題ともかかわってこよう。現状では、両者で金山産と二上山産の供給状況に違いがあることから、何らかの役割分

担があった可能性を考えつつ、後者の場合を想定したい。ちなみに、これら丘陵上の遺跡でも金山産の素材剥片は出土するが長さ10 cm程度と、玉津田中遺跡のような大型板状剥片は未確認である。

こうした検討があるなか、石材産出地から100 km以上も離れている玉津田中遺跡の出土数は、地理的勾配により原産地から遠くなると数が減少するわけではない点を注目するべきである。問題はどのようにして供給されたかである。

石器の流通を考える際に留意しなければならないのは、われわれは「流通した結果」をみていることである。石器の流通では、石器の素材や未製品の出土が分析対象となる。たとえば、未製品の状態で流通したとみなされる結晶片岩製の石包丁については、畿内地域の多くの遺跡で未製品と製品の比率は変わらないことが明らかにされている（仲原 2000)。このことは、紀の川から紀伊地域、和泉地域、河内地域へと石器石材あるいは未製品が拠点集落を介して流通していたという想定（禰冝田 1998 b）に対して否定的な状況証拠となる。つまり、このことは、各集落における石材の保有形態は示しているものの、流通形態まで復元することを困難にさせているようにも思う。石器石材原産地を起点とする流通ネットワークの存在は想定しておきたい（禰冝田 2009 a)。

このことは、金山産の大型板状剥片でも考慮する必要がある。吉備地域南部の集団は金山産の大型素材剥片を各自で入手し、吉備地域内陸部の集団はそうした集団を介して素材を入手したという（高田浩 2001)。そして、吉備地域南部の集団を介して、その東方・西方の集団が、金山産の素材を入手できるようなネットワークが瀬戸内沿岸の集団間にも形成されていた。玉津田中遺跡で少数ながら讃岐産の土器が出土しており、直接入手がなかったことを完全に否定するものではないが、吉備地域南部の集団からの流通ネットワークによりもたらされたものとみなしている。

大型板状剥片は青谷上寺地遺跡でも出土している。吉備地域南部の集団からこの種の石器を流通させるネットワークは、日本海側の集団まで及んでいたことを示す。

（5）三田盆地の打製石鏃

かつて、有鼻遺跡の石器を整理・検討する機会が与えられ、その成果を報告したことがある（禰冝田 1999 a)。三田盆地の石器といえば1970年代に打製石鏃が着目され、弥生時代中期後葉になっても凹基式・平基式が主体で大型化しなかった地域とされた（佐原ほか 1971)。

しかし、奈カリ与遺跡の発掘調査において、突基式が打製石鏃のうち62 %を占めていた。有鼻遺跡では打製石鏃の中で、突基有茎式が60 %、突基無茎式が17 %であり、突基式全体では77 %という高い比率を占めた。また、平方遺跡でも打製石鏃の62 %、6割以上が突基式であった。

天神遺跡の資料は採集資料で、たしかに凹基式と平基式で約60 %を占めている。奈カリ与遺跡や有鼻遺跡は丘陵上に立地するが、天神遺跡は低地に所在するという点で、遺跡の立地の違いを要因とする考え方もあるだろう。一方、土器の様相をみると、天神遺跡の方がやや時期が古い。両者の打製石鏃の型式の違いは時期差による可能性を考えたい。

長さは奈カリ与遺跡の場合、3 cm以上のものが62点中37点と約60 %を占める。内訳をみると凹基式・平基式が17点中6点で比率は35 %程度であるのに対して、突基式の場合、45点中31点以上で65 %以上となる。ちなみに最長のものは5.6 cmである。こうしてみると、打製石鏃は大型化したことは指摘できよう。

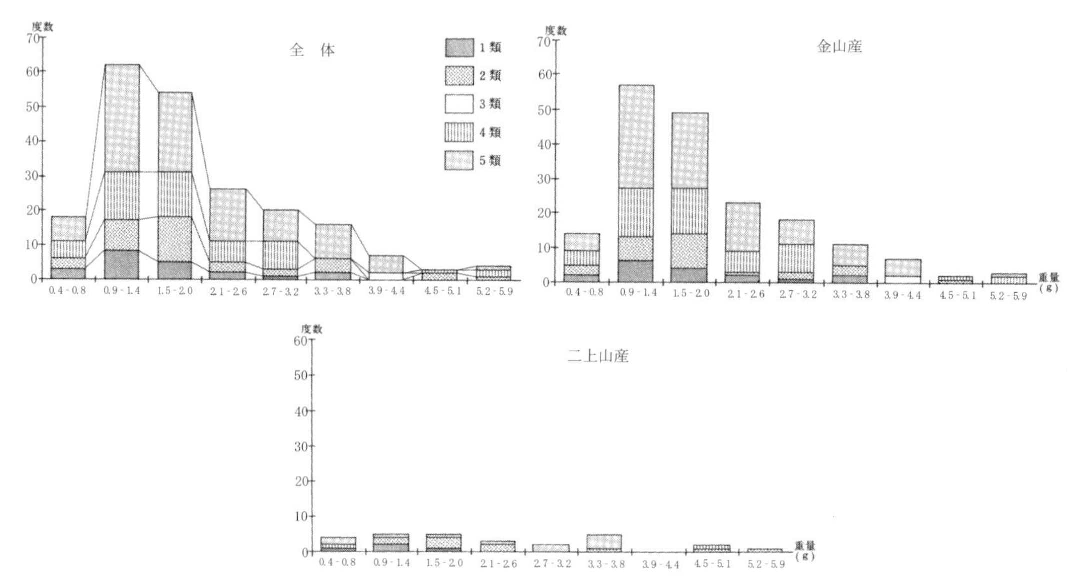

図111　有鼻遺跡石鏃重量度数分布図（禰宜田 1999 a）

重量は奈カリ与遺跡でみると、完形品20点のうち3g以下のものが13点となっている。有鼻遺跡では2g以下のものが約60％で、畿内地域で3g以上が多数を占めることとの違いは明白である。佐原も打製石鏃が軽いことを指摘していたが、それは大型化が図られたうえでのことである。

つまり、畿内地域の「重い石鏃」に対し、三田盆地では「軽い石鏃」が用いられた。そうなったのは、二上山産と金山産サヌカイトという石材に起因するものと考えられる。ちなみに「軽い石鏃」は、金山産が主体となる播磨地域や吉備地域にも多い(18)（図111）。

5　金属器のあり方

（1）明石川流域の様相

鉄器自体の資料では、弥生時代中期中葉の新方遺跡出土鋳造鉄斧があることはすでに取り上げた。また、玉津田中遺跡では中期中葉から後葉の鋳造鉄斧を装着したとみなされる柄が出土し、その使用が想定される。このほか、近接する居住・小山遺跡で中期中葉の鉄鏃が知られている。これらは中期後葉に鉄器の出土が増加する以前の時期にあたる。

青銅器でまず注目されるのは、西神ニュータウン内65地点遺跡の完形の銅鐸鋳型である。弥生時代中期後葉に明石川流域の丘陵上の集落で銅鐸生産がおこなわれようとしていたのである。このほかにも鋳造関係遺物としては、玉津田中遺跡で後期中葉から後葉の鋳型・フイゴ羽口・坩堝が出土している。集落自体の規模は縮小しても、青銅器生産はおこなわれていたことを示している。

また、玉津田中遺跡では、弥生時代中期中葉の青銅製武器の切っ先が出土した。この時期の資料は近畿でほかに例がない。墓から出土したことから、戦いとのかかわりが示唆されるが、改めてこの地に青銅製武器が存在したことを指摘しておきたい。

小型仿製鏡については、採集資料で詳細は不明であるが伊川流域の青谷遺跡の例が知られている（森岡 1987）。その後、新方遺跡例、玉津田中遺跡例、表山遺跡例が確認されている。

以上を踏まえると、弥生時代中期中葉の玉津田中遺跡の青銅製武器は実用品とわかる近畿では唯一の資料であり、新方遺跡の鋳造鉄斧の存在も近畿の鉄器の出土のあり方からすると、もっとも古い時期の一つである。さらに、後期の表山遺跡の小型仿製鏡は近畿最古である。金属器関係の資料は、畿内地域のなかで明石川流域の集落からいち早く出土していることになる。

（２）三田盆地の様相

先にも触れたように、三田盆地では弥生時代中期後葉において、鉄器の出土数が顕著となる。繰り返しになるので、簡単に以下のように整理する。

奈カリ与遺跡では、後世のものも含まれる可能性があるが、鉄鏃３点、板状鉄斧８点、鉇１点、刀子２点とともに、棒状の鉄片５点が弥生時代の所産と報告されている。

有鼻遺跡でも武器では、鉄鏃２点、鉄剣１点となる。工具類としては、板状鉄斧６点、そのほか板状の鉄片や棒状の鉄片が５点ほど出土している。

また、中西山遺跡からは、長さ 23.9 cm、刃部幅 4.3 cm、基部幅 2.4 cm、厚さ 1.05 cm の非常に大型で重厚な板状鉄斧が出土している。ほかの板状鉄斧とは異なる形態であり、韓半島からの搬入品と考えられる。

青銅器関係では、平方遺跡において小銅鐸の鋳型が出土している。

弥生時代中期後葉、近畿における鉄器の出土量の多くがじつは三田盆地である。そして、先ほどの明石川流域を含めると、近畿で出土している鉄器の大半が兵庫県東南部のこの二つの地域に集中していることになる。

６　明石川流域の弥生集落の特質

（１）明石川流域の弥生集落

ここまで、明石川流域の弥生集落の消長や遺物のあり方をみてきた。

遺物については、まず玉津田中遺跡で大型の金山産サヌカイト製の大型板状剝片が４点出土しているが、その数は吉備地域よりも多いことが特徴として指摘できる。ただし、遺跡内において二上山産の剝片しか出土しない竪穴建物も確認され、二上山産サヌカイト製の素材剝片も入手しており、二つのサヌカイト産地の素材を入手していたことになる。また、畿内地域では普遍的に出土する畿内式打製尖頭器については、二上山産のものが７点で、この器種の 70 ％を占めていた。金山産の大型素材剝片と二上山産の畿内式打製尖頭器という、二つのサヌカイトにおいて象徴的だと評価される遺物が混在していることになる。

祭祀関係遺物では、吉備地域で発達した分銅形土製品、畿内地域で発達した絵画土器や銅鐸形土製品が出土している。祭祀においても、吉備地域と畿内地域双方の文物が集積されたことになる。

また、青銅器では武器形青銅器、鉄器では鋳造鉄斧の柄が出土しており、鋳造鉄斧本体の存在が想定される。これらは弥生時代中期中葉で、遠隔地からもたらされたものが出土する流通の拠点であったことを示している。

つまり、玉津田中遺跡は瀬戸内海を介した東西物資流通の結節点としての役割を果たしていた。そういう点で、弥生時代中期中葉の鋳造鉄斧が出土した新方遺跡も、同様の役割を果たしていたと考えられる。

ところが弥生時代中期後葉に、新方遺跡や玉津田中遺跡は廃絶する。そして、同じ流域の丘陵上に多くの鉄器や小銅鐸の鋳型が出土するようになる。拠点は丘陵上に移っていったことを想定する必要があろう。

さらに、弥生時代後期になると丘陵上に高地性の環濠集落である表山遺跡が出現し、小型仿製鏡が出土した。この鏡は北部九州地域で生産されたとみられ、しかも近畿最古である。それが明石川流域で出土したことになる。弥生時代中期から後期という時期は社会の転換期であった。にもかかわらず、この流域の集団の役割自体に変化がなかったと評価できる。明石川流域の弥生集落は、弥生時代をとおして物資流通の中継地としての役割を果たしていたのであった。

（2）三田盆地への物資流通ルート

三田盆地では、弥生時代中期後葉に集落立地において大きな変化があった。多数の遺跡が丘陵上に所在するようになるのである。一方、竪穴建物の構造をみると、いわゆる「1○（いちまる）」土坑を有するものが検出されるようになる。「1○」土坑とは、竪穴建物の中央付近で検出される、円形あるいは楕円形の土坑とその南側の浅い長楕円形の土坑のことである。播磨地域で特徴的な遺構であり、この種の土坑の存在から播磨地域より三田盆地に物資が流通してきただけではなく、人の移動があったことも想定される（山崎敏 1997）。

出土遺物をみると、打製石器において金山産サヌカイトが圧倒的多数を占めるようになること、鉄器の出土が顕著となること、土器については摂津地域の影響を受けていることが特徴である。とりわけ注目されるのは鉄器である。出土点数が多く、弥生時代中期後葉においては、近畿で圧倒的多数を占めている。また、有鼻遺跡の鉄剣は北部九州地域以東の弥生時代中期としてはきわめて稀で、近畿では最古級である。さらに中西山遺跡の木棺墓からは、形態から韓半島産の可能性が考えられる板状鉄斧が出土した。ほとんど使用されていないのではないかと考えさせる製品である。

これらの鉄器が三田盆地まで至るルートをどう復元できるのであろうか。まず、頭に浮かぶのは「加古川—由良川の道」（佐原 1970）による加古川ルートである。加古川下流から遡上すると三田盆地に達することができるので、可能性のあるルートといえよう。しかし、加古川下流域で鉄器の出土が顕著ではないという点が問題である。

この点については、これまで取り上げてきた明石川流域との関係性を考えたい。では、この二つの地域を結び付けるルートを考えることはできるのであろうか。このことに関して、かつて喜谷美宣は「加古川—由良川の道」を検討し、銅剣形石剣の分布状況をもとに由良川から加古川へ抜ける際、加古川支流の草谷川を遡り、神出から明石川を抜けるルートを想定した（喜谷 1982）。草谷川流域の弥生集落の様相を踏まえる必要があることはいうまでもないが、瀬戸内海側からみると、喜谷が想定した逆のルート、すなわち明石川を遡上して草谷川をいったん下り、加古川本流から再び遡上して三田盆地へ抜けるルートの存在を推定する[(19)]。三田盆地には、明石川流域の集落を介して物資・情報がもたらされたものと考える（図75）。

（3）丘陵上の集落の評価

弥生時代中期後葉、丘陵上に集落が営まれるようになったのは、明石川流域だけでなく三田盆地も同様であった。こうした現象の背景をどう考えたらいいのであろうか。

明石川流域においては、低地が洪水になったため、一時的に場所を高所に移動せざるをえなかったと考えられている（山本 2000 ほか）。この説に対し筆者は、玉津田中遺跡では金山産が多数を占めていたのに、丘陵上の集落では二上山産が優勢となることの背景を自然環境の変化という観点だけで説明ができるのか疑問視している。玉津田中遺跡の集団の系譜を引いていたのであれば、金山産が主流となっていいはずだからである。

丸山潔は丘陵上に集落が出現したことについて、播磨地域と摂津地域の境界において、低地の播磨地域の集団と高地の摂津地域の集団が対立・緊張関係にあったことを想定した（藁科ほか 1989）。興味深い見解だが、低地の集落と高地の集落は時期差としてとらえられている現在、対立関係とみることは難しい。

筆者は明石川流域の丘陵上の集落で二上山産サヌカイトが増加したのは、摂津地域の集団と明石川流域の集団との交流が、これまで以上に必要であったからだと考えている。想像をたくましくすると、三田盆地で金山産サヌカイトの比率が上昇したのは、明石川下流域の集団によるサヌカイト流通の差配があった結果だと推測する。

弥生時代中期後葉には、青銅器・鉄器といった金属器の流通という点で、瀬戸内海が流通ネットワークにおいてこれまで以上に重要な意味をもつようになった。金属器の流通とともに情報ももたらされたことが推測される。そのなかで、高地に集落を構えるという情報がもたらされた可能性は想定できないだろうか。そうであれば、三田盆地については、明石川流域から鉄器とともにその情報が二次的に伝わった結果、丘陵上に集落が営まれるようになったとみることができる。

丘陵上に集落が移ったことについては、洪水という自然現象が原因になったという考え方もあるが、サヌカイト製打製石器の流通に変化が起こったことを踏まえると、何らかの社会的な要因が契機となって引き起された可能性を想定している[(20)]（禰冝田 1999 b）。

（4）弥生時代中期と後期の変化とその背景

畿内地域においては、弥生時代の後期になると、大規模な環濠集落の多くが解体する。また、弥生時代中期に数多くの石器が出土するのに対して、後期になるとほとんど出土しなくなり、中期と後期には大きな画期があるとされてきた。

池上曽根遺跡では、弥生時代後期になると環濠は機能しなくなり、規模は縮小した。ただし、中国からの影響と考えられる龍を描いた土器が出土していることは、集落の性格を考えるうえで注目されるべきである。そして後期には、大規模な高地性環濠集落として観音寺山遺跡が出現する。ただし、池上曽根遺跡でも規模を縮小しつつ中期以来の地でも存続した。そういう状況になったことは、水田を経営する必要上の理由があったことを第3節で確認したところである。

集落の継続期間も一様ではない。東奈良遺跡や唐古・鍵遺跡のように中期と同様に存続する遺跡もある。弥生時代中期までの拠点集落の多くは後期に変質し、畿内地域において、弥生時代中期と後期で断絶があった。

播磨地域においても、弥生時代中期と後期に断絶があったことについては、岸本道昭が整理している（岸本道 1995 b）。その内容を要約すると、

①西播磨地域では、中期後葉の遺構遺物が非常に多いが、後期には非常に少なくなる

②土器は中期後葉になると瀬戸内色から畿内色を強め、後期には畿内的になる
③中期後葉には、銅鐸鋳型、絵画土器など畿内的な色彩を帯びた遺物が出土する
④播磨地域は西の吉備地域、東の畿内地域、北の出雲・伯耆地域などとの結節点に位置する
⑤弥生時代中期と後期の断絶は、畿内から瀬戸内地域を巻き込んだ広範な抗争がおこり播磨は畿内勢力の一員に組み込まれたために生じた
⑥その後、播磨の弥生首長は東を向き、政治的・経済的交流の主体は畿内に移った
⑦そのなかで、播磨は後期以降、前方後円墳の成立にあたり独自色を発揮する
となる。

明石川流域においても、弥生時代後期にそれまで丘陵上に存続した集落が消滅し、改めて丘陵上に表山遺跡が出現した。丘陵上という立地は変わらないが、遠方からとはなるが明石海峡を直接望むことができるところに位置している。実態の明らかではない部分も多いが、中期に比べると後期の遺跡数は少なく、集落に断絶があることは追認される。

弥生時代中期と後期において、播磨地域から畿内地域までの広範囲にわたり集落に断絶があったことになる。その背景としては、前漢から後漢への移行期における東アジア世界における社会の混乱の波及、鉄器化により物資流通とかかわる必要上によるものと考える。

（5）広域流通網の形成

以上の検討で、明石川流域なかでも玉津田中遺跡は石器の流通に関与するとともに、青銅製武器や鋳造鉄斧という金属器の流通にも関与していた。この遺跡は弥生時代中期後葉にはいったん断絶するが、同様の拠点となる集落は丘陵上に移動した。ただし、それらの集団も弥生時代後期へと継続せず、新たに表山遺跡の存在が確認された。

こうした一連の動きは明石川流域では個々の「遺跡」としては消長を繰り返すものの、一つの「地域」としてみた場合、どの時期においても物資の流通に関与していたことを物語る。このことは、個々の遺跡の出現や消滅で考えるのではなく、「遺跡群」という視点のなかで地域を把握する必要があることを示唆している。

弥生時代後期なかでも前葉は、緊張関係のある社会であったと考えられる。その要因は、すでに指摘したとおりである。筆者は、近畿式銅鐸の分布を踏まえると、畿内地域の弥生時代後期の集団を低く評価はしない。しかし、弥生時代後期の畿内社会が播磨地域まで組み込むような社会関係であった（岸本道 1995 b）というところまで畿内地域が「先進性」を有した社会だったとも考えていない。

弥生時代中期後葉、明石川流域の集団は畿内地域の集団と関係をもつようになった。それは金属器の流通において、畿内地域の集団がより西に位置する地域の集団との関係を無視することができなかったからである。畿内地域の集団にとって、明石川流域の集団と良好な関係を保つことは重要なことであった。二上山産サヌカイト製の石器が多数出土するようになったのは、その表れとみている。

弥生時代後期になると、明石川流域は畿内第Ⅴ様式土器の分布する西限となる。そして、吉備地域の影響を受けた土器が大阪湾岸の集落で出土するようになる（西谷 1999）。そうした東西の流通ネットワークにおいて、明石川流域の集落は関与していたことであろう。

7　物資流通の十字路に位置する明石川流域の弥生集落

遠隔地の物資流通について松木武彦は、社会性遠隔地交渉、政治性遠隔地交渉、経済性遠隔地交渉という三つの類型を想定した。すなわち、授受の際に両者の価値体系は同じとは限らない宗教的・呪術的性格のものが流通する社会性遠隔地交渉、授受される器物の意味が共有される儀礼具や威信具など非日用品物資が流通する政治性遠隔地交渉、日用品が授受される経済性遠隔地交渉である（松木 2009）。それに当てはめると、弥生時代中期後葉の玉津田中遺跡では、政治性遠隔地交渉の実態は明確ではないが、祭具や日常生活道具の出土から、社会性遠隔地交渉と経済性遠隔地交渉はおこなわれた。この遺跡は、性格の異なる東西からの文物を入手する流通の中継地としての役割を果たしていたのである。

遠隔地交渉は一つの地域社会を越える関係を構築することとなった。こうした関係は、縄文時代から存在していたが、必然的に異なる地域社会と接することになる。その際には、隣接する二つの地域の集団を結ぶ「媒介者」の存在が想定される。

明石川は播磨地域の東端、摂津地域の西端に位置し、淡路島が目の前に所在する。瀬戸内海ルートにおいては、鳴門海峡もあるが、明石海峡を通過することが求められる。そうした地形的要因からすると、交通の要衝に位置している。そこに所在した玉津田中遺跡は、発掘調査のあり方からすると、遠隔地交流におけるネットワークの一つであった。播磨地域と摂津地域の境界域に位置するだけでなく、畿内地域とそれより西の地域の集団の接点にあたり、まさに「媒介者」としての役割を果たしていたと考える。

こうした集団は、他の地域においても存在したはずである。その集団の存在を抽出することは、考古学的に難しいことではあるが、弥生時代の物資流通のあり方を具体的に復元する上で必要な作業と考える。

近年、淡路では弥生時代後期の五斗長垣内遺跡で鉄器製作遺構が確認された。興味深いことに、ここで出土した板状鉄斧は、中西山遺跡で検出されたものに近い形態であり、韓半島からもたらされた可能性も考えられる。そうしたことを踏まえると、明石川流域の弥生集落は、物資流通において、瀬戸内海という東西ルートだけでなく、三田盆地から淡路島という南北ルートにおいても一定の役割を果たしたとみている。

明石川流域の弥生集落は、瀬戸内海を介し吉備地域や播磨地域と摂津地域や大阪湾岸をつなぐ東西交通、三田盆地から日本海及び淡路島へという南北交通、というまさに物資流通の十字路に位置していたのである。

第5節　弥生時代拠点集落再考

1　問題の所在

弥生時代の集落研究を推進させてきたのは、1970年代後半に提示された「拠点集落」という概念である。拠点集落についての研究史はすでに第2節で整理したが、1990年代に入り弥生都市論（広瀬 1998 b）が提唱されると、大規模集落の性格についての検討が相次いで進められた。

なかには、拠点集落の存在自体を疑問視する見解も示された。すなわち、大規模な集落について若林邦彦は、「基礎集団」が密集して存在する集落と疎らに存在する集落があり、前者が拠点集落とみなされていたと考え、血縁集団がたまたま密集していた状態であったのを拠点集落と認識してきたとして、大規模集落の拠点性について疑問視したのであった（若林 2001）。

大規模集落が単一構造であったことを問題にしたのであるが、すでに確認したように、これまでの弥生集落の研究のなかで、環濠集落は基本的に複数の集団で構成されていると考えられてきた。集団の単位を「基礎集団」（若林 2001）とみるか、「単位集団」（近藤 1959）とみるかは別にして、若林の考え方はこれまでの研究の延長のなかでとらえられる。

集団のまとまりが血縁を基本とするまとまりという見解はもっとも有力であろう。だとすると、大規模集落は、複数の血縁集団が集住することによって成立したとみなされる。そのような集落が形成されるようになったのは、水田稲作を営むうえで必要があったからと考えられる（秋山 2007）。

集住を契機として、大きくなった集団を統合する必要性が出てくるであろうし、ほかの大規模集落の集団とは水田経営には欠かせない河川による水利関係の調整など、集落の内外において多くの「調整」事項が求められるようになったことは容易に想像できよう。そうした調整をおこなう人物すなわち首長も出現していた。

拠点集落の属性を考える際、既存の研究を振り返ると、「その地域に人間が定住して以降、絶えることなく構造物をつくって使用しつづけている場所」として歴代遺跡（石野 1973）、「社会的・経済的に人間活動の拠点という意味をもつ」母集落（寺沢 1979）の存在が大きく影響してきたと考えられる。

こうしたことを踏まえ、本節では近畿における三つの大規模集落すなわち「拠点集落」を取り上げ、その属性を整理する。そして、拠点集落とはどういう集落なのかについて検討をおこない、その属性から拠点集落の類型化をはかる。そして最後に、拠点集落の意義についても言及をおこないたい。

2　三つの「拠点集落」とその特徴

（1）唐古・鍵遺跡とその周辺遺跡

唐古・鍵遺跡は奈良盆地中央部に位置し、弥生時代前期から後期、そして古墳時代まで継続した。弥生時代前期には、北地区、西地区、南地区とされる三つの微高地に集落が成立した。前期後葉には北地区と西地区で大溝が掘削され、木器貯蔵穴が多数検出され、各地区で生産から消費まで自己完結的であったと考えられている。弥生時代前期後葉から中期前葉には大溝は埋まり、これら三つの集団を取り囲む環濠が掘削された。この集落の大きな画期である。その範囲は直径400 m程度で、環濠は3～5条と多重化する。注目されるのは、中期前葉の西地区で総柱式の大型掘立柱建物が確認されたことである。周辺に遺構は存在せず、遺物も少ないことから特殊な空間であったとみなされる。そして、この型式の建物は中期後葉には場所を北側に移動した。西地区の最北部で、独立棟持柱を持たない大型掘立柱建物が確認され区画溝がともなった。今度は同じ場所で2回建て替えられた。周囲に溝がともなっており、そこからヒスイ製の大型勾玉を収納した「鳴石」「壺石」と呼ばれる褐鉄鉱容器も出土した。このことは、大型掘立柱建物が特殊な性格をもっていたこと、換言すると祭祀など精神的なこととかかわっていたことを示唆する（図86）。

南地区では、弥生時代中期後葉の青銅器鋳造に関係する鋳型やフイゴの羽口が検出された（図112）。さらに、中国風の楼閣をモチーフにした絵画土器も出土している。

部分的な調査ではあるが、環濠内部は三つの微高地からなり、それぞれの内部には多くの区画溝が掘られた。発掘調査報告書では掘立柱建物の地区、竪穴建物の地区、青銅器鋳造地区というように、機能分化していた可能性が指摘されている。そうだとすると、各地区は等質的ではないことになり、後述する池上曽根遺跡で想定されているあり方とは異なることになる。

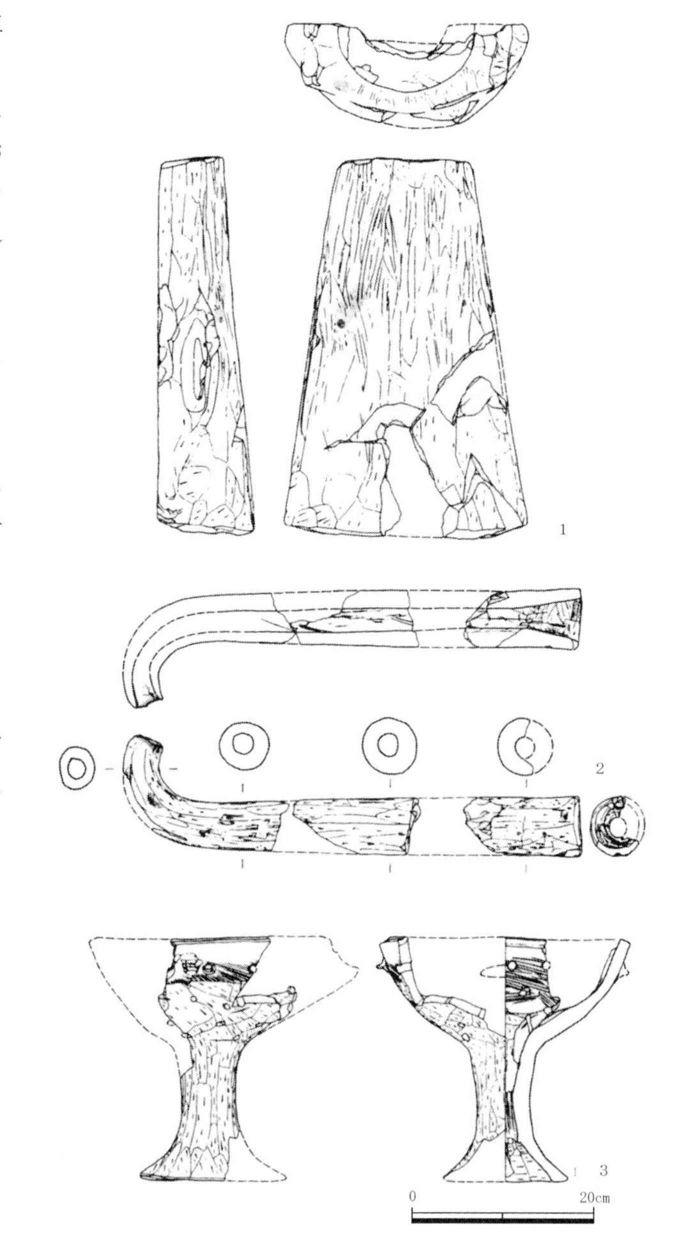

図112　唐古・鍵遺跡鋳造関係遺物実測図（田原本町教委 2009）

弥生時代中期後葉に環濠は洪水砂により埋没したが、ふたたび後期に掘削された。近畿では中期で低地の大規模集落は廃絶あるいは縮小するのに対し、中期から後期へと継続する稀な例である。その後、後期後葉に環濠は埋まり、古墳時代前期には環濠をもたない三つの集落となる。

遺物は多様で、土器・石器・木器が多数検出されている。土器については、弥生時代中期に吉備地域や播磨・摂津・河内・紀伊地域といった西の影響を受けたもの、近江・伊賀・尾張・伊勢湾岸地域といった東の影響を受けたものが認められる。また、土器につけられた櫛描文様の構成が近畿各地域の特徴をあわせもつ最大公約数的な様相であることから、この遺跡が近畿の物流を統括するうえで重要な役割を果たしたという見解がある（都出 1989）。さらに、全国で400点が出土してい

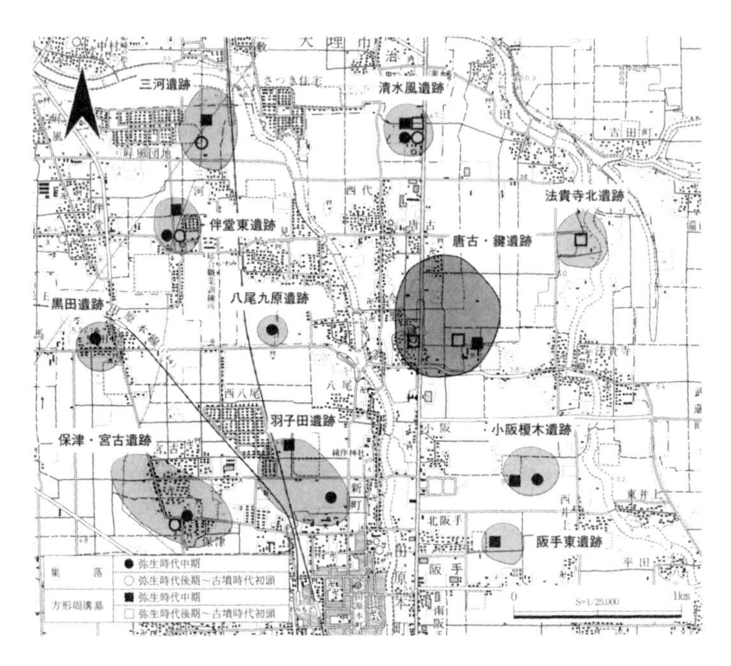

図 113　唐古・鍵遺跡周辺弥生遺跡分布図（藤田三 2007）

る絵画土器のうち、この遺跡では 250 点あまりが出土し、圧倒的多数を占めている。

ただし、金属器の出土は少ない。鉄器では弥生時代後期後葉の板状鉄斧が知られるだけである。青銅製品ではおもに後期の銅鏃 12 点、銅釧 1 点などである。

褐鉄鉱容器からヒスイ製勾玉 2 個が検出されたことも重要で、弥生時代中期後葉に神仙思想が理解されていたと考えられている（辰巳 2001）。

遺跡周辺では、いくつかの集落が確認されている。北側約 600 m のところには清水風遺跡があり、絵画土器約 50 点を出土している点が特筆される（図 113）。この遺跡については、唐古・鍵遺跡の墓域の一つであるとともに、居住域については唐古・鍵遺跡からの分村、一時的な移住先とみる見解、あるいは唐古・鍵遺跡と一連の集落と捉える意見もある（藤田三 1997）。

弥生時代の絵画については画題の組み合わせから、農耕にかかわる神話の存在が考えられている（春成 1999 a）。唐古・鍵遺跡と清水風遺跡における絵画土器の出土数は桁違いである。そうした神話は、水田稲作とともに最初は北部九州地域に伝わってきたにせよ、その後、畿内地域に伝わり、唐古・鍵遺跡はじめ大和地域から近畿一円さらには播磨地域という西の地域、そして、東海・北陸をはじめ東日本に広がっていったという見方ができよう。

遺跡の規模や存続期間、出土遺物の内容、とりわけ絵画土器の出土量、さらに中国と関係があったことを想定させる文物の出土を踏まえると、唐古・鍵遺跡は畿内地域のなかでも特別な集落であることを改めて確認しておきたい。

（2）池上曽根遺跡とその周辺遺跡

池上曽根遺跡は大阪府の南部、大阪湾岸の扇状地上に所在し、弥生時代前期から後期にかけて存続した。集落としては弥生時代前期後葉にはじまったが、環濠があったかどうかは明らかではない。環濠は遅くとも弥生時代中期になって掘削され、その範囲は直径 300 m 前後となることから、この時期が大きな画期となる。

この遺跡でも東西方向の大型掘立柱建物が存在した。時期は弥生時代中期後葉で、同じ場所で 5 回程度の建て替えがおこなわれた。建物のすぐ南側では、覆屋をともなう直径 2.5 m ほどのクスノキを刳り貫いて作られた大型の井戸が検出された。付近では太型蛤刃石斧を中心にその周囲を取り囲む形で二上山産サヌカイト製の剥片が配された状態で検出されたり、複数の飯蛸壺がまとまって出土したりしている。これらは何らかの儀礼にともなう可能性が考えられる。こうした遺物の存在は、独立棟持柱建物が特殊な性格を帯びていたことを示唆する。

さて、この建物については、直角方向に別の掘立柱建物が存在したという見解と（乾 1998）、なかったとする見解があり（秋山 1999 b）、その当否は明確でない。

注目されるのは、紀伊地域で産出される緑泥片岩製の石包丁の製品・未製品が多数出土している点で、石包丁は基本的に未製品の状態で流通し、畿内地域の各集落において製品に仕上げられたと考えられる。そして、池上曽根遺跡は紀伊地域と河内地域の間に所在していることから、石包丁未製品の中継地としての役割があったと想定している（都出 1989、禰冝田 1998 b）。なお、環濠内の各地点における石器組成を比較したところ、その組成に違いが認められない。つまり、農業生産、手工業生産は、各地区において比較的均質におこなわれていたという見解がある（秋山 1999 b）。

金属器については、鉄器の出土は確認されていないが、青銅器の鋳型の可能性が考えられる石材は出土しており、青銅器生産がおこなわれていた可能性はある。

遺跡周辺では、弥生時代中期に大小 20 あまりの集落が存在した。池上曽根遺跡を中心にひとつのまとまりがあったことが想定される。

弥生時代後期になると、集落規模は縮小するものの存続する。この時期には、4 km 程度離れた観音寺山遺跡及び 2 km 程度離れた惣ヶ池遺跡が出現することから、これらの場所に移動したことが考えられる。

（3）玉津田中遺跡とその周辺遺跡

玉津田中遺跡は、明石川流域左岸の沖積地から段丘にかけての地点に所在し、弥生時代前期から後期まで断続的に存続した。

遺跡は、弥生時代前期中葉に出現し、中期前葉に本格的な集落の形成が認められる。ただし、環濠が掘削されることはなく、長辺 250 m、短辺 100 m 程度の範囲に居住域をとり、北東に 350 m 離れたところに一辺 50 m 前後の別の居住域もある。中期中葉から後葉には規模が拡大し、約 250 m 四方の範囲の微高地 6 カ所に居住域が営まれていた。中期後葉には大規模な洪水により集落の大半は廃絶したが、洪水の及ばなかった場所には散在的に居住域が形成された。後期にも 3 カ所で居住域が認められる。

出土遺物として注目されるものは三つある。一つ目は弥生時代中期中葉の鋳造鉄斧の柄である。近畿における鉄器の存在を示す最古級の資料であり、近畿で鋳造鉄斧が実際に使用されたことを示す貴重な例でもある。ちなみに、玉津田中遺跡周辺に所在する新方遺跡では、同時期の鋳造鉄斧が出土している。二つ目は木棺墓から出土した細形銅剣か銅戈とみられる切っ先である。これも近畿唯一の例である。こうした遺物の出土を踏まえると、明石川流域の集落においては弥生時代中期から、近畿では出土例の少ない鉄器・青銅器がまとまって出土していることが指摘できる。三つ目は、香川県に原産地がある金山産サヌカイト製の大型板状剥片がまとまって出土している点である。調査面積の問題があるかもしれないが、岡山県域でも 3 点未満しか出土しないのに、原産地から 100 km あまり離れているにもかかわらず 4 点が出土している。このことは金属器とともに、石器においても流通の拠点であったことを示している。

玉津田中遺跡が弥生時代中期後葉の洪水により規模が縮小した段階で、付近の丘陵上に数多くの集落が出現する。そのうち3km程度離れた西神ニュータウン内65地点遺跡では、銅鐸鋳型が出土している。弥生時代中期における青銅器生産関係資料は、各地域のいわゆる拠点集落で出土していることを考えると、この集落も同様の性格をもっていたことを考える必要がでてくる。

弥生時代後期になると、明石川の支流にあたる場所に、高地性の環濠集落である表山遺跡が出現する。環濠の外側にも竪穴建物が検出され、丘陵全体に遺構が広がっていたとすると、長径200m、短径70mの規模が推測されている。近畿最古の北部九州地域産の小型仿製鏡が出土し、弥生時代中期と同様、金属器流通において中核的存在だったと考えられる。ただし、この遺跡から瀬戸内海を眼下に臨めるという状況にはない。

明石川流域の弥生時代中期、玉津田中遺跡と新方遺跡という二つの大規模集落が3km程度の距離で併存した。この地域では直径4.5kmという範囲のなかで、玉津田中遺跡と新方遺跡が、物資流通における中枢として展開し（山本 2000、禰宜田 2010b）、弥生時代後期には、表山遺跡が物資流通の拠点として機能していたことが考えられる。

（4）大規模集落に認められる特徴

さて、ここで取り上げた3遺跡を中心にそれ以外の遺跡の様相も加味しながら、大規模集落に備わる属性を整理していこう。

第1点目は竪穴建物などの遺構が広範囲にわたって検出されることである。規模はあくまでも相対的であるが、畿内地域の弥生時代中期では直径200〜300m程度が一つの目安となろうか。その境界は、唐古・鍵遺跡や池上曽根遺跡のように環濠が掘削される場合、玉津田中遺跡のように河川などに囲まれた微高地あるいは丘陵といった自然地形による場合がある。亀井遺跡は大規模な溝が複数検出されることから環濠集落とみなされがちであるが、環濠集落に含まれないことが発掘調査で明らかとなっている（広瀬 1986）。

第2点目は複数の集団で構成されていると考えられることである。この場合の集団とは血縁関係で結合していた集団が想定される。唐古・鍵遺跡では三つの微高地に居住域があり三つの集団を取り囲む形で環濠が掘削された。池上曽根遺跡でも、環濠成立前には分散していた三つの集団が存在していたが、それらは環濠の成立によって環濠内に居住するようになったと考えられている。こうしたことから、複数の集団を統合する必要があったと考えられる。そこには、それを実現する施設が必要となる。

第3点目は独立棟持柱建物等が存在していることである。池上曽根遺跡では独立棟持柱をともなっていたが、唐古・鍵遺跡や加茂遺跡のようにもたないものもある。これらは、何回かの建て替えがおこなわれた。建て替えには同じ場所でおこなわれる場合と場所を移動させる場合があった（禰宜田 1999b）。加茂遺跡のように、建物の周囲に区画をもつ場合もある。こうした施設の性格には諸説あるが、農耕祭祀あるいは首長にかかわるものと考えている。

第4点目は膨大な量の遺物が出土することである。多いか少ないかは客観的ではないが、池上曽根遺跡では100トンに達する遺物が出土したとされ、多くの人々が集住していたと考えられる。このことは、多くの物資を消費した結果ということになる。

第5点目は土器・石器・木器・金属器を生産した遺構・遺物が検出されることである。このことは、日常生活道具を生産していたことを示している。また、唐古・鍵遺跡では鋳造関係遺構と銅鐸などの鋳型やフイゴの羽口など鋳造関係遺物が出土した。池上曽根遺跡でも青銅器の鋳型とみられる遺物が出土している。弥生時代中期後葉以降は、鉄器や青銅器の生産にかかわった集落もある。石器や木器などとは異なり、金属器生産にかかわっていた集落の数は限られており、大規模集落でも異なる性格を有していたことが想定される。

第6点目は遠隔地からもたらされた文物が出土する点である。もっとも特徴的なのは金属器で、銅鏡・銅鏃・銅剣などの青銅器、鉄鏃・鉄剣・鉄斧・鉇などの鉄器である。現在のところ、池上曽根遺跡で鉄器の出土は知られていない。土器の場合、搬入品の比率が周辺の小規模集落よりも高いことが指摘されている（森岡 1982 a）。石器の石材なども同様で、石包丁については、丹波山地で産出される粘板岩と和歌山紀の川周辺で産出される結晶片岩、打製石器については二上山産や金山産のサヌカイトが流通していたと考えられる。こうしたことは、物資流通の中枢であったことを意味する。

ここで整理した点は、弥生都市の認定の際に提示された事項（広瀬 1998 b）と重複しており、これまで拠点集落論で展開されてきたこととも変わるものではない。大規模集落が拠点性をもつ要件がこの6点だということになる。

3　拠点集落の諸類型とその意義

（1）拠点集落の諸類型

冒頭にも示したように、これまでは、歴代遺跡（石野 1973）や母集落（寺沢 1979）などの大規模集落が長期間存続した。畿内地域の場合、弥生時代前期後葉に始まる環濠集落は両方の特徴を備えていたがため、拠点集落とは長期間継続した大規模集落と考えられるようになったといっていいだろう。

先に大規模集落には六つの特徴があるとした。それぞれの特徴を整理すると、概ね、第1点目・第2点目は政治的拠点として、第3点目は宗教的拠点あるいは政治的拠点としての性格を持ち合わせていたと考えられよう。そして、第4点目・第5点目・第6点目は経済的拠点としての性格を有していたことになる。つまり、大規模集落すなわち拠点集落は、政治的拠点であり、経済的拠点であり、宗教的拠点であった。

さて、大規模な集落のなかには、長期間存続はしなかった集落もある。弥生時代後期に出現した古曽部・芝谷遺跡や観音寺山遺跡といった高地性の環濠集落もそのなかに含まれよう。前者は後期前葉から中葉まで、後者は一部後葉まで存続するが規模は縮小し、低地の環濠集落ほど長期間にわたり継続することはなかった。金属器の出土状況、それを製作したことを示唆する遺物の出土は、それぞれの地域において中心的な役割を果たす拠点であったと考えられる。

規模は大きくはないが長期間継続した集落もある。会下山遺跡は当初尾根線上に数棟の建物が存在するとしていたのが、斜面にも遺構が存在することが想定されるようになり、当初考えられていたより規模は大きいが、数万 m^2 に多くの竪穴建物が密集するという状況にはない。弥生時代中期中葉から後期前半と比較的長期間継続し、漢式三翼鏃や鋳造鉄斧が出土したことから、流通上の拠点としての役割を果たしていたととらえられる。すでに指摘したように、この地は物資の流通と関

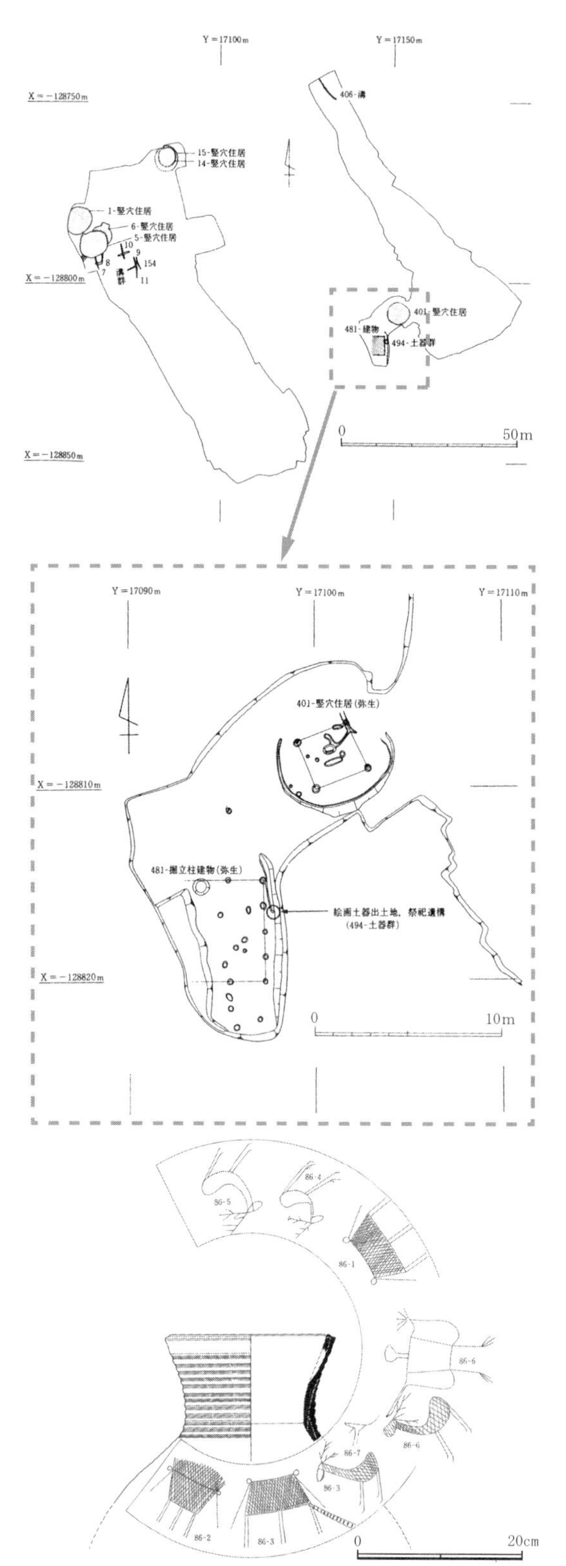

図 114　養久山・前地遺跡大型掘立柱建物実測図（龍野市教委 1995 より作成）

与する上で重要な「場」であったと考えている。この遺跡では、首長居館と想定される竪穴建物や祭祀遺構とみられる施設もある。

兵庫県養久山・前地遺跡は、絵画土器が掘立柱建物の付近から出土した。規模は小さく、継続時間も中期後葉と短かった。この種の建物の存在は祭祀とのかかわりが示唆され、宗教的側面において拠点であったと考えられる（図 114）。

表山遺跡は復元案によると 2 ha 程度の面積となる。大規模という範疇には含めにくく、存続期間は後期前葉ということで長期間継続したわけではない。ただし、小型仿製鏡を出したということで流通上の拠点であったとみなされる。

ここに挙げた遺跡は六つの要素がすべて揃うわけではないが、「その時代」、「その地域」において政治的拠点、経済的拠点、宗教的拠点として中心的な役割を果たした集落と考えられる。筆者は、こうした集落についても、特定の機能を担った拠点として把握することが重要だと考える。

そうだとすると、拠点集落は類型化が可能となる。規模が大きく長期に継続した集落が従来からとらえられてきた拠点集落であるが、規模は大きいが長期に継続しない集落も存在する。以上を踏まえ、次の二つのタイプに分けることとする。

【A類　大規模・長期継続型】

弥生時代前期後葉以降に始まる集落。

類例：唐古・鍵遺跡、池上曽根遺跡、玉津田中遺跡など。

【B類　大規模・短期継続型】

弥生時代中期以降に始まる集落。

類例：古曽部・芝谷遺跡、観音寺山遺跡など。

観音寺山遺跡は、弥生時代後期前葉から

後葉にわたり継続しているが、後葉には規模が縮小していることからＢ類に含めた。

一方、前述したように、集落自体は大規模ではないが、拠点的性格を与えることができる集落も存在した。現時点では先に取り上げた三つの遺跡について下記のように分類する。

【ａ類　中・小規模・長期継続型】

経済的拠点：会下山遺跡

【ｂ類　中・小規模・短期継続型】

経済的拠点：表山遺跡

宗教的拠点：養久山・前地遺跡

このような二つの類型も拠点集落に含めることとした。表山遺跡はまだ全貌がわかっておらず、Ｂ類に編入されることも考えられる。

こうした多様な拠点集落が、弥生時代中期以降の畿内地域及びその周辺地域において役割分担をしながら、弥生社会を構成していたのだと考えている。

（２）独立棟持柱建物等の変質

拠点集落を構成する要素の一つに、近畿の弥生時代中期においては、独立棟持柱建物等がともなう点があげられる。この建物の性格としては、終末期に首長居館の一部を構成することから何らかの特殊な施設、すなわち、稲倉（倉庫）説（金関 1984）、コメという集団維持に不可欠なものを貯蔵する神聖な場所から祭祀施設になったという説（春成 1992）、そして神殿説（広瀬 1996ｂ・1998ａ・1998ｂ）もある。これに対して、特殊な施設とはみなさず、規模が大きいことから集会所（岡田 1998）や集落構成員の共有施設（秋山 1999ｂ）という意見もある。さらには、祖霊祭祀にかかわる施設であり、穀物倉庫であり集会所でもあるという、いくつもの機能を有していたとする見解もある（設楽 2009）。

筆者は、独立棟持柱建物等が最高所や微高地に所在することを踏まえ、首長居館あるいは祭祀施設など首長と関係する施設であったと考えている。その性格を考える上で興味深い点は、唐古・鍵遺跡では中期前葉の位置と中期後葉の位置が移動し、中期後葉では同じ場所で建て替えがおこなわれていたこと、池上曽根遺跡の大型掘立柱建物についても弥生時代中期後葉に同じ場所で５回程度の建て替えがあったことである。ほかの大型掘立柱建物についても、同様のあり方が認められている（禰宜田 1999ｂ）。

以上から、次のように分類する。

【Ⅰ類　同位置建て替え型】

ｉ　同じ場所での建て替え

唐古・鍵遺跡（中期後葉）、池上曽根遺跡（中期後葉）

ⅱ　近接した場所での建て替え

有鼻遺跡（中期後葉）

【Ⅱ類　別位置建て替え型】

ｉ　場所を移しての建て替え

唐古・鍵遺跡（中期前葉から中期後葉）、平方遺跡（中期後葉）

古墳時代の首長居館は一世代ごとに建て替えられた点を踏まえ（広瀬 1995）、首長に就いた象徴

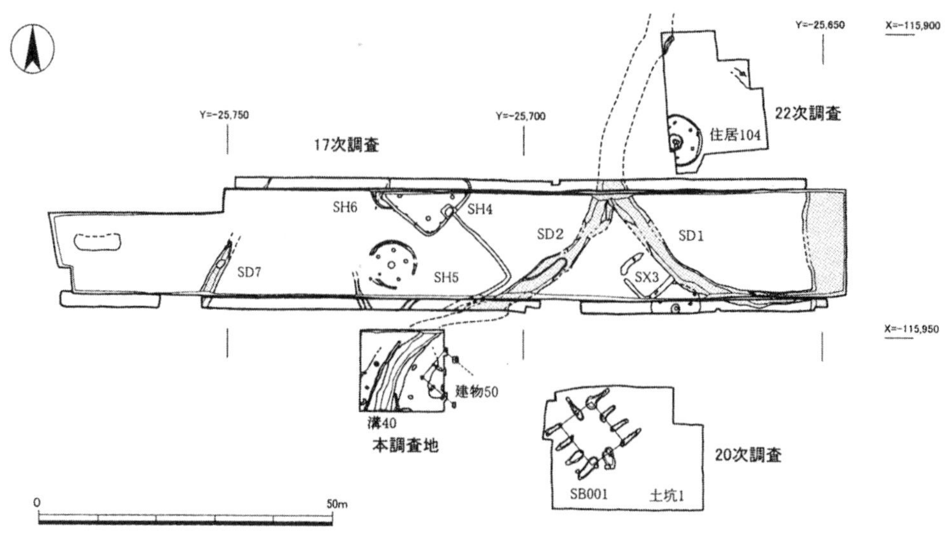

図115　大藪遺跡独立棟持柱建物等実測図（京都市 2013）

として代替わりごとに建て替えられたのだとみる（禰冝田 2000 b）。

同位置なのか、移動するのかの違いは、前首長とのかかわりの中で決められたのか、その場所に特別な意味があったのか、いくつかの要因があったと考えている。Ⅰ類をⅰとⅱに分けたが、ⅱ類にはⅡ類とした方がいいものもあるかもしれない。Ⅰⅱ類とⅡ類の識別は今後の課題である。

これらの建物は、集落のなかで最高所、あるいはそれに近い場所に存在するという点が特徴である。有鼻遺跡や平方遺跡は、丘陵の最高所に建てられた例の代表である。

さて、この種の建物は弥生時代中期の例をみると、基本的に1棟が単独で存在していたものと考えられる。弥生時代後期前葉に始まる古曽部・芝谷遺跡や観音寺山遺跡ではこの種の建物は未確認であるが、終末期になると尺度遺跡や伊勢遺跡では区画を伴い複数の建物が配置されるようになる。その空白を埋める資料として重要と考えているのが、京都府大藪遺跡である（図115）。ここでは、独立棟持柱建物と掘立柱建物の方向が同じであり、両者は関連しているとみなすことが可能である。

そして、独立棟持柱建物等の変遷を考える上で指摘しておきたいことがある。独立棟持柱建物等とかかわりがあったと考えられる銅鐸が、弥生時代中期と後期では性格を異にするという考え方が有力である。銅鐸は独立棟持柱建物等とかかわり弥生時代中期においては農耕祭祀の場で機能したが、弥生時代後期には形を継承しながらも政治的なシンボルになったという（福永 1998）。それと同じように、独立棟持柱建物等も形は引き継いだものの、性格は変化したのだと考える。独立棟持柱建物等は、農耕祭祀とかかわる施設から変質を遂げたのである。そうだとすると、宗教的施設から政治的施設に移行したことになるが、それについては、個々に検討が必要である。この種の建物については第4章で再論したい。

（3）拠点集落の意義

では、最後に弥生時代の拠点集落の意義を述べ、本節を終わりとしたい。

拠点集落には政治的・経済的・宗教的拠点を兼ね備えた大規模拠点集落と、そのなかの一つの要素をもった中・小規模拠点集落があることを指摘した。経済的拠点としては農業生産の拠点という意味も含まれよう。

拠点集落をこうした形で分類、類型化すると、一定の領域のなかでの集落を重層的に把握することが可能となる。たとえば、大和地域の唐古・鍵遺跡と清水風遺跡である。これら二遺跡からは絵画土器が多数出土している。畿内地域でも、一遺跡で絵画土器は数点出土する程度である。唐古・鍵遺跡の周辺に所在する清水風遺跡の出土数は特筆される。唐古・鍵遺跡と清水風遺跡の関係は、①唐古・鍵遺跡からの分村、②唐古・鍵遺跡からの一時的な移住、③唐古・鍵遺跡と一連の集落という見解がある。どの立場に立つかで評価はまったく変わってしまう。

学史的には拠点と周辺ということになるのであろうが、大和地域において唐古・鍵遺跡が三つの側面を備えた大規模拠点集落であり、清水風遺跡は宗教的拠点である中・小規模拠点集落と理解できる。唐古・鍵遺跡と清水風遺跡との関係においては主・従の関係であったとしても、役割分担があったことが想定される。

西摂地域では、経済的拠点として会下山遺跡を考えた。この地域の弥生時代中期には、どこに比定するかは課題として低地に大規模拠点集落の存在が想定され、それによってこの地域の社会を把握することになる。

弥生時代中期には、墓制の検討から、畿内地域にも階層分化が進行したことが明らかとなっているが（大庭 1999）、拠点集落の類型化は、集落から社会の階層分化を検討する手段になるものと考えている。この点は、今後、さらに検討を進めていくことにしたい。

さて、拠点集落という用語は縄文時代の集落研究においても使用されている。谷口康浩によると、縄文時代前期から後期、中部から東北や東日本に認められる中央の広場を取り囲むように竪穴建物や掘立柱建物を環状に配置した集落を環状集落とし、特定の環状集落は長期継続的に利用され、その地域で最多数の建物跡や墓が累積した集落を拠点集落としている（谷口 2005）。

拠点集落を時間と規模からとらえると、縄文時代から弥生時代にかけて存在したと考えられる。そして、弥生時代終末期には、複数の埋蔵文化財包蔵地を包括する大集落群が出現した。中田遺跡群として把握されている東郷遺跡・成法寺遺跡・小阪合遺跡・中田遺跡はこの時期に突如として出現するが、布留式の前半のうちに一斉に消滅する。この遺跡群については、瀬戸内海ルートにおける流通の拠点という性格が与えられ、この時期の瀬戸内海沿岸には同様の遺跡群が出現するという（山田隆 1994）。

この時期に出現した遺跡群は、「大規模・短期継続型」の拠点集落にあてはまる。ただし、弥生時代中期や後期前葉までの大規模・長期継続型、大規模短期継続型のものとの違いは、首長の有無である。この時期までの拠点集落の中には首長が居住していたと考えられている。弥生時代後期後葉以降の様相は明らかではないが、遅くとも終末期には首長居館と考えられる事例がある。首長居館成立後、大規模集落に首長は不在となった。そうなると、この時期の大規模集落は政治的拠点としての性格は持ち合わさなくなったと考えられるのである。首長居館が成立すると、大規模集落はそれ以前とは性格を異にすることになった。

弥生時代後期まで、首長は拠点集落の中で一般成員とともに居を構えていた。縄文時代にも集団を統括するという意味での首長は存在しており、環状集落のなかに首長はいたであろう。

そう考えると、政治的・経済的・宗教的な拠点である大規模集落は、縄文時代から弥生時代後期のある段階までにあてはめられることになる。首長居館成立後、政治的拠点・経済的拠点・宗教的拠点という三つの性格をあわせもった大規模集落は役割を終えて、解体したのである。

第6節　弥生時代の集落――まとめにかえて――

本章では、弥生時代の集落について論じた。

第2節では研究史を整理した。近年、弥生時代を特徴づけ、戦争とのかかわりが指摘されてきた環濠集落や高地性集落について、さまざまな考え方があることを示した。近年では、そうしたことから、これらの言葉を使わず、新たな定義をおこない集落論を進める研究者もいるが、筆者は教科書にも掲載されているという学史的な意味からも従来からの言葉を使用することを確認した。

第3節では丘陵部や山腹に営まれた高地性集落の石器組成を分析して、軍事的側面と生業的側面について整理した。前者については打製石鏃の多寡から二つに分類し、打製石鏃が全石器の6割以上を占める遺跡や投弾が多数出土する遺跡については軍事的性格を有すると考えた。生業的側面については、収穫具や調理具の出土状況から四つの生業形態があったことを指摘し、低地の集落よりも多様な生業が営まれていたことを明らかにした。なかでも、生業をおこなっていなかったと判断される集落の存在は、高地性集落の社会的な性格とかかわりがあることを述べた。そして、高地性集落の特性は「眺望」という点を重視し、鉄器流通というこれまでとは違う物資流通が始まったことによる社会的な緊張関係が要因で高地性集落は成立したとした。

第4節では、畿内地域とその周辺地域における流通関係を考えるケーススタディとして、兵庫県東南部地域の明石川流域及びそことつながる三田盆地、さらに明石海峡の南に位置する淡路島の集落の動向を検討した。この地域は明石海峡を前面に控え、銅鐸・銅剣・銅鏡などの青銅器、そして各種鉄器が出土するとともに、鉄器や銅鐸の生産がおこなわれていたことが特徴で、当該地域は瀬戸内海という東西ルート、日本海から三田盆地を経て淡路という南北ルートの接点に位置することを指摘した。明石海峡付近は時期によって変動はあったとしても、交通の十字路として物流の拠点であったと評価した。

第5節では拠点集落の意義について整理を試みた。拠点集落とは、これまでは大規模で長期に継続する集落であり、政治的・経済的・宗教的な拠点を兼ね備えたものであった。本節では短期間でも拠点集落と認定できるもの、大規模ではなくても政治的・経済的・宗教的側面のうち1～2の要素をもつ集落にも拠点的性格があったとし、拠点集落の概念を広くとらえることとした。そして、首長が拠点集落のなかに存在するのは弥生時代後期までで、首長居館の成立は、大規模集落の政治的・経済的・宗教的側面を分離させることになり、弥生時代後期まで機能した大規模集落は役割を終えたと考えた。

註

（1）本来であれば眺望を確認して高地性集落かどうかを認定する必要がある。今回は、そうした手続きを踏むことができなかったため、多くの研究者が高地性集落と認定しているものを素材にする。

（2）　国立歴史民俗博物館が集成した際の分類に依拠した（歴博 1996）。

（3）　打製石鏃の大型化を武器としての機能が加わったとする見解が主体であったが（佐原 1975 b、松木 1989）、最近では武器化以外の観点から評価する見解も出てきている（神野 2000）。

（4）　筆者の集計による（歴博 1996）

（5）　香川県平岡遺跡においては打製石鏃が73％を占めていた。この遺跡は比高差20ｍ程度の丘陵上に立地しているので、高地性集落の範疇で考えることもできる（森下 1996）。

（6）　大盛山遺跡のように小高い丘陵に環濠を巡らせ、その外に居住域をもった集落に、田和山遺跡がある。頂部で比高差は40ｍもないが、そこからの眺望は360度良好である。環濠外の住居域との比高差はさらに小さくなるので、高地性集落に含めるかどうかは議論の分かれるところだろう。時期は弥生時代前期後半から中期後半である。丘陵頂部には柵列と建物があったとされ、ここを祭祀的な空間とする見方もある。この遺跡からも、投弾とみられる自然石が3,000点以上出土した。多くが環濠の中から検出されたということなので、本来は頂部に集積されていたことになる。実戦があった結果とするのか、模擬戦に用いられた祭祀用とみるのか、見解は分かれるかもしれない。前者だとすると、頂部の狭い空間を守ったとしてもやがて追い詰められてしまうだろうから、短時間のうちに一気に使われたことが想定される。

（7）　京都府福知山市にケシケ谷遺跡がある。ここは標高75ｍで比高差30ｍを測る。打製石鏃が35点出土し31％、調理具が31点出土し28％を占めていたが、石包丁は認められなかった。調理具が卓越する遺跡として注目しておきたい。

（8）　この遺跡の出現母体となった池上曽根遺跡では磨石類や砥石を含む未整理品が26,000点あまりになる。これらの帰属が判明すると、石器組成自体が大きく変わってしまうことになるが、池上曽根遺跡では堅果類にも少なからず依存していたと考えられる。

（9）　滋賀県の下之郷遺跡では、3重の環濠の出入口と考えられるところから、銅剣・打製石鏃・木鏃をはじめとする武器が見つかった。ここで戦闘があったとも考えられている。

（10）　前稿では、「後期の古曽部・芝谷遺跡や観音寺山遺跡は、石器組成上の分類上はⅡ類となってしまうが、すでに指摘したように、社会的緊張関係のなかで機能した集落であったと考えている」とした。弥生時代後期には鉄器の存在も想定しなくてはならないので、石器組成だけで性格を明らかにすることは困難であると考えるにいたっている。

（11）　近年、高地性集落出土の貝をもとにした分業論が出されている。貝の成長曲線から貝の採取時期を推定し、高地性集落の中には季節的利用されたものがあり、貝の獲得を目的とした集落が存在したと推定されている（池田 1999）。高地性集落出現に関してこれまでとは違った視点からの研究であり興味深い。

（12）　このように考えても説明のつかないのが有鼻遺跡や奈カリ与遺跡である。これらでは石包丁の絶対量は少なく、調理具も希少だという点では会下山遺跡と同じである。だが、集落の規模や内容からして低地の集落がそのまま上がったと考えられ、主食を別の集団に依存していたとは考えにくい。だからといって、同時期の周辺の低地に集落は未発見なので、低地に同じ集団の一部が存在していたとはいえないのである。

（13）　日本海側でも、弥生時代後期になると、島根・鳥取県域の海岸付近に高地性集落が出現する。妻木晩田遺跡もそのひとつで、西から海伝いにきたとすると、弓ヶ浜半島を越えたところで必ず目に入ってくる場所に立地している。物資流通とのかかわりで成立した可能性は十分あるとみている。

（14）　各発掘調査報告書、並びに山本（2000）を参考にした。

（15）　玉津田中遺跡については発掘調査報告書と、藁科ほか（1989）の分析結果による。

（16）　玉津田中遺跡のサヌカイト製石器については、山口卓也による肉眼識別結果によると金山産の誤判定率は6％、二上山産の誤判定率は30％であった（兵庫県教育委員会 1996）。かつて、筆者も有鼻遺跡のサヌカイト製石器を肉眼で分類したものについて誤判定率を計算したところ、金山産が11％、二上山産が 33 %であった（兵庫県教育委員会 1999)。こうしたことを踏まえると、金山産よりも二上山産の識別が難しいことが指摘される。分類の際、風化状態で「白く見えるもの」の識別が難しかったことを記憶しており、それらを金山産としたため二上山産の誤判定率が高まったと思われる。肉眼観察に限界はあるが、誤差を少なくする目は養っていきたいところである。

(17) 兵庫県北神ニュータウン No.4 地点遺跡では、弥生時代後期に打製石器の製作がおこなわれていた。剥片は、二上山産・金山産ともに出土しており、両方の石器が製作されたと考えられる。

(18) 用木山遺跡では、2 g 以下の突基式が 80 %を占めている。

(19) 加古川支流の草谷川の存在と喜谷美宣の論文については、種定淳介氏のご教示による。

(20) 洪水で居住域を変えたという見解にとっては、石包丁の出土が少ないことを考慮すると、説明ができないわけではない。つまり、洪水で可耕地を追われ、これらの遺跡では水田稲作でなく縄文的な生活をおこなっていたと考えるのである。しかし、これについては、一時的にせよ水田稲作を放棄するようなことが本当におこりえたのであろうかという疑問がある。いずれにしても丘陵上の集落で石包丁が少ないことは課題である。

第3章　祭祀・墓制からみた弥生社会

第1節　本章の検討課題

本章では弥生時代の精神世界について検討する。第1章と第2章では「生の世界」を扱ってきたが、弥生時代の社会を復元するうえで墓制・葬制すなわち「死の世界」、さらに祭祀を含めた「精神世界」の特徴を明らかにすることによって、はじめて弥生社会総体をみたことになる。

こうした視点のもと、第2節では祭祀研究と墓制研究の現状と課題を整理する。祭祀に関係する研究も多岐に及ぶので、ここでは近畿に特徴的な銅鐸にかかわる事項を中心に取り上げる。一方、墓制研究は、これまで副葬品や墳丘規模の格差から社会の階層分化の進展状況が明らかにされ、社会の発展段階論、さらには弥生時代から古墳時代への移行に関する研究を中心に進められてきたといっていいだろう。こうした研究において、副葬品はおもに威信財という観点から検討が進められてきたが、副葬品は葬制すなわち葬送儀礼としての側面も有している。とりわけ北部九州地域における副葬には中国思想の影響が背景にあったとみており、単にモノを副えるという副葬行為とは区別することが重要である。副葬の概念には大きく二つの意味があったことを踏まえて研究の整理を進める。

第3節では近畿の祭祀にかかわる土器と銅鐸に描かれた絵画について検討する。これらにみられる絵画の画題は時代と地域を問わなければ旧石器時代は不明確であるが、縄文時代や古墳時代にも認められる。そのことを踏まえて、各時代の絵画の様相を整理したうえで、弥生時代の絵画の意味について検討する。この点についてはすでに農耕祭祀とのかかわりが考えられており、その性格について検討するとともに、農耕祭祀の道具として創出された銅鐸の埋納の意味についても言及する。また、世界的にみると絵画は文字につながる地域もあるので、列島における絵画から文字への展開についても触れてみたい。

第4節・第5節ではおもに北部九州地域の墓制・葬制について検討する。副葬品については、葬制、葬送儀礼という側面に光を当てる。北部九州地域における墓制・葬制を検討するのは、当時の人々の死生観を復元できる素材が残され、その一部は弥生時代終末期以降の畿内地域にも伝播してきたからである。つまり、北部九州地域における墓制・葬制の検討は、畿内地域におけるそれを明らかにすることにもつながるのである。

北部九州地域では甕棺の口の部分に粘土が施される。第4節では北部九州地域における甕棺墓や木棺墓などにみられる「棺を粘土で密封する行為」と、「副葬による行為」を抽出して整理し、当該地域における葬送儀礼の思想的背景について論じる。

第5節ではまず棺の密閉の系譜について検討する。これは第4節で解決できなかった課題である。この風習の起源を韓半島に求めようとしても、管見の限り粘土で棺を密封する墓はない。しかし、中国や韓国という東アジアの地域において、棺を密封するという風習はあった。そうした事実を踏まえ、棺を密封するという風習は東アジアに起源があるという視点から、その葬送行為すなわち葬送儀礼が北部九州地域においてどのように成立したのかについて仮説を提示する。次に、棺の密封という行為は古墳の埋葬施設にも認められるので、その風習は東方に伝播したことを前提に、列島内での広がりについて検討する。近畿の弥生時代後期には、丹後地域で副葬が発達したものの、畿内地域で副葬が始まるのは終末期で、墳丘が大型化するのもこの時期であることを踏まえ、前方後円墳祭祀との連続性についても言及する。

第6節では、墓からみた階層分化の進展について検討する。第4節と第5節と違い、本節では副葬品を威信財という観点から検討をおこない、被葬者の階層的な位置づけを示していくこととする。ただし副葬行為は、弥生時代後期までは基本的に北部九州地域以外では発達しなかった。列島のなかで、北部九州地域は特別な地域であったことを明らかにしたうえで、畿内地域では副葬が定着しなかったことを踏まえ、墓制の地域性について言及する。前方後円墳に認められる葬送儀礼の諸要素は、その成立にあたり畿内地域の中心勢力がどのようにかかわったのかを評価する上で大きな問題となる。本節では若干の検討にとどめ、終章において結論を導くこととする。

第2節　祭祀・墓制研究の現状と課題

1　緒　言

弥生社会を解明するにあたって、祭祀や墓制・葬制すなわち当時の精神世界を明らかにすることも重要な研究課題である。この分野についてもさまざまな立場から研究がおこなわれてきており、その蓄積は膨大なものとなっている。

そこで本節では、次節以降で取り上げる事項の研究史について、整理を進めることとする。近畿における弥生時代の祭具といえば銅鐸である。銅鐸は、弥生時代の祭祀のあり方を示すだけではなく、畿内地域の弥生時代の政治状況を考える上でも重要な資料であり、まずはこれを取り上げる。

もうひとつ、墓制では、北部九州地域で発達した甕棺墓制についてとりあげ、そこにみられる行為のうち副葬にかかわる研究をみていく。副葬は、弥生社会が政治的に成熟していく要素として重視されてきたが、もう一つの側面として葬送祭祀における道具という性格ももちあわせている。そうした視点から研究の歩みを振り返ることとする。

2　研究略史

銅鐸の発見は古代まで遡る。『扶桑略記』(平安末期成立)によると、天智天皇7年(668)、滋賀県大津市の崇福寺建立の際の地ならしの際に宝鐸が出土したことが記述されており、それが銅鐸と考えられている。奈良時代の人々は同時代に作られていた梵鐘と銅鐸との違いを認識していたようで、『続日本紀』(713年）においては発見された「銅鐸」を天皇に献上したという記述もある。

このような銅鐸であるが、黎明期の研究において議論になったのは、銅鐸がいつ、どこで生産されたのかであった。そのことに関心が及んだのは、武器形青銅器とは違い銅鐸の鋳型が未発見であったため、大陸からもたらされたと考えられていたからであった（八木・中沢 1906)。この点については、銅鐸と銅剣や弥生土器の文様には共通性があることから、列島で生産されたものであることも指摘されていた（梅原末 1918)。

年代については、中国の銅鐘との類似性から先秦時代の頃のものだとする見解が示された（喜田 1918)。これに対して、韓国慶尚北道入室里で小銅鐸が銅剣・銅矛・多鈕細文鏡とともに出土したことから、韓半島の小銅鐸の影響を受けて近畿で製作されるようになったこと、銅鐸の始まりについては銅剣・銅矛と同じ紀元前1・2世紀頃とされた（高橋 1923)。

この見解が年代論争を引き起こし、広島県の福田において銅鐸と銅剣が伴出したこと（森本 1929）を経て、銅剣・銅矛は中国鏡との共伴関係から1世紀前後とし、銅鐸の出現については銅剣・銅矛との共伴関係から後漢代、すなわち1世紀後半から2世紀の頃で、終焉は初期鉄器時代の墳墓の時期すなわち3世紀後半ないし4世紀前半頃とした（森本 1931)。

用途については、形態から楽器かそうでないかで論争がおこった。楽器説は編鐘との類似性から考えられたもので（関 1900)、非楽器説としては宝器説（浜田耕 1918)、宗教的なものとする説（喜田 1918）などが提示された。これについては、鳥取県の小浜などで銅鐸を鳴らすための「舌」が発見されたことにより、楽器説が有力になっていった。

出土状態からも議論がおこなわれ、銅鐸が単独で出土することから、宝器を隠匿したという説（喜田 1918)、神に捧げたものを祭祀終了後に埋納したという説（後藤 1935）などが示された。

こうした考え方に対し、銅鐸の絵画に着目しまったく新たな考え方を示したのは小林行雄であった。小林は銅鐸に動物がほかの動物を捕食している場面、狩猟風景や高床倉庫が描かれていることをもとに、生き物はみな弱者を食べているのに対し、人間も以前は狩猟をおこなっていたが、水田稲作を始めたことで秋には豊かな収穫を得て倉が満ちるようになったと述べ、これは神の恵みによるもので、神の徳をたたえる物語を描き、後の代までもわが神をあがめようという思いがあった、と考えたのであった（小林行 1959)。これは、銅鐸が農耕祭祀の祭具であるという説の基礎を作ることとなった。

次は墓制についてである。甕棺墓に銅鏡及び銅剣・銅矛が副葬されることは、すでに明治期に認識されていた（古谷 1911)。このことを受け、大正期にはすでに福岡県の三雲遺跡や須玖遺跡の甕棺墓が王莽以前、前漢代に併行する時期であるとされ、甕棺墓制から弥生時代の実年代観の大枠が決まることとなった（富岡 1918)。この頃の問題関心は銅剣・銅矛などの変遷にあり、副葬遺物の研究が大きく進展した。

昭和期に入ると、北部九州地域で須玖遺跡の甕棺墓の調査（島田 1930)、支石墓の調査もおこなわれ、墓の方にも関心が及ぶこととなった。こうして遺構・遺物の内容から、墓制の研究は大陸との関係を検討する上で重要な意味をもつことが認識されることとなった。

敗戦を経て10年経過した1955年には『日本考古学講座』が刊行され、「祭祀」を鏡山猛が、「墳墓　西日本」を原田大六が担当した（鏡山 1955、原田大 1955)。鏡山猛は死者に対する考え方を知る方法として埋葬様式と副葬品の検討があるとし、副葬される鏡や剣は屍体あるいは死霊を鎮圧

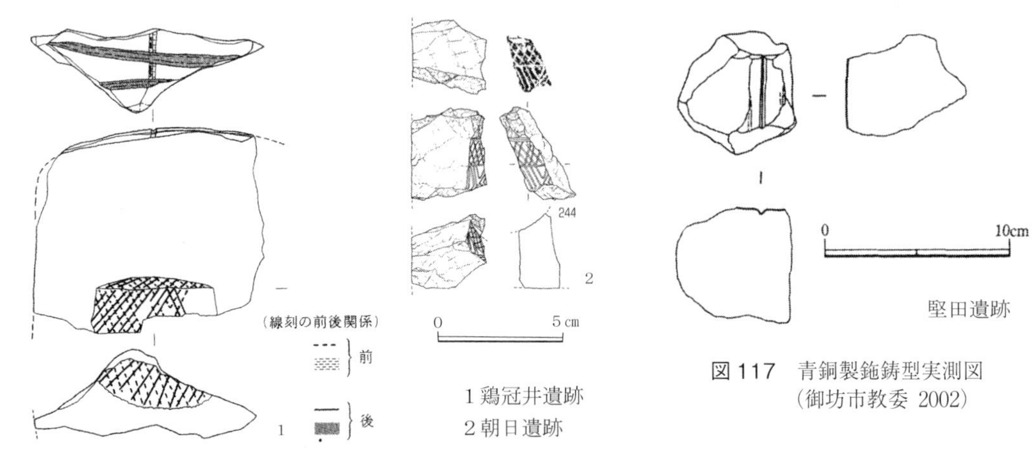

図 117　青銅製鉇鋳型実測図
(御坊市教委 2002)

図 116　銅鐸鋳型実測図 (向日市教委 1983、名古屋市教委 2006)

する呪具であったが、除魔・鎮魂の道具としてのみ理解していいかどうかは疑問が残されているとした。一方、原田大六は甕棺墓の中で銅鏡などをもつものは少数者であり、副葬品は奢侈品、私有財産として被葬者の身分を表すとともに、当時の人々の死者に対する精霊観を示すものという二つの観点から検討をおこなった。

鏡山も原田も、威信財の副葬ではあるが、その背景にある精神的側面にも着目している点を指摘しておきたい。

3　銅鐸祭祀にかかる研究の現状

(1) 銅鐸の変遷

銅鐸の編年については大正期からさまざまな見解が示された。そうした研究を踏まえ三木文雄は銅鐸の身の部分が横帯と縦帯によって2・4・6・8に区分されていることに着目し、全部で8型式に分類した。時期については弥生土器と銅鐸の文様に注目し、絵画土器の年代や後期の土器文様との関係から、弥生時代中期後葉から後期と考えた (三木 1955)。

これに対して、佐原眞はそれまでに銅鐸分類の指標とされてきた大きさや文様ではなく、鈕の断面形に注目し、菱環鈕式・外縁付鈕式・扁平鈕式・突線鈕式の四つに分類した。年代については、外縁付鈕1式銅鐸に表現されている流水文が畿内地域の弥生時代中期前葉の土器に存在することから、それよりも型式学的に古い菱環鈕式銅鐸は弥生時代前期後葉まで遡るとする見解を示した (佐原 1964 a)。銅鐸の文様ではなく鈕の断面形によって型式学的に分類して変遷を明らかにし、土器の文様とのクロスチェックもおこなわれており、現在の銅鐸研究の基礎をつくったと評価される。

問題は銅鐸の鋳造開始年代である。もともとは列島独自のものであることを前提として、北部九州地域の武器形青銅器の年代観から弥生時代中期後葉以降とされていたが (三木 1955)、佐原は弥生時代前期後葉だとした。

これについて後に高倉洋彰は、銅鐸の祖型を朝鮮式小銅鐸とする限り、その年代は前漢後半から後漢初頭の所産であることから、列島での製作は弥生時代中期中葉を遡ることはないとした (高倉 1973 a)。近畿においても、藤田三郎は土器と銅鐸に描かれた画題には共通性があり、その土器絵画が盛んであった弥生時代中期後葉と扁平鈕式銅鐸の年代が併行するとして、それより古い型式の銅鐸については中期中葉を前後する時期におさまると考えた（藤田三 1983）。

一方、寺沢薫は、九州における銅鐸や銅鐸形土製品の年代から、銅鐸は弥生時代中期中葉までは遡りうるとしたうえで、福岡県原田遺跡の土坑墓から出土した銅鐸の時期の評価によっては中期前葉まで遡る可能性があると指摘した(1)（寺沢 1991）。

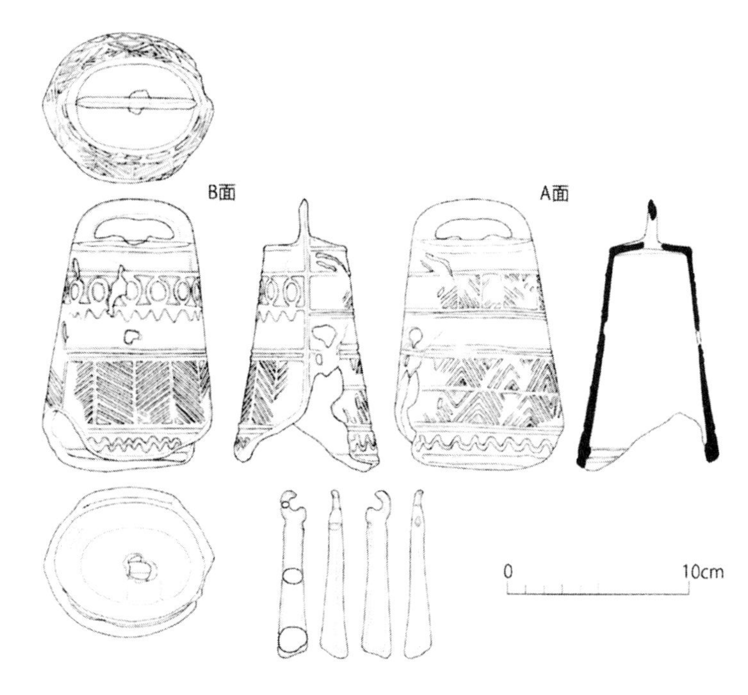

図118　東奈良銅鐸実測図（設楽 2014）

実際の鋳型としては、京都府鶏冠井遺跡で河道SD8214の中層から菱環鈕式銅鐸の鋳型が弥生時代中期前葉の土器とともに出土した（図116-1）。さらに、愛知県朝日遺跡においてもSK01と呼ばれる長径2.2m、短径1.2m、深さ0.6m以上の楕円形の土坑から中期前葉に限定できる土器とともに菱環鈕1式銅鐸の石製鋳型が出土した（図116-2）。この発見により、銅鐸の製作開始年代は中期前葉までは遡ると考えられるようになった。

ただし、青銅器生産自体は和歌山県堅田遺跡で弥生時代前期の青銅製鉇の鋳型が発掘され、前期に遡りうると考えられるようになった（図117）。楕円文など銅鐸文様を分析すると多くが遠賀川式土器の文様に由来していることから、銅鐸の生産が弥生時代前期に遡る可能性は否定できないとし、東奈良銅鐸については弥生時代前期になる可能性を指摘した（設楽 2014）（図118）。

銅鐸の製作開始年代は弥生時代中期前葉までは遡り、さらに古くなる可能性があるというのが現状である。

（2）銅鐸の機能

銅鐸の機能については、黎明期の銅鐸研究のところで略述したところであるが、現在に至るまで大きな影響を与えることになったのは田中琢の研究である。佐原の鈕の形態をもとにした型式変遷を受け、突線鈕1式までは内面突帯が磨り減っていることから実際に鳴らされて使用されたのに対し、突線鈕2式以降、銅鐸自体が大型化し内面突帯は細く小さく痕跡を留める程度となり、飾耳が大きくなることから鳴らされて使用された痕跡に乏しいとした。そして、銅鐸は「聞く銅鐸」から「見る銅鐸」へと機能が変化し、その性格も大きく変質したと考えた（田中琢 1970）。

現在、二つに分けられた銅鐸のうち「聞く銅鐸」については、農耕祭祀に使用された祭器とする

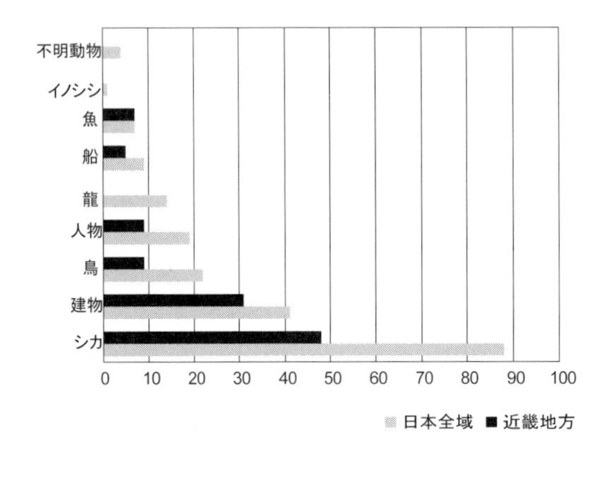

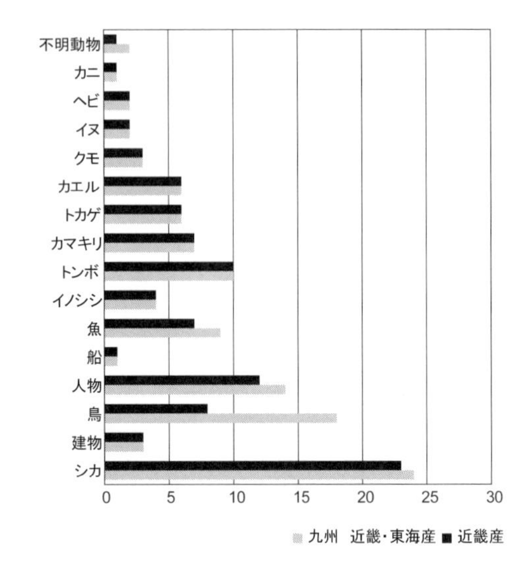

図 119　弥生土器絵画（左）及び銅鐸絵画（右）の画題の出現頻度（橋本 1996 より作成）

見解が有力である（小林行 1967 ほか）。一方の「見る銅鐸」については、畿内社会を守護する神器（春成 1982）、地域を統合する象徴つまり農耕祭祀の道具から変質した政治的なシンボル（福永 1998）といった見解などがある。

なお、多くの研究者は銅鐸の性格の変化を認めているが、突線鈕 2 式以降、銅鐸は大型化するがそれは急速に変化したものではないという意見がある（岩永 1997）。そして、「聞く銅鐸」から「見る銅鐸」へと変化し、前者が個別農業共同体レベルの祭器、後者が畿内中心勢力の祭器ということについても疑問視する見解がある（岩永 1998）。

（3）銅鐸の絵画

銅鐸の機能を考える上で重要な役割を果たしたのが絵画である。1964 年、兵庫県の桜ヶ丘では銅鐸 14 個が銅戈 7 本とともに発見されたが、そこで発見された銅鐸絵画の内容から、小林行雄は神を称える物語が描かれていたという自説を改めて論じた（小林行 1967）。

銅鐸絵画の画題としては、シカ、鳥、人物という順に描かれている。また、銅鐸と同様に土器に描かれた絵画の画題をみると半数近くがシカで、建物・鳥・人物がつづく（橋本 1996）（図 119）。春成秀爾は小林の考え方を発展させ、絵画の内容や組み合わせ及びほかの祭祀関係の遺構や遺物及び文献の内容を踏まえ、シカは土地の精霊、トリは穀霊を運ぶ使者、建物は穀霊が宿る場所として神聖な存在であったと考えた。そしてシカは土地、トリはイネを表し、その間に人間がたって自然の暴威からイネを守るという筋書きの神話があったとし、農耕の予祝儀礼を表しているとみた（春成 1992）。

寺沢薫は銅鐸の絵画は農耕を始める前の予祝的な儀礼を写したものであるとしたうえで、春成の見解では整合性が取れない画題があり、「I」字形の道具をもつ人物については桛をもつ織女や魚釣りの男ではなく播種儀礼の前に「I」字形の呪具をもったシャーマンだとした（寺沢 1994）。また、桜ケ丘 5 号鐸にみられるヘビとカエルとされる動物について、それらの生態と弥生時代にヘビがほとんど描かれていないことから水面を泳ぐカエルを表していると考えた。さらに、弥生時代におこなわれた農耕祭祀は、その後に古代王権へと引き継がれた儀礼と庶民に引き継がれた風習に分かれることになったことも指摘した（寺沢 1995 a）。

なお、鳥取県稲吉角田遺跡出土の土器には二つの物体が木に吊り下げられている状態が描かれ、それらは銅鐸であったとの見解がある（金関 1984）。

（4）銅鐸の埋納

このことについて、長い間有力な仮説として受け入れられていたのが、通常は土中に保管し祭りの際に取り出されていたところ、祭りがおこなわれなくなったために忘れ去られたという考え方であった（佐原 1960 b）。これに対して春成秀爾は、聞く銅鐸において「舌」が伴出しない例が多いのは銅鐸の機能を停止した結果であり土中保管説は不自然だとしたうえで、銅鐸の埋納は銅鐸使用の最終形態であったとした。そして、銅鐸が穀霊信仰と関係があり、民族例や銅鐸絵画に倉庫が描かれていることを踏まえると、保管場所は倉のような地上であったと述べた（春成 1982）。近年、銅鐸の保管に関しては、おおむねこの考え方が支持されている。

銅鐸の埋納場所については、それが使用された場所から離れたところという問題提起がおこなわれた（森岡 1975）。その後、この考えを受けて、共同体にとって非常時に邪悪なものや敵の侵入を防ぐため、それが侵入しようとする場所でおこなわれた祭祀にともない埋納されたという考え方が示された（春成 1978）。

銅鐸の埋納時期については、複数個体埋納された銅鐸のセットを見た場合、「聞く銅鐸」と「見る銅鐸」が一緒に埋納された例が認められないことから、埋納時期は「聞く銅鐸」を埋納した時期と「見る銅鐸」を埋納した時期の大きく2時期があったと考えられている（春成 1982、寺沢 1991、福永 1998）。

「聞く銅鐸」の埋納は弥生時代中期末後期初の頃、「見る銅鐸」の埋納時期は後期から終末期とみられていた。ところが、近年兵庫県松帆で発見された銅鐸については、その内部に付着していた植物を年代測定すると紀元前4～2世紀ごろとなり、「聞く銅鐸」が埋納されたと考えられてきた時期よりも150年余り古く遡る可能性があることが報道された。このことを契機に、銅鐸は、「聞く銅鐸」に2回、「見る銅鐸」に3回と、埋納された時期が5回あったとする多段階埋納説が提起された（森岡 2016）。詳細は正式な報告を待たなければならないが、そうであった場合も、「聞く銅鐸」が埋納された弥生時代中期末後期初の頃、「見る銅鐸」が終焉を迎えた弥生時代後期後葉という二つの時期に埋納のピークがあり画期であることついては、変更はないだろう。

銅鐸埋納の意味についても諸説ある。「聞く銅鐸」について、春成は漢中期の銅鏡がもたらされたことによって稲魂の守護方法に変化がおこり、不要になったため埋納されたと考えた（春成 1982）。寺沢は、この時期は社会の転換期にあたり、共同体の存亡にかかわる有事という危機的状況を回避するため、最終手段として埋納されたとする（寺沢 1992）。さらに、福永伸哉は社会の転換期であったがために中期社会の象徴として用いられてきた銅鐸が不要になり埋納されたと考えた（福永 1998）。

「見る銅鐸」の埋納については、首長の性格に変化がおこり穀霊を備えた首長が出現することによって銅鐸による稲魂祭祀が意味をなさなくなり、新たに配布された三角縁神獣鏡が畿内地域の中心たる首長の霊魂の分与を意味し、それによって銅鐸の意義が喪失したため埋納されたという考え方がある（春成 1982）。また、弥生時代後期の政治的なシンボルが銅鐸から銅鏡に変わり、銅鐸が不要になったために埋納されたという見解もある（福永 1998）。

また、青銅器の副葬と埋納は財の消費という点では共通しているという理解のもと、各地の社会的エリートが集団内での威信を高めるために、銅鐸の埋納がおこなわれたという欧米の理論を援用した意見もある（桑原 1995）。これについては、青銅器埋納をポトラッチ的浪費とみるのであれば銅鐸は個人の所有であることの証明が必要であるとの反論がある（岩永 1998）。

（5）銅鐸の鋳造

「聞く銅鐸」については、近畿や北部九州地域で石製鋳型及び土製の鋳型が検出されており、両地域で生産されていた。石の鋳型としては、唐古・鍵遺跡、東奈良遺跡、鬼虎川遺跡などの畿内地域だけではなく、兵庫県の今宿丁田遺跡や上高野遺跡など播磨地域での出土も知られている。鋳型の型式から、同范の鋳型が畿内地域を中心に広範囲に及んでいることが明らかにされている（難波 2009）。また、突線鈕１式銅鐸については唐古・鍵遺跡で多数の鋳型やフイゴの羽口が出土しており、この遺跡がその生産の中枢であったと考えられる。

問題なのは「見る銅鐸」である近畿式銅鐸の生産地である。このことは畿内地域の弥生時代後期の社会のあり方を考察するうえで非常に重要であるが、確実な鋳型の出土がないことから確定できないのが現状である。近江地域では土製の外型が多数出土しており、青銅器生産がさかんにおこなわれ、近畿式銅鐸も鋳造されたとする見解があるものの（森岡 2015 b）、これらは形状から銅鐸の鋳型ではないという意見もある（難波 2006）。現状では特定できる状況にない。

この問題は、弥生時代後期の畿内地域の評価ともかかわる問題であり、「見る銅鐸」の鋳造地については、あとでもう一度触れることとする。

4　副葬をめぐる研究の現状

（1）副葬とは

本章でもうひとつ取り上げるのは、副葬という風習である。

副葬品とは遺骸に副えて墓に納めた品物のことで、①埴輪など墳丘外部の表飾品、②葬送儀礼に使用された品物、③遺骸が付けていた衣服や装身具、④墓に納めることに何らかの意図があったとみられる品物などがあり、通常広義には②～④を指す。ただし、②・③と④の区別は難しく、狭義には④に限るべきだとされる（白石 1975）。

死者を甕棺墓に埋葬する際にはいくつかの儀礼がおこなわれたであろう。なかでも、銅鏡や武器類など個人の権威や地位、すなわち威信と関係する④を副葬する場は、葬送儀礼のなかでもっとも重要な意味をもっていたと考えられる。

埋葬施設から出土したものは広く副葬品とされることが多いが、何らかの要因で遺骸に副えられたもので、大きく二つに分けられる。第４章で詳述するが、まずは、中国思想の影響を受けて銅鏡や鉄製武器・青銅製武器といった威信財を副葬する場合である。もうひとつは威信財とは考えにくいものの副葬である。たとえば柱状片刃石斧が副葬される場合、遠隔地からもたらされた石材であることに何らかの意味を見出して副葬されたとみなされる。副葬といっても、大きく二つの場合が

	王墓	王墓の性格と種類	副葬品					
			前漢鏡	ガラス璧	ガラス勾玉	武器形青銅器	武器形鉄器	その他
中核国	須玖岡本D地点甕棺（福岡平野）	特定個人墓（墳丘墓）						ガラス管玉12
中核国	三雲1号甕棺（糸島平野）	特定個人墓						ガラス管玉61 飾金具8
周辺国	立石堀田10号甕棺（嘉穂盆地）	特定集団墓（自然墳丘墓）						鉄鉇1 砥石2
周辺国	吉武樋渡62号甕棺墓（早良平野）	特定集団墓（墳丘墓）						
周辺国	東小田峯10号甕棺墓（朝倉平野）	特定集団墓（墳丘墓）						ガラス有孔円板2 鉄鑷1
周辺国	隈・西小田13地点23号甕棺墓（筑紫平野北部）	特定集団墓（自然墳丘墓）						貝釧
周辺国	吉野ヶ里（佐賀平野）	特定集団墓（墳丘墓）						

図120 「王墓」の副葬品比較図（下條 1991）

あった。

これとは別に、人骨が遺存していて装身具が遺骸に着装された状態のまま検出される場合がある。これについては副葬品ではなく着装品と呼ぶこととする。人骨が遺存していなくても棺内の装身具の配置から遺骸に付随していたとみなされるものについても着装品として扱う。

（2）北部九州地域における副葬のあり方

北部九州地域では、墓地の変遷を伯玄社タイプ、汲田タイプ、立岩タイプ、宮の前タイプの四つに分類し、各タイプにおける副葬品の変遷を整理した。副葬品の性格として、たとえば貝輪装着者と貝輪をともなわない副葬者については司祭者的性格と政治的統率者的性格を想定するなど、被葬者の性格を示すものとしてとらえられている（高倉 1973 b）。また、弥生時代中期には平野や盆地を単位に「国」が成立し、銅鏡をはじめとする副葬品の質及び量などの内容から、「国」王が出現していた「奴国」とその周辺の国という序列的な体制が成立したという意見もある（下條 1991）（図120）。

北部九州地域において副葬品は威信財であり、いわゆる王墓あるいは首長墓の様相や階層性を理解するために研究が進められてきた。しかし、北部九州地域の墳墓の銅鏡の出土位置をみると、棺内だけでなく棺外に副葬されることもある。このことから、銅鏡の副葬には当時の人たちの葬送観念が反映されていたことが示唆される。研究略史において触れたように、黎明期に鏡山猛は副葬品を葬送儀礼とのかかわりで論じた（鏡山 1955）。本書では葬具としての側面と威信財としての側面の両方から副葬品の役割を考える。

（3）近畿・東日本における副葬のあり方

近畿では方形周溝墓が営まれ、多くの場合一辺 10 m 前後のものが群を形成した。しかし、基本的に威信財を副葬することはなかった。弥生時代前期の新方遺跡野手・西方地区の ST401 では 6 点の指輪が出土し、うち 5 点は右手指の基節骨に着装された状態で検出されている（図 121）。

弥生時代中期後葉には、田能遺跡 3 号方形周溝墓で 632 個の管玉をもつ人骨、さらには銅釧を左腕にはめた人骨が確認され（図 122）、大阪府加美遺跡 Y1 号墓では着装品と考えられる銅釧とガラス玉が出土した。ともに墳丘の一辺が 20 m を超える大規模なものである。これらは 1～2 基が群

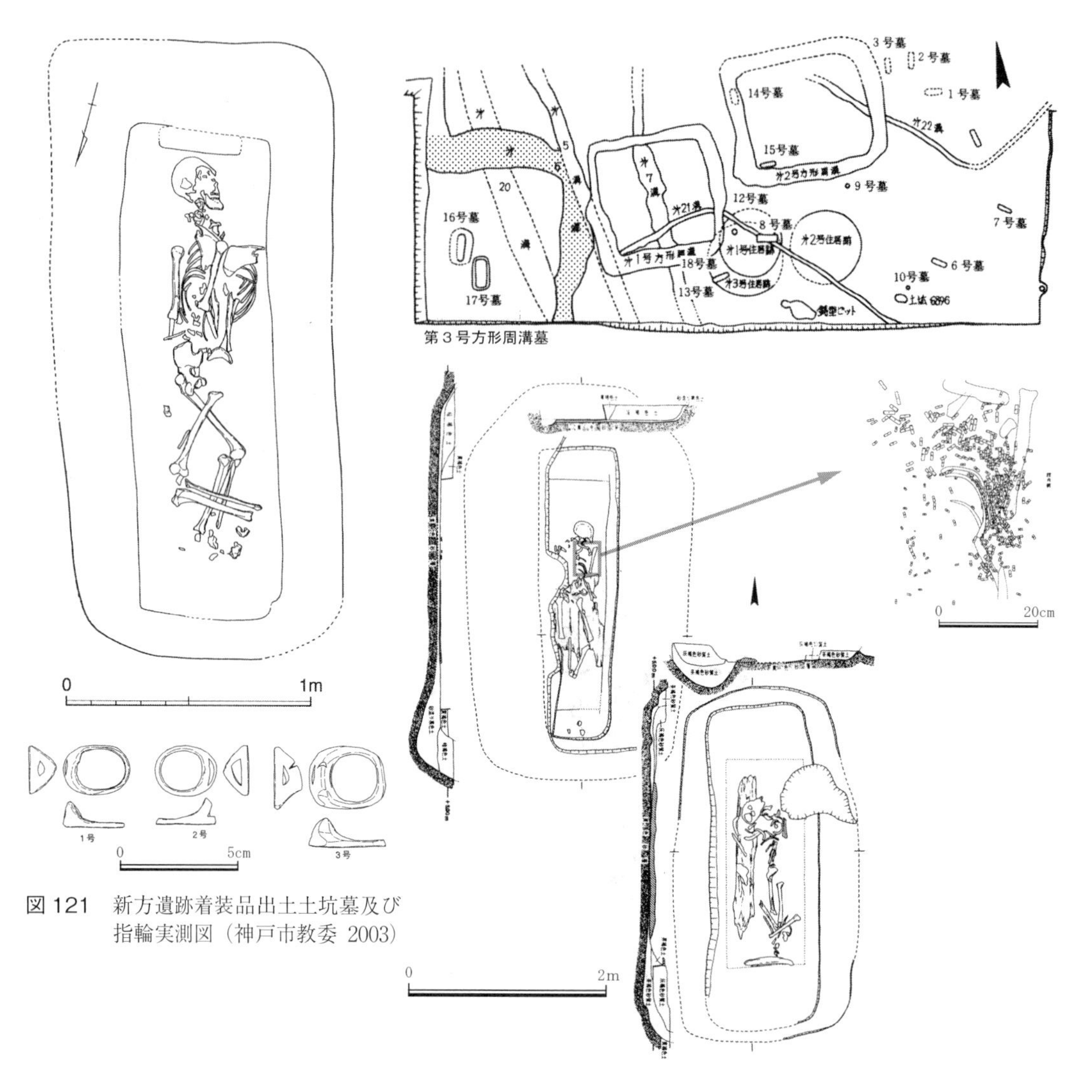

図 121　新方遺跡着装品出土土坑墓及び指輪実測図（神戸市教委 2003）

図 122　田能遺跡着装品出土木棺墓実測図（尼崎市教委 1982）

集することなく存在し、墳丘の規模も大きいことから、被葬者は階層的に上位に位置づけられるものと考えられる。

威信財が副葬されなかったことについては、威信財の有無がそのまま社会の優劣を示すのではなく、近畿では共同体の規制が強かったがために個人に副葬されることはなかったという考え方（都出 1970）、さらには墓への副葬を重視する社会ではなかったという考え方（都出 1986）が示された。こうした見解は、かつて、畿内地域の弥生時代中期あるいは後期に中国鏡はあったが伝世され、副葬されることがなかったという解釈（小林行 1955）と連動するもので、畿内地域の「先進性」という評価ともかかわることがらである。これに対しては、一首長の死に対して威信財を副葬できるほどの権威が共有されていなかったためとする見解もある（寺沢 2000）。

関東・東北では、弥生時代前期から中期中葉まで再葬墓が営まれた。これらのなかには、削器や管玉が副葬されることもある。しかも管玉は破砕された状態が多い。管玉をもつものは集団のなかで上位に位置づけられるにしても、破砕することには特別な意味があったことを示唆する。再葬墓とは、骨化させた遺骸を壺に納めて埋葬するものであり、遺骸を地上から消滅させることを意図したとされ、西日本とは異なる死生観のもとで展開した墓制である（春成 1993）。

弥生時代中期、列島でおこなわれた葬送儀礼には地域差があった。それは、死者に対する観念が異なっていたからであり、副葬品の果たした役割も異なっていたと考えられる。

第3節　弥生土器と銅鐸に描かれた絵画の意味

1　問題の所在

本節では、弥生時代の絵画を中心に、その意味とそこに込められた人々の思いについて言及する。そして、文字が使用される前に描かれた絵画について、文字としての側面があったのか、すなわち絵画がどのように伝達されたのかについて検討することを目的とする。

文字が出現するまでに、世界各地ではさまざまな歩みがあった。文字に先行して、絵画がその役割を果たした地域もあれば、文字につながらなかった地域もある。列島は後者の一つだが、絵画自体は旧石器時代にあった。絵画には描いた人の思いが込められていたはずであり、われわれがそれを通して描いた人の観念の世界を復元することができるなら、文字出現以前の絵画には文字的側面があったといえるだろう。

本節では、各時期の絵画を概観するなかで、弥生時代の絵画の意味について考えていきたい。

2　列島にみられる原始絵画

（1）旧石器・縄文時代の絵画

弥生時代の絵画を検討する前に、それ以前の絵画をみておこう。

列島における絵画はいつまで遡るのであろうか。千葉県上引切遺跡には後期旧石器時代の線刻礫の破片がある。遺物整理の段階で見つかったため出土状況は明らかではなく、全体の様相も不明で本来はさらに大きな礫の一部とみられている。その意匠についてはオオツノジカなどの角あるいは人の手といった見方（佐原・春成 1997）が示されているが明らかではない（図123-1・1′）。静岡県尾上イラウネ遺跡の線刻礫については、絵画かどうかで評価は分かれており、絵画だとすると動物と人物2人が描かれたとされる。これが墓から出土していることから、被葬者は2人のうちの1人と関係し、生前の姿を描いたという意見がある（松沢 1993）（図123-2・3）。旧石器時代には、礫への線刻はあったが数は限られ、その意匠や性格については不明といわざるをえない。

縄文時代には土偶や土製品といった造形物は数多く作られたが、線刻による絵画は発達しなかった。もっとも古い例が縄文時代草創期の愛媛県上黒岩遺跡出土の線刻礫である。薄い川原石に髪・乳房・腰蓑などにより女性を表したと考えられているもの数点が出土している（阿部 1993、春成 2008）（図124）。

土器などに描かれた絵画としては、縄文時代早期前半の埼玉県泉水山・下ノ原遺跡で確認された大型の水鳥がもっとも遡る事例で、シカ・水鳥・サカナ・カニ・人物・建物などがある。ただしそ

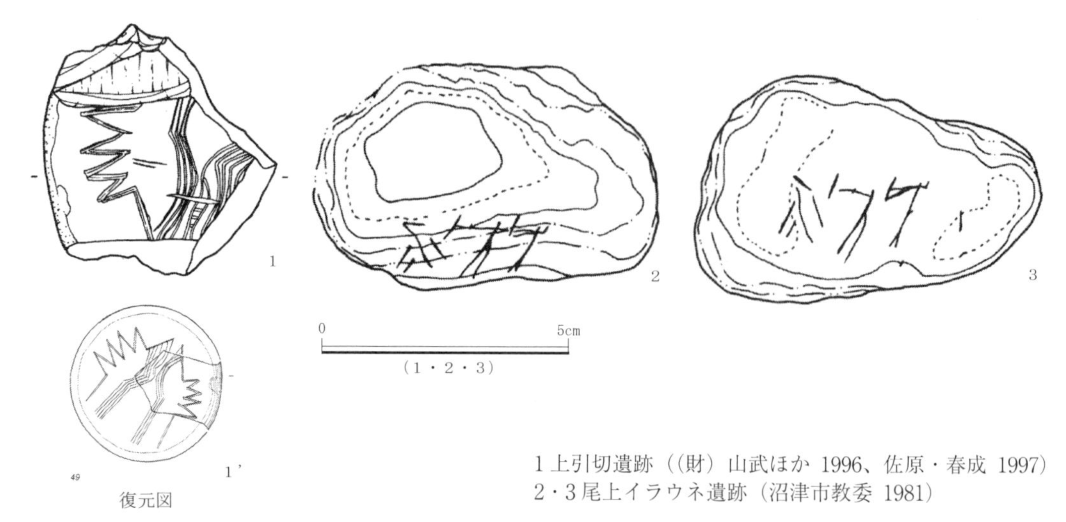

図123　旧石器時代絵画

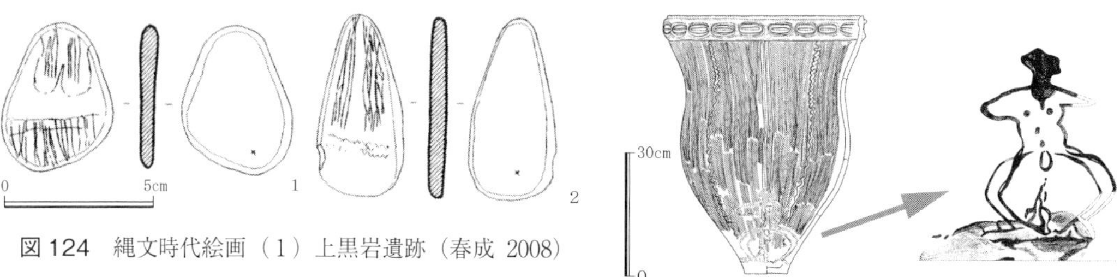

図124　縄文時代絵画（1）上黒岩遺跡（春成 2008）

図125　縄文時代絵画（2）唐渡宮遺跡（富士宮市教委 1988）

の数は、石に描かれたものを含めても20例あまりにすぎない（橋本 1994）。線刻以外にも、縄文時代中期の長野県唐渡宮遺跡出土土器には黒色顔料により描かれた、子どもの魂が女性の胎内に入る場面だとされる絵画もある（図125）。

このほか、土器の口縁部や体部外面に粘土を貼りつけて動物を表すことがある。こうした造形物は、われわれにとっては絵画の範疇には入らないが、当時の人々にとっては、そこに込められた思いは絵画と同じであったと考え、「立体画」として取り上げている（佐原・春成 1997）。本節でもその考えに従い、土器に表現された造形物、土製品についてもみていくことにする。

まずはイノシシとイヌである。縄文時代中期の中部から関東の地域では、精製の深鉢を中心にイノシシが表現されることがあり、ほかにヘビ・カエル・オオサンショウオなどが描かれることもあった。なかには、頭がイノシシで身体がヘビにみえるものもある。また、非常に稀な事例であるが青森県十腰内遺跡ではイノシシ形土製品が確認されている（図126-1）。さらに、図126-2のように、長野県藤内遺跡ではヒトにも見えるが、カエルやトカゲにも見える、判別の難しい「生き物」が表現される土器もある。

縄文時代の人々はイノシシとシカを多く食していたにもかかわらず、イノシシを数多く表現した。それは豊猟を祈願するとともにその多産性に対して特別の思いを抱いていたからだと考えられている（渡辺 1996）。

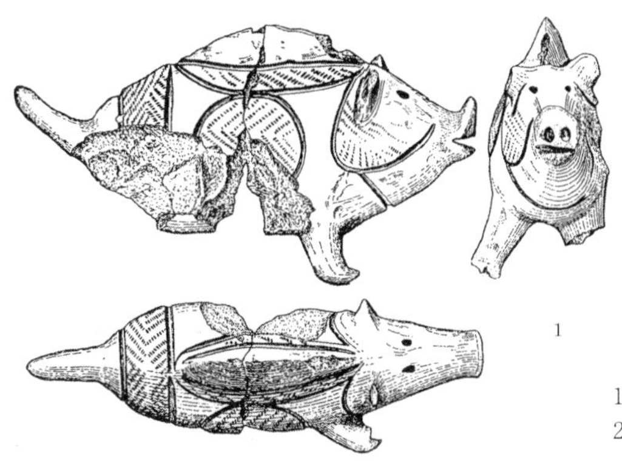

1イノシシ（岩木山 1968）
2ヒト・カエル・トカゲ
（藤森 1965）

図126　縄文時代立体画（1）「様々な造形」

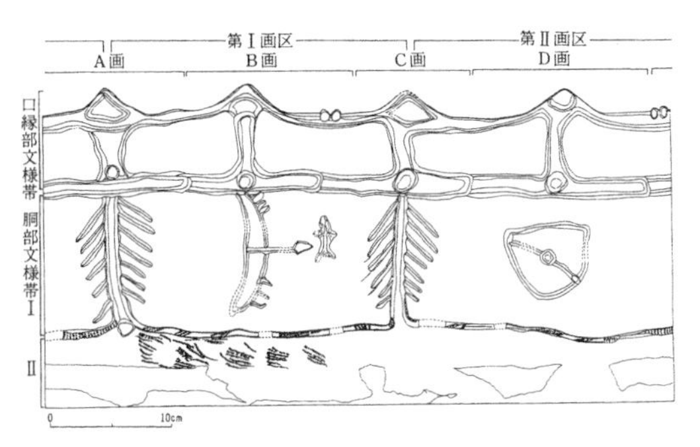

図127　縄文時代立体画（2）「狩猟文土器」
（工藤泰 1984）

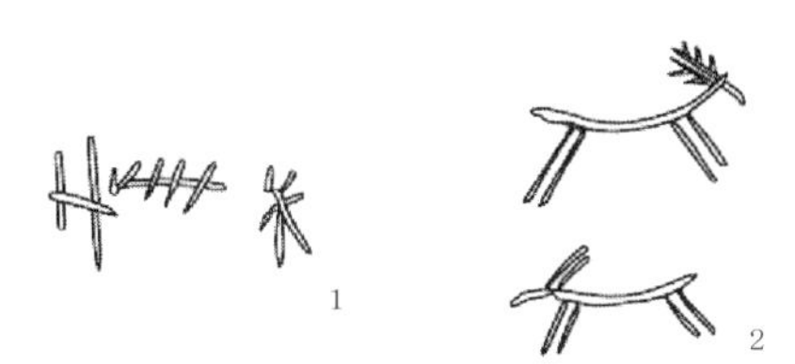

1草場遺跡（水ノ江 1996）
2吉武髙木遺跡（福岡市教委 1998）

図128　弥生時代土器絵画（1）

ヘビが描かれたのも、信仰の対象であったからと考えられる。マムシは母の腹を破って生まれてくることに再生の観念と強力な生命力を感じたことが指摘されている（渡辺 1996）。さらには、マムシなどの毒ヘビが生命力や繁殖力の象徴とみなされること、その形態が男根を連想させることから、性に対する憧れ、崇拝、畏怖、歓喜の象徴であったとの指摘もある（吉野 1999）。

イノシシやシカについては、多産の動物、脱皮する動物、生命力の強い動物であることから、そこには自らの集団の維持・再生の願いが託されていたのだと考える。

このほか、縄文時代中期末から後期前半にかけての北海道南部から東北地方においては狩猟文土器と呼ばれる土器がある。樹木、矢をつがえた弓、動物を共通のモチーフとして、何らかの物語あるいは神話が描かれたと考えられている。これについては、狩猟の風景で豊猟を祈ったとする意見（工藤泰 1984）、この種の土器を埋葬用の土器とみて死者があの世でもこの世と同じように豊かな狩猟生活が営めるようにという祈りがこめられたとする意見（福田 1989）がある（図127）。

縄文時代の立体画すなわち絵画に普遍的な画題はなく、描かれた地域や時期も限られていた。あえて共通する点を挙げるとすると、神聖視された動物、集団の維持及び再生にかかわる物語が表現されたという点である。

（2）弥生時代の絵画

土器絵画　弥生時代の絵画で銅鐸絵画とともに注目されてきたのが土器絵画である。まず、後者を取り上げよう。橋本裕行の集成（橋本 1996）に、その後の奈良県内の集成（藤田三 2003）を加えると 400 例近くが出土していることになる。とはいっても、集落遺跡から出土した土器の総数からすると一部にすぎないことはいうまでもない。

土器絵画の古い例は北部九州地域にある。弥生時代前期前半の福岡県新町遺跡出土の壺に稲穂かとされる線刻がある。これについては絵画ではなく文様の可能性も指摘され（小林青 2002、小南ほか 2007）、時期的にも古く、弥生時代前期後葉に始まる一連の絵画につながるものではないとみている。

福岡県草場遺跡で採集された甕の底部にも線刻があった。時期は弥生時代前期末中期初とされる。報告者は一つの考え方として、人とシカ及び内容を特定しにくいものが描かれ、シカは右側の人物から矢を受けた状態だとし、左側についてはシカを追いこむ仕掛けか集落の入口としている（水ノ江 1996）（図 128 -1）。このほかにも、弥生時代中期には倉庫やトリ、後期にはシカ・ウマ・トリ・船・龍などが日常の土器に描かれたが、後述する畿内地域に比べると事例は少ない。

絵画は甕棺にも描かれた。弥生前期末中期初の福岡県吉武高木遺跡 K112 号甕棺には、角のあるシカとないシカが表されている（図 128 -2）。このほかにも、同じ時期の福岡県国分松本遺跡 ST280 号甕棺や佐賀県天神ノ元遺跡 K20 号甕棺でシカ、弥生時代中期前葉の福岡県三沢ハサコの宮遺跡 22 号甕棺でシカと人物、やはり中期前葉の福岡県大木遺跡 92 号甕棺でシカと建物が知られる。これらよりも時期がくだる中期後葉の例として、須玖遺跡群に含まれる寺田池北遺跡でシカの線刻をもつ甕棺が報告されている。

北部九州地域では弥生時代前期前葉にモチーフの明らかでない絵画土器が出現した。前期末中期初には日常の土器と甕棺にシカが描かれるようになった。この時期は青銅器など大陸から新たな文化がもたらされた時期にあたる。これらとともに、画題のわかる絵画を描く風習も伝播してきたとされ（常松 1997）、精神生活にかかる思想が新たに伝播してきたと考えられる。

北部九州地域に隣接する山口県の下村遺跡では、弥生時代中期前葉の壺にシカの一部とみられる絵画が発見された。貯蔵穴より出土したことから、葬送の際に機能したというより何らかの祭祀において機能していたと考えられる。

畿内地域における絵画土器は弥生時代中期中葉の例がもっとも古く、中期後葉に盛行した。唐古・鍵遺跡から 250 点、同じく清水風遺跡から 50 点が出土し、絵画土器はこの 2 遺跡で圧倒的多数が出土し、ほかの遺跡では数点が出土するというあり方である。分布状況からみると、この 2 遺跡から畿内地域だけでなく吉備地域・播磨地域・東海地域・北陸地域やさらに東日本にも伝播したと考えている。

もっとも多く描かれたのはシカで画題全体の約 5 割、次に建物が 2 割程度を占め、さらにトリ・人物・船・サカナ・イノシシ・武器がつづく（橋本 1996）。縄文時代には土製品を含めてイノシシが数多く描かれたことを考えると、画題は大きく転換したことになる。

もう少し詳しくみていくと、シカでは立派な角を表現するものが多いが、なかには矢の刺さったもの、人に手をかけられたものもある。建物の表現は多様で、屋根では寄棟と切妻があり、頂部には棟飾りをもつもの、もたないものがある。柱は 2 本一組で合計 6 本を表現するもの、等間隔に 10 本程度を描く場合もあり、倉庫や大型建物を表したと考えられる。また、楼閣あるいは祠とみられる高い建物もある。

1唐古・鍵遺跡　2清水風遺跡　3養久山・前地遺跡　4稲吉角田遺跡

図129　弥生時代土器絵画（2）（禰宜田 2006）

トリも重要な画題と考えられ、ツル説（春成 1987）とサギ説（根木 1991）があったが、両方あったという考え方も示された(2)（賀来 1997）。船については多くの人が乗った状態が表された。

人物についてもみておこう。稲吉角田遺跡では頭に羽状の表現があり、唐古・鍵遺跡でも頭に羽状の表現がありさらに女性器が表された人物がある。清水風遺跡にも2人の人物が描かれていた。ともに頭には羽状のものがつき、手には戈と盾をもっており、足の指は3本で表現される。こうしたことから司祭者は鳥の格好をしていたことがうかがえる（図129-1～4）。

絵画土器は破片で出土することが多く、一つの土器で画題の組み合わせがわかる例は少ないが、唐古・鍵遺跡、清水風遺跡、養久山・前地遺跡、稲吉角田遺跡の土器は、全体構成がわかる貴重な事例である。

唐古・鍵遺跡例には建物2棟、角のあるシカ2頭と角のないシカ5頭、両手を上げた人物2人が表され、そのうち1人は女性器を露わにしている（図129-1）。清水風遺跡例では戈と盾をもった大小の人物2人、矢を負った角をもつシカ、建物、魚とその捕獲施設が描かれた（図129-2）。そして養久山・前地遺跡の土器では建物3棟とシカ4頭があり、そのうちの1頭に手をかけた人物がいたと復元されている（岸本道 1995a）（図129-3）。稲吉角田遺跡の土器には、シカ、木とそこにぶらさげられた二つの物体、すなわち祠とみられる非常に高い建物と高床倉庫、船をこぐ鳥装し

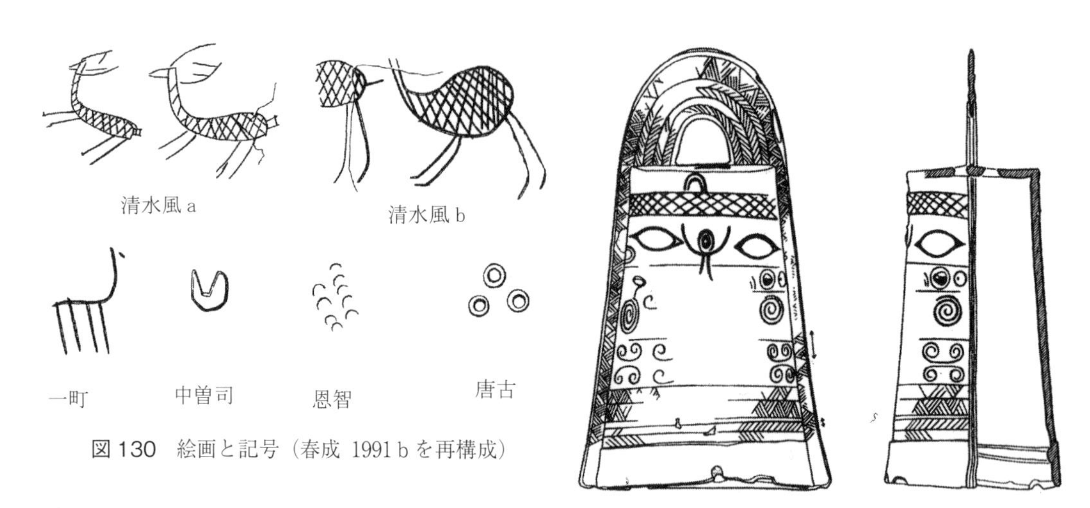

図 130　絵画と記号（春成 1991 b を再構成）

図 131　銅鐸絵画（1）福田銅鐸（春成 1989）

た人々、さらには同心円状のものが描かれた。二つの物体は銅鐸、同心円状のものは太陽という考え方がある（金関 1984）（図 129 -4）。

4点を比較すると、稲吉角田遺跡の土器にはシカに角がない点、人物が単独で描かれていない点、及び銅鐸と考えられるモノの表現がある点など畿内地域で描かれた画題とは少し異なっている。残り3点は、建物の屋根に棟飾りがあることや、大型建物を表しているところに共通点が認められる。

絵画土器は大和地域の2遺跡を中心に展開したが、播磨地域にあたる養久山・前地遺跡出土の画題はそれらと類似点があり、絵画土器を用いた儀礼とそれにまつわる思想が伝播していたことが示唆される。

弥生時代後期になると、畿内地域では中期に多く認められた画題の絵画土器は減少する。そして直線と弧線を組み合わせた記号が増加する。記号については絵画のモチーフが省略されたものとする説がある（春成 1991 b）（図 130）。そうだとすると、絵画は本来写生画ではなく、ある観念を表現した記号的な抽象画だったことになる（小林達 1994）。絵画の役割を考える上で重要な指摘である。

また、この時期には龍と考えられる絵画がある。龍とは中国で生み出された架空の「生き物」で、水を制御する力があったとされる。龍も、初期の頃はS字状に描かれた胴体に頭や手足と考えられる部分があり具象的な表現であったのが、ほどなく省略の方向に向かい記号的な表現に変化していく。

青銅器絵画　銅鐸のなかで絵画をもつものは 59 例が知られ（春成 2011）、島根県加茂岩倉遺跡から 39 個の銅鐸が出土し、470 個あまりとなった銅鐸のなかで1割強ということになる。

画題としては動物・人物・建物に大別される。もっとも多く表現されたのはシカで、絵画銅鐸の 2 /3 ほどに認められる。特筆されるのは、その象徴ともいえる角を表現しないものが圧倒的多数を占める点である（春成 1991 a）。動物ではほかにトリ・イノシシ・イヌ・トンボ・カマキリ・トカゲ・カエル・クモ・ヘビ・カニなどがある。人物では脱穀するもの、「I」字形の道具をもつもの、喧嘩の仲裁をするもの、戈と盾を持ち相対するもの、両手を上げるもの、船を漕ぐものがあり、建物では高床倉庫が表現された。

また、これらとはまったく異なる画題として、目尻を長くのばし睨みつけるような目つきの顔を表現した事例があり、邪視文銅鐸と呼ばれる。辟邪の機能が期待されていたとみられている（春成 1989）（図131）。

これらを型式別に分けると、菱環鈕式は2例で同型式の約15％、外縁付鈕式は36例で同型式の約35％、扁平鈕式は10例で同型式の約7％、突線鈕1式は2例で同型式の約15％、突線鈕3式以降では近畿式が2例で同型式の約6％、三遠式が4例で同型式の約15％となる。なお、外縁付鈕式には邪視文を有する福田型銅鐸が4例含まれている（春成 2011）。

もっとも古い絵画銅鐸は菱環鈕2式の福井県井向2号鐸で、シカ・トリ・トンボ・カエル・スッポン・カマキリといった動物と高床倉庫が表されている。

絵画が圧倒的に多いのは外縁付鈕式であり、絵画銅鐸全体の30％を超えている。井向1号鐸や鳥取県泊銅鐸は、シカ・イノシシ・イヌ・カエル・カメ・トカゲ・ヘビ・カマキリ・トンボ・カニ・人物及び船などが表現されている。ただし、これ以外の銅鐸に描かれた画題はそう多くない。シカに人物とカエル・サカナ・カメなど1～4種類が組み合わさるもの18例、シカ単独のものが10例、このほかにトリ単独や人物単独のものが数例知られている。

扁平鈕式銅鐸は弥生時代中期後葉の製作と考えられる。絵画土器がもっとも盛行するのは中期後葉であるが、この時期に絵画銅鐸の数は減少し、銅鐸の出土数はほかの型式に比べると非常に多く、この型式のなかでは7％程度となる。兵庫県桜ヶ丘4号・5号鐸など同一工人の手によるとみられる四つの銅鐸には、シカ・イノシシ・トリ・サカナ・カエル・スッポン・カマキリ・人物・高床倉庫が描かれていた（図132）。このように豊富な画題を有する絵画銅鐸は例外的であるが、これらの画題は井向1号・2号鐸と共通する。絵画に込められた銅鐸の意味は変わらなかったことを示している。

弥生時代後期、突線鈕2式以降の近畿式銅鐸では、トリが滋賀県大岩山2号鐸で描かれ、近年、香川県天満・宮西遺跡で突線鈕5式の銅鐸にもトリを描いた事例が発見された。「聞く銅鐸」から「見る銅鐸」に性格は変化したが、「聞く銅鐸」の名残が「見る銅鐸」に残存していたものと考えられる。

ところで、武器形青銅器はこれまで2,000点以上が発見されているが、絵画が施されているのは10例ほどで銅鐸に比べると比率は低い。描かれたのはシカやトリあるいは人の顔である。

（3）古墳時代の絵画

古墳時代では、埴輪の絵画をみておこう。それ以前の絵画が主に「生の場」とかかわっていたのに対し、「死の場」とかかわるようになったことは大きな変化である。

埴輪絵画は、春成の集成によると50あまりの遺跡や古墳で出土例が知られる（春成 1999b）。シカと船が画題の中心で、トリや人物が単発的に見られることもある。時期としては、古墳時代前期にシカや船が認められ、中期にはシカが船よりも多くなり、後期になると数は減るものの、やはりシカが主体となる。

円筒埴輪に描かれたシカには単体の例、群をなす例、矢を射かけられる例がある。人物埴輪の胸や盾形埴輪に描かれることもある。春成は『記紀』などに記された内容が古墳時代のことを表して

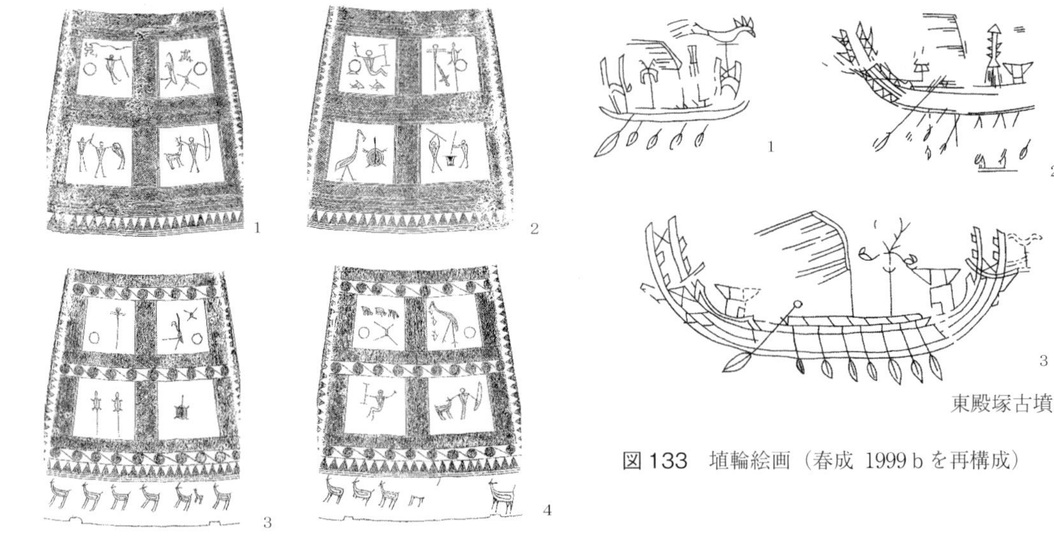

1・2桜ケ丘5号鐸　3・4桜ケ丘4号鐸

図132　銅鐸絵画（2）（春成・佐原 1997）

図133　埴輪絵画（春成 1999 b を再構成）

いるならば、弥生時代に神聖視されたシカが、古墳時代には首長が服属させるべき存在に変わり、シカに矢を射る行為も土地の主に代わって支配する象徴的な意味があったのではないかと考えている（春成 1999 b）。

船は、その構造を詳細に表現するものから、省略が著しく記号に近いものまでさまざまである。そのなかで、古墳時代前期の奈良県東殿塚古墳から出土した円筒埴輪には3種類の船が描かれた。竪板表現のある準構造船で、櫂があり、船上には蓋がたてられ、トリまで表現された精巧な絵である（図133）。これについては、死者の霊魂が他界へたどり着くための乗り物だとする説（辰巳 1999）、被葬者が大和川や瀬戸内海の水運を掌握し外交や軍事に関係していたことが背景にあったとする説（和田萃 1997）、死者あるいは死者の霊をのせた船を鶏が道案内して太陽の輝く世界、すなわち現世への回帰、被葬者の再生を願ったという説（春成 1999 b）が出されている。

絵画埴輪は、埴輪全体の数からするとごく一部にすぎない。絵画のある部分が、墳丘のどちらを向いているかまでわかる例は少ないが、当時の人々が墳丘を見あげた際に認識できることはなかっただろうし、人に見せることを目的としていたと考えることは難しいであろう。

3　弥生時代の絵画の意味

（1）銅鐸絵画と縄文絵画との共通性

縄文土器と弥生土器の絵画において共通する画題としては、シカ・トリ・人物・建物・船・イヌ・サカナ・スッポン・カエル・ヘビなどである。土器にはなく銅鐸にあるのがトンボ・カマキリ・クモ・イモリ・カニである。弥生時代中期までの画題で土器にあって銅鐸にないものはなく、銅鐸絵画の方が動物の表現において豊富だという点が指摘できる。

以下では、弥生時代の絵画に描かれた動物がどのような意味をもっていたのかについて考えていきたい。

シカについては、銅鐸には角のないシカ、土器には角のあるシカが多い。これについて春成秀爾は、銅鐸には牡のシカで角が落ちた春の祭りの風景、土器には秋の祭りの風景が描かれたとみた（春成 1991 a）。銅鐸と土器でなぜこのような違いが出てきたのかは興味深く、春成の考え方は非常に魅力的である。一方、角のあるシカを銅鐸に表現しためずらしい例である桜ヶ丘5号鐸や絵画土器については、角のあるシカは人間に取り押さえられていい含められ、角のないシカは殺されるという主題があったとする意見もある（寺沢 2000）。

人物については、土器の方がその姿を克明に描く場合が多い。鳥の姿をして両手を上げて女性器を露わにしている姿、やはり鳥の姿をして手に戈や盾をもった姿を表すこともあった。これらは農耕祭祀を執行するシャーマンの姿を示しているとみられ、農耕祭祀を復元する上で重要である。

銅鐸絵画の内容を見て興味深い点は、時期や地域を問題にしなければ、その多くがイノシシ・カニ・ヘビなど縄文時代に土器や土製品に表現されていたという点である。縄文時代の人々が描いた動物をみると、イノシシやカニは多産であり、カニやヘビは脱皮する。多産は集団維持の象徴、脱皮は再生の象徴であり神聖視された（渡辺 1996）。土器に神聖視した動物を描くことで、集団における祭祀の場で使用されたことが推測される。

弥生時代の銅鐸や土器に描かれた動物も神聖視されていたと考えることは許されるであろう。銅鐸に描かれた動物のなかで、シカやトリは水田稲作が伝播してきたことによって神聖視されたものと考える。縄文時代に例のないカマキリも多産の象徴として神聖視されたのだとみている。

さて、桜ヶ丘5号鐸にはカエルがヘビに追いかけられている場面が表されている。これについては、ヘビの生態を踏まえヘビではないという意見が出されているが（寺沢 1995 a）、筆者はカエルを追うヘビというこれまでの解釈にたつ。じつはこれと同じモチーフは縄文時代にもある。縄文時代中期の長野県丸山南遺跡出土土器には、カエルがヘビに食べられている画題が表現されているのである（設楽 2001）。また、5～6世紀に比定されている韓国の鶏林洞30号墳から出土したとされる装飾付長頸壺にもこのモチーフは認められる。そうなると、地域も時代も異なる三者に共通するモチーフがあったことになる。弱肉強食の世界を神聖視する思想が、東アジア世界のなかで潜在的に広がっていた可能性が示唆されるのである。

カメ・スッポンについても触れておこう。スッポンは噛みついたら離さないという性質に生命力の強さを認め、やはり神聖視されたとみている。そして、加茂岩倉10号鐸の発見により、従来スッポンとしてきたもののなかにはウミガメが表現された場合があると考えられるようになった。カメについては、縄文時代にカメ形土製品があるものの明確にカメと断定できるものはなく（設楽 2001）、弥生時代に新たな神話体系ができあがり、その中にカメが入ってきたこと、その系譜は中国南方系思想の影響を受けていたという意見がある（宇野 2001）。

こう見てくると、銅鐸は弥生時代に創出された農耕祭祀にかかわる祭器であるが、そこに描かれた動物の中に、縄文時代の特定の時期、地域の土器や土製品に表現されたものが存在するという点に筆者は注目する。残念ながら、銅鐸分布の中心である畿内地域の縄文時代に、それらを画題にした絵画や造形物は認められない。しかし、縄文時代にはこれらの動物をはじめ、多くの動物を神聖視していたと考えられ、銅鐸に描かれた動物はいわゆるアニミズムの世界を表現したという指摘（直木 1973）は重要である。それらは、形にするかしないかは各地域の文化のなかでの問題であって、縄文時代以来潜在的・基層的に培われてきた思想であり世界観であったと考える。すなわち、縄文時代に神聖視された動物が銅鐸にも表現されたことになるのである。

そう考えることを前提にすると銅鐸に描かれた絵画には、集団の維持と再生という縄文時代以来神聖視された動物と、弥生時代に水田稲作の豊穣を願うにあたり神聖視されるようになった動物とが共存していたことになる。

銅鐸とは、縄文時代から培われていた信仰の上に、新たに伝わってきた水田稲作にかかわる信仰が加わる形で創出された祭器だと考えられるのである。

（2）農耕祭祀とかかわる絵画土器

いわゆる「聞く銅鐸」は農耕祭祀に用いられたとみなされるが、壺の絵画土器はどう機能していたのだろうか。これについては、農耕祭器である銅鐸と同じ画題があること、絵画土器が土器全体に対してきわめて稀少であることから、やはり農耕祭祀と関わっており、想像をたくましくするとその場で用いられたのだと考えている。ただし安藤広道は、絵画があること以外ほかの土器と何ら変わらないこと、銅鐸では絵画よりも文様の方が当時の人々にとって重要であったとみなされ、特殊性を議論することは問題であることを指摘し、絵画は櫛描文をもたない土器に描かれることから、櫛描文と絵画は対等な関係にあり櫛描文は絵画の示す観念的世界を象徴的に表現したものだと考えている（安藤 1999）。絵画について議論する場合、本来は文様や記号も併せて検討すべきで、これまで扱われてこなかった文様の意味まで論究した点は重要である。

次に絵画土器の出土状態からその機能について考えてみたい。まず取り上げるのは養久山・前地遺跡である。この遺跡では、弥生時代中期後葉の掘立柱建物のすぐ脇から絵画土器一個体が発掘された。建物は梁行 2 間で 3.6 m、桁行 4 間で 5.2 m、面積は 18.7 ㎡であり、弥生時代の掘立柱建物としてはけっして大きいわけではない。しかし、絵画土器（図 129 -3）と掘立柱建物がセットとして確認できた数少ない事例であり、両者が関連していたことを示すと考えている。

弥生時代の掘立柱建物の性格は一つではないであろうが、大型のものには池上曽根遺跡のように独立棟持柱をもつもの、加茂遺跡のように独立棟持柱をもたないものがある。これらは集落の最高所あるいは周囲よりは高いところに存在する傾向にあり、首長居館や祭祀施設といった集団における象徴的な施設であった（禰宜田 1999 b）。

養久山・前地遺跡の掘立柱建物で注目したいのは、集落の最高所に位置していたことである。この建物の規模は先述のとおり大型ではないが、それは現代の目からみた評価であり、この集団にとっては象徴的な意味をもっていたのだと考える。絵画土器はその意味がなくなったときに、掘立柱建物の横に廃棄されたと推測する（図 114）。

もう一つ取り上げたいのは兵庫県貝谷遺跡である。この遺跡では、シカを描いた絵画土器が方形周溝墓の周溝内から多数の土器とともに出土した。溝内からは完形近くに復元できる土器が出土する中で、絵画土器は全体の 1 /4 しか残存していなかったことから、故意に割られた可能性が指摘されている（仁尾 2002）。そうだとすると、ほかの土器とは違う扱いを受けていたことになる。絵画土器が墓から出土することはめずらしく例外的存在ではある。想像に想像を重ねたものであるが、絵画土器とかかわりをもった人物の死など絵画土器としての意味が喪失した後、墓において廃棄された可能性があるのではないかとみている。

絵画土器の出土状態から絵画土器の機能を明らかにできる事例はあまりにも少ない。養久山・前地遺跡の事例は絵画土器が掘立柱建物にともなって出土した。掘立柱建物と絵画土器がかかわっていたことを遺構・遺物から示す貴重な例であり、両者は農耕祭祀にかかわっていたものと考えられる。貝谷遺跡の事例は、絵画土器が供献土器として機能しなかったことが示唆されるが、もう少し資料の増加が必要である。

つづく弥生時代後期においても、農耕祭祀はおこなわれたであろう。その実態を示す具体的な資料は見当たらなくなるが、注目されるのは古墳時代前期の狩猟文鏡に描かれている人物の姿や動物のモチーフが、弥生時代中期の絵画土器や銅鐸に描かれたものと同じ内容だという点である（設楽 1991 b）（図 134）。この鏡の存在は、弥生時代の農耕祭祀自体は古墳時代にも引き継がれたと考えさせる。春成秀爾の説に従うならば、絵画は記号に変化したことになり（春成 1991 b）、連続性があったことになる。この点は寺沢も述べているところであり（寺沢 1995 a）、農耕祭祀自体は古墳時代にも引き継がれたのだと推測される。

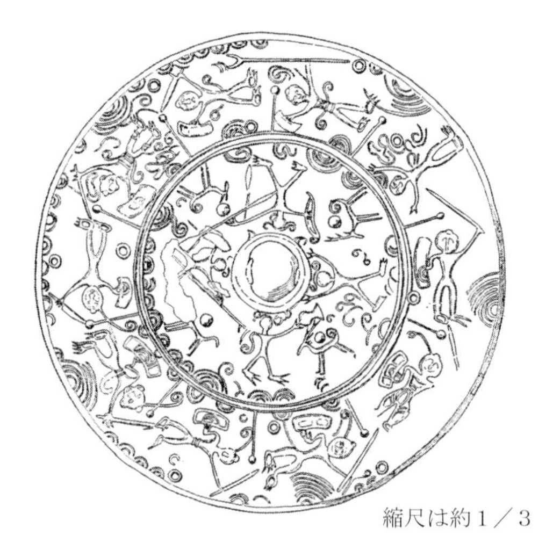
縮尺は約１／３

図 134　狩猟文鏡実測図（設楽 1991 b）

（３）葬送とかかわる絵画甕棺

弥生時代の人々は、シカの角に再生力を認めた。再生の象徴であるシカが死者の入る棺に描かれたのは、死者に対する再生の願いが込められていたのだと考える。

ただし、絵画をもつ甕棺の被葬者像についての評価は分かれている。大木遺跡は「コ」の字形の溝に囲まれた３基のなかの一つであり、吉武高木遺跡 112 号甕棺墓は特定集団墓のなかで副葬品の集中した３号木棺墓と 110 号木棺墓の間に位置している。副葬品はないが線刻画のある甕棺が上位階層墓に使用されたのは偶然ではないとして、被葬者は特殊な位置を占めた人物だという考え方がある（常松 1999）。一方、棺はシカが描かれた部位を上にして納められたのではなく絵画への意識が低いことから、甕棺製作は特定集団によるもので、被葬者と絵画の有無の関連性を疑問視する意見もある（片岡 2002）。

甕棺にシカが描かれたといっても、描かれた事例はごく少数で例外的な存在である。重要なことは、絵画の存在から、死者の再生を願う思いがあったと考えることができる点である。北部九州地域の弥生時代の甕棺葬には、死者の再生が祈念されていたのだと推察する（禰宜田 2005）。葬送儀礼の際、絵画のある部分を下に向けて甕棺を設置した事例があり、甕棺絵画についても「人」への伝達が主たる目的ではなかったと考えている。

（４）弥生絵画の意味

弥生時代の絵画は銅鐸と土器を中心に展開した。すでに述べてきたところではあるが、ここで改めて考えてみたい。

銅鐸絵画はさまざまに解釈され、伝香川出土銅鐸の絵画については、「昆虫、両棲動物、鳥の類から狩猟、春臼等の光景に亘り、更に家屋にも及んだ」ことから日常生活や環境を風物詩的に表したとした（梅原末 1927）。また、森本六爾は、銅鐸の絵画は狩猟・漁労・農耕が描かれ収穫の秋の喜びを前面に表現した村落の秋の姿を表しており、それが銅鐸の性格を示していることを指摘した（森本 1946）。そしてその後、弱肉強食の世界にあって狩猟により生活していたところが、農耕を知り秋には収穫ができ、倉にはコメが満ちていることを喜ぶ農耕賛歌を表したものだとする考え方（小林行 1959）が示されたのであった。

春成秀爾は、シカやトリなど個々の画題の意味を文献や民俗例も取り上げながら整理し、シカを土地のシンボル、トリと建物を稲のシンボルと考えた。シカについては角が毎年生え替わる現象が稲の成長と似ていることから、弥生時代には神聖な動物となり、角を稲にみたてて土地のシンボルだとみる。そして、『播磨国風土記』讃容郡条に、「玉津日女命が生きているシカを捕り伏せて腹を割き、その血を籾にまくと一夜にして苗となった」という記述があることから、古代の人々はシカの血に対して強い生命力を認め、そうした考えが弥生時代にもあった可能性を示した。トリに関しては、その形や天界から人間界へもたらした「穂落神」という稲作の起源神話に出てくるのがツルであることから、ツルだと考えられる。これには、稲作を営んでいる際、実際に目にするサギが描かれたとの意見もあったが（根木 1991）、現在では両方が描かれたと考えられている（賀来 1997）。こうしたトリが神聖視されたのは、穀霊を運んでくるからであり、高床倉庫については収穫したイネだけでなく翌年のコメ作りにかかわる種籾が貯蔵されることから、稲のシンボルだとみた（春成 1992）。

そして、弥生時代には土地＝自然の猛威からイネを守る神話があり、唐古・鍵遺跡の土器絵画は鳥装した司祭者が穀霊を迎えに行くところ、稲吉角田遺跡については銅鐸を木にかけてシカと祖霊を招く祭りの情景を表現していると解釈した（春成 1987）。

一方、寺沢薫は銅鐸が稲霊の呪縛と辟邪、加護というイネの豊穣のための機能を有し、共同体の祭りにおいて打ち鳴らされた共同体再生のための魂の器だとすれば、銅鐸絵画には、例外なく儀礼行為、神話的行為そのものが忠実に表現されたと述べ、個々の画題の意味を考えた。たとえば「I」字形の道具をもつ人物は、魚釣りの男や機を織った織女ではなく、播種儀礼前に田に力をおこすための呪具をもったシャーマンだとし、トリがサカナを銜えている場面は、穀霊の象徴であるトリが地霊の象徴であるサカナを銜えているところとみて、トリ＝男＝穀霊とサカナ＝女＝地霊が交合し、その結果生じた呪力を大地に落とすことにより豊穣や社会の安寧を期待したと主張した（寺沢 1994・1995 a）。春成の説を踏まえながら、中国思想の影響があったことを積極的に評価し独自の解釈を提示している。

これらとまったく違う観点からの意見もある。辰巳和弘は唐古・鍵遺跡の土器絵画については、巫女と覡がその間にある建物で実修した予祝・王権の儀礼を描いたもので、祭儀に際して示現するカミの姿がシカとして表現されたとし（辰巳 1992）、稲吉角田遺跡の土器絵画については土器の用途を棺と見て、船が進むところに描かれた二つの建物は霊魂の行く先であり、来世を生きる被葬者の居館を表していると論じた（辰巳 2001）。

以上のように、銅鐸絵画と土器絵画における画題個々の意味と、それらが組み合わさることによって示された水田稲作にかかわる「物語」あるいは「神話」の復元は進んでいる。

4　列島の原始絵画における伝達性

ここまで、旧石器時代から古墳時代にかけての絵画を概観してきた。旧石器・縄文時代草創期は、列島における絵画の出現期にあたる。つづく縄文時代になっても、絵画が表現された地域・時期は限られ、画題には共通するものはなかったが、神聖視された動物が土器などに描かれた。そうした画題の内容から「立体画」を含む絵画土器は自らの集団の維持及び死者の再生を願う祭りの際に用いられたことを指摘した。

弥生時代早期には具象的な絵画はない。弥生時代前期前半にも絵画の可能性のある線刻例はあるが、画題が明確になるのは前期末中期初になってからのことである。この時期は武器形青銅器や鉄器をはじめ、大陸から新たな文物が渡来した第二波の段階とされる。その中に農耕祭祀にかかわる思想が含まれており、その世界観を表すために絵画が描かれることになった。

弥生時代前期後葉以降、西日本で水田稲作が定着したのは、弥生時代早期以来の技術的な発展とともに、この時期に伝わってきた農耕祭祀にかかる世界観も大きく作用したと考えている。水田稲作が定着するにあたっては、それをおこなう祭祀は欠かせない行為であり、それによって水田稲作をおこなううえで共同体の結合が進行し、祭祀を執行する首長の地位向上が図られる変化がおこったことが推察され、土器や青銅器の絵画はその一翼を担うことになったのである。

絵画銅鐸や絵画土器は春の予祝祭、秋の収穫祭で用いられたと考えられ、農耕祭祀の場面を復元する試みもおこなわれている（弥生博 1992）。今回は扱わなかったが、青谷上寺地遺跡ではシカやサカナなどの絵画をもつ板が発見されている。これらは琴の部材とみられ、祭りの際に用いられたと想像される楽器に絵画があったことは、祭りの場面を復元するうえで興味深い。

では、このような弥生時代の絵画自体、その意味をどう伝えたのであろうか。結論からいうと、弥生時代の絵画は人にその内容を伝達することを第一義としていなかったと考える。銅鐸に描かれた絵画が、農耕祭祀に必要不可欠のものであったのであれば、すべての銅鐸に絵画があってもいいはずである。だが、絵画をもつ銅鐸はごく一部であった。農耕祭祀にとって必要なのは銅鐸なのであって、そこに描かれた絵画は副次的な存在だった。銅鐸絵画には型持たせの穴によって絵の一部が欠ける場合がある。文様ではうまく鋳出されないと補刻することがあるのに対して、絵画に補修が施された形跡はない。当時の人々にとって、絵画よりも文様の方が大切であったという評価もある（佐原 1996）。

土器絵画においても人への伝達を意図したものであったのであれば、土器の内面に描かれるものや、いったん描いたものを消す事例があることは理解が難しい。

こうした事例から、弥生時代の人々にとって絵画は描くことに意味があり、絵画によって内容を伝達するという意識は稀薄であったのではないかと考える。当時の人々は絵画を見れば、そこに込められた意味はわかったであろうが、絵画は農耕祭祀と一体となってはじめて意味を有するような存在であった。土器や銅鐸に絵画はなくとも農耕祭祀はおこなわれたが、農耕祭祀は絵画に込められた思いをもって執行されたものと推測する。

弥生時代後期になると、近畿ではそれまで盛行していた画題が銅鐸と土器から消えていく。その背景には中期から後期にかけて、集落や墓のあり方や道具の組み合わせにおいて社会全体が大きく変化したことが挙げられる。いわゆる「聞く銅鐸」の性格を考える上で、重要な変化である。ただし、農耕祭祀のあり方に変化があったのではなく、農耕祭祀は継続する一方で銅鐸祭祀には変化があった。弥生時代中期から後期にかけて、「聞く銅鐸」は役割を終えて埋納され、土器絵画も記号に変わった。弥生時代中期に認められた弥生絵画は衰退したのであった。

5　列島原始絵画の特性——まとめにかえて——

ある著名な言語学者によれば、文字とは「音節化され、本質自体からして束の間のものであるコトバを不動のものにし、固定化するために現に用いられている手続き」だという。しかし、その一方で、文字の機能は話しことばを表現し、人間精神の進歩の歴史と一致するとの見解がある（イグーネ 1956）。文字の発明は、われわれに過去の人々が抱いた観念の世界をより具体的に知らせることを可能にした。

弥生時代の絵画で、本章で取り上げられなかったものはほかにも多数ある。その出土する遺構の傾向をひとつに決めることはできないが、土器などに描かれた絵画は縄文時代には集落、弥生時代にはおもに集落であるが墓においても、古墳時代には墓で確認されている。時代は変わり、出土する場所は変わっても、その根源には集団の維持と再生という願いが込められていたと考える。

そうだとすると、列島における絵画によりわれわれは古代の人々が抱いていた思想の一部を知ることができたことになる。そういう意味で、列島における原始絵画には文字的側面があったといえるだろう。ただし、絵画はそれ自体で意味を有していたのではなく、祭祀の場あるいは葬送儀礼の場で、それを執行する人の所作と一体となって意味をもっていたのだと推察される。弥生時代の場合、絵画土器や絵画銅鐸がなくても農耕祭祀は執行され、甕棺に絵画がなくても甕棺葬はおこなわれた。絵画は農耕祭祀や葬送儀礼において不可欠のものではなかったことになる。

弥生時代において、絵画だけで自らの考えを他者に伝達する意識はなかったものと考える。伝えたかった相手は、あえていうならば「カミ」のような特別の存在であり、願いを絵画に託したのであった。一方、シュメール人が発明した楔形文字は、神殿で使われた会計帳簿をつけるための簡単な絵が原型であったという（ジャン 1990）。実務上の必要から生み出された絵が文字に移行する場合があった。

カミのような特別の存在に対して描かれた列島の原始絵画は、実務上の必要性から成立したものではなかった。だからこそ、列島の原始絵画は、文字につながっていかなかったのだと考える。

第4節　北部九州地域の墓に反映された葬送観念

1　問題の所在

弥生時代の研究において、墓とりわけ墳墓は重要な役割を果たしてきた。今さらいうまでもないことだが、副葬品の有無及びその内容、墳丘の有無及びその規模や形状の検討により、集団墓から特定個人墓すなわち首長墓の出現過程、そしてそれら首長間の関係や首長が東アジア世界において

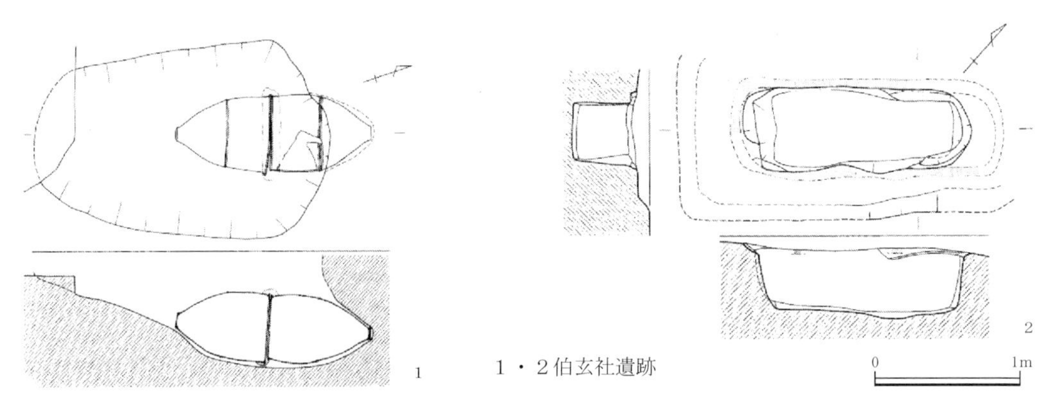

図135　棺に施された目貼り粘土検出状況実測図（禰冝田 2005）

果たした役割が明らかとなっているのである。

しかし、墓はその性質上、埋葬が終わるまでにさまざまな儀礼行為がおこなわれ、その一つ一つには死者への「思い」が込められていたと考えられる。そうした行為すべてを復元することはきわめて難しいが、部分的ではあっても残された痕跡に込められた葬送観念を明らかにすることは、その時代の社会あるいは文化を知る上で重要だと考えている。

そうしたなか、小山田宏一は弥生時代後期から古墳時代初頭にかけての破砕鏡や玉類の出土状況を検討し、木棺などの被覆粘土や甕棺の合わせ口の目貼り粘土が遺骸保護の思想にもとづくものであり、それは中国における「再生と復活」という思想を受容したためであることを論じ、副葬はその実現を願っておこなわれたとした（小山田 1992・1995）。

棺の合わせ口に施された粘土や副葬品のあり方から、そこに込められた思想的背景に迫ろうとした視点は重要である。ただし、小山田は破砕鏡を副葬した弥生時代後期の墓を検討の対象としたこともあり、その思想がいつどのように成立し展開したかについての言及はない。筆者の問題関心はここにある。本節では北部九州地域の甕棺墓を取り上げ、必要に応じ木棺墓などの埋葬施設の状況を加味しつつ、そこでおこなわれた葬送儀礼のあり方を整理するとともに、考古学的に論証することは難しいが、その思想的背景についても考えてみたい。

2　甕棺墓にみられる葬送行為とその意味

人が死んで甕棺墓に葬られるまでにおこなわれた葬送行為、すなわち葬送儀礼のうち、今回は以下の四つの行為を取り上げる。

（１）棺に施された目貼り粘土

甕棺墓[(3)]において二つの甕棺の合わせ口や単棺と木蓋の間、あるいは木棺墓や土坑墓などにおいて木蓋の間に目貼り粘土を検出することがある（図135）。

そこで、

Ⅰ類：目貼り粘土を施すもの

Ⅱ類：目貼り粘土を施さないもの

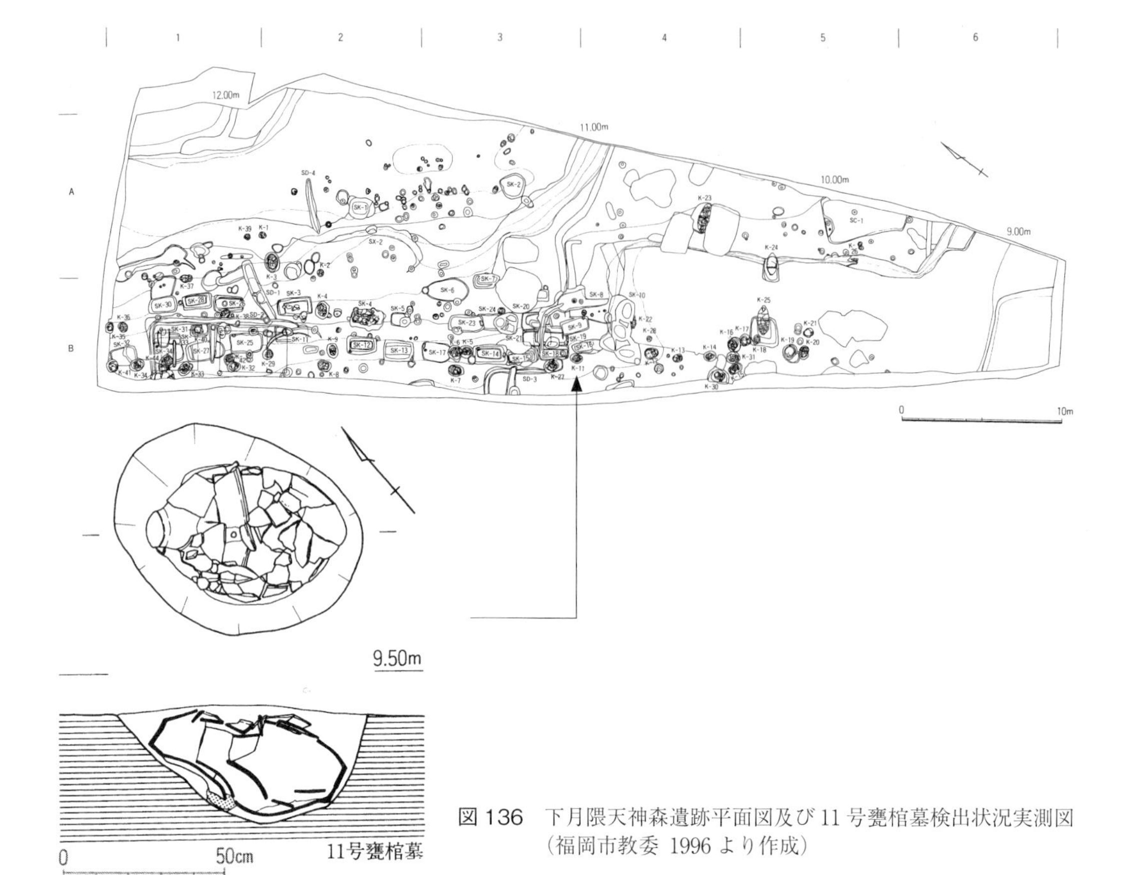

図 136　下月隈天神森遺跡平面図及び 11 号甕棺墓検出状況実測図
（福岡市教委 1996 より作成）

の二つに分ける。

目貼り粘土の出現から展開の様相をみていくが、その前に坂本嘉弘の研究（坂本 1994）に導かれながら縄文時代において遺骸を土器に埋葬する埋甕のあり方をみておこう。棺は単棺主体で、多くが直立して埋置されている。完存例は非常に少ないが、後期の福岡県アミダ遺跡や熊本県上南部遺跡、後期から晩期の福岡県権現塚北遺跡において遺存状況のよい埋甕にⅠ類は確認されていない。横位に埋置されたアミダ遺跡の屋内 A－10 号埋甕、屋外 A－3 号埋甕、合わせ口である上南部遺跡 9 号埋甕においても粘土で目貼りが施されることはない。限られた資料だが、縄文時代の埋甕にⅠ類を確認することはできないようである。

では弥生時代の様相をみていこう。支石墓の埋葬施設として甕棺が用いられた早期から前期前葉の佐賀県礫石 B 遺跡の 12 基にⅠ類は認められない。また、甕棺墓で構成される早期から前期前葉に属する新町遺跡の 6 基、福岡県東入部遺跡 2 次 6 区の 16 基、礫石 A 遺跡の 11 基においてⅠ類はなく、早期から前期前葉の支石墓と甕棺墓が共存する佐賀県久保泉丸山遺跡でも同様である。このほか前期前葉の福岡県御陵前ノ椽遺跡の 19 基、福岡県下月隈天神森遺跡 3 次 27 号甕棺墓もⅠ類ではない。

管見の限りもっとも遡る例は、弥生時代前期中葉にあたる伯玄式の下月隈天神森遺跡 3 次 11 号甕棺墓である。この甕棺墓では上甕と下甕の接合部に、部分的ではあるが黄白色粘土が確認されている（図 136）。ただし、確認例はこれだけで、弥生時代前期中葉を中心とする福岡県剣塚遺跡の17基や福岡県雀居遺跡7次2号甕棺墓、つづく弥生時代前期後葉の福岡県中・寺尾遺跡の27基にⅠ類はない。

Ⅰ類が広く検出されるようになるのは金海式、すなわち弥生時代前期末中期初の時期である。吉武高木遺跡第6次調査では、前期後葉から中期後葉まで検出された203基のうち破片のみという遺存状況の悪いものを除く196基の甕棺墓のうち20基がⅠ類であった。粘土は部厚く、合わせ口を完全に覆うようになり、先の下月隈天神森遺跡[4]例のように部分的に用いられたのとはあり方が異なる。また、この遺跡で注目されるのは副葬品を有する点で、Ⅰ類20基のうち6基、Ⅱ類176基のうち5基にあった。つまり、Ⅰ類の方が副葬品をもつ比率は高いのであるが、副葬品をもつものがⅠ類に限られるわけではないことになる。

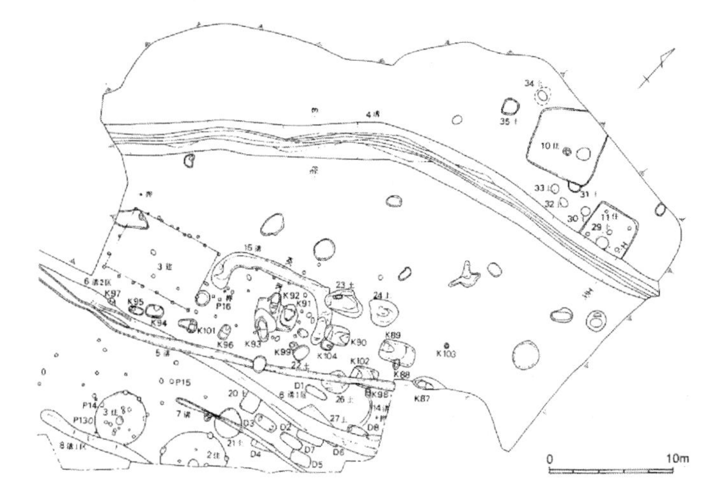

図137　大木遺跡Ⅰ区甕棺墓分布図（禰冝田 2005）

同時期の甕棺墓として福岡県金隈遺跡や福岡県修理田遺跡においてもⅠ類は確認されているが、副葬品をともなう事例はない。また、Ⅰ類は長崎県深堀遺跡9号甕棺墓でも知られ、目貼り粘土は福岡平野だけに認められるものではなかったことも確認しておきたい。

金海式期以前の甕棺墓は少なく、現状では金海式期にⅠ類が一般化したと考えられる。しかも、金隈遺跡や福岡県伯玄社遺跡では、弥生時代前期末中期初の木棺墓や土坑墓の木蓋周囲に目貼り粘土を施したと考えられる例が確認されている。棺を粘土で覆う行為は、棺の種類を超えて認められることになる。

つづいて弥生時代中期の様相をみることにしよう。伯玄社遺跡や福岡県中原塔ノ元遺跡をみると、Ⅰ類とⅡ類は併存する形で一つの墓域を形成している。その場合、Ⅱ類が主体となる遺跡の方が多いものの、Ⅰ類が90％近くを占める福岡県永岡遺跡のように、Ⅰ類が主体となる遺跡もある。

弥生時代終末期になると検討できる甕棺墓がほとんどなくなる。集団墓としては福岡県穴ヶ葉山遺跡で検出された73基の石蓋土坑墓すべての石蓋に目貼り粘土が用いられた事例があげられる。

墳丘墓の埋葬施設にも目貼り粘土が施されたと考えられる事例がある。福岡県津古生掛墳墓の中心主体である木棺墓はその一つで、福岡県宮の前C地点1号墓でも中心埋葬の詳細は不明だが、3号石蓋土坑墓で蓋石の間に粘土が充塡されていた。

次に、Ⅰ類甕棺墓が墓域のなかでどのような空間的位置にあったのかについてみてみよう。大木遺跡では、弥生時代中期初頭から中期中葉の甕棺墓100基あまりが検出された。Ⅰ類は7基あるが、そのうちK96号甕棺墓とK99号甕棺墓は絵画をもつK92号甕棺墓に近接し、北半分に区画溝がまわっており特別な位置にあるとみなすことができるが、それ以外のⅠ類は特段特別な扱いを受けている状況にはない（図137）。福岡県門田遺跡門田地区では69基の甕棺墓のうち、30基程度がⅠ類であったが、空間配置や墓坑規模、成人と小児においてⅠ類とⅡ類を分ける法則性は見出せない。しかも、ゴホウラ貝輪を着装していた59号甕棺墓はⅡ類であった。Ⅰ類が墓域のなかで特別な位置にあったということは難しそうである。

こうしてみてくると、Ⅰ類は豊富な副葬品をもつ墓にも副葬品をもたない墓にも採用され、特定の被葬者に限った葬法ではなかった。甕棺墓の場合、棺を固定するため、すなわち技術的な要因で目貼り粘土が施されたという見解が出てくることも予想される。そうしたことを考えさせる甕棺墓はないわけではなく、たとえば立岩遺跡35号甕棺墓では相当量の粘土が認められたことから甕棺を固定する役目をはたしたと報告されている。しかし、木棺墓や木蓋土坑墓にも粘土が認められる。これらの事例を含め、粘土で棺の口を覆う行為は、棺を密封するという意識があっておこなわれたと考えている。

（2）穿　孔

つづいて甕棺の穿孔を取り上げる。穿孔は粘土で棺を密閉する行為と矛盾するようにもみえるので、実態を検討しようというものである。その有無により、

　a類：穿孔するもの

　b類：穿孔しないもの

とする。

先と同様に縄文時代の状況をみてみると、検出数が数基程度の場合、a類かb類のどちらかだけということもあるが、基本的にa類とb類は共存する。たとえば、アミダ遺跡ではa類9基、b類4基、上南部遺跡ではa類7基、b類10基、権現塚北遺跡ではa類9基、b類2基であった。

穿孔には底部中央付近を穿孔するものだけでなく、底部全体を欠失させるものがある。穿孔例としては、縄文時代晩期の権現塚北遺跡8号埋甕及び上南部遺跡2号埋甕が知られる。欠失させる例としてはアミダ遺跡、上南部遺跡、権現塚北遺跡及び福岡県飯氏遺跡群がある。権現塚北遺跡においては、直立して埋置されたものと斜めに埋置されたもの、ともに底部を欠失させていた。底部を欠失させる場合、棺の設置方法とは無関係であったようである。なお、女性の焼人骨が発見された後期の福岡県浄土院遺跡の埋甕はb類であった[(5)]。この遺跡では、縄文時代の埋甕は底部全体を欠失させるのが一般的であった。

つづいて弥生時代の甕棺をみてみよう。弥生時代早期から前期前葉の新町遺跡ではa類1基、b類4基であった。そのうち、早期の18号甕棺墓やⅡ-05トレンチ2号甕棺墓のように上甕に穿孔を施すものも出てくる。ちなみに、上甕の穿孔例については、中期になるが福岡県藤崎遺跡32次ST225にもある（図138）。

そして、弥生時代早期から前期前葉の礫石A遺跡や礫石B遺跡でもa類とb類は共存する。穿孔が認められる場合、底部を打ち欠くものに加え、下甕胴部を穿孔するものが現れ、併せて口縁部の一部を打ち欠くものもある。

穿孔の意義として水抜き穴という見方がある。このことについては、立岩遺跡の報告書で36・37号甕棺墓には穿孔が排水孔として穿たれたと報告されているが、28号甕棺の穿孔は排水に役立ったとはいえないとも報告されている（藤田等 1977）。穿孔については、上甕・下甕の両方、あるいは上甕だけに穿孔されている事例があることから水抜きのためとすることに否定的な意見（橋口 1992）、生活用具の一部を欠損させることによる仮器化するための行為であるとの見解もある

（桐原 1973、中間 1978）。

橋口が指摘するように、穿孔の目的が水抜きという機能的なものであるならば、事例は少ないが上甕に穿孔する事例があるということでは説明が難しいであろう。水抜きが目的であればａ類が主流となっていいはずであるが、実態はそうではない。両者は縄文時代以来併存しており、弥生時代の甕棺の穿孔率は早期が20％で、前期初頭には35％と増加し、前期中葉から後葉になると40～50％近くまで達するものの、中期末後期初には再び10％前後に減少する（高木暢 2003）。

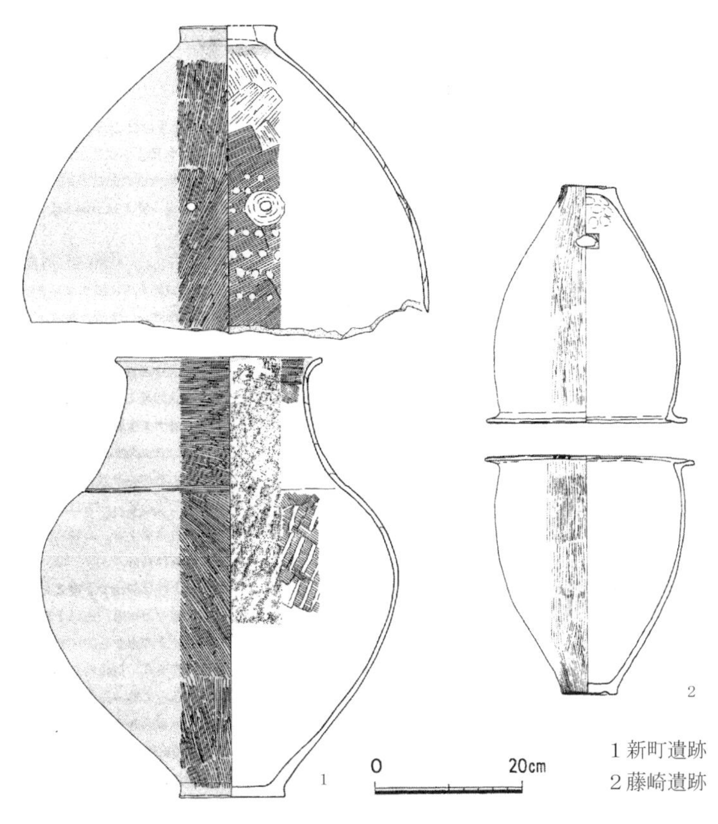

図138　上甕に穿孔のある甕棺（志摩町教委 1987、福岡市教委 2004）

ａ類の穿孔位置は下甕胴部でもっとも低いところにある場合も多く、水抜き穴とみなしても差し支えないと考えられるものがないわけではない。しかし、一方で上甕に穿孔があるもの、下甕でもっとも低いところではない部位に穿孔を有する事例がある。

また、前漢鏡6面などが副葬されていた立岩遺跡10号甕棺墓の場合、甕棺を埋置したのちに内部から棒状のもので突かれていたが棺の一部が陥没した状態でとどまっており、排水に役立ったとは考えられないとの報告もある。同様に、前漢鏡1面、素環頭刀子1点、ガラス製の玉類を検出した28号甕棺墓でも円筒棒状のもので内側から打撃を加え破片が陥没した状態であったという。副葬品のない30号甕棺墓も同様であった。

こうした事例から、筆者も穿孔は水抜きというよりも葬送儀礼上の必要によってなされたものだと考えている(6)。

（3）記号と絵画

甕棺に記された記号や絵画も、死者に対する思いを知る重要な手がかりである。現在確認しているものを表で示した（表9）。これに関してはすでに常松幹雄が集成し、その意味にも言及している（常松 1997）。

記号では「鉤」の形を表したものがある。もっとも遡るのが吉武高木遺跡4次Ｈ区16号甕棺墓で、弥生時代前期後葉に属する。弥生時代前期末中期初には吉武高木遺跡6次1号甕棺墓（図

表9　記号・絵画をもつ甕棺一覧（禰宜田 2005）

遺跡名	甕棺番号	県名	時期	絵画・記号	粘土	穿孔	副葬品	備考
吉武高木	4次H区16号	福岡県	前期後葉	鈎	II	不明	なし	
吉武高木	6次1号	福岡県	前期末中期初	鈎	I	b	細形銅剣片	銅剣は体内のものか
飯氏	II区23号	福岡県	前期末中期初	鈎	II	a	なし	
尼寺一本松	120号	佐賀県	前期末中期初	鈎	I	b	なし	
津留	SJ365号	佐賀県	前期末中期初	鈎	I	b	なし	3連式の中間
梅ノ木	2号	熊本県	後期	鈎	II	b	なし	
天神ノ元	K-20号	佐賀県	前期末中期初	シカ＋鈎	II	b	なし	
吉武高木	4・5次K112号	福岡県	前期末中期初	シカ	II	b	なし	焼成前穿孔を粘土で塞ぐ
国分松本	7次7ST280	福岡県	前期末中期初	シカ	II	b	なし	
大木	K92号	福岡県	中期初頭	シカ＋建物	II	a	なし	甕棺墓には溝が伴う
三沢ハサコの宮	7次22号	福岡県	中期初頭	シカ＋人物	I	b	なし	

139-1・2)、飯氏遺跡II区23号甕棺墓、佐賀県津留遺跡SJ365号甕棺墓がある。佐賀県天神ノ元遺跡K-20号甕棺墓ではシカと共存している。この記号は、中期前葉以降は確認されなくなる。鈎記号には辟邪の意味があり、棺内に侵入しようとする邪霊を払う魔よけとしての意味があったことが指摘されている（常松 1997）。また、天神ノ元遺跡例については死者の霊魂をつなぎ止め、侵入しようとする邪霊を払うことにより死者の蘇生・転生を願ったとの見解もある（仁田坂 2004）。

この鈎記号を受容する素地は、水田稲作受容以降、潜在的に形成されていたが、土器に刻むようになったのは大陸から新たな文化が伝播してくるなかでの第二波の時期にあたる弥生時代前期後葉であったと考えられている（常松 1997）。

なお、線刻ではなく、時期もほかの事例とは離れるが、弥生時代後期の熊本県梅ノ木遺跡2号甕棺墓では、下甕の肩部に鈎状の突帯が複数貼り付けられていた。この土器を上から見ると巴形銅器と同じ形になる（図139-3）。本例も甕棺に辟邪としての意味が期待されていたと考えている(7)。

次に絵画である。弥生時代前期末中期初の吉武高木遺跡4・5次K112号甕棺墓のシカ（図139-6)、国分松本遺跡7次7ST280号甕棺墓のシカ、中期初頭では大木遺跡K92号甕棺墓のシカと建物、三沢ハサコの宮遺跡7次22号甕棺墓のシカと人物といった例が知られている。大木遺跡のシカ（図139-4）は、輪郭を線刻し内部を黒色顔料で充塡するというめずらしい表現方法であった。

シカは弥生時代になって神聖な動物とみなされるようになったと考えられている。それは毎年落ちてはまた生えてくるシカの角をイネの生育になぞらえ、シカの角を再生の象徴とみるようになったからだとされる（春成 1991a）。第3節でみたように、畿内地域ではシカ・建物・人物などは壺に描かれ農耕祭祀とのかかわりが想定されるのに対し、北部九州地域では甕棺に描かれた。そこには死者の再生が祈念されていたと考えている。

甕棺墓のなかで線刻や絵画をもつものは非常に限られた事例である。そうすると、こうした甕棺は特殊な存在ということになるが、被葬者の性格はどう考えられるのだろう。常松は、大木遺跡例がコの字状に囲まれた3基の甕棺墓のなかの1基であること、吉武高木遺跡例が特定集団墓のなかでもとくに副葬品の集中する3号木棺墓と110号甕棺墓の間に位置していることから、配置そのものに必然性があったとみる（常松 1999）。一方、片岡宏二は、絵画の描かれた部位が下側を向いて設置され、絵画の部分は葬儀参列者に見えないことから、絵画をもつ甕棺を過大評価することに疑問を投げかけている（片岡 2002）。

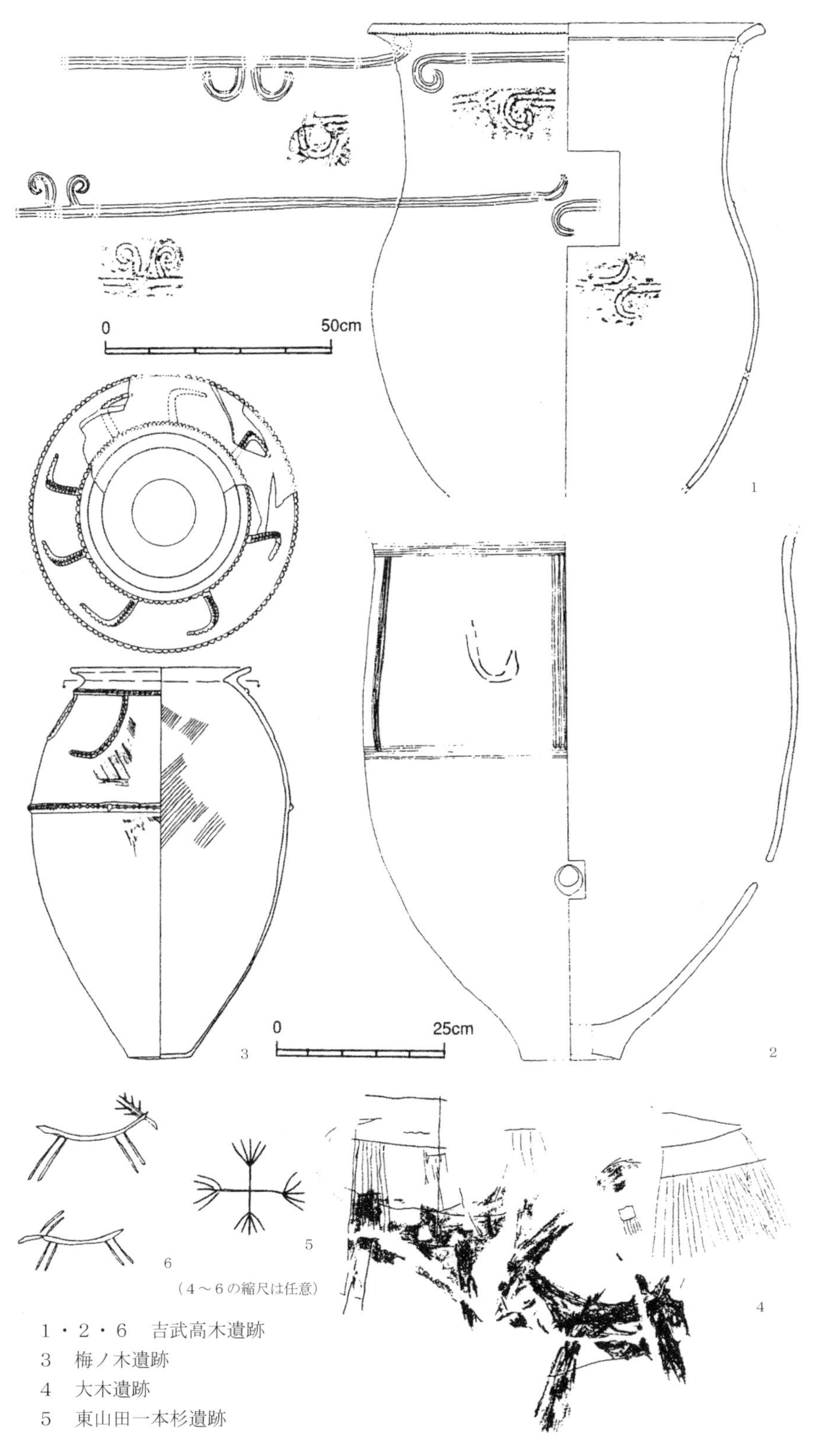

図139　記号・絵画をもつ甕棺実測図（禰冝田 2005）

国分松本遺跡7次7ST280では棺外面に赤色顔料が塗布され、ほかとは異なる扱いを受けていたことは指摘できよう。しかし、三沢ハサコの宮遺跡7次22号墓は棺密集地域の1基で、墓坑規模が大きいわけではなく、鉤記号をもつ飯氏遺跡や天神ノ元遺跡の例は、空間配置において特別な扱いを受けていたとは考えにくい。

鉤線刻については棺に辟邪の意味を、シカの絵画については死者の再生をそれぞれ期待し願っていた。こうした甕棺と被葬者の階層性などの性格についての評価は異なっているが、筆者は死者の再生を願っていたと考えられる考古学的状況がある点を重視している。記号や絵画といった線刻をもつ甕棺は限られた時期の一部の甕棺にしか認められない。甕棺墓群のなかで特別な扱いを受けている場合とそうではない場合がある。

（４）棺外副葬品

副葬品の意義については、すでに鏡山猛が、

⑴死者の身辺を飾る

⑵死霊の再帰浮遊を防ぐ

⑶死屍に邪鬼が襲うことを防ぐ

⑷死者の財は死によって所有権が消滅しないようにする

という四つの側面があったことを指摘した（鏡山 1972）。

ここでは副葬品に込められた思想的背景を考えるために、出土位置としては少数である棺外副葬品を取り上げる。多くが遺骸のそばの棺内に副葬されるのに対し、わざわざ棺外に副葬される場合がある。棺外副葬品は葬送観念をより明確に表していると考えたからである。鏡山も棺外に副葬された武器形青銅器をとりあげ、死者に災いする邪霊を利器の力で遮断するためのものだと述べている（鏡山 1972）。

本節では鏡山が示した考え方を踏まえ、土坑墓・木棺墓・箱式石棺墓を含め、出土位置と副葬品を次のように分類する。

出土位置については、

A類：甕棺墓の合わせ口の粘土中、あるいは木棺墓の木蓋上に置かれるなど棺に接して副葬品が置かれたと考えられる場合

B類：墓坑内あるいは棺の埋め戻しの際に副葬品が置かれたと考えられる場合

とする。

A類とB類は、出土状況から識別が困難な場合が考えられる。埋葬時には甕棺上に置かれたものが後に転落した場合、甕棺を埋め戻す際に副葬されたものとの識別はきわめて困難であろう。

副葬品については、

1類：武器

2類：銅鏡

3類：装身具

4類：農工具

5類：土器

6類：赤色顔料

表10　棺外に副葬品をもつおもな埋葬施設（禰宜田 2005）

遺跡名	棺番号	種類	時期	棺形式	粘土	穿孔	分類	棺内副葬品	棺外副葬品	備考
田久松ヶ浦	SK201	土坑墓	前期前半	—	II	—	B 6	磨製石鏃１、有柄式磨製石剣１	壺２	壺は床から18cm浮く
田久松ヶ浦	SK206	石槨墓	前期前半	—	II	—	B 1・B 6	×	磨製石鏃１、壺１	剣は床から６cm浮く。鏃は石材の下
田久松ヶ浦	SK208	木棺墓	前期前半	—	II	—	B 4・B 6	×	扁平片刃石斧１、壺１	石斧は床から30cm浮く
吉武高木（６次）	１号	木棺墓	前期末中期初	—	II	—	B 1？	銅剣１	銅戈１？	棺外の可能性がある
増田（５区）	SJ5627	甕棺墓	中期前葉	接口式	I	b	B 1	×	磨製石剣２	
増田（６区）	SJ6048	甕棺墓	中期前葉	接口式	I	不明	B 1	磨製石剣基部１	磨製石鏃１	
津留	SJ231	甕棺墓	中期前葉	接口式	I	b	B 4	×	扁平片刃石斧１	
津留	SP013	木棺墓	中期前葉	—	II	—	B 4	×	扁平片刃石斧１	
津留	SP016	木棺墓	中期前葉	—	II	—	B 1	磨製石剣１	磨製石剣１	
津留	SP020	木棺墓	中期前葉	—	II	—	B 4	×	柱状片刃石斧１	裏込めの際に
柚比本村（１・２区）	SJ1124	甕棺墓	中期前葉	接口式	I	b	A 1	×	銅剣片１、青銅製把頭飾１・	甕棺上、銅剣の欠損は当初から
柚比本村（１・２区）	SJ1140	甕棺墓	中期前葉	接口式	I	b	A 5	銅剣１・青銅製把頭飾１	（赤色顔料）	棺と粘土の間に赤色顔料
安徳台	２号	甕棺墓	中期後葉	接口式	II	b	B 1	ゴホウラ貝輪43（副葬・着装）・塞杆状ガラス器１等	鉄剣１、鉄戈１	
立岩	35号	甕棺墓	中期後葉	単棺	I	a	A 3	前漢鏡１、鉄戈１、鉄剣１	ガラス管玉	
中原	７号	甕棺墓	中期後葉	単棺	II	a	B 1	鉄戈１、小玉１、管玉９	鉄矛１	鉄矛は、棺外の甕棺上面と同じレベルで出土
東小田峯	—	甕棺墓	中期後葉？	３連式	不明	不明	不明	前漢鏡１	鉄戈１	
東小田峯	K10	甕棺墓	中期後葉	覆口式	II	b	B 1	前漢鏡２、鉄剣１、鑷子1、ガラス璧円板２	鉄戈１	甕棺の上方、合せ口部分に鋒を棺底にむけ、挿入穴に押し込むようにして出土
三雲	１号	甕棺墓	中期後葉	不明	不明	不明	不明	前漢鏡35、銅矛２、勾玉、璧	銅剣２	青銅鏡の間に璧
門田（門田）	65号	甕棺墓	中期後葉	接口式	I	b	B 3	ゴホウラ片	ゴホウラ片	
門田（辻田A群）	24号	甕棺墓	中期後葉	接口式	I	b	B 1	鉄剣破片、（青銅鏡）	鉄戈１	墓坑最大規模、最高所
門田（辻田A群）	27号	甕棺墓	中期後葉	接口式	I	b	B 1	鉄剣２	鉄戈１	鉄戈は柄つき
吉野ヶ里（吉野ヶ里）	SJ2775	甕棺墓	中期後葉	単棺	I	bか	A 2	イモガイ貝輪（着装）	前漢鏡１	鏡は粘土上出土
二塚山	46号	甕棺墓	後期前葉	呑口式	I	b	A 1	小型仿製鏡	鉄矛	鉄矛は粘土中出土
柚比本村（１・２区）	SJ1112	甕棺墓	後期初頭	接口式	II	b	B 1	勾玉１	鉄剣１	
三津永田	104号	甕棺墓	後期前半	覆口式	I	b	A 1	後漢鏡１	素環頭太刀１	太刀は粘土内出土、棺内全面朱
宝満尾	６号	土坑墓	後期前半	—	II	—	B 4	×	鉄斧１	
宝満尾	13号	土坑墓	後期前半	—	I	—	B 4	×	素環頭刀子１	
二塚山	76号	甕棺墓	後期中葉	接口式	I	b	A 2	後漢鏡（破砕）	後漢鏡（破砕）	棺外の鏡片は粘土中出土
良積	14号	甕棺墓	後期後半	挿入式	II	b	B 2・B 5	管玉１	後漢鏡１	鏡は、甕棺埋置後整地した上に置く
良積	16号	甕棺墓	後期後半	接口式	II	b	B 4	管玉14、勾玉１、ガラス小玉2、赤色顔料	ヤリガンナ２	
良積	17号	甕棺墓	後期後半	接口式	II	b	A 5	×	（赤色顔料）	粘土に赤色顔料を混ぜる
良積	20号	甕棺墓	後期後半	接口式	II	b	B 1・B 4・B 6	管玉４、勾玉１	台付鉢１、鉄鏃17、ヤリガンナ2、鎌？3	鉢と鉄器は同一レベルで出土
二塚山	29号	土坑墓	後期	—	I	—	A 2	×	後漢鏡（破砕）	鏡は粘土中出土
二塚山	36号	土坑墓	後期	—	I	—	A 1	×	鉄刀	鉄刀は粘土直下出土
二塚山	52号	土坑墓	後期	—	I	—	A 1	×	鉄刀	鉄刀は粘土と一緒に出土
二塚山	60号	土坑墓	後期	—	I	—	B 5	×	土製模造品	
穴ヶ葉山	32号	石蓋土坑	終末期	—	I	—	A 5	管玉１	（赤色顔料）	粘土に赤色顔料を混ぜる
穴ヶ葉山	38号	石蓋土坑	終末期	—	I	—	A 1	×	鉄鏃（鉄鑿？）	蓋石の上から出土
穴ヶ葉山	42号	石蓋土坑	終末期	—	I	—	A 4	×	素環頭刀子１	蓋石の間から出土
津古生掛	墳丘墓	木棺墓	弥生末/古墳初	—	I	—	A 1	後漢鏡1、鉄剣1、ガラス玉57	鉄鏃27	床面に赤色顔料（水銀朱）

とする。

赤色顔料は、目貼り粘土に塗布されたり塗り込められたりすることがある。弥生時代に赤色顔料の副葬例は知らないが、古墳には副葬される場合がある。これまでの副葬品に対する概念とは異なることになるが、副葬品に相当する意味があると考え、ここでは6類として扱う。

表10は、管見に触れた棺外に副葬品をもつおもな甕棺墓の一覧表である。以下で出土状況をみていくこととする。

A1類としては、弥生時代前期前半の福岡県田久松ヶ浦遺跡の石槨墓SK201やSK206などがあり、前者では壺、後者では磨製石鏃と壺が、木棺上に置かれたとされる。

中期前葉のものとして、佐賀県柚比本村遺跡1・2次SJ1124甕棺墓があり、銅剣と青銅製把頭飾りが棺外に副葬されたと考えられる事例がある。この銅剣は上半部を欠損している。

後期前葉の佐賀県二塚山遺跡46号甕棺墓では、目貼り粘土中に鉄矛が水平に置かれてあった。また、後期前半の佐賀県三津永田遺跡104号甕棺墓では棺の合わせ目を目貼りして、その粘土中から刃を棺側に向けた鉄製素環頭太刀がほぼ水平の状態で出土した。やはり後期と考えられる二塚山遺跡36号・52号土坑墓では、棺底に落ち込んだ粘土とともに検出された鉄刀があり、これらについても目貼り粘土中か木蓋上に置かれたと考えられている。

A2類としては、中期後葉の吉野ヶ里遺跡吉野ヶ里丘陵地区Ⅸ区SJ2775甕棺墓があり、単棺の目貼り粘土上に鏡面を上にして前漢鏡を検出している（図140）。また、後期前半の二塚山遺跡76号甕棺墓で、目貼り粘土中及び下甕より破砕された後漢鏡1面分が出土した。

A3類としては、中期後葉の立岩遺跡35号甕棺墓があり、蓋石をもつ単棺に対し厚く巻かれた粘土中からガラス管玉30〜40個が出土した事例がある。

A4類としては、弥生時代前期前半の田久松ヶ浦遺跡のSK208があり、扁平片刃石斧が床面から30 cmほどとかなり上の方から出土しており、棺上に置かれたとみなされている。

A5類は、管見の限り例を知らない。

A6類としては、汲田式新相、中期中葉の柚比本村遺跡1・2区SJ1140号甕棺墓があり、棺と粘土の間に赤色顔料を検出した。また、福岡県良積遺跡2次17号甕棺墓や穴葉ヶ山遺跡32号石蓋土坑墓では目貼り粘土に赤色顔料が混ぜられていた。

つづいてB類である。B1類としては、弥生時代中期前葉の佐賀県増田遺跡5区SJ5627号甕棺墓があり、墓坑内から磨製石剣2点が出土した。1点は切っ先の先端を欠くがほぼ完形、もう1点は切っ先と基部を欠損した破損品で、ともに甕棺を埋置するために深く掘りこんでできたテラスで見つかっている。

中期後葉になると門田遺跡辻田地区24号甕棺墓において、棺外の接口部南側から鉄戈1点が切っ先を下甕に向けて出土した。同じ時期の27号甕棺墓では鉄戈が接口部上側で鋒を下にした状態で出土した（図141）。中期後葉の福岡県東小田峯遺跡2号墳丘墓の10号甕棺墓の詳細は明らかになっていないが目貼り粘土は施されないⅡ類と考えられ、甕棺と甕棺の接合部の直上で鉄戈が水平に置かれていたとされる。また、やはり中期後葉の福岡県安徳台遺跡2号甕棺墓の場合、鉄戈が棺上で切っ先を下甕に向け、鉄剣は合わせ口の横に刺す形でそれぞれ出土が確認されている。

B2類としては、弥生時代後期の良積遺跡2次14号甕棺墓があり、後漢鏡が棺より5 cmほど上で検出され、棺を埋める際にいったん整地してから鏡が据え置かれたとみなされる（図142）。

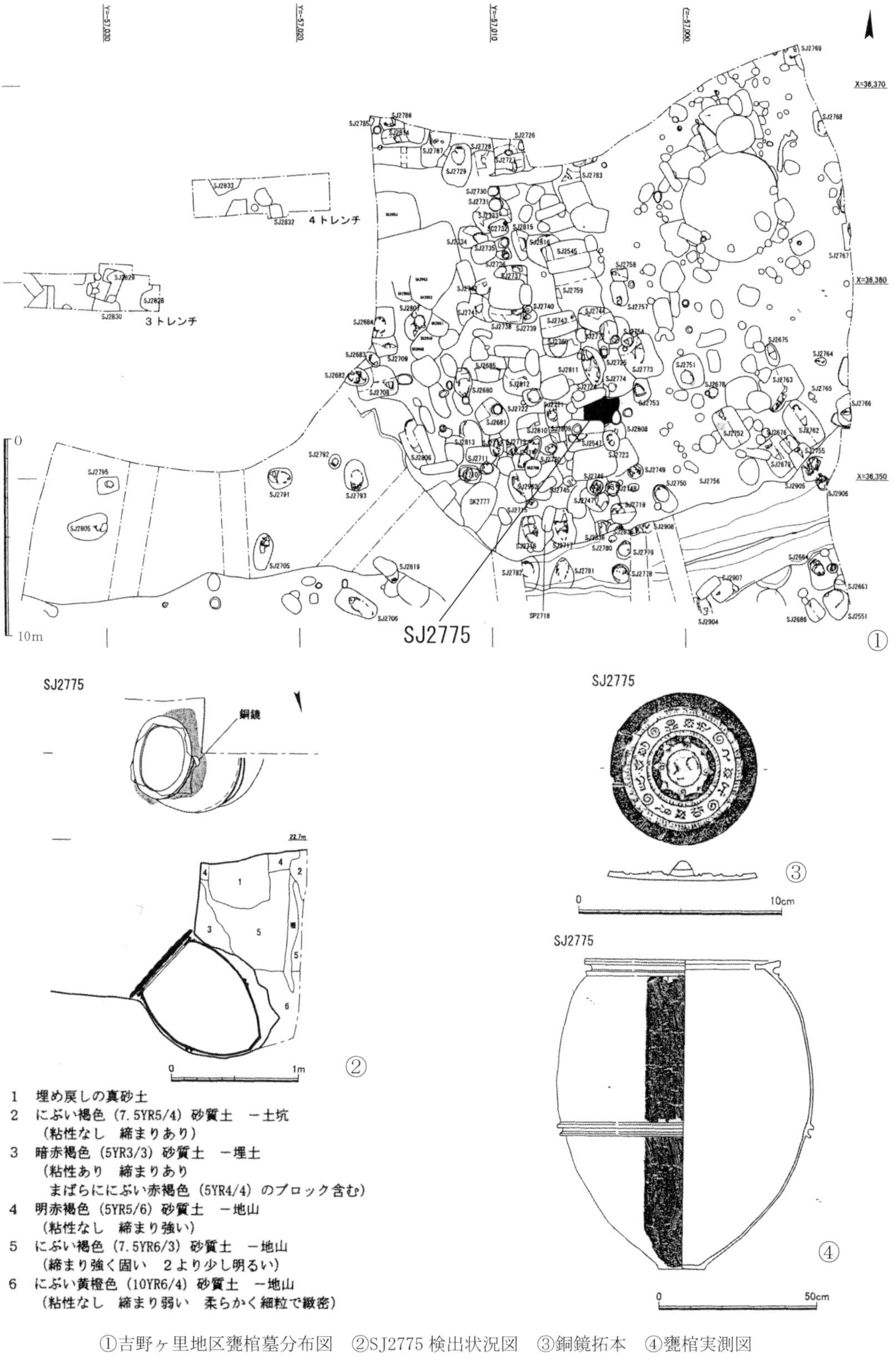
4トレンチ
3トレンチ
SJ2775
10m
①
SJ2775
銅鏡
22.7m
0
1m
②
SJ2775
③
0
10cm
SJ2775
④
0
50cm
1　埋め戻しの真砂土
2　にぶい褐色（7.5YR5/4）砂質土　ー土坑
（粘性なし　締まりあり）
3　暗赤褐色（5YR3/3）砂質土　ー埋土
（粘性あり　締まりあり
まばらににぶい赤褐色（5YR4/4）のブロック含む）
4　明赤褐色（5YR5/6）砂質土　ー地山
（粘性なし　締まり強い）
5　にぶい褐色（7.5YR6/3）砂質土　ー地山
（締まり強く固い　2より少し明るい）
6　にぶい黄橙色（10YR6/4）砂質土　ー地山
（粘性なし　締まり弱い　柔らかく細粒で緻密）

①吉野ヶ里地区甕棺墓分布図　②SJ2775検出状況図　③銅鏡拓本　④甕棺実測図

図140　吉野ヶ里遺跡SJ2775実測図（佐賀県教委 2016より作成）

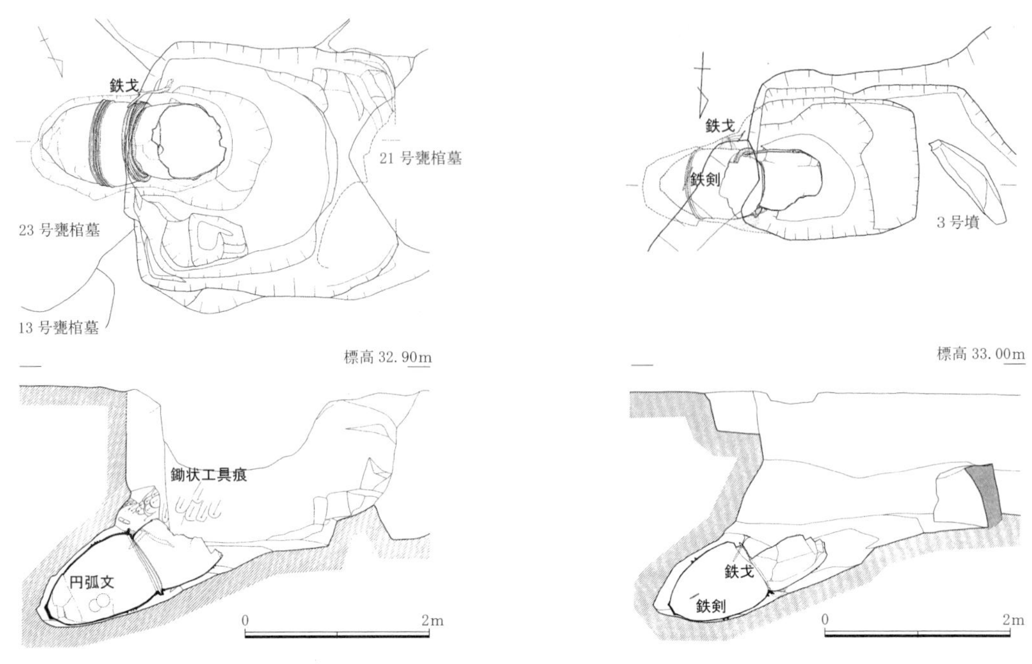

図 141　門田遺跡 24 号・27 号甕棺墓（福岡県教委 1978）

B3 類としては、棺内と棺外からゴホウラ貝輪片が検出された中期後葉の門田遺跡門田地区 65 号甕棺墓がある（図 143）。棺外の貝輪は接口下部にあった長方形の掘り込みから出土したが、両者は同一個体で、貝輪を割って、別々に副葬されたと考えられている。また、二塚山遺跡 60 号土坑墓の場合、木蓋の回りに目貼り粘土を施した後、墓坑を埋め戻す際に土製勾玉 28 点がばらまかれたと考えられる状態で検出された。

B4 類としては、中期初頭頃の増田遺跡 SJ5287 号甕棺墓があり、下甕上方から完形の抉入片刃石斧が出土した。刃先を上甕側に向けており、下甕のほぼ中央上方であることから意図的に置かれたものである。柄もついていた可能性がある。須玖岡本遺跡 B 地点 3 号甕棺墓では、甕棺の下から石包丁未製品が検出され、周辺のあり方を考えると副葬品の可能性がある。

B5 類では、新町遺跡をはじめとする支石墓で小壺が副葬される例が知られる。

B6 類は事例を確認できていない。

以上のように、棺外副葬品といっても威信財である銅鏡から土器や農工具といった生活用具まで幅広い性格のものが認められる。

そのなかで、目貼り粘土上に置かれた銅鏡の鏡面が外を向いていたことは、外部から侵入しようとするものを防ぐ機能が期待されていたものと考える。そうすると、武器についても同様の機能が期待されていたものとみなされよう。農工具についても同様の期待があったのだと推測する。

玉類はどう考えたらいいのだろう。ヒスイやガラス製の勾玉の場合、弥生時代になると特定の階級の人物が占有するようになり、呪術性が保持されたとされている（木下 2000）。玉類の素材は別にして、目貼り粘土や墓坑から見つかるということは、呪的性格にもとづくものであったといえるだろう。また、赤色顔料はもともと呪的な意味があったとみなされることから、目貼り粘土に塗りこまれる例は辟邪の機能が期待されていたと考えられる。

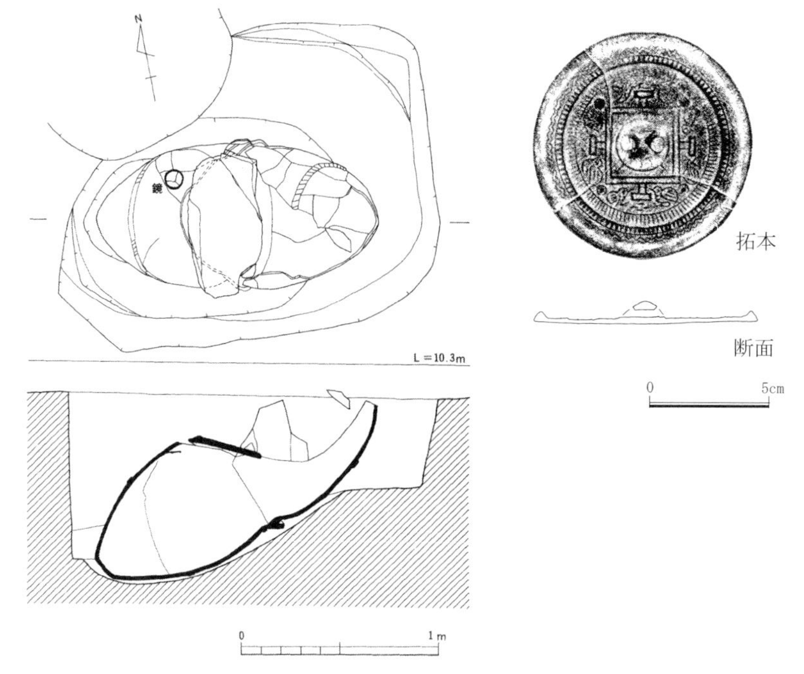

図142　良積遺跡2次14号甕棺墓及び棺外副葬品（北野町教委 1998）

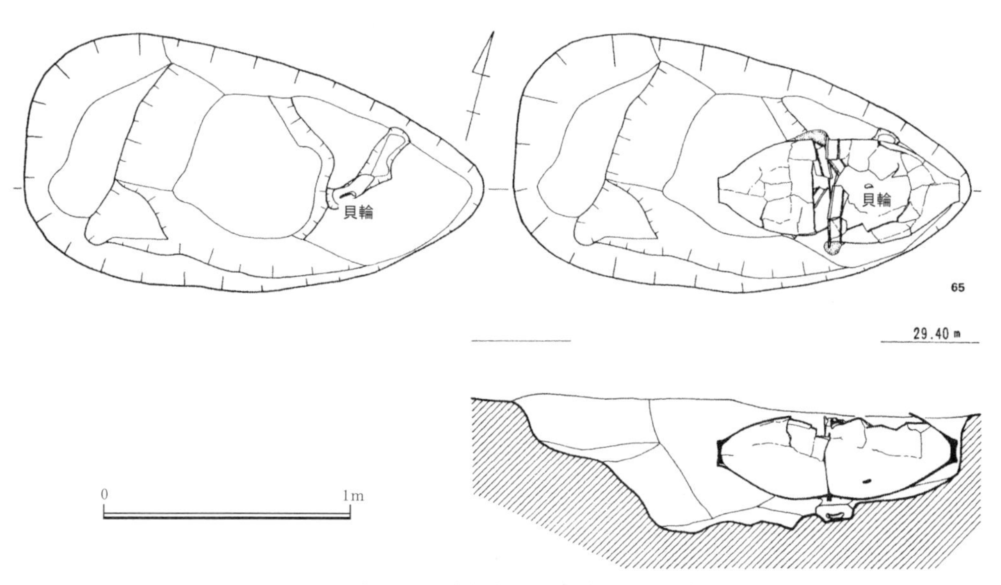

図143　門田遺跡65号甕棺墓実測図（福岡県教委 1978）

また、銅鏡や鉄製武器が墓坑を埋め戻す際に副葬されたと考えられる場合がある。これについても、辟邪としての機能が期待されたと考えている。鉇が副葬されることについても、先が尖っていることから武器と同じ役割が期待されたものと推測する。

興味深いのは、門田遺跡門田地区65号甕棺墓で甕棺の合わせ口の直下の土坑から貝輪が検出されていたことである。貝輪が司祭者専用の装身具であったこと（木下 2000）を踏まえると、貝輪に呪的性格があり、棺の口の部分を意識した副葬である。

以上を踏まえると、棺外副葬品は遺骸を邪悪なものから護る機能、辟邪としての機能が期待されていたと考えられる。

ここで、簡単に棺内副葬品についてもいくつかの事例をみておこう。立岩遺跡10号甕棺墓では、武器や砥石とともに前漢鏡6面が遺骸を両側から囲むような状態で検出された。また、三雲遺跡1号甕棺墓や須玖岡本遺跡D地点甕棺墓では20面を超える前漢鏡の副葬があった。ともに出土状況は不明だが、数からすると遺骸は鏡で覆い尽くされていたことが想像される。これらのあり方は、やはり遺骸を邪悪なものから護る機能、辟邪としての機能が期待されていたと考えることができよう。

副葬品には被葬者の権威を示すという意味があった。ただし、それだけではなく棺外副葬品のあり方をみると、棺の口の部分を意識して副葬された事例が少なくなく、辟邪としての機能が強く意識されていたことがわかる。そして棺内副葬品についても、その配置から辟邪としての機能が期待されていた事例がある。つまり、北部九州地域における副葬品は、遺骸を邪悪なものから護る役割、すなわち辟邪としての役割を有していたと考えられるのである。

（5）諸要素の関係性

では、上記四つの要素が、どのように関係性をもっていたのかをみてみよう。

副葬品の有無と目貼り粘土の有無の関係　副葬品の有無と目貼り粘土の有無の関係をみると、吉野ヶ里遺跡吉野ヶ里丘陵地区Ⅴ区の弥生時代中期前葉から中葉にかけて営まれた北墳丘墓で検出された甕棺墓14基においては、副葬品のないSJ1051号甕棺墓・SJ1055号甕棺墓と遺存状態が悪く粘土の有無が判断できないSJ1054号甕棺墓を除く副葬品をもつ11基がⅠ類であった。門田遺跡辻田地区A群では、副葬品をもつ3基はすべてⅠ類で、墓域のなかで最高所に位置する弥生時代中期後葉の24号甕棺墓の場合、大型墓坑が穿たれ、とくに豊富な副葬品をもっていた。同じ時期の立岩遺跡でも41基の甕棺墓のうち31基以上がⅠ類で、多くの副葬品が出土した10号墓、28号墓、34号墓、35号墓、39号墓すべてがⅠ類であった。

ところが、須玖岡本遺跡では、王墓に近接して検出された弥生時代中期後葉から中期末の墳丘墓において確認された18基のうち調査された10基の甕棺墓にⅠ類はなかった。王墓に連なる人々の墓とされているにもかかわらず、Ⅰ類ではない場合があったことになる。

目貼り粘土の有無と副葬品の関係は、副葬品を有する甕棺墓に目貼り粘土のあるⅠ類が多い傾向があることは指摘できるが、そうならない場合もある。

副葬品をもつ甕棺と目貼り粘土の有無及び穿孔の有無の関係　弥生時代中期の門田遺跡、吉野ヶ里遺跡、柚比本村遺跡において、装身具を着装したとみなされるものを除き、副葬品をもつ15基の内訳は、Ⅰa類0基、Ⅰb類14基、Ⅱa類0基、Ⅱb類1基である。つまり、副葬品をもてば大半がⅠ類であり、弥生時代前期後葉の吉武高木遺跡6次調査の在り方と比べると、副葬品をともなう甕棺墓における目貼り粘土を施す比率は高くなっていることが指摘できる。また、副葬品をもつもののすべてに穿孔がなく、副葬品をもつ甕棺墓の密閉度が高い傾向にあるといえよう。

こうしたあり方と異なるのが立岩遺跡である。報告書によると、穿孔を施そうとしつつ貫通していないものがあった。穿孔する意識はあるものの、その行為は形骸化してしまったとみなされ、穿孔を水抜き穴とする見解に否定的な資料となるだろう。これらをb類に含めたとしてもⅠa類15

基、Ⅰｂ類7基、Ⅱａ類2基、Ⅱｂ類0基となり、穿孔甕棺の比率が非常に高く、目貼り粘土で密閉するものの穿孔も施すことになり、今日的な見方からは「矛盾」した甕棺墓が多いことになる。立岩遺跡における穿孔には、穿孔するという行為に意味があったと考えられることはすでに述べたところである(8)。

副葬品をもてば大半がⅠ類であり、副葬品をもつ甕棺墓における目貼り粘土を施す比率は高くなっていることが指摘できる。副葬品をもつ甕棺墓の密閉度が高い傾向にはあるが、そうではない場合もある。

以上のことを総合すると、北部九州地域における葬送儀礼において、各集団において取捨選択がされていたことが指摘できる。画一化されたものではなく、それぞれの集団の「思い」のなかで儀礼が執り行われていたのだともいえる。これに対して、前方後円墳祭祀は政治的・社会的な意味から画一化していた。北部九州地域における葬送儀礼は、前方後円墳祭祀と、思想的な意味において連続するものの、政治的・社会的な意味においては異質なものだと考えられるのである。

3　葬送行為の変遷

ここまで、棺の目貼り粘土、記号・絵画、穿孔、棺外副葬品を中心とした副葬品のあり方を概観するとともに、その検出状況から個々の葬送行為すなわち葬送儀礼に対して期待されていた意味を検討してきた。鉤記号と副葬品とりわけ棺外副葬品には辟邪の意味があったとした。そう考えることが許されるのであれば、棺に認められる目貼り粘土についてはそれを密閉することになり、邪悪なものの侵入を拒むという辟邪の意味を期待していたとみることができるであろう。甕棺に認められる穿孔については、水抜き穴という機能を有していたと考えられるものがある一方で、そうではない呪術的な意味を想定できる事例を示した。棺の密封という行為と甕棺の穿孔という行為は、「矛盾」する行為にみえるが、当時の人々にとっては、一連の葬送儀礼であったと考える。

さて、前漢代には、あの世での再生には肉体（遺体）の完全性を求める思想があった（大形1992・2000）。ここまで示した葬送儀礼は、その影響が列島にも及んでいたことを示唆している。たとえば、鉤記号は遺骸から出ていこうとするものとして死者の霊など、逆に外から入ろうとするものとして邪悪な霊などがあり、それらを絶つということが期待されたものとみている。シカが甕棺に描かれることについても、死者の再生が祈念されていたことの表れであると考えている。

北部九州地域において埋葬に際しておこなわれた行為の思想的背景として、亡くなった人の遺骸を保護しようという思想（以下、「遺骸保護の思想」とする）があったものと考える。

それでは以下で、北部九州地域において、遺骸保護の思想が葬送儀礼においてどう展開したのか、その変遷について整理する。

第1段階（弥生前期中葉～後葉）　遺骸保護の思想が葬送儀礼において認められるようになった段階である。この段階は、棺の口の一部に粘土を施す例が知られるようになったことから設定する。ただし、資料自体は少ない。その思想を北部九州地域独自の方法で表わすようになったとみなしているが、北部九州地域にどのようにもたらされたのかについては、次の第5節で検討する。

第2段階（弥生前期末中期初）　遺骸保護の思想が葬送儀礼において普及したと考えられる段階である。この段階は、目貼り粘土によって密閉された甕棺の事例が増え、鉤線刻を有する甕棺が出現するとともに、穿孔された甕棺の比率が減少したことから設定する。穿孔率の減少は棺密閉とかかわる現象だととらえているが、目貼り粘土上に副葬品が置かれる例は、現在のところ知らない。また、吉武高木遺跡第6次調査によると、副葬品をもつものはⅠ類・Ⅱ類とも同数であり、副葬品をもつことと目貼り粘土が施されることに相関性は認められない。

第3段階（弥生中期前葉～中期後葉） 遺骸保護の思想が葬送儀礼において定着したと考えられる段階である。この段階の大きな変化である、副葬品が目貼り粘土の上に配されるようになったことから設定する。管見の限りもっとも遡る例として、中期前葉の柚比本村遺跡1・2区SJ1124号甕棺墓がある。出土状態から、銅剣と青銅製把頭飾は目貼り粘土付近から検出され、柄のついた銅剣が副葬されたことを示している。また、中期前葉から中葉の汲田式にあたる宇木汲田遺跡58号甕棺墓では上甕と下甕の間隙部分から銅戈が出土している。銅戈は棺内副葬品であるが、出土位置からすると棺の口の隙間を意識した出土状況にある。すでに指摘したように、この段階の副葬品、特に棺外副葬品には隙間より入ろうとするものを防ぐことが期待されていたのだと推測する(9)。

中期中葉以降は、目貼り粘土付近から副葬品が出土する事例が増える。たとえば門田遺跡辻田地区24号・27号甕棺墓では、遺骸の横に鉄剣などの副葬品を配し、穿孔のない甕棺に粘土で目貼りすることで密閉し、その付近に鉄戈を副葬した。

棺の口の部分を意識して副葬品を配するところに葬送儀礼における人々の意識、すなわち遺骸保護の思想が強く意識されるようになったことを考えさせる。

第4段階（弥生時代後期～終末期） 甕棺墓の減少という墓制に変化がおこったが、遺骸保護の思想は葬送儀礼において継続していたと考えられる段階である。副葬品が目貼り粘土付近から検出される例からすると、集団墓でも単独墓でも、その思想にもとづき葬送儀礼がおこなわれた。この思想は北部九州地域の甕棺墓制から、直接か間接かの問題はあるものの前方後円墳祭祀に継続される要素の一つと考えられる。

4　課題と展望

死に関しては「死を逆転し、これを再び生み出す方向へ転換させていこうとするイデオロギーが文化の必須の装置として備わっている」とされ、「権力者こそ死が社会的なものである」（内堀1994）とする。首長の死は人としての死だけでなく、首長が所属した共同体にとっての「死」も意味した。新たに立った首長は亡き首長の再生を祈念するとともに、自らの共同体の再生を図る必要があった。北部九州地域においては、その場として葬送儀礼が重視された（禰宜田 2000b）。

銅鏡は北部九州地域の有力首長である「王」が中国漢王朝との外交関係を結んだことにより入手されたと考えられる。武器形青銅器や鉄製武器も大陸との交渉によって得られた。これらが葬送儀礼の際に、威信財であるがゆえの役割を果たしたことは容易に想像される。

その一方、本節では副葬品に辟邪の意味を認めていたという観点から論を展開した。そのために棺を粘土で密閉し、さまざまな副葬品を供える行為がおこなわれることとなった。首長に対する葬送儀礼が念入りで複雑化したのは、そうした場を演出する必要があったからだと考えるが、儀礼行為は画一的ではなかった。また、副葬品がなくても目貼り粘土を施す場合があるということは、その対象は首長だけではなく、広く普及していたのだと考えている。

本節では、取り上げた四つの属性から、北部九州地域における甕棺墓制における葬送儀礼の背景には遺骸保護の思想があったと考え、その変遷過程をみてきた。問題となるのは系譜である。これについては大陸からの影響と推測するが、弥生時代前半期の実年代論とかかわることでもあり、中国や韓半島の動向を含めた検討が必要である。

また、北部九州地域における遺骸保護の思想にもとづく葬送儀礼は、弥生時代終末期に汎西日本へ拡散したとされる（小山田 1995）。そして前方後円墳においては、割竹形木棺の内外に副葬品があり、大阪府紫金山古墳や奈良県メスリ山古墳をはじめ多くの古墳の竪穴式石槨は板石によって蓋をしたあと粘土で覆われている。粘土が棺を直接覆うわけではないが、埋葬施設の密閉に粘土が用いられたという点では共通するという見方ができよう。

筆者は、弥生時代の北部九州地域の遺骸保護の思想は、変容しつつも前方後円墳にみられる葬送儀礼に引き継がれていったとみている。前方後円墳の葬送儀礼にどのようにつながっていくのかということについては、具体的な検討が必要である。

この二つの点については、次節で取り上げる。

第5節　北部九州地域における棺密封葬法の成立と展開

1　問題の所在

弥生時代の墳墓研究には、副葬品の内容あるいは墳丘規模を分析することにより、階層分化をはじめとする政治や社会のあり方を明らかにする数多くの研究蓄積がある。その一方で、遺骸の埋葬は死者との別れの場であり、そこでは多くの儀礼が執りおこなわれたと考えられる。

後者に関して、鏡山猛は北部九州地域における甕棺葬の特性として群集性と封禁性を指摘した。あとで問題にする封禁性すなわち棺密封については、当時、死者に対して恐怖感があったが、甕棺という初屍体のための容器を創出したことで「屍体を永久に封禁する感を強化し、不安心な土葬よりも屍体に対する恐怖を和らげる方便」となったとし、「従来おこなわれていた身体の屈折、抱石葬などの必要が感じられなくなった」ということを指摘した（鏡山 1972）。

埋葬の場という視点から中園聡は、発掘調査の成果を踏まえ甕棺墓に対しておこなわれた行為として、①墓坑の掘削、②墓坑の土台作り、③目貼り粘土の設置、④下甕の据えつけ、⑤納棺、⑥上甕の据えつけ、⑦目貼り粘土で被覆、⑧埋め戻し、があり、各工程で想定される行為について詳述した（中園 2004）。

そうしたなか、小山田宏一は弥生時代における破砕鏡を取り上げ、弥生時代後期以降、その副葬風習が北部九州地域から近畿に及ぶことを示し、さらに埋葬施設の構造や玉の副葬についても検討をおこない、遺骸保護の思想がいくつかの段階を経て成長し、古墳時代に「再生と復活」に関する観念が成立したことを論じた（小山田 1992）。その後、別稿では古墳における銅鏡副葬のあり方を検討するにあたり、弥生時代における棺内・棺外の副葬状況についても検討した（小山田 2002）。

前節では小山田の研究を踏まえ、甕棺葬における①棺の穿孔、②棺の口への粘土の充填、③棺への線刻、④棺外副葬について概観した。これらは葬送儀礼の一部を取り上げたにすぎないが、その

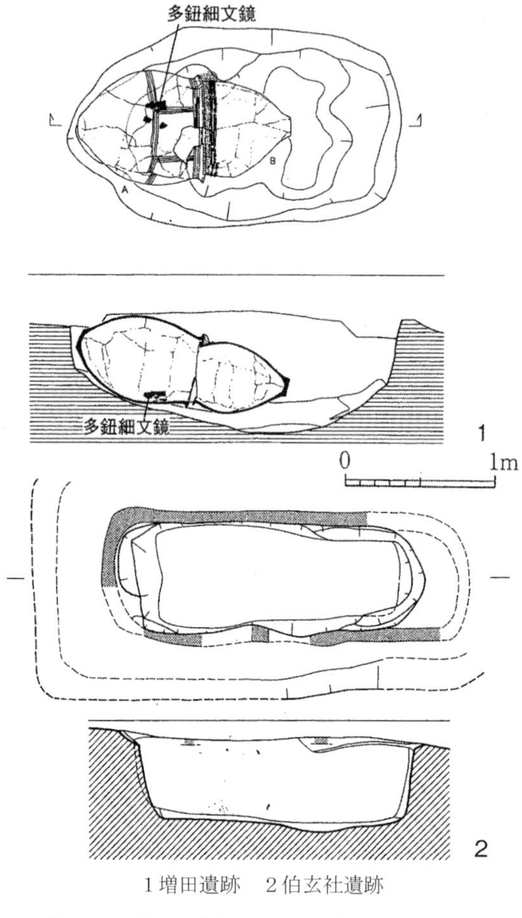

1 増田遺跡　2 伯玄社遺跡

図144　粘土で密封された棺（禰宜田 2013 a）

思想的背景として遺骸保護の思想があったこと、すなわち遺骸を邪悪なものから守ろうとする思想があり、それとかかわる葬送儀礼の変遷について整理したところである（禰宜田 2005）。

遺骸保護の思想をあらわす重要な要素として棺の密封を考えている。ただし、前節ではその風習が顕著となる弥生時代前期中葉以前の状況、すなわちその系譜については言及しなかった。また、その後の前方後円墳祭祀にも棺の密封は採用されているが、弥生時代後期以降の様相についても触れることができなかった。

その成立と展開は、北部九州地域の弥生墓制の特徴を考察する上でも重要と考え、本節ではこれらについて検討する。

2　棺密封葬法の様相

（1）棺密封葬法とは

ここでは棺材の隙間への粘土充填、さらに木棺墓・木蓋土坑墓・石棺墓における蓋の部分の周辺に施された粘土のあり方を取り上げる（以下、これらの粘土充填を「棺への粘土充填」とする）。あわせて、甕棺の接合部に充填された粘土の周辺で検出される銅鏡のあり方についても検討の対象とする。

棺への粘土充填には埋葬上の技術的問題、すなわち棺を固定する必要上から施されるという考え方も出てくるかもしれない。いっぽう、銅鏡は完鏡の数や内容から被葬者の階層性、北部九州地域における政治や社会のあり方を論じる素材とされてきた。そうした側面があることを十分に認識しつつ、前節と同様、本節では棺への粘土充填と銅鏡副葬を呪術的・儀礼的側面からみていくこととする。

なお、本節で取り上げる棺への粘土充填（図144）と銅鏡の副葬という二つの行為は、葬送儀礼において一連の行為であったと推測され、これらを「棺密封葬法」と呼称して検討を進める。

（2）棺への粘土充填のあり方

棺への粘土充填は、縄文時代の土器棺には認められない。管見の限り、弥生時代前期中葉の下月隈天神森遺跡で部分的に粘土を付す例を嚆矢とし、一般的に認められるようになるのは弥生時代前期後葉、金海式期古段階からである。

棺への粘土充塡については、前節でも示したように

Ⅰ類　棺への粘土充塡のあるもの

Ⅱ類　棺への粘土充塡のないもの

としたうえで、以下で遺跡ごとの傾向を再度整理する。

吉武遺跡第6次調査では、弥生時代前期後葉の甕棺56基のなかでⅠ類が11基あり、粘土充塡される比率は約20％であった。Ⅰ類・Ⅱ類ともに副葬がおこなわれ、Ⅰ類には11基中5基に副葬品がありその比率は45％、Ⅱ類は45基中4基で9％となり、Ⅰ類の方が副葬される比率は高い傾向にある。

伯玄社遺跡では甕棺墓と木棺墓で棺への粘土充塡がある。甕棺墓では、弥生時代中期前葉においてⅠ類が34基、Ⅱ類が5基で充塡率は87％、中期中葉になるとⅠ類が12基、Ⅱ類が4基となり充塡率は75％と比率は高い。一方木棺墓の場合、前期中葉においてはすべてがⅡ類で、前期末中期初になると10基中Ⅰ類は2基であった。木棺墓への粘土充塡率は、甕棺墓に比べると低いものの、棺への粘土充塡の例は時間とともに増加する傾向にあることが指摘できる。

福岡県白峯遺跡では、弥生時代前期の板蓋の土坑墓（木棺墓）が18基検出され、そのうちⅠ類が11基で充塡率は61％であった。

弥生時代中期後葉になると、立岩遺跡で検討できる40基中Ⅰ類は29基、粘土充塡される比率は73％であった。40基のうち、副葬品をもつのは9基であったが、内容のわかる8基はすべてⅠ類で、粘土充塡されるものが副葬品をもつ傾向が高いことが指摘できる。

弥生時代後期になると、福岡県汐井掛遺跡の土坑墓あるいは木棺墓228基のうち、Ⅰ類は6基、充塡率は3％であるのに対し、石蓋土坑墓20基のうちⅠ類は3基で充塡率は15％、石棺墓では検討できる31基のうちⅠ類は8基で充塡率は26％であった。

弥生時代終末期を中心とする穴ヶ葉山遺跡においては、75基の石蓋土坑墓を検出しており、蓋石に粘土充塡するⅠ類は65基、Ⅱ類は10基で、充塡率は87％であった。また、福岡県郷屋遺跡B地点では2基の埋葬施設が確認された。D-1石蓋土坑墓は5枚の蓋石で覆われ、隙間に小石を充塡し、さらに蓋石全体を粘土混じり土が覆っていた。棺全体を粘土で覆うのはめずらしい例である。

注目される事例としては、充塡する粘土に玉や赤色顔料を混ぜる場合があることである。弥生時代中期後葉の立岩遺跡35号甕棺墓では玉類、後期後葉の良積遺跡14号・17号甕棺墓では赤色顔料が混ぜられていた。これらを粘土に混ぜ込むことに、呪術的な意味があったと考える。

以下、特徴を整理しておこう。

①棺への粘土充塡は、弥生時代前期中葉まで遡る例はあるものの、前期末中期初には甕棺墓や木棺墓に認められるようになり、後期には石棺墓にも及んだ。

②充塡方法は次のように類型化できる。

A　甕棺墓

1　棺と棺、棺と石蓋・木蓋とが接する部分に粘土を全周させる形で充塡する

2　棺と棺、棺と石蓋・木蓋とが接する部分に粘土を全周させず部分的に充塡する[(10)]

B　木棺墓・石棺墓

1　側板と蓋の隙間に充塡する

2　蓋の隙間に充塡する

表11　多鈕細文鏡を副葬した墓一覧表（禰宜田 2013 a）

遺跡名	県	時期	棺種類	遺構番号	粘土	副葬位置	その他副葬品	備考
梶栗浜	山口	前期末中期初	石棺		Ⅰ類	棺内		
吉武高木	福岡	中期前葉	木棺	3号	Ⅱ類	棺内	細形銅剣2・銅矛1・銅戈1、玉類	
里田原	長崎	中期前葉	甕棺	44C 地点3号	Ⅱ類	棺内		
増田	佐賀	中期初頭～前半	甕棺	SJ6242	Ⅰ類	棺内		破砕鏡
本村籠	佐賀	中期前葉	甕棺	58号	Ⅰ類	棺内	青銅製ヤリガンナ1、管玉18	
宇木汲田	佐賀	中期前葉	甕棺	12号	Ⅱ類	棺内	細形銅剣1	

3　蓋全体を覆うように充塡する

③一つの墓群のなかで粘土充塡される比率は異なるが、時期的な傾向は看取されない。また、前節でみたように粘土充塡される墓に副葬品をもつ傾向があるものの、そうではない場合もある。これは、集団における風習の差とみなされる（禰宜田 2005）。

（３）棺への粘土充塡と銅鏡副葬のあり方

銅鏡の副葬は弥生時代中期前葉、金海式新段階から始まる（表11）。吉武高木遺跡3号木棺墓では多くの武器形青銅器とともに多鈕細文鏡が副葬されていたがⅡ類であった。増田遺跡SJ6242甕棺墓では破砕されたと考えられる多鈕細文鏡を検出したがⅠ類であった。このほか、長崎県里田原遺跡44C地点3号甕棺墓からの出土を確認しているがⅡ類であった。

このほか中期前葉では、宇木汲田遺跡12号甕棺墓と佐賀県本村籠遺跡58号甕棺墓でも多鈕細文鏡が副葬され、前者はⅡ類、後者はⅠ類であった。

北部九州地域ではないが、鉄道敷設に際して調査された山口県梶栗浜遺跡も取り上げておこう。この遺跡では多鈕細文鏡が副葬され、1927年に森本六爾が現地を視察し、報文で石棺は「平板石六枚をもって周囲の四壁をつくり（前後は各一枚、左右は各々二枚）（中略）三枚の大形扁平石を以って上部を蓋ふ天井石とし（中略）室の上及び四周の石材の境目には粘土をもつて目ぬりしてあつた顕著な有様を認めた」（森本 1927）と記され、石蓋の隙間に粘土充塡がおこなわれたことが示唆される。

つまり、多鈕細文鏡が副葬された石棺墓・木棺墓・甕棺墓6基は、Ⅰ類、Ⅱ類ともに3基ずつであったことになる。

弥生時代中期後葉には前漢鏡が副葬されるようになる（表12）。立岩遺跡34号甕棺墓、同39号甕棺墓は1面が頭部付近に副葬されていた。同10号甕棺墓では遺骸の両側に3面ずつ6面が副葬された。この遺跡では5基すべてがⅠ類で、前漢鏡が副葬された吉武樋渡墳丘墓の62号甕棺墓もⅠ類であった。

一方、多数の前漢鏡が出土した須玖岡本遺跡D地点甕棺墓の状況は明らかではないが、その周辺にある副葬品をもつ王族墓と想定されている甕棺墓はⅡ類であった。また、前漢鏡を含む豊富な副葬品をもつ東小田峯遺跡10号甕棺墓もⅡ類であった。銅鏡を副葬するものにⅠ類が多い傾向はあるものの、Ⅱ類もあった。

表12　各種銅鏡を副葬した墓一覧表（禰冝田 2013 a）

遺跡名	県	時期	棺等種類	遺構番号	銅鏡	副葬位置	粘土	その他副葬品	備考
吉武樋渡墳丘墓	福岡	中期後葉	甕棺墓	62号	重圏久不相見銘鏡1	棺内	Ⅰ類	棺内:素環頭大刀 棺外:ガラス製管玉	
立岩	福岡	中期後葉	甕棺墓	10号	連弧文日有喜銘鏡など6	棺内	Ⅰ類	棺内:銅矛1、鉄剣1、ヤリガンナ1、砥石2	
立岩	福岡	中期後葉	甕棺墓	28号	重圏昭明鏡1	棺内	Ⅰ類	棺内:素環頭刀子1、管玉544、ガラス製丸玉1、ガラス製棗玉1、塞杆状ガラス器5	
立岩	福岡	中期後葉	甕棺墓	34号	連弧文日光銘鏡1	棺内	Ⅰ類	棺内:鉄戈1、貝輪14（着装）	
立岩	福岡	中期後葉	甕棺墓	35号	連弧文清白銘鏡1	棺内	Ⅰ類	棺内:鉄戈1・鉄剣1 棺外:ガラス管玉（粘土内封入）	
立岩	福岡	中期後葉	甕棺墓	39号	重圏久不相見銘鏡1	棺内	Ⅰ類	棺内:鉄剣1	
東小田峯	福岡	中期後葉	甕棺墓	K10号	連弧文日光銘鏡1 連弧文清白鏡1	棺内	Ⅱ類	棺内:鉄剣1、鑷子1、ガラス円板2 棺外:鉄戈1	
三雲（南小路地区）	福岡	中期後葉	甕棺墓	1号	連弧文銘帯鏡1、重圏彩画鏡1、四乳雷文鏡1など33、ほか鏡片	棺内	不明	棺内:銅矛2、銅戈1、金銅製四葉座金具8、ガラス製璧8、ガラス製勾玉3、ガラス製管玉60以上 棺外:銅剣	
三雲（南小路地区）	福岡	中期後葉	甕棺墓	2号	連弧文昭明鏡4、重圏昭明鏡1など19、ほか鏡片	棺内	不明	棺内:ガラス製垂飾1、硬玉製勾玉1、ガラス製勾玉12	
須玖岡本	福岡	中期後葉	甕棺墓	D地点墓	星雲鏡1、重圏四乳葉文鏡2、重圏文日光鏡3など21以上	棺内	不明	棺内:銅剣1、銅矛5、銅戈1、鹿角製管玉13、ガラス製勾玉1、ガラス製璧片 棺外:銅剣類	
門田（辻田地区）	福岡	中期後葉	甕棺墓	24号	痕跡2	棺内	Ⅰ類	棺内:鉄剣1 棺外:鉄戈1	
吉野ヶ里	佐賀	中期後葉	甕棺墓	SJ2775	連弧文鏡1	棺外	Ⅰ類（銅鏡）	棺内:イモガイ製貝輪	
井原鑓溝	佐賀	後期	甕棺墓		方格規矩鏡片数十	棺内	不明	棺内:刀剣類、巴形銅器	
二塚山	佐賀	後期初頭	甕棺墓	46号	小型仿製鏡1	棺内	Ⅰ類	棺外:鉄矛（粘土中）	
二塚山	佐賀	後期中葉	甕棺墓	76号	連弧文昭明鏡（破砕）	棺外	Ⅰ類（銅鏡）		
二塚山	佐賀	後期	土坑墓	29号	波文帯獣帯鏡（破砕）	棺外	Ⅰ類（銅鏡）		
二塚山	佐賀	後期中葉	土坑墓	17号	偽銘帯連弧文鏡1	棺内	Ⅰ類	棺内:ガラス製品	
桜馬場	佐賀	後期	甕棺墓	1号	流雲文縁方格規矩鏡1、素文縁方格規矩渦文鏡1	棺内	Ⅱ類	棺内:銅釧26、巴形銅器3、鉄刀1、ガラス製小玉2000以上	
宝満尾	福岡	後期	土坑墓	4号	内行花文昭明鏡1	棺内	Ⅰ類		
三津永田	佐賀	後期中葉	甕棺墓	104号墓	流雲文縁獣帯鏡1	棺内	Ⅰ類	棺外:素環頭大刀1	
野方中原	福岡	後期～終末期	石棺墓	1号	獣帯鏡片1	棺内	Ⅱ類	棺内:素環頭刀子1、鉄刀1、硬玉製勾玉1、碧玉製管玉1	
野方中原	福岡	後期～終末期	石棺墓	3号	内行花文鏡1	棺内	Ⅱ類	棺内:硬玉製勾玉1、ガラス製小玉2、碧玉製管玉1	
良積	福岡	後期後葉～終末期	甕棺墓	14号	方格規矩鳥文鏡1	棺外	Ⅰ類		
汐井掛	福岡	後期後葉～終末期	木棺墓	28号	飛禽鏡文鏡片	棺外	Ⅱ類		
汐井掛	福岡	後期後葉～終末期	土坑墓	175号	内行花文鏡片1	棺内	Ⅱ類	棺内:ヤリガンナ1	
汐井掛	福岡	後期後葉～終末期	木棺墓	186号	小型仿製鏡1	棺外	Ⅱ類		
汐井掛	福岡	後期後葉～終末期	土坑墓	203号	内行花文鏡片1	棺内	Ⅱ類		
汐井掛	福岡	後期後葉～終末期	石棺墓	4号	方格蕨手文鏡1（破砕）	棺内	Ⅱ類		
汐井掛	福岡	後期後葉～終末期	石棺墓	6号	内行花文鏡片1	棺外	Ⅰ類（銅鏡）		
平原墳墓	福岡	終末期	木棺墓		方格規矩鏡32、内行花文鏡5など40（破砕・棺内） 鏡片（棺内）	棺内 棺外	Ⅱ類	棺内:ガラス製勾玉3、ガラス製管玉30ほか 棺外:素環刀大刀1	
津古生掛墳墓	福岡	終末期	木棺墓		方格規矩鳥文鏡1	棺内	Ⅰ類	棺内:鉄剣1、ガラス製玉57 棺外:鉄鏃27	半壊
木津城山遺跡2号墓	京都	後期前半	木棺墓	SX09	獣帯鏡片	棺内	Ⅱ類		
半田山1号墓	兵庫	後期後半	木棺墓		小型仿製鏡1	棺外か	Ⅱ類	棺内:鉄剣1 棺外:銅鏃1	
西条52号墳墓	兵庫	後期後半～終末期	石槨墓		長宜子孫内行花文鏡（破砕）	棺外	Ⅱ類		

遺跡名	県	時期	棺等種類	遺構番号	銅鏡	副葬位置	粘土	その他副葬品	備考
鋳物師谷1号墓	岡山	終末期	木棺墓		き龍文鏡(破砕)	棺内 棺外	Ⅱ類	棺内:玉類 棺外:玉類	
綾部山39号墳墓	兵庫	終末期	石槨墓		画文帯神獣鏡1(破砕)	棺内	Ⅱ類		
芝ヶ原墳墓	京都	終末期	木槨墓		四獣形鏡1	棺内	Ⅱ類		
ホケノ山墳墓	奈良	終末期	石囲木槨墓		画文帯神獣鏡1 画文帯神獣鏡1(破砕) 内行花文鏡1(破砕)	棺外	Ⅱ類	棺外:銅鏃70以上、鉄鏃74以上、鉄鏃74以上、素環頭大刀1、直刀1、剣・槍7以上、ヤリガンナ2以上、ノミ1以上、その他	
園部黒田墳墓	京都	終末期	石囲木槨墓	第1主体部	双頭龍文鏡(破砕)	棺内 棺外	Ⅰ類	棺内:管玉4 棺外:鉄鏃24、管玉2など	

この時期で注目されるのは、銅鏡の棺外副葬例が出てくることである。吉野ケ里遺跡SJ2775号甕棺墓では、棺と蓋の間に充塡された粘土に前漢鏡1枚が鏡面を外に向けて副葬されていた。

弥生時代後期になると、佐賀県桜馬場遺跡では完形の後漢鏡2点が出土したが、Ⅱ類であった。一方、福岡県宝満尾遺跡4号土坑墓で内行花文昭明鏡が頭部側の長側壁に鏡面を内側にして立てかけられていた。ここでは、蓋があったと考えられる部分で粘土が確認されたことからⅠ類とみなされる。

この時期から破鏡や破砕鏡が副葬されるようになる。すなわち、二塚山遺跡76号甕棺墓では、連弧文昭明鏡の破砕鏡が堅固に目貼りされた粘土中より出土した（図145）。同29号石蓋土坑墓においては、蓋石の隙間を塊石で埋めたあと粘土で目貼りを施し、そこに破砕鏡が副葬されていた。

弥生時代後期後葉の良積遺跡14号甕棺墓では、赤色顔料を混ぜた粘土で棺を密閉し、粘土のある部分まで墓坑を埋め戻した段階で整地し方格規矩鏡の鏡面を上にして副葬していた。

弥生時代後期後葉から終末期の汐井掛遺跡175号・203号土坑墓では、後漢鏡片が頭部付近と想定される位置から出土した。棺外副葬では28号木棺墓において二段墓坑の一段目に赤色顔料の塊があり、その上に鏡片を上に向けて副葬していた。さらに同遺跡186号木棺墓では小型仿製鏡が埋葬後の低い墳丘上に配置された可能性が指摘されているが、いずれもⅡ類であった。そうしたなか6号箱式石棺墓では、蓋石の目貼り粘土から内行花文鏡片が出土した。

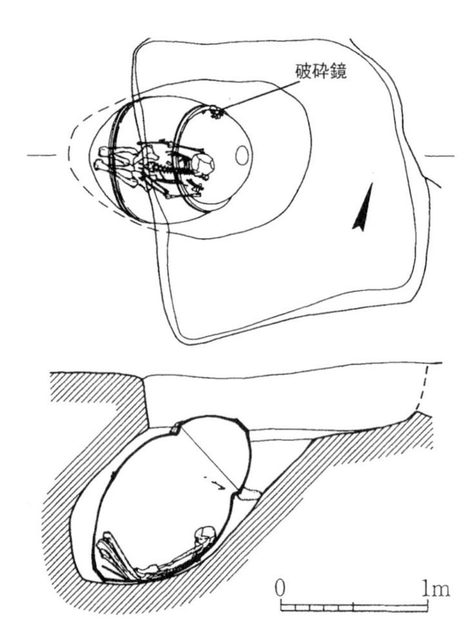

図145　二塚山76号甕棺墓実測図（佐賀県教委 1979）

そして、弥生時代終末期では福岡県平原墳墓がある。超大型の内行花文鏡を含む40面の破砕鏡が墓坑内の四隅から出土し、棺内にも鏡片が1点だけだが副葬され、Ⅱ類に含められる（図146）。やはり終末期の前方後円形の墳丘墓、津古生掛墳墓の中心埋葬からは方格規矩鳥文鏡の完鏡が出土している。埋葬施設は箱形木棺で、断面観察から小口板あるいは蓋板を固定したとされる粘土が確認されていることから、Ⅰ類と考えている。

以上を整理しておこう。

①弥生時代中期初頭に多鈕細文鏡の副葬が始まる。副葬数は1面で、すべて棺内に副葬され、6基中Ⅰ類は

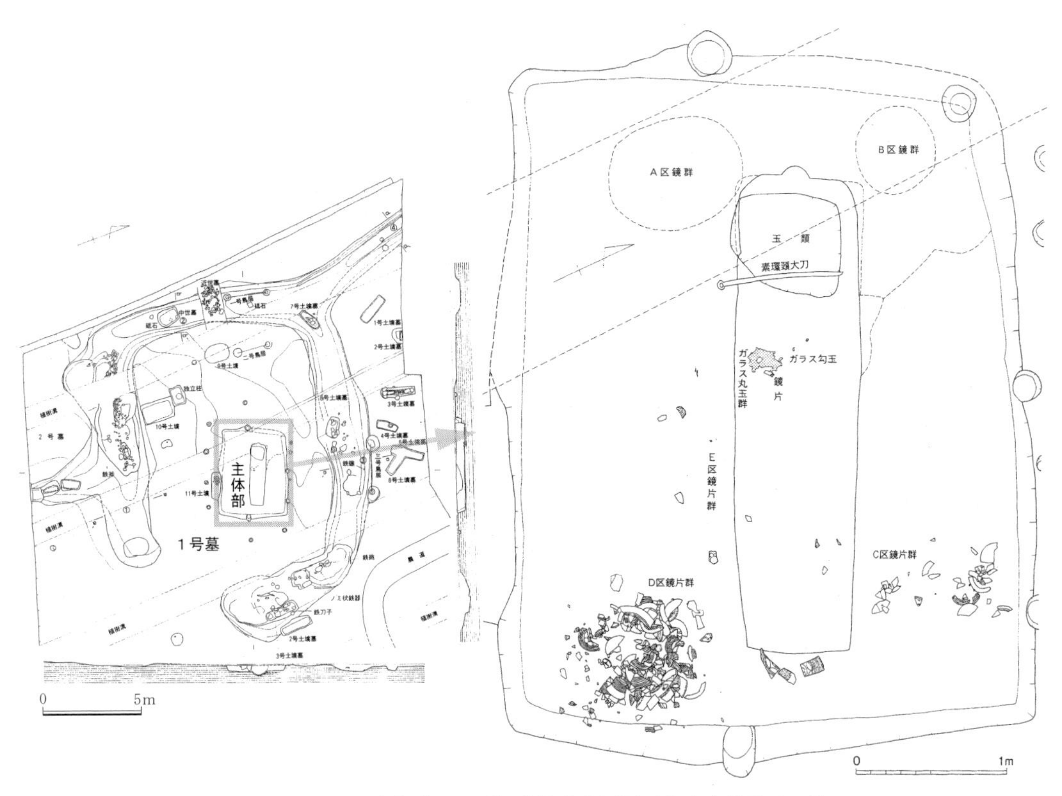

図146　平原墳墓墳丘及び埋葬施設実測図（糸島市教委 2018）

3基であった。

②弥生時代中期後葉になると副葬は前漢鏡に変わる。一つの墓へ1面を副葬するもの、複数枚を副葬するもの、なかには30面を超える膨大な数を副葬するものもある。銅鏡を副葬している墓については、粘土充塡するⅠ類が多い傾向にある。その位置は棺内だけでなく、棺外の目貼り粘土に接して副葬される例が認められた。

③弥生時代後期には後漢鏡と小型仿製鏡が副葬されるようになる。しかも、完鏡だけでなく破鏡や破砕鏡の副葬がおこなわれることもある。副葬位置は棺内の場合と棺外の場合がある。棺外では、棺に充塡された粘土からの出土例が増える。遺跡によっては銅鏡を副葬していても粘土充塡されないⅡ類の方が多いこともある。

④弥生時代終末期には棺内に副葬される場合、棺外に副葬される場合、棺内と棺外の両方に副葬される場合がある。棺への粘土充塡についてはⅠ類とⅡ類の両方がある。

⑤以上のような変遷を辿るが、銅鏡を副葬するような上位階層墓であっても、棺への粘土充塡がおこなわれないことがある。首長層において画一的な内容の葬送儀礼が確立していなかったことを物語るとともに、棺への粘土充塡は副葬品をもたない墓にも認められ、階層差を超える形で葬送儀礼がおこなわれていたことを示している。

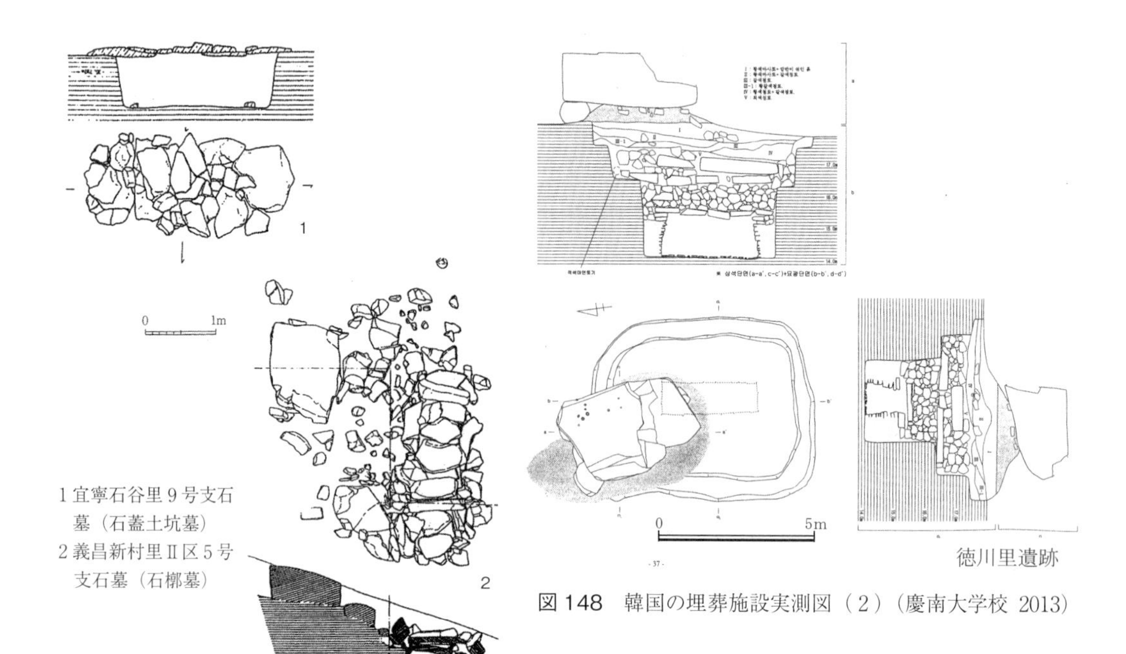

図148　韓国の埋葬施設実測図（2）（慶南大学校 2013）

図147　韓国の埋葬施設実測図（1）（禰宜田 2013 a）

3　棺への粘土充塡の系譜と展開

棺への粘土充塡をおこなう系譜についてはどう理解したらいいのであろうか。縄文時代にはそうした風習は認められないので、大陸からの影響を想定することになる。

当該期の韓半島南部の墓制としては、支石墓・石棺墓・石槨墓・甕棺墓・土坑墓などがある。このことを詳しく論じる能力はないが、いくつかの事例をみてみよう。

宜寧石谷里9号支石墓の埋葬施設は蓋石をもつ土坑墓で、大きな蓋石の間に小さな石が充塡されていた。義昌新村里Ⅱ区5号支石墓でも埋葬施設は石槨墓で、蓋石である大きめの石の間に小さな石が充塡されていた（図147）。このほか、新村里Ⅰ区11号石棺墓では、大き目の墓坑を掘り石棺を設置し、裏込めについては、石棺の側石の半分くらいまで土で埋め戻した後は上に石を置き、さらに蓋石については平らな石で4段にわたり覆っていた。また、新泉里甕棺墓では墓坑を掘り、棺を支える石を入れてから甕棺を埋置し棺を蓋石で覆い、その上をさらに板状の石で覆うという構造であった(11)（河 1994・2000）。発掘調査報告書が刊行された徳川里遺跡も遺骸埋葬後に、棺を平たな蓋石で覆い、その上に塊石を積み上げ、さらにその上にそれまでよりは大きめの平石を載せて、最後は土で埋め戻されていた（図148）。

これらはいずれも、蓋石の部分を丁寧に「覆う」ことが意識されているとみることができよう。宜寧石谷里例や義昌新村里例のように、蓋石と蓋石の間を小さな石で充塡する場合と、徳川里例のように棺の上に石が何重にもわたって丁寧に覆う場合があった。

もっと多くの事例を踏まえて検証する必要があるだろうが、韓半島の南部において石によって棺を密封しようとする行為があったと考えることができよう。

この点を踏まえ北部九州地域における弥生時代開始期の墓をみることとする。

支石墓の埋葬施設には、土器棺や木棺を石で取り囲み石槨状にする事例がある。弥生時代早期の礫石B遺跡SA31支石墓の埋葬施設は石棺で、蓋石6枚を並べ、中小の礫がその隙間や周縁を塞ぐように充填されていた。同様の構造はSA42支石墓などほかの支石墓にもある。また、単独で検出されたSC09石棺墓においても6枚の蓋石があり、小礫でその隙間を充填していた（図149-1・2）。同時期の久保泉丸山遺跡の支石墓SA023でも、埋葬施設は石蓋土坑で蓋石4枚を架し、そこにできた隙間を小さな石で充填していた。この遺跡では、ほとんどの支石墓が同様の構造であった。

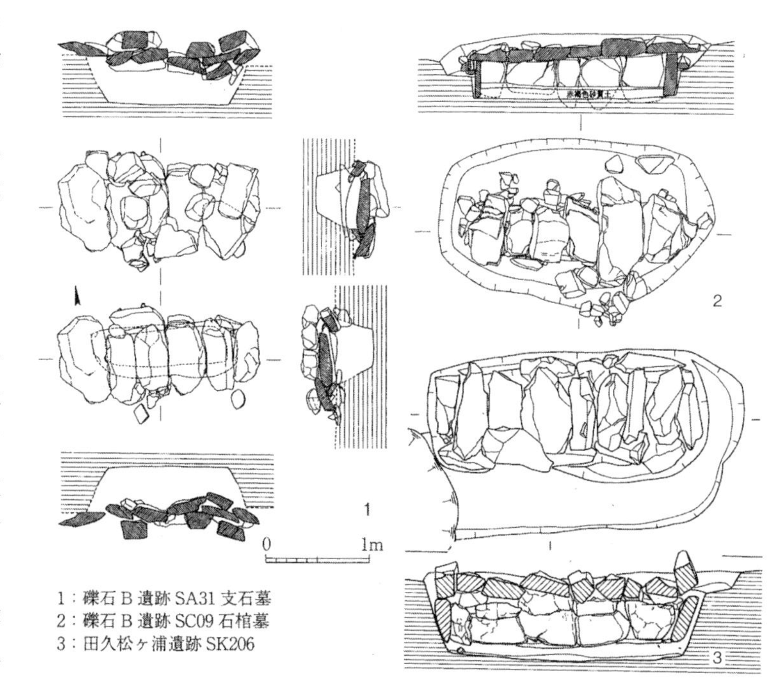

図149　弥生時代早期・前期埋葬施設実測図（禰宜田 2013a）

弥生時代前期前半の田久松ヶ浦遺跡SK206やSK216でも木棺のまわりを石が覆っており、蓋石の隙間には小さな石を充填していた（図149-3）。報告書では、隙間に石をはめ込んでいるものの、粘土による目貼りはなく埋葬施設に土が流入しており、隙間を塞ぐ意図は見えないと記述されている。しかし、蓋石の隙間に石を充填する点は、礫石B遺跡や久保泉丸山遺跡の例と同じである。後世に土が流入していたとしても、埋葬時の意識には共通するものがあったと考えている。

韓半島南部の埋葬施設には石が多用され、大きな蓋石の隙間を埋めるように小さな石が充填されていた。そして、棺への石の充填は北部九州地域でも弥生時代開始期に類似した事例があったことが指摘できる。棺への石の充填は、棺を密封しようとする意識があったものと考えている。

その後、成人は甕棺に埋葬する風習が成立した。甕棺に対して同じように棺を石で密封しようとしてもできなくなった。そこで、石の代わりに甕棺を密封する手段として採用されたのが粘土であったのである。つまり、棺への粘土充填は、韓半島における棺への石の充填という葬法が北部九州地域において変容する形で成立したのだと考える。

棺を密封するという思想的背景として常松幹雄は重要な指摘をおこなっている。常松は甕棺にみられる「鉤」文様を取り上げ、大陸での関係資料を検討したうえで、韓半島の青銅器文化の故地である遼寧地域の墓に「鉤」に関係する副葬品があるとした。ただし、「鉤」文様の系譜をただちに大陸に求めないという慎重な姿勢を保持し、「弥生時代の北部九州地域に存在したイメージのひとつ」で「素地は稲作の開始以来の習俗や文物の流入によって潜在的に形成された」と考えたのである（常松 1997）。

筆者は、甕棺に「鉤」記号が付されたのは、遺骸を邪悪なものから守ろうとする遺骸保護の思想があったからとみている（禰冝田 2005）。それは、大陸から新たな文化が伝播してくる第二波のなかでもたらされた。

弥生時代中期前葉には棺の口の部分に副葬がはじまり、中期前葉から中葉までは武器形青銅器、中期後葉には銅鏡が加わる。弥生時代中期後葉には棺への粘土充塡の事例が増える。遺骸保護の思想は定着し、弥生時代後期、終末期まで継続していったことが考えられる。

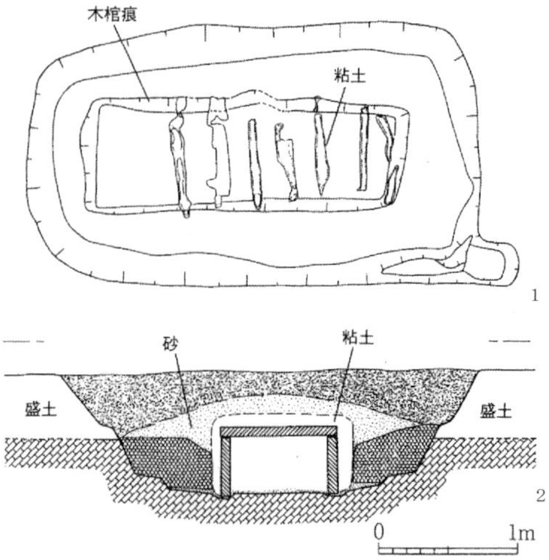

1：沢下遺跡6号墓第1主体部白色粘土出土状況
2：宮山Ⅳ号墓第1主体部断面復元模式図

図150　棺への粘土充塡の東方への伝播例（禰冝田 2013 a）

4　棺密封葬法の東方伝播

（1）棺への粘土充塡の広がり

ここでは、北部九州地域で成立し展開した棺への粘土充塡と銅鏡副葬という二つの葬送儀礼の広がりをみていくことにする。

弥生時代後期後葉の島根県沢下遺跡6号墓は、部分的に後世の改変を受けているが長辺12.3 m、短辺9.3 mの方形貼石墓で、埋葬施設3基が確認された。中心埋葬である第1主体部木棺墓の床面近くには長軸に直交する方向に7条の粘土が遺存し、これらは木の蓋材の継ぎ目に充塡されていたものとみられる（B2類）（図150 -1）。副葬品には勾玉1点、管玉10点がある。

島根県西谷2号墓は、大きく削平されていたが突出部を含めると50 m程度の大型の四隅突出型墳丘墓である。第1主体とされる墳丘の端で確認された埋葬施設は、削平された部分の断面観察により、木棺あるいは木槨の上面に赤色粘土があったと考えられている。これだけでは、棺への粘土充塡をおこなっていたのかどうか明確ではないものの、棺に粘土がともなった事例として取り上げた。副葬品は確認されていないが、時期は草田4期、弥生時代後期後葉である。

島根県宮山Ⅳ号墓は長辺30 m、短辺23 mで貼石をもち、墳頂部に埋葬施設が1基ある。本遺跡では棺構造の復元がおこなわれ、側板と小口板を設置後に外側に粘土を貼り付け、天井板の設置後も同様に粘土を付し、その上を砂で覆った後に墓坑全体が埋められたという（図150 -2）。時期は草田5期、弥生時代終末期である。木棺全体を粘土で覆う例は北部九州地域では例を知らない。棺への粘土充塡という行為をさらに厳重にした葬法といえる。広島県佐田谷1号墓のように、粘土が底部のみに存在していたのであれば、木棺を固定するためと解する意見が出てくるかもしれない。しかし、このように蓋板を含む木棺全体を覆っていたのは呪術的な背景によるものと考えるべきだろう。棺内には鉄製大刀1点が副葬されていた。

また、島根県安養寺1号墓は長辺20 m、短辺16 mの四隅突出型墳丘墓である。詳細は不明であるが、第2主体では木棺材の周囲に灰白色の粘土がつめられている。中心埋葬の第1主体も同様で、目貼りされた木棺を砂で覆っていたとされ、B3類の可能性が考えられるとともに、宮山Ⅳ号墓のあり方に近かった可能性もある。時期は宮山Ⅳ号墓と同じ弥生時代終末期で、副葬品は認められなかった。

広島県歳ノ神遺跡では、四隅突出型墳丘墓2基が確認されている。第3号墓は、長辺11.4 m、南北は6〜7 mほどの四隅突出型墳丘墓である。埋葬施設は三つあり、SK3 -2では5枚の蓋石の隙間に粘土と小石で目貼りを施していた（B2類）。第4号墓は長辺11.1 m、短辺10.2 m程度の四隅突出型墳丘墓で、そのうち石棺のSK4 -2はB1類、SK4 -3はB2類、SK4 -4はB1類であった。時期は後期前葉から中葉古相とされる。

棺への粘土充塡は、数こそ少ないものの四隅突出型墳丘墓や方形貼石墓でも認められた。その一方で、弥生時代後期の瀬戸内地域における棺への粘土充塡事例は、今のところ知らない[(12)]。

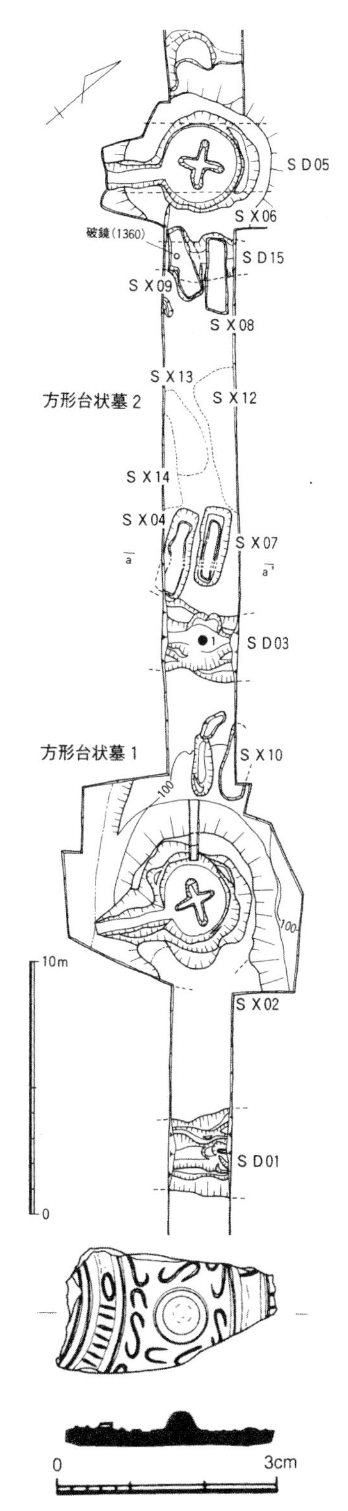

図151　木津城山遺跡墳墓実測図及び副葬銅鏡片実測図（方形台状墓2 SX09出土）（(財)京都府 2003）

（2）銅鏡副葬の広がり

銅鏡の副葬は、弥生時代後期から散見される。播磨地域の兵庫県半田山1号墓の第1主体から小型仿製鏡が出土した。検出状況からすると棺上に副葬された可能性が考えられている。このほか、京都府木津城山遺跡方形台状墓2のSX09からも小型仿製鏡が出土している。畿内地域における銅鏡副葬例として稀少な事例である（図151）。いずれの墓でも棺に粘土を使った痕跡はなかった。

弥生時代終末期では、岡山県鋳物師谷遺跡1号墓において、破砕鏡が棺内と棺外に副葬されていた。兵庫県西条52号墓においては、竪穴式石槨の上層から内行花文鏡が出土した。兵庫県綾部山39号墓では破砕された画文帯神獣鏡が出土し、もっとも大きい破片が胸元付近、小破片が頭部右側に副葬されていた（図152）。

畿内地域では、奈良県ホケノ山墳墓を取り上げよう。埋葬施設は、石槨の中に木槨がありさらに木棺を配するという石囲木槨という構造で、銅鏡は3面出土し、完形の画文帯神獣鏡1面、破砕された画文帯神獣鏡片と内行花文鏡片が出土した。このほか、銅鏃70点以上、鉄鏃74点以上、刀剣類9点以上、鉇など工具類31点以上と多数の副葬品が認められ、これらの多くは、木槨の蓋上など床面よりも高いところに副葬されたと考えられており、銅鏡や刀剣類の一部については棺内副葬であっ

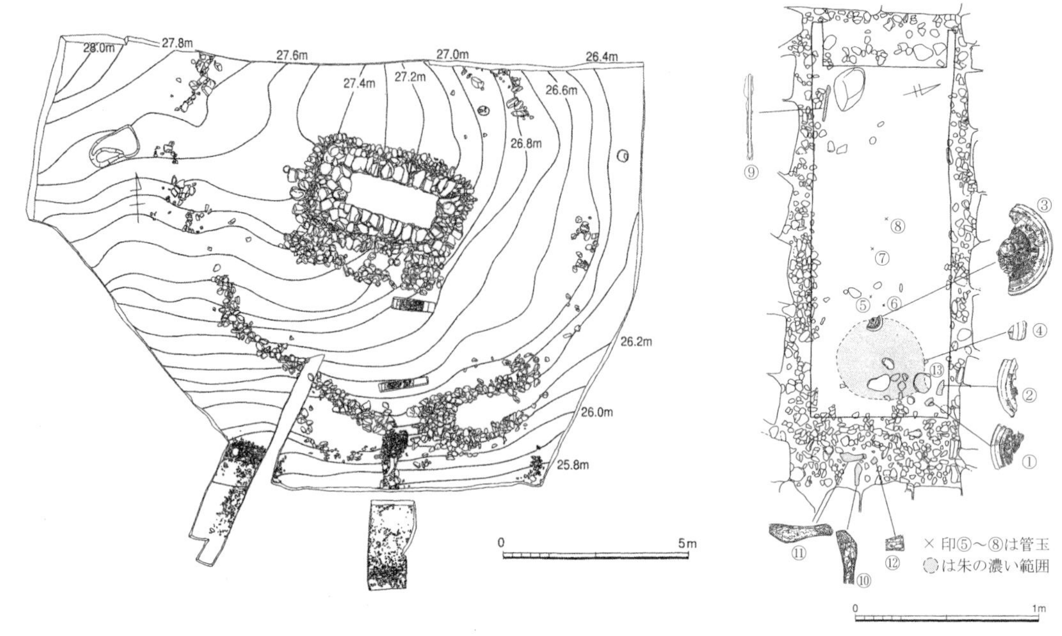

図 152　綾部山 39 号墓墳丘及び埋葬施設実測図（御津町教委 2005）

た可能性が指摘されている。

また、京都府芝ヶ原墳墓においては、棺内、頭部付近に青銅製腕輪や玉類とともに四獣形鏡の完鏡一面が副葬されていた。これらの墳墓では棺への粘土充塡はおこなわれていない[(13)]。

これに対し、山陰地域から丹後地域までの日本海側に銅鏡副葬の例は知らない。

（3）棺密封葬法の東方伝播

棺密封葬法の要素の一つ、棺への粘土充塡については事例が少ないながらも弥生時代後期の出雲地域に存在する。当地域は、いくつかの文物の検討により弥生時代をとおして北部九州地域と密接な関係にあった（下條 1989 a）。韓半島では木棺や木槨に粘土を用いた例はなく、棺への粘土充塡は列島の中で考えるべきだろう。この時期に鉄器などの物資流通が活発化するにあたって、棺への粘土充塡という葬法も北部九州地域から伝わったと考えている。

ただし、現状でもっとも遡るのは中国山地に所在する弥生時代後期中葉頃の歳ノ神遺跡である。地理的には日本海ルートで、この時期か、さらに遡る未発見の事例が出雲地域にあり、中国山地にも伝播してきたという流れを想定しておきたい。

ちなみに、木槨を採用した宮山Ⅳ号墓では、北部九州地域でもほとんど例のない棺全体への粘土被覆が復元されている。新たな棺への粘土充塡の方法であり、現象面だけであれば前方後円墳の竪穴式石槨においておこなわれた方法につながるという点で興味深い。

弥生時代後期から終末期、吉備地域に確実な棺への粘土充塡の例は知らない。しかし、弥生時代終末期に銅鏡副葬はおこなわれた。その東に位置する播磨地域では、弥生時代後期に銅鏡副葬の例がある。

銅鏡副葬については、現在の資料をみる限り日本海ルートは考えにくく、瀬戸内海ルートであったことが想定される。

それでは、近畿の様相をみていくことにする。畿内地域においても、弥生時代終末期には完鏡と破砕鏡の副葬がおこなわれるようになった。銅鏡の副葬については、北部九州地域からの影響と考えられている（小山田 1992）。また、遺骸に対して鏡面を向けて配置した宝満尾遺跡のあり方は、古墳での副葬配置につながるものとされる（今尾 1989）。畿内地域において画文帯神獣鏡などの銅鏡副葬をおこなった事例としてホケノ山墳墓があげられる。ここでは完鏡と破砕鏡が共存していた。

さて、画文帯神獣鏡など漢鏡7期の銅鏡は、畿内地域の中心勢力が大陸の政治勢力から入手し、列島内の政治勢力に配布したと考えられている（岡村 1990）。銅鏡の副葬自体は北部九州地域での風習を受容し、それが畿内地域及びその周辺の地域に広がっていったことが想定される。

こうしたなか、興味深いのが京都府の丹波地域に所在する墳長52mの前方後円形の墳丘をもつ園部黒田墳墓である（図153）。この墳墓は木槨であり、破砕鏡が棺外と棺内に副葬されていた。埋葬施設について報告書では、「黄褐色粘土Ⅱ・Ⅲは、あたかも棺を蒲鉾状にくるんだものが崩落した状況のよう」と記載されており、舟形木棺を粘土で覆っていたとされ、その外には木槨がともなっていた。この墳墓の木槨はホケノ山墳墓の構造と共通点をもつことが指摘され（岡林 2008）、木棺については中部瀬戸内からの影響が考えられている（高野 2006）。木槨や石槨という埋葬施設は韓半島から出雲地域や吉備地域に伝播し、それが畿内地域に及んだと考えられている（有馬 2003ほか）。

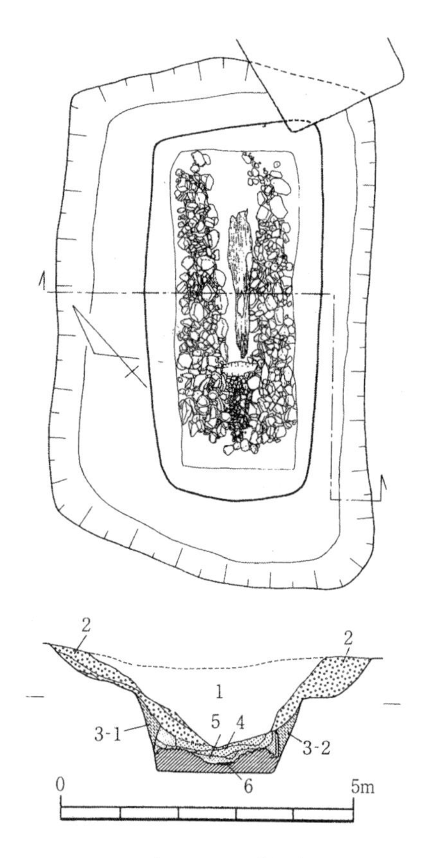

図153　園部黒田墳墓埋葬施設平・断面図（禰宜田 2013a）

弥生時代の北部九州地域における棺密封葬法とした二つの要素は、弥生時代後期以降、東方に伝播していった。現在の資料をみる限りそのルートは、棺への粘土充塡については日本海ルート、銅鏡副葬については瀬戸内海ルートと別々に広がっていったことになる。

畿内地域の弥生時代終末期の墳墓に、棺への粘土充塡の事例は現在のところ認められない。しかし、南丹波地域の弥生時代終末期の園部黒田墳墓では棺が粘土で被覆されていた状況が考えられる。ここでは、破砕鏡の副葬もおこなわれ、二つの要素をあわせもつ墳墓が、弥生時代終末期の近畿に存在していたことになる。畿内地域の事例については今後の調査に期待したい。

前方後円墳祭祀の創出にあたり、弥生時代の列島の複数の地域の伝統が組み合わさったことが指摘されている（寺沢 2000、北條 2000）。その前段階において、北部九州地域に起源のある棺への粘土充塡と銅鏡副葬という行為は、現状では異なるルートで東方に伝播したことになる。そして、畿内地域の周辺地域になるが、それらが組み合わさった墳墓が存在していた事を指摘しておきたい。

5　結語――棺密封葬法の成立と東方伝播――

韓半島においては、石による棺の密封がおこなわれていた。そして北部九州地域に支石墓が伝わった際には、棺の蓋石を小さな礫で充塡した。しかし、弥生時代前期末に大型の成人用甕棺墓が一般化すると、石によって密封ができなくなった。そこで石の代わりに採用されたのが粘土であったと考えた。北部九州地域における粘土による棺の密封は、韓半島での葬送儀礼を変容させて成立した列島独自の葬法であった。

棺への粘土充塡に遺骸保護の思想がともなっていたとすると、その思想は北部九州地域には弥生時代前期にもたらされていた。その後、中期後葉に中国との政治的交渉をとおしてさまざまな文物や思想がもたらされた。この時期には棺への粘土充塡と銅鏡などの副葬がおこなわれるようになり、その思想にもとづく葬送儀礼が顕在化したとみられる。

弥生時代後期になると、出雲地域で棺への粘土充塡をおこなう墳墓が出現した。この葬送儀礼は北部九州地域からの影響であった。

一方、銅鏡副葬は日本海側では確認しておらず、弥生時代終末期から瀬戸内海側に事例が存在する。画文帯神獣鏡には神仙思想の世界が表現され、その分布は畿内地域を中心とした地域となる。銅鏡副葬は北部九州地域からの影響と考えられるが、その思想については新たに大陸からの影響があったことが示唆される。

そして、弥生時代終末期の園田黒田墳墓はこれら二つの葬送儀礼が合わさった墳墓ととらえた。古墳時代になると、前方後円墳においては弥生時代の吉備地域・讃岐地域・播磨地域など中部瀬戸内地域の要素が色濃くあり、北部九州地域からの要素もあった。前方後円墳にともなう葬送儀礼は、各地域でおこなわれていた葬送儀礼が取捨選択され、それらが統合されて成立した（寺沢 2000、北條 2000）。竪穴式石槨では木棺を天井石で覆った後に粘土被覆する。そこに粘土が使用されるようになったことについては、北部九州地域からの影響を引き継いだものと考える(14)。

棺密封葬法に関する調査事例は、北部九州地域以外では少ない。弥生時代終末期の畿内地域での事例は未確認である。墳丘の大規模化と古墳の要素につながる多くの要素はこの段階に認められるようになったが、画一的な葬送儀礼が成立していたわけではなかった。それは、定型化した前方後円墳の成立以降になるのである。

第6節　墓地の構造と階層社会の成立

弥生時代の墓制研究は、大正期における北部九州地域の甕棺墓から出土した副葬品の分析から始まった。その成果が時代区分論や実年代論に寄与したことはいうまでもないところである。その後、1929 年におこなわれた須玖遺跡の発掘調査で甕棺墓地群が検出されたことをきっかけに、墓地そのものにも問題関心がはらわれるようになった。そして終戦直後からは、墓地構造から被葬者の性格や階層性が論究されるようになったのである。

本節では、墓地における格差、すなわち副葬品の内容や多寡、あるいは墓の平面配置などにみられる格差から階層社会の成立を論じる。その際、副葬品については威信財という観点から議論を進める。

弥生墓制研究はもっとも研究蓄積の多い研究対象で、すでに膨大な研究があり、現在では自然科学の手法と連携を図りながら研究が進められるようになるなど研究の幅は非常に広がってきているといえよう。まず、これまでの研究史を簡単に振り返ることからはじめよう。

1　弥生時代墓制研究略史

第Ⅰ期　古墳出現過程という視点から進められた研究の段階

戦後における研究の大きな画期は1960年代半ばにあった。開発事業にともなう記録保存のための発掘調査が急増し、全国各地で弥生墓の調査が進められることとなったのである。

この頃の大きな課題の一つは、古墳の出現過程を解明することであった。近藤義郎は集団墓に不均等のない段階、集団墓と集団墓間に不均等が出てくる段階、特定の人物やグループの墓地・墓域が画される段階を設定した（近藤 1968）。弥生社会の発展を進化論的に整理したもので、後々まで大きな影響を与えることとなった。

それより少し遡るが、1964年には東京都宇津木遺跡で方形周溝墓が認識されたことも大いに注目された。溝で区画され埋葬施設に副葬品をともなうことから、古墳発生にかかわる墓制であり、共同体首長及び首長集団の墓だと結論づけたのである（大塚・井上 1969）。

これについて都出比呂志は、いくつかの世帯を含んだ血縁関係の強い集団である世帯共同体が複数結合して構成される農業共同体は、農業共同体首長、家長群、一般成員に分解しており、方形周溝墓の台状部・周溝内・周溝外にある埋葬施設のうち、台状部の被葬者は世帯共同体の家長とその世帯であると位置づけた（都出 1970）。おりしも、翌年に大規模な墳丘をもつ瓜生堂遺跡2号墓が発見され、都出の見解を裏づけるものと評価されることとなった。

ところが問題があった。畿内地域の方形周溝墓には北部九州地域の甕棺墓などでみられる銅鏡をはじめとする副葬品がないにもかかわらず、古墳は畿内地域で出現したことから、その理由を説明する必要があったのである。このことについて都出は、甕棺墓に副葬品がともなうのは一見先進的だが、畿内地域では共同体規制が強く首長を縛っていたがため、個人墓に副葬がおこなわれなかったと解釈した（都出 1970）。また、春成秀爾は畿内地域では父系制的傾向があり、世帯の自立が相対的に進み、それを前提に世帯間の階層分化が進行したことに優位性の基礎があるとみたのである（春成 1985）。

一方、北部九州地域では高倉洋彰が、家族墓である「伯玄社タイプ」、複数の単位集団が結合し等質的ではない共同墓地である「汲田タイプ」、特定集団が共同体成員と占地を異にした墓地である「立岩タイプ」を経て、特定個人墓である「宮の前タイプ」が析出されていったことを論じた（高倉 1973 b）。これまでの研究は理論先行の傾向があったのに対し、特定個人墓の出現過程を発掘資料にもとづき具体的に示した点は高く評価される。

また、北部九州地域と畿内地域の間に位置する山陰地域では島根県仲仙寺墳墓群をはじめとする四隅突出型墳丘墓、瀬戸内地域では岡山県楯築墳墓をはじめ、大規模な墳丘墓の調査が相次ぎ、古墳の出現過程についての研究が進展することとなった。

その後、北部九州地域では東小田峯遺跡の発掘調査を契機に、区画墓についての検討が試みられた。柳田康雄は弥生時代前期前葉に特定集団墓か特定個人墓が出現していたと考えた（柳田 1986）。吉留秀敏は区画墓が特定集団墓として出現し、中期前葉に中心埋葬は顕在化し、中期後葉には墳丘が大型化し部族における首長層が被葬者となり、その後いったん区画墓は激減するが、後期後葉には再び増加するとした（吉留 1989）。これに対して片岡宏二は区画墓の被葬者は民族例を参考にすれば出自とは関係ないことから、同世代の指導者の墓であるとの見解を示した（片岡 1991）。現在、区画墓で議論されている事項は、1980年代後半から俎上に上っていたことになる。

墓制研究の多くは、地域単位でおこなわれることが多かった。これに対して寺沢薫は北部九州地域と畿内地域の首長墓を対比的に論じ、畿内地域では青銅器の副葬や墓の規模において他を圧倒する「有力家族墓」、「特定家族墓」の出現は北部九州地域より遅れ、墳丘を有し他から遊離して厚葬される「特定個人墓」は認めることすらできないとし、弥生時代における畿内優位説を批判した（寺沢 1990）。この研究は、北部九州地域と畿内地域において墓を構築する契機、その背景にある親族構造など両地域の違いを示したという点で重要である。

第Ⅱ期　弥生墓制の多様性を明らかにしようとした研究の段階

2000年を前後するころから記録保存のための発掘調査が減少に転じたこともあり、既存の調査成果を再検討する動き、そして新たに墓に遺存する人骨や歯が分析対象となったことにより研究の幅は格段に広がった。

とりわけ、大きな問題提起となったのは、弥生社会が古墳成立に至るまで順調に発展したという考え方への批判である（北條ほか 2000）。『古墳時代像を見なおす』（青木書店、2000年）で墓制を担当した溝口孝司は、古墳時代開始直前に男系直系継承システムを早くつくり出した畿内地域が優位性をもち、各地域社会で一人の首長を輩出し、広域に地域関係が完成されたとするのは実際の資料と不整合で、論理矛盾だと断じた（溝口 2000 a）。

別稿では北部九州地域の区画墓を三つに分類した。そのうち、「区画墓Ⅰ」は地域社会を構成する複数の基礎集団から個人的能力により選ばれた人物が埋葬された墓、「区画墓Ⅱ」は既存の墓に近接して新たな墓を構築することで系譜の連続を意識するようになった墓で、これらは複数の共同体的な血縁集団が母体となっているとした。そして、「区画墓Ⅲ」は同じ区画のなかで乳幼児・未成人の埋葬が成人同様の扱いを受けた比較的安定した家族集団の墓であるとし、集団を単位に権利や財の継承がおこなわれたと想定される区画墓Ⅲの出現に大きな画期を求めた（溝口 2000 b）。その後も、区画墓は家族墓ではないこと、区画墓Ⅰから区画墓Ⅱへの変化は特定家族の上位層が析出されるという単純なものではなく、集落の再生産、統合にかかわる儀礼に変容があったことなど自らの論を補強している（溝口 2008）。北部九州地域の弥生社会は、列島のなかで特殊に展開したことを踏まえつつ、提示された論については各地域で検討することが求められよう。

また、北部九州地域を中心に人骨に関する分析は注目される成果をもたらした。田中良之は歯冠計測法を用いて、主に九州における古墳被葬者の親族関係の時期的な変化を明らかにし、弥生時代終末期から5世紀代まではキョウダイ埋葬が基本であるとした（田中良 1995）。また、清家章は田中のモデルが近畿でも適用できることを示したうえで、弥生時代中期後葉の瓜生堂遺跡2号墓が3世代にわたる夫婦埋葬だとすると、終末期がキョウダイ埋葬であることにつながっていかないと指摘した（清家 2002）。さらに、福岡県隈・西小田遺跡でおこなわれたミトコンドリアDNA分析によると、区画墓の被葬者は列埋葬の被葬者より通婚圏が広く、隈・西小田集落だけでなく周辺集落を含めた人々によって構成された可能性が高いという見解も示された（篠田・國定 1993）。これらは、方形周溝墓や区画墓の被葬者が家族や夫婦と想定してきたことに修正を迫る重要な研究成果である。

こうした研究がおこなわれるなか、畿内地域の方形周溝墓について大庭重信は、その規模、群集するものと単独で存在するものとの立地の差、赤色顔料の使用の有無について相関性を抽出し、拠点集落の構成員のなかで階層分化が進行していたことを示した（大庭 1999）。また、北部九州地域では、一握りの首長層と大多数の等質的な一般構成員に二極化していた（広瀬 1997）とするのに対し、畿内地域では方形周溝墓を単位として独立性が高く、格差は相対的であるとも述べた（大庭 1999）。両地域において階層分化を示す墳墓の様相が異なっていた点は興味深く、そうなったのは、墳墓に対する社会的位置づけが異なっていたことと関係しているのではないかと推察される。

現在の弥生時代の墓制研究は、第Ⅰ期に蓄積された成果について再検討がおこなわれ、新たな社会像を描くための模索が進められている段階にある（考古学研究会 2006、近畿弥生の会 2007、島根県 2007）。

2　階層社会の認識をめぐって

（1）階層及び首長について

墓制を研究する際には「首長」という言葉が使われてきたが、この用語には立場によってさまざまな意味が込められるので、最初にこの点について整理しておこう。

階層と階級の違いについては以下のとおりである。階級は社会的地位の高低を量的に図る立場からすると、生産手段の所有のあり方における違いにより、一方が他方をわがものとすることができるような差、人間の質的な差（都出 1970）である。それに対して階層は、縄文時代にも存在し、社会的に構造化された不平等、また互いに不平等な個々の集群のことで、財（富）・威信・権力が均等に配分されない状態だとする。したがって、階層差は弥生時代の当初から存在していたとみることができよう。

現在では、階層を墓で明らかにできるものの多くは威信的な位相、すなわち当時の人々によって認識された地位の側面（松木 2000）とされる。本節では、弥生時代に出現してきた支配者層の出現過程を墓地の内容及び構造からみていくこととする。具体的には、副葬品の種類や数、さらには墳丘や区画の有無とその規模を手掛かりとする。

そうして認識される支配者と考えられる人物を、考古学では一般的に「首長」と呼んできた。

首長とは居住形態や墓制に反映される特定個人の傑出を認める際にその個人に対して用いられる作業上の述語で、人類学や歴史学の用語とは異なり便宜的に使われてきた（松木 1999b）。

文化人類学の新進化主義の立場からは、バンド・部族・首長制・国家という過程で社会は進化したとするモデルがある（松木 1999 a）。この考え方をいち早く日本考古学に導入した都出比呂志は古墳時代を初期国家の段階だととらえ、弥生時代は初期の段階から階層構造をもち後期にあたる1世紀には首長連合体制が成立していたと考えた（都出 1991）。その後、田中良之は弥生時代は部族社会から始まり、北部九州地域と畿内地域においては部族的秩序維持の強い青銅器祭祀が終焉を迎えた段階をもって首長制社会になったとした（田中良 2000）。

こうした見解に対しては、首長制という概念は欧米の人類学から出発したもので、列島社会の国家形成を検討するにあたりその概念を導入することを疑問視する考え方もある（寺沢 2000）。

また大久保徹也は、①考古学における首長概念が古墳時代前・中期の被葬者の階級的性格・社会的職務を示す用語として提示されたのを出発点とすること、②人類学の首長制は親族原理で維持・補強される政治構造を重視するのに対し、考古学の首長にはそれが大きな比重を占めていないこと、③両者は本来別概念であるのに混用されていることを指摘した。そして、社会構成を首長と一般成員という二極構造で整理するのは困難で、将来的には首長概念の止揚も念頭におく必要があることを論じている（大久保 2004）。溝口孝司もマルクス主義的歴史観を基礎に創出された首長という用語を用いることに否定的で、首長＝チーフとビッグマン＝リーダーは識別する必要があること、旧石器時代にもリーダーは存在するのに対し、チーフは系譜の明確な血縁集団を単位とする中において上位に位置づけられることを強調する（溝口 2006）。

このように、首長・首長制についてはさまざまな考え方がある。そして、この問題解明には人骨が遺存することにより人類学的考察ができるかどうかという課題があり、現実的には研究に制約が出てくることになる。チーフとリーダーは区別すべきという溝口の指摘を踏まえつつ、本書では、その両者を含む上位階層にあたる人物について「首長」という言葉を用いる。

本節では、そうした威信的位相によって抽出された首長墓が複雑化するなかにあって、階層社会の成立を述べていきたい。

（2）首長が統括する領域

墓から階層社会の形成を語るにあたっては、首長が統括する集団、あるいは領域を整理する必要がある。それは集落動態からみていくことになるが、そうした視点を見直そうとする動きもある（若林 2001、小沢 2008）。これについては、すでに寺沢薫が体系的な考え方を示している。すなわち、農業生産の手段を共有する共同体の最小単位を小共同体、小共同体は各河川の上流、中流、下流あるいはその支流に存在し、それらを統括する範囲を大共同体、その大共同体がいくつか集まった小さな平野や盆地規模の大共同体群を国と整理した（寺沢 2000）。

本節では寺沢の見解を踏まえて首長が統括する領域について以下のように考える。まず、もっとも基礎的な生活単位として認識できるまとまりを単位集団すなわち世帯共同体と認識し、それが複数集まって構成される単位として、大規模集落すなわち環濠集落（拠点集落）とその周辺に衛星的に所在する集落を設定する。これらの領域は、農業経営をおこなううえでもっとも基礎的な役割を果たしたと考え、そうして認識できるまとまりを「核となる地域」（以下、「核地域」と呼ぶ）とする。それらが一つの河川流域において形成されたまとまりを「小地域」、さらにひとつの河川を超えてできるまとまり、一定程度の広がりをもつ平野や盆地を単位として認識できるまとまりを「大地域」と呼び、各地域の状況を整理する。寺沢の用語とは、「核地域」が小共同体、「小地域」が大共同体、「大地域」が国に相当する。

畿内地域では、桜ヶ丘で15個の銅鐸と7個の銅戈が埋納された。これらは西摂地域の低地の集落で使用されていたものが埋納の際に1カ所に集められ（森岡 1978）、複数の集団を束ねる首長によって埋納されたと考えられている（難波 2012b）。個々に銅鐸と銅戈を管理していた単位が小地域にあたり、桜ヶ丘の銅鐸・銅戈を埋納した首長は複数の小地域を包括していたとみなしている。弥生時代中期末後期初にはそうした結合体が形成されていたと考えている。

北部九州地域においては副葬品のあり方から（下條 1991）、畿内地域においては赤色顔料の使用方法から（大庭 1999）、ピラミッド型の社会が成立していたことが指摘されている。農業共同体や部族共同体として認識できる領域を統括する人物として首長が存在していたことが想定され、首長は重層的に存在していた。

（3）墓制・葬制の地域差

北部九州地域では、弥生時代前期後葉以降、青銅器などの威信財が副葬され、その有無と内容により階層差が論議されてきた。副葬という行為自体は、畿内地域でも木津城山遺跡における小型仿製鏡をはじめ散発的に認められる。畿内式打製尖頭器については、副葬品である場合、佩用品として着装品に近いと考えられる場合、大阪府勝部遺跡のように刺された可能性のある場合（禰冝田 1986）がある。装身具については着装品がすくなからず存在するが、副葬されたものもある。

弥生時代の副葬を考える際に、遺骸保護の思想にもとづく副葬とそうではない副葬とでは意味が違うことは第4節で述べた。この思想は北部九州地域にもたらされた後、前方後円墳における葬送儀礼にも引き継がれたと考えるからである。

さて、北部九州地域以外の地域では弥生時代に副葬の風習は発達しなかった。散発的な事例はあるにはあるが、例外的なあり方だと考えている。したがって、北部九州以外の地域で階層差をどう認識するかが問題となってくる。これらの地域では、着装品の有無、赤色顔料使用の有無、墳丘規模、墓群のなかで単独で存在するなど特別な扱いを受けたとみなされる墓の存在などに着目することとする。こうした点をもとに西日本における墓地構造を検討する。

なお、用語については、北部九州地域、中四国地域で溝・墳丘により区画された墓を「区画墓」、畿内地域において溝で区画された墓を「方形周溝墓」とし、弥生時代後期以降に出現した大規模な墳丘をもつ墓を「墳丘墓」とする。

3　北部九州地域における墓地構造

（1）墓地構造の変遷

弥生時代早期から前期の様相　弥生時代早期から前期の墓地遺跡としては、新町遺跡がある。支石墓をはじめ57基を検出し、少なくとも三世代の集団墓地とみられ、副葬品には小壺があった。

田久松ヶ浦遺跡では弥生時代前期前半の木棺墓11基、土坑墓3基などを検出している。木棺だけの墓以外に、木棺を塊石が覆うもの、木棺設置後に塊石で棺を固定したと考えられるものがある。副葬品としては有柄式磨製石剣、磨製石鏃、小壺が8基にともなった。平面配置からは、有柄式磨製石剣と小壺をもつ2基を中心に墓域が南北に広がる状況がみてとれる（図154）。

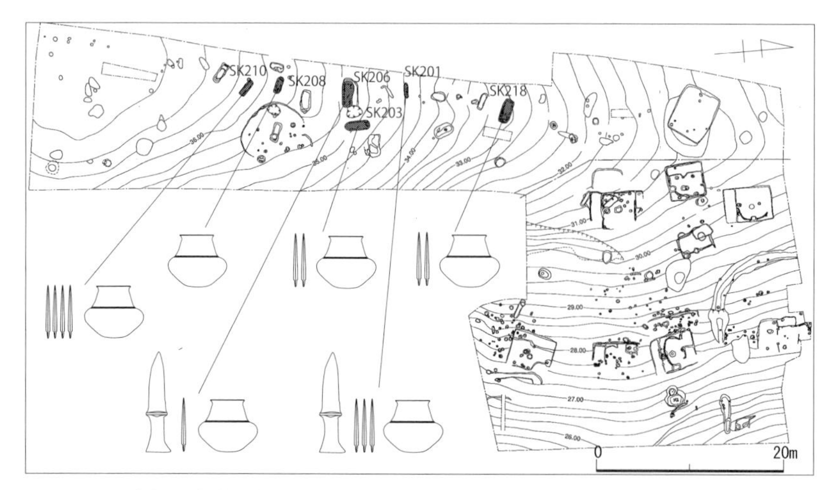

図154　田久松ヶ浦遺跡墓域平面図及び副葬品が出土した墓の位置図（禰冝田 2011）

つまり、北部九州地域では縄文時代後・晩期の墓には認められない副葬がおこなわれるようになったのである。これらの副葬品は基本的に韓半島での様相と同じで、副葬はそこからの影響と考えられる（高倉 1999、中村大 2006）。

田久松ヶ浦遺跡において、副葬品の有無があることを踏まえると、一つの墓域、すなわち核地域を構成する集団において格差が生じていたと考えられる。

弥生時代前期後葉から中期中葉の様相　状況が変わったのは弥生時代前期後葉で、武器形青銅器など威信財の副葬が始まる。

福岡市の西部に所在する早良平野では、そこを流れる室見川西側の吉武遺跡群において細形銅剣をはじめとする副葬が始まった。吉武高木地区では一辺 20 m 程度の区画に木棺墓 4 基、甕棺墓 40 基以上が埋葬され、中期前葉の木棺墓 4 基にはすべてに細形銅剣などがともなった。副葬品をもつものは埋葬施設の規模より、成人であったと考えられる。そのなかでも 3 号木棺墓（M3）からは多鈕細文鏡、三種の武器形青銅器、ヒスイ製勾玉というこの時期としては傑出した内容の副葬品が出土している（図 155）。そこから北西方向に位置する吉武大石地区では甕棺ロードと呼ばれる多数の甕棺墓群があり、一部で武器形青銅器をもつ甕棺墓が検出されている。また、本遺跡群周辺に所在する福岡県飯倉丸尾遺跡や西福岡高校遺跡でも武器形青銅器を確認している。こうした墓が小地域の首長の存在を示している。副葬品の内容から、早良平野という大地域において首長間に格差が出てきたことをうかがわせる（図 156）。

唐津平野では平野中央部を流れる松浦川に東側から注ぐ宇木川沿いに宇木汲田遺跡がある。弥生時代前期から後期まで各時期の甕棺墓 129 基と土坑墓 3 基を検出している。甕棺墓群は規則性があるわけではないが空閑地をもちながら一定の群を構成しており、これについて一辺数 m の墓域が 6 群（藤田等ほか 1982）あるいは 5 群（寺沢 2000）に分かれるとされている。墓域のなかでも西側で副葬品をもつ甕棺墓が検出され、首長が長期間にわたって存在した貴重な遺跡である。

この遺跡では、弥生時代前期中葉に西側の墓域で装身具をもつ 2 基の甕棺墓が出現する。そして、前期後葉になるとやはり西側から細形銅矛を副葬した 2 基の甕棺墓が、中期前葉には多鈕細文鏡 1 点と武器形青銅器 1 点、銅釧 18 点と碧玉製管玉 15 点を副葬する甕棺墓がそれぞれ出現する。

図155　吉武高木遺跡区画墓及び副葬品が出土した墓の位置図（禰冝田 2011）

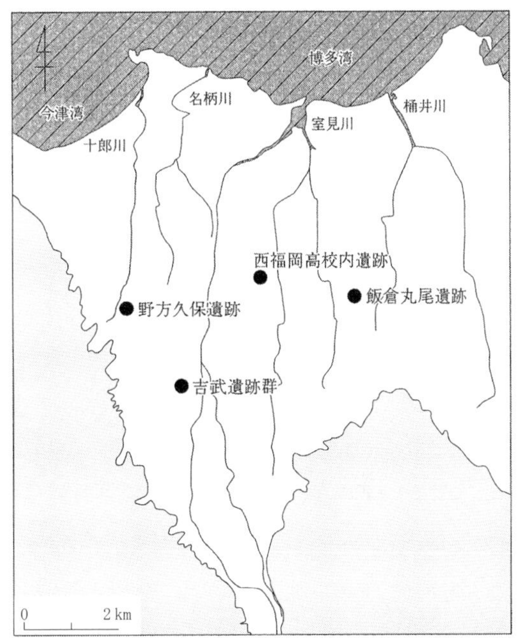

図156　早良平野におけるおもな首長墓及び関連遺跡分布図（禰冝田 2011）

唐津平野という大地域のうち、宇木川という小地域に首長が出現していたことを物語る。

筑紫平野の中央部に所在する吉野ヶ里遺跡では、長辺 27 m、短辺 25.5 m の区画墓がある。弥生時代中期前葉から中葉にかけて 14 基の成人甕棺墓のうち 8 基に銅剣がともなった。墓坑がもっとも大きく墳丘の中央近くに位置する中期前葉の SJ1006 からは細形銅剣が出土し、SJ1006 の南側に位置する中期中葉の SJ1007 では銅剣とともに青銅製把頭飾が、中期中葉の SJ1057 でも同様の副葬品があり、さらに中期中葉でも新しい段階の SJ1002 からは有柄式細形銅剣がガラス管玉とともに検出されている。副葬品を確認できなかった甕棺墓は残存状況が悪く、本来はすべての甕棺墓に銅剣がともなっていた可能性がある。筑紫平野における中心集落にともなう墳丘墓において被葬者は一人ではなかった。このことは、大地域における歴代の首長とそれに連なる人物の墓であったことを示唆する。

弥生時代前期後葉に成立した武器形青銅器や銅鏡などを副葬する区画墓は、列埋葬のように群集する甕棺墓とは区別されるようになる。大地域に相当する平野ごとに副葬品の点数に多寡が認められる。そして、副葬品の内容、墳丘の有無や規模などから、吉武高木遺跡、宇木汲田遺跡、吉野ヶ里遺跡などのあり方をみると、小地域における首長だけでなく大地域における首長も出現していたことが考えられる。

弥生時代中期後葉の様相　弥生時代中期後葉には、銅鏡を副葬品としてもつ甕棺墓が出現し、なかには 30 面を超える銅鏡を副葬する墓も認められるようになる。

福岡平野には、明治期に発見された大石と豊富な副葬品をともなう須玖岡本遺跡 D 地点墓がある。30 面前後の銅鏡をはじめ武器形青銅器、ガラス製の璧や勾玉などが副葬されていた。そこから 30 m ほど離れたところには推定一辺 20 m 前後の同時期の区画墓が存在し 18 基の甕棺墓を確認した。調査された 10 基のうち 2 基から鉄製武器が出土しており、D 地点墓に次ぐ上位階層墓とみ

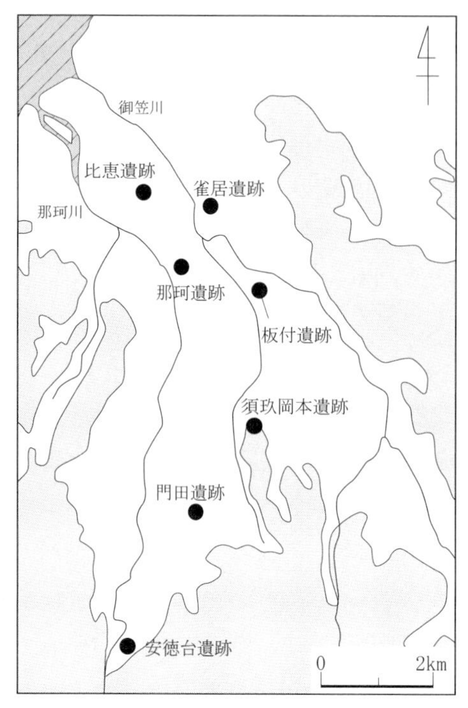

図 157　福岡平野におけるおもな首長墓及び関連遺跡分布図（禰宜田 2011）

られている。

須玖岡本遺跡から 2 km 南に所在する門田遺跡では銅鏡などをともなう甕棺墓を確認している。さらに南に行くと福岡平野の最南端に安徳台遺跡があり、中期後葉の甕棺墓 10 基を検出した。中心的な埋葬施設と考えられる 2 基の甕棺墓のうち男性人骨を検出した初葬の 2 号甕棺墓の棺内からは 44 個のゴホウラ貝輪とガラス製の璧を再加工した勾玉やガラス製の塞杆状製品など、棺外からは鉄製武器を検出したが銅鏡の副葬はなかった。それと並んで女性人骨を検出した 5 号甕棺墓ではやはりガラス製の塞杆状製品が出土した。残り 8 基に副葬品は認められなかった（図 156）。

福岡平野で副葬された銅鏡の数でみると、30 面を超える多数が副葬されるもの、数面が副葬されるもの、副葬がなかったもの、というように銅鏡の数によって須玖岡本 D 地点墓を頂点とする社会ができあがっていたことが考えられる。

早良平野では、弥生時代中期中葉から後葉に吉武遺跡群樋渡地区で区画墓が確認されている。長辺 27 m、短辺 25 m の墳丘に埋葬された甕棺墓は 30 基に達し、そのうち 5 基に副葬品がともなった。鉄剣をもつ中期中葉の甕棺墓 K61 は墳丘のほぼ中央に位置し、被葬者は区画墓造営の契機となった人物とみられる。中期後葉になると銅鏡と素環頭大刀をもつ甕棺、中期後葉には素環頭刀子をもつ甕棺もある。前段階の吉武高木遺跡 3 号木棺墓のような傑出した有力な墓は見当たらない。

早良平野の西に位置する糸島平野においては、三雲南小路遺跡で中期後葉の甕棺墓 2 基が知られている。江戸時代に発見されたため詳細は不明なところもあるが、30 面を超える多量の銅鏡が出土した。1 号墓では武器形青銅器が出土したのに対して 2 号墓にそれがないことから、1 号墓の被葬者は男性、2 号墓は女性であったと推測されている。平成の発掘調査では一辺 30 m 前後の溝で囲まれる区画墓であったことが判明した。

福岡平野の東部、嘉穂盆地に所在する立岩遺跡も、中期後葉では豊富な副葬品をもつ甕棺墓群である。4 時期に区分された計 43 基を確認している。中心は第 2 期で成人 13 基、小児 9 基、計 22 基の甕棺墓がある。そのうち 6 面の銅鏡と武器形青銅器などを副葬する 10 号甕棺墓と、ガラス玉 555 個などを副葬する 28 号甕棺墓が注目される。前者は副葬品の内容から男性とされ、後者は人骨鑑定から女性と判明した。鉄製武器をもつ 5 基のうち 4 基は人骨鑑定で男性であった。なお、小児用の甕棺からも、管玉をもつものと鉄鏃・磨製石鏃をもつもの 1 基ずつを確認している。

筑紫平野の吉野ヶ里遺跡では、かつて銅剣や銅鏡などが出土したことが伝えられ、中期中葉以降も区画墓が存在した可能性の指摘もあるが（寺沢 2000）、詳細は不明である。中期後葉の区画墓は認められなくなり、機能しなくなった区画墓の北西方向の、甕棺墓群が密集する地点の一つで検出されたSJ2775より、イモガイ貝輪を両腕に着装した成人女性を検出し、甕棺と蓋の間に施された目貼り粘土中に銅鏡が副葬されていた。また、この遺跡から3km東に所在する二塚山遺跡でも銅鏡などをもつ甕棺墓を確認している。区画墓を構成しない甕棺墓群のなかに銅鏡をもつ甕棺墓が存在していたことになる。

唐津平野では、宇木汲田遺跡から2kmほど離れた柏崎遺跡で明治期に銅鏡、触角式有柄式銅剣、中細銅矛が発見されている。

こうしてみると、弥生時代中期後葉になると銅鏡の副葬数に差が認められるようになる。数十枚を保有する須玖岡本遺跡D地点墓、三雲遺跡1号甕棺墓は「奴国」、「伊都国」(『魏志倭人伝』に記された、糸島平野に比定されている領域のこと）という大地域の首長墓とみなされる。それらを頂点に、銅鏡6枚をもつ立岩遺跡10号甕棺墓、1～2枚をもつもの、もたないもの、の順となる。

銅鏡の保有数の差が各首長の政治的な位置の差を反映しているとすると、大地域の首長間における格差がさらに拡大していったと考えられ、いわゆる「奴国」である福岡平野と「伊都国」である糸島平野という大地域の首長が北部九州地域のなかでも有力であったことになる。また、立岩遺跡の所在する嘉穂盆地もそれらに次ぐ位置にあったことになり、「奴国」にとって東の地域の集団との関係性を重視したためという考え方がある（下條 1991)。

こうしたことから、複数の大地域からなる北部九州地域において、大地域の首長間と大地域内の首長において格差があったことをうかがわせる。また、「奴国」の状況は大地域においても首長間に格差があったことを示している。つまり、北部九州地域及びそれを構成する大地域には、ピラミッド型の社会ができあがっていたと考えている。

あわせて、三雲南小路遺跡の区画墓の埋葬施設は2基であり、安徳台遺跡では区画施設は明確ではないが副葬品及び着装品をもつものは並んだ2基であった。区画墓に埋葬される被葬者の数が限定されるようになったこともうかがえる。

弥生時代後期から終末期の様相　弥生時代後期になると甕棺墓は激減する。埋葬される人物が限定されるようになったとみなされる。

まずは、糸島平野で江戸時代に銅鏡数十面をはじめ豊富な副葬品が発見された福岡県井原鑓溝遺跡を取り上げよう。位置を特定するには至っていないが、銅鏡の数から、「伊都国」という大地域を越えた北部九州地域の首長墓とみなしている。近年の発掘調査では、後期中葉を中心とする時期の破砕鏡をもつ木棺墓などを検出しており、それに連なる上位階層墓と考える。

唐津平野では、それまで松浦川東岸に宇木汲田遺跡や柏崎遺跡といった墳墓があったが、後期になると西部の海岸近くに桜馬場遺跡が出現した（図158)。戦前に発見されて以後、所在地は不明であったが2007年度の発掘調査でその位置を特定することができた。周辺に同時期の遺構はなく、本来は区画墓であった可能性があり、副葬品には銅鏡すなわち後漢鏡・銅釧・巴形銅器、素環頭大刀及び2,000点に及ぶ多量のガラス製玉がある。甕棺は3個体以上を確認し、複数の埋葬施設があった可能性が高い。副葬品に鉄製武器とともにガラス製玉が多数あったことを踏まえると、男女が埋葬されていたことも考えられる。

糸島平野では時期について、さまざまな意見のある平原遺跡1号墓すなわち平原墳墓が、弥生時代後期後葉から終末期とされ、長辺13m、短辺9.5mの区画に埋葬施設1基を確認した。銅鏡の規模としては国内最大の直径46.5cmの大型内行花文鏡をもち、銅鏡の数としては後漢鏡をあわせ

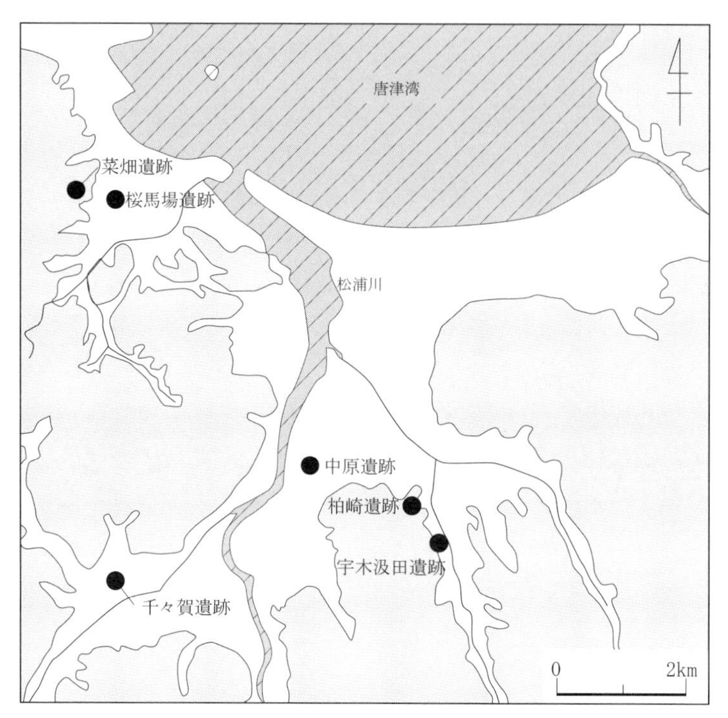

図 158　唐津平野におけるおもな遺跡分布図（禰冝田 2011）

ると 40 面に達し、弥生時代の墳墓では最多数を誇る。素環頭大刀が出土しているが大量の装身具が出土することから、被葬者は女性とみる意見が強い。豊富な副葬品をもつにもかかわらず墳丘はけっして大きくないが、銅鏡の数を重視すると北部九州地域という複数の大地域を統括する首長墓とみなされる。その周辺には、同様の区画墓が存在しているが副葬品はなかった。

福岡平野では区画墓の事例は少なくなる。弥生時代後期前半の宝満尾遺跡のように、土坑墓群のなかで 4 号土坑墓から銅鏡、13 号土坑墓から素環頭刀子が検出された事例がある。さらに終末期の宮の前 C 地点 1 号墓は、長径 14 m、短径 12 m 程度の長円形で周囲は溝がまわる区画墓である。墳丘が発達したとはいえない規模ではあるが、墳頂には中心主体が 1 基あった。残念ながら盗掘されており本来の副葬品の内容はわからない。墳丘周辺にも 3 基の埋葬施設があり、平原墳墓と同様のあり方といえる。

弥生時代後期になると、中期後葉の段階のように墳墓の構成がわかる資料は限られてしまう。しかし、区画墓に銅鏡を副葬する埋葬施設、区画墓以外に銅鏡が副葬される埋葬施設、副葬品をもたない埋葬施設というような格差が認められる。

そして、弥生時代後期後葉以降になると、平原墳墓のように区画墓の埋葬施設が 1 基となるものが出てくるようになる。豊富な副葬品をともなったが、墳丘が大規模化することはなかった。この墓も、「伊都国」という大地域の首長だけでなく、北部九州地域のなかでもっとも有力であったことが考えられる。

弥生時代後期以降は、「伊都国」の地に北部九州地域を代表するような首長が存在していたことになる。

（2）北部九州地域における階層差

副　葬　北部九州地域における副葬の意味については、第 4 節・5 節で棺内・棺外副葬品の配置状況から、遺骸を邪悪なものから護る機能、辟邪としての機能が期待されていたことを述べた。

それに対して、本節でみてきたとおり、副葬品には被葬者の性別など被葬者の属性、さらには権威を示すという意味もあった。当地域における副葬品には大きく二つの意味があったことになる。

区画墓の被葬者　弥生時代中期前葉から中葉の吉野ヶ里遺跡で発見された墳丘墓の副葬品は武器形青銅器であったことから、被葬者は男性で、個人的能力により選ばれた首長が区画墓を共有していたと考えられている（田中良 2000、溝口 2000 b）。

弥生時代中期後葉になると区画墓の中心埋葬が２基となる事例が認められるようになる。その中で、ペアで埋葬されたなかに女性が認められる場合があり司祭的権威による、との指摘がある（溝口 2008）。女性が中心埋葬のなかに認められるようになった点は大きな変化で、女性の地位が変化したことを示唆する。

大分県北西部に所在する吹上遺跡では、人骨鑑定により銅戈・鉄剣及びゴホウラ貝輪をもつ甕棺に熟年男性、イモガイ貝輪と硬玉製勾玉をもつ甕棺に熟年女性が埋葬されていたことが明らかとなった。人骨の形状から屈強な女性で、労働する必要のない貴族化した人物ではなかったとの指摘があり（田中良 2000）、女性首長の実態を知る貴重な見解である。

弥生時代前期から中期中葉の北部九州地域では、水田稲作の耕地拡大や水利権をめぐり戦いがおこったが、中期後葉以降は土地開発に関する衝突は減少していったと考えられている（橋口 1995）。首長には、軍事・交流・生産・祭祀における権威が求められていたなかにあって、軍事的性格への依存度が減少するなど位置づけが変化したと考える。

弥生時代中期後葉から後期への移行期は東アジア世界では動乱期にあたる。後期の首長墓は中期から継続しないことが多く、首長の地位は安定したものではなかったようである。こうした現象は、首長が個人的能力によって選ばれたことと無関係ではないだろう。

弥生時代後期後半あるいは終末期には、権利や財の継承があったとの意見もあるが（溝口 2000 b）、大首長の墓に関しては人類学的な調査例がほとんどない。権威の源泉が個人的能力によるのか、世襲という生得的なものによるのかについては、首長の階層によって異なっていた可能性を含め課題である。

階層分化の進展　北部九州地域の弥生時代早期から前期では、副葬品の有無を認めることができる。このことから、核地域においてすでに格差はあったと考えられる。

弥生時代前期後葉になると吉武高木遺跡のような区画墓が出現し、３号木棺のように多数の副葬品をもつ埋葬施設が認められるようになる。さらに、それにともなう列埋葬墓や吉武高木遺跡周辺にも３号木棺墓より少ない副葬品をもつ甕棺墓が存在する。吉武遺跡群及びその周辺遺跡の内容を考えると、早良平野という大地域において首長墓に格差が生じていたことが考えられる。

弥生時代中期後葉には、前漢鏡数十面をはじめとする数多くの副葬品をもつ王墓と呼ばれる墓として福岡平野という「奴国」の領域に須玖岡本遺跡、糸島平野という「伊都国」の領域に三雲遺跡がそれぞれ出現する。大地域を統括する首長の格差が一層顕在化していたことになる。また、区画墓のなかの埋葬施設が２基となる現象も認められる。区画墓の被葬者が限定されるようになったことになり、区画墓に埋葬される首長も限定されるようになったと考えられる。銅鏡の数からピラミッド型の首長関係が形成されていたと考えられ、そうした社会となる端緒は中期中葉にあった。

弥生時代後期前葉の様相は不明確であるが、桜馬場遺跡の事例から、中期後葉のあり方は継続していたようである。そして終末期にあたる宮の前遺跡Ｃ地点１号墓のように単独の埋葬施設をもつ区画墓が認められるようにもなる。

弥生時代後期後葉から終末期の平原墳墓も同様に単独の埋葬施設をもつ区画墓である。区画墓の被葬者が絞られていく状況が認められる。ここに副葬された銅鏡の数は傑出しており、大地域を越える領域における首長墓と考えられる。大規模な墳丘が発達しなかったのは、この地域の墓に関する伝統を受け継いでいたことを示している。

4 畿内地域における墓地構造

（1）墓地構造の変遷

弥生時代前期 畿内地域の縄文時代晩期の墓制は土器棺墓が中心であったが、晩期中葉には大阪府日下貝塚で環状に配された20基近くの土坑墓群を検出した。この遺跡では着装品及び副葬品は認められない。

弥生時代前期中葉に併行する長原遺跡でも、直径20 m程度の広がりをもつ環状の土坑墓群を検出している。前期中葉から後葉の大阪府芥川遺跡では8群からなる土坑墓41基が、環状配置のものと直線配置のものがある。後者は新たに認められる構造である。いずれにも副葬品はない。

弥生時代前期中葉の新方遺跡野手・西方地区の第5次7トレンチでは、木棺墓2基を検出した。2基はほぼ直交しており、ST401では若年の壮年男性に着装された指輪、ST402では熟年男性にイノシシの牙を確認し、ともに赤色顔料をともなった。この時期の墓で着装品と考えられるものがともなうことはめずらしく、そうした墓に赤色顔料が塗布されたことになる。ちなみに、これより古い時期の溝状遺構から3基の土坑墓を検出し、1基からは射かけられたとみられる打製石鏃が多数出土した（図159）。

弥生時代前期に着装品をともなう墓が存在した。一つの墓域、すなわち核地域を構成する集団において格差があったと考えられる。

弥生時代前期後葉から中期中葉 方形周溝墓は弥生時代前期後葉に出現したが、兵庫県東武庫遺跡では、さらに遡る可能性も指摘されている。そして、墳丘規模に階層差が表れているとするなら、弥生時代前期の階層構造を知る上で貴重な発掘例である。22基を検出し、最大は10号墓で面積172 m^2、最少は10 m^2である。10号墓で埋葬施設は見つかっていない。長辺7 m、短辺6 m程度の中規模な2号墓は単数埋葬で、竪櫛を検出し朝鮮系無文土器の影響を受けた土器が出土した。立地において特別な扱いを受けていた状況は認められない。方形周溝墓の墳丘規模に差があったことから、集団内に何らかの格差があったと考えている（図160）。

弥生時代中期になると方形周溝墓の検出例は急増する。山賀遺跡や瓜生堂遺跡をはじめ河内地域では部分的な調査にとどまっているのに対して、他の地域では面的な調査により墓域の構造が明らかとなっている例もある。中期中葉の京都府下植野遺跡では75基の方形周溝墓が検出され、埋葬施設を確認できたものは1～4基であった。そのうち単数埋葬の方形周溝墓をみると29～80 m^2と規模に格差がある。また、150 m^2を超える大規模なものも2基ある。そのうちの1基は周囲数mに方形周溝墓がなく単独で存在し、もう1基はそれを中心に中小規模の方形周溝墓がとりつく配置をとる。大阪府招提中町遺跡でも埋葬施設は遺存していなかったが、一辺が15.5 mと11.0 mのものがもっとも大きく、これを含む3基は単独で存在した。また単独で存在しているものの周囲に溝を共有しながら群集した方形周溝墓が存在し、もっとも小さいものが一辺4 mと3.5 mである。このように単独のものと群集するものとが共存して一つの墓域を構成していた。

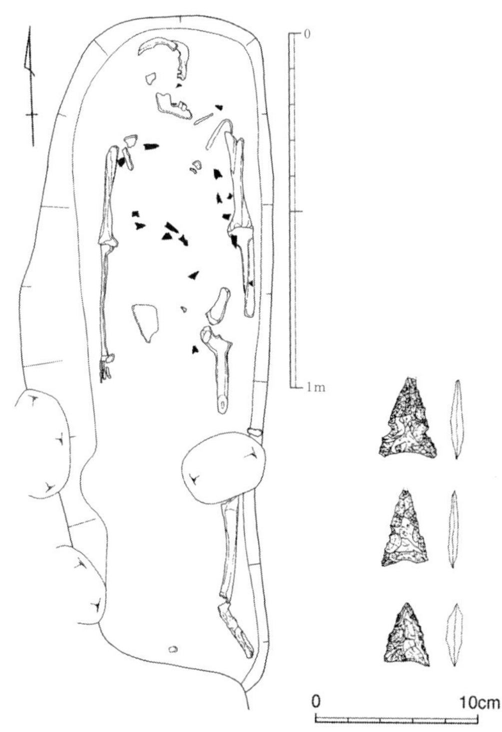

図159　新方遺跡土坑墓及び打製石鏃実測図（神戸市教委 2003）

図160　東武庫遺跡方形周溝墓及び着装品出土位置図（禰宜田 2011）

着装品含め副葬品はほとんど認められないが、墳丘規模の大きなものを中心に墓群を形成している場合がある。こうしたあり方についても、一つの墓域、すなわち核地域を構成する集団において格差があったと考えている。

弥生時代中期後葉　方形周溝墓の埋葬施設の数には地域差があり、中河内地域では多数埋葬が多い（中村・秋山 2004）。その代表ともいえるのが加美遺跡 Y1 号墓である。

ここで、遺跡の概要を整理しておきたい。頂部は南北 21 m、東西 10 m、周溝を含む全長は南北 42 m、東西 34 m で周溝底からの高さは 2.8 m という墳丘をもち、埋葬施設は小児棺を含め 23 基に達する。埋葬頭位は北枕と東枕で、楽浪漢墓に認められる方向と一致する。中心に位置する 5 号主体部は木槨という構造をとり、着装品及び副葬品はないが被葬者は男性とみられ、赤色顔料はもっとも多く撒かれていた。その周辺の 3 基の埋葬施設の被葬者は女性で銅釧やガラス製玉がともなっていた。赤色顔料は着装品をもつ 1 号主体部では認められないが、ほとんどの埋葬施設で確認されている（図 161）。この周溝墓の南側にもう 1 基、同時期と考えられる方形周溝墓が確認されているものの、これら以外に同時期の方形周溝墓は存在せず、隔絶した存在であったことになる。

ここから 1 km ほど離れた亀井遺跡及び城山遺跡では、南北 500 m にわたり方形周溝墓を中心とする墓域が広がり、赤色顔料をともなう木棺墓が多数検出されている。

一方、西摂平野の猪名川流域に所在する田能遺跡では、復元すると平坦面の一辺は 20 m 程度となる 3 号方形周溝墓に、赤色顔料をともなう 2 基の木棺墓を検出した。1 基からは 632 個の管玉、もう 1 基からは立岩型の貝輪を模した銅釧が着装状態で出土した。いずれも被葬者は男性であった

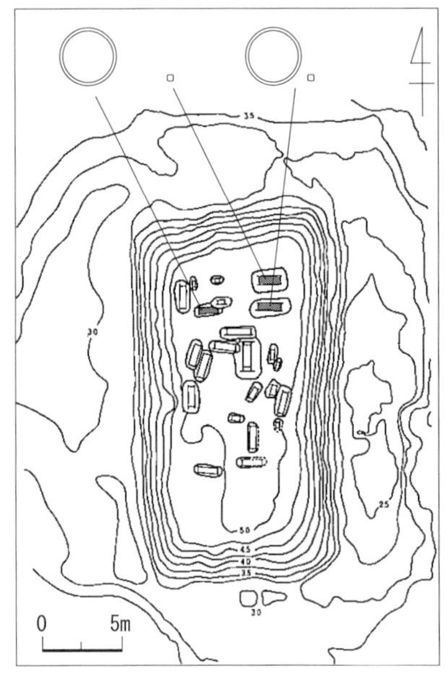

図 161　加美遺跡 Y1 号方形周溝墓及び着装品出土位置図（禰宜田 2011）

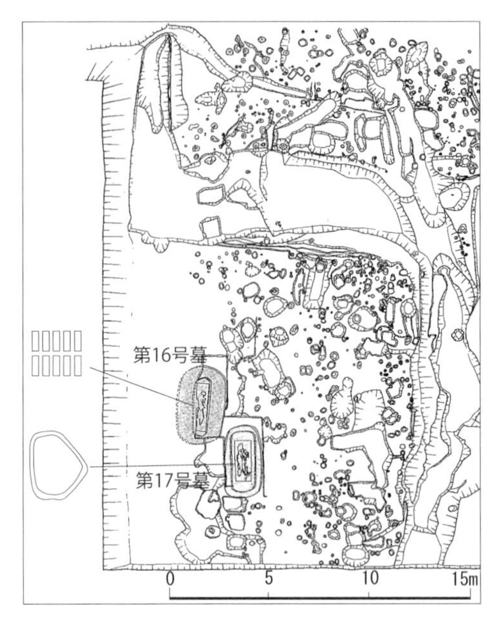

図 162　田能遺跡 3 号方形周溝墓及び着装品出土位置図（禰宜田 2011）

(図 162)。

同じ猪名川流域の上流に所在する加茂遺跡では、環濠集落内に弥生時代中期後葉の方形区画とその内側に大型掘立柱建物を検出しているが、復元すると長辺 18 m の方形周溝墓が、居住域付近に単独で存在している。検出された 6 基という木棺墓の数はこれまでの調査ではもっとも多く、本集落の首長墓という見方がある（岡野 2006）。ただし、着装品や赤色顔料の使用は認められない。一方、6 km 離れて存在する勝部遺跡では一辺 13 m 以上の 2 号方形周溝墓 6 号木棺墓には赤色顔料を確認している。

こうした墓のあり方から畿内地域の階層構造が復元されている（大庭 1999）。筆者も基本的にその考え方と同じで、次にようにみている。すなわち、加美遺跡と田能遺跡については、①大規模な墳丘をもち、②群集せず、③着装品をともない、④赤色顔料が塗布される、という点でほかの方形周溝墓とは異なっており、これら四つの要素をもつ埋葬施設は畿内地域でもっとも上位に位置づけられるものと考えている。四つがそろわなくてもいくつかの要素があわさった埋葬施設はそれに次ぐものと考えている。そして、①や②や③は認められないものの、赤色顔料が使用される場合がある。中河内地域では亀井遺跡、猪名川流域では勝部遺跡がそれにあたる。こうした墓も、群集して埋葬施設に何ももたないものよりは上位に位置づけることができる。すなわち、首長間に階層差ができあがってきたと考えられるのである。

桜ヶ丘における銅鐸と銅戈は西摂地域における複数の低地の集落で使用されていたものが埋納の際に 1 カ所に集められ（森岡 1978）、それら集団を束ねる首長によって埋納されたという意見がある（難波 2012 b）。畿内地域では副葬がおこなわれなかったため、被葬者の格差を抽出することは難しい。このことと、上記のような墓のあり方から、弥生時代中期の畿内地域には首長間に階層構造ができあがっていたと考えている。

弥生時代中期後葉に中河内地域では加美遺跡、西摂平野では田能遺跡が大地域の首長墓であった。亀井遺跡や勝部遺跡にはそれらに次ぐ人物がいたことが想定され、それらは中河内地域や西摂平野のなかの河川流域、すなわち小地域における首長であった（図163）。畿内地域の弥生時代中期後葉には、大地域内の首長に格差が生じていたと考えられるのである。ただし、北部九州地域のように大地域を統括したとみなされる首長墓間に格差を認めることはできない。

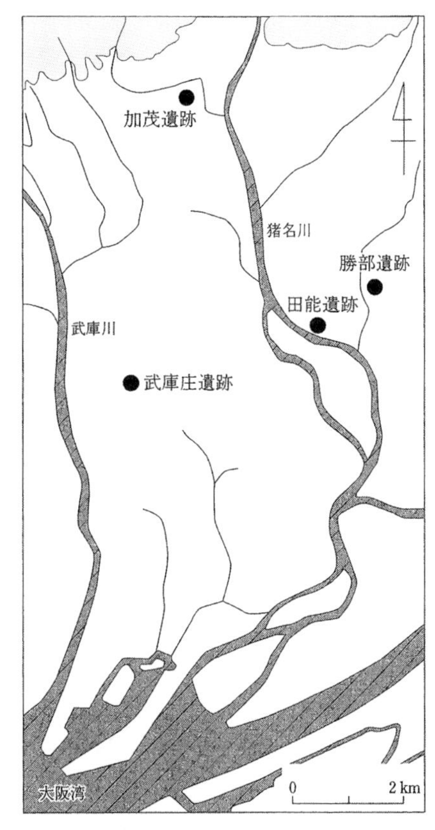

図163　西摂平野におけるおもな首長墓及び関連遺跡分布図（禰冝田 2011）

弥生時代後期から終末期の様相　弥生時代後期になると方形周溝墓は激減する。そういう事情もあって、中期後葉に想定した大地域における首長間の格差をこの段階で認めることは困難となってしまう。

そうしたなか、巨摩廃寺遺跡の一辺15 m以上の2号墓では、初葬のための墳丘構築後、同じ場所に2回盛土が施され、3時期にわたる埋葬がおこなわれた。第1段階では、埋葬施設2基が検出された。そのなかで1基が幼児埋葬であった。頭部付近には赤色顔料が施され、ガラス製の勾玉・小玉がともなった。中期にも造墓の契機が子どもという例はあったが、装身具や赤色顔料をともなうことはなかった。第2段階では、幼児にもかかわらず成人と同規模の木棺墓を含む11基の埋葬施設を確認している。このことは、木棺規模で大人と子どもを判別できない場合があることになり、問題はさらに複雑化する。ここでは、埋葬された子どもに装身具と赤色顔料がともなうという点で埋葬のあり方に変化があったことになる。また成人で性別のわかるものは男性であった。

大阪府喜連東遺跡B地区では、長辺12 m、短辺10.5 m前後の平坦面に幅9 m程度の周溝をともなう、大規模な方形周溝墓を確認した。埋葬施設として木棺墓6基を確認し、赤色顔料が使用されていた。そのうち近接し平行に配置されていた2基の木棺墓が2組あった。

事例は少なくなるが、区画墓である方形周溝墓には複数の埋葬施設が構築された。そういう点では、中期以来の墳墓構造であったことが指摘できる。

古曽部・芝谷遺跡では方形周溝墓ではないが環濠内の最高所で、後期前葉から中葉の成人が埋葬されたとみられる木棺墓4基を検出した。うち3基に赤色顔料が認められ、残り1基も削平が墓の半分まで及び、本来は赤色顔料がともなっていた可能性が高い。鉇を副葬したK4木棺墓は畿内地域における鉄器副葬の稀少例である。この木棺墓については、丘陵上に立地していること、破砕土器が認められることから、丹後地域の影響があったとも考えられる。副葬品はほかの3基の木棺墓では認められなかった。居住域で鉄製品が多数出土したにもかかわらず、木棺墓に鉄器の副葬は鉇以外に認められなかったのは、鉄器の副葬が定着していなかったからだと考えている。

弥生時代後期、巨摩廃寺遺跡で赤色顔料をもつ小児墓が中心埋葬であったことは、新たに認められる点である。これだけで世襲を論じるのは拙速であるが、留意しておきたいところである。

弥生時代後期後葉の方形周溝墓の調査例はさらに少なくなる。淡路島の事例となるが兵庫県寺中遺跡の発掘は貴重で、埋葬施設は遺存していなかったが、2号墓は長辺19.6 m、13.8 mと大規模に含めてもおかしくはなく、周囲に1号墓と3号墓がともなっており、3号墓→2号墓→1号墓の順に構築されたと考えられている。埋葬施設は失われていたが、複数の木棺墓があったと考えられている。3号墓は一辺だけをみると田能遺跡3号墓に近い規模であったが、方形周溝墓群のなかの一角を占めていた。

弥生時代後期の方形周溝墓の数は少なく、中期後葉に認められた墓の構造を議論できる状況にないというのが現状である。埋葬されなかった人々の存在は弥生時代前・中期でも考えておかねばならないのであろうが、後期になると、こうした人々の数が増えていったと推測される一方で、後期後半には密集型土坑墓群が出現する。階層分化は進行していたと考えられるのである（福永 1989、岩松 1992）。

弥生時代終末期には墳長80 mという大型の前方後円形の墳丘をもつホケノ山墳墓が出現した。纒向型前方後円墳（寺沢 1988）という、北部九州地域から南関東まで共通の墳形をした墳墓の一つである。副葬品も画文帯神獣鏡、素環頭大刀、鉄製刀剣類ほか多数がある。芝ヶ原墳墓は前方後方形で方形部は一辺20 m程度の墳丘からなる。四獣鏡、銅釧、各種玉類が副葬されていた。ホケノ山墳墓と芝ヶ原墳墓では、墳丘規模と副葬品の内容に格差が認められることになる。

（2）畿内地域における階層差

副　葬　弥生時代の開始期、弥生時代前期の木棺墓をはじめとする墓の検出例はわずかであるにもかかわらず、新方遺跡野手・西方地区では2基で着装品と考えられる事例を確認しており、格差は存在した。これは、各地域においてすでに認められたものと理解する。

ところが弥生時代中期以降、多数検出される方形周溝墓の埋葬施設に着装品や副葬品は基本的に認められない。畿内地域でも玉類の生産はおこなわれており、それらが埋葬施設から出てきていいはずだが、そういう状況にはない。着装品すら墓に入れなかったのではないかという意見もある（中村・秋山 2004）。北部九州地域では副葬という行為が伝わり定着したのに対し、畿内地域で副葬は定着しなかったし、生前に着装していたものも墓に入れなかった可能性まで指摘されているのである。

副葬・着装事例がないことについて興味深い研究がある。弥生時代の埋葬姿勢は、弥生時代前期においては縄文時代からの系譜を辿ることの難しい伸展葬が現れたものの、中期前葉には再び強屈肢葬が広がるという指摘である。渡来文化の影響下による伸展葬は徐々に普及したのではなく、中期前葉にはいったん在地的な縄文時代の伝統にのみこまれて衰退したというのである（福永 2007）。この地域の縄文時代の埋葬に着装事例は認められず、弥生時代中期の墓に何も認められないのは、縄文時代からの葬制に先祖返りしたからだと考えている。

さて、北部九州地域において銅鏡や鉄製武器類などは威信財、葬送儀礼の道具として入手した。畿内地域の場合、銅鏡の入手は困難であったとしても鉄剣は存在した。しかし、それが副葬されなかったということは、威信財、葬送儀礼の道具としての意味をもたなかったのだと考えている。

方形周溝墓の被葬者　かつて、瓜生堂遺跡2号墓で検出された6基の埋葬施設について、並列する2体は夫婦で3世代にわたる直系家族が埋葬されたと考えられた（田代 1982）。これに対しては出土土器の時期から、同一世代の夫婦の墓（大村 1989）、直系家族ではなく傍系家族を含む複合家族の墓（寺沢 1990）といった見解が出されていた。近年でも、木棺墓と土器棺の前後関係を検討した結果、同一世代の墓であることが追認されている（大庭 2007）。

田能遺跡では2列に並ぶ埋葬主体は男性であり、今から考えると、並列するから夫婦とすることには慎重であるべきであった。田能遺跡や加美遺跡の中心埋葬が男性であったことを踏まえると、首長には広く、軍事・交流・生産さらには祭祀を掌握することが求められるなか、とりわけ軍事的側面が求められていたことを考えておく必要があるだろう。

弥生時代後期までの方形周溝墓の中心埋葬について、性別の判明したものは男性だった。女性が中心埋葬となる例としては、弥生時代終末期の兵庫県周遍寺山1号墳がある。畿内地域からは離れるが、この時期に女性首長が出現していたことを示唆する。女性首長の出現は、首長に軍事的な権威以外の要素が求められるようになったためという見解がある（清家 2000）。そうだとすると、女性首長の出現は北部九州地域の方が早かったことになる。

方形周溝墓と木棺墓群との関係　この地域における階層分化は、方形周溝墓間だけでなく、方形周溝墓と単独の木棺墓・土坑墓との関係においても検討される必要がある。かつて、大阪府宮の前遺跡で方形周溝墓と木棺墓・土坑墓群において分布域が異なっており、それが階層差を示しているとされた（都出 1970）。その後、瓜生堂遺跡や京都府神足遺跡でも墓域が分離するとされたが、神足遺跡については、これまでの調査成果を再検討したところ、墓域が分離することについて疑問が示されている（藤井 2002）。

同様の問題について加茂遺跡を取り上げて検討したい。この遺跡では、環濠集落の西側に方形周溝墓が、さらにその西側に木棺墓群が所在するとされている。150次調査では大きく削平された2基の方形周溝墓を検出したが、その周溝の底のレベルは埋葬施設の底のレベルよりも高く、あと15 cm深く削平が及べば、単独の「木棺墓」群と認識されたはずである。この調査を踏まえ、過去に調査された木棺墓群についても原図にあたり調査状況を確認したが、やはり遺存状況は悪く、かつ数基ずつが縦横に並ぶ。つまり、「木棺墓」群と認識されたのは削平の結果によるもので、これらは方形周溝墓の埋葬施設であった（図164）。

もちろん、瓜生堂遺跡のように方形周溝墓と木棺墓が分かれて存在しているものもあるし、畿内地域から離れているが兵庫県七日市遺跡でも同様のあり方をしているものもある。

つまり、方形周溝墓群と木棺墓群については、

Ⅰ類　方形周溝墓群と木棺墓群が墓域を分かつ場合

Ⅱ類　方形周溝墓群だけで墓域は構成され、方形周溝墓の周辺に木棺墓が点在する場合

があった。

そうすると、それぞれの墓域形成の要因やⅡ類の場合は周溝内埋葬とそうした単独木棺墓との違いは何かという問題を内包していることになる。これらは課題である。

階層分化の進展　弥生時代前期、着装品をもつ木棺墓は存在しており、核地域の集団において格差はあった。

弥生時代前期後葉に出現した方形周溝墓については、墳丘規模と埋葬施設の配置、赤色顔料使用

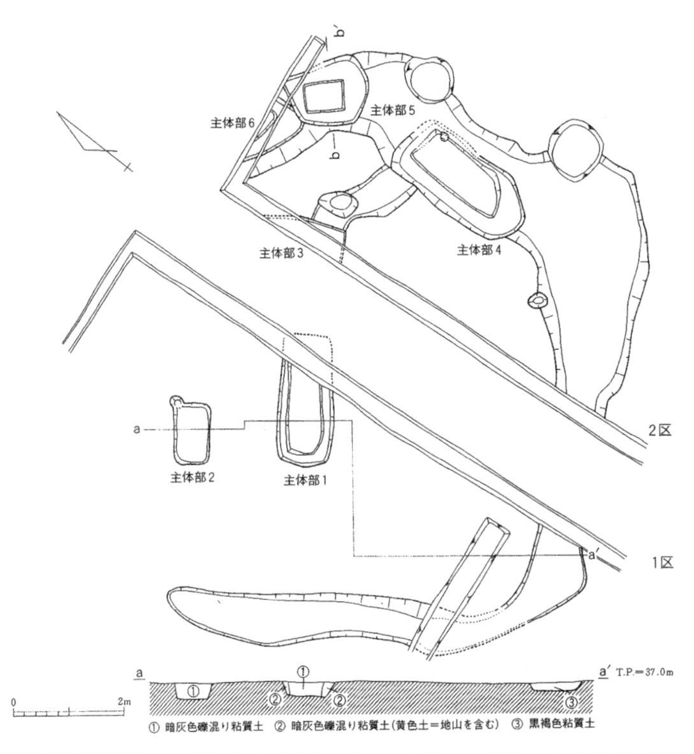

図164 加茂遺跡150次調査方形周溝墓平・断面図（禰宜田 2011）

の有無についての相関関係が検討された（大庭 1999）。赤色顔料は中期前葉の木棺墓にも施されたが、中期中葉以降は中心埋葬に認められるようになり、中期後葉の大型方形周溝墓については中心埋葬以外でも使用されるようになる。加美遺跡Y1号墓では、中心埋葬である5号主体部で着装品等はなかったが赤色顔料がもっとも多く撒かれており、上位階層墓に赤色顔料が使用される傾向が認められる。

被葬者間の関係が複雑化したのは中期中葉からで、大型の墳丘をもち、中心埋葬をもち、赤色顔料を施されるものが階層的に上位で、とくに弥生中期後葉からは首長墓間に格差が認められるとした。とすると、大規模な墳丘を有することで注目された瓜生堂遺跡2号墓には赤色顔料が施されていないことから、被葬者を過大に評価することは難しいことにもなる（大庭 1999）。こうしてみてくると、弥生時代中期後葉には大地域を構成する首長間に格差が生じていたと考える。この地域においても、ピラミッド型の首長関係ができあがっていたとみている。

弥生時代後期には、方形周溝墓の数が激減する。方形周溝墓の数が減少したことは、方形周溝墓を築造できる階層が限定されてきたことを示している。ただし、検出された方形周溝墓の埋葬施設のあり方において大きく変わる状況は認められない。しかも、後期後半には単数埋葬の方形周溝墓が出現するとともに、密集型土坑墓群が出現する。顕著な副葬品をもつ首長墓は未発見だが、階層分化は進行していた。現状では後期の様相は不明瞭といわざるをえないが、中期後葉に認められた階層関係は、この時期も継続していたとみている。

そして、弥生時代終末期に出現したホケノ山墳墓や芝ヶ原墳墓のあり方は、畿内地域における大地域の首長墓に階層差が存在したことを示唆している。とくに、ホケノ山墳墓の存在は、墳形や規模においてそれまでの墳墓とは異なる要素をもちあわせており、畿内地域のような非常に広大な範囲を統括する首長墓であったと考えられる。

5　中四国地域における墓地構造

（1）山陰地域における墓地構造の変遷

区画墓の成立と展開　弥生時代前期中葉の墓地として島根県堀部第1遺跡がある。丘陵を廻るよう

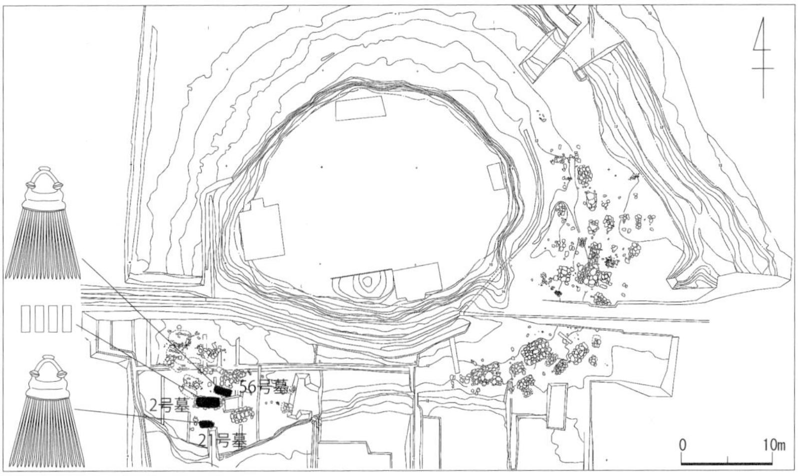

図165　堀部第1遺跡墓域平面図及び着装品出土位置図（禰宜田 2011）

に埋葬施設57基が三つのグループに分かれ、埋葬頭位は反時計回りであった。なかには耳飾りと考えられる管玉4点をともなうもの1基と漆塗の竪櫛をともなうもの2基が並んで検出され、墓域での扱いも異なっていた。ほかの地域と同様、弥生時代前期には一つの墓域、すなわち核地域を構成する集団において格差があったと考えられる（図165）。

方形の区画墓は弥生時代中期中葉に出現した。島根県波来浜遺跡は古い例の一つで、6基の方形貼石墓を検出した。一辺2m前後と小規模で単数埋葬を基本とする。5mのものは追葬の際に拡大されたためであった。

島根県友田遺跡B区でも中期中葉から中期後葉に属する方形貼石墓6基を検出した。2基は単数埋葬、3基が複数埋葬、残り1基は不明で、単数埋葬と複数埋葬ともに墳丘は長辺12～13m、短辺9～10mと大差ない。単数埋葬の2基に副葬品はともなわないが、複数埋葬である2号墓の初葬は最大規模の墓坑をもつ木棺墓で赤色顔料が施されていた。6号墓でも管玉2点を確認している。これら区画墓は列状墓の単位を顕在化させたものだと理解されている（池淵 2007）。

弥生時代中期中葉から中期後葉には、貼石や盛り土による区画が顕在化し、赤色顔料や副葬品をともなう事例がでてくる。しかし、後で述べる丹後地域のように、一辺が20mを超えるような大規模な墓は未発見である。墳丘の規模の大小は、地域の中で検討されるべきであり、畿内地域などと同様、大地域あるいは小地域を統括する首長はこの時期に出現していたと考えている。

四隅突出型墳丘墓の出現と展開　山陰地域の弥生時代墓制を特徴づけるのが四隅突出型墳丘墓である。その出現時期は、江の川上流域の三次盆地と日本海に面した伯耆・因幡地域において弥生時代後期前葉の事例が知られている（藤田憲 2010）。

妻木晩田遺跡洞ノ原地区では、弥生時代後期前葉から中葉の四隅突出型墳丘墓11基と方形貼石墓7基を検出した。長辺7m（突出部を含まない。以下同じ）前後の四隅突出型墳丘墓と方形貼石墓を中心に中型・小型の四隅突出型墳丘墓及び方形貼石墓が所在する。3m以下の小型の四隅突出型墳丘墓には、首長になることが決まっていた夭折した子どもが埋葬されたとの見方もあったが、ほかの四隅突出型墳丘墓のあり方と比較した結果、小型のものは居住単位、核単位の構成に近く、各集団で早死にした人物の墓であり、世襲というよりも各集団が互いに突出することを抑制していた墓地との見解もある（高田健 2006）。

同遺跡仙谷地区では弥生時代後期中葉から終末期までの四隅突出型墳丘墓2基、方形貼石墓1基、方形周溝墓1基を検出した。四隅突出型墳丘墓では一辺15m前後の1号墓が単独で存在する。集落が最盛期に作られた墳丘墓の可能性がある。2号墓の埋葬施設は3基で中心埋葬が確認されている。一方、方形貼石墓の埋葬施設は22基あり、中心埋葬は不明確で未成人埋葬もあった。

弥生時代後期前葉になると、区画墓及び四隅突出型墳丘墓に未成人埋葬はなくなり、埋葬施設は2〜4基と限られる。地域において選ばれた人物が埋葬されたものと考えられている（池淵 2007）。

弥生時代後期後半では鳥取県阿弥大寺墳墓群があり3基を検出している。1号墓は一辺13.6mで墳丘上に成人墓2基と周辺に成人墓1基、未成人墓12基の埋葬施設を確認し、周辺に木棺墓群がともなう。ほかの2基は、一辺6m強の規模である。

同時期である弥生時代後期後葉の島根県仲仙寺10号墓は一辺10m程度で、2基の中心埋葬の周囲に成人埋葬5基と未成人埋葬4基が確認されている。中心埋葬は顕在化したものの、区画内には未成人埋葬もある。これについては首長の親族とみなされている（池淵 2007）。

弥生時代後期後葉には大型の四隅突出型墳丘墓が出現した。島根県西谷3号墓は長辺40m、短辺30mと大規模な墳丘を有していたが、墳頂部に8基の埋葬施設があった。第1主体部からは緑色凝灰岩製玉類とガラス製管玉や勾玉が、第4主体部ではガラス製管玉と鉄剣が出土した。墳丘が大型化するとともに副葬品もともなうようになったことになる。ただし、西谷3号墓でも銅鏡をともなわないという点は北部九州地域の首長墓との違いである。

出雲平野では四隅突出型墳丘墓が最高の墳墓型式であり、一定の格差をもちつつ中小の墳墓がともなうという（松本 2011）。出雲平野という大地域を統括した首長墓の存在がうかがえる。

弥生時代後期になり、四隅突出型墳丘墓という共通の墳丘をもつ首長墓が出現した。墳丘規模、副葬品の有無と副葬品がある場合はその内容から、大地域そしてそのなかの小地域を統括する首長が出現していたと考えられる。

丹後地域の様相　山陰地域のなかで特殊なあり方をしたのが丹後地域である。弥生時代中期中葉には、京都府日吉ヶ丘遺跡で貼石墓SZ01が検出された。台状部は長辺30m前後、短辺19.4〜20.2m程度とこれまで検出された貼石墓のなかでは最大規模であるとともに、北部九州地域の区画墓を含めても吉野ヶ里遺跡の墳丘墓に次ぐ規模である。埋葬施設は単独で多数の管玉類と赤色顔料を検出した。この墓に隣接して方形周溝墓SZ02が検出されている。同じ野田川流域では、約2km離れたところに所在する中期後葉の寺岡遺跡に一辺31mの方形貼石墓SX56がある。これらの墓は、野田川上流域の加悦谷という丹後半島南部の大地域を統括する首長墓であったとみなされる。

弥生時代後期には山陰地域から北陸地域にかけて四隅突出型墳丘墓が営まれたのに対し、この地域ではそれを受容しなかった。そして、丘陵上に多くの墳墓が階段状に築かれ、鉄製武器や鉇などの鉄製工具が副葬されたことも大きな特徴である。墳丘が発達せずに副葬が盛行したというのは、北部九州地域の墳墓に近いあり方といえる。

弥生時代後期前半には三坂神社墳墓群が造墓を開始した。丘陵上に6基の台状墓が築かれ、なかでも最高所に所在する3号墓では、木棺墓12基と土器棺墓2基が検出された。そのうち、中心埋葬とみられる第10主体部からは、素環頭大刀1点をはじめとする鉄製武器、工具など合計20点、

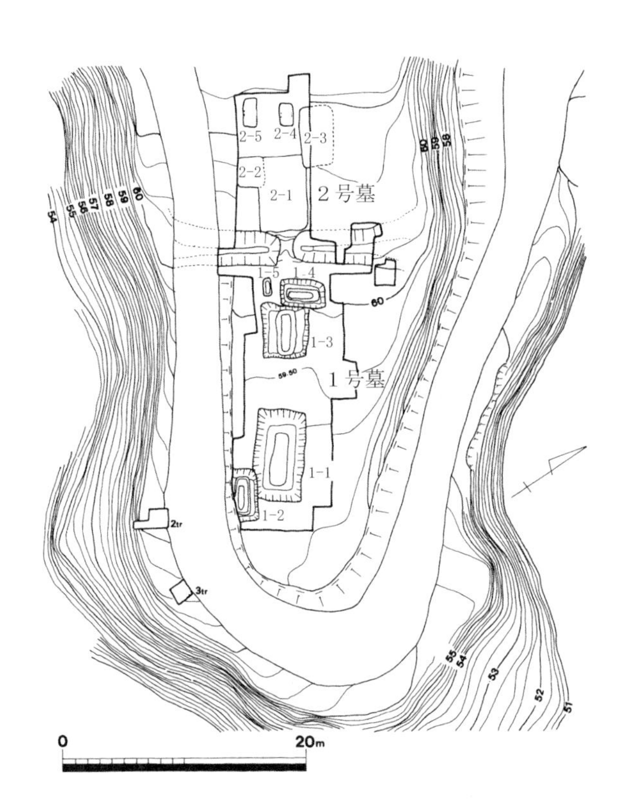

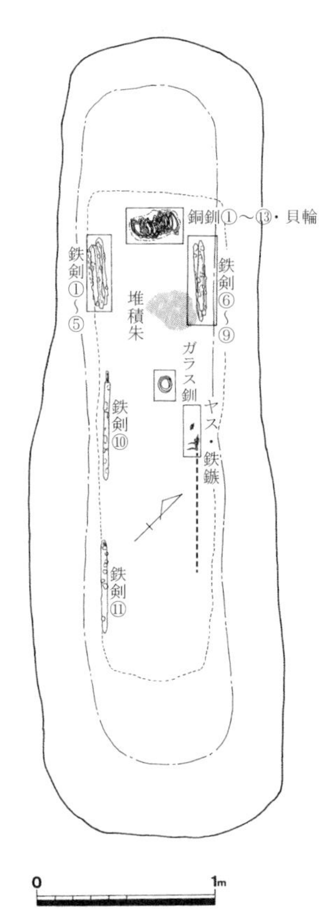

図166　大風呂南遺跡1号墓第1主体部遺物出土状況図（岩滝町教委 2000に加筆）

ガラス製の管玉や小玉など3,070点からなる装身具という豊富な副葬品が発見された。素環頭大刀の出土などから、中国と政治的関係を結んでいたことも想定されるような被葬者であった可能性もある。丹後地域という複数の大地域を統括するような首長であったとみなされる。

弥生時代後期後半の京都府大風呂南遺跡1号墓は、長辺27m、短辺18mの墳丘をもち、中心埋葬からは遺骸の頭部付近に銅釧13点とゴホウラ貝輪とみられる貝片1点が、遺骸の左右に鉄剣11点、鉄鏃2点及び組み合わせ式ヤス2個体が副葬されていた。ガラス製腕輪は着装され、玉類は着装されたものだけではなくばら撒かれたものもあった。ヤスには柄がついていたことを考えると、副葬品が遺骸を取り囲んでいた状況になり、「遺骸を護る」という意識が働いた配置であったといえる。北部九州地域にあった遺骸保護の思想の影響を受けた墓だと考えている（禰冝田 2009b）（図166）。この墓は、野田川下流域に所在しているが、豊富な鉄剣の副葬などから、やはり、丹後地域を統括する首長墓であったとみなされる。

弥生時代終末期には京都府赤坂今井墳墓がある。裾部を含む規模は長辺39m、短辺36mである。墳丘上には大規模な墓坑をもつ中心埋葬のほかに埋葬施設5基を確認し、1基からはガラス製の頭飾りを検出している。墳丘裾では木棺墓・土坑墓・土器棺墓計19基を確認している。墳丘上は墓坑規模から成人埋葬と考えられるが、墳丘裾には小児棺、乳児棺もあった。この時期にこうした大規模な墳墓はほかに認められない。やはり、大地域を越える丹後地域を統括する首長墓であったことも考えられる。

丹後地域は弥生時代後期に四隅突出型墳丘墓を受容せず、鉄器副葬がもっとも早く始まった点で日本海側においても、近畿においても、非常に独自性の強い墓制が展開したことが指摘できる。

（2）瀬戸内地域における墓地構造の変遷

弥生墓の成立　瀬戸内地域は一括するには東西に長く一括で扱うことはできないが、いくつかの事例を取り上げる。

弥生時代成立期の調査例である愛媛県持田三丁目遺跡は、弥生時代前期中葉から後葉の24基の木棺墓と10基の土器棺墓を検出した。墓域は5群に分かれ、頭位が一定方向を向くのは堀部第1遺跡と同様であり、何らかの規制があったとみられる。北部九州地域と同じく副葬小壺、管玉・勾玉類、磨製石剣や石鏃など副葬品がともなった。

周溝墓では、円形と方形の周溝をもつ墓が東部瀬戸内地域の香川県龍川五条遺跡で確認されている。弥生時代前期中葉で、そのなかの木棺墓1基から管玉が出土している。弥生時代中期前葉の岡山県堂免遺跡では単数埋葬の円形周溝墓の存在も知られている。

副葬品の有無や周溝墓の構成から、弥生時代前期には、ほかの地域と同様、墓に差が認められる。一つの墓域、すなわち核地域を構成する集団において格差があったと考えられる。

区画墓の成立と展開　弥生時代中期後葉では、丘陵上の岡山県四辻遺跡で方形台状墓として報告されているものがあるが、異論もある（藤田憲 2010）。これらには、確実な副葬品は知られていない。ほかにもこの時期には墳丘や溝による施設、列石や貼石によって囲まれた区画墓が出現し、後期前葉までつづく。なかには二重木棺をもつものもある。

岡山県みそのお遺跡は、吉備地域南部の丘陵上に立地する弥生時代後期前葉から古墳時代前期前葉まで営まれた墳墓群である。ここでは後期前葉に数mから十数m間隔で木棺墓群が営まれ、全部で六つのグループに分かれる。中葉までは、副葬品をともなう事例は認められない。

弥生時代後期中葉から後半になると複数のグループで墓域を構成し、木棺墓群が区画されるようになる。地山成形と配石によるものである。この時期になると、赤色顔料が塗布される例、副葬品をともなう例が出てくる。楯築墳墓と併存する時期の墳墓もあるが、1基から玉類の出土が知られている程度である。ただし、副葬品をもつからといって、埋葬施設が空間配置で特別な扱いを受けているわけではない。

楯築墳墓の出現　瀬戸内地域で、墓制上の大きな画期となったのが楯築墳墓である。直径40mの円丘の両側に突出部がつき総長80mと復元されている巨大墳丘墓である（図167）。埋葬施設は木棺を木槨が覆っていた。副葬品として、鉄剣、ガラス玉などの装身具などが知られている。かつて、墳丘墓の成立を集団墓地の構造変化から説明することが試みられたが、集団墓地の側から大型墓が出現する過程をみることは難しい。楯築墳墓の出現は吉備地域における従来からの墓地構成から切り離して革命的背景を想定するべきだとの見解もある（大久保 2007）。

楯築墳墓のほかにも吉備地域には同時期の墳丘墓が存在する。立坂墳墓や黒宮大塚墳墓である。これらはいずれも複数埋葬で、個人的な資質や能力によって社会に任ぜられた人々の墓域であったとされる（松木 2002）。

楯築墳墓は、傑出した規模の墳丘をもち、弥生時代後期後葉の吉備地域のような大地域を越える領域を統括する首長墓であったと考えられる。

6　弥生時代西日本における階層社会の成立

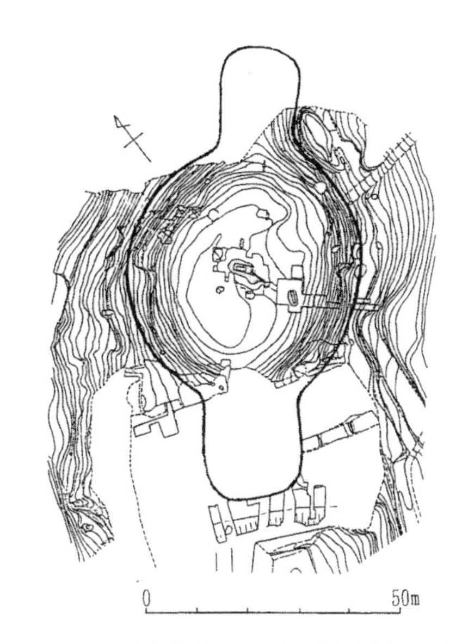

図167　楯築墓墳丘平面図（近藤編 1992）

弥生社会は、水田稲作の実施や東アジア世界との接触を通して階層分化が進んだ。ここまで、水田稲作の技術やそれにともなう知識の受容にあたり各地域で取捨選択がおこなわれたように、墓制・葬制においても地域差があったことを述べてきた。北部九州地域と畿内地域を中心に階層社会の成立過程を整理したい。

【第一段階】弥生時代早期から前期中葉　弥生時代の開始期、韓半島から北部九州地域に水田稲作とともに支石墓や木棺墓など新たな墓制と副葬という行為が伝わってきた。副葬品あるいは着装品の有無、区画墓の規模に大小があり、一つの墓域、すなわち核地域を構成する集団において格差があった。

山陰地域や瀬戸内地域、畿内地域では、副葬品よりも着装品をもつものがある。やはり、一つの墓域を構成する集団、核地域において格差があったと考えられる。

【第二段階】弥生時代前期後葉から中期中葉　弥生時代前期後葉は、北部九州地域に第二の渡来があったとされる時期である。階級社会を知り、青銅器を保有する集団が渡来したことが想定される。

北部九州地域では区画墓が出現し、武器形青銅器の副葬が始まり、副葬品の内容に格差が生じている。早良平野での区画の有無や副葬品の内容から首長墓に格差が認められる。大地域にあたる早良平野を統括する首長、その内部を構成する小地域の首長の存在も想定され、この段階は階層社会の萌芽期だったととらえられる。

畿内地域では方形周溝墓が出現し当初から墳丘規模に差があった。着装品をもつ埋葬施設は確認されており、前段階と同様に、核地域における集団に格差はあった。そして、山陰地域や瀬戸内地域でも、区画墓の様相から、核地域の集団内に格差は存在していたとみなされる。北部九州地域以外は、まだ第一段階の延長であったと考えられる。

【第三段階】弥生時代中期後葉から後期前半　弥生時代中期後葉の北部九州地域では、「奴国」、に比定されている福岡平野、「伊都国」に比定されている糸島平野、そして嘉穂盆地でそれぞれ発見された甕棺墓における銅鏡の保有数には差があった。そして、大地域のなかの甕棺墓の銅鏡保有数にも差があった。このことは、北部九州地域のなかの大地域間において格差が存在するとともに、大地域を構成する複数の小地域の首長間にも格差があったことを示している。この地域では、弥生時代中期後葉にピラミッド型の首長関係ができあがっていたことになる。

新たな変化として、中心埋葬が顕在化し、そこに女性が埋葬されることが挙げられる。このことから、首長に新たな権威が求められるようになったことが想定される。

しかし、弥生時代後期になると、区画墓自体の存在は確認できなくなり、宝満尾遺跡のように区画のない土坑墓に銅鏡などの副葬品が認められるようになる。階層構造のあり方は不明瞭となるが、現状では、前段階の階層関係が継続していたものと考えておきたい。

畿内地域においては副葬が発達しなかった。ただし、区画墓である方形周溝墓の墓域でのあり方と赤色顔料使用の有無という点で格差を見出すことができる。まずは大規模な方形周溝墓1～2基が単独で存在する場合で、これらは赤色顔料を塗布されることが多い。次に群集する方形周溝墓群のなかに赤色顔料が塗布される場合、そして赤色顔料をともなわずに方形周溝墓が群集して存在する場合、という大きく三つに類型化が可能である。この地域においても、ある意味ピラミッド型の社会ができあがっていたととらえることができる。

このように、北部九州地域と畿内地域は首長の性格や内容は異なっていたが、首長墓間の格差は重層的でピラミッド型の首長関係が成立していたととらえた。畿内地域も、この段階で階層社会は成立していたと考えている。

畿内地域においては、後期になると中期後葉のような事例が見当たらなくなり、階層構造は明確ではなくなる。前段階のあり方が継承されていたものとみなしている。

【第四段階】弥生後期後半から終末期　この段階でも北部九州地域、畿内地域において第三段階で認められたピラミッド型の関係は見えにくくなる。北部九州地域では、溝口がいう親族構成における大きな変化があり、集団を単位に権利や財の継承がおこなわれたと想定される区画墓Ⅲが成立した（溝口 2000 b）。親族構造の変化と首長の統括する領域の相関性については課題である。

なお、後期後葉から終末期の平原墳墓は銅鏡の保有数から、領域における首長墓とみられる。

畿内地域では、弥生時代後期後葉に密集型土坑墓群も出現したことから、階層分化は前段階よりも進んだと考えられる。ただし、首長墓の実態は不明瞭である。そして、終末期の前方後円形、前方後方形の墳丘墓の規模や分布、副葬品の内容を勘案すると、畿内地域の複数の大地域を束ねる首長が出現し、それが広範囲の地域の首長と関係性をもつようになったことが考えられる。

山陰地域で四隅突出型墳丘墓が出現した弥生時代後期前葉になると、地域は限られているが大規模なものから中・小規模のものまで、規模に格差が存在する事例が認められる。小地域あるいは大地域を統括する首長が存在していた。

ただし丹後地域の場合、墳丘が発達することはなく、丘陵上に多数の墳墓が存在し、銅鏡副葬はなかったが、鉄器副葬は顕著となる。これらは核地域や小地域の首長墓と推測するが、ほかに大地域あるいは複数の大地域を統括したと考えられる首長墓も存在する。

吉備地域においても弥生時代後期後葉に楯築墳墓、立坂墳墓・黒宮大塚墳墓、そしてみそのお遺跡の各埋葬施設というように格差が認められる。核地域、小地域、そして大地域あるいは複数の大地域を統括したとみなされる首長墓が併存していたものと考えられる。

北部九州地域から畿内地域までの弥生時代後期後葉から終末期には、大地域を越える広い範囲を統括した首長墓が存在していたことになる。

7　首長出現の地域差――まとめにかえて――

北部九州地域と畿内地域を中心に、区画、墳丘のあり方、副葬品の様相を概観し、墳墓における格差のあり方をみてきた。弥生時代の列島社会のなかで、北部九州地域のみが中国王朝との積極的な直接交渉によって、政治的にも文化的にも成熟した社会を築き上げることとなった。それ以外の地域では北部九州地域とは異なる社会が構築されたと考えられ、北部九州地域の首長と畿内地域をはじめとするそれ以外の地域の首長の性格も同じではなかったであろう。階層分化といっても、その首長の性格や権力の源泉は地域ごとに異なり、政治的・社会的に果たした役割も同一ではなかったと考える。

しかしながら、弥生時代中期中葉、北部九州地域の大地域において副葬品の内容に格差が認められることから階層社会は成立しており、弥生時代中期後葉には畿内地域においても成立していたと考えた。その後、弥生時代後期の状況は不明瞭となるが、終末期まで基本的に継続していったととらえた。

首長は各地域の歴史のなかで析出されてきた。その地域差は、前方後円墳が出現してもすぐに解消されるようなものではなかったのだと考えている。

第７節　小結――北部九州地域の先進性と墓制観念の地域差――

本章では、第２節で研究史をまとめた。祭祀に関しては、銅鐸の変遷、機能、絵画、埋納についての諸説を、墓制に関しては副葬に焦点を当て、北部九州地域とそれ以外の地域ではそのあり方が異なることについて整理した。

第３節では、弥生時代の銅鐸や土器に陰陽の線刻で表現された絵画を検討し、その意味について考察した。弥生時代に農耕祭祀の際に使われたと考えられる銅鐸には、縄文時代の人々が神聖視していた動物に新たにシカが描かれていたことから、銅鐸は縄文時代からの精神世界に、新たにもたらされた精神世界が加わって創出されたものとみた。絵画土器については、画題の内容と出土状態から農耕祭祀とかかわっていることを改めて確認するとともに、絵画と独立棟持柱建物等との関係性を指摘し、畿内地域を中心におこなわれた銅鐸を使った祭祀が首長の権威を示す場として機能したことを想定した。一方、北部九州地域における甕棺に描かれた絵画や記号の内容については、棺の中に邪悪なものが入ってこないようにとの思いが込められ、死者の再生を祈念していたことを指摘した。あわせて、絵画の伝達性という観点については、絵画の内容を伝えようとしたのは、カミのような特別な存在に対してであり、エジプトなどにおいて実務上必要とされた絵画とは異なっており、弥生時代の絵画は文字にはつながっていかなかったと結論づけた。

第４節では、甕棺墓制において、棺に蓋をする場合の目貼り粘土、棺の穿孔、絵画と記号、副葬品のなかでも棺外副葬品に着目し、その意味について考察し、北部九州地域におけるこうした行為の背景として、遺骸を保護する思想があったことを指摘した。甕棺墓などへの副葬や粘土で棺を密封する風習の背後には死者の再生を祈念する意図があったと考え、この地域の副葬品は権威の象徴であるとともに、死者を護る辟邪としての意味を有していたことを強調した。

第５節では、そうした思想の系譜及び前方後円墳祭祀との関係について論じた。系譜は、韓半島の墓制に求めた。韓半島においては、石で棺を密封する葬法があり、それと同じ形の墓は弥生時代早期の北部九州地域にも認められ、棺を密封するという思想は韓半島から伝わってきたとみた。ところが北部九州地域で甕棺墓が成立すると、棺を石で密封することができなくなったことから、甕棺墓を密封するために粘土を使う手法が独自に創出されたと考えた。その後、棺を粘土で密封する風習は、弥生時代後期に山陰地域に伝わった。終末期の銅鏡の副葬は、瀬戸内地域に事例が認められる。棺の密封と銅鏡などの副葬は、北部九州地域を発信源に終末期には近畿に達していたことを示した。

第6節では、北部九州地域と畿内地域を中心に墓制から階層社会の成立について検討した。北部九州地域から畿内地域まで、弥生時代前期の段階で墓に格差があることを確認した。弥生時代中期になると、北部九州地域は銅鏡や武器形青銅器の多寡から、副葬された首長の統括する領域に違いがあったことを示した。そして、中期中葉には階層社会が成立し、中期後葉には「奴国」と「伊都国」を頂点とするピラミッド型の首長関係ができあがったが、後期以降は現状では、「伊都国」を頂点とする社会であったことを示した。

畿内地域では副葬がおこなわれなかったけれども、弥生時代中期後葉には単独の大規模な方形周溝墓の存在、赤色顔料の使用、着装品が中心であるが副葬品の内容から、複数の平野を統括する首長、ひとつの平野を統括する首長の存在を想定した。これをもって、この地域にもある意味ピラミッド型の首長関係すなわち階層社会が成立したことを述べた。そして、こうした階層構造は、山陰地域や瀬戸内地域でも想定した。

墳丘墓が出現し、墳形を共通にすることで首長間の連携を図るような考え方が広まった。山陽地域では突出した墳墓としては楯築墳墓の出現は重要であるが、巨大な墳丘をもつ墓は一代限りであった。畿内地域では墳丘を大きくすることや副葬するという行為が発達せず、墳墓から階層社会の成立を解くことは難しい。この地域では共同体的規制が相対的に強く、明確な個人厚葬墓の形成が遅れたと理解した。

結論として、大陸といち早く政治的関係を結んだ北部九州地域では弥生時代中期中葉、ほかの地域では弥生時代中期後葉には階層社会が成立していた。そして、畿内地域においては、弥生時代後期になると、発掘事例が少ないこともあるが、墓から階層性を見出すことは難しくなる。これは社会にとって、首長にとって、墓という場の意味が地域によって異なっていたからだと考えた。

註

（1） 福岡県須玖タカウタ遺跡では、銅鐸あるいは小銅鐸の鋳型とされる石製鋳型が検出され、時期は弥生時代中期前葉である。

（2） 2011年、奈良文化財研究所の松井章氏は、大阪府池島福万寺遺跡に残された鳥の足跡を分析した結果、コウノトリであったことを公表した。氏の急逝により、論文という形で公表されなかったのはきわめて残念である。

（3） 本章での甕棺の時期については、曲り田式～夜臼式併行期を弥生時代早期とし、板付Ⅰ式期を前期前半とする。その後は橋口達也の編年にもとづき、KⅠa期・KⅠb期（伯玄式）を前期後半から末、KⅠc期（金海式）を前期末から中期初頭、中期以降は、KⅡa期（城ノ越式）を中期初頭、KⅡb・KⅡc期（汲田式）を中期前葉、KⅢa期（須玖式）を中期中葉、KⅢb・KⅢc期（立岩式）を中期後葉、KⅣa期を後期初頭、KⅣb・KⅣc期を後期前半、KⅤa式以降を後期後半とする（橋口 1979）。

（4） 現状では、この資料だけが非常に古い。これについては、棺を密閉しようとするために用いられたとする考え方だけでなく、粘土が部分的にしか検出されなかったことを重視し、棺を固定するために粘土が用いられたという考え方が出てくる可能性もあるので提示しておきたい。

（5） 弥生時代の北部九州地域でも火葬はわずかながらに存在する。火葬は、遺骸保護とはまったく逆の思想といえる。本章では甕棺墓を軸に検討するが、北部九州地域全体では死者に対し、多様な取り扱いがおこなわれていたことが示唆される。

（6）　中国の甕棺の穿孔は魂の抜け道を作るためと考えられている（劉 1996）。北部九州地域の甕棺にもそういう意味があったかどうかは、現状では判断できない。

（7）　鉤とは異なる線刻をもつ甕棺が、佐賀県東山田一本杉遺跡（図139-5）や福岡県中原塔ノ元遺跡で発見され、前者に関しては稲魂の可能性が指摘されている（常松 1997）。

（8）　中期後葉の区画墓の埋葬施設である福岡県井原塚廻遺跡1号甕棺墓（岡部 1999）はa類であった。

（9）　現在のところ、前期末中期初の甕棺墓で明らかに合わせ口付近に副葬された例を確認していないが、吉武高木遺跡6次1号木棺墓では銅戈が棺上に置かれていた可能性が指摘されている。棺の口を意識した副葬はこの時期まで遡る可能性があると考えている。

（10）　棺への粘土充填については二つのあり方があるが違いについては検討していない。

（11）　中国地域における弥生時代前期の墓標配石や木棺墓の裏込石構造など石を多用することの系譜は、弥生時代早期の北部九州地域の支石墓にあり、そのさらなる淵源を韓半島の墓制に求めることの指摘は、すでにおこなわれている（加藤 2000）。

（12）　兵庫県周遍寺山1号墓は調査当時、古墳時代後期とされていた。その後、弥生時代終末期の長辺9.5m、短辺6.0m程度の四隅突出型墳丘墓の可能性も指摘されている（近藤 1984）。埋葬施設の詳しい図面はないが、報告書では墓坑を掘り下げると、厚さ20cm程度の良質の青灰色粘土の下から箱式石棺の蓋石が出てきたという（B3類）。時期は、弥生時代終末期から古墳時代初頭である。また、岡山県殿山21号墓では箱式石棺墓の蓋石の周辺に粘土の充填がおこなわれていた（B2類）。報告書では弥生時代終末期とされるが出土土器が少なく、時期を下げる見解もあるようである。吉備地域では弥生時代後期から終末期にかけての墳墓が多数調査され、当該時期の確実な棺への粘土充填事例は知らないが、その可能性のある事例として提示しておきたい。

（13）　このほか、弥生時代終末期前後に銅鏡が副葬された例として、兵庫県白鷺山石棺墓や加美遺跡2号墓があるが、詳細は不明である。

（14）　北部九州地域の遺骸保護の思想は弥生時代にはじまり、とくに中期後葉に顕在化し、その後も継続したと考える。ただし、前方後円墳における葬送儀礼については神仙思想の影響が指摘されている（小山田 1992）。遺骸保護の思想は、弥生時代前期に成立した北部九州地域からの影響だけでなく、その後の大陸との首長間の交流をとおして得られた情報が加わり、重層化する形で前方後円墳祭祀に継承されたものとみている。

第4章　近畿弥生社会の歴史的評価

第1節　本章の検討課題――畿内地域弥生社会の「先進性」をめぐって――

近畿の弥生社会研究に長く大きな影響を与えてきたのが、京都帝国大学文学部考古学研究室（当時）による唐古・鍵遺跡の発掘調査であり、1943年に刊行された発掘調査報告書であった。この遺跡の調査研究を基点に、弥生時代とは「稲と鉄」に象徴される時代だと考えられ、以後半世紀近く、近畿の弥生研究はその影響のなかで進められてきたといっても過言ではないだろう。そして、近畿のなかでも畿内地域は弥生時代をとおして先進的で、だからこそ大和地域に前方後円墳が成立したと考えられていた。このことを裏づけることがらとして、大和地域の自然環境、銅鐸の存在、さらには「伝世鏡(1)」、石器の消滅による鉄器の普及、いわゆる「見えざる鉄器」が想定されたのであった(2)。これらをもとに弥生時代から古墳時代にかけての社会を明らかにする多くの研究が蓄積されていくことになったのである（小林行 1961、近藤 1983、都出 1989ほか）。

その後、1970年代の高度経済成長期になると、全国津々浦々で記録保存調査が実施され、地域独自に個性的な弥生文化が展開したことをより鮮明にした。とりわけ畿内地域のなかで1980年代の近畿自動車道建設に先立っておこなわれた発掘調査は大規模なものとなり、通常の開発事業では調査されない地表下3～4ｍのところでも遺構・遺物が検出されることとなった。結果として、河内平野に大きな「トレンチ」を入れることとなり、旧石器時代から近世までの各時代において新たな発見が相次いだ。このときの調査では、弥生時代についても遺構では居住域や墓域、なかには墳丘墓が検出され、遺物では土器や石器はもちろん、唐古・鍵遺跡で発見された木製品よりも豊富な内容のものが検出された。さらには、自然環境に関する分析情報も加わり、考古学と自然科学が融合したことにより著しい成果をあげることにもなった。

にもかかわらず、鉄器自体の出土数が増えることはなく、銅鏡をはじめとする威信財を副葬した墳墓が発見されることもなかった。このことは河内地域以外の発掘調査においても同様で、畿内地域とりわけ大和地域の弥生社会を評価するにあたり、前方後円墳を築造できるような先進的な社会であったことについて疑問視する考え方が示されることとなったのである（村上恭 1998、寺沢 2000、北條 2000、藤田憲 2010など）。

このように、畿内地域の弥生社会についての評価が分かれるなかにあって、筆者は近畿とりわけ畿内地域を対象に、石器及び鉄器（第1章）、集落（第2章）、墓制及び祭祀（第3章）について検討をおこなってきた。

これまで述べてきたことを踏まえ、本章では第2節において、弥生文化を特徴づける水田稲作の伝播の問題を整理したうえで、近畿における弥生社会の成立から終焉に至るまでの集落、墳墓、祭祀、石器生産と流通の項目を中心に、弥生時代前期から終末期まで、時期ごとに特徴を整理する。対象地域は近畿とし、北近畿は主に丹後地域、中近畿として畿内地域、南近畿は紀伊地域を取りあげるが、検討の中心は近畿中部である。

第3節では、すでに第1章第7節で詳細に検討したが、畿内地域の鉄器化の特徴及びその過程について、再度取り上げる。これまでの筆者の見解を発展させる形で「見えざる鉄器」の存在は認めつつ、鉄器化の過程を再論する。また、鉄器化の意義についても第1章で述べたことよりもさらに詳細に検討を進める。

第4節はこれまで述べてきたことの結論である。第2節で示した畿内地域の弥生社会の変遷から三つの画期を設定し、その特質を四つに整理する。そして、前方後円墳出現前夜の畿内地域とりわけ大和地域の評価をおこない、本書の冒頭で意見は分かれていると指摘した畿内地域の「先進性」について筆者の考え方を示すこととする。

第2節　近畿弥生社会の成立・展開・終焉

1　水田稲作の始まり

（1）稲作の始まりをめぐる諸議論

西暦2000年頃までは、縄文時代に稲作がおこなわれたことは、ほとんど疑いのないものとして受け入れられていた（佐々木 1991、広瀬 1997、宮本 2000ほか）。筆者も当時、稲作関係遺跡として縄文時代後期及びそれを遡る可能性があるとされた25遺跡を提示したことがある（禰宜田 2000 a）。列島における稲作開始は、いうまでもなく弥生社会を考える上で重要な課題である。その発端となったのが、1978年の板付遺跡における縄文時代晩期末すなわち夜臼式期の水田跡の発見である。その水田には幅2mの水路に堰がともなっていたことから、水田稲作は伝播してきた当初から灌漑施設をともなう完成された技術体系を有していたことが明らかとなった。3年後の1981年には、唐津湾に面した菜畑遺跡において、縄文時代晩期後半にあたる山ノ寺式に比定される時期の水田関係資料も発見された。これらを受けて、「縄文時代晩期後半」については「弥生時代早期」にするべきという提唱がなされることになった（佐原 1987 a）。

もう一つの問題は、縄文時代後期あるいはそれよりも遡る時期の稲作についてである。これに関して、戦前に発見されていた熊本県ワクド石遺跡出土の縄文時代晩期の浅鉢形土器に籾圧痕の存在が指摘され（川上 1958）、同様の資料は熊本県や大分県においても認められることが報告された（春成 1990）。これらの遺跡は現在でも畑作が営まれているような場所であり、畑稲作がおこなわれたことを積極的に評価する見解も示された（広瀬 1997）。

稲作があったことを証拠づけるものとして、①炭化米の存在、②土器表面についた籾圧痕の存在、③プラントオパール分析や花粉分析によるイネ関係資料の確認、④土壌からのホタルイをはじめとするイネに随伴する雑草種子の確認があげられてきた。これらのなかでプラントオパール分析については、土壌分析では上層からの混入を考慮する必要があるのに対し、土器の胎土中でプラントオパールを検出する手法は有効性が高いと考えられてきた。しかし、土器の胎土中で検出されるプラントオパールについても、外からの混入の可能性を完全に否定できるのかという疑問も呈されている（甲元 2002）。

籾圧痕とされたものは肉眼で判断されてきたが、新たな手法であるレプリカ法が開発され、籾とされてきた圧痕について検証がおこなわれるようになった。レプリカ法とは、土器の表面にある小さなくぼみにシリコンを注入し、硬化後にその窪みからレプリカを取り出して走査電子顕微鏡で観察して窪みが何の圧痕であったかを判定するという手法である（丑野ほか 1991）。それによって、ワクド石遺跡の縄文土器に残る「籾圧痕」とされてきたくぼみは籾以外の種子の圧痕であることがわかった（中沢ほか 2005）。また、青森県風張遺跡の縄文時代後期後葉とされている炭化米を炭素14年代測定法によって分析したところ時期が新しくなる結果が得られ、縄文時代後期の岡山県南溝手遺跡の土器に残る圧痕はレプリカ法により籾であるとされたが、土器自体が突帯文土器であると認識されるに至っている（中沢 2009）。

また、雑穀につく害虫の圧痕が土器に残ることに着目し、その害虫の種類を特定することによって、雑穀の種類やコメの存在を検証しようとする研究も始められた（山崎純 2005）。注目されたのがコメを食べるとされるコクゾウムシの圧痕であったが、鹿児島県三本松遺跡から10,500年前の縄文時代早期前半の土器にその圧痕が確認された。実際、実験によるとコクゾウムシはコメだけでなくオオムギ・コムギ、脱穀後のキビ属も食することが確認されるに至った（小畑 2011）。

つまり、縄文時代後期の稲作関係資料としてきた籾圧痕やプラントオパールで確実なものはないというのが現状である（中沢 2009）。

現在のところ水田稲作の始まりとして確実に取り上げることができるのは、北部九州地域の突帯文土器の段階、すなわち山ノ寺式期からとなる。そして、それ以東では岡山県津島江道遺跡で確認された突帯文期の水田跡がもっとも古い。

畿内地域に目を転ずると、最古の稲作関係資料とされていた滋賀里Ⅳ式期すなわち縄文時代晩期後半の大阪府讃良郡条里遺跡から出土した籾圧痕土器は、レプリカ法により籾以外の圧痕となった（中沢 2009）。現時点では、口酒井式すなわち縄文時代晩期末にあたる口酒井遺跡の浅鉢に付着した籾圧痕がもっとも遡る稲作関係資料である。石包丁が浅いくぼみ状の層から出土しているが、包含層であり弥生時代前期の土器も含まれることから時期の特定ができない（下條 2002）。この時期の水田稲作技術は、現在のところ不明といわざるをえないのである。

（2）水田稲作が伝播した要因

ここで問題にしておきたいことは、水田稲作が伝播した要因、すなわち大陸側からするとなぜ水田稲作を携えて人々が南下したのか、列島側からするとなぜ人々はそれを受容したのかである。これについては、長きにわたり韓半島への燕人の亡命によって成立した衛満政権が勢力を南下させたこと、すなわち社会的・政治的な要因が考えられてきた（森貞 1968）。

受容する側の列島においては、水田稲作が伝播してきたとしても縄文時代の人々がそれを受け入れる必要性を説明する必要がある。狩猟・採集社会から農耕社会へ移行することが歴史の必然という発展史観でとらえることは適切ではないと考える。

これについて、筆者が注目しているのは環境の変化である。従来の年代観である弥生時代早期や

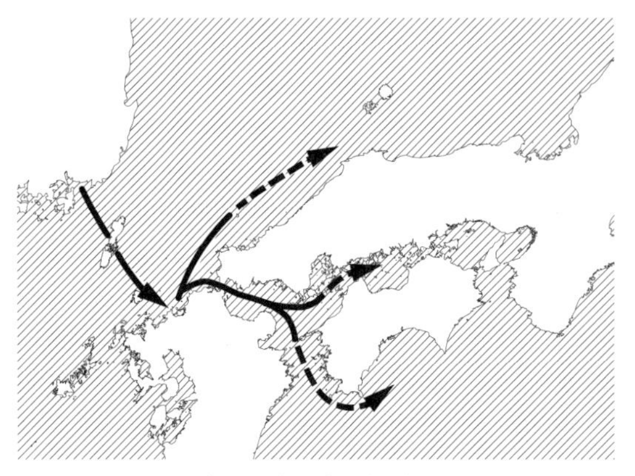
図168　近畿への大陸文化伝播3つのルート

前期、すなわち紀元前500年前後は寒冷期であり、それが水田稲作受容の理由ではないかと指摘した（禰冝田 2000 a）。気候の寒冷化が農耕の始まりの要因というのは矛盾するようにも思われるが、寒冷化が狩猟採集経済に打撃を与えて農耕が始まったということは世界史的に起こっている（安田 1993 a・1993 b）。

そうしたことを踏まえ、列島において水田稲作技術を受容したのは、寒冷化によってそれまでの生業体系では立ち行かなくなったからではないかと考えたことがある（禰冝田 2000 a）。歴博が弥生時代の開始年代が500年遡ると主張したが、弥生時代の開始年代が遡っても、紀元前1000年から800年頃も海面が低下する寒冷期にあたる（福沢 1996）。歴博が示した新たな年代観においても、水田稲作受容の要因を寒冷化とみなすことは可能である（禰冝田 2007）。宮本一夫も寒冷化によって水田稲作が伝播してきたとの見解を示している（宮本 2007）。

その一方で韓国においても、韓半島から人々が北部九州地域に南下していった要因について農耕社会の定着を契機に社会の変化による矛盾が生じ、そこから逃がれてきた人々が水田稲作をもたらしたという考え方が示された（安 2009）。かつて森貞次郎が示した社会的・政治的要因によって伝播したという見解に通じる。

水田稲作の伝播については、現在のところ、自然的な要因と社会的な要因とが示されている。いずれにしても、北部九州地域に水田稲作とそれにともなう文化が伝わり、ときを置いて近畿にも伝わってきたのである。

では以下で、近畿の弥生社会の開始から終焉に至るまでの特徴を時期ごとに整理する。近畿には地理的特徴から、日本海ルート、瀬戸内海ルート及び太平洋ルートによってさまざまな文化・文物が伝播してきた（図168）。そのことを踏まえて言及していきたい。

2　弥生社会の成立――前期前葉～中葉の社会――

（1）環濠集落の出現

弥生時代の集落を特徴づけるのは環濠集落である。弥生時代前期の畿内地域の環濠集落としては大開遺跡や田井中遺跡がある。これらの環濠の断面形は逆台形を呈し、溝の角度も緩やかになっている。こうした変化はすでに本州西端付近の宮原遺跡で検出された環濠の形状に認められ、北部九州地域から西部瀬戸内地域に伝播した際、環濠はすでに変容していたことになる。瀬戸内海ルートにおける新たな文化の情報はリレー式で東方に伝播し畿内地域にもたらされた（下條 1995 b）。

丹後地域には北部九州地域の文物が数多く入ってきたが、この時期の集落は未発見である。

紀伊地域の環濠集落として堅田遺跡がある。前期前葉からはじまり中期までは継続しない。3重の環濠に囲まれ、その断面形は逆台形あるいはU字形を呈している。ここからは松菊里型の竪穴建物が検出され、鉇とみられる青銅製品の鋳型も出土している。さらに、豊前・長門・伊予・備前・播磨などの地域の影響を受けた土器、結晶片岩の胎土を有する紀伊地域北部の土器も多数出土するとともに、なかには「南海道の遠賀川」と評されている土器もある（森岡 2005）。サヌカイトは二上山産が多数を占めるが金山産も一定量供給されている。松菊里型の竪穴建物や土器の様相から太平洋ルートで伝播した要素と、金山産サヌカイトはじめ、瀬戸内海ルートから南下してきたと考えられる要素の両方が共存していると評価できる。

近畿へ弥生文化を伝えた三つのルートは、その後の畿内地域における弥生社会を考える上で重要な意味をもつこととなる。

（2）方形周溝墓の出現

近畿の弥生墓制を特徴づけるのは方形周溝墓であるが、その出現以前には単独の土坑墓、木棺墓がある。その事例として、新方遺跡野手・西方地区1次調査では弥生時代前期前葉の打製石鏃18点が検出された土坑墓がある。この3号人骨には多数の打製石鏃がともなったことから、普通の死に方をしなかった人物が埋葬されていたと考えられている。また、前期後半の遺構面で検出された木棺墓ST401木棺墓には6点の指輪がともなった。これらは着装されていたと考えられる。

方形周溝墓は弥生時代前期中葉に出現した。東武庫遺跡では、長辺3.7 m、短辺2.7 mのものから長辺14.4 m、短辺12.3 mのものまで規模に大小があった。周溝からは、韓半島の松菊里式土器の影響を受けたとみられる土器が出土している。墳丘は削平され埋葬施設は遺存していないものがほとんどであったが、遺存していた埋葬施設のうち1基から着装品と考えられる丹塗りの櫛が出土している。

方形周溝墓とのかかわりを示唆する遺構が、北部九州地域の弥生時代の東小田峯遺跡で確認されている。時期は弥生時代前期で、溝で区画された規模は東西16 m、南北は不明といわざるをえないが、そのなかに10基程度の埋葬施設があった。瀬戸内地域では香川県の龍川五条遺跡や佐古田窪田遺跡で方形周溝墓、円形周溝墓が発掘されている。

畿内地域の方形周溝墓については、韓半島から北部九州地域に伝わり、瀬戸内海ルートで伝播してきたものととらえている[(3)]。

（3）弥生的石器の生産と流通の始まり

大陸系磨製石器といわれる太型蛤刃石斧をはじめとする磨製石斧及び石包丁という新たな器種が出現した。ただし大開遺跡では、大陸系磨製石斧は出土するが石包丁はともなわないというように、大陸系磨製石器がセットで出土していない点が特徴である。

石器石材産地については、石包丁には大和地域の耳成山の流紋岩が使用された（塚田 1987）。一方、サヌカイト製打製石器については、縄文時代晩期の石材は二上山産サヌカイトであったのが、弥生時代前期には金山産サヌカイトの製品が出土する（禰宜田 1993 a）。これについては、その後の詳細な分析によると、縄文時代晩期すなわち滋賀里Ⅲｂ式期や長原式期の段階では二上山産が100 %に近かったのに対して、遠賀川系土器が出現すると、金山産サヌカイト製の打製石器が出土するようになり、金山産が半数を超える遺跡も出現する。ところが、前期後葉になると再び二上山産サヌカイトが主流となり、金山産サヌカイトはほとんど出土しなくなるという整理がおこなわれた（秋山 1999 a）。

弥生時代前期に畿内地域で金山産サヌカイトが主体となって出土するようになったのは、水田稲作伝播の際に、畿内地域の集団が瀬戸内海を介して西の集団とかかわりがあったことが反映した現象といえる。

弥生時代前期の集落は縄文時代晩期とは異なり、水田稲作をおこなうのに適した低地に新たに作られた。そうであったとしても、新たに選ばれた地で構成された集団の紐帯まで一新したわけではないだろう。石器石材が継承されるのはその一つの表れだとみなされ、縄文時代に築かれた流通ネットワークは基本的に継続していたとみなされる。

弥生時代には、弥生時代に新たに開発された石材が用いられる場合と、縄文時代にすでに開発されていた石材が用いられる場合とがあった。ともに、原産地から各集落に至るまで、縄文時代以来の流通ネットワークによって流通していたものと考えている。

3 弥生社会の確立――前期後葉～中期中葉の社会――

（1）大規模環濠集落の出現

弥生時代前期後葉には大規模な環濠集落が出現した。

丹後地域においては扇谷遺跡、さらには京都府途中ケ丘遺跡が弥生時代前期後葉に大規模な環濠集落として出現する。これらの環濠の断面はＶ字形を呈し、北部九州地域で検出されている環濠と遜色ない規模と形状である。日本海ルートは、弥生文化の東方伝播において情報が変容しなかったことになり、瀬戸内海ルートとの違いとして指摘できる。

畿内地域では、池上曽根遺跡や唐古・鍵遺跡がその代表である。弥生時代を特徴づける大規模な環濠集落はこの時期に出現したことになる。これらの遺跡では、周辺に点在していた三つの集団があつまって環濠集落として成立したと考えられている。そうした変化がおこったのは、水田稲作を経営するにあたり協業が必要となったことが主要因とされるが（秋山 2007）、もっとも蓋然性が高い見解である。

唐古・鍵遺跡では弥生時代中期前葉に比定される大型の掘立柱建物が検出されている。この種の建物の性格については、後で検討する。

（2）方形周溝墓の展開

弥生時代の近畿を特徴づける墓制である方形周溝墓は、この段階で一般化する。方形周溝墓群は群集して存在し、溝を共有する場合とそうでない場合がある。埋葬施設は墳丘上に営まれる。木棺墓であることが多いが、土器棺の場合もあり、それについては小児が埋葬されていた。

方形周溝墓の周辺に単独の木棺墓が営まれる場合がある。第３章でも指摘したが、方形周溝墓群と単独木棺墓群が墓域を分かつ場合と、一つの方形周溝墓の周囲に単独木棺墓が配される場合がある。また、周溝内に木棺墓が設置される場合もある。

方形周溝墓が検出された当初、複数埋葬から単数埋葬へと変化することから、集落内の有力者が析出されていくと考えられた（都出 1970）。ところが、東武庫遺跡の調査によって、単数埋葬と複数埋葬の方形周溝墓は成立期より併存していたことが明らかとなった。そして、そうした状況は弥生時代後期前葉まで変わらないという（藤井 2005）。

（3）縄文的祭祀を保持しつつ成立した弥生的祭祀

弥生時代には新たに出現した祭具がいくつかある。まずは銅鐸である。畿内地域を中心に分布する銅鐸の製作開始年代は、弥生時代中期前葉まで遡ると考えられる。集落・墓制に加えて祭祀においても畿内地域を特徴づける要素が出現したことになる。

銅鐸のなかでもいわゆる「聞く銅鐸」は農耕祭祀にかかわる祭器とみている。この段階で人々が集住することによって大規模な集落が成立した。多くの集団によって水田稲作が安定的におこなわれるために祭祀は重要で、銅鐸はそのための祭具としての役割を果たした。

銅鐸は弥生時代を特徴づける祭具であるが、筆者はその銅鐸にも縄文時代の精神世界が遺存していると考えている。そこに描かれた動物は、再生の象徴・神聖な存在であり、アニミズムの世界（直木 1973）が表現された。銅鐸は縄文時代からの精神世界・世界観に、弥生時代に始まる新たな精神世界・世界観が加わって成立した祭具だったのである。

次に取り上げるのは、銅剣などを模倣した武器形木製品である。これらは農耕祭祀にともなう模擬戦に使われた可能性が指摘され（金関 1978）、実用武器かどうかで議論が分かれていた（中村友 1987、春成 1999 a）。近年、寺前直人が武器形木製品の祖型を骨角器系、石器系、青銅器系、その他という四つに整理し、なかでも武器形石器の模倣品が多く、模擬戦に使用されたことを裏づける使用痕は認められないとしたうえで、実用品と非実用品があるとした（寺前 2010 a）。

さらには、大型粗製の石棒儀礼が武器形木製品や武器形青銅器に引き継がれたとする見解も示した。石棒と弥生時代に出現した武器形祭器は、共同体全体の生存と発展のための集団祭具という点で、同じ性格だったというのである（寺前 2010 a）。この考え方は、縄文祭祀が変容しつつも弥生祭祀に継続していたとみる見解である。そうだとすると銅鐸を含め、弥生時代に出現した祭具といっても、縄文時代からの流れを受け継いでいたものがあったことになる。

弥生時代前期後葉には鳥形木製品が出現する。池上曽根遺跡では環濠から出土し、胴部に穴があいていることから、集落において木の棒に刺して立てていたと復元されている（金関 1982）。トリは銅鐸や土器に描かれ、穀霊をもたらしたという。鳥形木製品は穀霊をもたらす依代としての役割を果たしていたのだと考えられる（春成 1992）。これは水田稲作とのかかわりのなかでもたらされた祭具であり、弥生時代に新たに出現したものである。

そして、縄文時代以来の祭具として、土偶は弥生時代前期まで、石棒に関しては中期にも残存するのである（秋山 2004）。

こうしてみると、弥生時代の祭具には、①縄文時代から使用されたもの、②新たに伝播してきたもの、③縄文時代以来の世界観に新たに伝播してきた世界観が融合して創出されたもの、が共存していたことになり、重層的な祭祀がおこなわれていたと考えられる。そうした祭祀のあり方が、この時期に成立したのである。

（4）弥生的石器の生産と流通体制の成立

この時期になると、大陸系磨製石器が普遍的に出土するようになる。畿内地域の石包丁については、耳成山産の石材ではなく、近江地域の高島石（西口 1986）と呼ばれる粘板岩製、紀伊地域産とされる緑色片岩製の石包丁が流通するようになる。

打製石器については二上山産サヌカイト製の打製石器に収斂するようになった。打製石器は集落から出土する石器の中ではもっとも普遍的で日常的な道具であり、丹後地域から紀伊地域までの近畿一円で検出されている。近畿の弥生社会は、北部・中部・南部において地域差はあったが、打製石器の石材に関しては共通していたことになる。なかでも、畿内地域を中心に分布するのが畿内式打製尖頭器である。この石器について、かつて筆者は「打製短剣、打製石槍、打製石戈」と呼んで、それぞれの機能を推定した（禰冝田 1986）。しかし、各器種の機能を峻別できないことから、現在では一括して畿内式打製尖頭器と呼ぶようにしている。この畿内式打製尖頭器は、南河内地域で一元的に生産され、その製品も広く流通した（蜂屋 1983）。近畿において広く出土するなかにあって、製品だけが流通するという点で特殊な器種でもある。出土数や流通のあり方から、畿内地域を特徴づける石器が畿内式打製尖頭器だと評価している。

縄文時代にも二上山産サヌカイト製打製石器が使用され、いわゆる互恵的な流通ネットワークによって流通したと考えられる。弥生時代になっても、畿内式打製尖頭器をはじめとする二上山産サヌカイト製の石器及び素材は使用され、それらは縄文時代に構築されていた流通ネットワークが引き継がれた。そのネットワークはモノだけではなく人や情報の伝播もあったと推測される。それによって、磨製石斧をはじめとする各種磨製石器も流通していたものと考えている。

4　弥生社会の展開――中期後葉の社会――

（１）大規模集落における中枢空間の出現

池上曽根遺跡や有鼻遺跡では大型あるいは中型の独立棟持柱建物が検出され、加茂遺跡では塀によって方形に囲まれたと考えられる大型掘立柱建物が検出された。独立棟持柱建物等という中枢施設において区画施設が検出されたことは、より隔絶した空間が創出されたと評価される。

方形の区画は北部九州地域では比恵遺跡で古くから注目されていた。近年の再発掘で弥生時代後期後半以降の区画もあるが、中期後葉のものもあるとされている（武末 1990）。方形に区画するという思想はこの時期の中国や韓半島といった大陸からの影響によるものとされ（武末 1998 a・1998 b）、加茂遺跡で確認された方形区画も、その影響が及んだものとみなされる。

有鼻遺跡では居住域のもっとも高いところに独立棟持柱建物が存在した。養久山・前地遺跡でも掘立柱建物が居住域のなかの高いところで検出されている。これらは最高所あるいはそれに近いところに存在するという点で、区画施設はなくとも「隔絶された空間」に所在していたのだと理解している。

弥生時代中期後葉、集落の中枢施設ともいえる独立棟持柱建物等は、集落内で「特別な」空間となった。このことは、畿内地域の環濠集落における首長と構成員の間でそれまで以上に階層分化が進んだことを示す事象であった。

（２）単独大型方形周溝墓の出現

加美遺跡 Y1 号墓は、長辺 25 m、短辺 15 m、墳丘高 2～2.5 m 程度と非常に巨大な墳丘をもち、近くにもう 1 基、Y2 号墓が作られた。周辺に方形周溝墓が群集していた状況にはなく、単独で 2

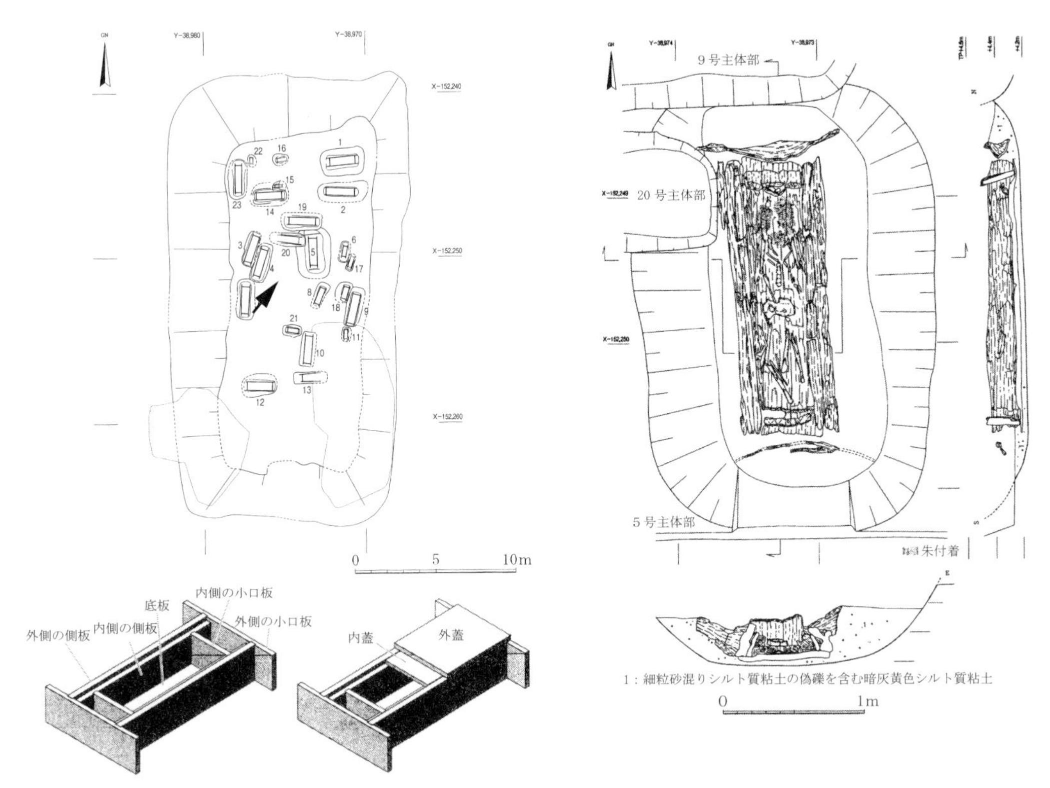

図169　加美遺跡二重木棺（木槨）実測図（(公財) 大阪市 2015）

基が継続的に営まれたことになる。Y1号墓では埋葬施設23基が確認され、中心埋葬とみられる埋葬施設には木槨が採用された（図169）。副葬品はなかったが、頭部から腹部にかけて朱が散布され、その範囲はもっとも広くその量が多い。そして、埋葬施設3基から銅釧やガラス小玉などの装身具が着装品として検出された。副葬品がないのは畿内地域の墓制の特徴であり、墳丘の規模、木槨の採用や朱の多量使用を踏まえると、河内地域のなかでも有力な首長とそれにかかわる人物の墓であったと考えられる。

また、田能遺跡の第3号方形周溝墓は復元すると一辺20m程度の墳丘をもち、周辺には同時期の方形周溝墓が確認されていないことから、単独で存在していたとみなされる。そこには2基の木棺墓があり、一つは銅釧、もう一つは632個に及ぶ碧玉製の管玉が、それぞれ人骨に着装された状態で検出された。

加美遺跡や田能遺跡には着装品をもつものや赤色顔料が塗布される埋葬施設が存在する。中期後葉において、河内平野や西摂平野といった大地域は、河川によって結合した複数の小地域によって構成され、小地域はさらにそれを構成する基礎的なまとまりである核地域から構成されていたとみている。これらの墓は、大地域を統括する首長墓であったと考えた。小地域や核地域にもそれぞれを構成する集団を統括する首長が出現していたとみられ、首長間にはピラミッド型の格差ができあがっていたと考えている。

かつて方形周溝墓の被葬者について、同一の家族や世帯が数世代にわたり埋葬されたとされていたが、現在ではクランやサブクランといった社会組織のもとで上位階層墓と考えられ、短期間で営まれ、継続することはなく、系譜意識はなく、首長としての権威は個人の威信によるものであったと考えられるようになっている（大庭 2007）。

北部九州地域の甕棺墓が代々築かれ累代的であるのに対し、畿内地域の方形周溝墓は首長の死を契機に築かれ世代ごとの自立が強いとされる（寺沢 1990、設楽 2009）。畿内地域と北部九州地域では、死者の立場を墳墓によって表現する差別化意識や祖先に対する意識が異なっていた。死者に対する観念も異なり、葬送儀礼についても異なっていたのである。

（3）弥生的祭祀の拡散

弥生時代中期後葉には大型の壺に絵画、すなわちシカ・イノシシ・建物・人物などが描かれた。絵画土器の分布の中心は大和地域で、唐古・鍵遺跡から250点、同じく清水風遺跡から50点が出土し、この2遺跡を中心に展開した。北部九州地域ではシカが甕棺に描かれる点で相違する。

絵画土器は破片が多い中、画題全体の構造がわかる例もある。稲吉角田遺跡の土器には、シカ、木にぶらさがっていたとみられる二つの物体、祠とみられる高い建物、高床倉庫、船をこぐ鳥装の人々、太陽とみられる同心円状のものが表されていた。唐古・鍵遺跡例には建物、角のあるシカ、角のないシカ、人物が描かれ、清水風遺跡例では戈と盾をもった大小の人物、矢が刺さった角のあるシカ、建物、魚とその捕獲施設が描かれた。

こうした絵画土器の出土数のピークは弥生時代中期後葉にある。絵画銅鐸がもっとも多いのは外縁付鈕式銅鐸で、製作された時期とは重ならない。ただし、「聞く銅鐸」が埋納されたのが弥生時代中期末後期初の時期にピークがあることを踏まえると、絵画土器と絵画銅鐸は共存していたことになる。また、絵画土器のモチーフとなる独立棟持柱建物等の検出例は弥生時代中期後葉に多い。こうしてみると、「聞く銅鐸」、絵画土器、独立棟持柱建物等はセットで機能していたことになり、それは農耕祭祀の場であったとみなしている[(4)]。

絵画土器は、西は山陰地域や播磨地域、東は北陸地域や南関東地域に及んだ（橋本 1988）。分布の中心が大和地域のこの2遺跡であり、ここから情報が拡散していったと考えられる。

長野県柳沢遺跡では銅鐸と武器形青銅器が埋納されていた。埋納器種は桜ケ丘と共通する。柳沢遺跡の銅鐸など青銅器の組み合わせ及びその埋納は銅鐸分布圏でのあり方と共通しており（難波 2012 a）、畿内地域からの影響が考えられる。

弥生時代中期後葉には、銅鐸や武器形青銅器、そうした青銅器の背後にある農耕祭祀にかかわる思想は、畿内地域から列島の広い範囲の地域に及んだのであった。

（4）中国思想の伝播

この時期には、中国思想の影響を受けていたと考えられる遺構・遺物が存在する。

加美遺跡 Y1号方形周溝墓においては、墳丘の主軸が南北方向で、木棺墓は南北方向と東西方向で北枕と東枕となる。北枕は中国思想とのかかわりが考えられる。中心埋葬は木槨であり、楽浪漢墓の影響が指摘されている（田中清 2015）。北枕は田能遺跡第3号方形周溝墓でも認められる。

唐古・鍵遺跡からは勾玉が入った容器状の褐鉄鉱が出土した。これについては神仙思想の影響が指摘されている（辰巳 2001）。この遺跡からは中国風の楼閣を描いたとみなされる絵画土器も出土している。この土器で屋根の上に表現されているのがトリだとすると、中国の楼閣の明器のモチーフと合致することになる。

これら中国思想の影響を受けたものが、弥生時代中期後葉という鉄器や青銅器の出土が増える時期に畿内地域にもたらされたことになる。発見されているのが摂津地域・河内地域・大和地域であることから瀬戸内海ルートによると考えるのが妥当であろう。しかも、ここで示した遺跡がそれぞれの地域においても最上位階層と考えられる墓、あるいは大規模集落であることは示唆的である。

それから、中国思想ではなく北部九州地域からの影響とも考えられるが、亀井遺跡1号方形周溝墓の土器棺に、鉄刀が副葬されていた。この鉄器は保存処理中に滅失してしまったと報告され、現在では詳細な検討はできないが、畿内地域ではめずらしい大型鉄製武器の副葬事例である。

弥生時代中期後葉には、中国思想、場合によっては北部九州地域の風習が畿内地域にも伝わってきた。ただし、それは一過性のもので定着することにはならなかった。そうなったのは、この段階の中国思想が畿内地域の社会において必要とされず、社会の中で何らかの形で役割をもたされることにならなかったからだと考えている。

（5）「聞く銅鐸」の一斉埋納

「聞く銅鐸」の一部の埋納時期については、南淡路の松帆銅鐸にかかる調査研究で、弥生時代中期中葉まで遡る可能性が報道された。それを受けて、「聞く銅鐸」の埋納時期は2回であったという説が提示された（森岡 2016）。詳細は今後の検討課題であるが、仮にそうであったとしても、「聞く銅鐸」埋納のピークは弥生時代中期末後期初という時期にあり（福永 1989）、その意義も大きくは変わらない。

銅鐸埋納の要因については、鉄器が大量に供給されるようになった弥生時代後期の社会変化に際し、その存在意義がなくなったためという考え方（福永 1989）、北部九州地域に対する政治的・軍事的な脅威、すなわち後漢が成立し北部九州地域の朝貢が再開し、金印を貰い受けたことにより、北部九州地域以東の地域の諸集団の緊張感が高まったことの表れという考え方（寺沢 2010）など、諸説ある。

筆者は、描かれた絵画の内容から、銅鐸は縄文時代の世界観に新たな世界観が加わった祭具と評価しており、その「聞く銅鐸」が必要とされなくなったために埋納されたと考えている（禰冝田 2006）。そういう「価値観」の変化を引き起こしたのは、弥生時代の石器流通が縄文時代の石器流通の延長上にあったのに対して、鉄器の流通は石器の流通と異なる性質のものであったことが大きな要因であったとみている。弥生時代の中期から後期への移行は、社会の大きな転換をもたらしたのであった。

5　弥生社会の変質――後期の社会――

（1）高地性環濠集落の出現と解体

弥生時代中期をもって低地にみられる多くの環濠集落は解体し、弥生時代後期には丘陵上に高地性の環濠集落が出現した。その特徴としてはまず、表山遺跡から小型仿製鏡、古曽部・芝谷遺跡や観音寺山遺跡で多くの鉄器が出土していることから金属器流通とかかわりがあったことである。中期から継続している会下山遺跡からもこの時期とみなされる漢式三翼鏃が出土している。やはり、

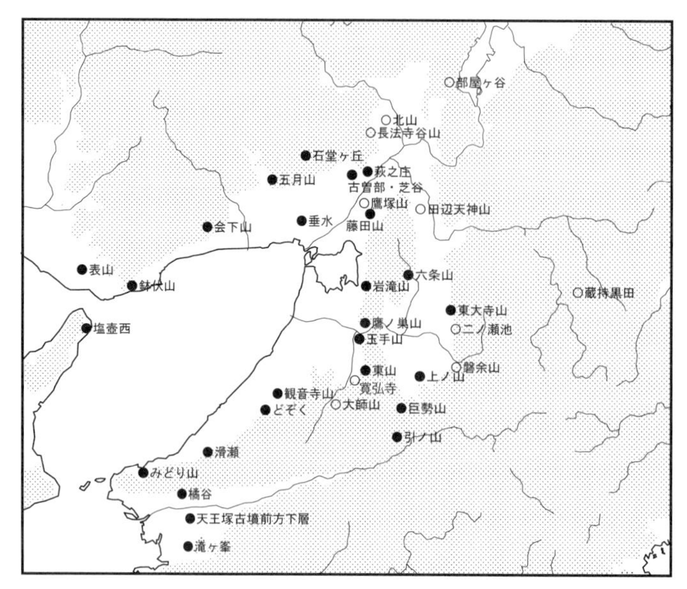

図 170　畿内地方のおもな高地性集落分布図（弥生博 1997 から作成）

同様の役割を果たしていたことが考えられる。

もうひとつは、古曽部・芝谷遺跡でフイゴの羽口、観音寺山遺跡で三角形の鉄片がそれぞれ出土していることから、前者では青銅器生産、後者では鉄器生産がおこなわれていたと考えられることである。弥生時代中期の大規模環濠集落で手工業生産がおこなわれたように、弥生時代後期の高地性集落でも手工業生産、とくに金属器生産がおこなわれていた。

この時期に低地の集落が高地に移動した理由として次の点をあげておきたい。一つは生活必需物資である鉄器の普及にともなう瀬戸内海交通の活発化に対して、鉄器や青銅器の流通とかかわる必要上、眺望のよい場所に立地を移したことである。

もう一つは高所に居を構えしかも幅が広く深い濠で囲まれていることから、社会的緊張関係に対応したことである。これについては、東アジア世界においては前漢から後漢への移行期という社会の混乱期にもあたり、そうした情報が畿内地域に及んだことがすでに指摘されている（寺沢 2000）。こうした情報がもたらされたのも金属器流通による広域の流通ネットワークが形成されていたからである。

高地性集落と物資の流通とのかかわりで注目しているのが会下山遺跡である。この遺跡が出現した弥生時代中期中葉は、鉄器流通の初期の段階に当たる。そして、弥生時代後期には同じ場所で集落規模を拡大させた。物資流通にとって集落が立地する「場」が重要であったことを述べてきた（禰冝田 2010 b）。会下山遺跡は瀬戸内海を西から進んできた場合、この地をさらに東に行くと六甲山系が海岸から後退するという交通上重要な「場」に立地していたことになる（禰冝田 2010 b・2012）（図 170）。

ところが、弥生時代後期中葉前後には高地性集落の消滅及び環濠の消滅という二つの事象がおこった。残念ながら具体的に検証できる遺跡が少ないが、高地性集落を出現させた二つの要因に変化が起こったのだとみている。第 1 点目である金属器流通には、これまでとは異なる新たな関係が構築され、金属器流通において主導的な役割を果たした拠点集落は高所に居を構え、流通とかかわる必要がなくなったのだと考える。新たな流通のネットワークが構築されたことを想定する。第 2 点目については、東アジア世界での緊張関係が収束したことと関係しているのだと理解している。

さて、弥生時代をとおして移動することがなかった集落が唐古・鍵遺跡である。改めてこの点を確認しておきたい。この遺跡は弥生時代後期に同じ場所で集落規模を拡大させた。大阪湾岸の集落は瀬戸内海ルートにおける物資流通とかかわることが要因となって、多くの集落は高地へと移動した。唐古・鍵遺跡が同じ場所で継続したのも、先ほど指摘したように、この「場」に意味があったと考えている（禰冝田 2010 b）。すなわち、唐古・鍵遺跡のある大和盆地は西からの情報を受け入れつつ東へ情報を提供する位置にあり、瀬戸内地域と東海を結ぶ東西の物流及び情報の拠点としての役割を担う「場」であった。それとともに、農業生産という点で安定した場所に所在していた点（小林行 1959 ほか）は、やはり重要だと考えている。

（2）方形周溝墓の激減

弥生時代後期になると、丹後地域では丘陵上に小墳丘をもった墓が多数営まれるようになり、そこへの鉄器の副葬が顕著となる。副葬されたのは中小型の鉄剣をはじめとする鉄製武器と鉇などの鉄製工具である。素環頭大刀の副葬事例があるのに対して銅鏡は副葬されなかった。

畿内地域においては、弥生時代中期まで盛行していた方形周溝墓が激減することから、後期になるとそれを作る被葬者が限られるようになった（大庭 2007）。丹後地域とは違い副葬事例は限られる。管見の限り、古曽部・芝谷遺跡の鉇、木津城山遺跡の小型仿製鏡片など少数例である。これらのうち、前者で鉇が副葬されていた木棺墓 K4 においては供献土器が割られていた。これについては、丹後地域にみられる破砕土器供献の影響を指摘する意見と（肥後 1994）、丹後地域では遺骸を埋葬し蓋をした後に供献されたのに対し、ここでは棺が埋められた後の供献行為であり直接の影響は薄いという意見がある（宮崎 1996）。たしかに丹後地域にみられる破砕土器供献とまったく同じではない。しかし、畿内地域では例外的に鉇が副葬されていたことを踏まえると、丹後地域から副葬の風習とともに、破砕土器供献が変容しつつ伝わってきた可能性は十分あると考えている。

副葬事例は少ないながらもあることから、鉇や小型仿製鏡片を副葬する程度が畿内地域の首長の実態であるという意見が出てくるかもしれない。これについては、鉄剣はあるのに副葬されなかったのであり、副葬風習がなかったと考えている。畿内地域において弥生時代中期から後期におこなわれた副葬は、定着することのない一過性のものであった。

畿内地域における墓には、副葬がほとんどなく、傑出した規模の墳丘は認められないのである。

（3）弥生的石器の生産と流通体制の解体

石器に関して認められた変化を四つに整理した。

一つ目は出土数についてである。弥生時代中期から後期にかけて 100 ㎡あたりの点数は、奈カリ与遺跡が 1.4 点、有鼻遺跡では 1.9 点であるのに対し、観音寺山遺跡では 0.7 点、古曽部・芝谷遺跡では 0.1 点、表山遺跡が 0.09 点、滑瀬遺跡が 0.2 点である。弥生時代後期の単位面積当たりの石器出土数は弥生時代中期と比べると 1/10 程度の事例もあるが、遺跡によっては 1/50 あるいは 1/100 近くまで減少していることになる。

二つ目は欠落する器種についてである。石器組成のなかで畿内式打製尖頭器が欠落する。畿内式打製尖頭器は、北は京都府志高遺跡から南は和歌山県岡村遺跡まで、近畿の石器のなかで北部から南部まで広く分布する。その製作には高い技術が必要で、南河内の集落で製作され、製品が近畿一円に流通した（蜂屋 1983）。サヌカイト製打製石器は、素材が流通し各集落で製作されたので、製品が流通したのは畿内式打製尖頭器だけであった。弥生時代中期、畿内式打製尖頭器は近畿の弥生石器のなかでもっとも広く普及し、日ごろから佩用する人物を目にしていたことが推測され、分布の中心である畿内地域の弥生石器のなかでは特別な石器、象徴的な存在であった。その石器が弥生時代後期に消滅したのである。

三つ目は砥石の変化についてである。磨製石器と砥石の時期的な変化を調べると、時期の経過とともに、磨製石器と砥石の合計に対する砥石の比率が増加していく。中期後葉では40％を超え、後期初頭に始まる遺跡では70％前後となり、後期後半には100％となる遺跡も出てくる。砥石の研磨対象が磨製石器から鉄器へと変わっていったことが考えられる。

弥生時代後期の砥石と磨製石器及び鉄器の出土状況についてもみてみよう。忌部山遺跡では砥石は出土するのに磨製石器も鉄器も出土しない。大師山遺跡では、砥石が3点出ているが磨製石器は出土していない。これらの砥石の研磨対象は鉄器だと考えられる。

砥石については、石材から研磨対象を想定する研究がおこなわれており（村田 2001）、砥石から鉄器の存在が考えられている。

四つ目は広域に流通した石器及び石材の変化についてである。畿内地域では弥生時代後期に、片岩製の片刃石斧が激減した。しかし、原産地に近いカネガ谷遺跡で、片刃石斧は中期と変わらず継続して使用された。畿内地域においてこの種の石器が激減した要因として、消費地の需要に変化が生じたことが指摘されている（寺前 2011）。筆者は、弥生時代中期に形成されていた広域の石器流通体系に変化が起こったのだと考える。

その視点でサヌカイトの流通状況をみてみよう。明石川流域の遺跡では、弥生時代中期後葉には二上山産サヌカイトが多数を占めていた。西神ニュータウン内第50地点遺跡では55点中39点と71％、頭高山遺跡では56点中37点で66％であった。ところが、弥生時代後期前葉にはじまる表山遺跡で発見されたサヌカイトはすべて金山産であった。時期は新しくなるが、後期後葉に始まる淡路島北端の兵庫県塩壺西遺跡では打製石器9点のうち二上山産サヌカイトは3点で、金山産2点と地元の岩屋産が4点であった。

明石川流域では、弥生時代中期後葉に金山産サヌカイトから二上山産サヌカイトの流通圏になったのが、弥生時代後期には再び金山産サヌカイトの流通圏に入ったことになる。後期に明石海峡を挟んだ地域では二上山産サヌカイトの供給が衰退したのに対し、金山産サヌカイトの供給が増加し、岩屋産サヌカイトも出土するようになったのである。

畿内地域においては弥生時代中期に比較的遠距離間を移動していた石器あるいは石材が、弥生時代後期になると衰退していったことになる。

以上4点は、弥生時代中期に畿内地域において認められていた石器使用のあり方に変化があり、その生産と流通の体制に変化がおこっていたことを示している。

（4）「見る銅鐸」の配布

「聞く銅鐸」が埋納されたあと、「見る銅鐸」が製作され大型化が進んだ。「見る銅鐸」の位置づけは畿内地域の弥生時代後期の評価ともかかわる問題である。「見る銅鐸」については、畿内社会を守護する神器であり、その分布域はイデオロギーを共有するまとまりを示すという考え方（春成 1982）、農耕祭祀の道具から変質し政治的なシンボルに変質したという考え方（福永 1998）など諸説ある。筆者は、分布状況や「聞く銅鐸」が農耕祭祀によって集団を統合する機能を果たしていたことから、「見る銅鐸」はその性格を引き継ぎつつ、畿内地域の首長にとって地域社会内部を

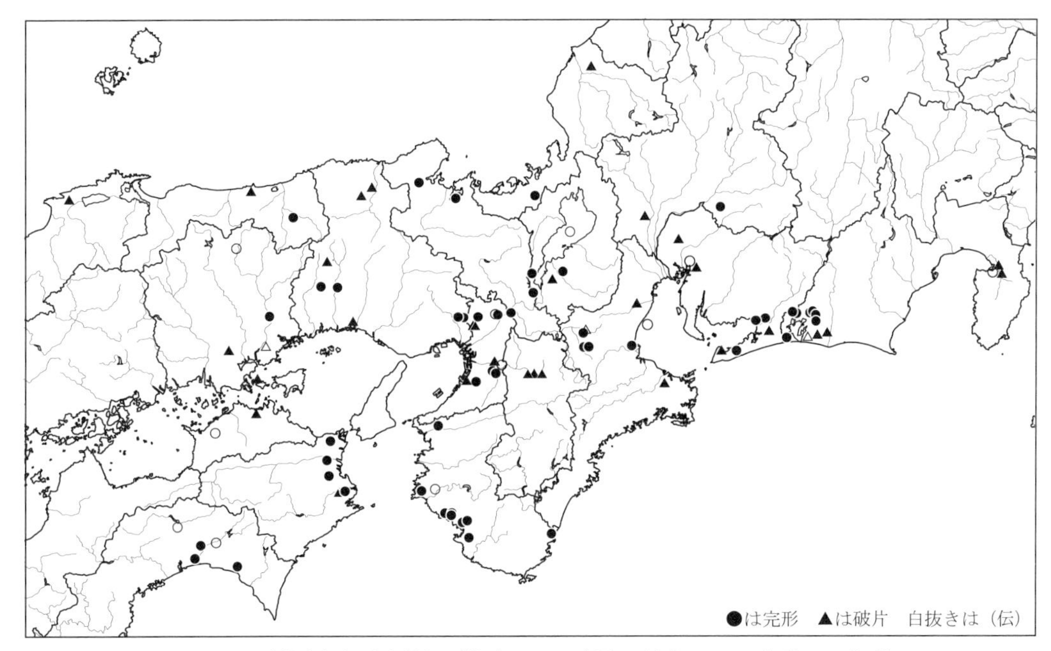

図171　近畿式銅鐸分布状況（難波 2007、福永・近藤 2014 に加筆して作成）

統合する思想的なシンボルであり、地域社会間をつなぐ政治的なシンボルであったと考える。

「見る銅鐸」は近畿東部の地域勢力主導のもと、銅鐸分布圏西部や東部瀬戸内地域の地域勢力に大和地域の勢力も巻き込んだ新たな集団関係の成立を背景として生み出された、と考えられている（難波 2006・2012 b）。そうした広域の政治勢力のもとで創出され、使用された。大和地域でも突線鈕2式銅鐸以降の破片ではあるが、弥生時代後期後葉から終末期の集落から見つかっており、「見る銅鐸」の祭祀は大和地域でもおこなわれていた（図171）。

筆者は畿内第Ⅴ様式土器の分布域を畿内地域とみている。その範囲は広く、畿内地域のなかのどこからもたらされたのかが問題となる。これについては、鋳型が未発見であるため課題であるが、畿内第Ⅴ様式土器をいち早く成立させたのが中河内地域（濱田 2014）、中河内地域と地理的につながり、突線鈕1式の銅鐸を生産し、中期から後期にかけて集落を維持した唐古・鍵遺跡が所在する大和地域を、その候補地に想定している。

6　弥生社会の終焉──終末期の社会──

（1）首長居館及び新たな大規模集落の出現

弥生時代終末期にあたる庄内式期には二つの変化が認められる。

一つは首長居館と考えられる遺構が出現している点である。尺度遺跡はその稀少な例で、独立棟持柱建物2棟が並んで配置され、前面には広場と目される空白地があり、それらは一辺50ｍ程度の方形の溝によって区画され、さらにその外側に竪穴建物がある。纒向遺跡では大型の掘立柱建物が3棟、建物の中心軸を一直線にそろえて発掘された。これらの周囲は柱列によって区画され、範囲は明確ではないが一辺が25ｍ以上と40ｍ以上と推測される。伊勢遺跡は方形に区画された柵

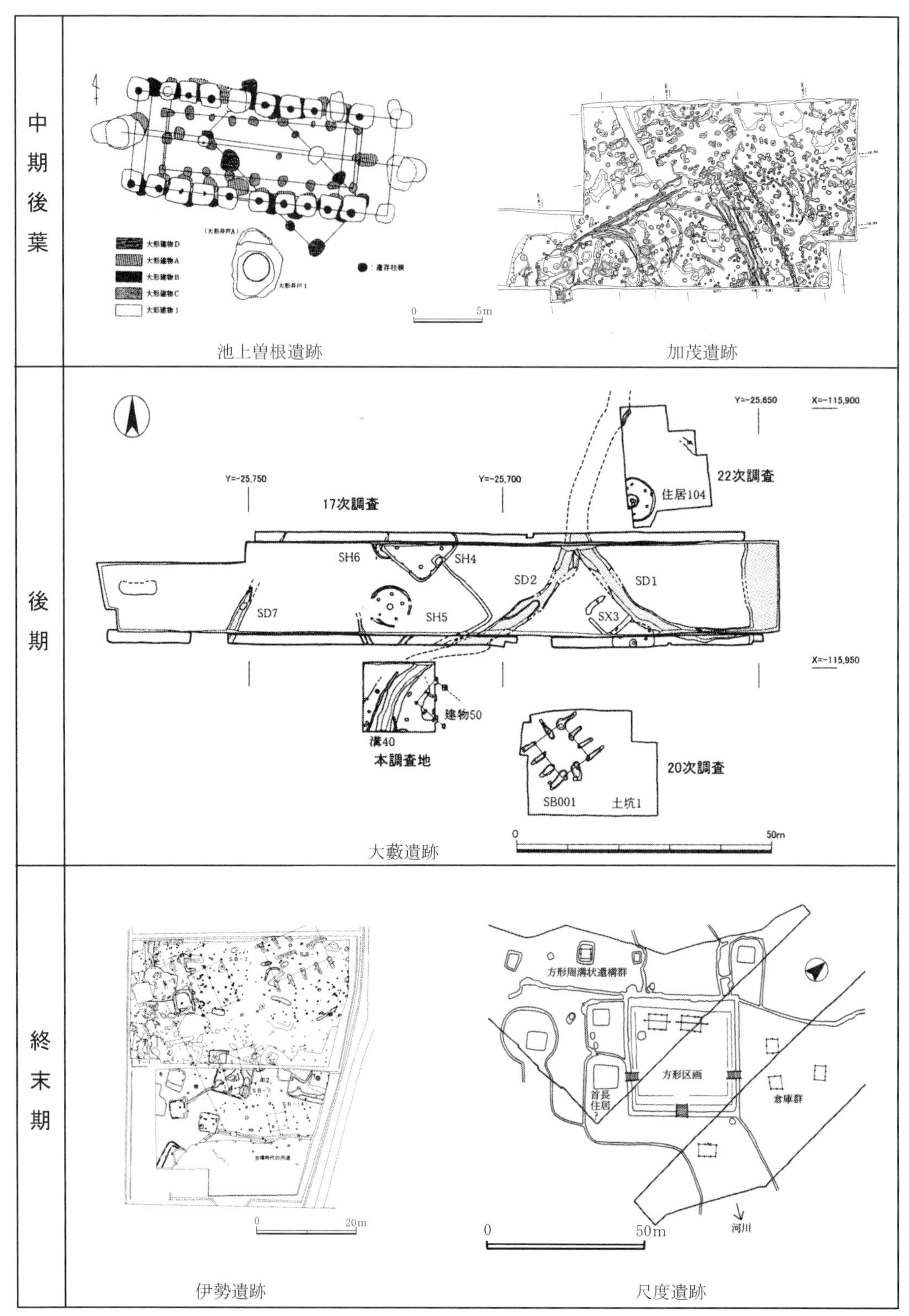

図172　独立棟持柱建物・大型掘立柱建物の変遷

の内側に、独立棟持柱建物と大型掘立柱建物がL字形に配される形で検出された。そして、その周囲にも大型掘立柱建物群を検出し、その建物配置は直径200m程度の環状に復元されている。時期としては、弥生時代後期後葉まで遡るとされており、現状では、居館としてもっとも古いと考えられる。

さて、この時期、独立棟持柱建物や大型掘立柱建物は区画施設をともなっていたが、この種の建物は弥生時代中期に単独で存在していた。両者はどのような関係とみたらいいのだろうか。間の時期である後期の検出例が顕著でなくなるなか、大藪遺跡では独立棟持柱建物と大型掘立柱建物の方向が一致した形で検出され（図172）、両者の過渡的な形と評価している。時期としては、後期中葉頃に位置づけられる。

弥生時代後期に農耕祭祀の祭具として機能していた銅鐸が、政治的な統合のシンボルに変化したのと同じように、独立棟持柱建物等も構造、外観は類似していたとしても、建物の機能は変化した。銅鐸と同様に、農耕祭祀とかかわる施設から政治的な意味をもつ施設に変化したのである。

これらに共通することがらは、まず流通の拠点であったことがあげられる。大和地域では纒向遺跡が東西交通の接点に位置している。伊勢遺跡は日本海から琵琶湖を介して畿内地域及び東海地域以東とかかわっていたことが考えられる場所に位置している（小竹森 1989）。

また、区画内に竪穴建物が存在していないことも特徴である。しかも構造は三つとも異なっており、この時期の首長墓が前方後円形を呈することをはじめ共通点が認められることとは対照的である。首長居館の構造は多様であったことになる。

もう一つは新たに大規模遺跡群が出現した点である。河内地域においては中田遺跡群のように、別々に把握されていた複数の遺跡を一つの集落として把握しようという考え方が提起された。内部構造までは明確ではないが、出土遺物では吉備地域や山陰地域といった他地域の土器が多数出土し、やはり流通拠点としての性格が指摘されている（山田隆 1994）。

これらの遺跡は、弥生時代中・後期の大規模集落である環濠集落よりもさらに大きく、しかも交通の結節点に位置している。

弥生時代後期までの大規模集落は、農業経営上の理由により成立し、首長も集落内に存在し、政治的・経済的・宗教的な拠点として機能していた。一方、この時期に成立した大規模遺跡群は、後期までの環濠集落よりも多くの集団が結合していた。それらが物資流通の拠点となる位置に所在したのは、それまでとは異なる形で鉄器など金属器が流通するようになったからだと考えている。

（2）墳丘の発達、副葬の開始

弥生時代後期まで、畿内地域において顕著な墳丘をもつものは未確認であり、それは終末期にも同様で、首長墓と考えられる墳丘墓である芝ヶ原墳墓は復元すると一辺20m程度の方形部に張り出し部をもつ前方後方形の墳丘、中宮ドンバ遺跡の1号墓は一辺22mと18mの長方形の墳丘をもっている。

そのなかにあって、墳長80mのホケノ山墳墓（図173）や墳長52mの園部黒田墳墓など、前方後円形で、規模の大きい墳丘墓が出現したことは、これまでには認められない墳墓という点で特筆される。

また、ほとんどなかった銅鏡や武器類など威信財の副葬が始まった。ホケノ山墳墓では、画文帯

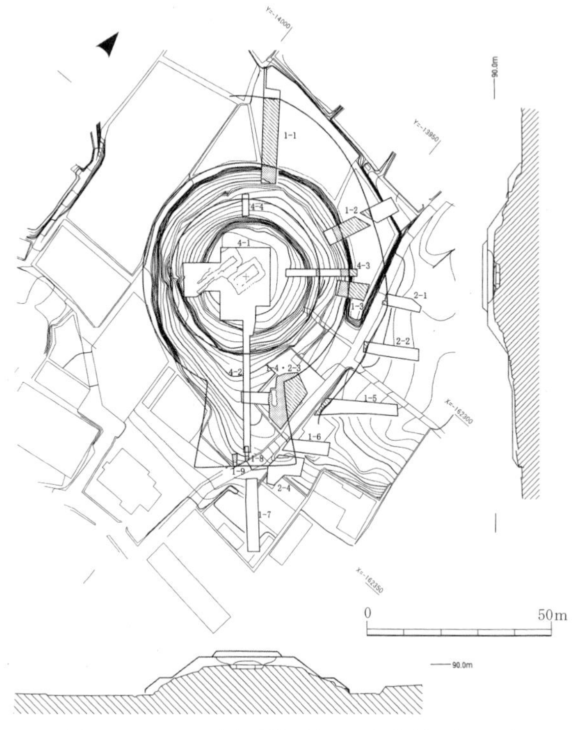

図173　ホケノ山墳墓墳丘復元図（橿考研 2008）

神獣鏡2点、素環頭大刀1点、鉄製刀剣類10点のほか、多数の鉄鏃及び銅鏃などが検出されている。芝ヶ原墳墓では四獣鏡1点、銅釧2点、ヒスイ製勾玉8点、碧玉製管玉187点、ガラス製小玉1,297点が頭部付近で検出され、このほか鉇1点、不明鉄器片が出土した。畿内地域周辺でも丹波地域の園部黒田墳墓や播磨地域の綾部山39号墓でも副葬がおこなわれた。

弥生時代終末期、墳墓には大きな変化がおこっていたのである。

（3）銅鐸祭祀から銅鏡祭祀へ

大型化した「見る銅鐸」は、畿内地域社会を統合する思想的なシンボルであり、首長間を結びつける政治的なシンボルであったと考えているが、その終焉は二つの場合があった。

一つは埋納された場合である。埋納銅鐸のなかで土器をともなった事例は徳島県矢野遺跡で、時期は弥生時代後期後葉である。この遺跡では鰭を土中に突き刺す状態で検出され、しかも箱のようなものに入っていた可能性が指摘されている(5)。

もう一つは破砕される場合である。兵庫県久田谷遺跡の銅鐸はその代表例であり、奈良県脇本遺跡や大福遺跡といった大和地域でも破砕銅鐸があり、別の青銅製品の素材であったと考えられる。

これらのことから「見る銅鐸」は、祭器として機能が全うされた場合と、祭器としての機能が停止された場合があったことになる。それは、受け取った側の事情によって、銅鐸の取り扱いが変わったのではないかと考えている。

近年、天満・宮西遺跡で突線鈕5Ⅱ式という最新型式の銅鐸の破片が出土した。時期は後期である。発掘調査報告書が刊行されていない中での言及は拙速ではあるが、この遺跡からは立坂型特殊器台の破片も出土している。つまり、畿内地域と吉備地域の政治的なシンボルが共伴していたのである。ともに破片ではあるが、銅鐸は意図的に破片にしないとこのような状態では出てこない。この地の首長は特殊器台を使った祭祀を受容するために銅鐸を破砕したのではないかと推察する。詳細は今後の検討に委ねられるが、一つの遺跡で異なる地域の政治的なシンボルが出土することは興味深く、銅鐸の終焉ともかかわる重要な成果とみている。

埋納時期と破砕時期の前後関係については現在のところ明らかではない。銅鐸は新たな政治的シンボルである画文帯神獣鏡がもたらされたことによって役割を終えた。天満・宮西遺跡の事例はそれ以前にもほかの地域のシンボルとの競合のなかで役割を終えた可能性が示唆されるのである。

「見る銅鐸」の終焉については、時期やそこにいたるまでの取り扱いを含め、さらに検討が求められる。

第3節　近畿弥生社会における鉄器化の意義

1　鉄器の普及

この件は第1章で詳細に検討したので、要点を示しておきたい。

畿内地域における鉄器は弥生時代中期前葉には出現し、中期後葉には兵庫県東南部で鉄鏃・板状鉄斧・鉇など武器と工具類の出土数が増える。弥生時代後期になると、鉄鏃・板状鉄斧・鉇・刀子などの武器と工具類そして棒状鉄製品・鉄片など機能が明らかではない鉄製品が出土する。器種は中期の段階と大きく変わるものではないが、一遺跡での出土点数が多い事例が出現する。後期後葉になると、鉄製刃先などの農具・土木具も出現する。終末期には素環頭大刀をはじめとする威信財とみなされる鉄製武器も出土するようになる。

鉄器の出土点数は時間の経過とともに増加するわけではないが、新たな器種が加わる。器種が多様化していることは、鉄器の普及が進行していたことの反映であるとみている。

とはいっても、鉄器の出土数が少ないことは事実である。「見えざる鉄器」だけで説明することに批判が出されていることから、石器については、

①石器の出土数は激減していること

②磨製石器及び鉄器と砥石の共伴関係から鉄器用の砥石の存在が認められること

というすでに示した考え方に、

③畿内地域の弥生時代中期を象徴する石器である畿内式打製尖頭器が消滅したこと

④比較的遠隔地まで流通していた石器素材の流通が衰退したこと

という2点を加え、改めて四つの点において変化があったことを提示した。

これらの変化を総合して、石器からみて鉄器化が進行していたと考える。

それとともに、留意しておきたい点を二つあげておきたい。

一つは、鉄器化は地域の社会のなかで進行した点である。北部九州地域と畿内地域の鉄器出土量には大きな差があることから鉄器化を評価しない見解（寺沢 2000、藤田憲 2002 ほか）があることはすでに取り上げた。それは一つの見方ではあるが、筆者は北部九州地域の鉄器化は北部九州地域において、畿内地域は畿内地域のなかで評価することが重要であると考えている。鉄器化は、石器の生産と流通の体制と鉄器の生産と流通の体制がかかわっており、それは地域によって異なっていたと考えられるからである。

にもかかわらず、畿内地域の後期にいたっては鉄器が普及していなかったという初歩的な論争が起きてしまうほど鉄器の出土例が少ないという評価（藤尾 2011 b）がなされた。鉄器の出土数は列島のなかで少ないとしても（禰宜田 2015 a）、畿内地域だけが鉄器化に取り残されるようなことが、弥生時代後期の列島において、果たしてありえるのだろうか。

二つ目は鉄器化と東アジア情勢についてである。野島永は、弥生時代後期初頭は中国では新王朝の成立期にあたり、「奴国」以外の北部九州地域や山陰、近畿北部の地域とも新たな貢賜関係を結

んだ可能性、さらには2世紀の高句麗などの南部朝鮮への侵攻が、列島に対する鉄素材への規制を緩和させた可能性を述べた（野島 2009）。また、かつて高倉洋彰は後期後葉に相当する時期は中国において政治的混乱期にあたり、銅鏡などの供給量が減少したことを指摘したが（高倉 1972）、このことは鉄器の供給も同様に安定的ではなかった可能性を示唆する。村上恭通が後期の段階で北部九州地域の勢力が鉄器の供給を制限することがあった、と指摘している点（村上恭 2000）には留意しておきたい。

畿内地域の弥生時代後期には鉄器が普及し、「石器が主、鉄器が従」から「鉄器が主、石器が従」の生産と流通の体制に変化した。しかし、具体的な議論は難しいが、鉄器は時期とともに順調に右肩上がりで増加しなかったことも念頭に置くことは必要と考える。ただし、石器を激減させ、石器に頼ることのない量の鉄器供給はあったことを確認しておきたい。

2　土器などの広域流通からみた鉄器の供給ルート

それでは、土器と一部の鉄器の出土状況をもとに、韓半島から近畿までの鉄器供給ルートを検討してみたい。

最初に近畿以西の土器の様相から考えてみよう。まず注目されるのは、畿内地域とその周辺地域における土器のなかで、明石川流域が畿内第Ⅴ様式土器の分布域の西限にあたる点である（濱田 2014）。そうなった背景として、畿内地域の首長にとって明石海峡が物資流通において重要な場所であったことを考えた。

弥生時代後期前葉までの大阪湾岸地域では中部瀬戸内地域の土器が認められた（西谷 1999）。この時期、鉄器は瀬戸内海ルートでもたらされたと考えられる。ところが、弥生時代後期中葉になると大阪湾岸地域に中部瀬戸内地域の影響を受けた土器は認められなくなり、明石川流域や摂津地域に、北近畿の土器が分布するようになる（桐井 2016）。大阪湾岸地域において中部瀬戸内土器が衰退し明石川流域や摂津地域において北近畿の土器が出土するようになったのは、瀬戸内海ルートが一時停滞したからではないかと考える。そうなったとしても、北近畿の土器の南下現象は、日本海から南下するルートが機能していたことを示している。そのルートで鉄器が入手できる関係が構築されていた状況を想定する。

その後弥生時代後期後葉には、淡路島北端に塩壺西遺跡が出現する。ふたたび瀬戸内海ルートが機能するようになったと考えられる。

そのほか、鉄器の流通とかかわると考える現象をいくつか取り上げてみよう。まず、弥生時代に鉄器をはじめとするさまざまな物資流通の表舞台となった日本海側の遺跡で、興味深い現象が認められる。弥生時代後期の出雲平野と鳥取平野では土器の様相が異なっているというものである。出雲平野では北部九州地域系の土器と西部瀬戸内系の土器が出土しているので、北部九州地域を介した交渉が考えられている。一方、鳥取平野の青谷上地寺遺跡では外来系の土器が出土していないのに対して、鉄器は、北部九州地域系のものと列島では例の少ない有肩鉄斧が出土している。北部九州地域とまったく関係がなかったわけではないものの、北部九州地域を介さない韓半島との独自ルートが存在した可能性があるというのである（池淵 2015）。日本海側においても、鉄器の入手は、北部九州地域から出雲地域、伯耆地域へとリレー式に伝播したのではなかったことが考えられるのである。

つぎに、韓半島における弥生系土器もみていこう。金海會峴里貝塚からは、近江系の土器が出土している。器種は甕で弥生時代後期後葉に比定される。また、近江系土器の文様が施された擬三韓系瓦質土器も出土している。これらから、日本海を介した大陸との交易の中核であった丹後地域の集団のもと、近江地域の集団も韓半島の集団との交流に参画していたこと、その目的は鉄器の獲得であったことが想定されている（武末ほか 2010）（図174）。

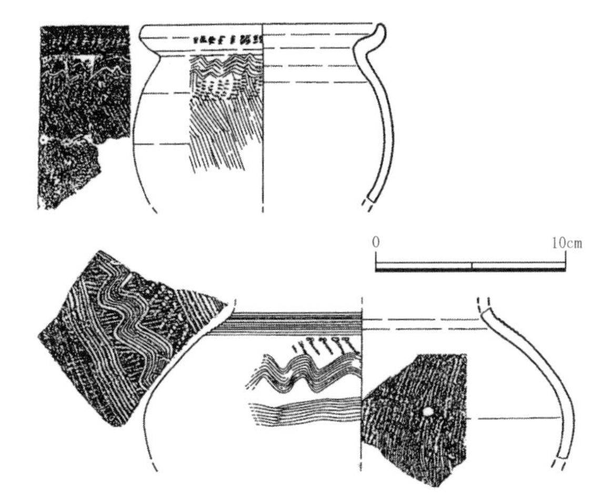

図174　韓国金海會峴里貝塚出土近江系土器（武末ほか 2010）

韓半島における弥生系土器の出土地として泗川地域の勒島遺跡が著名であるが、近年では金海地域や蔚山地域でも出土している。なかでも、蔚山達川遺跡における須玖Ⅱ式系土器の発見について、倭人が鉄鉱石の採取にかかわった可能性も指摘されている（武末 2013）。

これらは、倭人が韓半島において鉄器を入手しようとした片鱗を示してくれているといっていいだろう。

最後に、鋳造梯形鉄斧を取り上げる。この種の鉄斧のうち弥生時代中期後葉～後期前葉に属するものは岡山県伊福定国前遺跡や愛媛県文京遺跡で知られ、現状では、壱岐・対馬地域で出土が知られている事例よりも古く、中国・四国地域の集団は壱岐・対馬地域よりも早くこの鋳造梯形鉄斧を入手していたことになる（武末 2006）。武末も指摘しているように、今後、九州本土でも出土することは十分考えられるが、弥生時代中期後葉～後期前葉の段階で、北部九州地域を介さない形での鉄器流通があった可能性がある。

以上のことを踏まえると、土器の親縁性と物資の流通が関係しているということが前提であるが、物資のなかに鉄器が含まれているとみており、畿内地域への流通ルートは時期によって変化したことが考えられる。また日本海側においても地域によって鉄器の入手ルートが異なっていたことが示唆される。そして、想像を超える形で倭人が韓半島の人々と交流をおこなっていたことも考える必要がある。

そして、実証は難しいが、列島からみた場合、鉄器を含む大陸系文物の入手ルートはどのように想定できるのか、という課題がある。大陸系文物を入手する際に、「独自」あるいは「直接」ということが指摘される。たとえば、青谷上寺地遺跡では独自のルートの存在が言及されることがあるが、その具体的なルートはどのようなものだったのか。大陸からであれば、日本海沿岸に何らかの要因での漂着はありえるだろう。しかし逆に、青谷上寺地遺跡のある鳥取平野から、日本海沿岸のいずれかの土地にも寄らずして韓半島に到達することはありえたのであろうか。

そういう点で、九州本土から60 kmほど離れたところにある沖ノ島は、弥生時代においても重要な意味をもっていたのではないだろうか。実際、弥生時代中期後葉に瀬戸内系の土器が出土している（武末 2011）。さらに、壱岐島に所在する原の辻遺跡でも弥生時代中期には、薩摩地域・肥後地域・豊後地域・防長地域とともに山陰地域や山陽地域の土器が出土している。後期には畿内地域の土器も1点であるが確認されている（古澤 2016）。原の辻遺跡が大陸との交流において大きな役割を果たしていたことは、すでに言及されているところであるが（白井 2001）、沖ノ島の存在にも注意しておきたい。

上記の動向をふまえ、丹後地域の集団は、鉄器を直接的に入手できるようになったことが指摘されている（野島 2009）。原の辻遺跡では北近畿系の土器が出土しているわけではないが、「奴国」や「伊都国」の地を経由せず、本州西端から沖ノ島・壱岐島へと至るルートの存在は、考えておく必要がある。

鉄器の入手に際しては多くのルートが存在していた可能性を考慮しておきたい。

3　畿内地域における鉄器化の意義

鉄器化の意義としては、終戦直後から鉄器の保有とくに農具の鉄器化によって生産力が上昇し、それが前方後円墳の出現にいたる原動力となったという見解が主流であった（都出 1967・1989 ほか）。ところが鉄器自体の研究が進展し、畿内地域における鉄器の製作技術が低いことを踏まえ、弥生社会における鉄器を生産力の発展という観点だけで評価することは難しく、畿内地域に前方後円墳が出現した要因として鉄器を想定することに否定的な見解が出てきた（村上恭 2000 ほか）。

筆者はかつて、弥生時代後期を境にして石器のシステムが鉄器のシステムに移行し、鉄器の流通を掌握することで政治的にも経済的にも劇的な変化があったとした。そして、各地域の首長層は新たな流通ネットワークを形成し、鉄器の流通にかかわった首長のもとで物資や情報が独占され階層分化が進行し首長間の格差が生じたことを述べたのであった（禰宜田 1998 b）。

その後、村上恭通や野島永の研究を踏まえ、石器から鉄器への移行について再検討した。石器からみた鉄器化については、弥生時代中期までは「石器が主、鉄器が従」であったのが、後期には「鉄器が主、石器が従」になったと整理した。弥生時代後期に一部遺存する石器にも留意し、畿内地域の鉄器化は中期以降、段階を踏んで進行していくが、画期となるのは後期であった。

「鉄器が主」になったといっても、鉄器の出土数が少ないという点については変わらない。本研究では石器の消滅だけでなく、砥石との関係上の変化、石器組成上の変化、流通上の変化を評価し、木器やそのほかの道具の様相も見据え、鉄器製作遺跡の存在や土器による各地域の交流関係から鉄器化が進行したことを論じた。「見えざる鉄器」は想定するが、鉄器が潤沢であったかどうかまでは議論しないし、それによって畿内地域の「先進性」を説くわけでもない。また、「見えざる鉄器」は、畿内地域以外でも想定されなければならず、畿内地域だけが潜在的に鉄器を多数保有していたわけでもない。そうしたうえで、畿内地域で鉄器の出土が少ないことについては、何らかの事情があったことを考慮する必要があると考えている。

以上を踏まえ、鉄器化の意義について改めて整理したい。かつて指摘したように、鉄器化によって一部の首長に情報が集中するなど、階層分化が進行したという点については、それを示す普遍的な考古学データはない。野島永は竪穴建物の鉄器保有状況については地域差があったとする。すなわち、山陽地域では大型の竪穴建物に鉄器が多く出土する傾向があるのに対し、丹後地域では住居規模とは関係なく鉄器は出土すると整理し、前者は鉄器生産主体の体制、後者は玉類生産のための鉄器生産であるとし、鉄器の生産と流通のあり方は一様ではないとした（野島 2012）。鉄器化の意義として階層分化の進行があったことについては、現状では留保しておく。

では、改めて鉄器化の意義として何が考えられるであろう。2000年頃を境に、鉄器研究の進展により（村上恭 1998・2000、野島 2009）、現在、弥生時代後期の畿内地域における鉄器化は評価されなくなっており、鉄器化によって社会が変化したという論には消極的である（森岡ほか 2016）。たしかに、鉄器化によって弥生時代後期に社会が劇的に変化したという状況を見て取ることは難しいように思われる。

しかし、鉄器化は社会を変化させることにはならなかったのだろうか。答えは「否」である。弥生時代後期、「鉄器が主」となった段階で重要なことは鉄器の供給を途絶させないことだと考えられる。しかも、石器が減少する現象は大きく見ると東北を含め列島規模でおこっている。その背景に鉄器の供給を想定すると、南関東、北陸や東北南部にまで及ぶきわめて広域なものであった。「鉄器が主」となったことにより大陸を起点とした列島の広い範囲に及ぶ広域の流通ネットワークが成立したことが考えられる（図77）。このことが、鉄器化によって社会の基盤となる部分を変化させたという点で、もっとも大きな意義であり、「価値観」の変化を含め、社会を変化させることにつながっていったと考える。

弥生時代後期の鉄器は、中期の「石器が主」であった段階とはまったく異なる意味をもつようになっていた。畿内地域の首長は瀬戸内海の東端にあり、鉄器の入手には「不利」な位置にあった。鉄器化に際して畿内地域の首長は受動的な位置にあり、鉄器の流通を円滑にするためには西方の地域の首長との良好な関係は不可欠となった。弥生時代後期の段階で、畿内地域がほかの地域に先駆けて主導権を握るようなことはなかったのである。

第4節　結論――畿内地域弥生社会の特質――

1　畿内地域における弥生社会三つの画期

ここまで近畿の弥生社会について時期ごとに変遷を整理するとともに、鉄器化の意義を改めて述べた。本節ではまず、畿内地域に絞って弥生文化伝播以降の社会について三つの画期を設定する。

【第一の画期】弥生時代前期後葉　弥生社会の確立　弥生時代前期後葉には集落や墓、日常生活関係及び祭祀関係の遺物において、弥生時代を特徴づける要素が認められるようになる。

集落では、池上曽根遺跡や唐古・鍵遺跡に代表される大規模環濠集落が出現する。それまで小規模であった複数の集落が集住し大型化したのであり、その要因としては水田稲作を安定的に実施することが考えられている（秋山 1999 b）。

墓では、安満遺跡や東奈良遺跡などで方形周溝墓の確認事例が増加し、普遍的な墓制として定着した。

遺物では、畿内式打製尖頭器がみられるようになる。畿内地域において数多く出土する器種であるとともに、南河内地域では喜志遺跡や甲田南遺跡のように製品まで製作する遺跡が現れ、そこで製作された製品が流通するようになった。石器は基本的に石器石材あるいは未製品が流通する中にあって、特別なモノであったことが指摘できる。

弥生時代中期に盛行する石器石材の使用が始まるのもこの時期である。打製石器では金山産サヌカイト製の打製石器はみられなくなり、畿内地域はもちろん近畿一円に二上山産サヌカイトが供給されるようになる。石包丁についても耳成山産の石材が衰退し、畿内地域の北部は近江地域の粘板岩、その南部は紀伊地域の結晶片岩製になる。

また、山賀遺跡の鳥形木製品、唐古・鍵遺跡の武器形木製品など新たな祭具が出現する。銅鐸はこの時期まで遡る確実な資料はないが、弥生時代中期前葉には出現していた。

このように、畿内地域の弥生社会を特徴づける遺物が出揃うとともに、縄文時代を特徴づけていた日常生活道具では突帯文土器、祭祀関係遺物では土偶が消滅する。つまり、水田稲作が伝播したのち、弥生社会が確立したのがこの時期である。酒井龍一はこの時期に大きな画期を認め、この時期以降を真正弥生時代（酒井 1990）としている。

歴博により新たな年代観が示された。畿内地域では弥生社会が確立するまでの期間がこれまでの考え方よりも300～400年程度長くなった。弥生時代前期後葉以降の時間幅は基本的に変わらないので、この時期を境に社会は急激に変化したことになる。弥生時代前期後葉はますます大きな画期だったことになる。

【第二の画期】弥生時代後期前葉　「鉄器が主、石器が従」の社会　弥生時代後期になると集落や墓、遺物それぞれにおいて中期とは様相が大きく変化した。

集落ではまず、低地の環濠集落が解体し丘陵上に高地性の環濠集落が成立した。池上曽根遺跡では環濠が埋まり、集落自体は縮小するとともに近隣に観音寺山遺跡が、安満遺跡においてもその近隣に古曽部・芝谷遺跡が、それぞれ出現するか本格的に集落が営まれるようになったのであった。ただし、唐古・鍵遺跡や亀井遺跡、あるいは高地性集落ではあるが会下山遺跡のように、中期から後期にかけて継続する集落もある。

観音寺山遺跡や古曽部・芝谷遺跡は、この時期に始まり盛行した集落であるが、広く発掘調査したにもかかわらず独立棟持柱建物等が明確な形で検出されていない。今後、ほかの遺跡で検出されることがあっても、少ないと予想している。

この独立棟持柱建物等の検出例が少ないことは、「聞く銅鐸」の埋納のピークが終わったことと連動した現象であると理解している。つまり、「聞く銅鐸」とそれとかかわる独立棟持柱建物等とは、中期末後期初の段階でともに役割を終えた。弥生時代後期以降、「見る銅鐸」は形こそ継承するものの性格を異にする祭器となったように、独立棟持柱建物等も、形は継承されたが中期にあった建物とは異なる性格に変化したのである。

墳墓に関しては、数多く営まれていた方形周溝墓の築造数が劇的に減少する。方形周溝墓という形はとるものの被葬者には変化があったことが考えられる。

遺物の内容も変化した。石器が劇的に減少し、弥生時代中期を象徴する畿内式打製尖頭器は消滅する。そして鉄器の出土数が増えることからも、鉄器化についてはこの時期が大きな画期であった。ただし、弥生時代後期にも石器は残存するので、「石器が主、鉄器が従」の段階から「鉄器が主、石器が従」の段階への変化であった。

以上のことから、第二の画期では、第一の画期において弥生時代を特徴づけていた集落、墓制、生活道具・祭具などの遺物のあり方のいずれもが変化したことになる。つまり、①畿内式打製尖頭器のように消滅するもの、②石器総体のように衰退するもの、③独立棟持柱建物等や「見る銅鐸」のように形は残るものの性格が変化するもの、という三つの形をとった。弥生時代中期と後期とでは大きく社会が変化したことになるのである。その要因は、「鉄器が主」となったことだと考えている。それによって、大陸を起点とした広域の流通ネットワークが不可欠のものとして機能するようになった。それは間接的ではあったが東アジア世界と繋がることにもなり、畿内地域の弥生社会もそのなかに組み込まれることとなった。鉄器の流通は、これまでとは異なるシステムでおこなわれることになったのである。

このことは、縄文的世界観に弥生的世界観が加わった「聞く銅鐸」を埋納させ、弥生時代中期までは残っていた縄文時代以来の埋葬時に膝を屈曲させるという風習を伸展葬にさせたこと（福永 2001）とも関係しているとみている。

第一の画期では縄文時代に系譜をもつ要素のうち消滅したものもあったが、変質しながら弥生社会のなかに遺存していた要素がいくつかあった。この第二の画期では、弥生社会の基層のところに残っていた縄文時代からの「遺制」ともいうべきものが消滅したことになるのである。

【第三の画期】弥生時代終末期　弥生社会から古墳社会へ　弥生時代終末期には集落と墳墓でこれまでにはない変化がおこった。

集落では、独立棟持柱建物等を主体とした建物群すなわち首長居館かそれに関する施設が出現した。纒向遺跡はその一つである。伊勢遺跡の場合、終末期よりも遡るがこの時期も機能していた。

また、構造については不明なところもあるが、中河内地域の中田遺跡群のような個々の遺跡をひとつのまとまりとして把握する大規模遺跡群が出現した（山田隆 1994）。大規模遺跡群は交通の要衝に出現した。弥生時代中期の大規模集落は水田稲作をおこなううえで協業の必要性から集住したのに対し（秋山 2007）、この時期の大規模遺跡群は物資流通とかかわって成立した。弥生時代中期から後期の大規模な集落、終末期の大規模遺跡群の性格に変化があったことになる。

墓制では、威信財の副葬が始まった。ホケノ山墳墓は大規模な墳丘に副葬品がともなう事例であり、芝ヶ原墳墓は大規模な墳丘をもつわけではないが副葬品をともなう事例である。墳丘規模にかかわらず副葬の風習が始まったことになり、副葬品には画文帯神獣鏡という銅鏡が含まれていた。

しかも、墳丘については、この時期に出現した纒向型前方後円墳（寺沢 1988）が、北部九州地域から南関東までという広範囲に分布した。ホケノ山墳墓は纒向型前方後円墳の一つである。

弥生時代後期、北部九州地域・出雲地域・吉備地域で地域性のあるシンボルとして、銅矛、四隅突出型墳丘墓、特殊器台が機能し、畿内地域のシンボルは「見る銅鐸」であったが、纒向型前方後円墳は、これらのシンボルの領域をはるかに越える広範囲に及んだことになる。

つまり、集落では、弥生時代後期までの立地とは異なるところに大規模遺跡群が出現し、首長居館も顕在化した。墓では、弥生時代後期まで認められなかった威信財の副葬が始まり、巨大な墳丘をもつ墳墓も現れた。弥生時代を象徴する祭具である銅鐸、「見る銅鐸」がなくなり、中国からの画文帯神獣鏡が出現した。

集落・墓・遺物のいずれについても、弥生時代後期とは異なる様相を呈している。筆者は弥生時代には見られない超巨大な墳丘をもつ箸墓古墳の出現に大きな画期を認めており、それ以前の庄内式期は弥生時代終末期に位置づけている。定型化した前方後円墳成立以前の画期として、この段階を設定した。

2　畿内地域弥生社会の特質

ここまで、近畿の弥生社会の変遷を整理し、画期を設定した。それを踏まえて、畿内地域の弥生社会の特質として次の4点を挙げておきたい。それらのうち4点目以外は、すでに先学が指摘してきたことと項目としては同じであるが、筆者なりに述べてきた視点で改めて論じるものである。

（1）墳墓に副葬をおこなわなかった社会

死者に対してモノを副葬する行為は縄文時代にもあった。それらは装身具が多く、厳密にいうと着装品とされるものが主体であった。装身具ではなく武器を副葬する風習は弥生時代に大陸からもたらされた（高倉 1999ほか）。

北部九州地域では、弥生時代中期後葉の段階で、須玖岡本遺跡D地点甕棺墓や三雲遺跡南小路地区1号・2号甕棺墓のように区画墓に豊富かつ多量の副葬がおこなわれる場合と、吉野ヶ里遺跡のように群集した甕棺墓のなかに銅鏡が副葬される場合があった。終末期も宮の前遺跡C地点1号墓のように副葬品は明らかではないが区画を有する場合、桜馬場遺跡のように区画は明瞭ではないが周辺に同時期の甕棺墓は未確認であることから単独で存在したと考えられる甕棺に銅鏡などを副葬する場合、宝満尾遺跡のように複数の墓に銅鏡を副葬する場合がある。

山陰地域や北陸地域の弥生時代後期には、西谷墳墓群をはじめとする四隅突出型墳丘墓が展開した。広範囲に共通した墳形の墳丘墓が作られ、ごく一部には副葬品をともなうことがあった。

吉備地域では弥生時代後期の楯築墳墓が非常に大きな墳丘墓であり、鉄剣や各種装身具が副葬されていた。そのような規模ではないが、墳丘墓としては立坂墳墓や黒宮大塚墳墓があり、装身具がともなった。弥生時代後期後葉から終末期に一部に副葬がおこなわれた墳墓がある。

丹後地域では弥生時代後期に四隅突出型墳丘墓も大規模な墳丘墓も発達しなかった。大山墳墓群などのように丘陵上に営まれた小規模な墳墓に、鉄剣・鉄刀や鉇といった鉄器の副葬がさかんにおこなわれた。

これらの地域における弥生時代後期までの墳墓には、墳丘が大型化するか同じ形状の墳丘をもちながら副葬がおこなわれた場合、そうした墳丘をもちつつ副葬がおこなわれなかった場合、墳丘をともなわないのに副葬がおこなわれた場合があったことになる。

これに対して、畿内地域では弥生時代中期に加美遺跡Y1号墓や田能遺跡3号方形周溝墓のように大規模な墳丘をともない、装身具が着装されるような方形周溝墓があるにはある。また、畿内式打製尖頭器、柱状片刃石斧といった石器が副葬されることもあった。

弥生時代後期、方形周溝墓や円形周溝墓は営まれたが数は激減し、喜連東遺跡B地区では周溝を含めると規模の大きい方形周溝墓となるが、顕著な規模のものは数が限られている。副葬事例として古曽部・芝谷遺跡の鉇、木津城山遺跡の小型仿製鏡などがあるが、大規模な墳丘をともなうわけではない。

弥生時代から古墳時代における副葬については、単発的にモノが副葬された場合と、北部九州地域で想定した遺骸保護の思想にもとづき副葬された場合がある。後者は前方後円墳祭祀につながる風習と考えるが、畿内地域の弥生時代中・後期にみられる副葬は前者の例である。副葬品によって、死者に対する思慕の念が表される場合や、上位階層者であることを示す場合はあったであろうが、遺骸保護の思想がともなっていたという状況にはない。

弥生時代中期から後期まで、副葬の風習が発達しなかったことが畿内地域の墓制における特徴であり、そこが北部九州地域で展開した墓制との大きな違いであったことになる。

（2）金属器であっても私有財とならなかった社会

かつて都出比呂志は銅鐸と武器形青銅器を対比し、畿内地域において、銅鐸は共同体の祭器であり司祭者あるいは首長の管理のもとにあったとしても私有財とはならなかったことを指摘した（都出 1970）。都出は畿内地域においては共同体の規制力が強かったと考え、これによって畿内地域の「先進性」、すなわち共同体規制の強さを早く作り上げ、ピラミッド型の政治連合体をいち早く作り上げたと考えたのであった。

銅鐸が墓に副葬されることはない。小型仿製鏡は木津城山遺跡で副葬された例があるものの、破鏡を含めほかの銅鏡は居住域からの出土である。漢鏡については伝世鏡論ともかかわるが、後期に存在していたとすれば、副葬されなかったという点で銅鐸と同じ扱いであったことになる。

北部九州地域で威信財としての役割を果たした鉄剣は、畿内地域では居住域から検出される。畿内式打製尖頭器が身分表象として機能したと考えられており（寺前 1998）、鉄剣も佩用していたとすれば、その人物が特別な存在だと見られていたのであろう。鉄剣に威信的側面はあったが、墳墓に副葬されることはなかった。

青銅器・鉄器が副葬される事例は検出された墓の総数からすると例外的である。銅鐸の性格は弥生時代中期と後期では変化したものの、首長によって代々管理されていたという点では変わりがなかった。

畿内地域の弥生社会は、弥生時代後期にはほかの地域と政治的関係を結ぶなど変質を遂げたが、首長の地位を表象していたと考えられる銅鐸や鉄製武器も副葬されることはなく、その管理、保有について変化は認められない。金属器であり首長の権威を表象するものであっても、私有財とはならなかったのである。

（3）銅鐸祭祀を集団統合の場とした社会

弥生時代中期には「聞く銅鐸」を用いた祭祀がおこなわれた。その祭祀とかかわっていたとみているのが独立棟持柱建物等である。この建物は同じ場所で建て替えられる場合と場所を変えて建て替えられる場合があったが、その契機は首長の代替わりだと考えている。「聞く銅鐸」には独立棟持柱建物等が描かれており、両者にはかかわりがあった。農耕祭祀の場において役割を果たしていたと考える。弥生時代中期、農耕祭祀は水田稲作を遂行するために結合した集団、共同体をたばねていたと考えられ、銅鐸はもっとも重要な役割を担った祭器であった。

弥生時代中期から後期は畿内地域の社会にとっても大きな転換期であった。「聞く銅鐸」の埋納は、社会の構造が大きく変わったことの証であった。

その「聞く銅鐸」が姿を消すと、弥生時代後期には近畿式銅鐸、「見る銅鐸」が作られるようになる。これについては製作地が問題となる。難波洋三は、「近畿式の成立には、銅鐸群の統合によって新たな銅鐸群を作り出すという性格が色濃く」、「近畿の有力勢力が他地域の勢力から銅鐸製作工人を集めて銅鐸生産を独占するためには、それらの勢力の銅鐸の特徴を、新たに創出する近畿式に盛り込み、他地域の勢力との連合的性格を銅鐸自体の中に具体的に示すことが政治的に必要とされた」と指摘した（難波 2006）。近畿式銅鐸の成立には近江南部地域から東部瀬戸内地域という非常に広範囲の有力勢力がかかわっていると考えられるなかで、大和地域からの影響は少ないという現状に対して以上のような指摘をおこなったのである。

鋳型の出土がなく「見る銅鐸」の生産の中心を考古学的物証にて示すことが難しい中、「見る銅鐸」の成立に畿内地域の中心勢力として大和地域がかかわっていたことを示唆する見解である。筆者も、唐古・鍵遺跡が弥生時代中期から後期まで集落としては継続しており、中期後葉から後期前葉まで銅鐸生産をおこなっていたことを踏まえると、鋳型の出土はないものの「見る銅鐸」の生産にも関与していたことは十分あるとみている。

そうすると分布の境界付近から出土した「見る銅鐸」は畿内地域の中心勢力から配布されたものであった（春成 1978、福永 2001）。すなわち、近江地域・但馬地域・丹後地域・讃岐地域・阿波地域・播磨地域、さらには土佐地域・紀伊地域であり、東では伊勢地域・美濃地域・三河地域・遠江地域などである。

出土した場所は、近江地域・丹後地域などが日本海ルート、讃岐地域・阿波地域などが瀬戸内海ルート、土佐地域・紀伊地域は太平洋ルート上に位置している。

つまり、「見る銅鐸」の分布には二つの意味があった。ひとつはそれを使用していた場所からの出土であり、もうひとつは配布を受けた場所からの出土である。大和地域では突線鈕３式以降の銅鐸はないとされていたが、大福遺跡や脇本遺跡などで破片が出土しており、「見る銅鐸」にかかる祭祀はこの地域でもおこなわれていた。このほか、摂津地域・河内地域・和泉地域でも銅鐸祭祀がおこなわれていたと考えられる。

弥生時代中期の畿内地域において、「聞く銅鐸」は農耕祭祀をとおして共同体を統合するシンボルとして、「見る銅鐸」は畿内地域において形成されつつあった集団を政治的に結合するシンボルとして機能した。

畿内地域はほかの地域とは異なり副葬を含む墳墓祭祀が発達しなかった。墳墓祭祀も社会が機能するうえで一定の役割はあったであろうが、銅鐸祭祀が社会において重要な役割を担っていたとみている。畿内地域では、「死」の場よりも、銅鐸の祭りがおこなわれた「生」の場が、弥生時代中・後期をとおして集団を統合する場として機能したのであった。

（４）拮抗する地域勢力の中から政治的中枢となった社会

鉄器化は弥生時代後期に進行した。畿内地域の各首長は鉄器を入手できるような関係がいったんできあがったことを物語り、弥生時代後期中葉以降には、北部九州地域・出雲地域・吉備地域などで政治的まとまりができあがり、畿内地域も同様であった（福永 2001）。それを示すものが、東海以西において創出された種類の異なる政治的シンボルであった。

そうした地域の中では、中国と政治的関係を結んでいたという点で北部九州地域はそれ以外の地域とは異質な社会が展開していた。ただし、政治的なまとまりを示すシンボルは併存して認められることから、北部九州地域の首長が上位に位置するのではなく、互いが拮抗する関係いわば「群雄割拠」の状態であったと考える。そのなかに、畿内地域の首長も含まれていた。

やがて、弥生時代後期後葉には後漢の衰退により東アジア世界は混乱状態となった。その影響により北部九州地域の政治勢力はその勢力を低下させることとなり、北部九州地域以外の政治勢力がイニシアティブをもつことが可能になった（石村 2008）、という指摘は重要である。

畿内地域、なかでも大和地域がイニシアティブをもつようになったのは、東方地域と西方地域とをつなぐ接点に位置するという地政学的な点が指摘されている（森下章 2016 ほか）。交通上の結節点にあったということは一つの要因だったであろうが、筆者は瀬戸内海の東端という地理的条件だけではなく、鉄器の入手にとっては「不利」な位置にあったからこそ、他地域の政治勢力と友好的な関係を結ぶという「積極的な動き」があったことを大きな要因としてあげたい。

畿内地域の弥生社会は弥生時代をとおして「先進性」を有していたわけではなかった。弥生時代後期には広域流通ネットワークの一翼を担う存在だったのである。ただし、そのなかでもほかの地域の首長よりも非常に広範囲の地域の首長と政治的な関係を構築してきた。このことが要因となって、次の弥生時代終末期に政治的中枢となっていったのである。

3　古墳出現前夜における畿内地域の弥生社会

畿内地域の弥生社会は大きく三つの画期があり、四つの特質を有していた。特質で示した4点目ともかかわるが、最後に、畿内地域の弥生社会の歴史的評価について言及する。

（1）畿内地域弥生社会の「先進性」をめぐる諸見解

そもそも、畿内地域の弥生社会の「先進性」はどのように議論されてきたのであろうか。改めて振り返っておきたい。

1950年代から、前方後円墳出現の前段階として弥生時代をどう評価するか、という視点で研究が進められてきた。小林行雄は、鉄器の普及による生産力の増大が無階級社会から階級社会への歩みを急速に進めたとし、銅鐸の分布と前期古墳の分布がほとんど重複する点に注目すべきだと指摘しつつ、「その新しい動きの中心地が大和であったということに対しては、果たして前代の文化中枢であった北九州との関係をいかに考えるかについては、なお今後の研究を要する」（小林行 1952）と、畿内地域の「先進性」については距離をおいていた。しかし、その後、この件に対しては銅鐸の原料が銅剣や銅矛であったとして畿内地域の優位性を示し、奈良盆地の地形が水田稲作の実施にあたってはもっとも良好な環境であったことが最大の理由であるとする見解を示すに至った（小林行 1959）。この間、杉原荘介は畿内地域がどのように発展したのかを墳墓から追うことはできず、銅鐸の分布が銅剣の分布よりもはるかに広いことから、畿内地域は影響力をもった社会であったと述べていた。（杉原 1955）。このように、研究の初期の段階から畿内地域の「先進性」については墳墓以外の要素によって示そうとしており、具体的な物証として銅鐸が取り上げられたのであった。

その後、近藤義郎は銅鐸が銅矛など武器形青銅器の分布よりも広域であり方形周溝墓の分布が各地に及んだこと（近藤 1983）、都出比呂志は共同体の祭器である銅鐸を私有財としないという共同体の規制をいち早くつくった社会が政治的に優位であったこと（都出 1970）から、それぞれ畿内地域の「先進性」を説いた。

青銅器とともに重視されたのが鉄器であった。小林行雄は、「弥生式時代後期が、まさしく石器の使用がほとんど廃絶して、鉄器の使用が普遍化した時期であるということである」とし、「古墳の築造は鉄製の鍬鋤の使用によってはじめて可能であった」と述べた（小林行 1952）。鉄器化は弥生時代後期の石器の消滅によって進行し、それが生産力の発展をもたらし、その結果として前方後円墳誕生の素地を生んだと考えられるようになったのである（田辺 1956、近藤 1957、岡本 1958、田辺・佐原 1966、都出 1967）。

1950年代に作られたこうした考え方は、2000年頃まで、さまざまな形で引き継がれてきた。それは考古学だけでなく文献史学においてもおなじで（直木 1973ほか多数）、畿内地域の弥生社会は先進的で、それが前方後円墳成立の要因となったという見解は、ほぼ定説として受け入れられてきたといってもいいだろう。

以上の考え方に対して、2000年頃から批判的な見解がだされるようになった。議論は鉄器研究の深化によってもたらされたものであり、主要なものは以下の通りである。

畿内地域では鉄器の出土数が少ないにもかかわらず本来は普及していたと考えられてきた。そこに「見えざる鉄器」を想定し、鉄器出土数が少ないのは再利用と錆びてなくなってしまったことに理由を求めていた。これに対し村上恭通は、弥生時代の畿内地域に鉄器の再利用技術がなかったこと、鉄器は錆びても滅失することはなかったことを述べ、鉄器化が進行したことを疑問視し、鉄器化よって生産力が向上して前方後円墳を作り出す政治勢力が成長していったという仮説は成り立たないとした（村上恭 1998・2000）。そして、畿内地域で鉄器の出土量が増えることがないにもかかわらず、畿内地域は「先進性」を有していたという前提のもとで議論が進められてきたとして、「古式古墳の多寡に影響されて、依然として予定調和的に鉄器の存在を過大視する傾向は払拭されず、考古学的事実とはまったく乖離した評価を招いている」としたのである（村上恭 2000）。

北條芳隆も、畿内地域の優位性は水田稲作における安定性や銅鐸の優位性を根拠とし、緻密な論理により前方後円墳の成立を説明してきたが、実際の発掘調査からは畿内地域の「先進性」を示す物証はなく、大和主導説については再検討が必要であるとした。そして、大和盆地に前方後円墳が成立したのは、大陸から直接影響が及ばない大和地域の政治勢力が土地を提供し、諸地域の協調的参画及び外部からの技術移植があったからと考えたのである（北條 2000）。

寺沢薫は、前方後円墳に認められる墳丘や埋葬施設や葬送儀礼における要素は畿内地域以外に起源があり、前方後円墳の成立に大和からの権力系譜があったことを疑問視し、吉備地域からの勢力主導のもとで成立したと主張した（寺沢 2000）。前方後円墳における要素に畿内地域の要素がないことについては、北條も同様の指摘をおこなっている（北條 2000）。

その後、寺沢は大和地域の弥生社会を再論し、北部九州地域に比べると政治性・階級性は非常に微弱で、それを示す考古学的資料も微弱であるとしつつ、「部族的国家」概念でまとめられる社会だとした。そして、大和盆地の個々の遺跡を地理的まとまりごとに変遷を整理したうえで、「大和弥生社会の解体・再編とヤマト王権の相関と背景・経緯」については二つの道があるとした。すなわち、弥生時代前期以来の安定した社会を背景に大和地域東南部の政治的結合体を母胎として作りだされたという考え方と、巨大な別の権力主体によって作り出されたという考え方であり、後者にはいろいろな場合が考えられるとしたうえで、寺沢は後者の道をとった（寺沢 2016）。

また、藤田憲司は鉄器の出土数を地域ごとに整理すると畿内地域の劣勢は明らかであるとし、「3

世紀後半に大和に巨大前方後円墳を築いた畿内社会の優位性が弥生後期に成立していたという強い思いこみが見え隠れする」と指摘する（藤田憲 2010）。

さらに、川部浩司は大和地域の遺構・遺物を個別詳細に検討し、当地域で先進性・優位性を抽出することは困難で、東西の接点に位置することによる混淆現象が明らかになったと結論づけた。ただし、古墳時代開始への下地を担ったことは事実であり、纒向遺跡成立の直接的な原因は、吉備地域、東海地域、四国東部地域及び大陸主導により、「牧歌的情勢」が入植の下地であったと述べた（川部 2009）。

これら大和地域の弥生社会を評価しない見解が出される中にあって、福永伸哉は鉄器の出土数が少ないという近年の研究成果を踏まえつつ、畿内地域は弥生時代後期に「見る銅鐸」の配布をとおして鉄器を流通させるための手立てを主導的におこなったことを述べ、鉄器や中国鏡の多寡や前方後円墳にみられる非畿内的要素を強調するあまり、突線鈕式銅鐸の製作や流通を可能にした畿内地域や東海地域の後期社会の実態に目をむけない議論に疑問を呈した（福永 2001）。

下垣仁志も唐古・鍵遺跡の存在や銅鐸の存在が軽視もしくは無視されていること、鉄の多寡ではなく、それを必要とした社会状況や流通網の整備についての視点が欠落しがちであることを指摘する。また、出現期古墳にみられる特定地域に起源をもつ要素の存在について、特定地域の威勢や特定地域に出自する有力者の埋葬に短絡する議論が一般化しているとも述べる（下垣 2005）。

近年、畿内地域先進地説の急先鋒である岸本直文は、歴博の歴年代の測定の成果を使って、畿内地域について潜在的生産性、青銅器生産、武器の発達、「見る銅鐸」、鉄器化の進行、中国鏡の入手という点を評価する。庄内式が炭素14年代測定法により2世紀に遡ることから、纒向遺跡の成立もその時期まで遡り、ヤマト国の自立的な成長が古墳を成立させたと評価する（岸本直 2014）。

これらの考え方とは別に、森岡秀人は近年の近江地域における発掘調査成果を踏まえ、当地域の政治勢力を高く評価し、2世紀ごろには近江地域の首長は大和地域、河内地域以外の集団、すなわち丹後地域・山城地域・摂津地域などの政治勢力と交流を深め、その後大和盆地の東南部に移動し本格的な「倭国」の建設に向かったという考え方を示した（森岡 2015 b）。弥生時代後期後葉以降の近江系土器の広域な分布などを踏まえると、近江地域に有力な政治勢力が出現していたことは十分に考えられ、今後、この時期の政治状況を検討する上で重要な問題提起をしたといえる。

このように、現在では、畿内地域の弥生社会の「先進性」を評価する見解と評価しない見解があり、発掘調査の成果にもとづくということになると、後者が優勢になっているといえよう。ただし、その「先進性」については、すでに指摘したように弥生時代後期にそれを求めることはできないと筆者も考えているところである。

（2）畿内地域における鉄器と「見る銅鐸」

鉄器については、弥生時代後期に「鉄器が主」となる段階になったとした。石器のあり方、木器などほかの材質の遺物をみても、鉄器が普及していなかったことは考えられない。鉄器化の意義については、鉄器によって形成された広域流通ネットワークのなかに組み込まれたことに大きな意義を見出した。

そうした場合、畿内地域とりわけ大和地域は鉄器の入手にとっては地理的に「不利」な位置にあることをこれまでにも指摘されてきた。その「不利」な状況を克服するために執った措置が「見る銅鐸」を配布することによって結ばれた同盟関係であるという見解がすでに示されている（福永 2001）。

筆者もこの説は非常に興味深い考え方だと評価している。そして、この説は、「見る銅鐸」の出土地が鉄器の生産・流通とのかかわりがあるとなれば、蓋然性が高まるのではないかとみている。

その観点でみると、播磨地域の内陸部に位置する本位田権現谷A遺跡では鉄器製作遺構が検出されている。この地はのちに美作を通じて米子そして出雲に至る出雲街道上に立地している。つまり、日本海側と瀬戸内海側とを結ぶルート上に位置していることになり、別のルートでは青谷上寺地遺跡のある鳥取平野にも通じている。その佐用町内の下本郷で突線鈕4式銅鐸が出土しているのである。

この銅鐸の存在から、日本海側と瀬戸内海を結ぶ鉄器の流通ルートの存在が指摘されていたが（福永 2000）、現在の赤穂市域の海岸から直線距離にして30 km内陸部の盆地において、鉄器製作遺構と「見る銅鐸」が共伴したのである。これは単なる偶然であろうか。「見る銅鐸」の配布と鉄器製作とが関係性をもっていたことを示す事例と評価している。

また、瀬戸内沿岸部であるが、阿波地域の矢野遺跡でも「見る銅鐸」と鉄器製作遺構が重複している。資料は少ないが「見る銅鐸」と鉄器の生産あるいは流通は関係があったと考えている。

すでに見てきたように、弥生時代後期の畿内地域における土器の様相にも変化が認められる。大阪湾岸の弥生時代後期中葉以降は、吉備地域の影響を受けた土器の出土がなくなり（西谷 1999）、北近畿の影響を受けた土器が認められるようになるのである（桐井 2016）。このことから、弥生時代後期中葉以降、瀬戸内海ルートの機能が活発ではなくなった可能性を考えた。土器の流通の背景に鉄器流通がかかわっているとすると、鉄器の流通ルートに変化があったことが示唆される。

つづけて、「見る銅鐸」の分布の変化についてみてみよう。突線鈕3式までと4式以降で出土地が変わるという。つまり、突線鈕3式までの出土地は丹後地域・吉備地域・土佐地域及び紀伊地域であったが、突線鈕4式以降では、丹後地域では引きつづき出土が確認されるが、吉備地域では出土しておらず、土佐地域では突線鈕3式銅鐸までは7点の出土が、4式以降は1点となる（福永 2010 a）。

「見る銅鐸」は、弥生時代後期前葉から中葉までは日本海ルート・瀬戸内海ルート・太平洋ルートという三つのルートにかかわる場所から出土していたのに対して、中葉から後葉には日本海ルートにかかわる場所からの出土となる。銅鐸の出土地が、物資流通ルートとかかわっていたとすると、中葉以降は日本海ルートが機能していたことが考えられる。

土器の様相と「見る銅鐸」の分布状況からすると、弥生時代後期中葉には日本海ルートが機能しており、瀬戸内海には内陸を南下して到達したことが想定される。これについては「生命線の南北ルート」と呼ばれているところである（福永 2000）。

（3）畿内地域弥生社会の「先進性」に対する評価

弥生時代後期中葉には、北部九州地域では広形銅矛、山陰地域では四隅突出型墳丘墓、瀬戸内地域では特殊器台、畿内地域では突線鈕式銅鐸、東海地域では三遠式銅鐸が、それぞれの地域で確認されるようになる。これらは、各地域における政治的なシンボルとして機能していた。

この間、北部九州地域には中国から銅鏡がもたらされた。銅鏡も政治的なシンボルとしての役割を果たしていたと推測するが、その分布状況から銅矛とは異なる役割を担っていたと考える。東海以西の各地域において政治勢力が併存する形で存在しており、列島各地域における首長の権威を示すシンボルは同じではなく、それが機能する場面も生の場と死の場があった。

畿内地域の場合、大規模な墳丘は発達せず、威信財の副葬も発達しなかったことなどから有力な政治勢力は成長していなかったという見解が示されている（寺沢 2000、川部 2009、藤田憲 2010ほか）。筆者は墳墓祭祀に意味を見出さない社会が畿内地域であることを述べてきた。弥生時代後期まで大きな墳丘を作ることはなく、副葬をおこなわなかったのが畿内地域の弥生社会であった。畿内地域の首長は集団を統合する場に墳墓を選択しなかったのである。

有力な首長が成長していたことを示す物証は「見る銅鐸」であった。1950年代から指摘されていることであるが、筆者もその立場をとる。大和地域を含め畿内地域で出土していることは、当該地域にもそれを執行する主宰者たる首長が出現していたことになる。

その製作地を考古学的物証で示すことは現状ではできない。ただし、近畿式銅鐸の成立に畿内地域の中心勢力として大和地域の首長が関与していたとする考え方があることはすでに触れた（難波 2006）。弥生時代後期、大和地域を含む畿内地域にも、ほかの地域よりも抜きん出たわけではないが、ほかの地域と「対峙」できるような首長は出現していたのであった。

（4）「倭国乱」　北部九州地域から畿内地域へ

弥生時代終末期すなわち庄内式期、画文帯神獣鏡の分布の中心は畿内地域となった。奈良県東大寺山古墳出土の中平年銘大刀も、2世紀後半に大和地域にもたらされたと考えられている。銅鏡や素環頭大刀の入手は政治的な交渉によって可能となるものであり（岡村 1999）、畿内地域の中心勢力が中国から直接入手できる状況になった。このことは、弥生時代後期には認められることのない大きな変化である。

この契機として考えられているのが『魏志倭人伝』に記載されている「倭国乱」である。文献史学の山尾幸久はこの乱について、北部九州地域の勢力と瀬戸内・畿内地域の勢力の間で、鉄器入手の主導権をめぐって勃発したとの解釈を示し（山尾 1983）、この考え方は考古学からも受け入れられることとなった（都出 1991、白石 2006ほか）。乱の要因について鉄器をめぐる争いとすることについての見解は分かれており（村上恭 1998、禰宜田 1998a、福永 2001ほか）、乱の実態を明らかにすることも難しいというのが現状である。

北部九州地域の政治勢力は一貫して大陸との交流の窓口であったという見解もあるが（久住 2007）、政治的関係を示すモノは、弥生時代後期後葉から終末期に畿内地域へ移動した。それは、「倭国乱」の時期を経ておこったことになる。

（5）前方後円墳における非畿内地域的要素の評価

そうなると「倭国乱」を契機に、出雲地域や吉備地域ではなく畿内地域に中心が移ったことについての説明が求められることになる。

この時期は後漢の衰退期にあたり、東アジア世界は再び混乱期にはいった。これは見逃せない点であり、北部九州地域の首長は後漢王朝の衰退により従前のような形での威信財が十分供給できなくなるなど、北部九州地域社会自体が不安定となった。それによって、北部九州地域以外の勢力の位置が相対的に上昇したという見解があるが（石村 2008）、蓋然性の高い仮説と考えている。

では、畿内地域が中心となったことはどう考えられるのだろう。「見る銅鐸」の配布により、畿内地域の中心勢力は各地域の首長と政治的な関係を結んでいた。その考え方に立つと、「見る銅鐸」が出土した近江地域・但馬地域・丹後地域・讃岐地域・播磨地域そして土佐地域・紀伊地域、さらに東では伊勢地域・美濃地域・三河地域・遠江地域という非常に広い範囲に及ぶ各地域の政治勢力と政治的な関係を結んだと考えられる。これは、銅矛、四隅突出型墳丘墓や特殊器台の分布する範囲をはるかに凌駕している。

畿内地域が墳墓祭祀を受容するようになったのは弥生時代終末期であった。墳丘墓が発生し、副葬風習がはじまり墳墓祭祀を受容したのであった。その最たるものがホケノ山墳墓である。この墳墓には葺石や墳丘上への壺の囲繞、石囲木槨や銅鏡の副葬がみられる。これらについては、広範囲に拡散されていた諸地域に起源をもつ要素が、この墳墓に統合されていたと評価されている（下垣 2005）。

布留式期になって定型化した前方後円墳が成立した。三角縁神獣鏡が副葬され、後円部には墳丘に沿って埴輪が樹立され、その内側には方形区画が作られた。これらについても、弥生時代終末期の墳丘墓には認められなかったことであり、それをさらに改良する内容であった。前方後円墳に関するソフトとハードにおいて一つの「体系」ができあがったことを示している。

広瀬和雄は死んでも再び自分たちを護ってくれる装置が古墳だとし（広瀬 2003 a）、和田晴吾は首長の魂を来世に運ぶ装置を古墳だとする（和田晴 2014）。来世観があるかないかで両者の見解は異なるが、「新たな社会」を構築するうえで、前方後円墳祭祀は不可欠だったのである。

前方後円墳には北部九州地域における副葬の風習、山陰地域における共通の墳丘の構築、山陽地域における特殊器台の樹立といった畿内地域以外の葬送儀礼の要素が見受けられる。前方後円墳においても、そこに備わっている要素に畿内地域の弥生墓の影響が認められないのは、弥生時代に墳丘を発達させ、副葬するという風習がなかったからだと考える。こうしたあり方について、ホケノ山墳墓以降古墳祭式の生成は、古墳時代前期においても一回的・事件的ではなく長期にわたって維持された構造的なものであることから、古墳祭式の起源地が前方後円墳の創出に主導権を握ったのではなく、諸地域に起源をもつ要素を吸収したという評価がなされている[(6)]（下垣 2005）。

巨大な墳丘を構築し葬送儀礼をおこなう前方後円墳祭祀は、各地域における伝統的な墓制の特徴を取り入れながら、当時の中国でさかんであった神仙思想の影響を付加して、大和地域を含む畿内地域の政治勢力によって創出されたのである。

（6）結　語

現在の考古資料からも、弥生時代後期の畿内地域に、ほかの地域の政治勢力と対峙できるような政治勢力が成長していたことが考えられる。ただし、この段階では東海地域よりも西の列島各地域は、いわば「群雄割拠」の状態であった。そのような政治状況のなか、畿内地域の中心勢力は「見る銅鐸」を各地域の政治勢力に配布した。それは、ほかの地域の政治勢力と政治的に友好関係を結ぼうとしたのであり、その背景として鉄器の流通という意図があったことを考えた。

「見る銅鐸」の分布範囲は、ほかの政治的なシンボルよりも広範囲に及んだ。そのような形で結ばれた政治的な関係がベースにあったからこそ、北部九州地域の中心勢力が衰退に向かった際に、それに代わる政治勢力の「共立」に際しては、「見る銅鐸」にかかる祭祀をおこない、それを配布した主体である畿内地域の中心勢力が選ばれたのであった。その結果、大和地域にホケノ山墳墓のような前方後円形の墳墓が出現し、その後、前方後円墳を創出することになったのである。

註

（1）　かつて、後漢初期の鏡が製作から200〜300年を経て古墳に副葬された事実と、その鏡が著しく摩滅していることから、列島において宝器として伝世されたという説、いわゆる「伝世鏡」という考え方が示された（梅原末 1933）。これについては、鏡が伝世したのは列島ではなく中国においてであったという意見（杉本・菅谷 1978）、前期古墳から出土する漢鏡の大部分は踏み返しの可能性が高いという指摘（立木 1994）がおこなわれた。一方、中国での伝世については、魏や晋の時代の中国鏡が列島にもたらされたのであれば、出土していいはずの後漢末の鏡が出土しないことは不自然で、それより古い後漢初期の鏡が出土していることを整合的に考えると、列島で伝世したとみるべきという意見がある（岡村 1989）。そして、これらの見解と立木が後漢鏡のすべてが踏み返しだとはいっていないことを踏まえ、いくつかの後漢鏡が弥生時代後期の段階で畿内地域にもたらされた可能性を否定することは難しいという意見が示された（福永 2010 b）。このように、伝世鏡についての評価は分かれたままであり、俄かに結論を出すことは困難である。数の問題は置くとして、弥生時代後期の畿内地域に後漢鏡がもたらされていた可能性をもちつつこの時代の社会を検討していきたい。

（2）　報告書刊行当時、「見えざる鉄器」ということばがなかったことはすでに説明してきたとおりである。

（3）　まだ、十分な資料が得られていないということで、その可能性を認めつつも慎重な意見もある（藤田憲 2010）。

（4）　畿内地域を特徴づけるモノといえば銅鐸であるが、銅鐸とともに弥生時代中期後葉には唐古・鍵遺跡や多遺跡のように大和地域で絵画土器が多数出土している。しかも、それは、吉備地域・播磨地域・山陰地域・北陸地域・東海地域と広範囲にまで及んでいる。こうした絵画土器は、大和地域の集団が発信源であったとみることができる。銅鐸あるいは絵画土器は農耕祭祀の場面で使用されたと推測されるが、農耕祭祀を共有する精神的基盤におけるモノが共有されていたことを示している。その起源が大和地域であったという「知識」は具体的にはなかったかもしれないが、弥生時代中期社会での「価値観」は「共有」されていたことになる。弥生時代後期には社会も「価値観」も大きく転換する。銅鐸も「見る銅鐸」になり、その性格も農耕祭祀という性格とは異質のものとなっていった。ただし、農耕祭祀としては古墳時代の狩猟文鏡の存在を踏まえると、道具は変わっていったが、脈々とつづいていたことも考えられる（設楽 1991 b）。

（5）「見る銅鐸」が弥生時代の後期後葉までは使用され埋納されたとなると、鰭を突き刺す埋納方法は「聞く銅鐸」の埋納方法と同じとなる。200年近くも時間が空いているのに埋納方法が同じであることから、「見る銅鐸」の埋納は「聞く銅鐸」の埋納の記憶が残っていたからではないかと考え、弥生時代後期後葉以前にも埋納はあったという見解がある（井上 2011）。その後に出された森岡の多段階埋納説（森岡 2016）は、井上の疑問に答える内容ということになる。

（6）　難波洋三（難波 2006）や下垣仁志（下垣 2005）の考え方を踏まえると、畿内地域においては、近畿式銅鐸、ホケノ山墳墓、前方後円墳の創出において、畿内地域以外の要素を統合して成立させたことになる。

終　章　課題と展望

ここまで、近畿とくに畿内地域における弥生時代の社会について論じてきた。第1章では長く議論のある鉄器化の過程とその意義について改めて言及し、第2章では弥生時代を特徴づける高地性集落・環濠集落・拠点集落の性格について整理をおこなった。第3章では北部九州地域の墓制を検討することによって畿内地域の墓制の特徴を示すとともに、畿内地域の弥生祭祀についてもその特質を論じた。それらを踏まえ第4章では、畿内地域の弥生社会の変遷を整理し、三つの画期を設定し、畿内地域の弥生社会の特徴を四つ提示した。そして最後に、弥生社会から古墳社会へと移行するにあたって、畿内地域の弥生社会について改めて評価し、前方後円墳の出現にいたるまでの素描をおこなった。本来であれば、各章ごとに精緻に検討すべき研究課題であるが、本書においては近畿の弥生社会を総体としてまとめるという意図のもとで論じてきた。

本書の出発点は、畿内地域における鉄器化の進行が畿内地域の「先進性」を示し、それが前方後円墳の出現につながっていったという1950年代頃からの議論と筆者の見解に対して疑問が呈されたことへの回答を示すことにあった。

近年、畿内地域における鉄器化については、鉄器はほんとうに普及していたのかという基本的な点と、鉄器化による社会変化を評価しない点が問題としてあった。本書では、畿内地域の鉄器を集成するとともに、利器としての石器が弥生時代後期に激減し消滅することや砥石のあり方から、鉄器の普及を考えた。鉄器化については、伐採斧の柄や鉄器製作遺構を増やすことも重要な視点と考え、鉄器化の議論を補強した。

鉄器化の意義については、鉄器の流通の掌握が政治勢力の伸長を促したことを現在の考古資料では整合的に説明できないことから、流通させることを可能にしたという点で、その基盤ともいえる広域流通ネットワークの形成に大きな意味を見出し、それによって、弥生時代中期と後期とでは異なる社会を築き上げたと考えた。

そして、もう一つの大きな課題である畿内地域とりわけ大和地域の弥生社会の評価については、弥生時代後期までは、東海以西の各地域で有力な政治勢力が成長し、畿内地域においても「見る銅鐸」の存在が一定の政治勢力が成長していたことを示しているとして、いわゆる「群雄割拠」の状態を考えた。畿内地域もほかの地域の政治勢力と対峙できる状況にあったのである。

それが大きく変わったのが弥生時代終末期であった。大陸から東北南部に至る諸集団がかかわる鉄の広域流通ネットワークに本格的に参入したことによって、共同体的な伝統からくる地域の強い政治的まとまりと、東西の集団と連携関係を結びうる地理的な優位性とが要因となって、列島諸勢力の中で「中心性」を高めていき、畿内地域なかでも大和地域を核とする中央政権が成立するに至ったのだと考えたのである。

それでは、最後に残された課題についても言及しておこう。

まず、筆者にとっての重要な研究課題である鉄器化については、石器・石製品を主たる検討対象としたものについての考え方は提示した。そして、本書でも木器や青銅器からの鉄器化について言及はしたものの、この分野についてはまだ十分ではない。

次に、畿内地域の弥生時代後期の社会を評価する対象としたのは「見る銅鐸」であったが、これは1950年代から着目されてきたものである。数多くの膨大な調査研究成果があがってきているものの、現在でも検討の対象は変わっていないことになる。その「見る銅鐸」も、畿内地域なかでも大和地域で生産されたということで論を進めてきたが、この点は、畿内地域の弥生社会を評価するうえで不可欠の問題であり、引きつづき検討が必要である。

また、弥生時代後期の畿内地域の社会を考えるうえで、近年の調査研究では近江地域に目覚ましい成果があり、それを評価する研究が出てきていること（森岡 2015b）についてはすでに触れた。今後、畿内地域と近江地域の研究は重要で、それが畿内地域の評価ともかかわってくるであろう。

畿内地域の弥生時代後期の社会については、現在も「見えない」部分が多いが、こうした点は今後深化させていく必要があると考えている。

このように、本書では十分に取りあげられなかった先行研究を踏まえ、さらに研究を深化させていくという課題がある。

そして、それとは別に、まったく異なる観点からの課題として、弥生時代研究を国際的な視野で比較検討する必要がある点を挙げておきたい。日本考古学の成果を海外で紹介する取り組みは、2004〜2005年にかけてドイツで開催された「曙光の時代」展があり、その内容は日本語（奈良文化財研究所 2005）だけでなくドイツ語、英語でも公表されている。

このほか、縄文時代では土偶を素材にした展示会が2009年にイギリスの大英博物館で、2018年にはパリでもおこなわれた。古墳時代では、これまでの古墳研究を総括して、その成果をイギリスとアメリカにおいてワークショップを開催して発表し、欧米への情報発信を進める取り組みがおこなわれた（福永・中久保編 2015）。

弥生時代についても、世界のなかの弥生文化という観点での比較研究はあるが（中村慎 1995、長友 2014）、縄文時代や古墳時代と比べると顕著とはいえない。現在、弥生文化を世界史的に比較検討できる課題として考えていることは、以下の四つである。

一つ目は、古代国家成立過程におけるプロセスに関することである。これまで、前方後円墳の出現には、水田稲作の生産の安定や鉄器の流通権の掌握とからめて畿内地域の「先進性」を重要な要素と考えてきた。本書では、鉄器の広域流通ネットワークの形成のなかで、鉄器の流通ではもっとも遠隔地に位置し、地理的には「不利」な状況にあったことが、逆に各地域の首長連合を代表する首長になりえた理由となったとした。中国との「距離」のなかで、その周辺の国の政治勢力の盛衰に変化が起こったことになる。こうした変化は、中国を中心とした東アジア世界のなかでの比較検討を通して、世界史的に初期国家形成期における一つのバリエーションを示すことになるのではないだろうか。

二つ目は社会を統合するシンボル、権力のシンボルの存在についてである。畿内地域の弥生社会が墳墓をその対象に選ばなかったとすると、その理由を検討する必要がある。筆者は弥生時代の副葬品については、遺骸保護の思想にもとづくものとそうでないものとを区別して検討を進めてきた。墓に豊富な威信財を副葬することの意味について言及し、それが発達した地域とそうではない地域の存在を指摘してきた。さらに、墓の場合、地上に巨大なモニュメントを作る地域とそうではない地域があることはすでに指摘されている（都出 2000）。古墳時代においては、巨大な墳丘をつくり豊富な副葬品による葬送儀礼に意味を見出したと考えているが、弥生時代をどう考えるか。首長権力の存在を示す装置、権力のシンボルは多様であったと考えられ、畿内地域に墳墓祭祀を発達させなかった点は、その多様性を示すことにはなるのではないだろうか。

三つ目は、利器の素材の変遷である。弥生時代固有の特徴をあげるとすると、利器が石器から鉄器に移行したことになるが、世界的にみると石器から青銅器そして鉄器へと移行した。列島でも銅剣や銅鏃、青銅製鉇などが利器として利用されたが、銅斧はほとんど存在しない。こうした点を踏まえると、青銅器は利器として一般的ではなかったことになる。その意味を国際的観点から比較検討することは、人類史的にも意味があるのではないだろうか。

最後は、列島における農耕社会の成立、水田稲作が始まったことの要因である。韓半島における社会的情勢の変化が、人々の渡来を招いたとされるが、筆者は寒冷化が水田稲作伝播の要因であると考えている。そうだとすると、農耕が始まった要因として世界史的に気候の寒冷化が指摘されている点と共通することになる（安田 1993 a・1993 b）。つまり、列島における水田稲作の開始、すなわち農耕の開始は世界史的観点から議論ができることになるのではないだろうか。

日本考古学は世界的に見ても非常に精緻な研究が進められている。しかし、その一方で、広い視野からの研究、海外発信も進める必要がある。そうしたことを通じて、精緻な弥生文化研究をさらに深化させていくことにつながると考えている。

くり返しになるが、本書は、近畿の弥生社会総体を明らかにするという趣旨から進めてきた。そういう点では個々に検討課題が残されており、研究を継続させていく必要があるとともに、海外の研究と比較していくことも重要である。さらに、本書ではほとんど検討できていないが、理論的な側面からの研究も必要である。これらの課題については、今後も引きつづき研究を継続する所存である。以上の点を指摘し本書を終えることとする。

【付表】 鉄器出土遺跡地名表（川越編 2000 に加筆して作成）

番号	時期	府県名	旧国等		遺構種類	武器				工具						農具				その他			参考文献
						鉄鏃	鉄剣	素鉄刀	鉄刀	板鉄斧	袋鉄斧	鋳鉄斧	鉇	鑿・鏨	刀子	鋤鍬先	鉄鎌	手鎌	タビ	不明	鉄片	鉄滓	
1	中期前葉	京都府	丹後	扇谷遺跡	集落					1												1	峰山町教委1984
2	～中期中葉	大阪府	河内	鬼虎川遺跡	集落	1								1									(財)東大阪市1982
3	中期中葉	滋賀県	近江	獅子鼻B遺跡	集落															※1			滋賀県教委ほか1986
4		京都府	丹後	桑飼上遺跡	集落						1												(財)京都府1993
5		大阪府	河内	亀井遺跡	集落					1		1											川越1993ほか
6		大阪府	河内	池島遺跡	集落	1																	第16回埋文研1984
7		兵庫県	西摂	戎町遺跡	集落								1										神戸市教委1992
8		兵庫県	西摂	田能遺跡	集落					1										柄状1			尼崎市教委1982
9		兵庫県	摂・播	居住・小山遺跡	集落	1																	神戸市教委1983
10		兵庫県	摂・播	新方遺跡	集落							1											第16回埋文研1984
11		兵庫県	播磨	鹿沢本多遺跡	集落	1																	兵庫県教委1985
12	中期中葉～後葉	京都府	丹後	日吉ヶ丘遺跡	集落	1				1	2	1	2	1						鋳造農具他9		1	加悦町教委2005
13	中期後葉	京都府	山城	神足遺跡	集落					1													(財)長岡京市1989
14		京都府	山城	和泉式部町遺跡	集落															斧状1			(財)京都府1991
15		京都府	丹後	輿遺跡	集落	1																	(財)京都府1992
16		京都府	丹後	奈具岡遺跡	集落	3				1	1									※2	158		(財)京都府1997
17		大阪府	河内	加美遺跡	墳墓									1									(公財)大阪市2015
18		大阪府	河内	山畑遺跡	集落															1			(財)東大阪市1983
19		大阪府	河内	西ノ辻遺跡	集落	1																	東大阪市教委ほか1988
20		大阪府	河内	水走遺跡	集落									1									第11回大阪府研究会1985再録
21		大阪府	河内	亀井遺跡	集落	1			1				1										(財)大阪センター1986
22		大阪府	河内	甲田南遺跡	集落					2													大阪府1985、富田林市1994
23		兵庫県	西摂	五ヶ山遺跡	集落																4		西宮市教委1975
24		兵庫県	西摂	口酒井遺跡	集落					1			1										伊丹市教委ほか1988
25		兵庫県	西摂	仁川高台遺跡	集落															1			宝塚市教委1979
26		兵庫県	西摂	雲井遺跡	集落								2							2			神戸市教委2010
27		兵庫県	三田	北神NTNo4遺跡	集落	1					2												第16回埋文研1984
28		兵庫県	三田	頭高山遺跡	集落	3							2	1	2		2			3			第16回埋文研1984
29		兵庫県	三田	滝ノ奥遺跡	集落								1										神戸市教委1994
30		兵庫県	三田	奈カリ与遺跡	集落	4				8			1		2	1					9		兵庫県教委1983
31		兵庫県	三田	有鼻遺跡	集落	2	1			5										5			兵庫県教委1999
32		兵庫県	三田	平方遺跡	集落					1			1	1	1								兵庫県教委1993

※１鉄鉱石１　※２水晶加工具 114、槌状２

番号	時期	府県名	旧国等		遺構種類	武器				工具						農具				その他			参考文献
						鉄鏃	鉄剣	素鉄刀	鉄刀	板鉄斧	袋鉄斧	鋳鉄斧	鉇	鑿・鏨	刀子	鋤鍬先	鉄鎌	手鎌	タビ	不明	鉄片	鉄滓	
33	中期後葉	兵庫県	三田	西神NTNo.62遺跡	集落	1																	兵庫県教委2013
34		兵庫県	播磨	名古山遺跡	集落					1										1			兵庫県1992
35		兵庫県	播磨	今宿丁田遺跡	集落																	1	兵庫県教委1985
36		兵庫県	播磨	小神芦原遺跡	集落	1																	龍野市教委1993
37		兵庫県	播磨	福本遺跡	集落					1													神崎町教委1980
38		兵庫県	播磨	新宮・宮内遺跡	集落										1								新宮町教委1982
39		和歌山県	紀伊	亀川遺跡	墓								1							釣針1			海南市教委ほか1978
40	中期	大阪府	河内	田口山遺跡	集落	6	1				1			1						5	1		第16回埋文研1984、枚方市ほか1970
41		兵庫県	淡路	波毛遺跡	集落								1										兵庫県教委2000
42		和歌山県	紀伊	小松原Ⅱ遺跡	集落															1			御坊市調査会1981
43	中期～後期初頭	大阪府	和泉	野々井西遺跡	集落	1									2								大阪府教委ほか1994
44	中期後葉～後期	京都府	丹後	大山墳墓群	集落	1														3			丹後町教委1983
45	中期後葉～後期前半	大阪府	河内	亀井遺跡	集落					1													（財）大阪センター1980
46		兵庫県	西摂	伯母野山遺跡	集落	3				3													神戸市教委1963
47	中期後葉～後期後半	京都府	丹後	途中ヶ丘遺跡	集落	2				1													峰山町教委1977
48	後期前葉	京都府	山城	西京極遺跡	集落																●		柏田2009
49		京都府	丹後	三坂神社墳墓群	墳墓	9		1					5		3					2			大宮町教委1998
50		京都府	丹後	大谷遺跡	墳墓	1																	大宮町教委1987
51		大阪府	北摂	古曽部・芝谷遺跡	集落	5	1			7			2		2					棒状1 不明2			高槻市教委1996
52		大阪府	河内	大竹西遺跡	集落		1																（財）八尾市1997
53		大阪府	和泉	観音寺山遺跡	集落	3				2					2		1			※3			同志社大学1999
54		兵庫県	摂・播	表山遺跡	集落	1									1					釣針1			兵庫県教委2000
55		兵庫県	但馬	粟鹿遺跡	集落	1																	兵庫県教委2007
56		和歌山県	紀伊	橘谷遺跡	集落															1			和歌山市教委1977
57	中期後葉～後期後半	兵庫県	播磨	養久山墳墓群	墳墓	1							2	1						3	1		揖保川町教委1985
58	後期前半	京都府	山城	備前遺跡	集落								1										（財）京都府1998
59		京都府	丹後	桑飼上遺跡	集落	2					1												（財）京都府1993
60		京都府	丹後	左坂墳墓群	墳墓	26	1	1	1				13		2								大宮町教委1998
61		京都府	丹後	坂野丘遺跡	墳墓		1																弥栄町教委1979
62		兵庫県	但馬	上鉢山・東山墳墓群	墳墓	4							10										豊岡市教委1992
63		奈良県	大和	大王山遺跡	集落					1													榛原町教委・橿考研1977
64		和歌山県	紀伊	滝ヶ峰遺跡	集落															1			和歌山県教委1972

※３棒状４、針状３、板状４

番号	時期	府県名	旧国等		遺構種類	武器				工具						農具				その他			参考文献
						鉄鏃	鉄剣	素鉄刀	鉄刀	板鉄斧	袋鉄斧	鋳鉄斧	鉇	鑿・鏨	刀子	鋤鍬先	鉄鎌	手鎌	タビ	不明	鉄片	鉄滓	
65	後期前半	和歌山県	紀伊	船岡山遺跡	集落	1					1		3							2			和歌山県教委1986
66	後期中葉	京都府	山城	谷山遺跡	集落					1						1							(財)長岡京市1987
67		大阪府	河内	八尾南遺跡	集落									1									(財)大阪府2008
68		兵庫県	西摂	会下山遺跡	集落	5						1	11	3						釣針1 不明6			村上1965、芦屋市教委1985
69		兵庫県	西摂	熊内遺跡	集落															2	1		神戸市教委2003
70		兵庫県	淡路	大森谷遺跡	集落															1	1		兵庫県教委1985
71	後期初頭～後半	京都府	丹後	大山墳墓群	墳墓	3							7		1					1			丹後町教委1983
72	後期前葉～後葉	兵庫県	淡路	五斗長垣内遺跡	集落	12				3			1	1	1					※4	27		淡路市教委2011
73	後期中葉～後半	京都府	山城	田辺天神山遺跡	集落	3					1				2	1				板状1 棒状1			同志社1976
74		兵庫県	但馬	半坂墳墓群	墳墓	1	1																豊岡市教委1988
75		奈良県	大和	六条山遺跡	集落						1									1			橿考研1980
76	後期後半	京都府	丹後	大風呂南墳墓群	墳墓	4	14						2							ヤス1			白数信也1998
77		京都府	丹後	西谷墳墓群	墳墓		2		1														野田川町教委1988
78		京都府	丹後	犬石西B古墳群	墳墓		2																野田川町教委1990
79		京都府	丹後	玉峠古墳群	墳墓	1							2										野田川町教委1991
80		京都府	丹後	太田古墳群	墳墓		1																(財)京都府1990
81		京都府	京丹波	久田山南遺跡	墳墓	7	1		1				2		1	1							綾部町教委1979
82		大阪府	北摂	郡家川西遺跡	集落								1										高槻市教委1981
83		大阪府	河内	藤阪東遺跡	集落	1					1												(財)枚方市調査会1991
84		大阪府	河内	鷹塚山遺跡	集落	2							1		2					7			鷹塚山調査団1968
85		大阪府	河内	長尾西遺跡	集落	1																	(財)枚方市調査会1976
86		大阪府	河内	藤田山遺跡	集落	1									1								藤田山調査団1975
87		大阪府	河内	恩智遺跡	集落					1													瓜生堂調査会1980
88		大阪府	河内	亀井遺跡	集落					1	1			1									(財)大阪センター 1984、1983、1987
89		大阪府	河内	大師山遺跡	集落	1																	河内長野市教委ほか1977
90		兵庫県	播磨	半田山遺跡	墳墓	1	1						1										兵庫県教委1989
91		兵庫県	但馬	立石墳墓群	墳墓						1		1							8			豊岡市教委1987
92		兵庫県	但馬	妙楽寺墳墓群	墳墓	4	3		1				9							針状3			豊岡市教委1975、1994、2002
93		奈良県	大和	三井岡原遺跡	集落	1																	橿考研博物館1988
94		奈良県	大和	唐古・鍵遺跡	集落					1													田原本町教委1991
95		和歌山県	紀伊	田屋遺跡	集落	1																	第16回埋文研1984
96		和歌山県	紀伊	亀川遺跡	集落															●			海南市教委ほか1985

※旧吉備中学校校庭遺跡

●は出土していることを示す（以下同じ）　※４棒状４、錐３、工具２

番号	時期	府県名	旧国等		遺構種類	武器				工具						農具				その他			参考文献
						鉄鏃	鉄剣	素鉄刀	鉄刀	板鉄斧	袋鉄斧	鋳鉄斧	鉇	鑿・鏨	刀子	鋤鍬先	鉄鎌	手鎌	タビ	不明	鉄片	鉄滓	
97	後期後半	和歌山県	紀伊	旧吉備中遺跡※	集落																		有田川町2010
98	後期後葉	京都府	丹後	帯城墳墓群	墳墓		4						2		1								京都府教委1987
99		兵庫県	淡路	塩壺西遺跡	集落	3																	兵庫県教委1997
100		和歌山県	紀伊	中村Ⅱ遺跡	集落	1																	御坊市調査会1995
101	後期	滋賀県	近江	熊野本遺跡	集落	8				2			3								11		新旭町教委1997、林1998
102		滋賀県	近江	南滋賀遺跡	集落								1										滋賀県教委ほか1996
103		滋賀県	近江	妙楽寺遺跡	集落															1			滋賀県教委ほか1993
104		京都府	丹後	林遺跡	集落															3			網野町教委1977
105		大阪府	河内	加美遺跡	集落					1													(財)大阪市文協1997
106		大阪府	河内	星ヶ丘遺跡	集落	1									1	1					約50		村上1995
107		大阪府	河内	禁野車塚古墳墳丘	集落	1																	瀬川1968
108		大阪府	河内	亀井遺跡	集落															3			(財)大阪センター1980、1986
109		大阪府	河内	玉手山遺跡	集落	1							1										柏原市教委1993
110		大阪府	河内	東山遺跡	集落	1							1							棒状1			大阪府教委1979
111		大阪府	河内	寛弘寺遺跡	集落	1														棒状1 他1			大阪府教委1987
112		大阪府	和泉	昭和池遺跡	集落	1																	現説資料
113		大阪府	和泉	惣ヶ池遺跡	集落	1							1							3	1		和泉市教委1970
114		大阪府	和泉	船岡山遺跡	集落	1																	泉佐野市教委1985
115		兵庫県	西摂	篠原遺跡	集落															1			藤田・川越1970
116		兵庫県	西摂	中西山遺跡	墳墓					1													兵庫県教委1993
117		兵庫県	摂・播	養田遺跡	集落										1								第16回埋文研1984
118		兵庫県	播磨	六角遺跡	集落								1										兵庫県教委1994
119		兵庫県	播磨	周世入相遺跡	集落	1														2			兵庫県教委1990
120		兵庫県	播磨	本位田権現谷A遺跡	集落	●							●								50以上		佐用町教委1998
121		兵庫県	播磨	明神山墳墓群	墳墓		1		1														龍野市1984
122		兵庫県	播磨	周遍寺山遺跡	墳墓										1								埋文研1988
123		兵庫県	淡路	下加茂遺跡	集落	3																	村川1965
124		兵庫県	但馬	ヱノ田墳墓群	墳墓	1							1										豊岡市教委ほか1993
125		兵庫県	但馬	門谷墳墓群	墳墓	8							12		1								奈良大1994
126		兵庫県	但馬	桂ヶ谷遺跡	集落										2								兵庫県教委2013
127		兵庫県	但馬	入佐山遺跡	墳墓	2																	出石町教委1987
128		兵庫県	但馬	御屋敷遺跡	墳墓・集落		1				1				1						1		前田1986、兵庫県1992

番号	時期	府県名	旧国等		遺構種類	武器				工具						農具				その他			参考文献
						鉄鏃	鉄剣	素鉄刀	鉄刀	板鉄斧	袋鉄斧	鋳鉄斧	鉇	鑿・鏨	刀子	鋤鍬先	鉄鎌	手鎌	タビ	不明	鉄片	鉄滓	
129	後期	兵庫県	兵丹波	黒田坪遺跡	墳墓		1																奈良大1994
130		兵庫県	兵丹波	七日市遺跡	集落					1	1		2							5	1		兵庫県教委1990
131	後期～終末期	兵庫県	淡路	舟木遺跡	集落															●	●		伊藤宏幸教示
132	後期後半～終末期	大阪府	北摂	紅茸山遺跡	集落	2							1										高槻市1973
133		兵庫県	播磨	家原・堂ノ元遺跡	集落	1																	加東郡教委1983
134	後期後葉～終末期	和歌山県	紀伊	東田中神社遺跡	集落	1																	和歌山県教委1981
135	終末期	京都府	山城	芝ヶ原墳墓	墳墓								1							9			城陽市教委1987
136		京都府	山城	幸水遺跡	墳墓								1										野島永教示
137		京都府	山城	田辺遺跡	墳墓		1																田辺町教委1984
138		京都府	丹後	石田谷遺跡	集落								1										(公財)京都府2014
139		京都府	京丹波	今林8号墓	墳墓														1				福島2000
140		京都府	京丹波	園部黒田墳墓	墳墓	24														1			園部町教委1991
141		大阪府	北摂	崇禅寺遺跡	集落			1															大阪府教委1982
142		大阪府	河内	出屋敷遺跡	集落	1																	大阪府東部ほか1986
143		大阪府	河内	船橋遺跡	集落	1																	大阪府教委1962
144		兵庫県	三田	北神NTNo45遺跡	集落	1																	第16回埋文研1984
145		兵庫県	播磨	東溝遺跡	集落								3										加古川市教委1970
146		兵庫県	播磨	白鷺山遺跡	墳墓		1				1									2			龍野市1984
147		兵庫県	播磨	黒岡山墳墓	墳墓		1																東洋大姫路高1973
148		兵庫県	播磨	堀山遺跡	墳墓	2																	兵庫県教委2006
149		兵庫県	播磨	綾部山30号墓	墳墓								1										御津町教委2005
150		兵庫県	播磨	的場遺跡	墳墓		1						1										兵庫県教委2002
151		兵庫県	播磨	荒田神社裏遺跡	集落								1							2			兵庫県教委2001
152		兵庫県	但馬	土屋ヶ鼻遺跡	墳墓	4	1				1		8	1									豊岡市教委ほか1994、野島永教示
153		兵庫県	但馬	桂ヶ谷墳墓群	墳墓	1																	兵庫県教委2013
154		兵庫県	但馬	御屋敷遺跡	墳墓	1	1								1					1			前田1986ほか
155		兵庫県	但馬	内場山遺跡	墳墓	17	2	1			1		3							針状1 他3			兵庫県教委1993
156		和歌山県	紀伊	府中Ⅳ遺跡	集落										1								(財)和歌山市1996
157	終末期～古墳初頭	滋賀県	近江	坂口遺跡	墳墓	1																	滋賀県教委ほか1975
158		滋賀県	近江	高野遺跡	集落	1														1			滋賀県教委ほか1986
159		京都府	山城	植物園北遺跡	集落										1							3	(財)京都府1994
160		京都府	山城	中海道遺跡	集落										1							3	向日市教委ほか1996

番号	時期	府県名	旧国等		遺構種類	武器				工具						農具				その他			参考文献
						鉄鏃	鉄剣	素鉄刀	鉄刀	板鉄斧	袋鉄斧	鋳鉄斧	鉇	鑿・鏨	刀子	鋤鍬先	鉄鎌	手鎌	タビ	不明	鉄片	鉄滓	
161	終末期～古墳初頭	京都府	山城	宮ノ背遺跡	集落	1																	(財)京都府1998
162		京都府	山城	馬場遺跡	集落												1						山田1989
163		京都府	丹後	豊富谷丘陵遺跡	墳墓	18	5							3?			1			1			(財)京都府1983
164		京都府	丹後	石本遺跡	集落															3			(財)京都府1985
165		京都府	丹後	白米山北古墳	墳墓		1																(財)京都府1994
166		京都府	丹後	金谷古墳群	墳墓	3	6	1		斧状1			4		1					環状2 斧状1	6		(財)京都府1995
167		京都府	丹後	大田南古墳群	墳墓				1														弥栄町教委1998
168		京都府	丹後	浅後谷南遺跡	墳墓		5						2							環状1			(財)京都府1998
169		大阪府	西摂	阿部野筋遺跡	集落															ヤス1			(財)大阪市文協1999
170		大阪府	河内	中宮ドンバ遺跡	墳墓	2	1						1										(財)枚方市1989
171		大阪府	河内	村野遺跡	集落										1								(財)枚方市1983
172		大阪府	河内	久宝寺南遺跡	集落						1							1					(財)大阪センター1987
173		兵庫県	摂・播	池上ロノ池遺跡	集落	1																	新修神戸市史委員会1989
174		兵庫県	播磨	丁・柳ケ瀬遺跡	集落	1																	兵庫県教委1985
175		兵庫県	播磨	西条古墳群	墳墓		1																西条古墳群調査団1964
176		兵庫県	播磨	大中遺跡	集落															4			播磨町教委1965
177		兵庫県	播磨	立岡遺跡	集落					1										2			太子町教委
178		兵庫県	淡路	下内膳遺跡	集落	6														棒状4	6		第16回埋文研1984
179		兵庫県	但馬	出持地遺跡	墳墓	4	1						4										竹野町教委ほか1988
180		奈良県	大和	纏向遺跡	集落																●	30以上	桜井市教委1995・1997
181		奈良県	大和	ゼニヤクボ遺跡	集落	2																	橿考研1989
182		奈良県	大和	法貴寺遺跡	墳墓	1																	橿考研1983
183		奈良県	大和	見田・大沢遺跡	墳墓		1						1										橿考研1982
184		奈良県	大和	大王山遺跡	墳墓	1																	榛原町教委・橿考研1977
185		奈良県	大和	ホケノ山墳墓	墳墓	74	6		3				2	1						24			橿考研2008
186		和歌山県	紀伊	吉田遺跡	集落					1													和歌山県教委1971
187	中期～古墳初頭	滋賀県	近江	針江川北遺跡	集落									1									滋賀県教委ほか1986
188		兵庫県	西摂	加茂遺跡	集落						1			1						1			淡神文化財協会1995
189	後期～古墳初頭	京都府	山城	中海道遺跡	集落										2							3	向日市1984、1996
190		京都府	山城	長岡宮跡下層	集落										1								向日市教委ほか1991
191		大阪府	北摂	萩之庄南遺跡	集落	1																	(公財)大阪府 2012
192		兵庫県	西摂	川除・藤ノ木遺跡	集落	2					1				1					棒状1 板状1			兵庫県教委1992

番号	時期	府県名	旧国等		遺構種類	武器				工具						農具				その他			参考文献
						鉄鏃	鉄剣	素鉄刀	鉄刀	板鉄斧	袋鉄斧	鋳鉄斧	鉇	鑿・鏨	刀子	鋤鍬先	鉄鎌	手鎌	タビ	不明	鉄片	鉄滓	
193	後期～古墳初頭	兵庫県	西摂	栄根遺跡	集落	1														棒状1			兵庫県教委1982
194		兵庫県	摂・播	玉津田中遺跡	集落	2					1				3								兵庫県教委1995
195		兵庫県	但馬	ボラ山墳墓群	墳墓	4					1	1	2		4								青垣町・氷上郡教委1995
196		兵庫県	但馬	国領遺跡	集落						1				1								兵庫県教委1993
197		兵庫県	但馬	長谷・ハナ遺跡	墳墓	1	1								1								但馬考古学研究会1984
198		兵庫県	但馬	本井墳墓群	墳墓								1										豊岡市教委1988
199		兵庫県	但馬	立石墳墓群	墳墓		1								素環1								豊岡市教委1987
200		兵庫県	但馬	阿金谷古墳群	墳墓		2						1										竹野町教委1977
201	中期～古墳前期	大阪府	河内	星ヶ丘西遺跡	集落	1																	(財)枚方市1989
202	後期～古墳前期	和歌山県	紀伊	東郷遺跡	集落					1													御坊市調査会1987
203	後期中葉～古墳前期	和歌山県	紀伊	西田井遺跡	集落	13				1			3	1	1		1				4		和歌山県教委1991
204	後期後半～古墳前期	兵庫県	但馬	鎌田・若宮遺跡	墳墓		1								1					3			豊岡市教委1990
205	後期～古墳	滋賀県	近江	赤野井遺跡	集落	2											5						滋賀県教委ほか1987
206		大阪府	河内	大尾遺跡	集落		1																(財)大阪府2005
207	不明	滋賀県	近江	桜内遺跡	集落	1				1					1					1		1	滋賀県教委ほか1989
208		京都府	丹後	函石浜遺跡	集落	1																1	京都府1920
209		京都府	丹後	マサカリ浜遺跡	不明	●							●									●	京都府1924
210		大阪府	和泉	四ツ池遺跡	集落										1								森1974
211		兵庫県	西摂	田能遺跡	集落															1			尼崎市教委1982
212		兵庫県	播磨	門前遺跡	集落	2									1								兵庫県教委1971
213		兵庫県	摂・播	吉田遺跡	集落															4			直良・小林1932

引用・参考文献一覧

【ア行】

相原康二　1990「岩手県における弥生時代の石器器種組成」『伊東信雄先生追悼　考古学古代史論攷』伊東信雄先生追悼論文刊行会

青山博樹　2017「東北弥生後期の社会」『考古学ジャーナル』696　ニュー・サイエンス社

赤塚次郎　2015「3 世紀の東海以東」『大集結　邪馬台国時代のクニグニ』青垣出版

秋山浩三　1999 a「近畿における弥生化の具体相」『シンポジウム記録　1（論争吉備）』考古学研究会

1999 b「近畿における弥生「神殿」・「都市」論の行方」『ヒストリア』163　大阪歴史学会

2004「土偶・石棒の縄文・弥生移行期における消長と集団対応」『考古論集』河瀬正利先生退官記念論文集

2005「弥生大形集落断想」『大阪文化財研究』27・28（財）大阪府文化財センター

2007『弥生大形農耕集落の研究』青木書店

阿子島香・須藤隆　1984「富沢水田遺跡泉崎前地区出土の石庖丁の使用痕」『富沢水田遺跡』仙台市文化財調査報告書第 67 集

阿部義平　1993「上黒岩の線刻礫」『考古学ジャーナル』357　ニュー・サイエンス社

荒木幸治　2002「「高地性集落」研究論」『古代文化』第 54 巻第 4 号　古代学協会

有馬　伸　2003「3 世紀以前の木槨・石槨」和田晴吾編『古代日韓交流の考古学的研究―葬制の比較研究』

粟田　薫　2010『弥生時代石器の技術的研究―二上山周辺地域の弥生時代社会におけるサヌカイトの使用―』真陽社

安在晧（村松洋介訳）2009「松菊里文化成立期の嶺南社会と弥生文化」『弥生時代の考古学 2　弥生文化誕生』同成社

安藤広道　1999「弥生土器の『絵画』と文様」『古代』106　早稲田大学

李　亨源　2014「韓半島における初期青銅器文化と初期弥生文化」『国立歴史民俗博物館研究報告』第 185 集　国立歴史民俗博物館

イグーネ、シャルル（矢島文夫訳）1956『文字』白水社

池上曽根遺跡史跡指定 20 周年記念事業委員会　1996『弥生の環濠都市と巨大神殿―徹底討論　池上曽根遺跡』

池田　研　1999「高地性集落の機能と生業―出土貝を中心として」『国家形成期の考古学』大阪大学文学部考古学研究室

池淵俊一　2007「山陰における方形区画墓の埋葬原理と集団関係」『四隅突出型墳丘墓と弥生墓制の研究』島根県古代文化センター・島根県埋蔵文化財調査センター

2015「山陰地域の弥生集落と社会」『第 2 回　古代史シンポジウム　IN下関　弥生時代の日韓交流』（2）古代史シンポジウム実行委員会

石神　怡　1977「池上弥生ムラの変遷」『考古学研究』第 25 巻第 4 号　考古学研究会

石川日出志　1992「スコットランド王立博物館所蔵　N. G. マンロー資料中の「有孔石剣」と「石庖丁」」『考古学雑誌』第 78 巻第 1 号　日本考古学会

1996「3. 弥生時代　（2）石器」『考古学雑誌』第 82 巻第 2 号　日本考古学会

2000「天王山式土器弥生中期説への反論」『新潟考古』第 11 号　新潟県考古学会

2003「弥生時代暦年代論と AMS 年代法」『考古学ジャーナル』510　ニュー・サイエンス社

石黒立人　1997「手工業生産と弥生社会をめぐるラフ･スケッチ―伊勢湾地方を中心として―」『考古学フォーラム』8　考古学フォーラム

2000 「弥生集落随想 1999」『あまのともしび』原口正三先生の古稀を祝う集い事務局
石貫弘泰 2017 「今治市新谷遺跡群における鍛冶遺構の調査成果」『平成 29 年度 瀬戸内海考古学研究会 第7回公開大会 予稿集』瀬戸内海考古学研究会
石野博信 1973 「大和の弥生時代」『考古学論攷』第2冊 奈良県立橿原考古学研究所
2001 『邪馬台国の考古学』吉川弘文館
石村 智 2008 「威信財交換と儀礼」『弥生時代の考古学7 儀礼と権力』同成社
井藤暁子 1982 「まとめ 遺物」『巨摩・瓜生堂』（財）大阪府文化財センター
伊東信雄 1950 「東北地方の弥生文化」『文化』2－4 東北大学文学会
伊藤宏幸 2011 「総括」『五斗長垣内遺跡発掘調査報告』淡路市教育委員会
伊藤 実 1991 「瀬戸内の環濠集落と高地性集落」『児島隆人先生喜寿記念論集 古文化論叢』児島隆人先生喜寿記念論集刊行会
乾 哲也 1998 「池上曽根遺跡とその時代」『都市と神殿の誕生』新人物往来社
井上洋一 2011 「銅鐸」『講座日本の考古学6 弥生時代 下』青木書店
今尾文昭 1989 「鏡―副葬品の配列から―」『季刊考古学』第 28 号 雄山閣出版
今津節生・南武志 2008 「大和における古墳出土朱のイオウ同位体比」『ホケノ山古墳の研究』奈良県立橿原考古学研究所
岩永省三 1997 『金属器登場』歴史発掘7 講談社
1998 「青銅器祭祀とその終焉」『日本の信仰遺跡―奈良国立文化財研究所埋蔵文化財研修の記録―』（金子裕之編）奈良国立文化財研究所 雄山閣出版
2005 「弥生時代開始年代再考―青銅器年代論から見る」『九州大学総合研究博物館研究報告』第3号 九州大学総合研究博物館
岩松 保 1992 「墓域の中の集団関係（後編）―近畿地方の周溝墓群の分析を通じて―」『京都府文化財情報』（財）京都府埋蔵文化財調査研究センター
上田正昭 2012 『私の日本古代史 上 天皇とは何ものか―縄文から倭の五王まで』新潮社
上原真人 1993 「遺物解説 斧」『木器集成図録 近畿原始篇』奈良国立文化財研究所
丑野毅・田川裕美 1991 「レプリカ法による土器の圧痕の観察」『考古学と自然科学』24 日本文化財学会
内田律雄 1996 「島根県の石器組成の変遷」『農耕開始期の石器組成』I 国立歴史民俗博物館
内堀基光 1994 「死」『文化人類学事典』弘文堂
宇野隆夫 2001 「弥生の亀」『亀の古代学』東方出版
梅崎恵司 1989 「北九州域における大陸系磨製石器の生産と流通」『横山浩一先生退官記念論文集』I 横山浩一先生退官記念論文集刊行会
1996 「東北部九州（豊前『企救』国）の弥生時代高槻型石斧身の生産」『研究紀要』第 10 号 北九州市教育文化事業団埋蔵文化財室
1998 「東北部九州における高槻型伐採石斧の生産と流通」『網干善教先生古稀記念考古学論集』 網干善教先生古稀記念考古学論集刊行会
2010 「各地における生産と流通 北部九州」『季刊考古学』第 111 号 雄山閣出版
梅原末治 1918 「大和国吐田郷発見の銅鐸と銅鏡に就いて」『歴史地理』第 32 巻第2号 日本歴史地理学会
1922 「鳥取県下に於ける有史以前の遺跡」『鳥取県史蹟勝地調査報告』第1冊
1927 『銅鐸の研究』大岡山書店
1933 『讃岐高松石清尾山石塚の研究』京都大学考古学研究室
梅原 猛 1983 『日本の深層』佼成出版社
大形 徹 1992 『不老不死』講談社学術文庫
2000 『魂のありか』角川書店

大久保徹也　2004　「古墳時代研究における「首長」概念の問題」『古墳時代の政治構造　前方後円墳からのアプローチ』青木書店
2007　「中部瀬戸内における弥生墓の展開」『四隅突出型墳丘墓と弥生墓制の研究』島根県古代文化センター・島根県埋蔵文化財調査センター
大坂　拓　2010　「田舎館式土器の再検討」『考古学集刊』6　明治大学文学部考古学研究室
大阪府立弥生文化博物館　1992　『弥生の神々』
大阪府立弥生文化博物館　1993　『みちのく弥生文化』
大阪府立弥生文化博物館　1997　『卑弥呼誕生』
大沢正己　1983　「古墳出土鉄滓からみた古代製鉄」『日本製鉄史論集』たたら研究会
大塚初重・井上裕弘　1969　「方形周溝墓の研究」『駿台史学』24　明治大学文学部
大庭重信　1999　「方形周溝墓制からみた畿内弥生時代中期の階層構造」『国家形成期の考古学』大阪大学考古学研究室
2007　「方形周溝墓制の埋葬原理とその変遷」『墓制から弥生社会を考える』六一書房
大村　直　1989　「考古学における家族論の方向」『史館』史館同人
岡崎敬・金関恕　1955　「彌生時代」『日本考古学講座』2　河出書房
岡田精司　1998　「大型建物遺構と神社の起源」『都市と神殿の誕生』新人物往来社
岡野慶隆　2006　『加茂遺跡』同成社
岡林孝作　2008　「日本列島における木槨の分類と系譜―ホケノ山古墳中心埋葬施設の成立背景をめぐって」『ホケノ山古墳の研究』橿原考古学研究所
岡部裕俊　1999　「王墓の出現と甕棺」『考古学ジャーナル』451　ニュー・サイエンス社
岡村秀典　1989　「三角縁神獣鏡」『古代を考える　古墳』吉川弘文館
1990　「卑弥呼の鏡」『邪馬台国の時代』木耳社
1999　「漢帝国の世界戦略と武器輸出」『人類にとって戦いとは1　戦いの進化と国家の形成』東洋書林
岡本明郎　1958　「鉄をめぐる話題」『私たちの考古学』第4巻第4号　考古学研究会
岡山真知子　1998　「古代における辰砂生産工程の復元」『考古学雑誌』第84巻第1号　日本考古学会
小沢佳憲　2008　「集落と集団1―九州―」『集落から読む弥生社会』同成社
小野忠熈　1953　『島田川　周防島田川流域の遺跡調査』山口大学
1959　「瀬戸内地域における弥生式高地性集落とその機能」『考古学研究』第6巻第2号　考古学研究会
小畑弘己　2011　「わが国における稲作の起源とコクゾウムシ」『東北アジア古民族植物学と縄文農耕』同成社

【カ行】

鏡山　猛　1955　「祭祀」『日本考古学講座第4巻　弥生文化』河出書房
1956　「環溝住居阯小論（一）」『史淵』第67・68合輯
1956・1958・1959　「環溝住居阯小論」『史淵』第67・68合輯、第71輯、第74輯、第78輯　九州大学
1972　「わが古代社会における甕棺葬」『九州考古学論攷』吉川弘文館
賀来孝代　1997　「銅鐸の鳥―ツルもいるしサギもいる―」『考古学研究』第44巻第1号　考古学研究会
柏田由香　2009　「京都盆地における変革期の弥生集落」『古代文化』第61巻第3号　古代学協会
片岡宏二　1991　「九州地方の弥生墓」『原始・古代の日本の墓制』同成社
2002　「文様のある甕棺」『三沢ハサコの宮遺跡』Ⅲ　小郡市教育委員会
加藤光臣　2000　「石に固執した弥生墓の系譜」『汗と夢』広島県立廿日市西高等学校研究紀要8
金関　恕　1975　「卑弥呼と東大寺山古墳」『古代史発掘』6　講談社

1978 「木製武器」『日本原始美術大系第5巻　武器装身具』講談社
1982 「神を招く鳥」『考古学論考　小林行雄博士古稀記念論文集』小林行雄博士古稀記念論文集刊行会　平凡社
1984 「弥生時代の祭祀と稲作」『考古学ジャーナル』228　ニュー・サイエンス社
金子裕之　1984 「石の刃の威力」『縄文から弥生へ』帝塚山考古学研究所
上峯篤史　2012 『縄文・弥生時代石器研究の技術論的転回』雄山閣出版
川上勇輝　1958 「米の圧痕をもつ縄文末期の土器—菊池ワクド石出土の土器報告」『熊本史学』第14号　熊本史学会
川口雅之　2017 「弥生時代における大隅半島の農耕文化について」『鹿児島考古』第47号　鹿児島県考古学会
川越哲志　1968 「鉄および鉄生産の起源をめぐって」『たたら研究』14　たたら研究会
1975 「金属器の製作と技術」『古代史発掘』4　講談社
川越哲志編　2000 『弥生時代鉄器総覧』（東アジア出土鉄器地名表Ⅱ）広島大学考古学研究室
川部浩司　2009 『大和弥生文化の特質』学生社
菊池徹夫　1978 「弥生時代の北海道—続縄文文化研究の現状と問題点—」『歴史公論』4－3
岸本直文　2014 「倭における国家形成と古墳時代開始プロセス」『国立歴史民俗博物館研究報告』第185集　国立歴史民俗博物館
2015 「炭素14年代の検証と倭国形成の歴史像」『考古学研究』第62巻第3号　考古学研究会
岸本道昭　1995a 「絵画土器の復元と諸問題」『養久山・前地遺跡』竜野市教育委員会
1995b 「断絶の中期と後期」『大阪府埋蔵文化財協会研究紀要』3　大阪府埋蔵文化財協会
喜田貞吉　1918 「銅鐸考」『歴史地理』第32巻第2号　日本歴史地理学会
喜谷美宣　1982 「弥生時代の東播磨」『考古学論考』小林行雄博士古希記念論文集刊行委員会
木下尚子　2000 「装身具と権力・男女」『古代史の論点』2　女と男、家と村　小学館
桐井理揮　2016 「弥生時代後期における近畿北部系土器の展開」『京都府埋蔵文化財論集』第7集　（財）京都府埋蔵文化財調査研究センター
桐原　健　1973 「仮器の系譜」『古代文化』第25巻第12号　古代学協会
近畿弥生の会　2007 『墓制から弥生社会を考える』六一書房
久住猛雄　2007 「「博多湾貿易」の成立と解体—古墳時代初頭前後の対外交易機構—」『考古学研究』第53巻第4号　考古学研究会
2015 「「奴国の時代」の歴年代論」『新・奴国展—ふくおか創世記—』福岡市博物館
工藤哲司　1996 「中在家南遺跡・押口遺跡出土の木製品類」『中在家南遺跡他』仙台市教育委員会
工藤泰典　1984 「八戸市韮窪遺跡出土の狩猟文土器について」『考古学ジャーナル』234　ニュー・サイエンス社
桑原久男　1995 「弥生時代における青銅器の副葬と埋納」『西谷眞治先生古稀記念論文集』西谷眞治先生の古稀をお祝いする会
考古学研究会　2006 「畿内弥生社会の再検討」『シンポジウム記録』5　考古学研究会
甲元眞之　1986 「農耕集落」『岩波講座日本考古学4　集落と祭祀』岩波書店
2002 「北の縄文、南の縄文」『縄文農耕を捉えなおす』勉誠出版
国立歴史民俗博物館　1996・1997 『農耕開始期の石器組成』1～4
国立歴史民俗博物館　2003 『炭素14年代測定と考古学』
小柴吉男　1990 「石斧柄」『荒屋敷遺跡』Ⅱ　三島町教育委員会
小竹森直子　1989 「近江の地域色の再検討2—周辺地域における近江系土器について—」『紀要』（財）滋賀県文化財保護協会
五斗長垣内遺跡調査研究プロジェクト　2013 「シンポジウム　五斗長垣内遺跡と弥生時代の淡路島　記録集」

『兵庫県立考古博物館　研究紀要』第6号　兵庫県立考古博物館
後藤守一　1935　「銅鐸についての二三」『ドルメン』第4巻第6号
小林青樹　2002　「突帯文土器の絵画」『国立歴史民俗博物館研究報告』第97集　国立歴史民俗博物館
小林達雄　1994　「日本の原始美術」『原色日本の美術』1　小学館
小林行雄ほか　1943　「石器類」『大和唐古弥生式遺跡の研究』京都帝国大学文学部考古学研究室
小林行雄　1951　『日本考古学概説』東京創元社
1952　「古墳時代文化の成因について」『日本民族』岩波書店
1955　「古墳の発生の歴史的意義」『史林』38－1　史学研究会
1959　『古墳の話』岩波書店
1961　『古墳時代の研究』青木書店
1967　『女王国の出現』文英堂
小林正春　1991　「石器の終わる時」『季刊考古学』第35号　雄山閣
小南裕一・籠山幸雄・松林寛樹・河原剛・竹内奈央　2007　「絵画土器について」『下村遺跡』（財）山口県埋蔵文化財センター
小南裕一　2009　「縄文後・晩期土器と板付Ⅰ式土器」『弥生時代の考古学2　弥生文化誕生』同成社
駒井和愛　1954　「石器および骨格器」『登呂』本編
1955　『登呂の遺跡』至文堂
小山修三　1984　『縄文時代―コンピューター考古学による復元―』中央公論新社
小山田宏一　1992　「破砕鏡と鏡背重視の鏡」『弥生文化博物館研究報告』第1集　大阪府立弥生文化博物館
1995　「前期前方後円墳の特徴　副葬品」『季刊考古学』第52号　雄山閣出版
2002　「鏡の多量副葬」『日本考古学協会2002年度橿原大会　研究発表資料集』日本考古学協会2002年度橿原大会実行委員会
近藤義郎　1957　「初期水稲農業の技術的達成について」『私たちの考古学』第4巻第3号　考古学研究会
1959　「共同体と単位集団」『考古学研究』第6巻第1号　考古学研究会
1966　「弥生文化の発達と社会関係の変化」『日本の考古学』Ⅲ　弥生時代　河出書房新社
1968　「前方後円墳の成立と変遷」『考古学研究』第15巻第1号　考古学研究会
1975　「研究報告をめぐる討議」『考古学研究』第22巻第1号　考古学研究会
1983　『前方後円墳の時代』岩波書店
1984　「四隅突出型弥生墳丘墓2題」『竹田墳墓群』鏡野町教育委員会
1985　「時代区分の諸問題」『考古学研究』第32巻第2号　考古学研究会
近藤義郎・岡本明郎　1957　「日本における初期農業生産の発展」『私たちの考古学』第4巻第2号　考古学研究会

【サ行】

斎野裕彦　1987　「弥生時代の石器について」『富沢遺跡』仙台市文化財発掘調査報告書98集
1991　「東日本への稲作伝播を考える」『考古学ジャーナル』337　ニュー・サイエンス社
1992a　「大型板状安山岩製石器について」『太平臺史窓』第11号　史窓会
1992b　「東北地方の初期大陸系磨製石器」『弥生時代の石器―その始まりと終わり―』第6分冊　埋蔵文化財研究会関西側世話人会
1992c　「山王囲遺跡」『弥生時代の石器―その始まりと終わり―』第3分冊
1993　「弥生時代の大型直刃縁石器（上）」『大阪府立弥生文化博物館研究報告』第3集　大阪府立弥生文化博物館
1994　「弥生時代の大型直刃縁石器（下）」『大阪府立弥生文化博物館研究報告』第4集　大阪府立弥生文化博物館

2016 「東北からみた弥生文化の範囲」『仙台平野に弥生文化はなかったのか』―藤尾慎一郎氏の新説講演と意見交換―予稿集　弥生時代研究会

酒井龍一　1974 「石庖丁の生産と消費をめぐる二つのモデル」『考古学研究』第21巻第2号　考古学研究会

1982 「畿内大社会の理論的様相―大阪湾岸における調査から―」『亀井遺跡』（財）大阪文化財センター

1990 「畿内弥生社会の時代的枠組―奈良大学文化財学科考古学の授業から―」『考古学論集』第3集　考古学を学ぶ会

2001 「討論」『弥生時代の集落』学生社

坂本嘉弘　1994 「埋甕から甕棺へ―九州縄文埋葬考―」『古文化談叢』第32集　古文化研究会

桜井拓馬　2013 「鉄器加工痕を有する砥石―弥生時代後期以降の砥石の変化に関する予察―『研究紀要』第22号　三重県埋蔵文化財センター

佐々木高明　1971 『稲作以前』NHKブックス

1989 『東・南アジア農耕論』弘文堂

1991 『日本の歴史1　日本史誕生』集英社

佐原　眞　1960a 「銅鐸の鋳造」『世界考古学体系　日本Ⅱ　弥生時代』平凡社

1960b 「銅鐸文化圏」『図説世界文化史大系』20　角川書店

1964a 「銅鐸」『日本原始美術4　青銅器』講談社

1964b 「石製武器の発展」『紫雲出　香川県三豊郡詫間町紫雲出山弥生式遺跡の研究』香川県詫間町

1970 「大和川と淀川」『古代の日本』5　近畿　角川書店

1972 「1971年の動向　弥生時代」『考古学ジャーナル』68　ニュー・サイエンス社

1974 「銅鐸の祭り」『古代史発掘5　大陸文化と青銅器』講談社

1975a 「農業の開始と階級社会の形成」『岩波講座日本歴史』1　岩波書店

1975b 「かつて戦争があった」『古代学研究』第78号　古代学研究会

1987a 『大系日本の歴史』1　日本人の誕生　小学館

1987b 「みちのくの遠賀川」『東アジアの考古と歴史』中　岡崎敬先生退官記念事業会

1994 『斧の文化史』東京大学出版会

1996 『祭りのカネ銅鐸』講談社

佐原眞・金関恕　1975 「米と金属の世紀」『古代史発掘4　稲作のはじまり』講談社

佐原眞・高井悌三郎　1971 「考古学から見た伊丹地方」『伊丹市史』第1巻　伊丹市

佐原眞・春成秀爾　1997 『原始絵画』講談社

設楽博己　1991a 「関東地方の遠賀川系土器」『古文化論叢』児島隆人先生喜寿記念事業会

1991b 「弥生時代の農耕儀礼」『季刊考古学』第37巻　雄山閣出版

2001 「縄文の亀」『亀の古代学』東方出版

2004 「AMS炭素年代測定法による弥生時代開始年代をめぐって」『歴史研究の最前線』1　国立歴史民俗博物館

2005 「東日本農耕文化の形成と北方文化」『稲作伝来　先史日本を復元する4』岩波書店

2008 『弥生再葬墓と社会』塙書房

2009 「独立棟持柱建物と祖霊祭祀」『国立歴史民俗博物館研究報告』第149集　国立歴史民俗博物館

2014 「銅鐸文様の起源」『東京大学考古学研究室研究紀要』第28号　東京大学考古学研究室

七田忠昭　2005 『吉野ヶ里遺跡』同成社

篠田謙一・國定隆弘　1993 「隈・西小田地区遺跡群出土人骨のDNA分析」『隈・西小田遺跡群』筑紫野市教

育委員会
篠宮　正　1996 「玉津田中遺跡の変遷　弥生時代中期」『神戸市西区玉津田中遺跡』第6分冊総括編　兵庫県教育委員会
柴田昌児　2004 「中・西部瀬戸内の高地性集落と山住みのムラ」『弥生社会の群像―高地性集落の実態―発表要旨集』
島田貞彦　1930 『筑前須玖先史時代遺跡の研究』京都帝国大学考古学研究室報告第11冊　刀江書院
島根県古代文化センター・島根県埋蔵文化財調査センター 2003 『宮山古墳群の研究』
島根県古代文化センター・島根県埋蔵文化財調査センター 2007 『四隅突出型墳丘墓と弥生墓制の研究』
下垣仁志　2005 「倭王権と文物・祭式の流通」『国家形成の比較研究』学生社
下條信行　1975 a 「未製石器よりみた弥生時代前期の生産体制」『九州考古学の諸問題』福岡考古学研究会
1975 b 「北九州における弥生時代の石器生産」『考古学研究』第22巻第1号　考古学研究会
1977 a 「石器」『立岩遺蹟』河出書房新社
1977 b 「九州における大陸系磨製石器の生成と展開」『史淵』第144輯　九州大学文学部
1983 「弥生時代石器生産体制の評価―福岡県立岩遺跡を中心として―」『古代学論叢　角田文衛先生古稀記念』古代学協会
1985 「伐採石斧（太型蛤刃石斧）」『弥生文化の研究』5　雄山閣
1988 「石器」『弥生文化の研究』10　雄山閣
1989 a 「島根県西川津遺跡からみた弥生時代の山陰地方と北部九州」『西川津遺跡発掘調査報告書』V　島根県土木河川課・島根県教育委員会
1989 b 「農村の誕生」『古代史復元4　弥生農村の誕生』講談社
1991 「北部九州弥生中期の「国」家間構造と立岩遺跡」『古文化論叢』児島隆人先生喜寿記念論集刊行会
1994 『弥生時代・大陸系磨製石器の編年網の作製と地域間の比較研究』
1995 a 「各地域での弥生時代の始まり　瀬戸内」『弥生文化の成立』角川書店
1995 b 「討論」『弥生文化の成立―大変革の主体は「縄紋人」だった』角川書店
1997 「柱状片刃石斧について」『古文化論叢』伊達先生古稀記念論集刊行会
1998 『日本における石器から鉄器への転換形態の研究』愛媛大学
2002 「瀬戸内における石庖丁の型式展開と文化交流」『四国とその周辺の考古学　犬飼徹夫先生古稀記念論集』犬飼徹夫先生古稀記念論集刊行会
2004 「弥生時代における縄文的生産流通と弥生的生産流通」『道具の生産流通と地域間関係の形成』古代学協会中国四国合同支部
2006 「『高地性集落』論の今日」『古代文化』第58巻第2号　古代学協会
2008 『大陸系磨製石器論―下條信行先生石器論攷集』下條信行先生石器論攷集刊行会
下條信行編　2010 『季刊考古学』第111号（石器生産と流通にみる弥生文化）雄山閣出版
庄田慎矢　2004・2006 「比来洞銅剣の位置と弥生年代論（上・下）」『古代』117・119　早稲田大学考古学会
ジョルジュ、ジャン　1990 （矢島文夫監修）『文字の歴史』創元社
白井克也　2001 「勒島貿易と原の辻遺跡―粘土帯土器・三韓土器・楽浪土器からみた弥生時代の交易」『弥生時代の交易―モノの動きとその担い手―』埋蔵文化財研究会
白石太一郎　1975 「考古学より見た日本の墓地」『日本古代文化の探求　墓地』社会思想社
1999 『古墳とヤマト政権―古代国家はいかに形成されたか―』文春新書
2006 「倭国の形成と展開」『列島の古代史』8　岩波書店
2013 『古墳からみた倭国の形成と展開』敬文舎
神野　恵　2000 「弥生時代の弓矢（上）・（下）―機能的側面からみた鏃の重量化―」『古代文化』第52号第

10・12号　古代学協会
末永雅雄・小林行雄・藤岡謙二郎　1943　『大和唐古弥生式遺跡の研究』京都帝国大学文学部考古学研究室報告16　京都帝国大学文学部考古学研究室
菅　栄太郎　1999　「石器」『大阪府和泉市観音寺山遺跡発掘調査報告書』同志社大学歴史資料館
2011　「大阪湾岸における弥生時代の石器生産と流通」『石器からみた弥生時代の播磨』第11回播磨考古学研究集会実行委員会
菅原正明　1980　「石器に刻まれた生活」『東山遺跡』大阪府教育委員会
杉原荘介　1955　「弥生文化」『日本考古学講座第4巻　弥生文化』河出書房
杉本憲司・菅谷文則　1978　「中国における鏡の出土状態」『日本古代文化の探求　鏡』社会思想社
杉山和徳　2014　「東日本における鉄器の流通と社会の変革」『久ケ原・弥生町期の現在―相模湾／東京湾の弥生後期の様相―』西相模考古学研究会
2015　「東日本における鉄器の流通と社会の変革」『列島東部における弥生後期の変革　久ケ原・弥生町期の現在』六一書房
杉山浩平　2010　『東日本弥生社会の石器研究』六一書房
須藤　隆　1970　「青森県大畑町二枚橋遺跡出土の土器・石器について」『考古学雑誌』第56巻第2号
1983 a　「東北地方の初期弥生土器―山王Ⅲ層式―」『考古学雑誌』第68巻第3号
1983 b　「稲作文化の伝播と恵山文化の成立」『考古学論叢』Ⅰ　芹沢長介先生還暦記念論文集刊行会
1984　「東北地方における弥生時代農耕社会の成立と展開」『宮城の研究』1　清文堂
1986　「稲作農村の展開」『図説発掘が語る日本史1　北海道・東北編』新人物往来社
1990　「東北地方における弥生文化」『伊東信雄先生追悼　考古学古代史論攷』伊東信雄先生追悼論文刊行会
1992　「弥生社会の成立と展開」『新版古代の日本9　東北・北海道』角川書店
1998　『東北日本先史時代文化変化・社会変動の研究　縄文から弥生へ』纂修堂
2000　「弥生時代の東北地方」『宮城考古学』第2号　宮城県考古学会
須藤隆・工藤哲司　1991　「東北地方弥生文化の展開と地域性」『北からの視点』日本考古学協会宮城・仙台シンポジウム資料集
関　保之助　1900　「銅鐸説」『考古』第1編第4号
関野　克　1949　「文化遺物　建築用木材」『登呂（前編）』日本考古学協会
清家　章　2000　「弥生時代の女性」『瀬戸内弥生文化のパイオニア―新方遺跡からの新視点―』文部省科学研究費古人骨と動物遺存体に関する総合研究シンポジウム実行委員会
2002　「近畿古墳時代の埋葬原理」『考古学研究』第49巻第1号　考古学研究会

【タ行】

大工原　豊　1988　「弥生時代の石器群について」『注連引原Ⅱ遺跡』安中市教育委員会
高尾浩司　2003　「妻木晩田遺跡における鉄器生産の一試論」『妻木晩田遺跡発掘調査研究年報』鳥取県教育委員会
高木暢亮　2003　『北部九州における弥生時代墓制の研究』九州大学出版会
高木恭二　2002　「朝鮮鏡」『考古資料大観5　弥生・古墳時代　鏡』小学館
高木芳史　1999　「畿内地方の石庖丁の生産と流通」『国家形成期の考古学』大阪大学考古学研究室
高瀬克範　2017　「「みちのく遠賀川」再考」『季刊考古学』第138号　雄山閣出版
高倉洋彰　1972　「弥生時代小型仿製鏡について」『考古学雑誌』第58巻第3号　日本考古学会
1973 a　「銅鐸製作開始年代論の問題点」『九州考古学』48　九州考古学会
1973 b　「墳墓からみた弥生社会の発展過程」『考古学研究』第20巻第2号　考古学研究会

1985「初期鉄器の普及と画期」『九州歴史資料館』10　九州歴史資料館

1999「副葬のイデオロギー」『季刊考古学』第67号　雄山閣出版

高田健一　2006『妻木晩田遺跡』同成社

高田浩司　2001「吉備における弥生時代中期の石器の生産と流通」『古代吉備』第23集　古代吉備研究会

高野陽子　2006「出現期前方後円墳をめぐる二、三の問題―京都府黒田古墳の再評価―」『京都府埋蔵文化財論集』第5集　（財）京都府埋蔵文化財調査研究センター

高橋健自　1923「日本青銅文化の起源」『考古学雑誌』第13巻第12号　日本考古学会

滝沢規朗　2013「阿賀北における弥生時代後期の北陸系土器について」『三面川流域の考古学』第11号　奥三面を考える会

武末純一　1985a「農耕集落の展開」『北九州市史　総論　先史・原始』北九州市

1985b「石器の生産と流通」『北九州市史　総論　先史・原始』北九州市

1990「北部九州の環溝集落」『九州上代文化論集』乙益重隆先生古稀論文集刊行会

1991「弥生時代の居館」『卑弥呼の世界』大阪府立弥生文化博物館

1998a「北部九州の弥生都市論」『都市と神殿の誕生』新人物往来社

1998b「弥生環溝集落と都市」『古代史の論点3　都市と工業と流通』小学館

2004「弥生時代前半期の暦年代―北部九州と朝鮮半島南部の併行関係を考える」『福岡大学考古学論集』福岡大学人文学部考古学研究室

2006「韓国の鋳造梯形鉄斧―原三国時代以前を中心に―」『七隈史学』第7号　七隈史学会

2010「日本の弥生拠点集落とネットワーク」『青銅器時代の蔚山太和江文化』（財）蔚山文化財研究院

2011「沖ノ島祭祀の成立前史」『「宗像・沖ノ島と関連遺産群」研究報告』Ⅰ「宗像・沖ノ島と関連遺産群」世界遺産推進会議

2013「韓国蔚山地域の弥生系土器」『弥生時代政治社会構造論』雄山閣出版

2015「弥生時代の日韓の国々（2）」『第2回　古代史シンポジウム　IN下関　弥生時代の日韓交流』（2）古代史シンポジウム実行委員会

武末純一・伊庭功・辻川哲郎・杉山拓己　2010「金海會峴里貝塚出土近江系土器」『考古学探求』第8号　考古学探究会

武末純一・森岡秀人・設楽博己　2011『列島の考古学　弥生時代』河出書房新社

竹広文明　2003『サヌカイトと先史社会』渓水社

2004「山陰日本海沿岸地域における弥生時代のサヌカイト石器原材―鳥取県青谷上寺地遺跡出土石器類をめぐって―」河瀬正利先生退官記念事業会

田崎博之　2006「四国・瀬戸内における弥生集落―愛媛県文京遺跡の密集型大規模集落、北部九州との比較―」『日本考古学協会2006年度愛媛大会研究発表資料集』日本考古学協会2006年度愛媛大会実行委員会

田尻義了　2004「弥生時代小形仿製鏡の生産体制論」『日本考古学』第18号　日本考古学協会

田代克己　1982「方形周溝墓制に関する一覚書」『森貞次郎博士古稀記念古文化論集』森貞次郎博士古稀記念古文化論集刊行会

立木　修　1994「後漢の鏡と3世紀の鏡―楽浪出土鏡の評価と踏み返し鏡―」『日本と世界の考古学』雄山閣出版

辰巳和弘　1992『埴輪と絵画の古代学』白水社

1999「舟葬再論―東殿塚古墳出土の船画をめぐって―」『考古学に学ぶ』同志社大学

2001『古墳の思想』白水社

田中清美　2015「Y1号墳丘墓の墳丘と埋葬施設」『大阪市平野区　加美遺跡発掘調査報告』Ⅴ　（公財）大阪

市博物館協会　大阪文化財研究所
田中　敏　1993「会津地方における古墳出現前後の土器の様相」『磐越地方における古墳文化形成過程の研究』文部省科学研究費補助金（総合研究Ａ）研究成果報告書
田中　琢　1970「「まつり」から「まつりごと」へ」『古代の日本５　近畿』角川書店
田中義昭　1976「南関東における農耕社会の成立をめぐる若干の考察」『考古学研究』第22巻第3号　考古学研究会
田中良之　1995『古墳時代親族構造の研究』柏書房
　　　　　2000「墓地からみた親族・家族」『古代史の論点　女と男　家と村』小学館
田辺昭三　1956「生産力発展の諸段階―弥生時代における鉄器をめぐって―」『私たちの考古学』11　考古学研究会
田辺昭三・佐原真　1966「弥生文化の発展と地域性　近畿」『日本の考古学Ⅲ　弥生時代』河出書房新社
谷口康浩　2005『環状集落と縄文社会構造』雄山閣出版
種定淳介　1991「丸山潔に宛てた私信」『AORA』阪九研究会関西側世話人会（1996年刊）
田畑　基　1994「環濠を伴う高地性遺跡：大盛山」その性格をめぐって』『文化財学論集』文化財学論集刊行会
千代　肇　1962「弥生式文化の北方伝播とそれをめぐる課題―北海道続縄文文化研究の現状―」『考古学研究』第9巻第1号
塚田良道　1987「耳成山産流紋岩製石庖丁について」『考古学と地域文化』同志社大学
　　　　　1990「弥生時代における二上山サヌカイトの獲得と石器生産」『古代学研究』第122号　古代学研究会
辻秀人・菊地芳朗　1993「会津盆地の前期古墳」『磐越地方における古墳文化形成過程の研究』文部省科学研究費補助金（総合研究Ａ）研究成果報告書
土屋みづほ　2004「弥生時代における石器生産と流通の変遷過程―東北部九州を中心にして―」『考古学研究』第50巻第4号　考古学研究会
都出比呂志　1967「農具鉄器化の二つの画期」『考古学研究』第13巻第3号　考古学研究会
　　　　　1970「農業共同体と首長権―階級形成の日本的特質―」『講座日本史』第1巻　東京大学出版会
　　　　　1974「古墳出現前夜の集団関係」『考古学研究』第20巻第4号　考古学研究会
　　　　　1983 a「弥生土器における地域色の性格」『信濃』第25巻4号（都出1989『日本農耕社会の成立過程』に加筆し再録）
　　　　　1983 b「環濠集落の成立と解体」『考古学研究』第29巻第4号　考古学研究会
　　　　　1986「墳墓」『岩波講座日本考古学４　集落と祭祀』岩波書店
　　　　　1989『日本農耕社会の成立過程』岩波書店
　　　　　1991「日本古代の国家形成論序説―前方後円墳体制の提唱―」『日本史研究』343　日本史研究会
　　　　　1997「都市の形成と戦争」『考古学研究』第44巻第2号　考古学研究会
　　　　　2000『王陵の考古学』岩波書店
常松幹雄　1997「弥生時代の甕棺に描かれた絵画と記号」『福岡市博物館研究紀要』7
　　　　　1999「甕棺に描かれた絵画と記号」『考古学ジャーナル』451　ニュー・サイエンス社
出原恵三　2009『南国土佐から問う弥生時代像・田村遺跡』新泉社
寺沢　薫　1978「大和の高地性集落」『青陵』36　奈良県立橿原考古学研究所
　　　　　1979「大和弥生社会の展開とその特質―初期ヤマト政権成立史の再検討―」『橿原考古学研究所論集』4　吉川弘文館
　　　　　1988「纒向型前方後円墳の築造」『考古学と技術』同志社大学考古学シリーズ刊行会
　　　　　1990「青銅器の副葬と王墓の形成」『古代学研究』第121号　古代学研究会

1991 「弥生時代の青銅器とそのマツリ」『考古学その見方と解釈』上　筑摩書房

1992 「銅鐸埋納論」『古代文化』第44巻第5号・第6号　古代学協会

1994 「鷺と魚とシャーマンと―銅鐸の図像考（Ⅰ）―」『考古学と信仰』同志社大学考古学シリーズⅣ　同志社大学考古学研究室

1995ａ「狩る・採る・立てるのイデア―銅鐸の図像考（Ⅱ）―」『弥生の食展』川崎市民ミュージアム

1995ｂ「中国古代収穫具の基礎的研究」『東アジアの稲作起源と古代稲作文化』佐賀大学農学部

2000 『王権誕生』講談社

2010 『青銅器のマツリと政治社会』吉川弘文館

2011 『王権と都市の形成史論』吉川弘文館

2013 「日本列島における国家形成の枠組み―纒向遺跡出現の国家史的意義―」『纒向学研究』第1号　桜井市纒向学研究センター

2016 「大和弥生社会の展開と特質（再論）」『纒向学研究』第4号　桜井市纒向学研究センター

寺沢薫・森井貞雄　1989「各地域の様式と編年　河内地域」『弥生土器の様式と編年』近畿編Ⅰ　木耳社

寺前直人　1998「弥生時代の武器形石器」『考古学研究』第45号第2号　考古学研究会

2001ａ「弥生時代開始期における磨製石斧の変遷―中部瀬戸内地域と大阪湾沿岸地域を中心として―」『古文化談叢』第46集　古文化研究会

2001ｂ「弥生時代における石鏃大型化の2つの画期」『待兼山論叢　史学篇』35　大阪大学文学部

2010ａ『武器と弥生社会』大阪大学出版会

2010ｂ「各地における生産と流通　関西」『季刊考古学』第111号　雄山閣出版

2011 「石器の生産と流通」『講座　日本の考古学　弥生時代　上』青木書店

徳丸始朗　1980「主として池上遺跡の花粉分析について」『池上・四ツ池遺跡』第6分冊　自然遺物編　大阪文化財センター

戸塚洋輔　2016「近江地域」『集落動態からみた弥生時代から古墳時代への社会変化』六一書房

富岡謙蔵　1918「九州北部に於ける銅剣銅鉾及び彌生式土器と伴出する古鏡の年代に就て『考古学雑誌』第8巻第9号　日本考古学会

豊島直博　2004「弥生時代における鉄剣の流通と把の地域性」『考古学雑誌』第88巻第2号　日本考古学会

鳥居龍蔵　1917「畿内の石器時代に就て」『人類学雑誌』第32巻第9号　東京人類学会

【ナ行】

直木孝次郎　1973『日本の歴史1　倭国の誕生』小学館

中川和哉　1997「石器組成研究の問題点」『雲宮遺跡』京都府埋蔵文化財調査研究センター

中越利夫　1993「縄文時代後期の瀬戸内―打製石器を中心として―」『考古論集―潮見浩先生退官記念論文集―』潮見浩先生退官記念事業会

中沢道彦　2009「縄文農耕論をめぐって―栽培植物種子の検証を中心に―」『弥生時代の考古学5　食料の獲得と生産』同成社

中沢道彦・丑野毅　2005「レプリカ法による熊本県ワクド石遺跡出土土器の種子状圧痕の観察」『肥後考古』第13号　肥後考古学会

中園　聡　2004『九州弥生文化の特質』九州大学出版会

2005 「九州弥生文化の展開と交流」『稲作伝来』岩波書店

長友朋子　2013「近畿地方における弥生時代の鉄器生産―北部九州との比較を通してー」『立命館大学考古学論集』Ⅳ　立命館大学考古学論集刊行会

2014 「世界の中の弥生時代―弥生文化の特質―」『考古学研究』第60巻第4号　考古学研究会

中西靖人　1992「農耕文化の定着」『新版　古代の日本5　近畿Ⅰ』角川書店

仲原知之　2000「和泉地域の石庖丁生産と流通―近畿における石庖丁生産・流通の再検討（Ⅱ）―」『洛北史学』第2号　京都府立大学文学部

2002「弥生前期の石庖丁生産と流通―近畿における石庖丁生産・流通の再検討（Ⅲ）―」『紀伊考古学研究』第5号　紀伊考古学研究会

中間研志　1978「穿孔と打ち欠き」『九州縦貫自動車道関係埋蔵文化財調査報告』ＸＸⅣ　福岡県教育委員会

中村慎一　1995「世界のなかの弥生文化」『文明学原論』古代オリエント博物館

中村大介　2006「弥生時代開始期における副葬習俗の展開」『日本考古学』第21号　日本考古学協会

2007「方形周溝墓の系譜とその社会」『墓制から弥生社会を考える』六一書房

中村大介・秋山浩三　2004「方形周溝墓研究と近畿弥生社会復元への展望」『瓜生堂遺跡』一　大阪文化財センター

中村友博　1987「武器形祭器」『弥生文化の研究8　祭祀と墓の装い』雄山閣出版

中村　豊　2012「研究の成果」『弥生時代における結晶片岩製石器生産・流通史の復元に関する研究』徳島大学埋蔵文化財調査室

中山平次郎　1917「九州北部に於ける先史原史両時代中間期間の遺物に就て」『考古学雑誌』第7巻第10・第11号、第8巻第1号・第3号　日本考古学会

1923「焼米を出せる竪穴址」『考古学雑誌』第14巻第1号　日本考古学会

1924・1925「筑前糸島今山における石斧製造所址（上）・（下）」『考古学雑誌』第14巻第4号・第15巻第1号　日本考古学会

1931「今山の石斧製造所址」『福岡県史跡名勝天然記念物調査報告』第6輯　福岡県

那須孝悌・山内文　1980「縄文後期・晩期低湿地遺跡における古植生の復元―福井市浜島遺跡、青森県亀ヶ岡遺跡の調査例―」『考古学・美術史の自然科学的研究』古文化財編集委員会

奈良県立橿原考古学研究所付属博物館　2009『銅鐸―弥生時代の青銅器生産―』

奈良国立文化財研究所　1993『木器集成図録』近畿原始編

奈良文化財研究所　2005『日本の考古学―ドイツで開催された「曙光の時代」展』小学館

難波洋三　2006「近畿式・三遠式銅鐸の成立」『古代アジアの青銅器文化と社会―起源・年代・系譜・流通・儀礼―』国立歴史民俗博物館

2007『難波分類に基づく銅鐸出土地名表の作成』平成15年度～18年度科学研究費補助金基盤研究（C）研究成果報告書

2009「銅鐸の鋳造」『銅鐸―弥生時代の青銅器生産―』奈良県立橿原考古学研究所付属博物館

2011「扁平鈕式以後の銅鐸」『大岩山銅鐸から見えてくるもの』滋賀県立安土城考古博物館

2012a「柳沢遺跡出土銅鐸の位置づけ」『中野市　柳沢遺跡』千曲川替佐・柳沢築堤事業関連埋蔵文化財発掘調査報告書―中野市内その3―　国土交通省北陸地方整備局・長野県埋蔵文化財センター

2012b「銅鐸を使う国々」『卑弥呼がいた時代』兵庫県立考古博物館開館5周年・史跡大中遺跡発見50周年記念シンポジウム　兵庫県立考古博物館

仁尾一人　2002「SD15出土の絵画土器について」『貝谷遺跡』兵庫県教育委員会

西口陽一　1986「人・硯・石剣」『考古学研究』第32巻第4号　考古学研究会

2000「深色（黒色）片岩製柱状片刃石斧」『あまのともしび』原口正三先生の古稀を祝う集い事務局

西田和弘　2005「結語　石器」『赤田東遺跡』岡山市教育委員会

西谷　彰　1999「弥生時代における土器の製作技術交流」『待兼山論叢　史学篇』33　大阪大学文学部

西本豊弘編　2003『炭素14年年代測定と考古学』国立歴史民俗博物館

西本豊弘編　2009『弥生農耕の起源と東アジア―炭素年代測定による高精度編年体系の構築―』国立歴史民俗

博物館
仁田坂　聡　2004 「絵画土器」『天神ノ元遺跡』（3） 唐津市教育委員会
日本考古学協会編　1949 『登呂—本編—』毎日新聞社
根木　修　1991 「銅鐸絵画に登場する長頸・長脚鳥」『考古学研究』第38巻第3号　考古学研究会
禰冝田佳男　1986 「打製短剣・石槍・石戈」『弥生文化の研究』8　雄山閣出版
1990 「環濠集落と環濠の規模」『季刊考古学』31号　雄山閣出版
1992a 「近畿地方の石斧の鉄器化」『大阪府立弥生文化博物館研究報告』第1集　大阪府立弥生文化博物館
1992b 「1991年の考古学会の動向　弥生時代（西日本）」『考古学ジャーナル』347　ニュー・サイエンス社
1993a 「畿内サヌカイト産地と交易の実態」『新視点　日本の歴史』1　新人物往来社
1993b 「東北の弥生石器」『大阪府立弥生文化博物館研究報告』第2集　大阪府立弥生文化博物館
1994 「木材加工のための工具—斧の柄を中心にして」『季刊考古学』第47号　雄山閣出版
1998a 「地域ごとの石器使用の終焉　畿内地域」『考古学ジャーナル』433　ニュー・サイエンス社
1998b 「石器から鉄器へ」『古代国家はこうして生まれた』角川書店
1999a 「有鼻遺跡における弥生石器の諸問題」『北摂ニュータウン内遺跡調査報告書』Ⅳ　有鼻遺跡（1）兵庫県教育委員会
1999b 「有鼻弥生集落の特質」『北摂ニュータウン内遺跡調査報告書』Ⅳ　有鼻遺跡（1）兵庫県教育委員会
1999c 「伐採石斧の柄」『国家形成期の考古学』大阪大学考古学研究室10周年記念論集　大阪大学考古学研究室
2000a 「稲作の始まり」『古代史の論点1　環境と食料生産』小学館
2000b 「生産経済民の副葬行為（弥生時代）」『季刊考古学』第70号　雄山閣出版
2002 「遺物組成からみた高地性集落の諸類型」『古代文化』第54巻第4号　古代学協会
2005 「弥生時代北部九州における葬送儀礼とその思想的背景」『待兼山考古学論集』大阪大学文学部考古学研究室
2006 「絵画による伝達」『文字と古代日本5　文字表現の獲得』吉川弘文館
2007 「水田農耕の受容と展開」『弥生時代はどう変わるか—炭素14年代と新しい古代像を求めて—』学生社
2009a 「石器の製作と利用」『弥生時代の考古学6　弥生時代のハードウエア』同成社
2009b 「弥生時代の墓から探る社会」『墓からさぐる社会』雄山閣出版
2010a 「石器から見た兵庫県東南部の弥生集落—三田盆地の遺跡を中心にして—」『石器からみた弥生時代の播磨』播磨考古学研究会
2010b 「明石川流域の弥生時代集落」『坪井清足先生卒寿記念論文集—埋文行政と研究のはざまで—』坪井先生の卒寿をお祝いする会
2011 「墓地の構造と階層社会の成立」『講座　日本の考古学6　弥生時代　下』青木書店
2012 「会下山遺跡の再検討—近年の発掘調査成果をとおして—」『兎原』Ⅱ　森岡秀人さん還暦記念論文集　兎原刊行会
2013a 「北部九州における棺密封葬法の成立と展開」『弥生時代政治社会構造論』雄山閣出版
2013b 「弥生時代の近畿における鉄器製作遺跡—「石器から鉄器へ」の再検討の前提として」『日本考古学』第36号　日本考古学協会
2015a 「東海・関東・北陸より出土が少ない近畿の弥生時代鉄器」『列島東部における弥生後期の変革—久ケ原・弥生町期の現在と未来』六一書房

2015 b 「弥生時代の近畿における鉄器製作遺跡―「石器から鉄器へ」の再考の前提として―」『日本考古学』日本考古学協会
2017 a 「近畿の鉄器及び鉄器化とその意義」『平成 29 年度瀬戸内海考古学研究会　第 7 回公開大会予稿集』瀬戸内海考古学研究会
2017 b 「ふたたび高地性集落の軍事的性格について―弥生時代中期の石器組成から―」『海と山と里の考古学　山崎純男博士古稀記念論文集』山崎純男博士古稀記念論文集編集委員会
野崎欽五　1991 「いわき地方における弥生時代の石器」『いわき地方史研究』第 28 号　いわき地方史研究会
野島　永　1992 「破砕した鋳造鉄斧」『たたら研究』第 32・33 号　たたら研究会
1996 「近畿地方における弥生時代鉄器について」『京都府埋蔵文化財論集』第 3 集　(財) 京都府埋蔵文化財調査研究センター
2000 「鉄器からみた諸変革―初期国家形成期における鉄器流通の様相―」『国家形成過程の諸変革』シンポジウム記録 2　考古学研究会
2009 『初期国家形成過程の鉄器文化』雄山閣出版
2010 「弥生時代における鉄器保有の一様相」『京都府埋蔵文化財論集』第 6 集　(財) 京都府埋蔵文化財調査研究センター
2012 「弥生時代後半期の鉄器文化 (近畿・瀬戸内地域)」『研究発表資料集』日本考古学協会 2012 年度福岡大会実行委員会
野島永・河野一隆　2001 「玉と鉄」『古代文化』第 53 巻第 4 号　古代学協会
能登原孝道　2014 「北部九州における石庖丁の生産と流通」『東アジア古文化論攷』2　中国書店
能登原孝道・中野伸彦・小山内康人　2007 「いわゆる「頁岩質砂岩」の原産地について」『九州考古学』第 82 号　九州考古学会

【ハ行】

河仁秀 (甲元眞之訳)　1994 「嶺南地方支石墓の型式と構造」『古文化談叢』第 32 集　古文化研究会
2000 「嶺南地方無文土器時代墓制の様相―洛東江下流域を中心に―」『弥生の墓制 (1) ―墓制からみた弥生文化の成立―』埋蔵文化財研究会
橋口達也　1974 「初期鉄製品をめぐる二・三の問題」『考古学雑誌』第 60 巻第 1 号　日本考古学会
1979 「甕棺の編年的研究」『九州縦貫自動車道関係埋蔵文化財調査報告』XXXI 中巻　福岡県教育委員会
1992 「大形甕棺成立以前の甕棺の編年」『九州歴史資料館論集』17　九州歴史資料館
1995 「弥生時代の戦い」『考古学研究』第 42 巻第 1 号　考古学研究会
2003 「炭素 14 年代測定法による弥生時代年代論に関連して」『日本考古学』第 16 号　日本考古学協会
橋本裕行　1988 「東日本弥生土器絵画・記号総論」『橿原考古学研究所論集』第 8　吉川弘文館
1994 「弥生絵画に内在する象徴性について」『日本美術全集』1　講談社
1996 「弥生時代の絵画」『弥生人の鳥獣戯画』雄山閣出版
端野晋平　2003 「支石墓伝播のプロセス―韓半島南端部・九州北部を中心として―」『日本考古学』第 16 号　日本考古学協会
土生田純之　2009 「弥生文化と古墳文化」『弥生時代の考古学 1　弥生文化の輪郭』同成社
蜂屋晴美　1983 「終末期石器の性格とその社会」『藤沢一夫先生古稀記念　古文化論叢』藤沢一夫先生古稀記念論集刊行会
馬場伸一郎　2001 「南関東弥生中期の地域社会―石器石材の流通と石器製作技術を中心に―　上・下」『古代文化』第 53 巻第 5 号・第 6 号　古代学協会
浜田耕作　1918 「銅鐸に就いて」『歴史地理』第 32 巻第 2 号　日本歴史地理学会

浜田晋介 2011 「弥生集落の構造」『弥生農耕集落の研究—南関東を中心に—』雄山閣
濱田延充 2014 「弥生土器様式の変化の持つ意味 畿内第Ⅴ様式の成立をめぐって」『市大日本史』大阪市立大学日本史学会
林 謙作 1986 「東北・北海道史の区分」『考古学研究』第33巻第2号
1993 「クニのない世界」『みちのく弥生文化』大阪府立弥生文化博物館図録6
原口正三 1977 「考古学からみた原始・古代の高槻」『高槻市史』第1巻 高槻市史編纂委員会
1990 「弥生時代と環濠集落」『季刊考古学』第31号 雄山閣出版
原田大六 1955 「墳墓 西日本」『日本考古学講座4 弥生文化』河出書房
原田 幹 2017 『東アジアにおける石製農具の使用痕研究』六一書房
春成秀爾 1975 「「倭国乱」の歴史的意義」『日本史を学ぶ1 原始・古代』有斐閣
1978 「銅鐸の埋納と分布の意義」『歴史公論』4－3 雄山閣出版
1982 「銅鐸の時代」『国立歴史民俗博物館研究報告』第1集 国立歴史民俗博物館
1985 「弥生時代畿内の親族構成」『国立歴史民俗博物館研究報告』第5集 国立歴史民俗博物館
1987 「銅鐸の祭り」『国立歴史民俗博物館研究報告』第12集 国立歴史民俗博物館
1989 「九州の銅鐸」『考古学雑誌』第75巻第2号 日本考古学会
1990 『弥生時代のはじまり』東京大学出版会
1991a 「角のない鹿—弥生時代の農耕儀礼」『日本における初期弥生文化の成立』横山浩一先生退官記念事業会
1991b 「絵画から記号へ—弥生時代における農耕儀礼の盛衰—」『国立歴史民俗博物館研究報告』第35集 国立歴史民俗博物館
1992 「鳥・鹿・人」『弥生の神々—祭りの源流を探る—』大阪府立弥生文化博物館
1993 「弥生時代の再葬制」『国立歴史民俗博物館研究報告』第49集 国立歴史民俗博物館
1996 「弥生時代の祭り」『弥生の環濠都市と巨大神殿』池上曽根遺跡史跡指定20周年記念事業会
1999a 「武器から祭器へ」『人類にとって戦いとは1 戦争の進化と国家の形成』東洋書林
1999b 「埴輪の絵」『国立歴史民俗博物館研究報告』第80集 国立歴史民俗博物館
2003 「弥生時代早・前期の鉄器問題」『考古学研究』第50巻第3号 考古学研究会
2008 「上黒岩ヴィーナスと世界のヴィーナス」『縄文時代のはじまり—愛媛県上黒岩遺跡の研究成果—』六一書房
2011 「銅鐸絵画の世界」『豊穣をもたらす響き 銅鐸』大阪府立弥生文化博物館
春成秀爾・佐原眞 1997 「銅鐸絵画集成」『銅鐸の絵を読み解く』小学館
樋上昇編 2017 『木製品からみた鉄器化の諸問題』考古学研究会
肥後弘幸 1994 「墓壙内破砕土器供献」『みずほ』第12・13号 大和弥生文化の会
2000 「弥生王墓の誕生—北近畿における首長墓の変遷—」『丹後の弥生王墓と巨大古墳』雄山閣
平井 勝 1991 『弥生時代の石器』ニュー・サイエンス社
広瀬和雄 1986 「遺跡の変遷」『亀井（その2）』（財）大阪文化財センター
1993 「みちのく弥生文化論」『みちのく弥生文化』大阪府立弥生文化博物館図録6
1995 「古墳時代首長居館論」『展望考古学』考古学研究会
1996a 「弥生時代の首長—政治社会の形成と展開—」『弥生の環濠都市と巨大神殿』池上曽根遺跡史跡指定20周年記念事業会
1996b 「神殿と農耕祭祀—弥生宗教の成立と変遷—」『弥生の環濠都市と巨大神殿』池上曽根遺跡史跡指定20周年記念事業会
1996c 「弥生の防御集落と豪族居館」『別冊歴史読本71 城郭研究最前線』新人物往来社
1997 『縄紋から弥生への新歴史像』角川書店

1998 a 「弥生時代の「神殿」」『日本古代史　都市と神殿の誕生』新人物往来社
1998 b 「弥生都市の成立」『考古学研究』第 45 巻第 3 号　考古学研究会
2003 a 『前方後円墳国家』角川書店
2003 b 『日本考古学の通説を疑う』洋泉社
2010 『前方後円墳の世界』岩波書店
深沢芳樹　1986 「弥生時代の近畿」『岩波講座日本考古学 5　文化と地域性』岩波書店
福島雅儀　2011 「会津平における古墳時代のはじまり」『会津縦貫北道路遺跡発掘調査報告』10　福島県教育委員会、(財) 福島県文化振興事業団、国土交通省東北地方整備局郡山国道事務所
福沢仁之　1996 「稲作の拡大と気候変動」『季刊考古学』第 56 号　雄山閣出版
福田友之　1989 「「狩猟文土器」考」『調査研究年報』13　青森県郷土館
1990 「津軽海峡の先史文化交流―青森県出土の黒曜石石器・硬玉製品・外来系土器―」『伊東信雄先生追悼　考古学古代史論攷』伊東信雄先生追悼論文集刊行会
福永伸哉　1989 「古墳時代の共同墓地―密集型土壙墓群の評価について―」『待兼山論叢』第 23 号　大阪大学文学部
1998 「銅鐸から銅鏡へ」『古代国家はこうして生まれた』角川書店
2000 「弥生時代の転換期と七日市遺跡」『七日市遺跡と「氷上回廊」』春日町歴史民俗資料館、兵庫県教育委員会埋蔵文化財調査事務所
2001 『邪馬台国から大和政権へ』大阪大学出版会
2007 「近畿地方における弥生時代開始期の埋葬姿勢」『原始古代埋葬姿勢の比較考古学的研究―日本及び旧世界の事例を中心に―』大阪大学大学院文学研究科
2008 「大阪平野における 3 世紀の首長墓と地域関係」『待兼山論叢』42　大阪大学
2010 a 「青銅器から見た古墳成立期の太平洋ルート」『弥生・古墳時代における太平洋ルートの文物交流と地域間関係の研究』高知大学人文社会学系
2010 b 「同笵鏡論・伝世鏡論の今日的意義について」『待兼山考古学論集』Ⅱ　大阪大学考古学研究室
2013 a 「前方後円墳の成立」『岩波講座日本の歴史　原始・古代 1』岩波書店
2013 b 「前方後円墳成立期の吉備と畿内―銅鐸と銅鏡にみる地域関係―」『吉備と邪馬台国―霊威の継承―』大阪府立弥生文化博物館
福永伸哉・近藤勝義　2014 「突線鈕式銅鐸破砕プロセスの金属工学的検討とその考古学的意義」『纒向学研究』第 2 号　桜井市纒向学研究センター
福永伸哉・中久保辰夫編　2015 『21 世紀初頭における古墳時代歴史像の総括的提示と国際発信』大阪大学文学研究科
藤井　整　2002 「山城地域における弥生集団墓の特質」『考古学ジャーナル』484　ニュー・サイエンス社
2005 「畿内の方形周溝墓制」『季刊考古学』第 92 号　雄山閣出版
2006 「墓制からみた畿内弥生社会」『畿内弥生社会の再検討』シンポジウム記録 5　考古学研究会
藤尾慎一郎　2009 「弥生開始期の集団関係」『国立歴史民俗博物館研究報告』第 152 集　国立歴史民俗博物館
2011 a 『新　弥生時代』歴史文化ライブラリー 329　吉川弘文館
2011 b 「弥生鉄史観の検証と行方」『弥生時代の考古学 9　弥生研究のあゆみと行方』同成社
2014 「弥生鉄史観の見直し」『国立歴史民俗博物館研究報告』第 185 集　国立歴史民俗博物館
2015 『弥生時代の歴史』講談社現代新書 2330　講談社
藤田憲司　2002 「見えざる鉄器」『究班』Ⅱ　埋蔵文化財研究会
2010 『山陰弥生墳丘墓の研究』日本出版ネットワーク
藤田三郎　1983 「銅鐸鋳造年代について」『古代学研究』第 100 号　古代学研究会

1997 「唐古・鍵遺跡周辺の方形周溝墓」『みずほ』第21号 大和弥生の会
1999 「奈良盆地における弥生遺跡の実態」『考古学に学ぶ』同志社大学考古学シリーズ Ⅶ 同志社大学考古学シリーズ刊行会
2003 「絵画土器」『奈良県の弥生土器集成』大和弥生の会
2007 「唐古・鍵遺跡の集落構造と変遷」『唐古・鍵遺跡』Ⅰ 田原本町教育委員会
2012 『唐古・鍵遺跡』同成社
藤田 淳 1996 「玉津田中遺跡出土石器の検討」『玉津田中遺跡』第6分冊 兵庫県教育委員会
藤田 等 1977 「甕棺墓・土壙墓」『立岩遺蹟』河出書房新社
藤田等・川越哲志 1970 「弥生時代鉄器出土地名表」『日本製鉄史論』たたら研究会
藤森栄一 1943 「弥生式文化に於ける摂津加茂の石器群の意義に就て」『古代文化』第14巻第7号 古代学協会
藤原妃敏・田中敏 1991 「福島県浜通り地域における弥生時代石器生産の一様相—鹿島町天神沢遺跡と原町市桜井遺跡採集石器群の比較—」『福島県立博物館紀要』第5号
船築紀子 2006 「金山産サヌカイトの板状石材流通と弥生社会」『往還する考古学』近江貝塚研究会論集3 近江貝塚研究会
古澤義久 2016 「邪馬台国時代の狗邪韓国と壱岐・対馬」『ふたがみ邪馬台国シンポジウム』16 香芝市二上山博物館友の会「ふたかみ史遊会」
古谷 清 1911 「鹿部と須玖」『考古学雑誌』第2巻第3号 日本考古学会
文化庁編 2013 「製鉄・鍛冶遺跡」『発掘調査のてびき』各種遺跡調査編
北條芳隆・溝口孝司・村上恭通 2000 『古墳時代像を見なおす—成立過程と社会変革—』青木書店
北條芳隆 2000 「前方後円墳と倭王権」『古墳時代像を見なおす—成立過程と社会変革—』青木書店
北條芳隆・禰冝田佳男編 2002 『考古資料大観9 石器・石製品』小学館

【マ行】

埋蔵文化財研究会 1984 『弥生時代から古墳時代初頭における鉄製品をめぐって』
埋蔵文化財研究会 1992 『弥生時代の石器—その始まりと終わり—』
前田義人・武末純一 1994 「北九州市貫川遺跡の縄文晩期の石庖丁」『九州文化史研究所紀要』39 九州文化史研究所
松井和幸 1982 「大陸系磨製石斧類の消滅と鉄器化をめぐって」『考古学雑誌』第68巻第2号 日本考古学会
1986 「鉄生産の問題」『論争・学説日本の考古学4 弥生時代』雄山閣出版
1999 「まとめ」『和田原D地点遺跡発掘調査報告書』庄原市教育委員会ほか
松木武彦 1989 「弥生時代の石製武器の発達と地域性 とくに打製石鏃について」『考古学研究』第35巻第4号 考古学研究会
1995 「弥生時代の戦争と日本列島社会の発展過程」『考古学研究』第37巻第4号 考古学研究会
1996 「日本列島の国家の形成」『国家の形成』三一書房
1999a 「国家形成」『現代考古学の方法と理論』Ⅰ 同成社
1999b 「首長制」『現代考古学の方法と理論』Ⅰ 同成社
2000 「階層」『現代考古学の方法と理論』Ⅱ 同成社
2002 「吉備地域における首長墓形成過程の再検討—新たな古墳論の構築にむけて—」『環瀬戸内の考古学』古代吉備研究会
2009 「弥生時代の技術・経済・社会」『弥生時代の考古学』6 弥生社会のハードウエア 同成社
松沢亜生 1993 「旧石器時代の線刻礫」『考古学ジャーナル』358 ニュー・サイエンス社
松田隆嗣 1980 「木製遺物の樹種について」『池上・四ツ池遺跡』第6分冊 自然遺物編 大阪文化財センター

松本岩雄　2011「弥生文化の地域的様相と発展　山陰地域」『講座　日本の考古学6　弥生時代　下』青木書店
真鍋成史　2017「金属器生産からみた木津川・淀川流域の弥生～古墳時代集落」『木津川・淀川流域における弥生～古墳時代の集落・墳墓の動態に関する研究』同志社大学歴史資料館
豆谷和之　2008「奈良盆地　唐古・鍵遺跡」『弥生時代の考古学8　集落からよむ社会』同成社
丸山　潔　1992「弥生集落の動態（1）―摂播国境地域―」『埋蔵文化財研究会15周年記念論集　究班』埋蔵文化財研究会
三木文雄　1955「銅鐸」『日本考古学講座4　弥生文化』河出書房
水ノ江和同　1996「方城町内採集の遺物」『法華屋敷遺跡・伊方小学校遺跡』方城町教育委員会
溝口孝司　1995「福岡県筑紫野市永岡遺跡の研究：いわゆる二列埋葬墓地の一例の社会考古学的再検討」『古文化談叢』34　古文化研究会
　2000a「古墳時代開始期の理解をめぐる問題点―弥生墓制研究史の視点―」『古墳時代像を見なおす』青木書店
　2000b「墓地と埋葬行為の変遷―古墳時代の開始の社会的背景理解のために―」『古墳時代像を見なおす』青木書店
　2006「西からの視点」『畿内弥生社会の再検討』シンポジウム記録五　考古学研究会
　2008「弥生時代中期北部九州地域の区画墓の性格―浦江遺跡第五次調査区画墓の意義を中心に―」『九州と東アジアの考古学』九州大学考古学研究室50周年記念論文集刊行会
三辻利一　1996「古曽部・芝谷遺跡出土遺物の蛍光X線分析」『古曽部・芝谷遺跡』高槻市教育委員会
宮崎康雄　1996「考察」『古曽部・芝谷遺跡』高槻市教育委員会
宮本一夫　2000「縄文農耕と縄文社会」『古代史の論点1　環境と食糧生産』小学館
　2003「弥生時代の実年代を考古学的に考える」『東アジアの古代文化』117　大和書房
　2007「中国・朝鮮半島の稲作文化と弥生の始まり」『弥生時代はどう変わるか―炭素14年代と新しい古代像を求めて―』学生社
村上隆・岡村渉・野田真弓　2006「鉄製遺物を埋蔵する土壌環境の腐食に対する影響の相対的評価の試み―登呂遺跡と青谷上寺地遺跡の比較に基づいて―」『日本文化財科学会第23回大会発表要旨集』日本文化財科学会
村上　隆　2006「登呂遺跡における埋蔵環境の調査研究―鉄製品の腐食へ与える土壌の影響について―」『登呂遺跡再発掘調査報告書（自然科学分析・総括編）』静岡市教育委員会
村上恭通　1994「弥生時代における鍛冶遺構の研究」『考古学研究』第41巻第3号　考古学研究会
　1995「星ヶ丘遺跡の鍛冶遺構について―近畿地方における鉄器供給問題―」『みずほ』第15号　大和弥生の会
　1998『倭人と鉄の考古学』青木書店
　2000「鉄器生産・流通と社会変革」『古墳時代像を見なおす―成立過程と社会変革―』青木書店
　2007『古代国家成立過程と鉄器生産』青木書店
村田裕一　2001「工具　砥石」『考古資料大観』第9巻　小学館
　2013「棒状鉄器考」『やまぐち学の構築』第9号　山口学推進プロジェクト
森　貞次郎　1943「古式弥生式文化における立岩文化期の意義」『古代文化』第13巻第7号　古代学協会
　1968「弥生時代における細形銅剣の流入について」『日本民族と南方文化』平凡社
森貞次郎・岡崎敬　1951「福岡県板付遺跡」『日本農耕文化の生成』東京堂出版
森　貴教　2010a「各地における生産と流通　北部九州」『季刊考古学』第111号　雄山閣出版
　2010b「弥生時代北部九州における石斧生産」『九州考古学』第85号　九州考古学会
　2018『石器の生産・消費からみた弥生社会』九州大学出版会

森井貞雄　1982　「大阪・山賀遺跡出土の自然礫投弾について」『考古学と古代史』同志社大学
森岡秀人　1975　「銅鐸と高地性集落」『芦の芽』27　芦の芽グループ
1978　「西摂弥生社会の地域的展開（下）『武陽史学』武陽史学会
1980　『土器からみた高地性集落会下山の生活様式』『藤井祐介君追悼記念　考古学論叢』藤井祐介君を偲ぶ会
1982 a　「東六甲の高地性集落（中）」『古代学研究』第 97 号　古代学研究会
1982 b　「西の辻Ｎ式併行土器群の動態」『森貞次郎博士古稀記念論文集』森貞次郎博士古稀記念論文集刊行会
1987　「「＋」状図文を有する近畿系弥生小型仿製鏡の変遷」『文化史論叢』横田健一先生古稀記念会
1993　「初期稲作志向モデル論序説―縄文晩期人の近畿的対応」『関西大学考古学研究室開設四拾周年記念　考古学論叢』関西大学考古学研究室
1996　「弥生時代抗争の東方波及」『考古学研究』第 42 巻第 3 号　考古学研究会
2004　「農耕社会の成立」『日本史講座』1 東アジアにおける国家の形成　東京大学出版会
2005　「水田稲作の波及―縄文人と弥生人の遭遇」『稲作伝来』岩波書店
2011　「弥生文化の地域的様相と発展　近畿地域」『講座　日本の考古学』5　弥生時代（上）　青木書店
2015 a　「「卑弥呼の時代」の虚実―考古年代と科学年代群がもたらす諸問題」『卑弥呼―女王創出の現象学―』大阪府立弥生文化博物館
2015 b　「倭国成立過程における「原倭国」の形成―近江の果たした役割とヤマトへの収斂―」『纒向学研究』第 3 号　纒向学研究センター
2016　「大量銅鐸の多段階埋納は証明できるのか」『考古学は科学か』上巻　田中良之先生追悼論文集編集委員会
森岡秀人・三好玄・田中元浩　2016　「総括」『集落動態からみた弥生時代から古墳時代への社会変化』六一書房
森下英治　1996　「平岡遺跡」『農耕開始期の石器組成』1　国立歴史民俗博物館
森下章司　2016　『古墳の古代史　東アジアのなかの日本』筑摩書房
森本六爾　1927　「長門富任に於ける青銅器時代墳墓」『考古学研究』第 2 輯　考古学研究會
1929　「安芸福田遺跡調査予報」『人類学雑誌』第 44 巻第 4 号　東京人類学会
1931　「日本における青銅器文化の伝播」『考古学』第 2 巻第 5・6 号　東京考古学会
1933　『日本原始農業』東京考古学会
1934　「石庖丁の諸形態と分布」『日本原始農業新論』東京考古学會
1946　「銅鐸面の絵画に就いて」『日本農耕文化の起源』葦牙書房

【ヤ行】

八木奘三郎　1902　「弥生式土器と竪穴」『日本考古学』
八木奘三郎・中沢澄男　1906　『日本考古学』
安田喜憲　1977　「「倭国乱」期の自然環境」『考古学研究』第 23 巻第 4 号　考古学研究会
1984　『続・「倭国乱」期の自然環境』『高地性集落と倭国大乱』雄山閣出版
1993 a　『気候が文明を変える』岩波書店
1993 b　「気候変動と民族移動」『日本人と日本文化の形成』朝倉書店
柳田康雄　1983　「伊都国の考古学―対外交渉のはじまり―」『九州歴史資料館開館十周年記念　太宰府古文化論叢』吉川弘文館
1986　「集団墓地と特定集団墓　宇木汲田遺跡・吉武高木遺跡」『図説　発掘が語る日本史 6　九州・沖縄編』新人物往来社

2003 「「ナ国」の甕棺編年」『伯玄社遺跡』春日市教育委員会
八幡一郎 1941 「石鍬」『考古学雑誌』第 31 巻第 3 号 日本考古学会
山内裕子 2013 「古代製鉄原料としての褐鉄鉱の可能性 パイプ状ベンガラに関する一考察」『古文化談叢』第 70 集 九州古文化研究会
山尾幸久 1983 『魏志倭人伝』講談社
山崎純男 1987 「北部九州における初期水田―開田地の選択と水田構造の検討―」『九州文化史研究所紀要』第 32 号
2005 「西日本縄文農耕論―種子圧痕と縄文農耕の概要―」『西日本縄文文化の特徴』関西縄文文化研究会・中四国縄文研究会・九州縄文研究会
山崎敏昭 1997 「峠を越えて―弥生時代中期畿内西周辺部の地域性」『伊達先生古稀記念古文化論叢』伊達先生古稀記念論集刊行会
山田成洋 1990 「こわれた石斧―石斧破損資料の観察―」『研究紀要』Ⅲ 静岡県埋蔵文化財調査研究所
山田しょう 1987 「弥生時代の石器の使用痕分析」『富沢―富沢遺跡第 15 次発掘調査報告書』仙台市文化財調査報告書第 98 集
山田しょう・山田成洋 1991 「静岡県出土の「石庖丁」の使用痕分析」『川合遺跡』遺物編 2 静岡県埋蔵文化財調査研究所
山田昌久 1986 「くわとすきの来た道」『新保遺跡』Ⅰ 群馬県教育委員会
1991 「道具の復元」『季刊考古学』第 35 号 雄山閣出版
1993 「日本列島における木質遺物出土遺跡文献集成―用材からみた人間・植物関係史」『植生史研究』特別第 1 号 植生史研究会
山田隆一 1988 「近畿弥生時代における鉄器化の実態について」『網干善教先生華甲記念 考古学論集』同刊行会
1994 「古墳時代初頭前後の中河内地域」『大阪府立弥生文化博物館研究報告』第 3 集 大阪府立弥生文化博物館
2001 「大阪府南部、石川流域における弥生時代後期から古墳時代初頭社会の特質」『弥生時代の集落』学生社
山内清男 1925 「石器時代にも稲あり」『人類学雑誌』第 40 巻第 5 号 東京人類学会
1932 「日本遠古之文化（五） 四縄紋式以後（上）」『ドルメン』1－8 岡書院
山本三郎 2000 「明石海峡・明石川流域における弥生時代高地性集落小論」『あまのともしび』原口先生の古稀を祝う集い事務局
吉田秀亨 2002 「鉄器と骨角器」『古代文化』第 54 巻第 10 号 古代学協会
吉留秀敏 1989 「比恵遺跡群の弥生時代墳丘墓―北部九州地域における弥生時代の区画墓の一例―」『九州考古学』第 63 号 九州考古学会
吉野裕子 1999 『蛇 日本の蛇信仰』講談社
【ラ行】
劉 延常 1996 「甕棺葬」『中国仙人のふるさと』大阪府立弥生文化博物館
【ワ行】
若林邦彦 2001 「弥生時代の大規模集落の評価―大阪平野の弥生時代中期遺跡群を中心に―」『日本考古学』第 12 号 日本考古学協会
和島誠一 1938 「東京市内志村に於ける原史時代竪穴の調査予報」『考古学雑誌』第 28 巻第 9 号 日本考古学会（和島誠一 1973『日本考古学の発達と科学的精神』和島誠一著作集刊行会 所収）
1948 「原始聚落の構成」『日本歴史学講座』学生書房（和島誠一 1973『日本考古学の発達と科学的精神』和島誠一著作集刊行会 所収）

1966「弥生時代社会の構造」『日本の考古学Ⅲ　弥生時代』河出書房
和田　萃　1997「航海者の伝来―東殿塚古墳出土の円筒埴輪に描かれた『船の線刻画』―」『日本人と日本文化』2　国際日本文化研究センター
和田晴吾　2014『古墳時代の葬制と他界観』吉川弘文館
渡辺　誠　1996『よみがえる縄文人』学習研究社
藁科哲男　2012「柱状片刃石斧の原産地推定」『弥生時代における結晶片岩製石器生産・流通史の復元に関する研究』徳島大学埋蔵文化財調査室
藁科哲男・丸山潔・東村武信　1989「サヌカイトの流通から見た弥生時代摂播国境地域の交流関係」『昭和61年度神戸市文化財年報』神戸市教育委員会

遺跡・報告書一覧

〈北海道〉

新道４遺跡　北海道埋蔵文化財センター 1987『木古内町建川２・新道４遺跡』

〈青森〉

荒谷遺跡　水野一夫（個人受託）2007『荒屋遺跡』八戸市南郷区役所建設課

今津遺跡　青森県教育委員会 1986『今津遺跡・間沢遺跡発掘調査報告書』青森県埋蔵文化財調査報告書第95集

宇鉄遺跡　青森県立郷土館 1979『宇鉄Ⅱ遺跡発掘調査報告書』、同 1989『三厩村宇鉄遺跡発掘調査報告書（Ⅱ）』

砂沢遺跡　弘前市教育委員会 1988『砂沢遺跡発掘調査報告書―図版編―』、同 1991『砂沢遺跡発掘調査報告書―本文編―』、同 1992『砂沢遺跡発掘調査報告書』

瀬野遺跡　伊東信雄・須藤隆 1982『瀬野遺跡　青森県下北郡脇野沢村瀬野遺跡の研究』

垂柳遺跡　青森県教育委員会・垂柳遺跡発掘調査会 1984『垂柳遺跡発掘調査報告書』、青森県教育委員会 1985『垂柳遺跡』、田舎館村教育委員会 1989『垂柳遺跡―垂柳遺跡範囲確認調査―』、青森県教育委員会 1997『垂柳遺跡・五輪野遺跡』

十腰内遺跡　岩木山刊行会 1968『岩木山　岩木山麓古代遺跡発掘調査報告書』

二枚橋遺跡　大畑町教育委員会 2001『二枚橋（２）遺跡発掘調査報告書』

〈岩手〉

九年橋遺跡　北上市教育委員会 1987『九年橋遺跡第10次発掘調査報告書』

東裏遺跡　岩手県教育委員会 1980『東北縦貫自動車道関係埋蔵文化財調査報告書』Ⅵ　一の関地区　東裏遺跡

湯舟沢遺跡　滝沢村教育委員会 1986『湯丹沢遺跡』

〈秋田〉

地蔵田Ｂ遺跡　秋田市教育委員会 1984『地蔵田Ｂ遺跡』

〈山形〉

生石２遺跡　山形県・山形県教育委員会 1987『生石２遺跡発掘調査報告書』（３）

〈宮城〉

入の沢遺跡　宮城県教育委員会 2016『入の沢遺跡』

押口遺跡　仙台市教育委員会 1996『中在家南遺跡他』

河原囲遺跡　須藤隆 1984「東北地方における弥生時代農耕社会の成立と展開」『宮城の研究』1　清文堂

境ノ目Ａ遺跡　佐藤信行・岡村道雄・太田昭夫・藤原二郎 1982「宮城県岩出山町境ノ目Ａ遺跡の出土遺物」

『籾』第 4 号　弥生時代研究会
山王囲遺跡　須藤隆 1983「東北地方の初期弥生土器—山王Ⅲ層式—」『考古学雑誌』第 68 巻第 3 号、一迫町教育委員会 1996『国史跡　山王囲遺跡』発掘調査報告書Ⅰ
鱸沼遺跡　志間泰治 1971『鱸沼遺跡』
高田Ｂ遺跡　仙台市教育委員会・宮城県道路公社 2000『高田Ｂ遺跡』
富沢遺跡　仙台市教育委員会 1991『富沢遺跡—第 30 次調査報告書』第 1 分冊
中在家南遺跡　仙台市教育委員会 1996『中在家南遺跡他』
南小泉遺跡　須藤隆 1989「富沢水田遺跡と南小泉遺跡」『仙台の歴史』仙台の歴史編集委員会
〈福島〉
荒屋敷遺跡　三島町教育委員会 1990『荒屋敷遺跡』Ⅱ
桜井遺跡　竹島國基編 1992『桜井』竹島コレクション考古図録第 3 集
桜町遺跡　福島県教育委員会・（財）福島県文化振興事業団・国土交通省東北地方整備局郡山事務所 2011『会津縦貫北道路遺跡発掘調査報告』10　桜町遺跡（2 次）
武井Ｄ遺跡　福島県教育委員会 1989「武井Ｄ遺跡・向出Ｅ遺跡」『相馬開発関連遺跡調査報告』Ⅰ
天神沢遺跡　竹島國基編 1983『天神沢』竹島コレクション考古図録第 1 集
天王山遺跡　藤田定市 1951『天王山遺跡の調査報告』福島県白河農業高校（ガリ版）、中村五郎 2004「天王山遺跡」『白河市史』白河市
能登遺跡　福島県教育委員会 1990「能登遺跡」『東北横断自動車道遺跡調査報告』10
八幡台遺跡　いわき市教育委員会 1980『八幡台遺跡』
番匠地遺跡　（財）いわき市教育文化事業団 1993『久世原館・番匠地遺跡』
龍門寺遺跡　（財）いわき市教育文化事業団 1985『龍門寺遺跡』
〈東京〉
椚田遺跡　八王子市椚田遺跡発掘調査会 1976『椚田遺跡群 1975 年度概報』
〈新潟〉
大武遺跡　（公財）新潟県埋蔵文化財調査事業団 2014『大武遺跡』Ⅱ
小谷地遺跡　佐渡市・佐渡市教育委員会 2017『蔵王遺跡・小谷地遺跡・平田遺跡』
下谷地遺跡　新潟県教育委員会 1979『北陸自動車道埋蔵文化財発掘調査報告書　下谷地遺跡』
平田遺跡　佐渡市・佐渡市教育委員会 2017『蔵王遺跡・小谷地遺跡・平田遺跡』
吹上遺跡　上越市教育委員会 2006『吹上遺跡』主要地方道上越新井線関係発掘調査報告書 1
山元遺跡　新潟県教育委員会 2009『山元遺跡』、村上市教育委員会 2013『山元遺跡』
〈群馬〉
有馬遺跡　群馬県教育委員会・（財）群馬県埋蔵文化財調査事業団 1990『有馬遺跡』Ⅱ
注連引原Ⅱ遺跡　安中市教育委員会 1988『注連引原Ⅱ遺跡』
下田遺跡　新田町教育委員会 1994『下田遺跡』
新保遺跡　（財）群馬県埋蔵文化財事業団 1986『新保遺跡』Ⅰ
〈千葉〉
御山遺跡　（財）千葉県文化財センター・住宅･都市整備公団 1994『四街道市　御山遺跡』1
上引切遺跡　株式会社ゴールドバレーカントリークラブ・（財）山武郡市文化財センター 1996『台前遺跡　上引切遺跡—金谷郷遺跡群Ⅱ—』
常代遺跡　（財）君津郡市文化財センター 1996『常代遺跡群』
〈埼玉〉
池上・小敷田遺跡　埼玉県教育委員会 1984『池守・池上』
寿能遺跡　埼玉県教育委員会 1984『寿能泥炭層遺跡発掘調査報告書』

〈神奈川〉
池子遺跡　（財）かながわ考古学財団 1995『甦る池子の歴史』、同 1995『池子遺跡』、同 1999『池子遺跡群』X
砂田台遺跡　神奈川県立埋蔵文化財センター 1990『砂田台遺跡』1、同 1991『砂田台遺跡』2
中里遺跡　（株）玉川文化財研究所 2015『小田原市中里遺跡発掘調査報告書』
〈長野〉
榎田遺跡　（財）長野県埋蔵文化財センター 1999『榎田遺跡』上信越自動車道埋蔵文化財発掘調査報告書　1
曽利遺跡　富士見町教育委員会 1978『曽利』
藤内遺跡　藤森栄一 1965『井戸尻　長野県富士見町における中期縄文時代遺跡群の研究』中央公論美術出版
唐渡宮遺跡　富士見町教育委員会 1988『唐渡宮　八ヶ岳南麓における曽利文化期の遺跡群発掘報告』
恒川遺跡　　飯田市教育委員会 1986『恒川遺跡（遺構編・遺物編）』
松原遺跡　（財）長野県埋蔵文化財センター 1998『松原遺跡』上信越自動車道埋蔵文化財発掘調査報告書（長野市内その3）、同 2000『松原遺跡』上信越自動車道埋蔵文化財発掘調査報告書（弥生総論3・4・5）
南大原遺跡　長野県北信建設事務所・（一財）長野県文化振興事業団・長野県埋蔵文化財センター 2015『南大原遺跡』
柳沢遺跡　（一財）長野県埋蔵文化財センター 2012『中野市柳沢遺跡』
〈静岡〉
有東遺跡　静岡県教育委員会 1983『有東遺跡』I
イラウネ遺跡　沼津市教育委員会 1981『尾上イラウネ遺跡発掘調査報告書』
角江遺跡　（財）静岡県埋蔵文化財調査研究所 1996『角江遺跡』Ⅱ遺物編2（木製品）
川合遺跡　（財）静岡県埋蔵文化財調査研究所 1992『川合遺跡（遺物編2）石製品・金属製品本文編』平成3年度静清バイパス（川合地区）埋蔵文化財調査報告書
登呂遺跡　日本考古学協会 1949『登呂（前編）』、日本考古学協会 1954『登呂本編』
中島西原田遺跡　静岡県埋蔵文化財調査研究所 1994『御殿川流域遺跡群』Ⅱ
〈愛知〉
朝日遺跡　（財）愛知県埋蔵文化財センター 1992『朝日遺跡』Ⅲ、同 2000『朝日遺跡』6　新資料館地点の調査、名古屋市教育委員会 2006『埋蔵文化財調査報告書』54　朝日遺跡（第13・14・15次）
一色青海遺跡　（財）愛知県埋蔵文化財センター 1998『一色青海遺跡』
勝川遺跡　（財）愛知県埋蔵文化財センター 1992『勝川遺跡』Ⅳ
篠束遺跡　小坂井町教育委員会 1960『篠束』
山中遺跡　（財）愛知県埋蔵文化財センター 1992『山中遺跡』
〈三重〉
納所遺跡　三重県教育委員会 1980『納所遺跡―遺構と遺物―』
〈石川〉
畝田遺跡　石川県立埋蔵文化財センター 1991『畝田遺跡』
八日市地方遺跡　小松市教育委員会 2003『八日市地方遺跡』1―小松駅東土地区画整理事業に係る埋蔵文化財発掘調査報告書―
〈富山〉
桜町遺跡　小矢部市・小矢部市観光協会 1998『桜町遺跡』
〈福井〉
鳥浜貝塚　福井県教育委員会 1979『鳥浜貝塚』
〈滋賀〉
赤野井遺跡　滋賀県教育委員会・（財）滋賀県文化財保護協会 1987『赤野井遺跡』

伊勢遺跡　守山市教育委員会 2003～ 2013『伊勢遺跡確認調査報告書』Ⅰ～Ⅷ
小津浜遺跡　滋賀県教育委員会・(財) 滋賀県文化財保護協会 1987『新守山川改修工事関連遺跡発掘調査概要』
川崎遺跡　滋賀県教育委員会 1971『国道８号線長浜バイパス関連遺跡調査報告書』
熊野本遺跡　新旭町教育委員会 1997『平成９年度熊野本遺跡発掘調査現地説明会資料』、林博通 1998『古代近江の遺跡』サンライズ社、横井川博之 1999「熊野本遺跡」『滋賀考古』第 21 号　滋賀考古学研究会
坂口遺跡　滋賀県教育委員会・(財) 滋賀県文化財保護協会 1975『坂口遺跡発掘調査報告書』
桜内遺跡　滋賀県教育委員会・(財) 滋賀県文化財保護協会 1989『北陸自動車道関連遺跡発掘調査報告書』Ⅺ
滋賀里遺跡　湖西線関係遺跡発掘調査団 1973『湖西線関係遺跡発掘調査報告書』
獅子鼻Ｂ遺跡　滋賀県教育委員会・(財) 滋賀県文化財保護協会 1983『獅子鼻 B 遺跡発掘調査報告書』
下之郷遺跡　守山市教育委員会 2001『下之郷遺跡』
大中湖南遺跡　滋賀民俗学会 1968『大中湖南遺跡』
高野遺跡　滋賀県教育委員会・(財) 滋賀県文化財保護協会 1986『高野遺跡発掘調査報告書』
南滋賀遺跡　滋賀県教育委員会・(財) 滋賀県文化財保護協会 1996『南滋賀遺跡』
針江川北遺跡　滋賀県教育委員会・(財) 滋賀県文化財保護協会 1986『針江川北遺跡』
妙楽寺遺跡　滋賀県教育委員会・(財) 滋賀県文化財保護協会 1993『妙楽寺・尼子遺跡』
〈京都〉
赤坂今井墳丘墓　峰山町教育委員会 2004『赤坂今井墳丘墓発掘調査報告書』第 78 号　(財) 京都府埋蔵文化財調査研究センター
浅後谷南遺跡　(財) 京都府埋蔵文化財調査研究センター 1998『京都府遺跡調査概報』84
石田谷遺跡　(公財) 京都府埋蔵文化財調査研究センター 2014『京都府遺跡調査報告集』第 158 冊
和泉式部町遺跡　(財) 京都府埋蔵文化財調査研究センター 1991『昭和 62 年度埋蔵文化財調査概要』
犬石西Ｂ古墳群　野田川町教育委員会 1990『犬石西Ｂ古墳群発掘調査現地説明会資料』
今林８号墓　福島孝行 2000「今林古墳群の発掘調査」『京都府埋蔵文化財情報』
扇谷遺跡　峰山町教育委員会 1975『扇谷遺跡発掘調査報告書』、同 1984『扇谷遺跡発掘調査報告書』
太田遺跡　(財) 京都府埋蔵文化財調査研究センター 1986『太田遺跡』
太田古墳群　(財) 京都府埋蔵文化財調査研究センター 1990『京都府遺跡調査概報』39
大谷遺跡　大宮町教育委員会 1987『大谷古墳』
大田南古墳群　弥栄町教育委員会 1998『大田南古墳群／大田南遺跡／矢田城跡第２次～第５次発掘調査報告書』
大風呂南１号墓　岩滝町教育委員会 2000『大風呂南墳墓群』
大藪遺跡　京都市文化市民局 2013 「Ⅳ　大藪遺跡」『京都市内遺跡発掘調査報告』平成 24 年度
大山墳墓群　丹後町教育委員会 1983『丹後大山墳墓群』
興遺跡　(財) 京都府埋蔵文化財調査研究センター 1992『京都府遺跡調査報告書 17』
帯城墳墓群　京都府教育委員会 1987『埋蔵文化財発掘調査概報』
鶏冠井遺跡　向日市教育委員会 1983『向日市埋蔵文化財調査報告書』第 10 集
金谷古墳群　(財) 京都府埋蔵文化財調査研究センター 1995『京都府遺跡調査概報』66
木津城山遺跡　(財) 京都府埋蔵文化財調査研究センター 2003『京都府遺跡調査報告書』第 32 冊
久田山南遺跡　綾部市教育委員会 1979『綾部市文化財調査報告』5
桑飼上遺跡　(財) 京都府埋蔵文化財調査研究センター 1993『京都府遺跡調査報告』第 19 冊
ケシケ谷遺跡　(財) 京都府埋蔵文化財調査研究センター 1984「ケシケ谷遺跡」『京都都府遺跡調査概報』第 10 冊
神足遺跡　(財) 長岡京市埋蔵文化財センター 1989『長岡京市埋蔵文化財調査報告書』4
坂野丘遺跡　弥栄町教育委員会 1979『坂野―坂野丘遺跡・坂野４号墳発掘調査報告書―』

左坂墳墓群　京都府教育委員会 1994『左坂墳墓群（左坂古墳群G支群）』『埋蔵文化財発掘調査概報』、（財）京都府埋蔵文化財調査研究センター 1994「左坂古墳群」『京都府遺跡調査概報』第60冊

下植野南遺跡　（財）京都府埋蔵文化財調査研究センター 1999『京都府遺跡調査報告書』第25集

芝ヶ原墳墓　城陽市教育委員会 2014『城陽市埋蔵文化財調査報告書』第68集

植物園北遺跡　（財）京都府埋蔵文化財調査研究センター 1994『京都府遺跡調査概報』58

白米山北古墳　（財）京都府埋蔵文化財調査研究センター 1994『京都府遺跡調査概報』57

園部黒田墳墓　園部町教育委員会 1991『船阪・黒田工業団地予定地内遺跡群発掘調査概報』

竹野遺跡　丹後町教育委員会 1983『竹野遺跡』

田辺遺跡　田辺町教育委員会 1984『田辺遺跡・城跡現地説明会資料』

田辺天神山遺跡　森浩一ほか 1976『同志社田辺校地田辺天神山弥生遺跡』同志社

谷山遺跡　（財）長岡京市埋蔵文化財センター 1987『長岡京市埋蔵文化財センター年報』昭和61年度

玉岾古墳群　野田川町教育委員会 1991『玉岾古墳群現地説明会資料』

途中ヶ丘遺跡　峰山町教育委員会 1977『途中ヶ丘遺跡発掘調査報告書』

豊富谷丘陵遺跡　（財）京都府埋蔵文化財調査研究センター 1983『京都府遺跡調査報告書』1

長岡宮跡　（財）向日市埋蔵文化財センター・向日市教育委員会 1991『向日市埋蔵文化財調査報告書』31

中海道遺跡　向日市教育委員会 1984『向日市埋蔵文化財調査報告書』13ほか

中久世遺跡　京都市観光局・（財）京都市埋蔵文化財研究所 1987『中久世遺跡発掘調査概報』

奈具岡遺跡　（財）京都府埋蔵文化財調査研究センター 1997『京都府遺跡調査概報』第76冊

西谷墳墓群　野田川町教育委員会 1988『西谷遺跡発掘調査　現地説明会資料』

函石浜遺跡　京都府 1920『京都府史蹟勝地調査会報告』2

馬場遺跡　山田隆一 1989「近畿地方の弥生時代鉄器一覧表」『元興寺文化財研究』29（財）元興寺文化財研究所

林遺跡　網野町教育委員会 1977『林遺跡発掘調査報告書』

備前遺跡　（財）京都府埋蔵文化財調査研究センター 1998『京都府遺跡調査概報』81

日吉ヶ丘遺跡　加悦町教育委員会 2005『日吉ヶ丘遺跡』

マサカリ浜遺跡　京都府 1924『京都府史蹟勝地調査会報告』6

松ヶ崎遺跡　（財）京都府埋蔵文化財調査研究センター 1998「松ヶ崎遺跡第5次発掘調査概要」『京都府遺跡調査概報』第82冊

三坂神社墳墓群　大宮町教育委員会 1998『三坂神社墳墓群・三坂神社裏古墳群・有明古墳群・有明横穴群』

宮ノ背遺跡　（財）京都府埋蔵文化財調査研究センター 1998『京都府遺跡調査概報81』

〈大阪〉

芥川遺跡　高槻市教育委員会 1995『芥川遺跡』

安満遺跡　高槻市教育委員会 1977『安満遺跡発掘調査報告書―9地区の調査―』

阿倍野筋遺跡　（財）大阪市文化財協会 1999『阿倍野筋遺跡発掘調査報告』

池上曽根遺跡　（財）大阪文化財センター 1979『池上遺跡　石器編』第3分冊の2、（財）大阪府文化財センター・和泉市教育委員会 1996～1999『史跡池上曽根　95』、『史跡池上曽根　96』、『史跡池上曽根　97・98』

池島遺跡　阿部嗣司 1984「池島遺跡出土の鉄器について」『埋蔵文化財研究会第16回研究集会発表要旨関連資料集』1　第16回埋蔵文化財研究会事務局

瓜生堂遺跡　中央南幹線内西岩田瓜生堂遺跡調査会 1971『瓜生堂遺跡』、瓜生堂遺跡調査会 1981『瓜生堂遺跡』Ⅲ

栄の池遺跡　岸和田遺跡調査会 1979『栄の池遺跡』

大尾遺跡　（財）大阪府文化財センター 2005『寝屋川市　太秦遺跡・太秦古墳群　大尾遺跡　高宮遺跡』

大竹西遺跡　（財）八尾市文化財調査研究会 2008『大竹西遺跡　第 3 次調査―八尾市内屋外プール建設に伴う発掘調査報告―』

恩智遺跡　瓜生堂遺跡調査会 1980『恩智遺跡』

勝部遺跡　豊中市教育委員会 1972『勝部遺跡』

加美遺跡　（公財）大阪市博物館協会 2015『大阪市平野区加美遺跡発掘調査報告』Ⅴ

亀井遺跡　大阪府教育委員会・（財）大阪文化財センター 1983『亀井』、（財）大阪文化財センター 1984『亀井遺跡』2、同 1986『亀井』その 2、（財）大阪文化財センター 1980『亀井・城山』、大阪府教育委員会・（財）大阪文化財センター 1986『城山（その 1）』、大阪府教育委員会・（財）大阪文化財センター 1987『亀井（その 3）』

寛弘寺遺跡　大阪府教育委員会 1987『寛弘寺遺跡発掘調査概要』Ⅴ

観音寺山遺跡　同志社大学歴史資料館 1999『大阪府和泉市観音寺山遺跡発掘調査報告』

鬼虎川遺跡　（財）東大阪市文化財協会 1982『鬼虎川遺跡の金属器関係遺物』、同 1987『鬼虎川の木質遺物―第 7 次発掘調査報告書』、同 1988『鬼虎川遺跡調査概要』Ⅰ　遺物編　木製品

久宝寺南遺跡　大阪府教育委員会・（財）大阪府文化財センター 1987『久宝寺南（その 2）』

禁野車塚古墳　瀬川芳則 1968「禁野車塚の盛土について」『古代学研究』52　古代学研究会

日下遺跡　東大阪市教育委員会 1986「日下遺跡第 13 次発掘調査」『東大阪市埋蔵文化財発掘調査概要』1985 年度

郡家川西遺跡　高槻市教育委員会 1981『嶋上郡衙跡発掘調査概要』5

国府・船橋遺跡　大阪府教育委員会 1973『国府遺跡発掘調査概要―藤井寺市惣社町所在―』ほか（蜂屋晴美は、国府遺跡・船橋遺跡を石器石材加工遺跡として二つの遺跡の一体として「国府・船橋遺跡」としそれに従った）

甲田南遺跡　大阪府教育委員会 1985『甲田南遺跡発掘調査概要』Ⅴ

古曽部・芝谷遺跡　高槻市教育委員会 1996『古曽部・芝谷遺跡』、高槻市立今城塚古代資料館 2017『高槻丘陵の遺跡　古曽部・芝谷遺跡の最新成果』

巨摩廃寺遺跡　（財）大阪文化財センター 1982『巨摩・瓜生堂』

讃良川郡条里遺跡　（財）大阪府文化財センター 2009『讃良郡条里遺跡』Ⅷ

紫金山古墳　京都大学文学部博物館 1993『紫金山古墳と石山古墳』

芝生遺跡　高槻市教育委員会 1988『高槻市文化財年報』59・60

城山遺跡　（財）大阪府文化財センター 1980『亀井・城山』

下田遺跡　（財）大阪府文化財調査研究センター 1996『下田遺跡』

尺度遺跡　（財）大阪府文化財調査研究センター 1999『尺度遺跡』Ⅰ、同 2003『尺度遺跡』Ⅱ

招提中町遺跡　大阪府教育委員会 2001『招提中町遺跡』

昭和池遺跡　大阪府教育委員会 1988『昭和池遺跡発掘調査概要（現地説明会資料）』（『大阪府下埋蔵文化財研究会第 18 回資料』に再録）

惣ヶ池遺跡　和泉市教育委員会 1970『鶴山地区　信太山遺跡（その 2）調査概報』

崇禅寺遺跡　大阪府教育委員会 1982『崇禅寺遺跡発掘調査概要』Ⅰ

大師山遺跡　河内長野市教育委員会・関西大学文学部考古学研究室 1977『河内長野　大師山』

田井中遺跡　大阪府教育委員会 1994『田井中遺跡発掘調査概要』Ⅳほか

鷹塚山遺跡　鷹塚山遺跡発掘調査団 1968『鷹塚山弥生遺跡調査概要報告』

高宮八丁遺跡　寝屋川市教育委員会 1989 『高宮八丁遺跡―木器編』

田口山遺跡　枚方市教育委員会・田口山発掘調査団 1970『田口山弥生時代遺跡調査概要報告』、第 16 回埋蔵文化財研究会事務局 1984『埋蔵文化財研究会第 16 回研究集会発表要旨関連資料集』1

玉手山遺跡　柏原市教育委員会 1993『玉手山遺跡』

出屋敷遺跡 大阪府東部公園事務所・(財) 枚方市文化財研究調査会 1986『出屋敷遺跡Ⅱ調査概要報告』

天神山遺跡 森田克行 1996『天神山遺跡'57』(『農耕開始期の石器組成』1所収)

長尾西遺跡 (財) 枚方市文化財研究調査会 1976『枚方市における遺跡調査概要』

中田遺跡群 山田隆一 1994「古墳時代初頭前後の中河内地域」『弥生文化博物館研究報告』第3集 大阪府立弥生文化博物館 (個々の遺跡文献は本文献を参照)

長原遺跡 田中清美・趙哲済 1986「長原遺跡 (長吉川辺3丁目地区) 出土の縄文時代の遺構・遺物について」『葦火』3号 (財) 大阪市文化財協会、田中清美 1993「石斧の柄」『葦火』43号 (財) 大阪市文化財協会

中宮ドンバ遺跡 大竹弘之 1988「中宮ドンバ遺跡」『定型化する古墳以前の墓制』埋蔵文化財研究会、(財) 枚方市文化財研究調査会 1989『枚方市文化財年報』Ⅸ

滑瀬遺跡 (財) 大阪府埋蔵文化財協会 1987『滑瀬遺跡発掘調査報告書』

西ノ辻遺跡 東大阪市教育委員会・(財) 東大阪市文化財協会 1988『西ノ辻遺跡・鬼虎川遺跡』

野々井西遺跡 大阪府教育委員会・(財) 大阪府埋蔵文化財協会 1994『野々井西遺跡・ON231号窯跡』

萩ノ庄南遺跡 (公財) 大阪府文化財センター 2012『萩ノ庄南遺跡現地公開資料』

畑遺跡 禰宜田佳男 1997「畑遺跡」『農耕開始期の石器組成』3 国立歴史民俗博物館

東奈良遺跡 東奈良遺跡調査会 1979『東奈良遺跡発掘調査概報』Ⅰ、清水邦彦 2015「東奈良遺跡」『発掘された日本列島 2015』朝日新聞出版

東山遺跡 大阪府教育委員会 1980『東山遺跡』、河南町教育委員会 1998『大阪芸術大学グランド等造成に伴う東山遺跡発掘調査報告書』

藤阪東遺跡 (財) 枚方市文化財研究調査会 1991『枚方市藤阪東遺跡発掘調査概要報告』

藤田山遺跡 藤田山遺跡調査団 1975『藤田山遺跡学術調査報告書』

船岡山遺跡 泉佐野市教育委員会 1985『船岡山遺跡B地点発掘調査報告書』

船橋遺跡 大阪府教育委員会 1962『河内船橋遺跡出土遺物の研究』2

紅茸山遺跡 高槻市 1973『高槻市史』第六巻 考古編

星ヶ丘遺跡 村上恭通 1995「星ヶ丘遺跡の鍛冶遺構について」『みずほ』15 大和弥生文化の会

星ヶ丘西遺跡 (財) 枚方市文化財研究調査会 1989『枚方市文化財年報』Ⅸ

水走遺跡 大阪府教育委員会 1984『水走遺跡 (第5次・第7次) 現地説明会資料』(『大阪府下埋蔵文化財担当者研究会 (第11回) 資料』1985に再録)

宮ノ下遺跡 (財) 東大阪市文化財協会 1996『宮ノ下遺跡発掘調査報告書』

村野遺跡 (財) 枚方市文化財研究調査会 1983『枚方市文化財年報』Ⅳ

八尾南遺跡 (財) 大阪府文化財センター 2008『八尾南遺跡』

山賀遺跡 大阪府教育委員会・(財) 大阪文化財センター 1983『山賀』(その2) ほか

山畑遺跡 (財) 東大阪市文化財協会 1983『山畑遺跡第15次発掘調査概要』

四ツ池遺跡 森浩一 1974「考古学からみた鉄」『日本古代文化の探求 鉄』社会思想社

若江北遺跡 (財) 大阪文化財センター 1983『若江北』

〈兵庫〉

荒田神社裏遺跡 兵庫県教育委員会 2001『荒田神社裏遺跡』

阿金谷古墳群 竹野町教育委員会 1977『但馬・阿金谷古墳群の調査』

今宿丁田遺跡 兵庫県教育委員会 1985『兵庫県埋蔵文化財年報 昭和57年度』

綾部山39号墓 揖保郡御津町教育委員会 2005『綾部山39号墓発掘調査報告書』

有鼻遺跡 兵庫県教育委員会 1999『北摂ニュータウン内遺跡調査報告書Ⅳ―有鼻遺跡 (1) ―』ほか

栗鹿遺跡 兵庫県教育委員会 2007『栗鹿遺跡――般国道483号北近畿豊岡自動車道春日和田山道路Ⅱ建設に伴う埋蔵文化財発掘調査報告書―』Ⅱ

家原・堂ノ元遺跡 加東郡教育委員会 1983『家原・堂ノ元遺跡』

池上口ノ上遺跡　新修神戸市史編集委員会 1989『新修神戸市史　歴史編Ⅰ自然・考古』
居住・小山遺跡　神戸市教育委員会 1983『居住・小山遺跡』（A 地区）現地説明会資料（埋蔵文化財研究会 1984『埋蔵文化財研究会第 16 回研究集会発表要旨』関連資料集 1 に再録）
今宿丁田遺跡　兵庫県教育委員会 1985『兵庫県埋蔵文化財年報　昭和 57 年度』
入佐山遺跡　出石町教育委員会 1987『入佐山墳墓群　現地説明会資料』
会下山遺跡　芦屋市教育委員会 1964『会下山遺跡』、同 2010『会下山遺跡確認調査報告書』
ヱノ田墳墓群　豊岡市教育委員会・豊岡市立郷土資料館 1993『豊岡市史　資料編』
戎町遺跡　神戸市教育委員会 1992『平成元年度　神戸市埋蔵文化財年報』
大中遺跡　播磨町教育委員会 1965『播磨大中』
大森谷遺跡　兵庫県教育委員会 1985『大森谷遺跡』
大盛山遺跡　和田山町教育委員会 1995『大盛山遺跡』
小神芦原遺跡　龍野市教育委員会 1993『小神芦原遺跡』
伯母野山遺跡　神戸市教育委員会 1963『伯母野山弥生遺跡』
表山遺跡　兵庫県教育委員会 2000『表山遺跡・池ノ内群集墳』
御屋敷遺跡　前田豊邦 1992「御屋敷遺跡」『兵庫県史　考古資料編』兵庫県ほか
貝谷遺跡　兵庫県教育委員会 2002『貝谷遺跡』
鎌田・宮内遺跡　豊岡市教育委員会 1990「豊岡市鎌田・宮内古墳群」『豊岡市文化財報告集 1989 年度』
亀田遺跡　兵庫県教育委員会 2000『亀田遺跡（第 2 分冊）』
加茂遺跡　川西市教育委員会 1994『川西市加茂遺跡—第 117・125 次発掘調査概要』ほか
川除・藤ノ木遺跡　兵庫県教育委員会 1992『川除・藤ノ木遺跡』
久田谷遺跡　加賀見省一 1980「久田谷遺跡出土の銅鐸」『日高町史』資料編　日高町教育委員会
口酒井遺跡　伊丹市教育委員会・六甲山麓遺跡調査会 2000『口酒井遺跡—第 1 次～第 10 次・第 12～第 16 次調査の概要—』
熊内遺跡　神戸市教育委員会 2003『熊内遺跡第 3 次調査発掘調査報告書』
雲井遺跡　神戸市教育委員会 2010『平成 20 年度雲井遺跡第 28 次発掘調査報告書』
黒岡山墳墓　中溝康則 1973「黒岡山墳墓」『播磨の土師器の研究』東洋大学付属姫路高等学校考古学教室
黒田坪遺跡　植野浩三・帆足俊文 1994「兵庫県ボラ山 1 号墳発掘調査概要報告」『文化財学報』奈良大学文学部考古学研究室
五ヶ山遺跡　西宮市教育委員会 1975『五ヶ山遺跡—No.4 地点の調査報告—』
国領遺跡　兵庫県教育委員会 1993『国領遺跡』Ⅱ
五斗長垣内遺跡　淡路市教育委員会 2011『五斗長垣内遺跡発掘調査報告書』
西条 52 号墓　西条古墳群発掘調査団 2009「西条 52 号墓発掘調査の記録」『弥生墓からみた播磨』第 9 回播磨考古学研究集会実行委員会
栄根遺跡　兵庫県教育委員会 1982『栄根遺跡』
桜ヶ丘銅鐸出土地　兵庫県教育委員会 1969『神戸市桜ヶ丘銅鐸・銅戈調査報告書』
塩田遺跡　神戸市教育委員会 1987『昭和 59 年度神戸市文化財年報』
鹿沢本多町遺跡　兵庫県教育委員会 1985『兵庫県埋蔵文化財調査年報　昭和 57 年度』
寺中遺跡　兵庫県教育委員会 1989『寺中遺跡』
塩壺西遺跡　兵庫県教育委員会 1997『塩壺西遺跡—本州四国連絡道路建設に伴う埋蔵文化財発掘調査報告Ⅱ—』
篠原遺跡　藤田等・川越哲志 1970「弥生時代鉄器出土地地名表」『日本製鉄史論』たたら研究会
下加茂遺跡　村川行弘 1965「会下山遺跡出土の鉄器について」『たたら研究』たたら研究会
下内膳遺跡　浦上雅史 1984「下内膳遺跡」『埋蔵文化財研究会第 16 回研究集会発表要旨関連資料集』1　第 16

回埋蔵文化財研究会事務局
周遍寺山1号墳　近藤義郎 1984「四隅突出型弥生墳丘墓2題」『竹田墳墓群』鏡野町教育委員会
城ヶ谷遺跡　神戸市教育委員会 1998『城ヶ谷遺跡第1次調査』(『平成7年度神戸市文化財年報』所収) ほか
白鷺山石棺墓　松本正信・今里幾次・池田次郎 1984「龍野市とその周辺の遺跡」『龍野市史』4　龍野市役所
新方遺跡　神戸市教育委員会 2003『新方遺跡　野手・西方地区発掘調査報告書』Ⅰほか
頭高山遺跡　山本三郎・深井明比古編 1984「兵庫県」『埋蔵文化財研究会第16回研究集会発表要旨関連資料集』1　第16回埋蔵文化財研究集会事務局、神戸市教育委員会 1985『昭和57年度神戸市文化財年報』、同 1986『昭和58年度神戸市文化財年報』
周世入相遺跡　兵庫県教育委員会 1990『赤穂市周世入相遺跡』
西神ニュータウンNo.62遺跡　兵庫県教育委員会 2013『西神ニュータウン No.62遺跡』
西神ニュータウン65地点遺跡　神戸市教育委員会 1986『昭和58年度神戸市文化財年報』、神戸市教育委員会 1987『昭和59年度神戸市文化財年報』
大開遺跡　神戸市教育委員会 1993『大開遺跡発掘調査報告書』
滝ノ奥遺跡　神戸市教育委員会 1994『平成3年度　神戸市埋蔵文化財年報』
立石墳墓群　豊岡市教育委員会 1987『北浦古墳群・立石墳墓群』
立岡遺跡　太子町教育委員会 1971『川島・立岡遺跡』
田能遺跡　尼崎市教育委員会 1982『田能遺跡発掘調査報告書』
玉津田中遺跡　兵庫県教育委員会 1995『玉津田中遺跡』第3分冊、同 1996『玉津田中遺跡』第5分冊ほか
土屋ヶ鼻遺跡　豊岡市教育委員会・豊岡市立郷土資料館 1994『豊岡市加陽土屋ヶ鼻遺跡群』
出持地遺跡　竹野町教育委員会・出持地遺跡調査団 1988『出持地遺跡　第1次調査現地説明会資料』
寺田遺跡　芦屋市教育委員会 2003『寺田遺跡（第128地点）発掘調査報告書』―集落東端部の様相と知見
寺山古墳群　兵庫県教育委員会 2010『寺山古墳群・宮ノ谷古墳群・諏訪城跡発掘調査報告書』
天神遺跡　三田市 2010『三田市史』第8巻　考古編
長谷・ハナ遺跡　但馬考古学研究会 1984『兵庫県豊岡市　長谷・ハナ古墳群』
内場山遺跡　兵庫県教育委員会 1993『内場山城跡』
中西山遺跡　兵庫県教育委員会 1993『北摂ニュータウン内遺跡調査報告書』Ⅲ
中津原遺跡　兵庫県教育委員会・洲本市教育委員会 2003『中津原遺跡』
奈カリ与遺跡　兵庫県教育委員会 1983『北摂ニュータウン内遺跡調査報告書』Ⅱ
名古山遺跡　兵庫県 1992『兵庫県史　考古資料編』
七日市遺跡　兵庫県教育委員会 1990『七日市遺跡』(Ⅰ)―第2分冊―(弥生・古墳時代遺跡の調査)
仁川高台遺跡　宝塚市教育委員会 1979『仁川高台弥生遺跡』
波毛遺跡　兵庫県教育委員会 2000『波毛遺跡・川添遺跡』
半坂墳墓群　豊岡市教育委員会 1988『大篠岡・半坂墳墓群』
半田山1号墓　兵庫県教育委員会 1965『半田山』
東武庫遺跡　兵庫県教育委員会 1991『東武庫遺跡』
東溝遺跡　加古川市教育委員会 1970『播磨・東溝弥生遺跡』Ⅰ
福本遺跡　神河町教育委員会 2008『福本遺跡発掘調査報告書』Ⅱ
平方遺跡　兵庫県教育委員会 1993『北摂ニュータウン内遺跡調査報告書』Ⅲ
本位田権現谷A遺跡　兵庫県佐用町教育委員会 1998「本位田権現谷A遺跡」『平成8年度埋蔵文化財年報』
北神ニュータウンNo.4遺跡　山本三郎・深井明比古編 1984「兵庫県」『埋蔵文化財研究会第16回研究集会発表要旨関連資料集1』第16回埋蔵文化財研究会事務局
北神ニュータウンNo.45遺跡　山本三郎・深井明比古編 1984「兵庫県」『埋蔵文化財研究会第16回研究集会発表要旨関連資料集』1　第16回埋蔵文化財研究会事務局

ボラ山墳墓群　青垣町・氷上郡教育委員会 1995『ブラ山・ボラ山』
堀山遺跡　兵庫県教育委員会 2006『加西南産業団地内遺跡調査報告書』
的場遺跡　兵庫県教育委員会 2002『的場遺跡・上ノ段遺跡』
明神山墳墓群　松本正信・今里幾次・池田次郎 1984「龍野市とその周辺の遺跡」『龍野市史』4　龍野市役所
妙楽寺遺跡　豊岡市教育委員会 2002『豊岡市妙楽寺墳墓群』
本井墳墓群　豊岡市教育委員会 1988『本井墳墓群・尼城址』
本山遺跡　神戸市教育委員会 1997『ひょうご復興の街から』
門前遺跡　兵庫県教育委員会 1971『山陽新幹線建設地内兵庫県埋蔵文化財調査報告書』
養田遺跡　山本三郎・深井明比古編 1984「兵庫県」『埋蔵文化財研究会第16回研究集会発表要旨関連資料集』1　第16回埋蔵文化財研究会事務局
養久山墳墓群　揖保川町教育委員会 1985『養久山墳墓群』、兵庫県教育委員会 1988『養久・乙城山』
養久山・前地遺跡　龍野市教育委員会 1995『養久山・前地遺跡』
吉田南遺跡　直良信夫・小林行雄 1932「播磨国明石郡玉津村吉田遺跡調査概報」『考古学』第3巻第5号　東京考古学会
丁・柳ヶ瀬遺跡　兵庫県教育委員会 1985『丁・柳ヶ瀬遺跡発掘調査報告書』
六角遺跡　兵庫県教育委員会 1994『六角遺跡』
〈奈良〉
忌部山遺跡　橿原市教育委員会 1977『忌部山遺跡発掘調査報告書』
唐古・鍵遺跡　京都帝国大学文学部考古学研究室 1943『大和唐古彌生式遺跡の研究』、田原本町教育委員会 2009『唐古・鍵遺跡』Ⅰ
城島遺跡　桜井市教育委員会 1991『桜井市城島遺跡外山下田地区発掘調査報告書』
四分遺跡　奈良国立文化財研究所 1980『飛鳥・藤原宮発掘調査報告』Ⅲ
清水風遺跡　大和弥生文化の会 2003『奈良県の弥生土器集成』大和の弥生遺跡　基礎資料Ⅱほか
ゼニヤクボ遺跡　都祁村教育委員会・奈良県立橿原考古学研究所 1989『都祁村ゼニヤクボ遺跡』
大王山遺跡　榛原町教育委員会・奈良県立橿原考古学研究所 1977『奈良県宇陀郡大王山遺跡』
原遺跡　五條市教育委員会 1992『原遺跡』
東大寺山古墳　東大寺山古墳研究会・天理大学・天理大学附属天理参考館 2010『東大寺山古墳の研究』
ホケノ山墳墓　奈良県立橿原考古学研究所 2008『ホケノ山古墳の研究』
法貴寺遺跡　奈良県立橿原考古学研究所 1983『奈良県遺跡調査概報 1982年度　第2分冊』
纒向遺跡　桜井市教育委員会 1995『平成6年度国庫補助による発掘調査報告書』2、桜井市纒向学研究センター 2013『纒向遺跡発掘調査概要報告書』—トリイノ前地区における発掘調査—ほか
見田・大沢遺跡　奈良県立橿原考古学研究所 1982『見田・大沢古墳群』
三井岡原遺跡　奈良県立橿原考古学研究所 2003『三井岡原遺跡』弥生時代後期低丘陵性集落の調査
メスリ山古墳　奈良県立橿原考古学研究所 1977『メスリ山古墳』
六条山遺跡　奈良県立橿原考古学研究所 1980『六条山遺跡』
脇本遺跡　奈良県立橿原考古学研究所 1980『脇本遺跡』Ⅰ
〈和歌山〉
岡村遺跡　海南市教育委員会 1992『海南市内遺跡発掘調査概報』
堅田遺跡　御坊市教育委員会 2002『堅田遺跡』弥生時代前期集落の調査
亀川遺跡　海南市文化財調査研究会・海南市教育委員会 1985『亀川遺跡』Ⅴほか
旧吉備中学校校庭遺跡　有田川町遺跡調査会 2010『旧吉備中学校校庭遺跡第4次発掘調査報告書』ほか
小松原Ⅱ遺跡　御坊市遺跡調査会 1981『1980年度埋蔵文化財発掘調査概報』
滝ヶ峰遺跡　和歌山県教育委員会 1972『滝ヶ峰遺跡発掘調査概報』

橘谷遺跡　和歌山市教育委員会 1977『橘谷遺跡発掘調査中間報告』
田屋遺跡　土井孝之 1984「和歌山県」『埋蔵文化財研究会第 16 回研究集会発表要旨関連資料集』1　第 16 回埋蔵文化財研究会事務局
東郷遺跡　御坊市遺跡調査会 1987『東郷遺跡』
中村Ⅱ遺跡　御坊市遺跡調査会 1993『中村Ⅱ遺跡』、御坊市遺跡調査会 1995『中村地区遺跡発掘調査報告書』
西田井遺跡　和歌山県教育委員会 1991『西田井遺跡発掘調査報告書』
東田中神社遺跡　和歌山県教育委員会 1981『東田中神社遺跡発掘調査報告書』
府中Ⅳ遺跡　（財）和歌山市文化体育振興事業団 1996『府中Ⅳ遺跡　第 2 次発掘調査概報』
船岡山遺跡　（財）和歌山県文化財センター 1986『船岡山遺跡発掘調査報告書』
吉田遺跡　和歌山県教育委員会 1971『吉田遺跡　第 2 次調査概報』
〈岡山〉
鋳物師谷 1 号墓　春成秀爾・葛原克人・小野一臣・中田啓司 1969「備中清音村鋳物師谷 1 号墓調査報告」『古代吉備』第 6 集
奥坂遺跡　岡山県教育委員会 1983『天神坂遺跡・奥坂遺跡・新屋敷古墳』
貝殻山遺跡　近藤義郎・小野昭 1979「岡山県貝殻山遺跡」『高地性集落跡の研究　資料編』所収）
菰池遺跡　岡山県教育委員会 1988「菰池遺跡の調査」『本州四国連絡橋陸上ルート建設に伴う発掘調査』2
清水谷遺跡　矢掛町教育委員会 2001『清水谷遺跡　一本木地区』
城遺跡　岡山県教育委員会 1977『倉敷市（児島）城遺跡発掘調査報告』
楯築墳墓　近藤義郎編 1992『楯築弥生墳丘墓の研究』楯築刊行会
津島江道遺跡　岡山市教育委員会 1988「津島江道遺跡」『シンポジウム日本における稲作農耕の起源と展開』資料集
殿山 21 号墓　岡山県教育委員会 1982『殿山遺跡・殿山古墳群』
夏栗遺跡　岡山県古代吉備文化財センター 2005『夏栗遺跡』
百間川今谷遺跡　岡山県教育委員会 1997『百間川今谷遺跡』3　岡山県埋蔵文化財発掘調査報告 1 19
百間川兼基遺跡　岡山県教育委員会 1982『百間川兼基遺跡　百間川今谷遺跡』、岡山県古代吉備文化財センター 1996『百間川兼基遺跡 2　百間川今谷遺跡 2』
みそのお遺跡　岡山県古代吉備文化財センター 1993『みそのお遺跡』
南方遺跡　岡山市教育委員会 1996『岡山市埋蔵文化財調査の概要』1994（平成 6）年度、同 2005『南方（済生会）遺跡』木器編ほか
用木山遺跡　山陽町教育委員会 1977『用木山遺跡』岡山県営山陽新住宅市街地開発事業用地内埋蔵文化財発掘調査概報（4）
四辻遺跡　山陽町教育委員会 1973『四辻土壙墓遺跡・四辻古墳群』
〈広島〉
小丸遺跡　（財）広島県埋蔵文化財調査センター 1994『山陽自動車道建設に伴う埋蔵文化財発掘調査報告』（Ⅸ）
歳ノ神遺跡　（財）広島県埋蔵文化財調査センター 1986『歳ノ神遺跡群　中出勝負峠墳墓群』
和田原Ｄ地点遺跡　和田原Ｄ地点遺跡簡易保険福祉事業団・庄原市教育委員会・（財）広島県埋蔵文化財調査センター 1999『和田原Ｄ地点遺跡発掘調査報告書』
〈鳥取〉
青谷上寺地遺跡　鳥取県教育文化財団 2000『青谷上寺地遺跡』2、同 2001『青谷上寺地遺跡』3、同 2002『青谷上寺地遺跡』4
阿弥大寺墳墓群　倉吉市教育委員会 1980『上米積遺跡群発掘調査報告』2　阿弥大寺地区
稲吉角田遺跡　佐々木謙 1981「鳥取県淀江町出土弥生式土器の原始絵画」『考古学雑誌』第 67 巻第 1 号　日本

考古学会
桂見遺跡　鳥取市教育委員会 1978『桂見遺跡発掘調査報告書』
布施遺跡　鳥取県教育委員会 1981『鳥取市布施遺跡発掘調査報告書』
妻木晩田遺跡　鳥取県教育委員会 2008『史跡妻木晩田遺跡松尾頭地区発掘調査報告書』第16・19次発掘調査
〈島根〉
加茂岩倉遺跡　島根県埋蔵文化財調査センター 2002『加茂岩倉遺跡』
沢下遺跡　中国電力株式会社・島根県教育委員会 2008『島根原子力線新設工事予定地内埋蔵文化財発掘調査報告書』1
仲仙寺墳墓群　安来市教育委員会・島根県教育委員会 1972『仲仙寺古墳群』
田和山遺跡　松江市教育委員会 2001『田和山遺跡』、同 2005『田和山遺跡発掘調査報告』1・2
友田遺跡　松江市教育委員会 1983『松江圏都市計画事業乃木土地区画整理事業区域内埋蔵文化財包蔵地調査報告書』
波来浜遺跡　島根県江津市 1973『波来浜遺跡発掘調査報告書』―第1・2次緊急調査概報―
西川津遺跡　島根県教育委員会 1987『西川津遺跡発掘調査報告書』Ⅱほか
堀部第1遺跡　鹿島町教育委員会 2005『堀部第1遺跡』
西谷墳墓群　出雲市教育委員会 2006『西谷墳墓群』―平成14〜16年度発掘調査報告書―
宮山Ⅳ号墓　島根県古代文化センター・島根県埋蔵文化財調査センター 2003『宮山古墳群の研究』
〈山口〉
梶栗浜遺跡　金関恕 1965「梶栗浜遺跡」『下関市史』原始－中世　下関市史編集委員会
下村遺跡　（財）山口県埋蔵文化財センター 2007『下村遺跡』
宮ケ久保遺跡　阿東町教育委員会 1998『宮ケ久保遺跡』
宮原遺跡　山口県教育委員会 1974『宮原遺跡・上広石遺跡』
〈香川〉
鴨部・川田遺跡　香川県教育委員会・（財）香川県埋蔵文化財センター・建設省四国地方整備局 2002『鴨部・川田遺跡』
旧練兵場遺跡　香川県教育委員会・独立行政法人国立病院機構こどもおとなの医療センター 2016『旧練兵場遺跡』Ⅵ　第一分冊、同 2016『旧練兵場遺跡』Ⅶ
紫雲出山遺跡　小林行雄・佐原眞 1964『紫雲出』
下川津遺跡　（財）香川県埋蔵文化財センター 1990『下川津遺跡』
龍川五条遺跡　香川県教育委員会・（財）香川県埋蔵文化財センター・日本道路公団 1996『龍川五条遺跡』1
林・坊城遺跡　（財）香川県埋蔵文化財センター 1993『林・坊城遺跡』
矢ノ塚遺跡　（財）香川県埋蔵文化財センター 1982『矢ノ塚遺跡』
〈徳島〉
庄・蔵本遺跡　徳島大学埋蔵文化財調査室 1998『庄・蔵本遺跡―徳島大学蔵本キャンパスにおける埋蔵文化財調査―』
土取遺跡　徳島県教育委員会・（財）徳島県埋蔵文化財センター・日本道路公団 2011『徳島県埋蔵文化財センター調査報告書』62ほか
〈愛媛〉
明穂東岡Ⅱ遺跡　（財）愛媛県埋蔵文化財調査センター 1995「明穂東岡遺跡の調査『四国縦貫自動車道埋蔵文化財発掘調査報告書』10　小松町編3
明穂中ノ岡Ⅲ遺跡　（財）愛媛県埋蔵文化財調査センター 1995「明穂中ノ岡Ⅲ遺跡の調査」『四国縦貫自動車道埋蔵文化財発掘調査報告書』10　小松町編3
池の内遺跡　（財）愛媛県埋蔵文化財調査センター 1989「池の内遺跡第3地区の調査」『一般国道11号西条バ

イパス埋蔵文化財発掘調査報告書』

半田山遺跡　（財）愛媛県埋蔵文化財調査センター 1991『四国縦貫自動車道埋蔵文化財発掘調査報告書』4

文京遺跡　愛媛大学埋蔵文化財調査室 2004『文京遺跡』Ⅲ

持田３丁目遺跡　（財）愛媛県埋蔵文化財調査センター 1995『持田３丁目遺跡』

〈高知〉

下分遠崎遺跡　高知県教育委員会 1988『埋文こうち』第１号

田村遺跡　（財）高知県埋蔵文化財センター 2004～2006『田村遺跡群』Ⅱ-1～9

西分増井遺跡　（財）高知県埋蔵文化財センター 2004『西分増井遺跡』Ⅱ

〈福岡〉

穴ケ葉山遺跡　大平村教育委員会 1993『穴ケ葉山遺跡』

アミダ遺跡　嘉穂町教育委員会 1989『嘉穂地区遺跡群』Ⅶ

安徳台遺跡　那珂川町教育委員会 2006『安徳台遺跡群』

飯氏遺跡　福岡市教育委員会 1994『飯氏遺跡群』2

板付遺跡　福岡市教育委員会 1979『板付遺跡調査概報』、同 1999『板付周辺遺跡調査報告書第 20 集』、同 2001『板付周辺遺跡調査報告書第 22 集』

今宿五郎江遺跡　福岡市教育委員会 1991『今宿五郎江遺跡』Ⅱ

今山遺跡　福岡市教育委員会 1981『今山・今宿遺跡』、同 2005『今山遺跡』第 8 次調査

井原塚廻遺跡　前原町教育委員会 1992『井原塚廻遺跡』

大木遺跡　夜須町教育委員会 1997『大木遺跡』

金隈遺跡　福岡市教育委員会 1970『金隈遺跡　第 1 次調査概報』、同 1971『金隈遺跡　第 2 次調査概報』、同 1985『史跡金隈遺跡』

上長野Ａ遺跡　梅崎恵司氏のご教示による

草場遺跡　水ノ江和同 1996「方城町内採集の遺物」『法華屋敷遺跡・伊方小学校遺跡』方城町教育委員会

剣塚古墳　福岡県教育委員会 1978『九州縦貫自動車道関係埋蔵文化財調査報告』ＸＸⅣ

郷屋遺跡　（財）北九州市教育文化事業団埋蔵文化財調査室 1986『郷屋遺跡』

国分松本遺跡　太宰府市教育委員会 2004『太宰府・国分地区遺跡群』1

御陵前ノ椽遺跡　大野城市教育委員会 1997『御陵前ノ椽遺跡』

権現塚北遺跡　瀬高町教育委員会 1985『権現塚北遺跡』

雀居遺跡　福岡市教育委員会 1995『雀居遺跡』2・3、同 2000『雀居遺跡』5

汐井掛遺跡　福岡県教育委員会 1979『九州縦貫自動車道関係埋蔵文化財調査報告』28

下月隈天神森遺跡　福岡市教育委員会 1996『下月隈天神森遺跡』Ⅲ

下稗田遺跡　行橋市教育委員会 1986『下稗田遺跡』

修理田遺跡　筑紫野市教育委員会 1980『修理田遺跡』

拾六町ツイジ遺跡　福岡市教育委員会 1983『拾六町ツイジ遺跡』

白峯遺跡　福岡県教育委員会 1992『白峯遺跡』福岡県糟屋郡新宮町夜臼三代遺跡群内の都市計画道路湊三代線建設に伴う弥生時代墓地の発掘調査報告

浄土院遺跡　浄土院遺跡調査団 1972『浄土院遺跡調査概報』

新町遺跡　志摩町教育委員会 1987『新町遺跡』、同 1988『新町遺跡』Ⅱ

須玖岡本遺跡　京都帝国大学文学部考古学研究室 1930『筑前須玖先史時代遺跡の研究』、春日市教育委員会 1995『須玖岡本遺跡』

須玖タカウタ遺跡　春日市教育委員会 2017『須玖タカウタ遺跡　第 3 -5 次調査』

惣利遺跡　夜須町教育委員会 1997『惣利遺跡』Ⅰ

田久松ケ浦遺跡　宗像市教育委員会 1999『田久松ケ浦』

立岩遺跡　立岩遺蹟調査委員会 1977『立岩遺蹟』
津古生掛墳墓　小郡市教育委員会 1988『津古生掛遺跡』Ⅱ
寺田池北遺跡　春日市教育委員会 2014『寺田池北遺跡』
道場山遺跡　福岡県教育委員会 1978『九州縦貫自動車道関係埋蔵文化財調査報告』ＸＸＶ
那珂遺跡　福岡市教育委員会 1994『那珂』11
永岡遺跡　筑紫野市教育委員会 1990『永岡遺跡』Ⅱ
中・寺尾遺跡　大野城市教育委員会 1977『中・寺尾遺跡』
中原塔ノ元遺跡　那珂川町教育委員会 1996『中原塔ノ元遺跡』Ⅱ
伯玄社遺跡　春日市教育委員会 2003『伯玄社遺跡』
比恵遺跡　福岡市教育委員会 1991『比恵遺跡群』(10)
東入部遺跡　福岡市教育委員会 1999『入部』Ⅸ
東小田峯遺跡　中山平次郎 1927「クリス形鉄剣及前漢式鏡の新資料」『考古学雑誌』17巻7号、佐藤正義 1991「原始時代の夜須地方」『夜須町史』
平原墳墓　糸島市教育委員会 2018『平原遺跡』
藤崎遺跡　福岡市教育委員会 2004『藤崎遺跡』15
宝満尾遺跡　福岡市教育委員会 1974『宝満尾遺跡』
曲り田遺跡　福岡県教育委員会 1983～ 1984『石崎曲り田遺跡』Ⅰ・Ⅱ・Ⅲ
三雲遺跡、三雲・井原遺跡　福岡県教育委員会 1985『三雲遺跡　南小路地区編』、糸島市教育委員会 2013『三雲・井原遺跡』Ⅷ―総集編―　ほか
瑞穂遺跡　日本住宅公団 1980『瑞穂－福岡市比恵台地遺跡』
三沢ハサコの宮遺跡　小郡市教育委員会 2002『三沢ハサコの宮遺跡』Ⅲ
宮の前遺跡Ｃ地点　宮の前遺跡発掘調査団 1971『宮の前遺跡（Ａ～Ｄ地点)』
門田遺跡　福岡県教育委員会 1978・1978『山陽新幹線関係埋蔵文化財調査報告』第6集・第9集
安武深田遺跡　福岡県教育委員会 1992『椎田バイパス関係埋蔵文化財調査報告』4
良積遺跡　北野町教育委員会 1998『良積遺跡』Ⅱ、同 1999『良積遺跡』Ⅲ
吉武遺跡　福岡市教育委員会 1998・1999『吉武遺跡群』Ⅹ・Ⅺ　ほか
〈長崎〉
里田原遺跡　長崎県教育委員会 1974『里田原遺跡略報』Ⅱ、田平町教育委員会 1988『里田原』
原の辻遺跡　長崎県教育委員会 2006『原の辻遺跡』総集編1、同 2016『原の辻遺跡』総集編2　ほか
深堀遺跡　長崎大学医学部解剖学第二教室 1967 『深堀遺跡』人類学考古学研究報告第1号
〈佐賀〉
宇木汲田遺跡　藤田等・高島忠平・岡崎敬・森貞次郎 1982「宇木汲田遺跡」『末盧国』唐津湾周辺遺跡調査委員会　六興出版
柏崎松本遺跡　中島直幸 1982「柏崎松本遺跡」『末盧国』唐津湾周辺遺跡調査委員会　六興出版
久保泉丸山遺跡　佐賀県教育委員会 1986『久保泉丸山遺跡』
桜馬場遺跡　杉原荘介・原口正三 1972「佐賀県桜馬場遺跡」『日本農耕文化の生成』日本考古学協会　ほか
田島遺跡　佐賀県教育委員会 1980『柏崎遺跡群』
礫石遺跡　佐賀県教育委員会 1989『礫石遺跡』
津留遺跡　佐賀市教育委員会 1994『増田遺跡群』Ⅱ
天神ノ元遺跡　唐津市教育委員会 2004『天神ノ元遺跡』(３)
中原遺跡　橋口達也 1982「中原遺跡」『末盧國』前掲
菜畑遺跡　唐津市教育委員会 1982『菜畑遺跡　佐賀県唐津市における初期稲作遺跡の調査』
東山田一本杉遺跡　佐賀県教育委員会 1995『東山田一本杉遺跡』

二塚山遺跡　佐賀県教育委員会 1979『二塚山』

本村籠遺跡　大和町教育委員会 1980『本村籠遺跡第１次調査・於保三本松遺跡第１次調査』

増田遺跡　佐賀市教育委員会 1994『増田遺跡群』Ⅱ　同 2000『増田遺跡群』Ⅳ、同 2001『増田遺跡群』Ⅴ、同 2002『増田遺跡群』Ⅵ

三津永田遺跡　日本考古学協会 1961『日本農耕文化の生成』

湊中野遺跡　唐津市教育委員会 1985『湊中野遺跡』

柚比本村遺跡　佐賀県教育委員会 2003『柚比遺跡群』3

吉野ヶ里遺跡　佐賀県教育委員会 1994『吉野ヶ里』、同 2016『吉野ヶ里遺跡』―弥生時代の墓地―(遺跡中央部・北部2) ほか

〈熊本〉

梅ノ木遺跡　熊本県教育委員会 1983『梅ノ木遺跡』

上南部遺跡　熊本市教育委員会 1981『上南部遺跡発掘調査報告書』

神水遺跡　熊本市教育委員会 1986『神水遺跡発掘調査報告書』

夏女遺跡　熊本県教育委員会 1993『夏女遺跡』

〈大分〉

鹿道原遺跡　千歳村教育委員会 2001『鹿道原遺跡発掘調査報告書』

下郡桑苗遺跡　大分市教育委員会 1992ａ『下郡遺跡群』、同 1992ｂ『下郡桑苗遺跡』Ⅱ

白岩遺跡　玖珠町教育委員会 1993『白岩遺跡』、大分県教育委員会 1997「白岩遺跡」『九州横断自動車道関係埋蔵文化財発掘調査報告書』6

〈宮崎〉

持田中尾遺跡　高鍋町教育委員会 1982『持田中尾遺跡』

〈鹿児島〉

王子遺跡　鹿児島県教育委員会 1985『王子遺跡』

高橋貝塚　河口貞徳 1963「鹿児島県高橋貝塚発掘概報」『九州考古学』18　九州考古学会、河口貞徳 1965「鹿児島県高橋貝塚」『考古学集刊』第３巻第２号　東京考古学会

谷添遺跡　根占町教育委員会 2000『谷添遺跡・出口遺跡』

〈韓国〉

宜寧石谷里支石墓　沈奉謹 1990「宜寧石谷里支石墓群」『考古歴史学誌』第５・６集　東亜大學校博物館

義昌新村里支石墓　崔鐘圭・安在皓 1983「新村里墳墓群」『中島』Ⅳ　韓国国立中央博物館

徳川里遺跡　慶南大學校博物館 2013『徳川里』

※使用した発掘調査報告書類については、一部紙面の関係で掲載していないものがある。ご寛容いただきたい。

韓國語 要旨

이 논문은 일본열도 각 지역에 각기 특색 있는 농경문화가 형성된 야요이시대에 있어서 긴끼 (近畿) 사회가 가진 역사적인 특질을, 생업을 지탱하는 석기・철기 등의 도구류, 취락구조, 농경제사, 장송의례 등의 분석을 통하여 밝히고자 한 것이다. 덧붙여 여기서「近畿」라고 함은, 주로 오오사카 (大阪) 평야와 나라 (奈良) 분지를 중심으로 나중에 키나이 (畿内) 및 그 주변이라는 정도의 지역을 가리킨다.

일본의 원시, 고대에 있어서 이 지역의 중요성은 이후 고분시대에 일본열도 최초의 중앙정권인 야마토 정권의 본거지로서 우리나라의 고대국가형성을 이끈 점이다. 1960 년대까지는 넓은 평야를 가진 近畿는 대륙의 철 소재를 이용한 농구의 철기화에 의한 생산력의 증대를 배경으로 계층분화를 진전시켜, 이윽고 前方後圓墳을 축조한 정치적 중심으로 성장했다는 도식이 극히 일반적이었다. 그러나 1970 년대 이후 각지에서 발굴조사가 진전되면서 철기의 출토량, 厚葬墓의 발달 정도, 중국제 거울의 입수 능력 등으로 보는 한 近畿의「先進性」이 반드시 명료하지 않다는 점이 지적되었다. 이러한 견해는 2000 년 이후 현저하며 近畿 야요이 사회의 특질을 어떻게 평가하느냐는 점이 야마토 정권 성립과정을 이해하는데 古代史上의 큰 논점으로 떠오르게 되었다.

이러한 인식에 기초한 이 논문은 序章에서 과제의 정리와 연구방법을 제시한 후에 제 1 장에서 石器. 鐵器 등의 도구류, 제 2 장에서 環濠聚落과 高地性聚落 등의 취락구조, 제 3 장에서 銅鐸祭祀와 葬送儀禮를 중심으로 한 정신세계에 각각 초점을 두고, 전국적인 비교의 관점을 더하여 近畿의 실태를 해명하였다. 이를 토대로 제 4 장에서 긴키 야요이 사회의 제 특징과 그 추이를 연대순으로 정리함과 동시에 중요한 논점인「鐵器化」의 평가와 의의의 재검토에 의거하여 긴키 야요이 사회의 특질을 제시하고, 나아가 야마토 정권의 성립과정에 전망도 論究하였다. 마지막 장에서는 남겨진 과제를 정리하고 금후의 발굴조사, 출토자료 연구에 있어서 유의점을 제언하였다. 이하 각 장의 요지를 기술한다.

먼저 제 1 장에서는 야요이시대 사회발전의 논의에 깊이 관련된「鐵器化」의 실태해명을 염두에 두고 대륙계 마제석기의 파급・정착과 철기로의 소재 전환의 과정을 분석하였다. 제 1 절, 제 2 절까지의 과제 정리에 이어 제 3 절에서 대륙계 마제석기가 열도를 東傳할 때, 도호쿠 (東北) 로의 파급은 간토 (關東) 보다 이르지만 그 후 정착하지 않았다는 점, 키비 (吉備) 지역에서는 야요이 전기에 대륙계의 마제 석도를 일단 수용하였을 뿐, 중기에는 이전 시기로 되돌아가듯 타제품이 주류가 된 점 등을 본보기로 죠몽시대 (縄文時代) 이후의 전통을 포함한 다양한 요인으로 대륙계 마제석기의 수용에는 현저한 지역차가 존재함을 지적하였다.

제 4 절에서는 야요이문화의 북한계에 해당하는 도호쿠 (東北) 의 야요이 석기를 분석하여, 그 북부와 남부의 지역차는 논 벼농사의 수용 양상의 차이에 기인한다는 이해를 제시하였다. 또한 야요이 후기에는 석기가 감소하는 점에서 적어도 도호쿠 남부의 아이즈 (會津) 분지까지 일정 정도의 철기가 공급되었음을 파악하고 이 서쪽과의 물자・정보의 교류가 유력자의 후장묘를 낳고, 나아가 아이즈 분지 일대가 고분시대의 초기 전방후원분의 북쪽 한계를 형성하는 요인이 되었음을 추정하였다.

제 5 절에서는 벌채용 석부・철부의 자루를 형식 분류하여 지역성을 밝히고, 더불어 도끼 자체가 아닌 자루의 특징에서 철기화의 문제에도 접근이 가능함을 제시하고 방법론적으로 제기하였다.

제 6 절, 제 7 절에서는 긴키 야요이사회의「先進性」을 음미하는데, 많은 논쟁이 집중하는 철기의 획득과 제작의 실태에 대한 분석과 고찰하였다. 제 6 절에서는 취락유적에서 검출된 건물 바닥의「被熱痕」의 사례 등 철기제작에 관련된 유구 . 유물을 수집하고 최근 밝혀진 야요이시대의 단련단야 기술과 관련하여 검토하였다. 그 결과 이「被熱痕」은 간단한 구조의 단야로의 일부일 가능성이 있으며, 확인된 유적의 시기를 판단하여 긴키에서 철기제작은 야요이 중기 후엽 (기원전 1 세기) 까지 소급할 수 있음을 지적했다.

제 7 절은 출토 철기 자료의 새로운 집성작업과 석기의 소멸과정을 분석한 결과에 기초하여 긴키에서 철기 보급의 진전에 대하여 재검토하였다. 철기는 전반적으로 야요이 중기 중엽 (기원전 2 세기) 이후 증가하는 경향이지만, 긴키 중추지역에서 출토 수량은 여전히 적은 경향이 확인된다. 그러나 한편으로 석기에 주목하면 중기부터 후기에 걸쳐서 (1) 석기 자체가 급격히 소멸한다, (2) 중기의 키나이 지역을 특징지어 온「畿内式打製尖頭器」가 소멸한다, (3) 중기에 사용된 일부 석기의 석재 유통량이 감소한다, (4) 후기에는 철기의 날 (鐵刃) 을 마연하기 위한 숫돌 (砥石) 이 출토하는 유적이 증가하는 등의 변화가 밝혀졌다. 이러한 점에서 유적에 남아있는 철기의 실제 수량이 적은 것일 뿐, 야요이 후기에 이르러 긴키 사회가 철제의 도구류에 의존하는 사회로 이행하였다고 봄이 타당하다는 결론에 도달하였다

대륙의 철 소재를 입수하기 위해서는 長距離交易이 가능한 광역 유통체제의 구축이 필요하며 긴키 야요이 사회도 그 일익을 담당한 상황을 상정할 수 있다. 이런 동향을 통해서 교역을 담당한 西日本 각지의 首長 사이에 경제적인 측면뿐만 아니라 정치적으로도 관계가 생겨난 것은 古墳時代의 정치 관계의 형성을 위해서 중요한 전제가 된 것이다.

제 2 장에서는 취락의 기능과 지역적, 시기적 전개에 주목하여 야요이 사회의 특징을 검토하였다. 제 1 절, 제 2 절의 과제 정리를 토대로, 제 3 절에서는 구릉이나 산 허리에 조영된 高地性聚落의 석기 조성을 분석하여 취락을 유형화하였다. 고지성 취락의 군사적 성격에 대해서 의문시하는 의견도 있으나, 타제석촉이 전체 석기의 60 % 이상 차지하는 유적과 投彈이 다수 출토하는 유적도 있어 그 군사적 측면은 부정할 수 없다고 생각하였다. 한편 생업의 측면에서는 논 벼농사의 여부, 견과류 획득의 유무 등에서 다양성이 확인된다.「조망」할 수 있다는 공통분모는 있지만 군사적 기능과 물자 유통에 취락마다 차이가 있으며, 성격은 단순하지 않음을 지적하였다.

제 4 절에서는 긴키 내부의 유통 관계를 검토하는 사례 연구로서 긴키 서부의 아카시강 (明石川) 유역 및 이 유역을 토대로 한 미타 분지 (三田盆地), 그리고 아와지 섬 (淡路島) 의 취락 전개에 대하여 검토하였다. 아카시강 유역에서는 야요이 중기에 코베 (神戸) 시 타마츠다나카 (玉津田中) 유적이 존재하며 원격지로부터 물자가 집적되는 유통 거점이었으나, 야요이 후기에는 고지성 취락인 코베시 오모테 야마 (表山) 유적이 그 역할을 담당했다. 이 아카시강을 경유하여 중기 후엽의 미타 분지에는 일정량의 철기가 반입된다. 야요이시대 후기에는 아와지 섬에 아와지시 곳사카이도 (五斗長垣内) 유적 등 철기 제작 유적이 출현한다. 아카시 해협 부근은 시기에 따라 변동은 있지만 교통의 결절지역으로서 물류의 거점이었다고 평가된다.

제 5 절에서는 지역의 중핵인 거점취락을 거론하였다. 거점취락의「據點性」을 의문시하는 견해도 있지만 필자는 대규모로 집주하는 점에서 통상의 취락과 다른 의미를 나타내는 거점취락의 개

넘은 야요이시대의 집단 구조를 파악하는데 효과적이라 생각했다. 다만 종래부터 거점취락이라 불리던 대규모로 장기간 존속한 취락은 분명히 정치・경제・종교적인 측면에서 거점성이 있지만, 그 이외의 취락에서도 3 가지 측면 중 1 ~ 2 가지에서 지역의 중심적 역할을 담당한 취락이 존재하며 이들 유적에 대해서도 거점성이 있다고 이해하였다. 특히 고지성 취락 중에는 물자유통의 거점이라는 관점에서 재평가가 필요한 취락이 있음을 지적하였다.

제 3 장은 사람들의 정신생활과 관련한 제사와 장송의례를 다루었다. 과제 정리에 이어서 제 3 절에서는 銅鐸과 토기에 음각과 양각으로 표현된「繪畵」를 검토하고, 농경의례와 관련을 재확인하면서「회화」와 대형의 굴립주건물, 獨立棟持柱建物과의 관련성을 지적하여 긴키에서는 銅鐸을 사용한 제사가 首長의 권위를 나타내는 장소로서 기능하였음을 상정했다. 한편 北部九州에도 옹관에「繪畵」가 확인되지만, 그 내용은 죽은 자의 재생을 기원한 것으로 해석했다. 또한 북부 큐슈의 장송의례를 검토한 제 4 절에서는 甕棺墓 등에 부장품 안치와 점토 등으로 관을 밀봉하는 풍습의 배후에는 역시 죽은 자의 재생을 기원하는 의도가 있었다고 생각되며, 부장품은 권위의 상징임과 동시에 죽은 자를 보호하는 벽사 (辟邪) 의 의미를 가지고 있음을 강조했다. 제 5 절에서는 야요이 墓制에 보이는 계층분화의 실태에 대하여 西日本 각 지역을 비교하여 검토하고 긴키에서는 공동체적 규제가 상대적으로 강하고, 명확한 개인 厚葬墓의 형성이 늦었다고 이해하였다.

이상의 분석을 통하여 제 4 장 및 마지막 장에서 긴키 야요이 사회의 역사적인 특징을 고찰・제시하여 향후 연구의 과제와 전망을 언급하였다.

제 1 절에서 고찰의 관점을 명시한 후 제 2 절에서 시기별 취락, 장송의례, 제사, 도구류의 추이를 정리하고, 특히 돌에서 쇠로 도구류의 소재 변화가 진행된 야요이 후기에 구 물자 유통 체계의 해체 및 장제・제사의 전환을 수반하는 야요이 사회의 큰 변질이 있음을 지적했다. 그 변질을 가져온 주된 배경으로서 제 3 절에서 야요이 후기에 있어서 도구류의 철기화가 이룬 의의를 중요시했다. 석기가 완전히 소멸하지 않았지만 생업에 필요한 농공구가 철기 주체가 됨으로써 물자의 장거리, 광역유통이라는 새로운 구조가 나타났다. 거기에 참가하는 유력자의 계층적 대두와 突線鈕式銅鐸의 분포에서 엿볼 수 있는 킨키의 정치적 통합을 촉진하였다는 이해이다. 이 야요이 후기 긴키 사회의 突線鈕式 銅鐸의 배포 등의 정치적 관계가 이후 중앙정권을 형성시킨 기반이 되었다고 보았다. 그리고 제 4 절에서 농경문화의 형성과 함께 변화해 간 긴키 야요이사회를 논 벼농사가 정착한 전기 후엽, 철이 중요한 필수 소재가 된 후기 전엽, 개인 후장묘로서 분구묘 (墳丘墓) 와 굴립주건물을 주체로 한 대규모 취락이 등장하는 종말기를 3 가지 주요 획기로 파악하고 야요이 시대 후기 후엽 이후에 사회가 급격히 변화하는 그 연장선상에서 전방후원분이 성립하는 고분 시대를 전망했다.

야요이 후기가 되어도 긴키에서는 대륙의 박재품 (舶載品) 을 부장하는 후장묘가 발달하지 않고, 또한 북부 큐슈와 비교하여 철기 출토량이 근소하다는 자료의 실태는 명백하다. 이 점은 긴키 야요이사회가 공동체적 규제가 강한 사회이었기 때문에 귀중한 금속기가 있어도 사유 재산이 되지 않고, 유력층의 대두가 늦었다는 설명이 가능하다. 이러한 특징을 가진 사회가 대륙에서 동북 남부에 이르는 여러 집단이 관련된 철의 광역 유통 네트워크에 본격적으로 진출한 때, 공동체적인 전통에서 오는 지역의 강한 정치적 통합과 동서의 집단과 연계 관계를 맺는 지리적 우위성이 합쳐져서 열도의 여러 세력 가운데「중심성」을 높이고 킨키 중추를 중심으로 중앙 정권의 성립에 이르렀다는 이해가 본 논문의 결론적인 주장이다.

English summary

This book aims to clarify the historical nature of the Kinki region during the Yayoi period, when various agricultural cultures emerged throughout the Japanese archipelago, through an analysis of stone and iron tools used in daily life, settlement structure, and agricultural and mortuary rituals. The geographical term "Kinki" used in this text refers mainly to the Osaka Plain and Nara Basin areas, which would later come to be called the "Kinai" region, and their surroundings.

The importance of this region during Japan's ancient history can be found in its position during the subsequent Kofun period as the home of the Japanese archipelago's first unified central government, the Yamato polity, which ushered in Japan's ancient state formation. Until the 1960s, the sociopolitical development of the wide plains of the Kinki region was viewed against a backdrop of increased agricultural production bolstered by a shift to iron agricultural tools made using imported iron materials from the continent, which spurred social complexity eventually leading to the development of a political center and the keyhole-shaped mounded tombs. From the 1970s, however, an increase in archaeological excavation throughout the country cast doubt on the "advanced" nature of the Kinki region, particularly in the amount of iron objects found, the development of wealthy burials, and the ability to import bronze mirrors from China. This skepticism of the traditional paradigm increased after the turn of the millennium and the inquiry into the actual nature of Kinki society during the Yayoi period became of ultimate importance for understanding the emergence of the centralized Yamato polity.

This book is informed by this background. In the Introduction, the author organizes the relevant issues and presents his methodology. The author analyzes stone and iron tools in Chapter 1, the structure of settlements, such as moated settlements and highland settlements, in Chapter 2, and spirituality as seen mainly through bronze bell rituals and mortuary rituals in Chapter 3 in order to illuminate the nature of Kinki society both at the regional level and at the national level. Based on this, the author adopts a diachronic approach in Chapter 4 to the numerous elements characterizing Kinki's Yayoi society and their evolution, elaborates on the nature of the Kinki Yayoi society based on a reevaluation of the contentious issue of the spread of iron, and discusses the process of the emergence of the Yamato polity. In the Final Chapter, the author touches upon issues requiring more research and offers suggestions for future archaeological excavations and research based on excavated artifacts. An outline of each chapter is presented below.

In Chapter One, the author analyzes the transmission and establishment of continental-style polished stone tools and the process of their transition to iron, giving due consideration to the important issue of the shift to iron within the development of Yayoi society. Following a presentation of the methodology in Sections 1 and 2, the author demonstrates in Section 3 that while the continental-style polished stone tools reached the Tohoku region before the Kanto region in their transmission eastward throughout the Japanese archipelago, they did not take root there; additionally, the author also demonstrates that while continental-style polished stone reaping knives appeared in the Kibi region during the Early Yayoi period, chipped stone tools once again claimed the majority during the following Middle Yayoi period. The author interprets these case studies as suggesting that significant regional differences existed in the acceptance of continental-style polished stone tools owing to several different factors, including the remnants of Jomon traditions.

In Section 4, the author analyzes the stone tools of the Tohoku region, which formed the northernmost extent of Yayoi culture, and suggests that the regional differences between the northern and southern areas derived from differences in the acceptance of wet-rice agriculture. Additionally, the author suggests, based on a decrease of stone tools during the Late Yayoi period, that a not-insignificant amount of iron tools reached at least as far as the Aizu Basin in southern Tohoku; that this transfer of goods and information with the west led to the emergence of elite wealthy burials; and that this formed the basis for the Aizu Basin area to also have been the northernmost extent of early keyhole-shaped mounded tombs during the subsequent Kofun period.

In Section 5, the author presents a typological analysis of the organic handles of stone and iron axe heads used for tree-felling and clarifies their regional differences. Additionally, he demonstrates that the issue of the spread of iron can be approached not only from the iron axe heads, themselves, but also from their organic handles, thereby offering a new methodological approach to this contentious issue.

In Sections 6 and 7, the author considers the "advanced" nature of Kinki's Yayoi society and analyzes and discusses the spread and production of iron tools, which has been the subject of many years of contentious debate. In Section 6, the author compiles archaeological features and artifacts related to iron-tool production, such as the floors of buildings with "burn marks" found at settlements, and considers these in the context of Yayoi-period small-scale iron-working technology, which has come to light in recent years. As a result, it becomes clear that these "burn marks" may have belonged to iron-working hearths of simple construction, and the dates of these features suggest that iron-tool production in the Kinki region may stretch back to the late phase of the Middle Yayoi period (1st century BC).

In Section 7, the author conducts a reevaluation of the spread of iron tools in the Kinki region based on a comprehensive compilation of iron artifacts and an analysis of the disappearance of stone tools. While iron tools increased generally from the middle phase of the Middle Yayoi period (2nd century BC), the amount uncovered from the central Kinki region remains small. On the other hand, an analysis of stone tools from the Middle to Late Yayoi periods reveals the following: (1) stone tools, themselves, drastically decreased; (2) the "Kinai-style chipped stone projectile points" representative of the Middle-Yayoi Kinai region disappeared; (3) the amount of certain stone materials used in the Middle Yayoi period decreased in circulation; and (4) whetstones thought to have been used for grinding iron blades increased in the Late Yayoi period. These points suggest to the author that while the amount of iron tools actually found at sites remains low, the Kinki society of the Late Yayoi period had shifted to a dependence upon iron tools.

The construction of a wide-ranging network would have been essential in order to conduct the long-distance trade necessary to obtain iron materials from the continent, and it is possible to assume that the Kinki Yayoi society played an important role in this process. The formation of not only an economic relationship, but also a political relationship, between the polities of western Japan involved in this new trade network would come to act as an important basis for the emergence of the political framework of the subsequent Kofun period.

In Chapter 2, the author analyzes the characteristics of Yayoi society through an analysis of the functions and regional and temporal development of settlements. Based on an overview of the issues presented in Sections 1 and 2, the author analyzes in Section 3 the composition of stone tools found from highland settlements built on hills and mountainsides and presents a typology of these settlements. While some scholars have cast doubt on the military nature of highland settlements, the fact that a great amount of sling-stones are found from some sites and that the amount of chipped stone arrowheads at certain sites compose over 60% of the total amount of stone tools uncovered there suggest to the author that the military nature of these sites cannot be denied. Meanwhile, the lifeways attested to at these sites, such as the presence or absence of wet-rice agriculture or evidence of the collection of nuts, were diverse. While all of these sites commanded a view of the land below, the military function or connection with trade routes differed by settlement, prohibiting sweeping generalizations about their nature.

In Section 4, the author analyzes the settlements of the Akashi River Basin, Sanda Basin, and Awaji Island as a case study in order to consider the movement of goods within the Kinki region. In the Akashi River Basin, while the Tamatsu-tanaka site in Kobe city acted as a trade center for goods from abroad during the Middle Yayoi period, this function shifted to the highland Omoteyama site upon entering the Late Yayoi period. In the late phase of the Middle Yayoi period, a certain amount of iron tools was introduced to the Sanda Basin along the Akashi River. In the Late Yayoi period, iron-tool-producing sites, such as the Gossa-kaito site of Awaji city, appeared on Awaji Island. While some fluctuation may be witnessed by phase around the Akashi Strait, this area can surely be considered to have been a crossroads of trade.

In Section 5, the author analyzes large-scale centralized settlements, which acted as major nodes within each region. While some scholars have expressed doubts over the "centrality" of these settlements, the author considers the large-scale inhabitation as a significant departure from normal settlements and argues that the concept remains useful for understanding group structure in the Yayoi period. Meanwhile, while large-scale settlements continuing for extended periods of time (traditionally called "centralized settlements") carried a central role across the three fields of politics, economy, and religion, there were indeed other settlements that exercised crucial roles within one or two of these areas: the author considers these settlements as also bearing centrality. In particular, the author draws attention to the need for a reevaluation of certain highland settlements as central trade nodes.

In Chapter 3, the author analyzes the rituals and mortuary ceremonies related to the spiritual world of the Yayoi people. After discussing the related issues, the author analyzes in Section 3 images found on bronze bells and pottery, confirming their relation to agricultural rituals, suggesting a relationship between the images and certain characteristic buildings (specifically, large-scale buildings with embedded pillars and buildings with independent ridgepole-supporting pillars), and envisioning bronze bell rituals as facilitating Kinki chiefs' displays of power. Meanwhile, while images can also be found on the jar burials of North Kyushu, the author interprets them as manifestations of a desire for the regeneration of the deceased. Based on his analysis of the mortuary rituals of North Kyushu in Section 4, the author views the custom of burying grave goods in jar burials or sealing off the burial facility with clay as being informed by this desire for the regeneration of the deceased; the author emphasizes that grave goods were a symbol of authority, in addition to protecting the dead. In Section 5, the author analyzes the nature of the social complexity seen in Yayoi burials, including a comparison with the various regions of western Japan, and suggests that the communal strictures of the Kinki region were relatively strong, thereby causing the emergence of wealthy individual burials to lag behind other regions.

Based on the results of the research conducted above, the author evaluates the historical nature of the Kinki Yayoi society and discusses issues that require further research in Chapter 4 and in the Final Chapter.

In Section 1, the author presents the aim of the chapter. In Section 2, the author clarifies by phase the development of settlements, mortuary ceremonies, rituals, and tools. In particular, the author suggests that the Late Yayoi period, which witnessed the shift from stone to iron tools, saw a fundamental change within Yayoi society, evidenced by a dismantling of the former trade network and changes in burial styles and rituals. Concerning the major factor behind this transformation, the author emphasizes in Section 3 the important role played by the shift to iron tools in the Late Yayoi period. While this did not lead to a complete disappearance of stone tools, the major shift to iron for agricultural implements and tools necessary for daily life led to the emergence of a new framework for the long-distance movement of goods; this in turn led to the emergence of political elites and the formation of the Kinki region as a political unity, as seen in the distribution of the last and largest style of bronze bells. The political relationships of the Kinki society during the Late Yayoi period, palpably manifested in the distribution of these bronze bells, formed the basis for the emergence of the centralized government of the following period. In Section 4, the author clarifies three major epochs of the Kinki Yayoi society: the establishment of wet-rice agriculture in the late phase of the Early Yayoi period, the rise of iron as a major and necessary material in the early phase of the Late Yayoi period, and the emergence of wealthy individual burial mounds and large-scale settlements containing buildings with embedded pillars in the Final Yayoi period. The author positions the rise of keyhole-shaped mounded tombs as an extension of the drastic social changes seen from the late phase of the Late Yayoi period.

It is clear from the archaeological evidence that even during the Late Yayoi period, the Kinki region lacked wealthy burials bearing imported goods from the continent and pales in comparison with North Kyushu over the amount of iron found. As the Kinki Yayoi society was strongly bound by community strictures, precious metal goods may have belonged to the community, and not the individual, thereby impeding the emergence of elites. These characteristics of the Kinki Yayoi society, however, proved beneficial: with its entrance into the long-distance iron trade network connecting the various groups stretching from the continent to the southern Tohoku region of the Japanese archipelago, its strong political unity arising from its community traditions and its superior geographic position between eastern and western groups allowed it to cement its "centrality" among the various polities and usher in the formation of the archipelago's first central government.

あとがき

本書は、2017年大阪大学大学院文学研究科に提出した学位請求論文『農耕社会の形成と近畿弥生社会』に加筆修正したものである。初出論文は下記の通りである。ただし、それぞれの論文については、その後の研究の成果を踏まえ大きく加筆、修正をおこなった。そういう意味で、本書は全体がほとんど書き下ろしの内容となっている。

序章　新稿
第1章第1節　新稿
　第2節　2014「弥生時代石器研究の現状と課題」『東アジア古文化論攷』中国書店
　第3節　2002「弥生時代の石器」『考古資料大観』9　弥生・古墳時代　石器・石製品・骨角器　小学館
　第4節　1993「東北の弥生石器」『弥生文化博物館研究報告』第2集
　第5節　1999「伐採石斧の柄」『国家形成期の考古学』―大阪大学考古学研究室10周年記念論集―大阪大学文学部考古学研究室　に伐採鉄斧の柄に関する文章を加筆して構成した。
　第6節　2013「弥生時代の近畿における鉄器製作遺跡―「石器から鉄器へ」の再検討の前提として」『日本考古学』第36号　日本考古学協会
　第7節　新稿
　第8節　新稿
第2章第1節　新稿
　第2節　2009「弥生時代集落の研究史―研究の現状と課題―」『日韓集落の研究』（中間報告1）日韓集落研究会
　第3節　2001「遺物組成からみた高地性集落の諸類型」『古代文化』第54巻第4号　古代学協会
　第4節　2010「石器から見た兵庫県東南部の弥生集落―三田盆地の遺跡を中心にして―」『石器からみた弥生時代の播磨』播磨考古学研究会、及び2010「明石川流域の弥生時代集落」『坪井清足先生卒寿記念論文集―埋文行政と研究のはざまで―』坪井先生の卒寿をお祝いする会　を統合して再構成した。
　第5節　2012「近畿弥生時代拠点集落再考」『日韓集落の研究』（最終報告）日韓集落研究会
　第6節　新稿
第3章第1節　新稿
　第2節　新稿
　第3節　2006「絵画による伝達」平川南・沖森卓也・栄原永遠男・山中章編『文字と古代日本』5　文字表現の獲得　吉川弘文館

第４節　2005「弥生時代北部九州における葬送儀礼とその思想的背景」『待兼山考古学論集』大阪大学文学部考古学研究室

第５節　2013「北部九州における棺密封葬法の成立と展開」柳田康雄編『弥生時代政治社会構造論』雄山閣出版

第６節　2011「墓地の構造と階層社会の成立」甲元眞之・寺沢薫編『講座　日本の考古学』6　弥生時代　下　青木書店

第７節　新稿

第４章第１節　新稿

第２節　新稿

第３節　新稿

第４節　新稿

終章　新稿

私の考古学との出会いは中学生のときだった。クラブの顧問の先生に尼崎市の田能資料館に連れて行っていただき、その周辺の川で土器拾いをしたときのことは記憶に残っている。高校入学後、近くに住む先輩の誘いで、１カ月後のＧＷには芦屋市教育委員会の森岡秀人氏の指揮のもとに実施されていた八十塚古墳群の測量調査に参加した。高校卒業後には、山芦屋古墳の発掘調査を見学に行ったが、そのときの発掘担当者は、後に文化庁で上司となる坂井秀弥氏だった。

浪人生活を経て大阪大学文学部に入学した。そのときは考古学というよりも古代史をやろうと思っていた。２回生になって、同級生の福永伸哉氏たちと芦屋市内での発掘調査に参加させていただいた。現場で「ティーケー・ニーマルキュウが……」という会話に、最初何をいっているのかまったく理解できなかったことは今でも鮮明に記憶している。ある日森岡氏から、大阪大学の都出比呂志先生に芦屋市の報告書をもって行ってほしいといわれ、都出研究室の扉を叩いた。先生に本をお渡しした帰り際に、今、読んだらいい本をお聞きした。小林行雄先生の『日本考古学概説』を紹介され、さっそく購入して読んだ。

３回生となり国史学研究室に進学した。まだ専攻が決まらないとき、都出先生から静岡へ古墳を見に行く誘いを受け福永氏と３人で見学に行った。筆者は不注意にも財布を紛失し気落ちしていたところ、帰り際、まだごちゃごちゃしていた浜松駅前近くの店で先生は鰻の刺身を注文された。それを食べながら話をしたうえで、考古学専攻を決めた。

卒論は、森岡氏が精緻な弥生土器研究をやっておられたので違うものを、ということで弥生石器にした。選んだ動機は今から考えると積極的なものではなかったが、結果として筆者のライフワークとなっている。

卒業後は大学院進学を目指した。院浪した２度目の試験日の後、都出先生が福永氏の下宿に来られ、福永氏は合格、私は不合格を告げられた。そして、「福永君は大学で、禰冝田君は行政で考古学をやりなさい」といわれた。その日先生も泊まられ、徹夜で２人の激励会というか私の残念会となった。筆者は２浪をやめ、公募のあった大阪府教育委員会に採用されることとなった。

入庁後は発掘調査中心の業務であった。縁があって埋蔵文化財研究会（通称九阪研究会）事務局の一員をさせていただいた。このときには、考古学とそれ以外のことを多く学ばせていただいた。

電話等で資料集成をお願いして知り合った全国の埋蔵文化財保護行政を担当されている専門職員の方々は、現在でも公私ともどもつながりをもたせていただいている。

30歳を過ぎたとき、大阪府立弥生文化博物館の建設準備室で仕事をする機会が与えられた。鬼籍に入られてしまったが、金関恕先生・佐原眞先生・佐々木高明先生からの「厳しくかつ的確」なご指導を受けつつ1991年開館を迎え、3年間は博物館学芸員として仕事をさせていただいた。

1995年に起こった阪神淡路大震災の際には、大阪府から兵庫県へ派遣され、2年10カ月地元芦屋など阪神間で震災からの復興調査に携わらせていただいた。この間、母校県立芦屋高校の校庭を試掘調査する機会が与えられたり、猪名庄遺跡や有鼻遺跡など考古学的に重要な調査にかかわらせていただいた。派遣職員としての経験は、その後の東日本大震災の復興調査体制を構築する際の重要な経験となった。

42歳になる直前の2000年4月。縁があって文化庁に異動となった。当時の岡村道雄主任文化財調査官からは、出張の多い調査官が遺物で論文を書くと誤解を受けることになりかねないので、やめた方がいい、との指摘を受けた。研究の方針転換を強いられることとなったが、結果として研究分野を広げることとなり、第3章を構成することができた。

2003年3月には都出先生の退官にともなう最終講義があった。講義後、先生から研究室に呼ばれ、早く博士論文を出しなさいという在職中、最後の指導があった。

15年が経過した。文化庁は忙しいから大変だという多くの方々の言葉に甘えて、最後までまとめるには至らなかった。福永氏から2017年度の締切り日をいわれ、その日になんとか提出し、2018年3月、学位が授与された。

その後、諸般の事情で1年あまりが経過してしまったが、一冊の単著として上梓するに至ったことは大きな喜びである。本書をまとめるにあたって、指導教官である都出比呂志先生には、40年間にわたり計り知れない数々のご指導・ご助言をいただいてきた。また、やはり学生時代からご指導いただいている村田路人先生、古代を含む幅広い視点からご指導いただいている高橋照彦先生には論文審査だけではなく、研究及び文化財保護に関して長きにわたり大変お世話になっている。そして、同級生であり、研究面での指導者であり、埋蔵文化財行政の推進への適切な助言者でもある福永伸哉先生には、公私にわたり今日までさまざまな形でご指導・ご助言をいただいている。論文の審査にあたっていただいた先生方に、深く感謝いたします。

本研究を進めるにあたっては、赤司善彦・秋山浩三・（故）石井扶美子・石川日出志・稲田孝司・梅崎恵司・岡村道雄・小田富士雄・木下尚子・甲元眞之・斎野裕彦・坂井秀弥・設楽博己・下條信行・菅栄太郎・高倉洋彰・田崎博之・種定淳介・常松幹雄・寺前直人・寺沢薫・寺沢知子・西谷正・（故）橋口達也・春成秀爾・広瀬和雄・福岡澄男・藤井整・藤尾慎一郎・藤田憲司・松木武彦・丸山潔・村上恭通・森岡秀人・森田克行・柳田康雄・山崎純男・山本三郎・（故）吉留秀敏・和田晴吾（敬称略）の方々をはじめ、全国の埋蔵文化財専門職員の方々にはたいへんお世話になった。感謝申し上げます。

また、本書の出版にあたりハングル翻訳には四半世紀を超える長きにわたる友人である金武重氏、英文翻訳にはライアン・ジョセフ氏の協力があった。さらに、文章のチェックや図面作成などには荒井順子氏からの献身的な助言・協力があった。彼女の協力がなければ刊行には至らなかった。篤く御礼申し上げます。

文化庁在職中は単身赴任であった。家のことは妻に任せ、仕事と研究ばかりで家を顧みない間に小学生だった子どもは成人し家族をもつようにもなった。本書は妻や子どもに捧げるとともに、本書刊行を前に亡くなった両親には墓前に報告したいと思う。

本書は、奇しくも文化庁を退職するときと重なって刊行することになった。研究には課題山積であり、通過点だと認識している。40代までのように遺物を観察することはできなくなったであろうが、今後は全国の遺構・遺物を見ながら、さらに研究を深化させてまいりたい。

2018年12月

禰冝田　佳男

農耕文化の形成と近畿弥生社会

■著者略歴■

禰冝田佳男（ねぎた・よしお）

1958年　兵庫県生まれ

1982年　大阪大学文学部（国史学専攻）卒業

1983年　大阪府教育委員会文化財保護課技師
この間、大阪府立弥生文化博物館学芸員、兵庫県教育委員会埋蔵文化財調査事務所技術職員（阪神淡路大震災の復興調査を担当するため）

2000年　文化庁文化財保護部記念物課文化財調査官
その後、文化財第二課主任文化財調査官を経て

現　在　大阪府立弥生文化博物館館長。博士（文学）

〔主要論文〕

「石器から鉄器へ」（都出比呂志編『古代国家はこうして生まれた』角川書店　1998年）、「遺物組成からみた高地性集落の諸類型」（古代文化』第54巻第4号　古代学協会　2001年）、「弥生時代北部九州における葬送儀礼とその思想的背景」（『待兼山考古学論集』大阪大学文学部考古学研究室　2005年）、「弥生時代の近畿における鉄器製作遺跡―「石器から鉄器へ」の再検討の前提として」（『日本考古学』第36号　日本考古学協会　2013年）、「イングランドにおける考古遺跡の保護」松田陽と共著（岡村勝行編『日本版パブリックアーケオロジーの探索』大阪文化財研究所　2015）など。

2019年5月10日発行

著　者　禰冝田佳男
発行者　山脇由紀子
印　刷　藤原印刷㈱
製　本　協栄製本㈱

発行所　東京都千代田区飯田橋4-4-8（〒102-0072）東京中央ビル　㈱同成社
TEL 03-3239-1467　振替 00140-0-20618

ISBN978-4-88621-822-3 C3021